U0684825

本书系国家社科基金项目研究成果（项目批准号 14CZS011）

两晋十六国政区新探

魏俊杰 著

国家图书馆出版社

图书在版编目（CIP）数据

两晋十六国政区新探 / 魏俊杰著 . — 北京：国家图书馆
出版社，2021.10

ISBN 978-7-5013-7072-6

Ⅰ.①两… Ⅱ.①魏… Ⅲ.①政区沿革—研究—中国—晋代
②政区沿革—研究—中国—五胡十六国时代　Ⅳ.① K928.2

中国版本图书馆 CIP 数据核字（2020）第 215382 号

书　　名　两晋十六国政区新探
著　　者　魏俊杰　著
责任编辑　张慧霞　司领超
助理编辑　王若舟
封面设计　程言工作室

出版发行　国家图书馆出版社（北京市西城区文津街 7 号　100034）
　　　　　（原书目文献出版社　北京图书馆出版社）
　　　　　010-66114536　63802249　nlcpress@nlc.cn（邮购）
网　　址　http://www.nlcpress.com
排　　版　北京九章文化有限公司
印　　装　北京科信印刷有限公司
版次印次　2021 年 10 月第 1 版　2021 年 10 月第 1 次印刷

开　　本　710×1000（毫米）　1/16
印　　张　36
字　　数　607 千字

书　　号　ISBN 978-7-5013-7072-6
定　　价　68.00 元

版权所有　侵权必究

本书如有印装质量问题，请与读者服务部（010-66126156）联系调换。

吴（222—280）

西　晋（265—316）

265
280
300
320
340
360
380
400
420
440

东　晋（317—420）

成（304—338）

汉（338—347）

汉（304—318）

前赵（319—329）

后赵（319—350）

前燕（313—370）

冉魏（350—352）

前凉（317—376）

代（312—376）

前秦（351—394）

西燕（384—394）

后燕（384—409）

后凉（386—403）

后秦（384—417）

南燕（398—410）

西凉（400—421）

南凉（397—414）

谯蜀（405—413）

北燕（409—436）

北凉（397—439）

夏（407—431）

西秦（385—431）

北　魏（386—534）

宋（420—479）

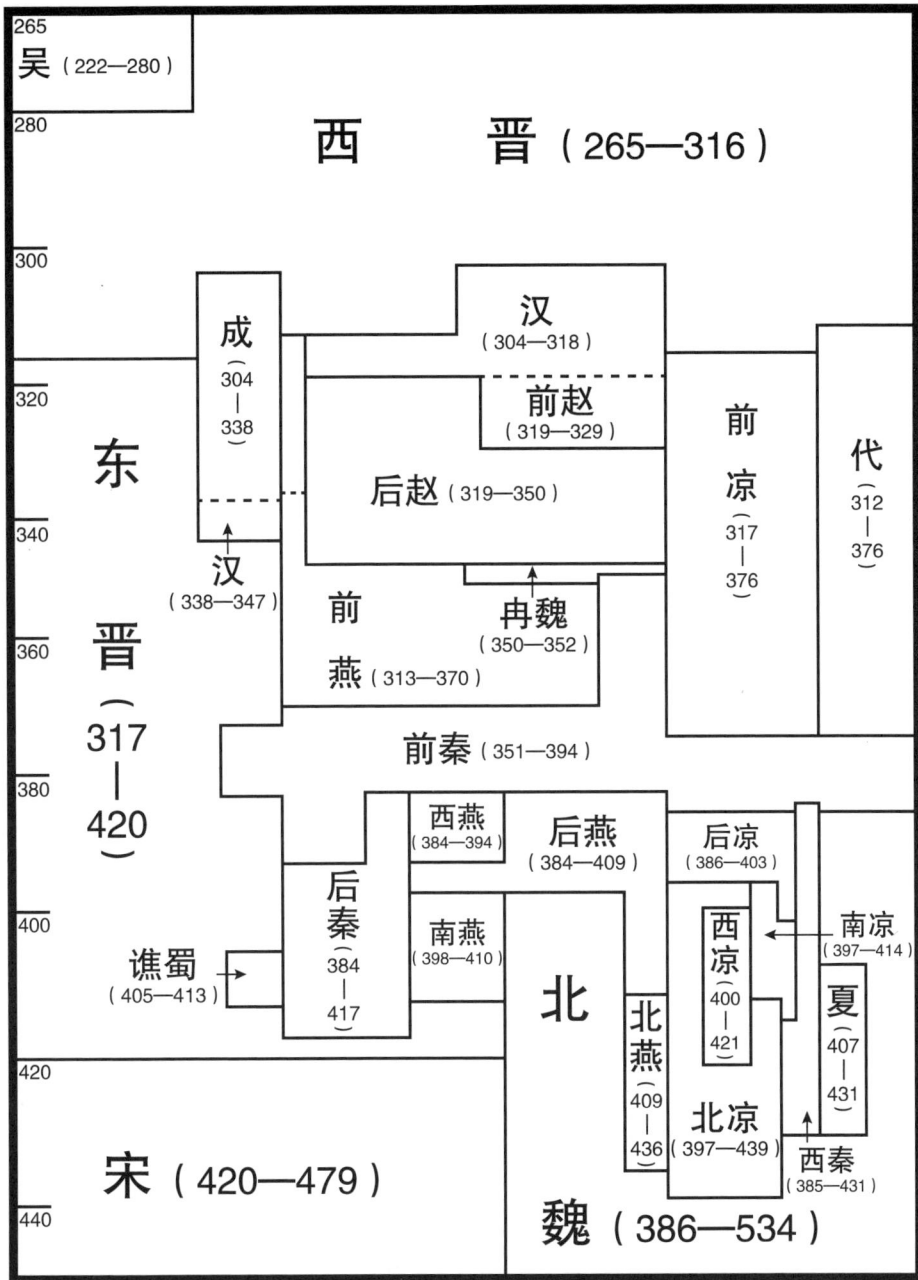

两晋十六国政权兴亡示意图（作者绘）

绪　言

自泰始元年（265）司马炎于洛阳称帝，至建兴四年（316）晋愍帝于长安被俘，为西晋时期。自建武元年（317）司马睿于建康称晋王，至元熙二年（420）晋恭帝退位，为东晋时期。自西晋永兴元年（304）匈奴汉国建立，至宋元嘉十六年（439）北凉亡国，为十六国时期①。自西晋泰始元年（265）至太康元年（280），南方有孙吴政权，这段时期孙吴政权辖域的政区，本书不作研究。自宋永初元年（420）至元嘉十六年（439），南方有刘宋政权，北方有北魏政权，这段时间刘宋政权、北魏政权辖域的政区，本书也不作研究。本书考述的两晋十六国政区，是"两晋十六国"各政权统治辖域的政区，以现存文献记载的两晋十六国各政权的政区为限。

一、基础文献述评

研究两晋十六国时期的政区，必须从现存的文献入手。在有限的现存文献中，涉及两晋十六国政区地名最重要的文献是《晋书》《资治通鉴》，其次为《宋书》《魏书》《华阳国志》《水经注》《元和郡县图志》《太平寰宇记》，唐宋类书及其他典籍也散见一些有价值的资料。除此之外，两晋十六国以来的子部、集部著述也有涉及两晋十六国政区地名者，此类著述如《世说新语》《高僧传》《开元占经》《陶渊明集》《文选》等。当然，有些典籍的记载存在

---

① 十六国时期一般如此断限。上限之所以定在西晋永兴元年（304），不仅是因刘渊建汉在此年，且李雄也于该年在成都称王。本书下限断于宋元嘉十六年（439），此为传统上认为十六国结束的时间。但北凉亡国后，沮渠氏又在高昌建立政权，本书不再考述。

不同程度的问题，清代以来诸家已有辨正。另外，出土的墓志、墓券、碑铭、敦煌文献、吐鲁番文书以及其他考古文字资料也提供了少量极为珍贵的文献资料。

在现存的各种史籍中，以唐修《晋书》记载两晋十六国史最为集中。《晋书·地理志》（下文简称《晋志》）以西晋太康年间政区为中心①，兼及太康前后政区的变动，记载两晋十六国政区最为集中。但《晋志》的问题甚多，对东晋、十六国政区的记载也语焉不详，清代以来诸家多有补正。除《晋志》外，《晋书》中其他内容所载的政区地名也有极高的价值。当然，《晋书》记载的内容有不少错讹，对此清代以来的学者多有考辨，本书也有专篇考辨。不仅如此，《二十五史补编》《二十四史订补》收录对《晋书》的补志、补表皆具有不同参考价值。

《晋书》除帝纪时间记载十分明确外，其他各卷记载时间大多不够明确，《资治通鉴》（下文简称《通鉴》）作为编年体史书可补其缺。《通鉴》有众多史料不见于《晋书》记载，就其中的十六国史来说，其长于《晋书》的十六国史录，"不但数量大，而且涉及的内容也很丰富"②。《通鉴》在编年上是严谨的，司马光及其助手首先将其收集到的资料按年月顺序编成丛目，在此基础上加以考订编排而成长编，对于诸书记载不一的史料再出考异，这使得《通鉴》的系年大致可信。当然，也有学者指出《通鉴》有"系年方式之过整"等缺失③。就本书研究所涉及者，《通鉴》纪年可依者毕竟占绝大多数，至于少量系年错误，则随文考订。

《宋书》《魏书》有关两晋十六国地名的内容以《宋书·州郡志》（下文简称《宋志》）、《魏书·地形志》（下文简称《魏志》）最为集中。但是，《宋志》《魏志》也有不少错讹。成孺《宋书州郡志校勘记》、温曰鉴《魏书地形志校录》，尤其是胡阿祥《宋书州郡志汇释》，对考辨《宋志》《魏志》所载两晋十六国政区价值很高。刘宋、北魏上承东晋、十六国，故除《宋志》《魏志》

---

① 参见后文"《中国行政区划通史》两晋部分献疑"第一条考辨。

② 冯君实：《〈通鉴〉晋纪长于〈晋书〉之十六国史录》，见刘乃和、宋衍申主编《司马光与资治通鉴》，吉林文史出版社，1986年，第286页。另参见陈勇《重温〈通鉴〉——以十六国史为线索》，《文史》，2009年第3辑。

③ 张煦侯：《通鉴学（修订本）》，安徽人民出版社，1981年，第173页。

外,《宋书》《魏书》涉及两晋十六国史事的记载都是研究该时期政区需要关注的。不仅如此,记载西晋以来的各种史籍,凡其内容追溯至两晋十六国者,皆可参考。

《华阳国志》是记载成汉及此前西南地区史地之作,其中《巴志》《汉中志》《蜀志》《南中志》所载政区与《晋志》《宋志》有所不同,对于本书考辨西晋和成汉的政区建置价值极高。《水经注》《元和郡县图志》《太平寰宇记》以及宋、元、明、清官私所修地理总志、方志等,所记载的两晋十六国政区地名不少为《晋书》《通鉴》等正史、编年体所未有,而且这些地理书往往会提供许多地名的得名由来、渊源流变、地理方位等大量政区研究所需的内容。

两晋十六国时,各政权一般都编修国史、起居注等,这些史书或为纪传体,或为编年体,也有不少当时人撰写的地志、杂史、杂传等。两晋十六国后,仍有不少史家编修两晋十六国史以及不同类型的地志,如南齐臧荣绪《晋书》,北魏崔鸿《十六国春秋》、阚骃《十三州志》,梁萧方等《三十国春秋》,陈顾野王《舆地志》等。自隋唐以下,两晋十六国旧史和地志逐渐散佚,南宋以来的书目则很少著录。但唐代及北宋时,不少两晋十六国旧史和地志尚存,唐宋所修类书如《北堂书钞》《艺文类聚》《初学记》《太平御览》《事类赋》等以及其他典籍有所征引,这些史料对两晋十六国政区研究价值极高。

《太平御览·偏霸部》有关十六国部分,系从崔鸿《十六国春秋》中节录而来,其文献价值很高。明万历间成书的兰晖堂本《十六国春秋》,乃屠乔孙等人对十六国史料的汇编,基本为二手资料,故本书考证中一般不作征引。汤球等人有关两晋十六国史的辑佚之作,如《十六国春秋辑补》等虽有参考价值,仍系二手资料,故亦不作征引[①]。对于汉唐志书,清代王谟辑有《汉唐地理书钞》,今有刘纬毅《汉唐方志辑佚》,在研究两晋十六国政区时可作参考,但本书不加征引。

从地名学的角度研究两晋十六国政区地名,不仅需要探讨这些地名在两晋十六国时期的基本情况,还要探求这些政区自何时开始设置,以及设置后至西晋前又有怎样的变化。因此,研究两晋十六国地名不仅要关注记载两晋十六国各种文献,还要充分利用西晋之前的各种文献。这些文献既有传世文

---

① 有关记载十六国史事的文献及其源流,详见魏俊杰《十六国文献研究》,上海师范大学硕士学位论文,2009年。

献，又有出土文献。传世文献中，以《左传》《战国策》及"前四史"、《两汉纪》等史部著作为主，经部、子部等著作为辅，还需参考清代诸家对晋前典籍的考辨之作。在研究晋前政区地名中，先秦、秦汉的玺印、封泥、货币、兵器、陶器等器物以及碑刻、竹简上的地名价值极高，可补史籍记载之失，可纠传世文献记载之误。对于晋前各类出土文献资料，近代以来的学者已有系统的整理和研究。

二、《晋书·地理志》校注

《晋书·地理志》是研究两晋十六国政区地理最重要的文献资料，但存在不少错误。清代以来，两晋十六国政区研究不断深入，与此相关的学术研究多以考据见长，主要成就体现在对两晋十六国时期志书的校注、订补等方面。《晋志》校注、订正之作，清代有毕沅《晋书地理志新补正》、方恺《新校晋书地理志》，民国间有马与龙《晋书地理志注》以及吴士鉴《晋书斠注》中对《晋志》的校注。中华书局点校本《晋书》，于《地理志》也有"校勘记"。近年，孔祥军有《晋书地理志校注》，孟刚、邹逸麟《晋书地理志汇释》汇集了古今学者研究《晋志》主要成果。

毕沅《晋书地理志新补正》全录《晋志》全文，对于补正内容以"沅按"附于相应条目之下，纠正《晋志》存在的讹漏凡数百条。然而，毕氏考证主要用《宋志》《魏志》《水经注》《通典》《元和郡县图志》《太平寰宇记》等来补正《晋志》缺漏和错误，对《晋书》《宋书》《魏书》中地志之外相关史料以及杜预《春秋经传集解》《春秋释例》、郭璞《山海经注》《尔雅注》的引证明显不足或缺乏，也缺少利用《初学记》《太平御览》等类书以及《华阳国志》《通鉴》等史书相关的记载，这就使毕书考证有较大缺陷。

方恺《新校晋书地理志》不录《晋志》原文，以《晋志》中诸郡名为条目，考辨各郡舛误之文，补充《晋志》脱漏之县，又以洪亮吉已有《东晋疆域志》《十六国疆域志》，故对《晋志》诸州所领郡县后之文的舛误未作考辨。方氏于其书前序文言："爰据本书（按：指《晋书》）纪、传、诸志，载述异同。又取杜预、张华、京相璠、皇甫谧、刘逵诸儒著述，皆身当其时，疏列异说，以相证引。又据东晋郭璞、王隐、常璩、阚骃诸人书，用证西晋中原板籍。若沈约《州郡志》、魏收《地形志》、郦道元《水经注》，则惟取西晋沿革，以校此志之失。其唐以后地志考证西晋郡县有独标异义者，亦间及之。"可见，方氏采择之书颇为丰富，故辨正了《晋志》中不少错误。然方氏考证也时有错误，吴翊寅对方书的错误多有指正，刘庠也补正了方氏失于校正的内容。吴氏按语价值颇高，如其认识到唐初史臣修《晋书》，于《晋志》汉中郡中误入黄金、兴道二县，巴西郡中误入苍溪、岐惬二县，梓潼郡中误入黄安县，襄阳郡中误入邓城、鄾二县。

马与龙《晋书地理志注》全录《晋志》原文，注文以双行夹注见于正文之下。马氏注文引书，不仅广取两晋至隋唐诸书涉地理之内容，援引唐后诸书志乘，"又辑近世顾祖禹、顾炎武、惠栋、何焯、纪昀、王念孙、全祖望、钱大昕、王鸣盛、李兆洛、胡渭、钱坫、邹安圌、徐养原、赵一清、洪颐煊、张燨、沈钦韩、吴卓信、董祐诚、吴增仅、阮元、谢钟英、汪士铎、邹代钧、吴翊寅、刘庠，暨舅氏周翼高、友朋黄山谢慧文所撰论，若毕沅《晋书地理志新补正》、洪亮吉《东晋疆域志》《十六国疆域志》、周济《晋略》、方恺《新校晋书地理志》、劳格《晋书校勘记》、周家禄《晋书校勘记》等各有专书，皆堪择善"（见马与龙《晋书地理志注跋》）。可见，马《注》还广泛征引清代众学者研究涉及两晋十六国地理之作，有史料搜集之功。马氏为《晋志》作注，还特别注重考证诸郡、县在三国时设置的情况，对研究三国政区地理也有参考价值。除对《晋志》原文作注，马氏又补北海、晋平二郡和偃师等五十二县。

较之马《注》，吴士鉴《晋书斠注》对《晋志》的校注更为繁博。吴氏广收与两晋十六国地名相关的各种史料以及清代学者相关的考证之作，对于研究两晋十六国地名价值甚高。但是，吴氏引文时有错误，考证亦有失当之处，加之《晋书斠注》校勘不精，故参考吴氏《校注》之时，尚需回查其所引之作。相比以往其他注《晋志》诸家而言，吴氏比较关注各郡县的地名渊源以及以往史籍所记载的地名"今地"，若两汉有某县，都会注有两汉此县属何郡。由于时代局限，吴士鉴所利用的史料基本都是史部之书，尚未有考古出土文献资料，故注文所言"秦置""汉置"等时有错误。不仅如此，吴《注》所注内容一般仅限于《晋志》之文，没有对两晋十六国时期存在的而未见于《晋志》的州、郡、县加以考证。

中华书局点校本《晋书》（1974年版）于各卷之后附有"校勘记"，《晋志》后的"校勘记"较之此前各家校注更为精当，且有版本校。当然，《晋志》

还有不少错误为点校本《晋书》未能指出，且点校本标点也有错误之处①。孔祥军《晋书地理志校注》"以注为主，以校为辅"（见《凡例》），对《晋志》新作校注②。与其他校注不同，孔《注》注出州、郡、县可考的治所今地方位所在，注解三国至西晋间政区的变化，对有难度的字则依据《晋书音义》注音。但该书所注今地存在一些问题③，没能充分吸收以往《晋志》校注成果，对《晋志》等断限也值得商榷④。孟刚、邹逸麟《晋书地理志汇释》，广泛搜集各种研究《晋志》的重要成果，按照一定的体例将其汇于一书，还在"编者按"中核定县和县级以上治所，并对《晋志》再作考订，是研究两晋十六国政区和利用《晋志》必不可少的著作。

三、两晋十六国地理订补

《晋志》主要记述西晋太康年间的政区，对太康前后西晋政区和东晋、十六国政区所述不详，且多有舛误。洪亮吉作《东晋疆域志》《十六国疆域志》，意在补《晋志》无东晋、十六国政区之失。民国初，张鹏一作《苻秦疆域志补正》，以补洪《志》有关前秦疆域之失。除对《晋志》校注、补正外，清代又有周济《晋略·州郡表》《割据表》和汪兆镛《晋会要·舆地》，以新的方式记述两晋十六国政区地理。顾炎武、钱大昕等学者对两晋十六国政区地名的研究，也有重要参考价值。

---

① 如《晋志》青州乐安国统县，中华书局点校本《晋书》点有利益县，实应为利、益都二县。

② 本书所"校"主要是版本校，《晋书》所用底本为商务印书馆《百衲本二十四史》，参以乾隆四年（1739）武英殿本、乾隆四十三年（1778）《四库全书荟要》本和中华书局点校本。

③ 孔《注》所注今地依据的是《中国历史地图集·三国西晋分册》，注文当凭图上西晋某地与今某县（市）距离较近，则言治所今某县（市）某方位。实际上，要判断治所今地，不仅要把《中国历史地图集》的定点与有县级政区界线的当今地图细细比对，还应参考《大清一统志》等志书以及已经出版的《中国文物地图集》等。《中国历史地图集》所出的今县（市）也不全面，如果仅凭此图，就会造成许多治所今地的误注。如冀州博陵郡南深泽县，孔《注》为"治所在今河北安平县西"，据《大清一统志》和《中国历史地图集》的定点，应为"治所在今河北深泽县东"。又如，由于《中国历史地图集》未出龙游县，孔《注》于扬州东阳郡太末县注为"治所在今浙江衢州市东北"，然据历代地理总志和《中国历史地图集》的定点，应是"治所在今浙江龙游县西"。另外，有些今县是"县"还是"市"还需一一参考《中华人民共和国行政区划简册》，如渤海郡南皮县治所应在今河北"南皮县北"，孔《注》为"南皮市北"。

④ 参见后文"《中国行政区划通史》两晋部分献疑"第一条考辨。

　　洪亮吉《东晋疆域志》以义熙间疆域为断，分为四卷，卷一至三为"实州郡县"，卷四分为"实州侨郡""侨州实郡""遥立州郡""侨州郡县"四部分。《十六国疆域志》分国记述十六国疆域与政区，然仅录十六国，对十六国时期并存的其他割据政权的疆域政区未能入书。《东晋疆域志》是最早对东晋侨州郡县加以系统研究之作，《十六国疆域志》是第一部专门考述十六国疆域政区的著作，皆有开创之功。然洪氏二书舛误甚多，为当代不少学者指责，谭其骧称洪氏书中之误不胜枚举①，周振鹤称洪《志》是不成功之作②，胡阿祥认为《东晋疆域志》"有关地理沿革特别是侨州郡县的载述，谬误也甚多"③。近人张鹏一《苻秦疆域志补正》，用前秦《邓太尉祠碑》和新发现的敦煌遗书来补正洪《志》有关前秦疆域的一些疏误，有一定的学术价值，但仍有很多错误未能指正。

　　周济《晋略·州郡表》取材于《晋志》，各州领郡、各郡领县与《晋志》基本相同，但内容编排有异。《晋志》中的各种错误，《晋略》基本没有改动。《晋略》个别改《晋志》者，则为误改④。当然，《晋略·州郡表》内容上也有新意，表中明确记载各州、郡的治所和各县治所今地，对州治和郡治之外的郡和县，皆明确各郡县的方位及各郡距州、各县距郡的里距，并记载了各郡四界，但时有错误⑤。《晋略·割据表》记载了十六国割据政权诸州的设置及各州治所，文字过于简略，难以反映十六国复杂的疆域政区变迁过程，其错误之多更毋须多言。

　　汪兆镛《晋会要·舆地》共十卷，卷一至四为西晋州郡县，内容录自《晋志》所载西晋太康初年的政区，有时在注文引钱大昕《廿二史考异》的相关

---

①　谭其骧：《〈补陈疆域志〉校补》，载《长水集（上）》，人民出版社，1987年，第104页。

②　周振鹤：《点石成金、披沙沥金与脸上贴金》，载《随无涯之旅》，三联书店，2007年，第89页。

③　胡阿祥：《东晋南朝侨州郡县与侨流人口研究》，江苏教育出版社，2008年，第17页。

④　如《晋志》中青州脱北海郡，误将北海郡领县入济南郡。然《晋略》却因济南郡下注有济岷郡而增补此郡，以济南郡领东平陵、历城、祝阿、著、菅、乌陵六县，济岷郡领平寿、下密、胶东、即墨四县。又《晋略》将个别侨县入所寄治郡下，如丹杨郡领有临沂侨县和金城侨县，毗陵郡有兰陵侨县、莒侨县、南彭城郡。实际上，金城非侨县，寄治丹杨郡之侨县非仅临沂，也不属丹杨郡统辖，东晋时不称毗陵郡而称晋陵郡，寄治此地侨郡和侨县并非《晋略》所载如此简单。

⑤　如《晋略·州郡表》司州弘农郡条，"弘农郡，州西一度十七分，今陕州河南华州地，北界河东，西界雍州之京兆，东界河南，南界上洛及荆州之顺阳，领县六，治弘农"，弘农郡所领华阴县则注有"郡西十五分，今县东南五里"。此弘农郡南界有"荆州之顺阳"则误。

内容；卷五至八则录自洪亮吉《东晋疆域志》所载东晋的政区，未录洪《志》考证内容；卷九记西晋洛阳都城、长安行都和东晋建康都城；卷十记两晋里巷、市、关塞、戍垒、河渠、桥梁亭馆。汪氏此书《舆地》前八卷并无价值，后两卷则有一定参考价值。

除上述专写两晋十六国政区的著作外，还有清代以来的不少著作涉及两晋十六国政区。清代徐文范《东晋南北朝舆地表》内容涉及东晋十六国政区，该书"年表"部分逐年记述东晋南北朝诸并存政权的疆土得失及政区沿革，"州郡表"州目在西晋十九州外有增江州、湘州二州，共二十一州，"州郡表""郡县表"分述不同时期各州、郡、县所归属的政权。徐氏此作规模巨大，存在的问题很多，胡阿祥认为"对徐氏此书的价值不宜估之太高"，不宜轻率征引[①]。就徐书有关东晋十六国的内容而言，其错误之多不下于洪氏《东晋疆域志》《十六国疆域志》。清末胡孔福《南北朝侨置州郡考》，卷一考东晋侨州郡县，卷六考十六国侨置州郡，胡阿祥认为"此书的考证基本失败、略不足观"[②]。另外，还有不少清代以来学者的著述涉及两晋十六国政区，前文引马与龙之文所列甚详，《晋书地理志汇释》多有征引。

明万历间郭子章《郡县释名》，当是现存最早专门考释古代郡县名之作，但成就不大[③]。顾炎武是明末清初之际考据学大家，其代表作《日知录》中也有地名考释的专篇，如卷二十《史书郡县同名》《郡国改名》，卷二十二《九州》《郡县》等，对于政区地名研究参考价值很高。清代学者钱大昕也以考据闻名，对钱氏地名考证方面的成就，华林甫认为，"他虽无专门的地名考证著作，但散见于《廿二史考异》《十驾斋养新录》《潜研堂文集》《三史拾遗》《诸史拾遗》《（通鉴注）辩证》中的地名考证多发前人所未发，闪耀着智慧的光辉，对后世学术具有深远的影响"[④]。钱大昕又有《地名考异》之作，专门考证古代同名异地等问题，对于政区地名研究参考价值极高。

---

① 胡阿祥：《东晋南朝侨州郡县与侨流人口研究》，第22页。

② 同上。

③ 《四库全书总目·史部·地理类存目一》称郭子章《郡县释名》，"其书以郡县地名——诠释其文义，文义可通则略为训诂。如福州则云取百顺之名，永清则云取边境永清之类，皆固陋之甚。至不可解者则置而不言，亦何取于释名乎？"由四库馆臣之言大致可知郭氏优劣。

④ 华林甫：《中国地名学源流》，人民出版社，2010年，第333页。

四、近现代学者的政区和地名研究

政区研究不仅有专门的志书及其相关考证、表谱之作，也有舆地图或历史地图。杨守敬是清末舆地学大家，其精心绘制的《历代舆地沿革图》（下文简称杨《图》）在传统舆地图中具有里程碑意义。杨《图》中《西晋地理志图》主要根据《晋志》绘制而成，同时也参考毕沅《晋书地理志补正》和方恺《新校晋书地理志》的研究成果；杨《图》中《东晋疆域图》《十六国疆域图》则据洪亮吉《东晋疆域志》《十六国疆域志》绘成，只有个别地方稍有辨正。在历史地图集中，谭其骧主编的《中国历史地图集》（下文简称谭《图》）是同类成果中水平最高的，但有关十六国部分也有值得商榷的地方[①]。

较之清代学者，当代学者对两晋十六国政区的研究更为深入、更为具体。在两晋十六国政区研究中，东晋政区研究是一大难点，这不仅因正史之中无专门的东晋地理志，更在于东晋侨州郡县的设置加大了研究的难度。虽然清代已有洪亮吉《东晋疆域志》以及徐文范、胡孔福等人的相关研究，但诸作中错误甚多。胡阿祥《六朝疆域与政区研究》《东晋南朝侨州郡县与侨流人口研究》，不仅将六朝疆域与政区研究推向了新的高度，而且解决了前人难以理清的侨州郡县的难题。方国瑜《中国西南历史地理考释》、余逊《汉魏晋北朝东北诸郡沿革表》（载《中央研究院历史语言研究所集刊》第六本）和孙进己、冯永谦主编《东北历史地理》也涉及两晋十六国政区，解决了该时期西南地区和东北地区政区地名研究不少难题。孔祥军《汉唐地理志考校》对有关两晋十六国地理重要文献作考校，值得参考。除上述之作，当代学者的著作和发表的论文有不少讨论了两晋十六国政区具体问题，各具参考价值。

周振鹤主编《中国行政区划通史》，是继谭《图》后中国历史政区地理研究领域最有分量的学术巨著，也是本书参考最多的学术著作。其中《三国两晋南朝卷》两晋部分将考、表、图相结合，呈现了两晋政区的演变过程，不仅考察了该时期实州郡县和侨州郡县的建置沿革，还深入探讨了这一时期的政区制度及都督区的设置等，对两晋政区作了全面系统性的研究，代表了目前研究两晋政区研究的新水平。但《三国两晋南朝卷》两晋部分未能充分

---

① 见后文《〈中国历史地图集〉十六国部分献疑》。

利用《晋书》《宋书》纪传、《水经注》《元和郡县图志》《太平寰宇记》《通鉴》和《太平御览》等类书中的记载，也没有全面吸收清代以来学者毕沅、方恺、马与龙、吴士鉴等对《晋志》的校注和其他相关研究成果，存在一些需要完善之处。对此，本书中编、下编有献疑和补考。

研究两晋十六国政区地名，需要追溯晋前政区渊源流变。因此，对近代以来学者对晋前地名、政区的研究也需关注，这类著作如钱穆《史记地名考》、顾颉刚《春秋地名考》、马保春《晋国地名考》、吴宝良《战国楚简地名辑证》、后晓荣《战国政区地理》《秦代政区地理》、周振鹤《西汉政区地理》、马孟龙《西汉侯国地理》、李晓杰《东汉政区地理》、孔祥军《三国政区地理研究》、陈健梅《孙吴政区地理研究》等。另外，王国维、谭其骧等对秦汉政区考证之作也值得参考。

民国间，已有学者从地名学的角度对政区地名加以研究，这类考释之作以吕式斌《今县释名》为代表，该书考释民国当时各县地名渊源，但也有不少错误①。当代，地名学研究逐渐得到重视，一些学者对中国古代地名学成就加以研究。孙冬虎和李汝雯《中国地名学史》、孙冬虎《地名史源学概论》、华林甫《中国地名学史考论》《中国地名学源流》等从不同的角度对中国地名学成就作出很好的总结，对两晋十六国政区地名研究很有启发意义。

五、本书的内容及其编排

本书就两晋十六国政区需要进一步拓展和考辨的内容加以探讨，分专题研究。正文分为三编，上、中、下编分别为"两晋十六国政区地理概述""两晋十六国政区相关文献与著述考订""两晋十六国政区研究补考"②。为配合上编的概述，正文后附"两晋十六国郡县名"，以便从总体上了解两晋十六国可考郡县的基本情况。因中编、下编专题研究的篇章大都为逐条考补文献的讹误和研究的缺失，遂将"中下编考补文献条目"析出附于正文后，以便检索。

---

① 有关中国近代地名学的著述及其成就，参见华林甫先生《中国地名学源流》(2010年)。

② 本书所引《晋志》《通鉴》《元和郡县图志》之类的古籍，其版本信息见参考文献所列；为了避免注释繁琐，不在注文中给出每处引文的页码。所引现当代学者的著作，在首次引证时于注释标明版本信息和引文所在的页码，此后引同一著作仅注引文所在的页码。

以往学者对两晋十六国政区的研究，主要是从文献考订和政区沿革的角度展开，既没有对该时期的政区作概述性的总结，也没有从地名学的角度开展研究。基于此，本书上编分"州级政区的设置""郡级政区的设置""县级政区的设置""政区地名的用名""政区地名的源流"五部分，分别对两晋十六国时期州、郡、县不同层级政区设置的总体情况加以概述，并从地名学的角度对该时期的政区地名加以研究。上编的概述主要参考《中国历史地图集》《中国行政区划通史》《晋书地理志汇释》以及本书中编、下编所作的专题研究，而有关十六国的内容主要参考拙作《十六国疆域与政区研究》及中、下编的考证，对于参考此外的著述和直接引证的基础文献则在相应的内容处予以注解说明①。

研究两晋十六国政区地理的重要文献，如《晋书》《宋志》《元和郡县图志》《太平寰宇记》以及《通鉴》胡三省注，清代以来学者多有考订，但仍存在一些问题有待辨正。本书中编对这几种文献所作的考订主要是其有关两晋十六国政区的内容，对于其中个别内容虽不是两晋十六国政区，但因涉及两晋十六国政区的渊源等也作考证。洪亮吉《十六国疆域志》是研究十六国政区的专门之作，但讹误甚多，本书不对其内容作一一考订，仅分类举例以述之②。谭《图》和周振鹤主编《中国行政区划通史》，是研究中国古代政区两部里程碑式的巨作，但《中国历史地图集》十六国部分和《中国行政区划通史》两晋部分存在有待商榷之处，本书也就此问题逐条加以探讨。

就目前研究两晋十六国政区的论著来看，两晋时期部分郡县未能进入政区研究著作之中，两晋郡王郡公的封国缺乏深入、系统的研究，两晋十六国郡县得名、治所变迁还没有开展具体的研究，东晋诸州治所的研究不能体现其复杂的变迁过程，东晋有些郡的侨实问题有待考辨，十六国时期都督区和"十六国"之外的割据者及其统治区有待进一步考订。故本书下编分"两晋郡县补考""两晋郡王郡公封国考""两晋十六国郡县得名考""两晋十六国郡县

---

① 有关两晋十六国政区的概述，除参考当今学者的一些重要著作外，笔者曾对两晋十六国政区有专门研究，此在本书"后记"有交代。本书"政区概述"篇的内容，以《晋书》《宋书》《魏书》《华阳国志》《水经注》《元和郡县图志》《太平寰宇记》《通鉴》等基础文献为重要依据。

② 对洪亮吉《东晋疆域志》的谬误，胡阿祥《东晋南朝侨州郡县与侨流人口研究》"引言"中已分类举要辨正，见胡阿祥《东晋南朝侨州郡县与侨流人口研究》，第15—20页。

治所变迁考""东晋诸州治所考""东晋侨郡补考""东晋山阳、淮阳二郡侨实考""十六国时期的准政区考""'十六'国之外的割据者及其统治区"若干专题加以考辨。

为行文简洁，本书引用较多的文献和研究成果，用以下简称：

《汉书·地理志》，简称《汉志》；

《续汉书·郡国志》，简称《续汉志》；

《晋书·地理志》，简称《晋志》；

《宋书·州郡志》，简称《宋志》；

《南齐书·州郡志》，简称《南齐志》；

《魏书·地形志》，简称《魏志》；

《隋书·地理志》，简称《隋志》；

《旧唐书·地理志》，简称《旧唐志》；

《元和郡县图志》，简称《元和志》；

《太平寰宇记》，简称《寰宇记》；

《资治通鉴》，简称《通鉴》；

洪亮吉《十六国疆域志》，简称洪《志》；

杨守敬《历代舆地沿革图》，简称杨《图》；

谭其骧主编《中国历史地图集》，简称谭《图》；

周振鹤主编《中国行政区划通史》，简称《通史》。

另外，凡引《晋书》中各《载记》，直接称各卷的《载记》名，省略"晋书"二字。如《晋书·刘元海载记》，简称《刘元海载记》。

目　录

上编　两晋十六国政区地理概述

州级政区的设置 // 002

郡级政区的设置 // 011

县级政区的设置 // 029

政区地名的用名 // 040

政区地名的源流 // 061

中编　两晋十六国政区相关文献与著述考订

《晋书》地名问题补考 // 094

《宋书·州郡志》补考 // 105

《元和郡县图志》补考 // 110

《太平寰宇记》补考 // 121

《资治通鉴》胡三省地理注补考 // 128

洪亮吉《十六国疆域志》谬误举要 // 134

《中国历史地图集》十六国部分献疑 // 142

《中国行政区划通史》两晋部分献疑 // 150

下编 两晋十六国政区研究补考

两晋郡县补考 // 196

两晋郡王郡公封国考 // 223

两晋十六国郡县得名考 // 299

两晋十六国郡县治所变迁考 // 371

东晋各州治所考 // 397

东晋侨郡补考 // 454

东晋山阳、淮阳二郡侨实考 // 471

十六国时期的准政区考 // 480

"十六"国之外的割据者及其统治区 // 495

附一：两晋十六国郡县名 // 513

附二：中下编考补文献条目 // 526

主要参考文献 // 543

后记 // 553

上编

两晋十六国政区地理概述

州级政区的设置

西汉始设十三州部以监察地方郡国，东汉承之，两汉时期刺史部或州基本上不是行政区，而是监察区。东汉末，州正式成为郡之上的一级政区。两晋十六国时期，总体上为州、郡、县三级政区。东晋十六国时期，不仅有实州，还有侨州。十六国时，不仅有实州、侨州，还有虚设之州以及准政区军镇。较之汉魏，两晋十六国时期州的设置有很大的变化。

一、西晋州的设置

西晋泰始元年（265）建国，置司州、兖州、豫州、冀州、幽州、并州、雍州、凉州、梁州、益州、青州、徐州、荆州、扬州十四州。泰始五年（269），分雍州、凉州、梁州置秦州。泰始七年（271），分益州置宁州[①]。泰始十年（274），分幽州置平州。太康元年（280），孙吴扬州、荆州、交州、广州入西晋，西晋扬州、荆州与孙吴扬州、荆州合并，至此西晋有十九州。太康三年（282），罢秦州，并入雍州。太康五年（284），罢宁州，并入益州。元康元年（291），分扬州、荆州置江州。元康七年（297），分雍州复置秦州。

---

① 《华阳国志·南中志》载，"宁州，晋泰始六年初置"；"泰始六年，以益州大，分南中四郡为宁州，（鲜于）婴为刺史；《华阳国志·大同志》载，"（泰始）六年，分益州南中建宁、云南、永昌、兴古四郡为宁州"。然《宋志》宁州刺史条和《晋志》宁州条皆载泰始七年（271）置宁州。《晋书·武帝纪》载，泰始七年（271）八月，"分益州之南中四郡置宁州"。据《通鉴》，晋武帝泰始七年（271）八月，"分益州南中四郡置宁州"。可见《通鉴》亦以泰始七年（271）为是。

太安元年（302），分益州复置宁州①。永嘉元年（307），分荆州、江州置湘州，至此西晋有二十一州。永嘉之乱后，西晋北方和西南诸州部分地区逐渐被刘渊、李雄、石勒、慕容廆等割据者占据。建兴四年（316），西晋亡。

西晋初置十四州，至晋怀帝增至二十一州。交州、广州的增置，是因并孙吴疆域扩张而来，此毋须论证。秦州、平州、宁州的增设，当因民族问题。秦州之地氐、羌二族杂居其间，民族问题随之产生。据马长寿研究，魏晋时的氐人，"在关中和陇右又形成两个分布中心"，"在陇右的天水（即汉阳）、南安、广魏（即略阳）三郡"②；西晋置秦州，"秦州包括陇西、南安、天水（汉阳）、略阳、武都、阴平六郡，各郡或多或少有羌族杂居其间"③。西晋初置秦州原因，史书无载，后又罢秦州。晋惠帝元康六年（296），氐帅齐万年反晋，晋遣周处讨伐，次年周处败死。元康七年（297），分雍州置秦州，其原因虽史无明文，但联系当时历史背景，应与镇压齐氐叛乱有关。

宁州、平州分别地处西晋西南边疆和东北边疆，民族问题复杂。《华阳国志·南中志》载，宁州之地虽曾属益州，又设庲降都督抚和夷民；吴静为庲降都督，"在官数年，抚恤失和，军司鲜于婴表征静还，婴因代之。泰始六年，以益州大，分南中四郡为宁州，婴为刺史"。太康五年（284），罢宁州。又据《南中志》，太安元年（302），南中夷民叛乱，"孙辨上南中形势：'七郡斗绝，晋弱夷强，加其土人屈塞，应复宁州，以相镇慰。'冬十一月丙戌，诏书复置宁州"。可见，宁州复置，与西南地区民族问题有关。《晋志》平州条载，西晋置平州前，"有护东夷校尉，居襄平"。《慕容廆载记》载，晋武帝时，"（慕容廆）入寇辽西，杀略甚众。帝遣幽州诸军讨廆，战于肥如，廆众大败。自后复掠昌黎，每岁不绝"。西晋遣幽州诸郡讨慕容廆，表明此时尚未置平州。随着鲜卑慕容部的强大，每年掠昌黎之地，这当是平州设置的重要原因。《晋书·卫瓘传》载，卫瓘为幽州刺史、护乌桓校尉，"至镇，表立平州，后兼督

---

① 《宋志》宁州刺史条载，"太安二年，复立（宁州），增牂柯、越嶲、朱提三郡"。《晋志》宁州条载，"太安二年，惠帝复置宁州，又分建宁以西七县别立为益州郡"。《华阳国志·南中志》载，太安元年（302），"部永昌从事江阳孙辨，上南中形势：'七郡斗绝，晋弱夷强，加其土人屈塞，应复宁州，以相镇慰。'冬十一月丙戌，诏书复置宁州，增统牂柯、益州、朱提，合七郡，（以毅）为刺史"。据《通鉴》，晋惠帝太安元年（302）十一月，"复置宁州，以（李）毅为刺史"。《华阳国志》《通鉴》记载时间更为具体，此从之。

② 马长寿：《氐与羌》，上海人民出版社，1984年，第36页。

③ 马长寿：《氐与羌》，第146页。

之。于时幽、并东有务桓，西有力微，并为边害"。可见，平州设立之初，还有乌桓等边患。平州之立，也与民族问题有一定关联。

江州之立，另有其因。《南齐志》江州条载，"晋元康元年，惠帝诏：'荆扬二州，疆土旷远。有司奏割扬州之豫章、鄱阳、庐陵、临川、南康、建安、晋安为新州。新安、东阳、宣城旧豫章封内，豫章之东北，相去悬远，可如故属扬州。又割荆州之武昌、桂阳、安成并十郡，可因江水之名为江州，宜治豫章'"。《晋志》扬州条载，"惠帝元康元年，有司奏荆扬二州疆土广远，统理尤难，于是割扬州之豫章、鄱阳、庐陵、临川、南康、建安、晋安，荆州之武昌、桂阳、安成，合十郡，因江水之名而置江州"。此为所以置江州。永嘉元年（307）置湘州，时值西晋特别动荡之际。对湘州的增置，顾祖禹《读史方舆纪要·湖广六》载，"晋室多事，因置湘州，以控压南服"。在西晋动乱的背景下设置湘州，与晋室加强对南方控制有关。《晋书·宗室传·谯刚王逊传附谯王承传》载，东晋初，王敦据荆州，"有无君之心，表疏轻慢"，晋元帝夜召谯王承，谓之曰"湘州南楚险固，在上流之要，控三州之会，是用武之国也。今以叔父居之"。由此可见，湘州设置有制衡荆州之意。

二、东晋州的设置

东晋疆土随着十六国政权的兴亡而变化，其州的设置也因此发生变动。东晋于建武元年（317）建国，置有扬州、徐州、荆州、江州、湘州、交州、广州、宁州、益州、梁州、豫州、兖州、司州十三州[①]。此时，西晋益州和梁州大部分地区为成汉占据，东晋以益州寄治鱼复（当领巴东、涪陵二郡），梁州寄治襄阳（当领魏兴、上庸、新城三郡），兖州北境部分地区为后赵占据，司州大部分地区为前赵、后赵占据，东晋于司州仅能控制河南、荥阳、弘农三郡部分之地；青州为曹嶷占据，名义上称臣于东晋。此后，东晋所控制的司州、兖州、扬州淮南郡、荆州南阳郡以及豫徐二州淮水以北之地逐渐为后赵占据，后赵又灭曹嶷，前赵又占据了东晋荆州顺阳郡，宁州则入成汉。咸和四年（329），东晋省湘州，并入荆州。至晋成帝咸康（335—342）

---

① 凡有实土者，此皆视为实州。梁州、益州虽寄治他地，然领有实土，故视为实州。另外，邵续控有乐陵郡，晋元帝任以冀州刺史；不久，乐陵郡又为后赵占据。

初，东晋仅有扬州（除淮南郡）、徐州（淮水以南）、荆州（除南阳、顺阳二郡）、江州、交州、广州、益州（寄治鱼复，当领巴东郡）、梁州（寄治襄阳，当领魏兴、上庸、新城三郡）、豫州（淮水以南），此为东晋疆土最狭小的时期。

晋穆帝永和三年（347），东晋灭成汉，遂得梁、益、宁三州之地。东晋曾分宁州置安州，旋省。永和六年（350），后赵大乱，不久国亡。此后，东晋逐渐北得扬州淮南郡、豫徐二州淮水以北、兖州和司州河南、荥阳、上洛三郡。不久，随着前燕、前秦的兴盛，又逐渐丧失兖州、豫州淮水以北和司州河南、荥阳、上洛三郡。淝水之战前，前秦又占据徐州淮水以北、荆州沔水流域（除江夏、竟陵、随三郡）和梁州、益州的大部分地区，此时东晋疆域之狭小仅次于咸康初。淝水之战后，东晋逐渐占据河水以南和秦岭以南地区，即豫徐二州淮水以北、兖州、青州、荆州沔水流域、司州河水以南和梁州、益州，并得河水以北的黎阳郡。东晋得青州之地，于此地置幽州。

随着翟魏、后燕、后秦、南燕、谯蜀的兴起，东晋北境和西南地区的疆土又逐渐缩小。翟魏兴起后，逐渐占据河水以北的黎阳郡、司州荥阳郡、兖州北境的东燕、陈留、济阴、泰山、高平等郡。后燕兴起后，灭翟魏，进而占据兖州全境和豫州鲁郡、青州济南郡、徐州琅邪郡等。后燕为北魏所攻，自中山败走龙城，东晋遂乘机占据兖州（除东燕、濮阳二郡）和豫州鲁郡、青州济南郡、徐州琅邪郡。后秦兴起后，逐渐占据东晋所控制的司州河水以南、兖州陈留郡、荆州之南阳、顺阳、南乡、新野等郡以及豫州之陈郡、颍川、梁郡、汝阳、南顿等郡，于梁州一度占据汉中郡。南燕兴起后，青州全境和兖州济北、东平、泰山三郡和徐州东莞、琅邪二郡为南燕占据。谯蜀兴起后，占据益州、梁州的大部分地区。

晋安帝义熙六年（410），东晋灭南燕，为南燕占据的地区复入东晋，东晋于青州故地置北青州。义熙七年（411），分徐州置北徐州。义熙八年（412），分荆州复置湘州。义熙九年（413），东晋灭谯蜀，为谯蜀所占据的地区复入东晋。义熙十二年（416），省湘州，并入荆州。义熙十三年（417），东晋灭后秦，此前为后秦占据的地区复入东晋；而且东晋又占据关中部分地区，于此地置北雍州；此年前又占据兖州东燕、濮阳二郡，于此地置北兖州；又占据河水以北河东、河北二郡，此年后于此地置并州；逾年，东晋北雍州、并州为赫连夏占据①。义熙十三年（417）至十四年（418）间，为东晋疆土最盛时期，此时东晋有扬州、徐州、豫州、荆州、江州、交州、广州、宁州、益州、梁州、司州、并州、北雍州、北徐州、北青州、北兖州十六实州。

东晋时，因北方战乱，人口南迁，设立不少侨州。东晋自晋元帝时已侨置兖州、青州，寄治地随刺史而变，以在京口、广陵为多。晋元帝时，又于荆州境侨置雍州，寄治酂，曾于徐州境侨置司州、幽州、平州，后除幽州外皆省。晋成帝时，于徐州境侨置并州。晋孝武帝时，于荆州境侨置雍州、秦州，皆寄治襄阳，后当省秦州。晋安帝时，于汉中侨置秦州，寄治南郑；于青州境侨置冀州，寄治东阳。东晋时，还于徐州境侨置冀州、北青州，后当省。另外，徐州、豫州、梁州、益州等州虽曾寄治他地，但皆领有实土，故与东晋其他无实土的侨州不同。

三、十六国州级政区的设置

十六国时期的各政权基本继承了汉魏以来的地方行政制度，但因战乱和民族等因素又有所不同。汉魏以来，置司隶校尉部以纠察京师百官和管辖京畿地区，此制为十六国绝大多数政权所继承。十六国时，汉赵、后赵、冉魏、成汉、前燕、前秦、后秦、后燕、北燕、南燕、后凉、夏皆在京畿地区设有司隶部②，仅前凉、西凉、北凉和西秦未见文献记载这四个政权有司隶部。据《晋书·职官志》，司隶校尉虽统辖地方诸郡，但仍属于中央官职体系。只有完全独立的政权才在其京畿地区设置司隶部，而地方政权是不可能设立司隶校尉的。如前燕慕容廆称臣于晋，先后称平州刺史、平州牧，不置司隶校尉；慕容皝初称燕王，便置司隶校尉。一般而言，十六国各政权在称王建号之时，基本都置有司隶校尉。前凉、西凉都是汉人建立的政权，在名义上为晋臣。除前凉张祚称帝外，张氏、李氏自称为刺史或州牧，已为地方官，不可能置

---

① 有关东晋与十六国诸政权间的疆土得失，参见拙作《十六国疆域与政区研究》，复旦大学出版社，2018年。

② 司隶校尉本为职官名，但十六国文献中有时称"司隶"，有时称"司隶校尉"。如《晋志》雍州条载，苻健都长安，"乃于雍州置司隶校尉"，"苻坚时，分司隶为雍州"。本书下文统一称"司隶部"，以表示司隶校尉所统辖的地域。

有属于中央官的司隶校尉。据《乞伏乾归载记》和《沮渠蒙逊载记》，西秦乞伏乾归称秦王和北凉沮渠蒙逊称河西王，置有百，或皆有司隶校尉官。因此，在十六国分裂割据局面下，司隶部的设置是一个政权独立性的重要体现，具有强烈的政治意味。

十六国时期设置的州大致有实州和所谓的"侨州"。大体而言，实州大多在原西晋州的基础上而置，州名、治所大多相对不变。十六国时还新置了一些州，其辖域和治所有别于西晋时的诸州。十六国所谓的"侨州"与东晋侨州不同，东晋侨州是为处侨流人口而设，并无实土；而十六国"侨州"是为备职方而设，各有实土。十六国时期，诸多政权并立，疆土有限，但务广虚名，为备职方而设置了不少"侨州"。如刘裕北伐南燕，燕主慕容超言其"据五州之强"（见《慕容超载记》），然实际上南燕所据之地仅相当于西晋时青州及其附近几郡，慕容氏"侨立"诸州以示其疆土甚广。一些政权随着其疆域的扩张，逐渐占据了原西晋时期的不少实州，其在政权疆土较小时所侨置的诸州也随之废弃。如前秦曾以并州镇蒲坂，青州镇卢氏，幽州镇裴氏堡，苻坚灭前燕后，得有实土诸州，原侨置诸州遂废弃。也有的政权本有实土诸州，但随着疆土的缩减，而侨置诸州。如后燕强盛时有冀州、并州和青州部分之地，慕容氏为拓跋魏所破，徙都龙城，幽州以南地遂失。慕容氏疆土虽失，仍于其占据之地置有冀州、并州、青州等。因此，各政权侨置诸州，多是"务广虚名"，以示跨有数州，从而为其在政治上称王称帝等目的而虚造声势。十六国时期，除不少政权所置司隶部外，各政权置州（包括所谓的"侨州"）如下：

十六国各政权置州表

政权	州名
汉国	幽州、冀州、殷州、卫州、东梁州、西河阳州、北兖州、荆州、雍州、并州、西扬州
前赵	雍州、幽州、朔州、并州、豫州、秦凉二州（后分为秦州、凉州）、益州
段国	幽州
后赵	冀州、洛州（初为司州）、幽州、营州、并州、青州、徐州、兖州、豫州、扬州、荆州、雍州、秦州、朔州、凉州
冉魏	洛州、冀州、徐州、豫州、荆州、兖州、扬州

续表

政权	州名
成汉	益州、梁州、荆州、宁州、交州、汉州
前凉	凉州、定州、河州、沙州、商州、秦州
前燕	平州、幽州、冀州、并州、青州、兖州、豫州、洛州、荆州
前秦	雍州、秦州、洛州、豫州、冀州、并州、幽州、平州、青州、兖州、南兖州、东豫州、南秦州、河州、凉州、梁州、益州、宁州、荆州、徐州、扬州、眚州
后燕	冀州、幽州、平州、并州、雍州、青州、徐州、兖州、兖豫二州（以上都中山时）；并州、冀州、营州、青州（以上都龙城时）
南燕	青州、徐州、幽州、兖州、并州
北燕	并青二州（初为并州、青州）、幽平二州、幽冀二州（初为冀州、幽州）、营州
后秦	雍州、秦州、并州（初为并冀二州）、豫州、兖州、徐州、荆州、梁州、河州、凉州
西秦	初有秦凉二州，后有河州、秦州、益州、梁州、凉州、商州、沙州
夏	幽州、朔州、东秦州、凉州、雍州、豫州、北秦州、并州、荆州、秦州、河州
仇池	初有秦州、梁州，后有雍州、益州
谯蜀	益州、梁州、巴州
后凉	凉州、秦州
南凉	凉州
西凉	秦凉二州（后为凉州）
北凉	凉州、秦州、沙州

十六国所置诸州，大多沿用汉晋以来州的旧名以统其地，如五凉和前秦、西秦占有原西晋时凉州或凉州部分之地，皆在其境内置有凉州。十六国各政权继承汉晋以来的州的设置，主要是出于统治连续性的需要；而增置的一些州，也主要是出于政治统治的需要。如《晋志》并州条载，汉国刘聪时，"置殷、卫、东梁、西河阳、北兖五州，以怀安新附"，为安抚归附者而增置五州。后赵时，石勒"平朔方，又置朔州"（见《晋志》并州条）；石虎灭鲜卑段部后，于段部所居辽西令支置营州，皆从统治的需要而设。张骏时，增置河州、沙州，是出于称王的需要而建置。其他各政权增置的诸州，皆出于不同的政治目的。

十六国时期，有些政权置有双头州，如前赵秦凉二州治上邽，后燕兖豫二州治滑台，后秦并冀二州治蒲坂，北燕以并青二州治白狼，又先后以幽冀二州和幽平二州治肥如。而且有些政权同为一州名，刺史、州牧并置，且治所不同，如前秦、后燕皆以冀州牧治邺，以冀州刺史治信都。虽然十六国时期州的变化较大，但一些重镇长期作为实州（或司隶部）的治所而少有变化，这些重镇有洛阳、长安、邺、蓟、蒲坂、晋阳、龙城、广固、许昌、彭城、成都、上邽、姑臧、枹罕等。

十六国时期，一些政权虚张声势，不仅为"备职方"而"侨置"诸州，还会虚设诸州。十六国时的"侨置"诸州有一定的辖土、治所和人口，而虚设之州有名无实。十六国时期的虚设之州，大多是加给那些归降者的虚职。如王弥遣使降汉，刘渊拜为青徐二州牧，既而走投汉国，刘渊拜为青州牧，反少封一州，可见所设之州为虚。十六国时，同一人还可能接受不同政权的虚加的官职，如前燕慕容暐封袁瑾、朱辅分别为扬州刺史、荆州刺史，前秦苻坚封袁、朱分别为扬州刺史、交州刺史。有时一州之名可以授于两位降服者，如前秦苻登先以杨璧为梁州牧，又以杨定为梁州牧；后秦姚兴先以来降的司马国璠为扬州刺史，再以投奔的司马休之为扬州刺史。由此可见，这些虚设之州的虚幻。当然，有些受封者仅占据一隅之地的，如前秦末，徐嵩筑有一坞壁（即徐嵩堡），降于前秦，苻登便拜其为雍州刺史，这仍然是虚职。十六国时期，当一政权实力较弱时，需要拉拢一些同盟者，这时往往采取虚职加以州刺史或州牧的方式（如前秦末苻丕、苻登）；而当一政权比较强大时（如前燕慕容儁、前秦苻坚、后秦姚兴时），会把其尚未控制的州加给来降者。

十六国时期，政权间因其实力强弱而有不同的藩属关系，有些政权以州牧授予称藩于己者，如前赵刘曜兵临前凉边境，张茂惧而称臣，刘曜署张茂为凉州牧；此与虚封略有不同，仅表明两政权间的藩属关系。另有一些政权对于臣服于己的部族虚加以州刺史、州牧之号。如《通鉴》晋孝武帝太元十一年（386）十月载，"刘卫辰居朔方，士马甚盛。后秦主苌以卫辰为大将军、大单于、河西王、幽州牧，西燕主永以卫辰为大将军、朔州牧"。此后秦和西燕皆以刘卫辰为州牧，实际上此两政权并非有幽州或朔州。总之，十六国时期虚设之州皆是出于不同的政治目的而授予臣服者的[①]。

---

① 另外，这一时期，有些政权在征讨某州前，先任命将领为该州刺史，实际当时并未占据该州，此与虚设之州略有不同。如后赵攻前凉，先以麻秋为凉州刺史，而当时后赵未有凉州尺土。又如前秦攻东晋徐州、益州、梁州，分别以彭越、王统、杨安为徐州刺史、益州刺史、梁州刺史。

十六国时期，州级政区除司隶部和诸州外，还有准政区军镇。严耕望认为，"镇与州地位相等，故史臣与诏书常州镇并举"[①]。周一良提出，"镇虽与州并称，然非如州之统辖郡县"[②]。据此，镇与州的地位相当，但不辖郡县。十六国军镇的设置，主要是管辖当地的少数民族。十六国时期可考的军镇有，前赵、后赵、前秦、后秦置杏城镇，前秦、后秦又置三堡镇，后秦又置安定镇、匈奴堡镇、李闰镇，西秦置大夏镇，南燕置团城镇。

西晋平吴后有十九州，至西晋末有二十一州。《隋志》载，北周统一北方后的大象二年（580）有二百一十一州。可见，州的数量大幅增加。州的数量大量增加，是从东晋十六国时期开始的。由于州不断被分割，原西晋一州往往被分成数州，甚至有些州只领一郡甚或只领一、二县，可见州的幅员被大大缩减。

---

① 严耕望：《中国地方行政制度史（魏晋南北朝地方行政制度）》，上海古籍出版社，2007年，第774页。

② 周一良：《北魏镇戍制度考及续考》，见《魏晋南北朝史论集》，北京大学出版社，1997年，第215页。

郡级政区的设置

自西晋建国至十六国结束，这一时期郡级政区的设置有较大变化，不仅各政权新置了众多郡国，且还有不少郡国被省废，不少郡国名称、治所有改变。两晋十六国时期，于京都所在郡置尹，时有由郡改国、由国改郡。东晋十六国时期，不仅有实郡，还有侨郡，十六国个别政权还有虚设之郡。除郡、国外，两晋十六国时期还设有属国都尉、典农校尉、护军等与郡、国大体同级的政区或准政区。下文将对两晋十六国时期郡级政区的设置情况加以概述。

一、郡国的设置

晋武帝泰始元年（265），西晋建国，当时南方有孙吴政权，西晋仅统有北方和西南地区，此时西晋有郡国122（见下表），除汝阴国、章武郡、高阳国、东莞国、义阳国为晋武帝新置外，其余诸郡国皆承曹魏而来。泰始二年（266），晋武帝增置荥阳、上洛、汲郡、顿丘、始平、新都六郡。泰始（265—274）中，置阴平郡。泰始中又分巴东置武陵郡，咸宁（275—280）中省。泰始四年（268），郁林郡自孙吴入西晋。泰始五年（269）后分天水置秦川郡，太康三年（282）省。泰始七年（271），交趾、九真、日南、郁林四郡入孙吴。晋武帝时又置济岷郡，太康（280—289）初已省。泰始五年（269）置建平都尉，咸宁元年（275）改为建平郡。咸宁三年（277），置长广郡。

西晋泰始元年（265）郡国表

州名	郡国名
司州	河南郡、弘农郡、平阳郡、河东郡、河内郡、广平郡、阳平郡、魏郡，共八郡
兖州	陈留国、东郡、济阴郡、高平国、任城国、东平国、济北国、泰山郡，共八郡国

续表

州名	郡国名
豫州	颍川郡、汝南郡、襄城郡、汝阴国、梁国、陈国、沛国、谯国、鲁国、弋阳郡、安丰郡，共十一郡国
冀州	赵国、巨鹿国、安平国、平原国、乐陵国、勃海国、章武郡、河间国、高阳国、博陵国、清河郡、中山国、常山国，共十三郡国
幽州	范阳国、燕国、渔阳郡、北平郡、上谷郡、代郡、辽西郡、辽东郡、昌黎郡、玄菟郡、乐浪郡、带方郡，共十二郡国
并州	太原国、上党郡、西河郡、乐平郡、雁门郡、新兴郡，共六郡国
雍州	京兆郡、冯翊郡、扶风国、安定郡、北地郡、新平郡、天水郡、广魏郡、陇西国、南安郡、武都郡，共十一郡国
凉州	金城郡、西平郡、武威郡、张掖郡、西郡、酒泉郡、敦煌郡、西海郡，共八郡
梁州	汉中郡、梓潼郡、广汉郡、涪陵郡、巴郡、巴西郡、巴东郡、阴平郡，共八郡
益州	蜀郡、犍为郡、汶山郡、汉嘉郡、江阳郡、朱提郡、越巂郡、牂柯郡、建宁郡、兴古郡、云南郡、永昌郡，共十二郡
青州	齐国、济南国、北海国、乐安国、城阳郡、东莱郡，共六郡国
徐州	彭城国、下邳国、东海郡、琅邪国、东莞国、广陵郡，共六郡国
荆州	江夏郡、襄阳郡、南阳郡、南乡郡、义阳国、魏兴郡、新城郡、上庸郡，共八郡国
扬州	淮南郡、庐江郡，共两郡
	交趾郡、九真郡、日南郡，共三郡

太康元年（280）平吴，孙吴扬、荆、交、广四州四十三郡和庐陵南部都尉、合浦北部都尉、日南属国都尉、毗陵典农校尉入西晋（见下表）①，西晋省蕲春、朱崖等郡，新置临淮郡、南平郡、宣城郡，改孙吴江夏郡为武昌郡，改孙吴昭陵郡为邵陵郡，改孙吴新都郡为新安郡，将孙吴建平郡、庐江郡与西晋建平郡、庐江郡合并。太康初，又置广宁郡。太康二年（281），改毗陵典农校尉置毗陵郡。太康三年（282），置晋安郡，改庐陵南部都尉置南康郡，改日南属国都尉为日南郡。太康六年（285），省新都郡。太康七年（286），改合浦北部都尉置宁浦郡。《晋志》载，西晋太康间有十九州，共一百七十三

---

① 据《晋书·武帝纪》，太康元年（280），西晋灭吴，"收其图籍，得州四，郡四十三，县三百一十三"。此四十三郡，不包括属国都尉和典农校尉郡级政区。

郡国（含新都郡、宁浦郡），脱北海郡。太康九年（288），置随国。太康十年（289），置武邑国。晋武帝时增置二十七郡国[1]，包括由属国都尉、典农校尉所改的建平、庐陵、宁浦、毗陵四郡，另有武陵、秦川、济岷、新都四郡置后又省。

孙吴末年置郡表

州名	郡级政区名
扬州	丹杨郡、吴郡、吴兴郡、会稽郡、东阳郡、新都郡、临海郡、建安郡、豫章郡、临川郡、鄱阳郡、庐陵郡、安郡成、庐江郡、蕲春郡、庐陵南部都尉、毗陵典农校尉
荆州	南郡、江夏郡、建平郡、宜都郡、武陵郡、天门郡、长沙郡、衡阳郡、湘东郡、零陵郡、昭陵郡、桂阳郡、临贺郡、始安郡、始兴郡
交州	交趾郡、合浦郡、新昌郡、武平郡、九真郡、九德郡、朱崖郡、日南属国都尉
广州	南海郡、苍梧郡、郁林郡、桂林郡、高凉郡、高兴郡、合浦属国都尉

晋惠帝时，置二十四郡国，改两郡国名，省一郡国。元康元年（291），置西阳国和兰陵郡。元康三年（293），置晋昌郡。元康六年（296），改城阳置高密国。元康七年（297），置东安郡。元康九年（299），置平昌、建昌、竟陵三郡。元康（291—299）中，置中丘国。永康元年（300），置济阳国。永宁元年（301），置新野、淮陵二国，同年当又置东牟郡。太安二年（303），置益州郡。永兴元年（304），置堂邑、历阳、寻阳、义兴四郡。光熙元年（306），置东燕、南顿、汝阳三国。晋惠帝时，复置上郡，还置有新蔡国、广川国、狄道郡、成都国，省武邑国，改新兴为晋昌郡。晋怀帝时，永嘉元年（307）置营阳郡，永嘉五年（311）置河阳郡，又置南广郡，改益州为改晋宁郡。晋愍帝时，建兴元年（313）置平夷、夜郎、平乐三郡，或又省南广郡。西晋末，还置有安故郡，复置武邑郡，当省中丘国、成都国，因战乱当还有些郡国被省。

东晋时，增置郡可考者二十九个，另省不少郡，个别郡改名。东晋初，

---

[1] 《晋志》总叙载，"晋武帝太康元年，既平孙氏，凡增置郡国二十有三，荥阳、上洛、顿丘、临淮、东莞、襄城、汝阴、长广、广宁、昌黎、新野、随郡、阴平、义阳、毗陵、宣城、南康、晋安、宁浦、始平、略阳、乐平、南平"。《晋志》此载有误。襄城、昌黎、新野、乐平四郡曹魏末已有，略阳郡由曹魏广魏郡所改，非增置。另外，晋武帝时还增置章武、高阳、汲郡、新都四郡国，《晋志》于此未载，也没有言及短暂设置的武陵、秦川、济岷三郡。

分桂阳置平阳郡，后省。晋元帝时，太兴元年（318）置晋兴郡，又置梁水郡。晋明帝时，太宁元年（323）置永嘉郡；此后，省临淮郡、淮陵国。晋成帝时，咸和六年（331）置东官郡，咸和（326—334）中置沮阳郡，咸康元年（335）省建昌郡，又置兴宁、西平、建都、西河四郡；此后，省永昌郡。晋穆帝时，永和七年（351）置晋康郡、新宁郡，永和十一年（355）置遂宁郡，升平五年（361）置永平郡，又置汶阳郡；永和三年（347）灭成汉后，置西河阳郡，改河阳为东河阳郡，改汉原为晋原郡，省涪陵郡、平乐郡。晋哀帝或晋海西公时，置新安郡，后省。晋孝武帝时，太元九年（384）后省任城郡，太元十一年（386）后置华山郡；太元十五年（390）置晋寿郡，又置金山郡。晋安帝时，义熙九年（413）置山阳、海陵、淮阳、盱眙、义安五郡，隆安五年（401）置武宁郡，置宿预郡而后省，又置新巴、沈黎、晋熙三郡，省安丰、淮南、汉嘉、堂邑等郡。晋恭帝时，元熙二年（420）置新会郡。另外，成汉末省巴西、江阳二郡，东晋又置北巴西郡、东江阳郡。

十六国时期，各政权增置郡可考者有七十一个，另有不少郡被省，有些郡改名。汉国时，曾置大昌郡，后又省。汉国后，省西河郡。前赵时，置陇东郡。成汉时，置德阳、宕渠、沈黎等郡，后又省，又置汉原、南广、平乐三郡，又省巴西、宕渠、江阳等郡。后赵时，置黎阳、野王、襄国、建兴、武乡、赵平、赵兴、祝阿等郡，除黎阳郡外，后皆省；又置永石郡，后改为西河郡，后燕后又省；改晋昌为定襄郡，后又改为新兴郡；改陈留为建昌郡，后又改为陈留郡；改兰陵为武兴郡，后又改为兰陵郡。前燕时，置贵乡郡。前凉时，置广武、晋兴、湟河、广源、武兴、番禾、昌松、临松、建康、祁连、延兴、高昌、大夏、兴晋、武城、汉中、广晋等郡，后又省广源、延兴、汉中、广晋等郡，改安故为永晋郡，改狄道为武始郡。前秦时，置咸阳、平凉、长城、五原等郡，后又省五原郡。后燕时，置唐郡、建德、石城三郡。西燕时，置建兴郡。南燕时，置京兆郡，入东晋后当改为燕郡。后凉时，置三河、乐都、浇河、西安等郡；改昌松为东张掖郡，后又还为昌松郡；又当省西海郡。后秦时，置泰平、河北、平原、中部、南平、南乡、舞阳等郡，后又省南平等郡，改昌松郡为仓松郡，南乡、舞阳二郡入东晋后又省。西秦时，置武阳、秦兴、兴国、西安、苑川、广宁、汉阳、濡川、甘松、匡朋、白马等郡，后又省，改安故为安固郡。赫连夏时，置北地尹。仇池时，置仇池郡。西凉时，置新城郡，后当省。南凉时，改仓松郡为昌松郡。北凉时，置湟川、临池、金山、凉宁、凉兴等郡。

以《晋志》所载十九州而言，各州辖域内没有入太康年间《晋志》断限的郡如下表：

州名	郡名	郡数
司州	华山、大昌、泰平、河北、野王、襄国、贵乡、黎阳	8
兖州	济阳、东燕	2
豫州	陈郡、南顿、汝阳、新蔡、西阳	5
冀州	中丘（国）、武邑、广川、建兴、唐郡	5
幽州	渔阳	1
平州	建德、石城	2
并州	武乡、永石①、建兴	3
雍州	上郡、陇东、赵兴、赵平、咸阳、平凉、长城、五原、平原、中部、北地②	11
凉州	晋昌、晋兴、武兴、广武、高昌、湟河、建康、延兴、番禾、祁连、广源、临松、昌松、乐都、浇河、三河、西安、新城、临池、金山、凉宁、凉兴、湟川	23
秦州	秦川、狄道、安故、兴晋、大夏、武城、汉中、广晋、武始、南平、苑川、武阳、汉阳、漒川、甘松、匡朋、白马、西安、秦兴、兴国、广宁、仇池	22
梁州	武陵、德阳、宕渠、遂宁、晋寿、金山、新巴、北巴西③	8
益州	南广、平夷、夜郎、汉原、沈黎、东江阳④	6
宁州	益州（后为晋宁）、平乐、河阳、兴宁、梁水、西平、建都、西河、西河阳、东河阳	10
青州	济岷、高密、平昌、东牟、祝阿、燕郡	6
徐州	兰陵、东安、淮陵、堂邑、山阳、海陵、宿预、淮阳、盱眙	9
荆州	竟陵、随郡、新野、汶阳、建昌、营阳、成都、武宁、平阳、沮阳、舞阴、南乡⑤	12
扬州	历阳、晋熙、义兴、寻阳、永嘉	5
交州	新安	1
广州	晋兴、东官、晋康、新宁、永平、义安、新会	7

---

① 后赵曾置永石郡，此郡是西河郡废后复置，郡名不同，后复称西河郡。

② 此为北地尹，赫连夏所置，不同于《晋志》中雍州北地郡。

③ 东晋置北巴西郡，是巴西郡废后所置，辖境与巴西郡不同。

④ 东晋置东江阳郡，是江阳郡废后所置，辖境与江阳旧郡不同。

⑤ 《晋志》有顺阳郡，由南乡郡所改，但后秦又分顺阳置南乡郡，此南乡郡不同于西晋初年的南乡郡。

二、郡国增置和省废的原因

由上述可见，两晋十六国时期增置了许多郡国。一个政权的统治区大体可分京畿区、中间区和边疆区三个圈层，不同圈层郡国的增置其主要原因有所不同。首先，京畿区多因郡的领县较多、郡内人口较众而分置新郡。如泰始二年（266），分河南置荥阳郡，分河内置汲郡，分阳平置顿丘郡。据《晋志》，河南、荥阳二郡共二十县、148400户，河内、汲郡二郡共十五县、89000户；而当时西晋郡国领县平均为七县，人口平均为14000多户。显然，在分置荥阳、汲郡前，河南郡、河内郡领县、人口较多，荥阳郡、汲郡之设应与此有一定关系。又如后赵都襄国，居广平郡内，随着后赵都邑人口的增加，后赵分广平置襄国郡。前凉都故臧，随着中原人口的大量流入，分武威郡置武兴、番禾、昌松等郡。前秦定都长安，随着京畿地区人口的增加，前秦分京兆等郡置咸阳郡。前燕都邺城时，曾分邺城附近置贵乡郡。后燕置都中山，分中山郡置唐郡。

其次，两晋时期的中间区多因分封诸王的需要而新增王国。泰始元年（265），西晋建国，分封诸王，遂增置汝阴、高阳、东莞、义阳四王国。《晋书·宗室传·安平献王孚传附随穆王整传》载，"武帝以义阳国一县追封（司马整）为随县王。子迈嗣，太康九年，以义阳之平林益迈为随郡王"《寰宇记》河北道十二冀州条载，"（太康）十年，割武遂、武邑、观津三县为武邑国，以封南宫王承为武邑王"。可见，随国、武邑国因封国而立。又如晋武帝时以蜀郡封司马颖为成都国，晋惠帝时成都国为成汉政权占据。《水经注·夏水注》载，"晋永嘉中，西蜀阻乱，割华容诸城为成都王颖国"。《晋志》荆州条载，"时蜀乱，又割南郡之华容、州陵、监利三县，别立丰都，合四县置成都郡，为成都王颖国"。可见，荆州南郡之析分，因封国而致。另外，晋惠帝时，东燕、南顿、汝阳、广川、新蔡、西阳、高密、中丘、济阳、新野、淮陵诸国皆因封国而立。以上新置的王国都是处于西晋王朝的中间区。当然，中间区也会因某地区不断开发，编户人口不断增多等原因增置新郡，也可能因军事或政治的需要而新置郡国。

再次，边疆区一般处于加强对边境控制而设立新郡。在三国并立时期，今三峡一带是孙吴与蜀汉争夺的重要地区，吴、蜀曾有夷陵之战。为加强对该地区的控制，孙吴永安六年（263），分宜都置建平郡，分武陵置天门郡。曹魏灭蜀，西晋代魏，今三峡地区成为西晋、孙吴争夺的重要地区。如泰始五年（269），"（罗宪）袭取吴之巫城"，遂置建平都尉[①]。咸宁元年（275），改建平都尉为建平郡。又《宋志》荆州刺史巴东公相条载，"晋未平吴时[②]，峡中立武陵郡"。西晋在平吴前在三峡西段置武陵郡，与设立建平郡一样，都是为了加强对该地区统治。晋武帝太康初，分上谷置广宁郡。晋惠帝元康五年（295），分敦煌、酒泉二郡置晋昌郡。上谷郡北接鲜卑拓跋部，敦煌、酒泉二郡地处西北边陲，广宁、晋昌二郡的增置，当也是为了加强边疆统治、防范异族侵袭。《元和志》陇右道上鄯州条载，"前凉张轨分西平置晋兴郡。张天锡以晋兴、西平二郡辽远，分为广源郡"。西平郡为凉州边郡，鲜卑族、羌族等散布其间，前凉置晋兴郡、广源郡，都当是为了加强对该地区的控制。又如后秦、北魏在汾水下游交争不断，柴壁之战即发生于此地区，后秦为加强边境的统治，增置泰平郡。

边疆区新郡的设置也有因边疆地区的开发和人口的增多而置。前凉设置高昌郡，与该地区不断开发、汉人增多有较大关系。西汉元帝时置戊己校尉，为屯田长官。此后，高昌地区逐渐得到开发，汉人逐渐增多。高昌郡设立前，高昌"已经成为拥有自己定居人口的带有军事性质的边疆城市"[③]。据《晋书·张轨传附张骏传》载，"初，戊己校尉赵贞不附于骏。至是，骏击擒之，以其地为高昌郡"。可见，高昌郡是在戊己校尉的基础上设立的，这与西汉以来该地区长期屯田有很大关系。西晋时期，雍州之北为羌胡居地。十六国时期，羌胡居地南端与雍州相邻的地区得到开发，一些政权在此设立郡县。如后赵于此置赵兴郡、赵平郡，前秦于此置长城

---

① 《三国志·蜀书·霍峻传》裴松之注引《襄阳记》载，"（泰始）三年冬，入朝"；"四年三月，（罗宪）从帝宴于华林园"；"宪还，袭取吴之巫城，因上伐吴之策"；"六年，（罗宪）薨"。据此，罗宪"袭取吴之巫城"，应在泰始四年至六年（268—270）间。《宋志》荆州刺史建平太守条载，"晋又有建平都尉，领巫、北井、泰昌、建始四县"；"北井令，《晋太康地志》有，先属巴东，晋武帝泰始五年度建平"。可见，泰始五年（269），北井县自巴东郡别属建平，晋置建平都尉也应在此年。可能泰始五年（269），罗宪袭取巫县，西晋遂置建平都尉，又移巴东郡北井来属。

② "未"，原文作"末"，有误，此改。胡阿祥《宋书州郡志汇释》，"疑此处'晋末平吴时'当作'晋未平吴时'，'未''末'盖形近致讹"。安徽教育出版社，2006年，第174页。

③ 王素：《高昌史稿·统治篇》，文物出版社，1998年，第99页。

郡，后秦于此置中部郡、平原郡。平州地区昌黎郡以西，在西晋时期也非郡县统辖，后燕后期在此设立建德郡、石城郡，也当与该地区开发有一定关系。

当然，不少郡县的设置并非某一原因而致。如《南齐志》荆州条载，"桓温平蜀，（荆州）治江陵。以临沮西界，水陆纡险，行径裁通，南通巴、巫，东南出州治，道带蛮、蜑，田土肥美，立为汶阳郡，以处流民"。《南齐书·蛮传》载，"汶阳本临沮西界，二百里中，水陆迂狭，鱼贯而行，有数处不通骑，而水白田甚肥腴。桓温时，割以为郡"。由此可见，汶阳郡的设立与该地的交通、田土以及流民的流入等都有一定关系。

两晋十六国时期，因战乱等原因有不少郡国被省废。《元和志》河东道二汾州条载，"晋惠帝时，（西河郡）为刘元海所攻破，郡遂废"。据《元和志》，西河郡省废与战乱有关。又如后赵曾都襄国，置有襄国郡。后赵末，因胡汉矛盾加剧，汉人冉闵执掌大权，尽杀胡人。冉闵又与石祗、刘显鏖战于襄国，后二人先后被杀，冉闵"焚襄国宫室，迁其百姓于邺"[①]。《元和志》河东道四邢州条载，"至季龙徙都邺，为襄国郡。石氏既灭，罢之"。襄国郡省罢，当因后赵末年大乱，襄国郡人口锐减有关。《晋志》宁州条载，东晋咸康八年（342），"省永昌郡焉"。永昌郡之省则与部族反叛，成汉、东晋政权都不能控制该地区有关[②]。据后文"东晋侨郡补考"，成汉末，省巴西、宕渠二郡，是因僚人侵袭，郡县荒废。《寰宇记》河北道十二冀州条载，"（太康）十年，割武遂、武邑、观津三县为武邑国，以封南宫王承为武邑王。惠帝时承薨，无后，省还长乐"。可见武邑国之省与武邑王无后有关。据上文，西晋惠帝时，因巴蜀之地为成汉占据，西晋分南郡为成都王颖国。后来，成都王颖与东海王越政权失败，成都国不久则废。可见，有些王国的省废与诸侯王的废、绝有直接的关系。两晋十六国时期，郡国被省的原因较多，各有不同，但以战乱导致的人口流徙当是郡国荒废的主要原因。

---

① 见《石季龙载记下附冉闵载记》。

② 《华阳国志·南中志》载，"（吕）祥子元康末为永昌太守。值南夷作乱，闽濮反，乃南移永寿，去故郡千里，遂与州隔绝"。又《三国志·吕凯传》裴注载，"《蜀世谱》曰：吕祥后为晋南夷校尉，祥子及孙世为永昌太守。李雄破宁州，诸吕不肯附，举郡固守"。

三、郡国归属政权的变动和治所变迁

在分裂割据时期，郡国归属的政权常有变动。自西晋太康元年（280）灭吴至永兴元年（304）汉国建立前，此为统一王朝时期。西晋泰始元年（265）至太康元年（280）为晋、吴对峙时期。永兴元年（304）后为两晋十六国分裂割据时期。在统一时期，政权的疆土相对稳定，诸郡统属于西晋王朝统辖之下。分裂割据时期或南北对峙时期，随着战场的胜负，边郡归属的政权时有变迁，而且边郡也会随着郡太守的臣服政权的不同而改变。西晋、孙吴对峙时期，边郡归属变化不大，主要是泰始七年（271）交趾、九真、日南等郡自晋入吴。自永兴元年（304）刘渊、李雄分别建国，此后边郡变化归属变化较大，下以西晋十九州来划分区域，简述诸郡在东晋十六国归属的政权①。

东晋十六国时期，以司州诸郡归属的政权最为复杂。司州诸郡又以河南郡归属的政权变化最大，河南郡最初为汉国、东晋两分，后又为前赵、东晋、后赵三分，此后先后归属后赵、冉魏、前秦、东晋、周成（冉魏故将）、东晋、前燕、前秦、东晋、后秦、东晋。荥阳郡先后归属东晋、后赵、冉魏、东晋、前燕、前秦、后燕、东晋、翟魏、后燕、南燕、后秦、东晋。弘农郡最初为汉国、东晋两分，此后先后归属前赵、后赵、冉魏、前秦、西燕、东晋（此后分华山郡）、后秦、东晋、赫连夏，期间前秦、前燕两分弘农郡，华山郡分出后与弘农郡归属政权相同。上洛郡先后归属汉国、前赵、后赵、冉魏、东晋、前秦、东晋、后秦、东晋。平阳郡先后归属汉国、后赵、张平（后赵故将）、前秦、姚襄（后赵故将）、张平（后赵故将）、前燕、前秦、西燕，西燕后汾水东、西分别归属后燕和西燕故将，汾水之西后有归属后秦，汾水之西南又归东晋。河东郡先后归属汉国、前赵、后赵、前秦、西燕、柳恭（西燕故将）、后秦、东晋、赫连夏。河内郡、汲郡先后归属汉国、后赵、前秦、前燕、前秦、后燕。魏郡、广平、阳平、顿丘四郡先后归属后赵、冉魏（冉魏控制魏郡、广平，阳平、顿丘

为后赵故将控制）、前燕、前秦、后燕，后赵分魏郡置黎阳郡，前燕分阳平置贵乡郡，顿丘、贵乡、黎阳三郡曾为翟魏占据，黎阳郡在翟魏前曾为东晋短暂占据。

中部、东部诸郡为十六国一些政权与东晋长期的争夺之地，北方政权强盛时则入北，北方动乱之时则归属东晋。兖州诸郡先后归属东晋、后赵、冉魏、东晋、前燕、前秦、东晋、后燕、东晋，东燕、陈留、济阴、泰山、高平五郡曾为翟魏占据，陈留郡又曾为后秦据有，东燕、东平、济北、泰山四郡曾为南燕控制。青州诸郡先后归属曹嶷（汉国故将）、后赵、段龛（后赵故将）、前燕、前秦、东晋、南燕、东晋，济南郡曾为后燕占据。豫州淮水以南弋阳、安丰等郡国一直归属东晋，淮水以北先后归属东晋、后赵、冉魏、东晋、前燕、前秦、东晋，豫州西部诸郡曾为后秦占据。徐州淮水以南广陵等地一直为东晋占据，淮水以北诸郡先后归属东晋、后赵、前秦、东晋，前燕曾占据东莞、平昌、东安、琅邪等郡，后燕曾占据琅邪等郡。

北部和东北诸郡归属的政权也有不少的变化。并州诸郡先后归属后赵、张平（后赵故将）、前燕、前秦、西燕、后燕，另外西河郡、太原郡和上党郡部分地区为汉国占据。冀州、幽州诸郡先后归属后赵、前燕、前秦、后燕，冀州部分地区为冉魏占据，幽州还曾为鲜卑段部占据，辽西郡还曾归属北燕。平州昌黎、辽东、玄菟三郡先后归属前燕、前秦、后燕，乐浪、带方二郡在西晋亡前入高句丽，辽东、玄菟二郡在后燕末入高句丽，北燕也曾占据昌黎郡。

西部和西北诸郡归属政权变化很大。凉州地区先后归属的政权较多，凉州诸郡先后为前凉、前秦、后凉、北凉基本占据，南凉曾占据原西晋西平郡、武威郡和金城郡部分地区，西凉曾占据原西晋敦煌郡、酒泉郡、晋昌郡等地，西秦一度占据原西晋西平郡和金城郡，后秦一度占据武威郡和金城郡。雍州、秦州诸郡（除武都、阴平二郡）先后为前赵、后赵、前秦、后秦、赫连夏基本占据，汉国、西燕、东晋一度占据雍州东部诸郡，西秦一度占据秦州西部诸郡。武都、阴平二郡先后为仇池、前赵、仇池、前秦、仇池占据，阴平郡还曾为成汉占据。

南方和西南诸郡归属的政权变动较少。交州（除日南郡）、广州、扬州（除淮南郡）和荆州汉水以南一直为东晋统治区。交州日南郡一度为临邑占据，后复属东晋①。扬州淮南郡曾为后赵占据，其余时间属东晋。荆州汉水流域部分郡国先后归属东晋、后赵、东晋、前秦、东晋、后秦、东晋，但大部分时间为东晋占据，另顺阳郡短暂归属前赵，南阳郡还短暂归属前燕。宁州先后归属成汉、东晋。梁益二州大部分郡国先后归属成汉、东晋、前秦、东晋、谯蜀、东晋，另外汉中郡曾短暂为仇池、后秦占据。

两晋十六国时期，部分郡国治所有变迁。据后文"两晋十六国郡县治所变迁考"，这一时期郡国治所变迁可考的有：荥阳郡当先后治荥阳、新郑、荥阳、虎牢，河东郡当先后治安邑、蒲坂，平阳郡当先后治平阳、匈奴堡，河内郡当先后治野王、温、野王，阳平郡当先后治元城、馆陶，弋阳郡或先后治西阳、弋阳，高阳国（郡）先后治高阳、博陆，博陵国（郡）当先后治安平、鲁口，清河郡（国）当先后治清河、平晋、武城，昌黎郡当先后治昌黎、棘城、龙城，扶风国当先后治槐里、郿，梓潼郡当先后治梓潼、涪、晋寿、涪、晋寿、梓潼，广汉郡当先后治雒、广汉、雒，巴郡当治江州、枳、江州，朱提郡当先后治朱提、南广、朱提，牂柯郡当先后治且兰、万寿，兴古郡当先后治宛温、胜休、宛温（宛暖），永昌郡当先后治不韦、永寿，东莱郡（国）当先后治黄、掖，东莞国（郡）当先后治东莞、莒，江夏郡（国）当先后治安陆、夏口、沌口、沌阳、夏口、安陆，义阳国（郡）当先后治义阳、新野、平春，南乡郡（顺阳郡）当先后治酂、南乡等，魏兴郡当先后治洵口、锡、兴晋、锡、西城，汶阳郡或先后治汶阳、高安，天门郡当先后治零阳、澧阳，湘东郡当先后治酃、临烝，宣城郡当先后治宛陵、芜湖、赭圻、姑孰，庐江郡当先后治六、皖、舒，毗陵郡（晋陵郡）当先后治毗陵、丹徒、毗陵、丹徒、京口、丹徒、京口、丹徒、晋陵，庐陵郡当先后治西昌、石阳，南康郡

---

① 东晋时，交州日南郡一度为林邑占据，后复还东晋。《晋书·穆帝纪》载，永和三年（347）正月，"林邑范文攻陷日南，害太守夏侯览"；七月，"范文复陷日南，害督护刘雄"。又《晋书·四夷传·南蛮传·林邑传》载，"永和三年，（范）文率其众攻陷日南，害太守夏侯览"，"遂据日南。告交州刺史朱蕃，求以日南北鄙横山为界"；"是岁，朱蕃使督护刘雄戍于日南，文复攻陷之"；"明年，征西督护滕畯率交、广之兵伐文于卢容，为文所败，退次九真"。可见，永和三年（347），日南郡入林邑。《穆帝纪》载，永和九年（353）三月，"交州刺史阮敷讨林邑范佛于日南，破其五十余垒"。可见，永和九年（353），日南郡入东晋。又《晋书·安帝纪》载，隆安三年（399）二月，"林邑范胡达陷日南、九真，遂寇交阯，太守杜瑗讨破之"。《宋书·良吏传·杜慧度传》载，"林邑王范胡达攻破日南、九德、九真三郡"，"（杜瑗）累战大破之，追讨于九真、日南，连捷，故胡达走还林邑"。《四夷传·南蛮传·林邑传》又载，"至义熙中，每岁又来寇日南、九真、九德等诸郡"。可见，至东晋末，日南郡仍属东晋。

当先后治雩都、赣，晋康郡当先后治元溪、龙乡。

四、京都尹和郡级封国

两晋十六国时期的政权，大多在京都所在郡设尹，郡置太守，王国置内史或相。《晋书·职官志》载，"郡皆置太守。河南郡，京师所在，则曰尹，诸王国以内史掌太守之任"。《晋志》司州条载，河南郡，"置尹"；又扬州条载，"元帝渡江，建都扬州，改丹阳太守为尹"。十六国时期许多政权于京都所在的郡置尹。汉国都平阳，设有平阳尹。前赵刘曜都长安后，基本上继承了汉国旧制，可能在长安设有京兆尹。前秦、后秦都长安，都设有京兆尹。前秦一度还设有左冯翊、右扶风。后赵石虎、前燕慕容儁与慕容暐都邺，皆设有魏尹。后燕慕容垂、慕容宝都中山，设有中山尹。后燕、北燕都龙城时，皆设有昌黎尹。后凉都姑臧，设有凉都尹。赫连夏都统万城，设有北地尹。十六国时设置有京都尹的政权有汉赵、后赵、前秦、后秦、前燕、后燕、北燕、后凉、夏。而史料不载成汉、南燕、前凉、南凉、西凉、北凉、西秦设有京都尹。据前述十六国司隶部可知，前凉、西凉、北凉、西秦未见史料载有司隶部建置。成汉都成都，置有司隶部，或曾设成都尹。南燕所置京兆太守，或相当于京都尹。南凉都姑臧时，曾置司隶部，抑或承后凉置有凉都尹。前凉、西凉不置司隶部，当亦不设京都尹。北凉、西秦是否有京都尹，则难以断定。

两晋时，有不少郡级政区为郡王郡公封国[①]。西晋时，前后共有九十三郡级王国或公国，其中有七十九王国、十四公国，东平、广陵既曾为王国也曾为公国，而安平郡（后称长乐郡）曾为安平国、长乐郡，扶风郡曾为扶风国、秦国，襄阳郡曾为楚国、襄阳国。晋武帝泰始（265—274）间立三十六郡国，其中泰始元年（265）立二十八王国、五公国。咸宁三年（277）新立十一王国、一公国[②]。武帝太康（280—289）间新立十五王国，其中太康十年（289）立十二王国。晋惠帝时，新立二十二王国、五公国，晋怀帝、晋愍帝时共立有三公国。就西晋十九州来说，各州领郡曾改封国各有不同，具体来说：冀州

---

① 详见后文"两晋郡王郡公封国考"，此下有关两晋封国的概述是在此文基础上而作。

② 若有王国废为郡，后复立，或复立后名称有变，则不视为"新立"。

有十六郡曾改封国，荆州有十四郡曾改封国，豫州有十一郡曾改封国，兖州、徐州各有十郡曾改封国，青州有九郡曾改封国，扬州有六郡曾改封国，梁州、幽州、并州各有三郡曾改封国，雍州有两郡曾改封国，凉州、秦州、益州、平州各有一郡曾改封国，司州、宁州、交州、广州四州无封国。西晋时期，冀州诸郡皆曾改为封国，兖州诸郡除泰山郡外皆曾改为封国，荆州封国主要集中于江北地区。司州为京畿所在，故境内诸郡未曾改为封国。宁州、交州、广州所辖诸郡皆为边郡，故亦未改为封国。边郡中，仅辽东郡、燕郡、西平郡一度改为国，其余诸郡未曾改为封国。

东晋时，前后共有二十三王国、十五公国，王国分为实土封国和侨立封国，公国皆为实封。王国之中，承西晋而立者有十个，其中七王国后为侨立封国，东晋新立实封王国有五个，侨立封国前后共有十五个。公国之中，承西晋而立公国者有两个，新立者有十三个，其中南郡国前后封桓温和刘道规，豫章国前后封桓玄和刘裕，南阳国东晋初曾为王国，东晋末又为公国。实封王国豫州有六个，徐州有三个，荆州、扬州各有两个，江州、广州各有一个，侨立于扬州境内的王国有十一个，侨立徐州、江州境内的王国各有一个，另有两王国侨立于何地不明。公国江州有六个，荆州有五个，广州有三个，徐州有一个。

有些郡因改封国，名称随之发生改变。如《宋志》南徐州刺史南濮阳太守条载，濮阳郡，"本东郡，属兖州，晋武帝咸宁二年以封子允[1]，以东不可为国名，东郡有濮阳县，故曰濮阳国。濮阳，汉旧名也。允改封淮南，还曰东郡。赵王伦篡位，废太孙臧为濮阳王，王寻废，郡名遂不改"。另外，还有不少郡因封国改名，如西晋以前的涿郡，入西晋后因封国改为范阳郡；扶风郡、襄阳郡、汉中郡因封国一度改为秦国、楚国、汉国，济阴郡因封国一度改为广阳国。一些封国随着诸侯王的改封他郡或无子嗣而还为郡，不少封国是在永嘉之乱后诸侯王在大乱中死去而改封国为郡，特别是这些封国为后赵等政权占据，新政权随之将封国改为郡。

"十六国时期的君主，多藉由具有象征意义的封爵，宣示统治的正当性与有效性"[2]。在此背景下，十六国时期的封国多具有虚封性质，故多数政权封爵

---

① 据后文《〈宋书·州郡志〉考订》考证，此"咸宁二年"应为"咸宁三年"。

② 王安泰：《再造封建：魏晋南北朝的爵制与政治秩序》，台湾大学出版中心，2013年，第84页。

地一般不可作为当时存在的政区。如汉国刘渊所封鲁王、齐王、北海王，前赵刘曜所封南阳王、汝南王、河间王，成汉所封武陵公、河南公、扶风公，前燕慕容暐所封吴王、上庸王、下邳王、宜都王，前秦苻生所封东海王、广平王、新兴王，后燕慕容宝所封安定王、宜都王、南安王，南燕慕容德所封北地王、南海王、桂林王，北燕所封范阳公、汲郡公、广川公，后秦姚兴所封齐公、广平公、东平公，夏赫连勃勃所封阳平公、太原公、酒泉公，后凉所封太原公、天水公、常山公，皆为虚封，故这些郡称等同虚设。后赵疆域较广，其所封诸郡王公，大多有实土，故后赵时有可能郡、国并置，也可能为虚封。前凉、南凉、北凉遂仅据凉州或凉州部分之地，所封公、侯一般为凉州境内郡、县。西秦、西凉封爵多不详。

五、侨郡和郡级准政区

东晋十六国时期，北方战乱不断，人口大量流徙，东晋十六国在侨流人口比较集中的地区设立侨郡侨县。东晋侨郡以扬州最多，荆州、梁州、益州、徐州、青州、豫州境内也有不少侨郡。东晋的侨郡，因人口不断迁入而先后侨立，又因土断等原因不断省并。

随着北方战乱不断，北方的兖州、青州、徐州、豫州、冀州、司州、并州等州流民先后迁至江南、淮南，在晋陵、丹阳等郡境内形成了北方各地侨民集聚区。东晋侨郡侨于晋陵郡境者最多，侨置有广平、濮阳、东燕、济阴、高平、泰山、济阳、鲁郡、长乐、平原、乐陵、清河、燕郡、雁门、齐郡、济岷、高密、平昌、彭城、下邳、东海、兰陵、东莞、临淮、淮陵二十五郡国。丹阳郡境侨郡仅次于晋陵郡，侨置有魏郡、东平、泰山、高阳、河间、广川、上党、东海、琅邪、堂邑、淮南十一郡国。扬州境内，还侨置顿丘、陈留、汝阴、梁郡、谯郡、马头、钟离六郡于淮南郡境，侨置弘农、安丰、松滋三郡于寻阳郡境，侨置襄城、庐江二郡于宣城郡境，侨置东海郡于吴郡境，侨置新蔡郡于庐江郡境。

在北方动乱之际，雍州、秦州、司州、豫州等地不断有流民迁至荆州襄阳、南郡等郡境。东晋侨置河南、广平、京兆、扶风、始平、义阳、义成七郡于襄阳郡境，侨置河东、弘农、新兴、义阳、东义阳、长宁六郡于南郡境，侨置颍川、襄城、汝南、绥安四郡于武昌郡境，侨置上洛、晋昌二郡于魏兴郡境，侨置南义阳郡于天门郡境。雍州、秦州等地的流民不仅迁入荆州，还有不少迁入梁州、益州。东晋在梁州境内，侨置太原、略阳、安固、武都、北阴平、北宕渠六郡于汉中郡境，侨置南阳、南阴平、南汉中、晋熙、晋宁五郡于广汉郡境，侨置巴西、宕渠、南阴平三郡于梓潼郡境，侨置涪陵郡于巴郡境；在益州境内，侨置宁蜀、怀宁、始康三郡于蜀郡境，侨置江阳郡于犍为郡境，侨置安固郡于汶山郡境。徐州、青州、豫州的侨民主要来自冀州、兖州、司州等地。在徐州境内，东晋侨置沛郡、辽西二郡于广陵郡境，或在广陵郡境还侨置义昌郡，侨置上党、济南、高密三郡国于临淮故郡境，侨置侨置阳平、清河、濮阳、济阴、济岷五郡于下邳郡境，侨置秦郡、陈留国于堂邑郡境。在青州境内，东晋侨置高阳郡于齐郡境，侨置魏郡、顿丘、北平原三郡于济南郡境，侨置勃海、河间、广川三郡于乐安郡境。在豫州境内，东晋侨置巨鹿郡于沛郡境，侨置魏郡、陈留二郡于谯郡境，南顿郡帖治陈郡。

　　侨郡一般统领侨县，但侨郡并非由侨州直接统辖。如《晋志》扬州条载，"（东晋）又于寻阳侨置松滋郡，遥隶扬州"。松滋县原属豫州，寻阳郡则属江州，而松滋侨郡则遥隶扬州。实际扬州刺史并不统辖松滋侨郡，此侨郡是军府统辖。《南齐志》江州条载，晋安帝时，何无忌上表云，"又司州弘农、扬州松滋二郡，寄寻阳，人民杂居，宜并见督"。可见，松滋郡是由都督的军府统辖。《宋书·孟怀玉传》载，"（义熙）八年，（孟怀玉）迁江州刺史，寻督江州、豫州之西阳新蔡汝南颍川、司州之恒农、扬州之松滋六郡诸军事"。此松滋侨郡仍由军府管辖。又如襄阳郡境侨立有义成郡，此义成侨郡名义上属扬州，却一直由军府统辖。夏日新认为："东晋政权设置侨州郡县安置流民集团，主要是利用其作为军事基础，因而对侨州郡县实际进行管理的，不是侨郡县所属州，而是侨置地区的军府。"[①]《晋志》雍州条载，"孝武始于襄阳侨立雍州，仍立京兆、始平、扶风、河南、广平、义成、北河南七郡，并属襄阳"。《宋志》雍州刺史京兆太守条载，"雍州侨郡先属府，武帝永初元年属

---

① 夏日新：《汉唐之际的民众与社会》，湖北人民出版社，2010年，第31页。

州"。对此，胡阿祥指出："所谓'属府'，即侨雍州及其郡县以及襄阳地区的其他侨郡县，在刘宋永初元年（420）以前，归都督—将军府而非州职机构管理，即实行的是军政统治而非民政统治。这种军政统治的情形，在近边地带的众多侨州郡县中应是比较普遍的。"[1] 夏日新也指出，"出镇襄阳的都督都是兼督该地区各州的侨郡"，"侨郡县管理不仅在襄阳地区是这样，其它地区也是如此"[2]。东晋设立的没有实土的侨郡，不同于正式的政区，一般不由侨州直接统辖，而是由军府管理。义熙土断后，有些侨郡割有实土，则属州统辖。如义熙土断，省淮南郡，梁、谯、钟离、马头等侨郡割有实土，这些侨郡则属豫州统辖。又如巴西、宕渠二郡，其地在成汉末为僚人占据，东晋于梓潼郡侨置巴西、宕渠二郡，又当为实州不失二郡之名，故此二侨郡先后归属益州、梁州统辖。也有些侨郡即使没有实土，也属实州统辖，如河内郡（侨于河南郡）、东京兆郡（侨于荥阳郡）则属司州统辖。

陈寅恪指出，永嘉乱后，"当时北方人民避难流徙的方向有三：东北、西北、南方。流向东北的一支，托庇于鲜卑慕容政权之下。流向西北之一支，归依于凉州张轨的领域"[3]。大量避难人口流入前凉统治区，前凉为安抚新来的流民而设置新郡加以统治。据《晋书·张轨传》，"中州避难来者日月相继，分武威置武兴郡以居之"。西凉时，因流民迁入，也置一些侨郡。《晋书·凉武昭王李玄盛传》载："初，苻坚建元之末，徙江汉之人万余户于敦煌，中州之人有田畴不辟者，亦徙七千余户。郭黁之寇武威，武威、张掖已东人西奔敦煌、晋昌者数千户。及玄盛东迁，皆徙之于酒泉，分南人五千户置会稽郡，中州人五千户置广夏郡，余万三千户分置武威、武兴、张掖三郡，筑城于敦煌南子亭，以威南虏。"西凉李暠于酒泉、敦煌二郡所立会稽、广夏、武威、武兴、张掖诸侨郡显然是为处侨民[4]。西秦时，设置的秦兴郡、兴国郡分

---

① 胡阿祥：《东南南朝侨州郡县与侨流人口研究》，第86页。

② 夏日新：《汉唐之际的民众与社会》，第32页。

③ 万绳楠整理：《陈寅恪魏晋南北朝史讲演录》，黄山书社，2000年，第115页。

④ 西凉还有虚设（或遥领）性质的郡。《晋书·凉武昭王李玄盛传》载，西凉李暠时，以"令狐迁为武卫将军、晋兴太守，氾德瑜为宁远将军、西郡太守，张靖为折冲将军、河湟太守，索训为威远将军、西平太守，赵开为骁骑护军、大夏太守，索慈为广武太守，阴亮为西安太守，令狐赫为武威太守，索术为武兴太守，以招怀东夏"。李暠所署晋兴等郡太守，既无人民，又无实土，纯为招怀东夏而虚设，故晋兴等郡不能视为西凉曾有的侨郡。

别是为处迁徙而来的鲜卑民和羌民而置的[①]。永嘉后，东北的前燕也增设有侨郡以纳外来之民。据《通鉴》晋愍帝建兴元年（313）四月，"辽东张统据乐浪、带方二郡，与高句丽王乙弗利相攻，连年不解。乐浪王遵说统帅其民千余家归廆，廆为之置乐浪郡，以统为太守"。此乐浪郡即为侨郡。前燕还侨置带方郡。前燕慕容廆时，于其境侨置有冀阳、成周、营丘、唐国等郡，是为管理中原流人而侨置的。另外，前秦时曾侨置武都郡。《寰宇记》关西道六凤翔府宝鸡县条载，三交故城，"苻健于此置武都郡"。这时的宝鸡县与仇池杨氏占据的武都郡相邻，苻健于此侨置武都郡，可能是为了吸纳武都郡人，也可能为处武都郡流人而设。

两晋十六国时期，郡级政区除广泛设置的郡、国以外，还置有属国都尉、典农校尉、护军等政区或准政区。汉武帝后，为加强对边境少数民族地区的管辖，在某些地区设置部都尉以辖其地，以军事将领兼摄民事，东汉、三国、西晋沿袭其制。三国时，曹魏、孙吴在实行屯田的诸郡置典农校尉，并统有诸县，西晋初仍承其制。西晋时，曾设建平都尉、庐陵南部都尉、合浦北部都尉、毗陵典农校尉，后来分别改为建平郡、南康郡、宁浦郡、毗陵郡，这表明属国都尉和典农校尉与郡国大体同级。十六国时，也有政权置有部都尉，前燕曾有徒河南部都尉，前秦曾置安定北部都尉。

受魏晋地方护军制的影响，十六国时许多政权还设有地方护军。严耕望认为，"护军所统既为异族，大抵以户落为单位，不以土地为单位"；"护军地位既与郡守相若，又领民户兼辖土地，故即为地方官之一种"[②]。据严氏论证，十六国时期地方护军的地位大致与郡相当，有领民和土地，但统民以户落为单位，又与郡不同。据《元和志》和《寰宇记》，北魏时改十六国地方护军为县，这说明十六国时期的护军虽然地位与郡守相若，但其辖土大致与县差不多。因此，十六国时期的地方护军，与当时的郡县制有所不同，是一种主要管理少数民族的特殊政区。据现存史料，十六国时，汉赵、后赵设有抚夷护军，前凉时设有枹罕、大夏、武街、石门、侯和、漒川、甘松、宣威、玉

---

① 《通鉴》载，晋安帝义熙七年（411）二月，"河南王乾归徙鲜卑仆浑部三千余户于度坚城，以子敕勃为秦兴太守以镇之"；四月，"河南王乾归徙羌句岂等部众五千余户于叠兰城，以兄子阿柴为兴国太守以镇之"。

② 严耕望：《中国地方行政制度史（魏晋南北朝地方行政制度）》，第832、834页。

门等护军，前秦时设有抚夷、三原、铜官、宜君、土门、冯翊、云中、勇士、甘松、中田等护军，后秦设有抚夷、安夷、安定等护军，后燕设有离石护军，北燕设有辽东护军，后凉设有中田护军，西秦时设有长城护军，赫连夏曾设吐京护军，南凉设有邯川护军、湟川护军，西凉和北凉设有骓马护军和敦煌护军。据《宋书·氐胡传》，仇池杨氏"分诸四山氐、羌为二十部护军，各为镇戍，不置郡县"。可见，仇池后期曾废郡县而置护军。

县级政区的设置

在两晋十六国各级政区中，县级政区不仅数量大，而且变化也大。这一时期，各政权都不同程度地增置了县，也有一些县被省废，部分县的治所有变化。东晋十六国时，不仅设置有实县，还置有侨县。两晋十六国时，另置有都尉等县级准政区。

一、县的设置及增置

西晋泰始元年（265）建国，所统郡国有一百二十二个，领县有八百个以上。泰始（265—274）、咸宁（275—280）年间，西晋又增设一些县。据《晋书·武帝纪》，太康元年（280），西晋灭吴，"收其图籍，得州四，郡四十三，县三百一十三"。《晋志》载，西晋太康（280—289）年间有县一千二百三十二个，但此县数存在不少问题。首先，各州小序所言县数与各郡国领县合计数有所不同，如司州条言"县一百"，实际司州诸郡领县合计仅九十九个，这可能某郡领县有脱漏，或小序内容有误。其次，可考的太康年间（280—289）部分县不见于《晋志》，如《宋志》所载"太康三年地志"的有些县不见于《晋志》。再次，《晋志》误入一些县，如唐修《晋书》，误将唐县入《晋志》，这类县有汉中郡黄金、兴道二县，梓潼郡中武连、黄安二县，巴西郡苍溪、岐惬二县，南郡松滋、石首二县；另有襄阳郡误入邓城、鄾二县，天门郡误入充县，宁浦郡误入昌平县等。最后，青州脱北海郡，又将北海郡所领平寿、下密、胶东、即墨四县系于济南郡下。虽然《晋志》所载西晋太康年间（280—289）县数有误，但此时西晋统县当有一千二百个以上。

两晋十六国时，增置的县可考者有四百九十一个。西晋时，增置的县可考者前后有二百二十一个，其中晋武帝时增置一百七十九县，晋惠帝时置二十三县，晋怀帝时置四县，晋愍帝时置五县，西晋末还置有十县。东晋时，增置的县可考者前后有一百七十三个，其中可考晋元帝时置二县，晋成帝时置十一县，晋穆帝时置八县，晋哀帝、晋废帝时各置一县，晋孝武帝时置五县，晋安帝时置五十一县，另有九十四县为东晋置而不知东晋何帝时所置。十六国时，各政权增置县可考者有九十七个，其中汉国置一县，后赵置十一县，前燕置十四县，前凉置四十县，前秦置十县，后燕置三县，西燕、南燕、后秦、西秦各置一县，北燕置二县，后凉置八县，仇池置四县。两晋十六国时期增置的县，详见下表。

在各政权增置的县中，有些县在某政权增置前曾设立，后又省废，至两晋十六国时复置该县[①]。下表中，凡有下划线的县都属于此类。两晋十六国时，复立晋前曾经设置的县可考者共有一百零一县，其中西晋六十八县，东晋十一县，十六国二十二县，而晋武帝时有四十九县，所占接近其半，原魏吴边境广陵、下邳、淮南、庐江四郡所废的县则有二十个。另外，晋武帝时置丰阳、拒阳二县，后皆省，后赵复丰阳县。

两晋十六国增置县表

时期		新置县
西晋	晋武帝	丰阳、拒阳、朝歌、长乐，以上四县属司州；燕，属兖州；宋子、南宫、武强、漯沃、新乐、东安陵，以上六县属冀州；樊舆，属幽州；乐就、力城、南新，以上三县属平州；武乡、受阳、乐平、晋昌，以上四县属并州；都卢、灵州、蒯城、盩厔、邬邑，以上五县属雍州；令居、枝阳、长宁、仙提、万岁、兰池、骊马、昌蒲、阳关、宜禾、新乡，以上十一县属凉州；河关、新兴、临渭、上禄，以上四县属秦州；蒲池、郿、平州、龟阳、黔阳，以上五县属梁州；汶山、升迁、广阳、兴乐、开邦、万寿、广谈，以上七县属益州；云平、永宁、都唐、新定、修云、泠丘、同乐、兴迁、永寿、雍乡、南涪，以上十一县属宁州；葡阳、营城、晋宁、夷安，以上四县属青州；赣榆、射阳、海陵、广陵、盐渎、江都、凌、高邮、徐、临淮，以上十县属徐州；钟武、州陵、监利、汎阳、厥西、洵阳、武陵、上廉、泰昌、安南、江安、舞阳、临澧、澧阳、溇阳、巴陵、建兴、武冈、沙羡、沙阳、鄂、高陵、广兴，以上二十三县属荆州；临江、于湖、溧阳、江乘、湖熟、秣陵、历阳、全椒、阜陵、钟离、逡遒、阴陵、当涂、

时期		新置县
西晋		东城、乌江、舒、居巢、临湖、襄安、武进、延陵、暨阳、无锡、海虞、新城、东迁、长城、宁海、始阳、东平、延平、原丰、新罗、宛平、同安、温麻、钟陵、晋兴、上饶，以上三十九县属扬州；南平、荡昌、毒质、晋始、封山、西道、武兴、进山、根宁、安武、扶安、扶乐、松原、高安、军安、宁夷、南陵、阳遂、扶苓、曲胥、浦阳、都浃、西安、寿泠、无劳，以上二十五县属交州；常安、阳山、元溪、都罗、武城、丁留、安远、粟平、洋平、夹阳、军腾、化平、莫阳、西平、始定、简阳，以上十六县属广州。
	晋惠帝	西华，属豫州；索卢，属冀州；好畤、泾阳、衙，以上三县属雍州；会稽，属凉州；洮阳、遂平、武街、始兴、第五、真仇，以上六县属秦州；宣汉、新乐，以上二县属梁州；昌阳，属青州；溇阳、丰都、归乡、应阳，以上四县属荆州；临津、义乡、国山、平陵，以上四县属扬州。
	晋怀帝	枹罕、大夏，以上二县属秦州；河阳，属宁州；兴安，属扬州。
	晋愍帝	平乐、三沮，以上二县属宁州；沌阳，属荆州；九江、上甲，以上二县属扬州。
	西晋末	武德，属司州；考城，属兖州；令支，属幽州；渭城、灵武，以上二县属雍州；安故、陇城，以上二县属秦州；乐安、东牟、牟平，以上三县属青州。
东晋	晋元帝	梁水，属宁州；平阳，属荆州。
	晋成帝	新安、经云、永丰、临江、麻应、遂安、成昌、建安，以上八县属宁州；广昌，属荆州；南沙，属扬州；宝安，属广州。
	晋穆帝	南汉、巴兴、小溪，以上三县属梁州；汉安，属益州；汶阳、僮阳、沮阳，以上三县属荆州；乐安，属扬州。
	晋哀帝	同并，属宁州。
	晋废帝	欣乐，属广州。
	晋孝武帝	兴安、益昌、晋兴（属金山郡），以上三县属梁州，晋兴（属遂宁郡），属益州；乐成，属扬州。
	晋安帝	东垣、西垣、朱阳，以上三县属司州；光城、茹由，以上二县属豫州；西浦、新兴、新巴、晋城、晋安、冶官，以上六县属梁州；城阳、兰、晋乐，以上三县属益州；山阳、东城、左乡、建陵、临江、如皋、宁海、蒲涛、角城、阳城、直渎、宿预，以上十二县属徐州；长林、乐乡、高安，以上三县属荆州；怀宁、新冶、绥城、沙村，以上四县属扬州；怀化、盆允、封平、兴宁、绥安、海宁、潮阳、义招、夫阮、龙乡、晋化、封兴、荡康、思安、辽安、平兴、永城、招义，以上十八县属广州。

续表

时期		新置县
十六国	东晋 （不知具体 时间）	凉城，属兖州；和城，属豫州；怀安、万安、阳泉，以上三县属梁州；安乐、临利、常迁、新兴、晋昌、新兴、晋兴、晋乐、丹南、谈乐，以上十县属益州；东古复、西古复、遂段、新丰、西安、南兴、盘江、来如、南零、西平、温江、都阳、晋绥、义成、西宁、万安、新兴，以上十七县属宁州；琅邪，属青州；惠怀、宵城、新阳、修阳、广城、北吉阳、永新、永宁、平乐、新乡、宜昌、汝城，以上十二县属荆州；新安、新道、晋化、都庞，以上四县属交州；西平、安怀、海丰、海阳、抚宁、遂成、广陵、侨宁、南兴、新兴、博林、甘东、单螺、威平、安沂、苏平、畈安、夫宁、雷乡、卢平、员乡、通宁、开城、程安、威定、中胃、归化、建初、宾平、威化、新林、龙平、怀安、绥宁、建安、晋兴、熙注、桂林、增翊、广都、晋城、郁阳、中溜、石门、长度，以上四十五县属广州。
	汉国	陭氏，属并州。
	后赵	丰阳、苑乡，以上二县属司州；南栾、广阿、停驾、建始、兴德、临清、水东，以上七县属冀州；长城，属并州；安阳，属秦州。
	前燕	棘城、柳城、徒河、武宁、武原、兴集、宁集、兴平、育黎、吴、平郭、和阳、武次、西乐，以上十四县属平州。
	前凉	永登、广武、振武、破羌、晋兴、永固、临津、临鄣、广昌、大夏、遂兴、罕唐、左南、祖厉、鹯阴、武兴、大城、乌支、襄武、晏然、新鄣、平狄、司监、魏安、漠口、临松、玉石、凉宁、建康、汉阳、祁连、凉兴、高昌、田地、横截、高宁、白力，以上三十七县属凉州；桓陵、金剑、宛戌，以上三县属秦州。
	前秦	敷西、永昌，以上二县属司州；陈留，属兖州；渭南、泾阳、宛川、焉氏、贰、长城，以上六县属雍州；美水，属凉州。
	后燕	白狼、石城、广都，以上三县属平州。
	西燕	阳阿，属并州。
	南燕	逢陵，属青州。
	北燕	临渝，属幽州；建德，属平州。
	后秦	中部，属雍州。
	西秦	彰，属秦州。
	后凉	允吾、鹯武、乐都、嘉麟、苕藋、氐池、乌泽、阳川，以上八县属凉州。
	仇池	平乐、修城、嘉陵，以上三县属秦州；平兴，属梁州。

　　两晋十六国时期增置的县，就其所属地区来说，有的地区甚多，有的地区较少。上表以《晋志》所载十九州为别，将各县归入相应的州下。有些县是在西晋边境以外之地新立的，则归入相临近的州下。如前秦置长城县，后秦置中部县与雍州临近，此二县则列入雍州下。以《晋志》所载十九州为别，广州境

内增置的县最多，两晋前后共增置八十一县，此下依次为凉州境内五十八县，扬州境内五十三县，荆州境内四十八县，宁州境内四十一县，交州境内二十九县，梁州境内二十三县，秦州、益州、徐州境内各二十二县，平州境内二十一县，雍州境内十七县，冀州境内十四县，司州境内十二县，青州境内十县，并州境内七县，兖州、豫州境内各四县，幽州境内三县。由此可见，两晋十六国时，地处外层的广州、交州、宁州、凉州、平州等州增置的县较多，而地处内层的兖州、豫州增置的县较少。就南北而言，偏于南方的广州、扬州、荆州、宁州、交州增置县较多，而偏于北方或居于中原的司州、冀州、青州、并州、兖州、豫州、幽州增置的县较少。

二、增置县的原因

由上表可见，两晋十六国时期，以晋武帝时增置的县最多，其次为晋安帝时，这不仅是由于晋武帝和晋安帝在位时间相对较长，还在于这两个时期西晋、东晋的地方政区有较大调整。晋武帝时，以太康初年增设的县为多。据上表可知，晋武帝时可考的增设一百七十九县，在西晋十九州中，徐州、荆州、扬州、交州、广州五州增置一百一十三县，这些县基本都是设置于太康（280—289）初年。在西晋灭吴后，对地方郡县作了不同程度的调整，尤其是南方郡县调整较大。晋武帝不仅新置了不少县，还恢复了不少西晋以前曾经设立的县，如恢复原魏、吴边境所废的二十县。据下文所述西晋政区名称的变更可见，太康初年，西晋还更改了大量原孙吴辖境的县名。晋安帝时期，新置的县大多是在义熙（405—418）间。义熙间，刘裕执掌东晋大权，为了解决东晋以来侨流人口问题而推行土断，土断期间新置了不少县。据《宋志》可知，有不少实县即是义熙土断中所立。

两晋十六国时期，不少县是与所归属的郡同时设立的。如晋惠帝时新置狄道郡，《晋志》秦州条载，"惠帝分陇西之狄道、临洮、河关，又立洮阳、遂平、武街、始兴、第五、真仇六县，合九县置狄道郡"。可见，晋惠帝新立的洮阳等六县与狄道郡同时设置。又如晋惠帝时置义兴郡，晋元帝时置晋兴郡，晋穆帝时置新宁郡、永平郡，义兴郡所领临津、义乡、国山、平陵四县，晋兴郡所领晋兴等七县、新宁郡所领南兴等七县、永平郡所领安沂等十县（除丰城县外）皆与郡同立。又据下文，前凉时置武兴郡、晋兴郡，二郡所领十八县也都是与郡同置。

十六国时期，增置县最多的政权是前凉，其次为前燕，前凉、前燕增置的县分别基于处于西北的凉州和东北的平州。据上文所述十六国郡的增设可知，永嘉之乱后，北方人民分别向南方、西北、东北三地流徙，故东晋、前凉、前燕不仅增设郡以处侨流人口，也相应地设立不少县。前凉政权之所以有大量郡县的增加，其中秦雍二州人口大量流入该地区是重要背景。大量避难人口流入前凉张氏统治区，为安抚新来的流民，故而设置新的郡县加以统治。《晋志》凉州条载，"永宁中，张轨为凉州刺史，镇武威，上表请合秦雍流移人于姑臧西北，置武兴郡，统武兴、大城、乌支、襄武、晏然、新鄣、平狄、司监等县。又分西平界置晋兴郡，统晋兴、枹罕、永固、临津、临鄣、广昌、大夏、遂兴、罕唐、左南等县"。张轨时增设武兴、晋兴二郡，所领十八县皆为新增的县，这些县的设立与人口的流徙有密切关系。又据《元和志》关内道四会州乌兰县条，"乌兰县，本汉祖厉县地，属安定郡，后汉属武威郡。前凉张轨收其县人，于凉州故武威县侧近别置祖厉县"。此祖厉县也是为处侨流人口而置。《慕容皝载记》载，慕容皝时，因中原人口流徙，"以勃海人为兴集县，河间人为宁集县，广平、魏郡人为兴平县，东莱、北海人为育黎县，吴人为吴县，悉隶燕国"。可见，前燕慕容皝时新设的这些县都与人口流徙有关。

十六国时期，除前凉、前燕外，一些政权新置的郡县以位于其京畿附近为多，这与这一时期各政权将新征服地区的人口迁徙至京畿附近有关。如后赵建始、兴德、临清、水东、南栾、苑乡等县皆在京畿及其附近地区；又如前秦渭城、泾阳、渭南等县亦在京畿地区。赫连夏被拓跋魏击破后，赫连定自统万城迁都平凉，此时关中地区亦不守。随着长安失守，关中大量民众被迫迁居平凉附近。《寰宇记》陇右道二渭州潘原县条载，阴槃县，"赫连定以胜光二年又自京兆移此，属平凉郡也"。夏将阴槃县自京兆郡迁至平凉郡，当随阴槃民众迁徙而置，此亦是将其他地区居民迁居京畿地区。十六国时战乱不断，"胡族统治者往往将其武力所到地域的各族居民，迁往政治中心地带，以便控制并役使"[1]。史念海考察了十六国时期各割据霸主的人口迁徙，认为几乎所有的霸主

---

① 万绳楠整理：《陈寅恪魏晋南北朝史讲演录》，第130页。

"所掠夺的人口率皆集中于其都城的所在或其统治区域内重要地区"[1]。因此，十六国政治中心地区郡县的增置，一方面当是各政权加强对其中心地区控制的手段之一，另一方面与其京畿附近人口的增加也有一定的关系。

十六国时期，原西晋不置郡县的边缘地带也增设了一些郡县。如前凉在西域地区设置高昌、横截、田地、高宁、白力等县，属高昌郡。前秦所置五原县、长城县和后秦所置中部、洛川县，皆在原朔方地区羌胡居地。北燕所置白狼县、建德县、石城县、平刚县等，皆位于昌黎郡以西的鲜卑宇文部、段部等居地。这些郡县基本都是为管辖迁徙而来的流民而设置的。

人口流徙及人口数量的增加是十六国增置新县的主要原因，但有些县是因政治因素而新立的，如《石季龙载记上》载，石虎篡位，"以谶文天子当从东北来，于是备法驾行自信都而还以应之。分瘿陶之柳乡立停驾县"；又如，《苻坚载记上》载，苻坚早年成长于汲郡枋头，前秦灭前燕后，"坚自邺如枋头，宴诸父老，改枋头为永昌县，复之终世"。后赵所立停驾县、前秦所置永昌县，皆与政治因素有关。

三、县的省废和治所变迁

两晋十六国时的县，不仅增置和侨置了众多县，也省废许多县，不少县的名称也有更改。有关县名的变化，见下文"政区地名的用名"所述。郡县的省废，一般与战乱有关。在战乱过程中，人口大量死亡和流徙，统治者所控制的编户因此锐减，不少县也随之省废。西晋武帝时，少有大的动乱，史文所载省废的县不多。《宋志》荆州刺史巴东公相龟阳令条载，"晋末平吴时，峡中立武陵郡，有龟阳、黔阳县。咸宁元年并省"。可见，龟阳、黔阳二县与郡并省。《晋志》青州济南郡条载，"或云魏平蜀，徙其豪将家于济河北，故改为济岷郡。而《太康地理志》无此郡名，未之详"。济岷郡领县可考者有营城、晋宁二县，《晋志》无此二县，当随济岷郡同时省。晋武帝时，当还省豫州梁国柘县、幽州范阳国樊舆县、雍州北地郡灵州县、益州汉嘉郡护龙县和开邦县、荆州天门郡溇阳县、交州九德郡阳远县等。另外，晋武帝时还曾省

---

① 史念海：《十六国时期各割据霸主的人口迁徙》，《河山集（七集）》，陕西师范大学出版社，1999年，第387页。

荆州南郡华容县、扬州吴郡新城县，此二县后又复立。晋惠帝时有八王之乱，晋怀帝时有永嘉之乱，随着战乱的加剧和人口的流亡，一些县被省废。如《元和志》河东道二汾州孝义县条载，并州西河郡中阳县"永嘉后省入隰城"；又太原府寿阳县条载，乐平郡受阳县"永嘉后省"。又如《寰宇记》河南道十七淮阳军宿迁县条载，徐州广陵郡凌县"晋永嘉后省"。西晋后期，因战乱所省的县当不少，但见于史文记载者不多。

东晋时期县的省废，除明确见于文献记载的部分县外，也可由《宋志》的表述中得知。《宋志》记载刘宋时期的郡县，时而会引《永初郡国志》记载某县的有无，由《永初郡国志》可以推测东晋末年郡县的大致情况[1]。若《宋志》引《永初郡国志》无某县，则是永初间无此县，永初后复立此县，而该县省废一般应在东晋时。如庐陵郡有遂兴县，而《宋志》江州刺史庐陵太守遂兴男相条载，"《永初郡国》无此县，何、徐并有"，则可能东晋时此县已省废，永初后复立此县。若据《晋志》等文献记载，可知西晋和东晋某时期尚有某县，而《宋志》中未见此县，且未言《永初郡国志》是否记载此县，一般此县应在东晋时已省。如《晋志》中徐州临淮郡有潘旌县，而《宋志》无，且未引《永初郡国志》记载此县的情况，则表明东晋时当已省潘旌县。

十六国时，北方战乱不断，人口大量流徙他地，当有不少县被省废。但《晋志》没有记载十六国时县的省废情况，其他史籍也鲜有明确记载。又《魏志》总叙载，"孝昌之际，乱离尤甚。恒代而北，尽为丘墟；崤潼已西，烟火断绝；齐方全赵，死如乱麻。于是生民耗减，且将大半。永安末年，胡贼入洛，官司文簿，散弃者多，往时编户，全无追访。今录武定之世以为《志》焉。州郡创改，随而注之，不知则阙。内史及相仍代相沿。魏自明、庄，寇难纷纠，攻伐既广，启土逾众，王公锡社，一地累封，不可备举，故总以为郡。其沦陷诸州户，据永熙绾籍，无者不录焉"。由此可见，《魏志》是据东魏孝静帝武定（543—550）、北魏孝武帝永熙（532—534）年间版籍编修而成，此去十六国时间较远，且经北魏间政区的变动，故不能依《魏志》而推定十六国时期郡县的省废。文献资料明确记载十六国时期的县比较少，具体哪些县有省废，不可详考。

两晋十六国时，有些县的治所有变动，但文献可考者不多。据后文"两

晋十六国郡县治所变迁考"，雍州阴盘县、始平县，梁州汉安县、垫江县，益州资中县，青州漯阴县，荆州云杜县、舞阳县，扬州寻阳县、长城县、句章县、乌程县、赣县，这些县的治所在两晋十六国时期前后有变。西晋太康（280—289）初，武进县、秣陵县因旧治分别改为丹徒、建邺县，另分县境新立武进、秣陵二县，县治遂改。而西阳县由旧治迁于邾城县界，具有侨县性质。另外，晋武帝太康五年（284），荆州魏兴郡长利县迁治勋乡，遂改名勋乡县①。

不仅西晋十六国前后时期县的治所有变迁，两晋十六国有些县与西晋之前同一县的地理位置有较大变化。对比谭《图》"两汉"组图和"西晋"组图，西晋幽州辽西郡阳乐县、临渝县，并州西河国隰城县、中阳县，新兴郡九原县、定襄县、云中县、广牧县，雍州京兆郡阴盘县，北地郡泥阳县、富平县、灵州县、灵武县，与两汉时期这些县相比，地理位置有较大变动。以上诸县原本为边郡属县，因边地为北方部族侵袭，这些县民内迁，县境、县治遂改变。十六国时凉州境内的祖厉县、鹯阴县，与两汉时期此安定郡境内的同名二县的地理位置也相去甚远②。此二县自安定郡迁至凉州，与晋末动乱雍州之

---

① 《宋志》梁州刺史魏兴太守条载，"郧乡令，本锡县，二汉旧县，属汉中，后属魏兴，魏、晋世为郡，后省。武帝太康五年，改为郧乡。何《志》，晋惠帝立，非也。锡县令，前汉长利县，属汉中，后汉省。晋武帝太康四年复立，属魏兴。五年，改长利为锡"。胡阿祥《宋书州郡志汇释》，先引杨守敬《札记》称"此志误"，后又有按语称"本志以上郧乡令、锡县令两条述沿革疑有误"，第229页。《华阳国志·汉中志》魏兴郡条载，"郧乡县，本名长利县，县有郧乡"。又《水经注·沔水注》载，"汉水又东迳长利谷南，入谷有长利故城，旧县也"；又载，"汉水又东迳郧乡县故城南，谓之郧乡滩。县，故黎也，即长利之郧乡矣。《地理志》曰：有郧关。李奇以为郧子国。晋太康五年，立以为县"。可见，《宋志》郧乡令、锡县令两条有误；据《华阳国志》《水经注》，太康五年（284），长利县自长利迁治勋乡，改为勋乡县。

② 据《汉志》，安定郡有祖厉县。据《续汉志》，凉州武威郡有祖厉县。《元和志》关内道四会州乌兰县条载，"乌兰县，本汉祖厉县地，属安定郡，后汉属武威郡。前凉张轨收其县人，于凉州故武威县侧近别置祖厉县"。《寰宇记》陇右道三凉州姑臧县条载，"祖厉城，一名马城，汉立祖厉县焉。据此，前凉张轨侨复祖厉县，应在今甘肃武威市凉州区附近。汉祖厉县治今甘肃会宁县西北，与前凉祖厉地理位置不同。据《汉志》，安定郡有鹯阴县。据《续汉志》，凉州武威郡有鹯阴县。《吕光载记》载，"（吕）光寻擢（尉）祐为宁远将军、金城太守，祐次允吾，袭据外城以叛，祐从弟随据鹯阴以应之"。可见后凉有鹯阴县。后凉尉祐叛，在吕光初得凉州时，后凉应已有鹯阴县，故疑前凉已置此县。《寰宇记》陇右道三凉州姑臧县条载，"鹯阴城，在县东。鹯，水名。俗名正阴城，是讹鹯阴城，今废城存"。据此，鹯阴县当在今甘肃武威市凉州区东。《大清一统志·兰州府》古迹载，"鹯阴故城，在靖远县西北。汉置鹯阴县，属安定郡，后汉曰鹯阴，属武威郡"。据此，汉鹯阴县在今甘肃靖远县西北，与十六国时鹯阴县地理位置不同。

民迁入相对稳定的凉州有关。另外，荆州武昌郡沙羡县、鄂县，西晋与两汉县治也有所不同。

四、侨县和县级准政区

自西晋永嘉之乱后，北方有大量人口南迁，东晋因侨流人口而置侨州郡县。据胡阿祥《东晋南朝侨州郡县与侨流人口研究》和后文"东晋侨郡补考"，东晋所立侨郡可考者有一百一十四个，侨郡领侨县不可考者有三十一个，另八十三侨郡领有侨县三百一十一个。其中，寻阳县本在江北，咸和三年（328）移于江南，改治湓城（今江西九江市浔阳区），此县改治后也有侨县性质。西阳县于永嘉（307—313）后寄治邾城，虽仍在西阳国境内，也具有侨县性质。在东晋所侨置诸县中，有二十九县县名为东晋新立，其余诸县基本为旧县名，也有个别侨县如上党县等用旧郡名。东晋新立县名，以晋穆帝于魏兴郡境侨置晋昌郡最多，此郡领长乐、安晋、延寿、安乐、宣汉、宁都、新兴、吉阳、东关、永安十县，除宣汉、吉阳二县为旧县名，其余八县皆为新名。而晋安帝时于蜀郡境侨置始康郡，所领始康、新城、谈、晋丰四县皆为新名。东晋也有个别侨县改用新名，如晋安帝时，改蕃县（侨）为遂诚县，改薛县（侨）为建熙县。在侨县与侨郡的关系中，有些侨县的原县归属侨郡的原郡统辖，有些则不归属侨郡的原郡统辖。如晋明帝时，侨置高平郡于晋陵郡境，当领金乡、湖陆、高平、巨野、昌邑五县，此五县皆旧属兖州高平郡。而晋元帝时，侨置东平郡于丹阳江乘，领范、蛇丘、历城三县；范县旧属兖州东平郡，蛇丘县旧属兖州济北郡，历城旧属青州济南郡，可见后二县旧不属东平郡。

东晋时，除侨郡领有侨县外，也有些实郡领有个别侨县。实郡所领侨县可考者有十五个，为西阳郡西阳县、泰山郡太原县、琅邪郡鄄城县、东安郡发干县、广陵郡高平县、淮阳郡晋宁、上党二县、盱眙郡考城县、上庸郡新安县、历阳郡龙亢县、寻阳郡寻阳县、晋熙郡阴安县、武昌郡汝南县、寻阳郡松滋、弘农二县。另外，东晋末，省辽西郡（侨），此侨郡所领肥如、潞、真定、新市四侨县别属广陵郡，广陵郡领此四侨县也属实郡领侨县。当然，东晋也有侨郡领实县，如，晋成帝时江乘实县别属琅邪侨郡，东晋末于湖、芜湖二实县别属淮南侨郡，宁蜀郡所领广都县也为实。东晋时，侨郡领侨县和实郡领侨县可考者共有三百二十六县。

不仅东晋因侨流人口而侨置郡县，十六国一些政权也设有侨郡侨县。前燕曾侨置乐浪、带方、冀阳、成周、营丘、唐国等郡，北燕曾侨置燕郡、辽东、玄菟等郡，前秦曾侨置武都郡，西凉曾侨置会稽、广夏、武威、武兴、张掖等郡，西秦曾侨置武威郡。但是，这些侨郡中，可考侨县仅有朝鲜县，此县旧属平州乐浪郡。另外，后凉初，当于凉州境侨置有临洮县；赫连夏时，于平凉郡侨置阴盘县。

两汉魏晋时，都尉的职务主要是掌管一郡的军事，"但在边境和内地某些地区，都尉又往往和太守分疆而治，单独管理一部分地域的军民两政，这部分地域也称作都尉，成为一种实际上的政区"[①]。西晋十六国时，也有单独管辖一地的都尉。《通典·职官典十九》载，晋官品第七品中有"宜禾、伊吾都尉"，与"诸县置令六百石者"同品。故西晋宜禾都尉、伊吾都尉大致与县相当。十六国时，也有这类都尉，前燕有柳城都尉，前凉有伊吾都尉、宜禾都尉、宛戍都尉，后凉有祁连都尉、白土都尉。十六国时，许多政权设戍以守边地或军事要地。后赵曾置盟津、石梁、长城等戍，前凉曾置邯川戍，又曾临河设戍，前燕攻克高句丽南苏后于此置戍，后秦岭北和三城以北置有诸戍，又有黄石、大羌二戍。十六国时所置诸戍主要具有军事上的意义，应属于军管型准政区，政区级别大体与县相当。

---

① 周振鹤:《中国地方行政制度史》,上海人民出版社,2005年,第333页。

政区地名的用名

研究两晋十六国政区地名的用名，需要对州、郡、县等不同层级政区的得名加以归纳和分析，并对一些政区的改名作探讨，还要对这一时期同级政区和不同级政区的同名情况进行研究。政区的改名即与地名用名有关，也是政区地名的源流中需要阐述的，有关政区的改名见后文"政区地名的源流"。

一、州的用名

西晋初置有十四州，至西晋末增至二十一州，二十一州州名为司州、兖州、豫州、冀州、幽州、平州、并州、雍州、凉州、秦州、梁州、益州、宁州、青州、徐州、荆州、扬州、交州、广州、江州、湘州。东晋十六国时期，大多因袭西晋所用州名。东晋十六国有些政权有些州的用名是在以上州名加以方位词，东晋末置北兖州、北雍州、北青州、北徐州，侨置北青州而后省，汉国置北兖州、东梁州、西扬州，前秦置南兖州、东豫州，夏置北秦州、东秦州。十六国时还有一些双头州，如前赵、西凉皆有秦凉二州，后燕有兖豫二州，后秦有并冀二州，西秦有秦河二州，北燕有幽冀二州、幽平二州、并青二州。方位加旧州名和双头州名，都是由以往州名派生而来的。

西晋前期所置诸州的州名，基本都是对前朝州名的因袭。战国时，中国已有九州说。至东汉末有十三州，对此十三州得名，当时刘熙《释名·释州国》皆有解释。《晋志》兼采《释名》对诸州得名同时，也有一些新的解释。司州为《晋志》所载西晋十九州之首，为"司隶校尉所主"，因职官命名。其余各州得名总体上是如刘熙所言"取地以为名"，但各有不同。

兖州、扬州虽皆因水而名，兖州取兖水之名；扬州因"州界多水，水波扬也"而名，则是取其意。荆州、雍州、并州取名虽与山和谷有关，但荆州因荆山得名，而雍州当因"在四山之内"得名，并州当因"当因在两谷之间"得名。益州得名又与地形有关，取其地"所在之地险陀"。幽州、凉州、青州是因当地气候而名，幽州当因在北幽昧之地得名，凉州当"以地处西方常寒凉"得名，青州当因所居之地"物生而青"得名。豫州、冀州则取其地所寓嘉义，豫州当因地在九州之中常安豫得名，冀州当因"其地有险有易，帝王所都，乱则冀安，弱则冀强，荒则冀丰"得名。梁州、徐州是取所居地气而来，梁州当因"西方金刚之气强梁"得名，徐州或因居正"土气舒缓"得名。徐州也可能是因徐夷居地得名[①]。西晋时，还置有秦州，此州当因州治在秦国初封之地得名[②]。晋惠帝、晋怀帝所置江州、湘州，是取江水、湘水而名。

东晋十六国时，一些政权在用上述州名的同时，所置之州还用了一些新的州名，这些州名为殷州、卫州、西河阳州、中州、洛州、营州、朔州、定州、沙州、商州、河州、巴州、汉州、安州。殷州、卫州当因古国得名，因此二地分别为殷商之都所在和卫国之地。河阳是在河水之阳，又加方位"西"字。中州当因地处中原之地得名。洛州当因洛水得名。营州当是因袭古营州之名，因其地"于天文属营室"得名[③]。沙州得名当与其土壤有关。河州得名则河水有关。巴州当因古巴国而名。

---

① 《尚书·费誓》载，"鲁侯伯禽宅曲阜，徐、夷并兴，东郊不开（孔安国传：徐戎、淮夷并起，为寇于鲁，故东郊不开）"。《礼记·檀弓下》载，"邾娄考公之丧，徐君使容居来吊、含。曰：'寡君使容居坐含，进侯玉（郑玄注：言侯玉者，时徐僭称王，自比天子）"。《后汉书·东夷列传》载，"后徐夷僭号，乃率九夷以伐宗周，西至河上"。可见，西周有徐夷。《史记·周本纪》载，"召公为保，周公为师，东伐淮夷（《正义》引《括地志》云：泗州徐城县北三十里古徐国，即淮夷也）"。《汉志》临淮郡条载，"徐，故国，盈姓。至春秋时徐子章禹为楚所灭"。故徐夷应在古徐州境。徐州或因古徐国而得名。

② 《南齐志》秦州条载，"秦州，晋武帝泰始五年置，旧土有秦之富，跨带垄坂"。《元和志》陇右道上秦州条载，秦州，"周孝王时，其地始为秦邑。孝王使非子主马于汧、渭之间，马大蕃息，孝王邑诸秦，使为附庸，今天水陇西县秦亭秦谷是也。其后秦仲始大，襄公列为诸侯。武公伐邦戎，灭而县之，今州理上邽，即秦之旧县也"；"魏分陇右为秦州，因秦邑以为名"。《寰宇记》陇右道一秦州条载，"魏黄初中分陇右为秦州，因秦初封也"。

③ 《尔雅·释地》所载九州有营州，称"齐曰营州"。刘熙《释名·释州国》载，"古有营州，齐、卫之地，于天文属营室，取其名也"。

二、郡国的用名

两晋十六国郡国的名称，不少是承秦汉而来。对于秦汉郡县制和郡国的得名，郦道元有初步的总结，《水经注·河水注》载："《说文》曰：郡制，天子地方千里，分为百县，县有四郡。故《春秋传》曰：上大夫县，下大夫郡。至秦，始置三十六郡，以监县矣。从邑，君声。《释名》曰：郡，群也，人所群聚也。黄义仲《十三州记》曰：郡之言君也，改公侯之封而言，君者，至尊也。郡守专权，君臣之礼弥崇，今郡字，君在其左，邑在其右，君为元首，邑以载民，故取名于君，谓之郡。《汉官》曰：秦用李斯议，分天下为三十六郡。凡郡，或以列国，陈、鲁、齐、吴是也；或以旧邑，长沙、丹阳是也；或以山陵，太山、山阳是也；或以川原，西河、河东是也；或以所出，金城城下得金，酒泉泉味如酒，豫章樟树生庭，雁门雁之所育是也；或以号令，禹合诸侯，大计东冶之山，因名会稽是也。"

两晋十六国郡国得名，不少是不可考的，其可考者大体也可分因列国、旧邑、山陵、川原、所出等类。因列国或故国得名者，有魏郡、东燕、任城、南顿、新蔡、梁郡、陈郡、鲁郡、赵郡、燕郡、代郡、巴郡、巴西、巴东、新巴、蜀郡、夜郎、齐郡、下邳、随郡、上庸、钟离、吴郡等郡。古代的郡县名许多是因山川得名，《释名·释州国》云，"至秦改诸侯置郡县，随其所在山川土形而立其名，汉就而因之也"。因山陵得名者，有华山、泰山、陇西、金山、犍为、朱提、牂柯、衡阳等郡。因川原得名者，有河南、荥阳、上洛、河东、平阳、河北、河内、济阳、濮阳、济阴、济北、颍川、汝南、汝阳、汝阴、沛郡、广川、河间、高阳、清河、范阳、渔阳、辽西、辽东、西河、三河、湟河、浇河、湟川、大夏、漒川、汉中、江阳、济南、山阳、临淮、淮陵、淮阳、江夏、襄阳、沮阳、舞阴、顺阳、湘东、营阳、桂阳、淮南、庐江、临川、鄱阳、临贺等郡。因所出得名者，有雁门、金城、酒泉、豫章等郡。另外，勃海、北海、东海、临海、南海的得名是与大海有关，西海郡得名则是与湖有关，博陵郡因汉桓帝尊其父陵为博陵得名，始平、长城二郡分别因始平原、长城原得名，建安郡当与汉献帝年号建安有关。

两晋十六国时期的郡名，有不少取词义而来，这类郡有弘农（弘大农桑）、陈留（陈国留邑）、东平（《禹贡》"东原底平"）、平原（博平为原）、巨鹿（林之大者）、中山（城中有山）、上谷（在谷之上头）、上党（在山上其所最高）、扶风（扶助京师行风化）、张掖（张国臂掖）、敦煌（敦，大也；煌，盛也）、天水（郡前湖水，冬夏无增减）、越巂（有巂水，越此水以章休盛）、南阳（在中国之南，而居阳地）、天门（境内松梁山洞开如天门）、义兴（表阳羡周玘"频兴义兵"之功）、会稽（传说"禹会诸侯，江南计功"）。当然，这些郡名得名中，有些也是与列国、山陵、川原、所出等是有关的，如陈留与列国有关，中山、上党、天门与山陵有关，越巂、天水与川原有关，巨鹿与所出有关。这些以词义命名的郡不少是取嘉名，另外如大昌、泰平、平乐、永昌、乐安、乐平、武昌、新昌等郡当也是取嘉名而来。

有些郡名置郡时政权的国号加嘉名而成的，西汉置广汉郡，蜀汉置汉嘉郡，成汉置汉原郡，皆用"汉"字。曹魏置魏兴郡、广魏郡用"魏"字，孙吴置吴兴郡用"吴"字。晋武帝置晋安郡，晋惠帝置晋昌郡，晋惠帝又改新兴为晋昌郡；晋怀帝改毗陵为晋陵郡，又改益州为晋宁郡；东晋置晋寿郡、晋熙郡、晋康郡、晋兴郡，改汉原为晋原郡，又侨置晋昌郡、晋宁郡、晋熙郡，这些郡名皆用"晋"字。一般侨郡用名是流寓人口所在原郡名，而晋昌、晋宁、晋熙三侨郡与此前所置实郡无关。前凉张氏割据西北，但仍称臣于晋室，用晋年号，故张氏所置兴晋郡、晋兴郡、广晋郡、永晋郡仍用"晋"字。后赵置赵平郡、赵兴郡用"赵"字；因后赵为羯族石氏所建，永石郡之"石"字乃采国姓用字。西秦时，置秦兴郡，用"秦"字。这些国号名所加兴、安、昌、宁、平、康、寿、嘉、熙、广、永等字皆为嘉名。

两晋十六国时期的有些郡名之间相互对称，这些郡名都会有方位的字，如东、西、南、北、上、下、内、外、左、右。在郡名中，直接以方位命名的郡有东郡、西郡、南郡、上郡，以水及方位得名的郡有河东郡、西河郡、河南郡、河北郡、河内郡、济南郡、济北郡、汝南郡、辽东郡、辽西郡、淮南郡、湘东郡、上洛郡，以方位及大海得名的郡有东海郡、西海郡、南海郡、北海郡，以山及方位取名的郡有陇西郡、陇东郡，以方位及嘉名得名的郡有东平郡、西平郡、北平郡、南平郡、东安郡、西安郡、南安郡，以古国及方位得名的郡有东燕郡、南顿郡、巴西郡、巴东郡、上庸郡、下邳郡，以方位相对旧郡得名的郡有东张掖郡、北巴西郡、东江阳郡、东河阳郡、西河阳郡、南阴平郡、北阴平郡，以方位及其他名词取名的郡有东阳郡、西阳郡、南阳郡、东莱郡、东牟郡、东莞郡、东官郡、南广郡、云南郡、南乡郡、南康郡、日南郡、北地郡、上谷郡、上党郡、左冯翊、右扶风。东晋末，凡南方立有侨郡者，东晋境内又有实郡，实郡名则加"北"字，如北颍川、北梁、北谯、北东海、北琅邪、北东莞等皆是；刘宋立国后，实郡除"北"字，而侨郡加"南"字[①]。

不少郡的得名，其实与郡内已有的县有关，即如郦道元所言"或以旧邑，长沙、丹阳是也"。如果新置一郡，此郡是分原有的郡而置，原郡内有一县为新郡郡名，且此县为新郡统辖，即可视新郡因旧邑得名。如曹魏分河东置平阳郡，而此前河东郡有平阳县，置平阳郡后，平阳县改属平阳郡，故平阳郡可言因旧邑得名。而平阳县是因在平水之阳得名，如果平阳郡得名追溯到平阳县，也可称因水得名，故上文所列因川原得名者有平阳郡。此所列因旧邑得名者，包含上文已有的部分郡。两晋十六国时，因旧邑得名的郡较多，有荥阳、上洛、平阳、河北、汲郡、野王、广平、襄国、阳平、黎阳、顿丘、陈留、济阳、濮阳、东燕、高平、任城、南顿、汝阳、襄城、汝阴、新蔡、陈郡、沛郡、谯郡、鲁郡、弋阳、西阳、安丰、中丘、武邑、平原、乐陵、广川、章武、高阳、唐郡、范阳、昌黎、带方、石城、始平、番禾、昌松、狄道、安故、大夏、略阳、阴平、梓潼、晋寿、新都、德阳、涪陵、宕渠、汉原、汉嘉、江阳、南广、平夷、夜郎、云南、祝阿、乐安、高密、平昌、东牟、长广、彭城、下邳、兰陵、东莞、东安、广陵、淮陵、堂邑、盱眙、竟陵、襄阳、舞阴、顺阳、南乡、随郡、新野、上庸、零陵、邵陵、丹杨、宣城、历阳、钟离、寻阳、毗陵、建安、鄱阳、南康、临贺、始安、高凉、宁浦，共一百郡。

三、县的用名

两晋十六国时期，前后所置可考的县近一千六百个，其得名可考者有六百多个县。在这些得名可考的县中，因水得名的最多，达二百零四县。因水得名的县又可分不同类型，其最多者是水加方位得名，有九十四县。以水名加东、南、西、北命名者，有河南、敷西、河北、胶东、湘西、沅南六县。古代以水北为阳，水南为阴，以水名加"阴"命名者有河阴、汾阴、荡

阴、颍阴、汝阴、蒲阴、漯阴、淮阴、舞阴九县。以水名加"阳"得名者多达七十二县，为洛阳、荥阳、平阳、大阳、河阳、易阳、繁阳、济阳、濮阳、慎阳、汝阳、昆阳、舞阳、铜阳、睢阳、汶阳、堂阳、高阳、饶阳、晋阳、泾阳、合阳、池阳、泾阳、泥阳、洮阳、沔阳、江阳、汉阳、般阳、昌阳、射阳、湿阳、沌阳、襄阳、淯阳、堵阳、比阳、涅阳、顺阳、筑阳、汎阳、蔡阳、棘阳、朝阳、僮阳、沮阳、洵阳、黔阳、酉阳、舞阳、辰阳、零阳、澧阳、溧阳、浏阳、烝阳、观阳、应阳、耒阳、溧阳、历阳、寻阳、鄱阳、葛阳、吉阳、潮阳、封阳、桂阳、浈阳、郁阳，另有阳泉县因"城古泉水之阳"也属此类。因在水之上游、下游得名者有上洛、下相、下博、下密、上廉、下隽六县，而泫氏县因在泫水之上得名。

直接以河水得名者有四十县，为丰阳、沁水、涉、句阳、丰、洨、安风、易、涿、铜鞮、涅、离石、汧、漆、会水、大夏、新兴、彰、新阳、清水、白水、雒、绵水、卑水、梁水、盘江、温江、承、长利、丹水、析、攸、泾、歙、余汗、零都、陂阳、富川、平乐、荔浦[1]，另有赣县因"章、贡二水合流为赣，其间置邑"得名，临贺县因"县对临、贺二水之交"得名。以湖（泽）水得名者有七县，濩泽、巨野、蒙、沛、居延、彭泽六县以泽得名，蒲圻县因蒲圻湖得名。以池得名者有渑池、兰池、滇池三县，以渊得名者有清渊，以泉得名者有渊泉。以"临"字为通名，临加水名者有十五县，为临汾、临水（城临滏水）、临颍、临渝、临泾、临洮、临江、临淄、临济、临沂、临沅、临澧、临湘、临烝、临武，另有即墨则因城临墨水得名。还有些县因水名及对称而命名，如魏郡内黄县与陈留外黄县对称，而内黄因黄泽名，外黄因黄沟名；阳平郡有东武阳县，泰山郡有南武阳县，武阳皆因在武水之阳得名；南深泽县是因置县时中山国有深泽县而加"南"，济南郡东朝阳县因南阳郡有朝阳县而加"东"，淮南郡西曲阳县因下邳国有曲阳县而加"西"。

因水名及词义得名者有二十九县，为平皋（在河之皋，处势平夷）、斥漳（漳水经其城，其地斥卤）、小黄（黄沟过境）、浚仪（浚水）、扶沟（其地有扶亭和洧水沟）、广川（有长河为流）、浮阳（浮水出入，津流同逆，混并清、漳二渎，河之旧道，浮水故迹，又自斯别）、扶柳（扶泽且泽中多柳）、

---

① 以上所言丰阳等四十县因水得名，皆据文献记载某县因某水得名。当然，不排除其中有些县是先有县名，其县得名另有其因，而水因县名。但文献记载如此，故皆视以上诸县因水得名。

中水（在易、滱二水之中）、卢奴（水黑曰卢，不流曰奴）、雍奴（四面有水曰雍，水不流曰奴）、阳曲（河千里一曲，当其阳）、浩亹（浩水流峡山，岸深若门）、冥安（冥水）、枝江（其地夷敞，北据大江，江氾枝分，东入大江，县治洲上）、阆中（阆水迂曲经其三面，县居其中）、博昌（昌水其势平博）、淮浦（在淮水之崖）、春陵（春溪）、泠道（泠溪）、合肥（夏水暴长，施合于肥）、新渝（渝水）、桐庐（桐溪）、新淦（淦水）、四会（东有古津水，南有浈江，西有建水，北有龙江，四水俱臻）、曲江（江流回曲）、遂兴（遂水口）、冯乘（界内冯溪）、建陵（在建水中）。另有，而黎阳、鳌屋、武功、灉四县得名，即与水有关，也与山有关，下将述及。

因山得名的也较多，可考者有五十六县。直接因山得名者有二十九县，为缑氏、阳城、卢氏、林虑、梁父、朗陵、白狼、嶂、陈仓、姑臧、删丹、龙勒、金剑、安乐、朱提、堂狼、临朐、武当、很山、都梁、当涂、晋、国山、鄞、诸暨、长山、黟、安固、番禺，其中诸暨县因县界有暨浦诸山得名，番禺县因番、禺二山得名。另有武功县因武功山、武功水得名，灉县因灉山、灉水得名，即与山有关，也与水有关。古以山南为阳，山北为阴，以山名加阴得名者有华阴、蒙阴、山阴三县。以山名加阳得名者有相对较多，有朱阳、山阳（太行山之阳）、频阳、夏阳、鲁阳、复阳、衡阳、邵阳、建阳（在山之阳）、下曲阳（城在山曲之阳）、上曲阳十一县，而上、下曲阳二县又是对称。又有黎阳县因有黎山及在河水之阳得名，即与山有关，也与水有关。其它与山有关得名的县，还有密（山如堂者）、东垣（王屋山状如垣）、邯郸（邯山至此而尽）、茌平（茌山之平地）、望都（尧山在北，尧母庆都山在南，登尧山见都山）、井陉（四面高，中央下如井）、鳌屋（山曲曰鳌，水曲曰屋）、剑阁（小剑戍至大剑"连山绝险，飞阁通衢"），其中鳌屋县即与山有关，又与水有关。丘为小土山，以丘得名者有六县，为斥丘（丘地多斥卤）、顿丘（境内有一顿之丘）、雍丘（地有五陵）、定陶（其地有陶丘）、邵陵（其地高而有丘墟）、贝丘（城内有丘）、安丘。

以山、水为名，是取自然地理之名。因自然因素命名的县还包括因原、关、井、植物、动物等。西北的黄土高台称"原"，因此"原"得名的县有始平、长城二县。另有汝南郡西平县因西陵平夷得名，平原郡平原县因博平为原得名。因关得名者有居庸县、壶关县、阳关县、河关县，井陉也为关，此县得名也应与关相关。北井县因县北盐井得名。以物产得名的县也不少，有酸枣、金乡、蓝田、符离、蕲春、扶柳、枣强、莲芍、牧麻、著、萍乡。金乡、蓝田分别是以所产金、玉得名，其余诸县以所出植物得名。另外，芜湖县以其地卑，畜水非深而生芜藻得名，松阳县因县东南大松树得名，长社县因社中树暴长得名。芜湖、松阳、长社三县得名都与植物有关。与动物相关而得名的县，有白马、巨鹿、离狐、鹑觚、胸忍、龙编六县。白狼县虽史书言因白狼山得名，但也应与白狼有关。另外，丹杨县因"山多赤柳"得名，丹阳县因在丹山之阳得名，"丹杨"与"丹阳"又可通。

两晋十六国时期的县名中，因列国得名的较多，仅次于因水得名的县。此类县名可考者有六十七县，为巩、杨、解、共、温、任、魏、卫、己氏、任城、须昌、卢、博、嬴、牟、郾、新息、上蔡、南顿、郏、慎、新蔡、宋、虞、陈、项、萧、鲁、卞、邹、薛、邾、蓼、鬲、唐、无终、代、肥如、令支、朝鲜、潞、郑、阴密、鄂、鱼复、邛都、夜郎、哀牢、淳于、傅阳、下邳、郯、缯、郜、邓、随、上庸、秭归、罗、下蔡、钟离、舒、皖、居巢、六、吴、上虞。以列国得名的县又可分为以封国得名和以古国得名两类。以封国得名的县多为单字，这些县基本都在中原。以古国得名的县多为双字县，这些县主要在西南、东北地区。另外，元城县因魏武侯公子元食邑于此得名，吴房县因楚以房子国旧地封吴王阖闾弟夫概得名，城阳县因武王封季弟载于成而后迁于成之阳得名，阳都县因春秋时阳国之都得名，冠军县因霍去病功冠诸军封侯于此得名，此五县得名也有封国、封地或食邑有关。有不少县因部族得名，这类县有陆浑、高句丽、楼烦、临羌、破羌、下邽、乌氏、屋兰、狄道、枹罕、獂道、上邽、冀、平襄、僰道、严道、阴、乌程等；其中上邽、下邽而对称，上邽本邽戎之地，下邽乃春秋时秦徙邽戎于此而来。另外，有些县的得名与部族或某地居民有关，如莱芜县因相传"莱民播流此谷，邑落荒芜"得名，武冈县因后汉武陵蛮为汉所伐而来保此冈得名。

在得名可考者县中，一些县是因名人居地和君王陵墓而得名。以名人居地或与名人相关的县，有猗氏（猗顿所居）、襄国（赵襄子谥）、单父（或因舜师单卷所居）、襄城（周襄王曾居此）、襄垣（赵襄子所筑）、陵阳（陵阳子明得仙于此）。因君王等陵墓得名的县，有襄陵（晋襄公陵在此）、襄邑（旧名襄陵，宋襄公陵在此）、乐陵（汉桓帝因帝追尊祖父河间王开为孝穆皇帝，以为邑奉山陵）、博陵（汉桓帝父蠡吾侯葬此，追尊为孝崇皇，其陵曰博陵）、甘陵（汉安帝以孝德皇后葬于厝，改曰甘陵）、京陵（春秋时九京且为晋卿大夫之墓地）、夷陵（夷山之楚王陵）。

有些县的得名是与政治因素相关，如朝歌县因殷王都此而"有新声靡乐"得名，厌次县相传因"秦始皇东游厌气，至碣石，次舍于此"得名，丹徒县或因"秦以其地有王气，始皇遣赭衣徒三千人凿破长陇"得名，新丰县因汉高帝"分置丰民以实兹邑"得名，闻喜县因汉武帝行过此地闻破南越之喜得名，获嘉县因汉武帝过此地时南越破而获吕嘉首得名，修武县或因武王伐纣勒兵于此得名，奉高县因汉武帝封禅以奉泰山之祀得名。

边疆地区的有些郡县是在征讨和抚慰当地部族后设立的，不少县名有一定政治、军事意味。如东北地区的昌黎郡宾徒县原名宾从就有当地部族来服从之意，西北地区的西平郡破羌县和安夷县则有击破羌族和安抚夷人之意，西南地区的牂柯郡平夷县又有平定夷人之意。交州、广州为百越之地，汉、晋时期不断征讨而新置郡县。《晋书·陶璜传》载，"武平、九德、新昌土地阻险，夷獠劲悍，历世不宾，璜征讨，开置三郡及九真属国三十余县"。武平郡名以及此郡所领新立的武宁、武兴、进山、根宁、安武、扶安六县名，各有武力平定及安抚当地部族等政治、军事意味。不仅如此，九真郡扶乐、军安、宁夷等县，南海郡新夷、欣乐、怀化等县，东官郡宝安、安怀、海安等县，义安郡绥安、海宁、义招等县，苍梧郡广信、宁新、抚宁等县，郁林郡晋平、武熙、安广、程安、威定、归化、宾平、威化、怀安、绥宁、建安等县，晋康郡侨宁、思安、辽安、开平、晋化等县，新宁郡南兴、新兴、威平等县，永平郡苏平、夫宁、逋宁、开城等县，高凉郡安宁、思平、招义等县，高兴郡广化、海安、化平等县，这些县名多有安抚当地部族之意。

有些县因所处位置得名，如南和县因"在和城南"得名，馆陶县因"置馆于陶丘之侧"得名，临晋县因"秦筑高垒以临晋国"得名，褒中县以其"当褒斜大路"得名，盱眙县因"张目为盱，举目为眙，城居山上，可以瞩远"得名，湘南县因"在临湘县之南"得名，南城县因在郡城之南得名。两晋十六国诸县得名，除上述诸因素外，另有其它各种不同的原因。如尉氏县因"郑之狱官称尉氏"得名，长垣县因其地有防垣得名，五城县因发五县民于此置五仓得名，不韦县因"徙南越相吕嘉子孙宗族于此，以彰其先人恶"得名，长林县因此县"八十里中，拱树修竹，隐天蔽日"得名，宜春县因"县侧有暖泉从地涌出，夏冷冬暖，清澄若镜，莹媚如春，饮之宜人"得名，吴兴郡长城县因"吴王阖闾使弟夫概居此,筑城狭而长"得名,建安县用置县时汉献帝年号得名,比景县因"日中于头上,景在已下"得名。

不少县的得名是取嘉名,如有关博昌县的得名,颜师古注《汉志》,于千乘郡博昌县引臣瓒曰"取其嘉名耳"。又如《水经注·鲍丘水注》有关博陆县得名引文颖曰"博大陆平,取其嘉名",宋敏求《长安志·县二》于长安县得名则称长安为嘉名。再如古称猪为彘,汉顺帝时改彘县为永安县,永安也是嘉名。这类县名,凡有安、平、昌、宁、兴、乐等字者,大多都是嘉名。后一字为平、安、昌、宁、兴、乐、丰、定、德、康、寿的县名分别有四十九个、四十八个、三十一个、二十四个、十八个、十四个、十二个、九个、九个、八个、七个,前一字为新、广、永、始的县名分有三十二个、二十三个、十三个、九个,见下表。下表中的这些县名中,有的县名为几个不同郡皆用的县名,如晋兴县有六个同名县,凉州晋兴郡、梁州金山郡、益州遂宁郡、益州越巂郡、扬州鄱阳郡、广州晋兴郡各有晋兴县。在同名县中,不少县名为嘉名,详见下文所述同名县。这些用嘉名的县中,有些史籍明确记载某县取名之义,如饶安(其地丰饶,可以安人)、武安(武安君白起"能抚养军士,战必克,得百姓安集")、汉丰(汉土丰盛)、建昌(建县时户口昌盛)等。除下表诸县外,如安国、宁国、昌国、昌魏、魏昌、汉昌、吴昌、晋昌、万安、万岁、万年、宁新、丰城等县,望其文义可知当是取嘉名。其他由史籍记载也可知是取嘉名的县,如弘农(弘大农桑)、武德(秦始皇"自以武德定天下")、敦煌(敦,大也;煌,盛也)、穰(取丰穰之义)、上饶(其山郁珍奇),又如安喜县本名安险,取"邑丰民安"之义而改名安喜县。

两晋十六国部分用嘉字县名表

嘉字	县名
平	广平、阳平、乐平、高平、刚平、巨平、长平、西平、武平、往平、博平、成平、安平、北平、昌平、兴平、襄平、西安平、望平、乐平、原平、富平、始平、新平、永平、遂平、阴平、汉平、云平、东安平、邹平、牟平、建平、南高平、南平、延平、宛平、吴平、海平、封平、西平、熙平、郫平、开平、威平、苏平、卢平、晋平、郁平

续表

嘉字	县名
安	新安、永安、武安、阴安、阳安、赵安、饶安、文安、故安、长安、石安、魏安、冥安、万安、兴安、晋安、南安、常安、都安、汉安、西安、建安、遂安、乐安、昌安、夷安、东安、绥安、高安、江安、重安、怀安、襄安、临安、信安、丰安、章安、同安、扶安、军安、宝安、始安、思安、订安、敝安、稈安、海安、吴安
昌	永昌、须昌、许昌、繁昌、西平昌、魏昌、广昌、新昌、晋昌、高昌、始昌、益昌、汉昌、南昌、谷昌、成昌、都昌、博昌、平昌、安昌、庸昌、泰昌、宜昌、吴昌、武昌、寿昌、遂昌、建昌、西昌、东昌、荡昌
宁	武宁、长宁、凉宁、高宁、万宁、西宁、晋宁、建宁、新宁、江宁、怀宁、始宁、吴宁、海宁、豫宁、嘉宁、根宁、兴宁、抚宁、侨宁、夫宁、通宁、绥宁、安宁
兴	晋兴、遂兴、武兴、凉兴、始兴、新兴、平兴、汉兴、巴兴、南兴、建兴、广兴、嘉兴、吴兴、东兴、始兴、封兴、南兴
乐	长乐、新乐、安乐、阳乐、西乐、平乐、兴乐、晋乐、谈乐、同乐、将乐、康乐、扶乐、欣乐
丰	安丰、新丰、汉丰、西丰、永丰、始丰、原丰、宜丰、南丰、阳丰、海丰、武丰
定	真定、新定、安定、南定、吴定、武定、威定、龙定、始定
德	武德、兴德、安德、建德、汉德、怀德、广德、成德、九德
康	建康、平康、新康、安康、武康、永康、南康、荡康
寿	灵寿、延寿、晋寿、万寿、永寿、平寿、汉寿
新	新城、新郑、新泰、新汲、新息、新蔡、新乐、新市、新昌、新丰、新平、新郪、新乡、新兴、新阳、新巴、新都、新定、新野、新康、新宁、新渝、新冶、新罗、新淦、新吴、新南城、新建、新道、新夷、新林、新邑
广	广宗、广平、广年、广成、广阿、广川、广阳、广昌、广武、广牧、广至、广汉、广柔、广柔、广郁、广德、广化、广谈、广陵、广兴、广城、广都、广戚
永	永定、永修、永宁、永昌、永安、永康、永城、永丰、永寿、永平、永世、永新、永固
始	始安、始新、始平、始阳、始兴、始昌、始定、始丰、始宁

由上述两晋十六国时期的县名可见，不少县名包含着通名，这些通名大致可分以下几类。一是以自然地理实体为通名，如水、江、河、溪、沟、湖、泽、池、海、泉、浦、山、丘、陵、原、关等。二是以方位为通名，如阳、阴、东、西、南、北、上、下、内、外、临等。三是以嘉名为通名，如安、平、昌、宁、兴、乐、丰、定、德、康、寿、新、广、永、始等。四是以政权的国号为通名，

如汉、魏、吴、晋、赵、凉等。许多县名是各类通名之间的相互组合，或含有其中某一通名。县名取名使用国号通名时，往往与第三类嘉名相结合。

由于两晋十六国时期的县名为两汉、蜀汉、曹魏、孙吴等政权所取，除少数县名入西晋后改用"晋"字外，不少县名依然沿用"汉""魏""吴"字。两晋、后赵、五凉时新立的县，不少用"晋""赵""凉"字。西汉置广汉、安汉二县，东汉置宣汉、汉安、汉昌、汉嘉、汉寿、汉丰、汉葭七县，蜀汉置汉德、汉复、汉平、汉兴四县，以上县名皆沿用至西晋。除汉寿县在荆州境外，汉兴县在宁州外，其余诸县皆在梁州、益州境内。两汉、蜀汉还置有一些有"汉"字的县，后被改用"魏""吴""晋"字。用"魏"的县为魏昌、昌魏，魏昌县本战国时中山国有苦陉县，东汉章帝时改为汉昌县，魏文帝时改为魏昌县，昌魏县也是魏文帝所置。东汉置汉昌、汉平、汉兴三县，孙吴分别改为吴昌、吴平、吴兴（属建安郡）三县。孙氏据有江东后，又新置新吴、吴宁、安吴、吴兴（属交趾郡）、吴定、吴安七县。以上魏、吴所置用"魏""吴"二字县，西晋皆沿用。另外，东汉改武陵郡索县为汉寿县，孙吴改为吴寿县，西晋又改为汉寿县。两晋时，新置的县不少用"晋"字，西晋时置有晋昌、晋兴、晋始、晋宁四县，东晋时置有晋昌、晋安、晋兴、晋乐、晋绥、晋化、晋城、晋熙八县。两晋又改前朝所置县，新名用"晋"字，西晋分别将广昌、平阳、汉寿、阳安（初名汉宁）、长平、东安、毗陵县名改为广晋、兴晋、晋寿、晋宁、晋平、晋安、晋陵。这些县名中又有不少同名县，如两晋时有六个郡辖县称晋兴县。十六国有些政权置县也有用国号或国姓，后赵为石氏所建，而有赵安、石安二县；前凉所置凉兴县、凉宁县，则用"凉"字。

上文已述两晋十六国时期的有些郡名之间相互对称，同样也有不少县名之间相互对称，这些县名也都会用表示方位的字东、西、南、北、上、下、内、外等。另外阳、阴二字也有表示方位的意思，此在上文因水、因山得名中已述，这些县名中也存在相互对称的县。县名中的三字县名，这些县得名时都存在对称的县。在对称的县中，以"东"为首的县有东武阳、东武城、东平陆、东安陵、东平舒、东安平、东平陵、东朝阳、东古复、东阿、东牟、东阳、东城、东光、东武、东莞、东安、东昌、东兴、东迁、东平、东垣，以"西"为首的县有西安平、西平昌、西充国、西古复、西曲阳、西安、西平、西垣、西阳、西城、西华、西、西随、西川、西都、西乡、西昌、西丰、西宁、西浦、西乐、西陵、西道、西鄂、西卷，以"南"为首的县有南平阳、南行唐、南深泽、南武阳、南安阳、南充国、南新市、南高平、南城、南丰、南郑、南顿、南皮、南和、南燕、南栾、南安、南野、南平、南昌、南宫、南广、南乡、南康、南秦、南浦、南定、南新、南涪、南陵、南兴、南陵、南沙、南汉，以"北"字为首的县有北宜春、北新成、北吉阳、北屈、北平、北凌、北井、北巫、北带，以"上"字为首的县有上曲阳、上洛、上邽、上蔡、上庸、上虞、上禄、上饶、上廉、上甲，以"下"字为首的县有下曲阳、下洛、下邽、下蔡、下博、下邳、下邑、下辨、下密、下相、下隽。这些县名中，有直接两两相对的县，如东安平和西安平、东古复和西古复、上曲阳和下曲阳、东垣和西垣、上邽和下邽、上蔡和下蔡、内黄和外黄等。不以东西、上下直接对称的县有东武阳和南武阳、西充国和南充国、西华和华、下相和相等。有些对称的县已省废，而未省废县的方位词仍保留，如汉代因中山国有深泽县而有南深泽县，然西晋中山郡已无深泽县，南深泽县之"南"未去；汉代又因西河郡有平陆县而有东平陆县，西晋西河郡已无平陆县，然东平陆县之"东"亦未去。上表录用嘉名的县中，有许多县名以"新"字为首，这些县名中有不少县也存在对称的县，如战国时韩国置郑县，秦统一后因内史有郑县而加"新"字；又如汉宣帝于颍川郡置新汲县时，因河内郡有汲县而加"新"字；又如西晋灭吴后，因泰山郡有南城县，而改临川郡南城县为新南城县。

四、州郡县的同名

两晋十六国时期，州与州、郡与郡、县与县之间存在相同的用名。两晋十六国时期州的同名，主要是不同政权之间的州同名，此将各政权同用的州名列表于下。另外，汉国、东晋都置有北兖州，前赵、后赵、夏皆置朔州，后赵、北燕都置有营州，前凉、西秦、北凉皆置有沙州，前凉和西秦都置有商州。需要说明的是，西晋初置司隶部，后称司州，以司隶校尉统之，东晋仍置司州；后赵初置司州，后省司州置洛州，又置司隶部；汉赵、后赵、成汉、前燕、前秦、后秦、后燕、北燕、南燕、后凉、夏皆在京畿地区设有司隶部，与司州相当。除实州外，东晋还因侨流人口而侨置司州、兖州、豫州、冀州、幽州、平州、并州、雍州、秦州、益州、梁州、青州、北青州，这与表中十六国时备职方的侨州不同。

两晋十六国不同政权同州名表

州名	置相同州的政权
司州	西晋、东晋、后赵
洛州	后赵、冉魏、前燕、前秦
兖州	西晋、东晋、后赵、冉魏、前燕、前秦、后秦、后燕、南燕
豫州	西晋、东晋、前赵、后赵、冉魏、前燕、前秦、后秦、夏
冀州	西晋、东晋、汉国、后赵、冉魏、前燕、前秦、后秦、北燕
幽州	西晋、东晋、汉国、前赵、后赵、段国、前燕、前秦、后燕、南燕、北燕、夏
平州	西晋、前燕、前秦、后燕
并州	西晋、东晋、汉国、前赵、后赵、前燕、前秦、后秦、后燕、南燕、北燕、夏
雍州	西晋、东晋、汉国、前赵、前秦、后秦、后燕、夏、仇池
凉州	西晋、前赵、后赵、前秦、后秦、西秦、前凉、后凉、南凉、西凉、北凉、夏
秦州	西晋、前赵、后赵、前秦、后秦、西秦、前凉、后凉、北凉、夏、仇池
河州	前凉、前秦、后秦、西秦、夏
梁州	西晋、东晋、成汉、前秦、后秦、西秦、仇池、谯蜀
益州	西晋、东晋、前赵、成汉、前秦、西秦、仇池、谯蜀
宁州	西晋、东晋、成汉、前秦
青州	西晋、东晋、后赵、前燕、前秦、后燕、南燕、北燕
徐州	西晋、东晋、后赵、冉魏、前燕、后秦、后燕、南燕
荆州	西晋、东晋、汉国、成汉、前赵、后赵、冉魏、前燕、前秦、后秦、夏
扬州	西晋、东晋、后赵、冉魏、前秦
交州	西晋、东晋、成汉
广州	西晋、东晋

　　不同政权的相同之州，有的存在前后相继的关系，有的政权为备职方而置某州，此见上文所述州的设置。十六国时，不仅不同政权置州用相同州名，有些政权随疆土的变迁，前后所置同名州，但州的治所、辖境等完全不同。如前燕初于乐陵郡境置青州，得西晋青州旧土后，复以青州改置于青州之地。又如前秦初曾在关中置有雍州，在河东置有并州、冀州，于上洛卢氏置有青州，于陇西枹罕置有凉州；前秦灭前燕、前凉后，得有西晋并州、冀州、青州、凉州旧土，此四州皆新置旧地，而以雍州改置于河东。再如后燕前期疆

土甚广，于西晋旧地置有冀州、并州和青州；幽州以南之地为北魏占据后，后燕为备职方，亦于东北地区设置冀州、并州、青州。两晋十六国时，存在个别州、郡同名，如汉国置有西河阳州，而东晋置有西河阳郡。两晋时也存在州、县同名，如西晋于东北地区置有平州，而梁州巴西郡有平州县；又如两晋置有江州，而梁州巴郡有江州县。

两晋十六国时，也有部分郡同名，这些郡名为平阳、平原、建兴、广宁、西河、西平、晋昌、晋兴、建昌、武兴、新城、西安、汉中、金山、南平、武陵、晋熙，郡名多为嘉名。西晋以来司州有平阳郡，东晋又于荆州置平阳郡。西晋以来冀州有平原郡，后秦又于雍州置平原郡。后赵于冀州置建兴郡，西燕又于并州置建兴郡。西晋以来幽州有广宁郡，西秦又于秦州置广宁郡。西晋以来并州有西河郡，东晋又于宁州置西河郡。西晋以来凉州有西平郡，东晋又于宁州置西平郡。晋惠帝改并州新兴为晋昌郡，又于凉州置晋昌郡，东晋又于魏兴郡境侨置晋昌郡以处巴蜀流民。西晋末，张轨于凉州置晋兴郡，东晋初又于广州置晋兴郡。晋惠帝于荆州置建昌郡，后赵石虎改陈留为建昌郡。西晋末，张轨于凉州置武兴郡，后赵石虎改兰陵为武兴郡。西晋以来荆州有新城郡，西凉又于凉州置新城郡。后凉于凉州置西安郡，西秦又于河州置西安郡。西晋以来梁州有汉中郡，前凉又于河州置汉中郡。东晋于梁州置金山郡，北凉又于凉州置金山郡。西晋以来荆州有南平郡，后秦又于秦州置南平郡。西晋以来扬州有新安郡，东晋又于广州置新安郡。东晋安帝时，分庐江郡置晋熙郡，又于广汉郡境侨置晋熙郡。晋怀帝改宁州益州郡为晋宁郡，晋安帝又于益州广汉郡境侨置晋宁郡。晋昌郡并非处并州或凉州晋昌侨民而设，晋熙郡也并非处豫州晋熙郡侨民而立，晋宁郡亦非处宁州晋宁郡侨民而置，故不同于其它侨郡的用名。这些同名郡中，晋昌郡于晋惠帝时同时并存，新安郡于东晋同时并存，晋熙侨、实二郡于晋安帝同时并存，其余诸郡分处于不同政权。自汉代以来荆州有武陵郡，西晋又分梁州巴东置武陵郡。西晋虽有两武陵郡，但梁州武陵郡存于西晋初，而荆州武陵郡则于灭吴后才属西晋。这些同名郡多为一南一北，一东一西的不是太多，而以西北凉州新立郡与其他地区的郡同名为多。

两晋十六国时期，有六十七郡名与县名同，见下表。需要说明的，下表主要是一郡名与其他郡的县名同名，不包括郡与郡内县同名，后者已见上文郡因郡内县得名相关内容。与郡和郡同名不同，许多郡、县同名是在同一政权同时并存的。

两晋十六国郡县同名表

郡、县同名的地名	郡名所属的州	县名所属的州、郡	郡、县同名的地名	郡名所属的州	县名所属的州、郡
平阳	司州、荆州	兖州泰山郡 荆州义阳郡	汉阳	河州	凉州祁连郡 益州朱提郡
阳平	司州	广州桂林郡	白马	河州	兖州濮阳郡
黎阳	司州	扬州新安郡	武陵	梁州、荆州	荆州上庸郡
建昌	兖州、荆州	扬州豫章郡	河阳	宁州	司州河内郡
高平	兖州	荆州邵陵郡	兴宁	宁州	广州东官郡
东平	兖州	扬州建安郡	建宁	宁州	荆州长沙郡
长乐	冀州	司州魏郡	晋宁	宁州	青州济岷郡 荆州桂阳郡
安平	冀州	冀州博陵郡 平州辽东郡 青州齐郡	平乐	宁州	秦州武都郡 荆州建平郡 广州始安郡
建兴	冀州、并州	荆州邵陵郡	永昌	宁州	司州汲郡 荆州零陵郡
唐	冀州	冀州中山郡	乐安	青州	扬州临海郡 扬州鄱阳郡
燕	幽州	兖州濮阳郡	城阳	青州	兖州济阴郡 益州沈黎郡
北平	幽州	冀州中山郡	广陵	徐州	广州苍梧郡
建德	平州	扬州吴郡	山阳	徐州	司州河内郡
石城	平州	扬州宣城郡	成都	荆州	益州蜀郡
乐平	并州	司州阳平郡	武宁	荆州	平州营丘郡 交州交趾郡
新兴	并州	秦州陇西郡 梁州梓潼郡 益州越嶲郡 宁州南广郡 宁州建宁郡 广州新宁郡	沮阳	荆州	幽州上谷郡 荆州汶阳郡

续表

郡、县同名的地名	郡名所属的州	县名所属的州、郡	郡、县同名的地名	郡名所属的州	县名所属的州、郡
晋昌	并州、凉州	宁州南广郡	南乡	荆州	梁州汉中郡
安定	雍州	交州交趾郡	汶阳	荆州	豫州鲁郡
新平	雍州	荆州湘东郡	义成	荆州	宁州西平郡
平原	雍州	冀州平原郡	长宁	荆州	凉州西平郡
长城	雍州	并州武乡郡 扬州吴郡	邵陵	荆州	豫州颍川郡
西平	凉州	豫州汝南郡 宁州西平郡 广州高兴郡	桂阳	荆州	广州始兴郡
广武	凉州	并州雁门郡	安成	荆州	豫州汝南郡
建康	凉州	扬州丹扬郡	吴	扬州	平州昌黎郡
晋兴	凉州、广州	梁州金山郡 益州遂宁郡 益州越嶲郡 扬州鄱阳郡	吴兴	扬州	扬州建安郡 交州交趾郡
武兴	梁州、徐州	交州武平郡	东阳	扬州	徐州临淮郡
西安	凉州、河州	宁州兴古郡 青州齐郡 交州九德郡	建安	扬州	宁州西河郡 广州郁林郡
西	凉州	秦州天水郡	晋安	扬州	梁州新巴郡
广晋	河州	扬州鄱阳郡	晋熙	扬州	梁州晋熙郡
新城	凉州、荆州	司州河南郡 扬州吴郡	新昌	交州	平州辽东郡
高昌	凉州	扬州庐陵郡	武平	交州	豫州陈郡
南安	秦州	益州犍为郡	始兴	广州	秦州狄道郡
南平	秦州	荆州桂阳郡 交州合浦郡	新宁	广州	荆州湘东郡
兴晋	河州	荆州魏兴郡	新安	广州	司州河南郡 宁州建都郡 荆州上庸郡

郡、县同名的地名	郡名所属的州	县名所属的州、郡	郡、县同名的地名	郡名所属的州	县名所属的州、郡
武城	河州	冀州清河郡 广州苍梧郡	永平	广州	凉州张掖郡
武阳	河州	司州阳平郡 兖州泰山郡 益州犍为郡			

关于史籍中的县同名，钱大昕曾对两汉、唐、宋、元、明同县名有总结，其《十驾斋养新录》卷十一有"《汉·地理志》县名相同""后汉县名相同""唐县名相同""宋县名相同""元州县名相同""明县名相同"诸条。两晋十六国时，许多县与县同名，同名的县名有九十一个，见下表。在这些同名县中，有些县在两晋十六国前后归属不同的郡，如司州黎阳县初属魏郡，后属黎阳郡，本表所列郡名为该县最初归属的郡，故黎阳县归属为司州魏郡。有些县最初归属的统县政区为王国，而非郡，但由于两晋的王国后来基本都改为郡，故本表皆称"郡"而不称"国"。如新兴县最初属陇西国，而非陇西郡，但晋惠帝时陇西国改为郡，本表以新兴县归属为秦州陇西郡。不仅县归属的统辖政区有变化，其所归属的高层政区也有变化，本表所列为最初归属的高层政区。如西晋初上庸郡属荆州，晋惠帝时此郡别属梁州，而本表将新安县归属为荆州上庸郡。对设置比较晚的县，本表所列为置县时所属的高层政区。如广汉郡于西晋属梁州，东晋时别属益州，而东晋置阳泉县时广汉郡属益州，故表中阳泉县归属为益州广汉郡。在本表中，有些同名县的名称曾有改变，如这一时期有四个平阳县，其中泰山郡平阳郡后改为新泰县，义阳郡平阳县是由前平春县所改而来。这些县中，有些县属侨郡所统，如武宁、武原二县属营丘侨郡，新康县属京兆侨郡。这些同名县中，即有同一政权同时并存的县，也有不同时期、不同政权并存的县。在同名二县或几县中，一般处于不同的州，但也有个别同名县同在一州，如两兴山县、两永新县都在荆州。在这些同名县中，大多是二县同名，另有十四个县名各有三个同名县，新安、平阳、平乐、临江四县名各有四个同名县，晋兴、新兴二县名各有六个同名县。从得名来看，这些同名县名大多为嘉名。汉晋时，"成""城"二字一般可以通用，冀州河间郡有乐城县，扬州永嘉郡有乐成县；扬州淮南郡

有义城县，宁州西平郡有义成县，乐城县与乐成县，义城县与义成县，也可视为同名县。

两晋十六国同名县表

县名	归属的不同郡	县名	归属的不同郡
新安	司州河南郡、宁州建都郡、荆州上庸郡、广州新安郡	武兴	凉州武兴郡、交州武平郡
阳城	司州河南郡、徐州盱眙郡	襄武	凉州武兴郡、秦州陇西郡
新城	司州河南郡、扬州吴郡	建康	凉州建康郡、扬州丹杨郡
宜阳	司州弘农郡、荆州安成郡	汉阳	凉州祁连郡、益州朱提郡
平阳	司州平阳郡、兖州泰山郡、荆州义阳郡、荆州平阳郡	高昌	凉州高昌郡、扬州庐陵郡
永安	司州平阳郡、梁州巴东郡	新阳	秦州天水郡、荆州竟陵郡
永昌	司州汲郡、荆州零陵郡	始兴	秦州狄道郡、广州始兴郡
河阳	司州河内郡、宁州河阳郡	新兴	秦州陇西郡、梁州梓潼郡、益州越巂郡、宁州南广郡、宁州建宁郡、广州新宁郡
山阳	司州河内郡、徐州山阳郡	平乐	秦州武都郡、宁州平乐郡、荆州建平郡、广州始安郡
黎阳	司州魏郡、扬州新安郡	万安	梁州梓潼郡、宁州建宁郡
武阳	司州阳平郡、兖州泰山郡、益州犍为郡	怀安	梁州汉中郡、扬州宣城郡、广州郁林郡
乐平	司州阳平郡、并州乐平郡	兴安	梁州晋寿郡、扬州鄱阳郡、广州临贺郡
城阳	兖州济阴郡、益州沈黎郡	平兴	梁州晋寿郡、广州新宁郡
高平	兖州高平郡、荆州邵陵郡	晋安	梁州新巴郡、扬州晋安郡
南城	兖州泰山郡、扬州临川郡	晋城	梁州新巴郡、广州晋兴郡
邵陵	豫州颍川郡、荆州邵陵郡	临江	梁州巴郡、宁州建都郡、徐州海陵郡、扬州丹杨郡
西平	豫州汝南郡、宁州西平郡、广州高兴郡	晋乐	益州沈黎郡、宁州牂柯郡
鄢	豫州谯郡、荆州顺阳郡	阳泉	益州广汉郡、扬州庐江郡
汶阳	豫州鲁郡、荆州汶阳郡	南昌	益州朱提郡、扬州豫章郡

县名	归属的不同郡	县名	归属的不同郡
西陵	豫州弋阳郡、荆州宜都郡	永宁	宁州云南郡、荆州建平郡、扬州临海郡
建始	冀州建兴郡、荆州上庸郡、荆州建平郡	永丰	宁州建都郡、广州始安郡
新乐	冀州乐陵郡、益州江阳郡	遂安	宁州建都郡、扬州新安郡
安平	冀州博陵郡、平州辽东郡、青州齐郡	汉兴	宁州兴古郡、梁州宕渠郡
武城	冀州清河郡、广州苍梧郡	西丰	宁州兴古郡、扬州临川郡
广阳	幽州燕郡、益州汶山郡、扬州宣城郡	西安	宁州兴古郡、青州齐郡、交州九德郡
潞	幽州燕郡、并州上党郡	南兴	宁州兴古郡、广州新宁郡
安乐	幽州燕郡、益州东江阳郡、荆州上庸郡	西宁	宁州西平郡、扬州临川郡
广昌	幽州代郡、凉州晋兴郡、荆州上庸郡	义成	宁州西平郡、扬州淮南郡
沮阳	幽州上谷郡、荆州汶阳郡	建安	宁州西河郡、扬州建安郡、广州郁林郡
海阳	幽州辽西郡、广州义安郡	平陵	青州济南郡、扬州义兴郡
兴平	平州昌黎郡、扬州庐陵郡	晋宁	青州济岷郡、荆州桂阳郡
吴	平州昌黎郡、扬州吴郡	东城	徐州山阳郡、扬州淮南郡
武宁	平州营丘郡、交州交趾郡	建陵	徐州海陵郡、广州苍梧郡
武原	平州营丘郡、徐州彭城郡	宁海	徐州海陵郡、扬州临海郡
建德	平州建德郡、扬州吴郡	吉阳	荆州上庸郡、扬州庐陵郡
石城	平州石城郡、扬州宣城郡	高安	荆州汶阳郡、交州九真郡
广武	并州雁门郡、凉州广武郡	永新	荆州建平郡、荆州安成郡
晋昌	并州新兴郡、宁州南广郡	西道	荆州宜都郡、交州新昌郡
长城	并州武乡郡、雍州长城郡、扬州吴兴郡	新康	荆州衡阳郡、雍州京兆郡（侨）
常安	雍州京兆郡、广州始安郡	邵阳	荆州邵陵郡、扬州建安郡
新丰	雍州京兆郡、宁州西河阳郡	南平	荆州桂阳郡、交州合浦郡
泾阳	雍州咸阳郡、雍州安定郡	海宁	扬州新安郡、广州义安郡

续表

县名	归属的不同郡	县名	归属的不同郡
新平	雍州新平郡、荆州湘东郡	始阳	扬州临海郡、广州始安郡
新乡	凉州晋昌郡、荆州建平郡	吴兴	扬州建安郡、交州交趾郡
晋兴	凉州晋兴郡、梁州金山郡、益州遂宁郡、益州越嶲郡、扬州鄱阳郡、广州晋兴郡	晋化	交州新昌郡、广州晋康郡
临津	凉州晋兴郡、扬州义兴郡	建初	交州九真郡、广州郁林郡

政区地名的源流

　　本编上述四部分，主要就两晋十六国州级、郡级、县级政区的设置以及各层级政区的用名加以概述。这一部分将追溯两晋十六国各层级政区的渊源、流变，即这些政区名各自何时开始设立，有些政区名自设立后至两晋十六国时期又有何变化，着重叙述西晋以前设立而又在两晋十六国时期沿用的政区地名[①]。

一、州的源流

　　有关州的设置，始于先秦时期的"九州"说。《尚书·禹贡》较早记载了九州，对古代政区建置影响最大。除《禹贡》外，《周礼·职方氏》《尔

[①] "政区地名的源流"中有关郡县的源流和县的改名，主要参考周振鹤主编《中国行政区划通史》（先秦、秦汉、三国两晋十六国部分），马保春《晋国地名考》，吴良宝《战国楚简地名辑证》，后晓荣《战国政区地理》《秦代政区地理》，陈健梅《孙吴政区地理研究》，孟刚、邹逸麟《晋书地理志汇释》，胡阿祥《宋书州郡志汇释》以及本书中、下编的相关考述，同时参照"前四史"《晋书》《宋书》《魏书》《水经注》《元和志》《寰宇记》等基础文献中的相关政区地名，特别重视利用唐前正史地理志中相关的政区地名。其中，少量政区地名的源流和改名，与当今学者的研究结论有所不同，为笔者个人见解，但本书中、下编没有涉及。如一般认为汉置临虑县，此据《荀子·强国》所载，"（秦）在韩者逾常山乃有临虑"，及杨倞注《汉书·地理志》：临虑，县名，属河内，今属相州也"，定战国时韩国已置此县。又如《水经注·淮水注》载，"（涣水）又东迳襄邑县故城南。故宋之承匡、襄牛之地，宋襄公之所葬，故号襄陵矣。《竹书纪年》：梁惠成王十七年（前354），宋景敾、卫公孙仓会齐师，围我襄陵；十八年（前353），惠王以韩师败诸侯师于襄陵，齐侯使楚景舍来求成，即于此也。西有承匡城，《春秋》会于承匡者也。秦始皇以承匡卑湿，徙县于襄陵，更为襄邑"。此据《水经注》所载，定战国时魏国已有襄陵县，秦改为襄邑县。再如据《汉志》《续汉志》，西汉天水郡、东汉汉阳郡有陇县。《寰宇记》陇右道—秦州陇城县条载，陇城县，"本汉陇县，即略阳道，属天水郡"，"魏黄初中改为陇城"。此据《寰宇记》定曹魏改陇县为陇城县。

雅·释地》《吕氏春秋·有始览》也各有"九州"说，但有所不同，见下表。另外，《淮南子·地形训》和上海博物馆藏战国竹书《容成氏》记载有不同的"九州"说[1]，此二说与以上四说差异较大，对古代的政区建置影响较小，此不多述。西汉以前，虽有"九州"之说，尚未在政区建置中有九州之制。

书名	九　州											
尚书	冀州	兖州	豫州	雍州	扬州	荆州	青州	徐州		梁州		
周礼	冀州	兖州	豫州	雍州	扬州	荆州	青州		幽州			并州
尔雅	冀州	兖州	豫州	雍州	扬州	荆州		徐州	幽州		营州	
吕览	冀州	兖州	豫州	雍州	扬州	荆州	青州	徐州	幽州			

至汉代，州制逐渐形成。一般认为，汉武帝设置十三刺史部是州制的初成。据《汉书·武帝纪》，汉武帝元封五年（前106），"初置刺史部十三州"。又《汉志》总叙载，"汉兴，因秦制度，崇恩德，行简易，以抚海内。至武帝攘却胡、越，开地斥境，南置交阯，北置朔方之州，兼徐、梁、幽、并夏、周之制，改雍曰凉，改梁曰益，凡十三部，置刺史"。汉武帝十三部州为冀、兖、豫、青、徐、扬、荆、益、凉、幽、并、交阯、朔方，州名大多兼采《禹贡》《职方》中的记载，并略有变易。交阯、朔方为新开之地，其名未见于旧典。《汉书·百官公卿表上》："监御史，秦官，掌监郡。汉省，丞相遣史分刺州，不常置。武帝元封五年初置部刺史，掌奉诏条察州，秩六百石，员十三人。"可见，州刺史为监察官，故汉武帝十三部州为监察区，而非行政区。

西汉末，州制发生了变化，改刺史部为州。刺史为监察官，西汉末更名州牧后，"州为最高之地方行政单位，州牧为名副其实之地方最高行政官"[2]。至迟从汉平帝时，交阯刺史部已改为交州[3]。汉末新初，王莽改十三州为十二州，扬雄《十二州箴》的"十二州"即王莽时州的建置。《十二州箴》的州名依次为冀州、扬州、荆州、青州、徐州、兖州、豫州、雍州、益州、幽州、

---

[1]　上海博物馆藏战国竹书《容成氏》所记载的"九州"，见马承源主编《上海博物馆藏战国楚竹书（二）》，上海古籍出版社，2002年，第269页。

[2]　严耕望：《中国地方行政制度史（秦汉地方行政制度）》，上海古籍出版社，2007年，第283页。

[3]　辛德勇：《两汉州制新考》，载辛德勇《秦汉政区与边界地理研究》，中华书局，2009年，第93—178页。

并州、交州，然从《十二州箴》及当时"托古改制"的背景来看，当时所置有梁州而无益州[1]。

东汉初建，仍承西汉末以来旧制。《后汉书·光武帝纪下》载，建武十一年（35），"省朔方牧，并并州"；建武十八年（42），"罢州牧，置刺史"。又据《续汉书·百官志五》，"建武十八年，复为刺史，十二人各主一州，其一州属司隶校尉"，十二州部为豫州部、冀州部、兖州部、徐州部、青州部、荆州部、扬州部、益州部、凉州部、并州部、幽州部、交州部，另加司隶校尉部，共十三州部。光武帝复置刺史后，州改为刺史部。至东汉末，刺史虽兼有一定的地方行政事务而仍为监察官，州部仍为监察区。

黄巾起义以后，东汉政府为镇压各地叛乱，遂扩大州部的行政权。据《后汉书·刘焉传》，汉灵帝时，太常刘焉以刺史威轻，建议改置牧伯，焉出领益州牧，"州任之重，自此而始"。此后，州由监察区转变为统郡的行政区。《后汉书·献帝纪》载，兴平元年（194）六月，"分凉州河西四郡为雍州"；建安十八年（213）正月，"复《禹贡》九州"。对于"复《禹贡》九州"，《续汉书·百官志五》刘昭注引《献帝起居注》所载甚详，实际上《禹贡》中"梁州"未用而仍为益州，而孙权控制下的交州也并未省并。在东汉末年动乱之际，公孙度割据辽东，自立为平州牧，并置营州刺史。公孙度所立平州、营州，虽未见有朝廷的认可，但二州之名对西晋十六国州的建置有一定影响。

三国时，州正式为统郡的行政区，州的数量有所增加。黄初元年（220），曹魏在其统辖的冀州、豫州、兖州、徐州、青州、扬州、荆州、雍州的基础上，又新立司隶部、凉州、并州、幽州[2]，一度置秦州而后省[3]。蜀汉时，仅有益州一州。据《三国志·魏书·三少帝纪》载，景元四年（263），曹魏灭蜀汉，"分益州为梁州"。可见曹魏末，不仅得有益州，又增置梁州。孙吴初，有扬州、荆州、交州；

---

[1] 黄学超：《汉末新初十二州有梁州无益州考》，《中国历史地理论丛》，2021年第2辑。

[2] 有关曹魏初年新立司隶部、凉州、并州、幽州，参见胡阿祥、孔祥军、徐成《中国行政区划通史·三国两晋南朝卷》，复旦大学出版社，2017年，第291、410、418、426页。

[3] 《晋志》雍州条载，"献帝时又置雍州，自三辅距西域皆属焉"；秦州条载，"秦州。按《禹贡》本雍州之域。魏始分陇右置焉，刺史领护羌校尉，中间暂废"。可见魏文帝时始置秦州，后省。

后由分交州置广州[①]。秦州、广州为三国时新立的州名，其余州名皆见于前代。

西晋建国初，有司州、冀州、豫州、兖州、徐州、青州、扬州、荆州、雍州、凉州、并州、幽州、益州、梁州。此后，晋武帝先后增置秦州、宁州、平州。太康元年（280）灭吴后，孙吴扬州、荆州、交州、广州入西晋，西晋扬州、荆州与孙吴扬州、荆州合并，至此西晋有十九州。此后，秦州、宁州罢而又复，晋惠帝又置江州。至晋怀帝置湘州，西晋有二十一州。从州名上看，西晋诸州大多承袭前代，平州之名曾为公孙度所用，仅宁州、江州、湘州为西晋新名。东晋十六国的州名基本承袭西晋，另有些州名加以方位词，如有北兖州、北雍州、北青州、北徐州、东梁州、西扬州、南兖州、东豫州、北秦州、东秦州、南秦州；还有一些双头州，如秦凉二州、兖豫二州、并冀二州、秦河二州、幽冀二州、幽平二州、并青二州。十六国时新的州名有殷州、卫州、西河阳州、中州、洛州、营州、朔州、定州、沙州、商州、河州、巴州、汉州、安州，这些州名仅洛州、河州、沙州自置州后相沿不废，其余诸州旋置旋废。东晋十六国时，州制在西晋旧制的基础上有很多变化，东晋因侨流人口而立无实土的侨州，十六国因备职方而设有实土的侨州，这些侨州州名基本都用西晋的旧名。虽然东晋十六国州的名称以汉晋旧名为主，但由于诸多政权并存和动乱，州的幅员大大缩小，州的辖境也大多不同于西晋时期的旧州，州统辖的郡县也有较大变化，有些州的治所也有变迁。

二、郡国的源流

自秦代以来的郡县制，都是以郡统县，但郡的起源要晚于县。春秋末期，政区中已有郡，与县并称。《左传》哀公二年（前493）载，晋国大夫赵简子伐范氏、中行氏，战前鼓舞将士言，"克敌者，上大夫受县，下大夫受郡"。由此可见，当时晋国已有郡和县，郡的地位低于县。对此，清人姚鼐认为，"郡远而县近，县成聚富庶而郡荒陋，故以美恶异等，而非郡与县相统属也"[②]。至战国，郡的地位上升，逐渐演变为以郡统县。郡一般是因军事原因而设在边鄙之地，统辖区域较

---

① 《晋志》广州条载，"至吴黄武五年，分交州之南海、苍梧、郁林、高梁四郡立为广州，俄复旧。永安六年，复分交州置广州"。

② 见姚鼐《惜抱轩诗文集》卷二《郡县考》。

大。但随着郡内人口增加，郡内分置诸县，进而形成以郡统县的政区建置。

战国时期的大国一般置有郡，但各国所置的郡为数不多。秦统一后，以郡统县的郡县制在全国推行，《史记·秦始皇本纪》载，秦始皇二十六年（前221），"分天下以为三十六郡"。但有秦一代，郡数并非仅三十六。据周振鹤《秦一代为四十八郡说》和辛德勇《秦始皇三十六郡新考》，秦统一初有三十六郡，最后调整为四十八郡①。后晓荣认为，"秦一代建郡之数于史有征者五十四"②。西汉时，郡国并行，郡又不断析分。《汉志》后叙载，"（秦）分天下作三十六郡。汉兴，以其郡太大，稍复开置，又立诸侯王国。武帝开广三边。故自高祖增二十六，文、景各六，武帝二十八，昭帝一，讫于孝平，凡郡国一百三"。东汉时，郡国又有变化。《续汉志》后叙载，"世祖中兴，惟官多役烦，乃命并合，省郡、国十，县、邑、道、侯国四百余所。至明帝置郡一，章帝置郡、国二，和帝置三，安帝又命属国别领比郡者六，又所省县渐复分置。至于孝顺，凡郡、国百五"。三国时，郡、国数量又增。

《晋志》总叙所列秦至三国郡国变化甚详，此录文于下："始皇初并天下，惩刈战国，削罢列侯，分天下为三十六郡，三川、河东、南阳、南郡、九江、鄣郡、会稽、颍川、砀郡、泗水、薛郡、东郡、琅邪、齐郡、上谷、渔阳、右北平、辽西、辽东、代郡、巨鹿、邯郸、上党、太原、云中、九原、雁门、上郡、陇西、北地、汉中、巴郡、蜀郡、黔中、长沙、凡三十五郡，与内史为三十六郡也。于是兴师逾江，平取百越，又置闽中、南海、桂林、象郡，凡四十郡，郡一守焉。其地则西临洮而北沙漠，东萦西带，皆临大海。汉祖龙兴，革秦之弊，分内史为三部，更置郡国二十有三，桂阳、江夏、豫章、河内、魏郡、东海、楚国、平原、梁国、定襄、泰山、汝南、淮阳、千乘、东莱、燕国、清河、信都、常山、中山、渤海、广汉、涿郡，合二十三也。三内史者，河上、渭南、中地也。《地理志》曰：高祖增二十六，武帝改河上、渭南、中地以为京兆、冯翊、扶风，是为三辅也。文增厥九，广平、城阳、淄川、济南、胶西、胶东、河间、庐江、衡山，武帝改衡山曰六安。景加其四，济北、济阴、山阳、北海也。宣改济北曰东平。武帝开越攘胡，初置十七，南海、苍梧、郁

① 周振鹤：《秦一代郡数为四十八说》，《历史地理》第8辑，1990年。辛德勇《秦始皇三十六郡新考》，载辛德勇《秦汉政区与边界地理研究》，第3—92页。

② 后晓荣：《秦代政区地理》，社会科学文献出版社，2009年，第117页。

林、合浦、交阯、九真、日南、珠崖、儋耳九郡，平西南夷置牂柯、越巂、沈黎、汶山、犍为、益州六郡，西置武都郡，又分立零陵郡，合十七郡。拓土分疆，又增十四，弘农、临淮、西河、朔方、酒泉、陈留、安定、天水、玄菟、乐浪、广陵、敦煌、武威、张掖。昭帝少事，又增其一，金城也。至平帝元始二年，凡新置郡国七十有一，与秦四十，合一百一十有一"；"光武投戈之岁，在雕耗之辰，郡国萧条，并省者八，城阳、淄川、高密、胶东、六安、真定、泗水、广阳"；"明帝置一，永昌也。章帝置二，任城、吴郡。和、顺改作，其名有九，和置济北、广阳，顺改淮阳为陈，改楚为彭城，济东为东平，临淮为下邳，千乘为六安，信都为安平，天水为汉阳"；"而郡国百有八焉。省前汉八，分置五，改旧名七，因旧九十六，少前汉三也。桓、灵颇增于前，复置六郡，桓，高阳、高凉、博陵；灵，南安、鄱阳、庐陵。魏武定霸，三方鼎立，生宁版荡，关洛荒芜，所置者十二，新兴、乐平、西平、新平、略阳、阴平、带方、谯、乐陵、章武、南乡、襄阳；所省者七，上郡、朔方、五原、云中、定襄、渔阳、庐江。而文帝置七，朝歌、阳平、弋阳、魏兴、新城、义阳、安丰。明及少帝增二，明，上庸也；少，平阳也。得汉郡者五十四焉。蜀先主于汉建安之间初置郡九，巴东、巴西、梓潼、江阳、汶山、汉嘉、朱提、宕渠、涪陵。后主增二，云南、兴古。得汉郡者十有一焉。吴主大皇帝初置郡五，临贺、武昌、珠崖、新安、庐陵南部。少帝、景帝各四，少，临川、临海、衡阳、湘东；景，天门、建安、建平、合浦北部。归命侯亦置十有二郡，始安、始兴、邵陵、安成、新昌、武平、九德、吴兴、东阳、桂林、荥阳、宜都。得汉郡者十有八焉。"两《汉志》和《晋志》所载两汉、三国郡国析分并非准确无误，但由此可见汉魏时期的郡国总的变化。

两晋十六国时期的郡国，大多承前朝而置，同时也新置、改名、省废了不少郡国。两晋十六国时期的郡国从什么时代已经设立，设置后又有怎样的变化，详见下表。西晋以前设置过的郡国有不少不见于下表，因为这些郡国已经罢废而没有延续至两晋十六国。除两晋十六国时期新置的郡国外，西晋以前曾经设置又在两晋十六国时存在的郡国有一百七十二个，其中战国有三十三郡，秦朝有十三郡，楚汉之际项羽置东阳郡，西汉有五十二郡国，东汉有三十八郡国，三国有三十五郡。战国时，以秦国置十六郡为多，其中多数郡为战国末秦灭六国而置。西汉时，以汉武帝新置三十郡最多，这些郡主要是汉武帝开疆拓土过程中新置的，也有些是为削弱诸侯王国而置的。东汉时，以汉献帝新置二十九郡最多，其中不少为当时割据者所置，如带方郡为公孙康置，巴西、巴东、江阳三郡为刘璋置，梓潼、涪陵、宕渠、朱提四郡为刘备称帝前置，新都、鄱阳二郡为孙权称吴王前置。三国时，以孙吴新置二十郡为多，这与孙吴对山越等部族的征讨以及南方地区的开发有关。这些郡国中，不少是因析分新的王国而立，如晋前所立济阴国、山阳国、任城国、东平国、陈国、安平国、中山国等。不仅如此，西晋因封国而新立的郡国有濮阳、高平、汝阴、范阳、燕、高阳、武邑、济阳、东燕、南顿、汝阳、新蔡、西阳、中丘、广川、淮陵等。当然，郡国的设置原因甚多，许多郡的设立各有特殊因素，此仅述其大要。有关两晋十六国时期新立的郡国，上文"两晋十六国郡级政区的设置"已详述，下表也可见这一时期新置郡国及其变迁的大致情况。

两晋十六国郡国源流表

始置时代		郡国始置及其变迁	郡数
战国	魏	河东郡、西河郡（秦国废，汉武帝复，后汉献帝末省，魏文帝复，晋国后省，后赵置永石郡，后改西河郡，后燕当省）、上郡（魏文帝省，晋惠帝复）	3
	赵	代郡、太原郡、雁门郡、九原郡（后省，汉武帝为五原郡，东汉末省，前秦置五原郡）	4
	韩	上党郡、三川郡（秦庄襄王复置三川郡，西汉改河南郡）	2
	燕	渔阳郡（晋武帝省，晋惠帝复）、右北平郡（晋武帝改北平郡）、上谷郡、辽西郡、辽东郡	5
	楚	南阳郡、汉中郡、黔中郡（秦代为洞庭郡，汉高帝改武陵郡）	3
	秦	东郡（晋武帝改濮阳国）、颍川郡（汉高帝改韩国，旋复旧）、砀郡（汉高帝改梁国，后为梁郡）、淮阳郡（汉高帝改淮阳国，汉章帝改陈国，后为陈郡）、四川郡（汉景帝改沛郡）、薛郡（汉高后改鲁国，后为鲁郡）、邯郸郡（汉高帝改赵国，汉景帝复邯郸郡，旋复赵国，后为赵郡）、巨鹿郡（秦末省，汉武帝复）、广阳郡（汉高帝改燕国，汉昭帝改广阳郡，汉宣帝改广阳国，汉光武帝省入上谷郡，汉和帝复广阳郡，魏文帝复燕国）、北地郡（曹魏时郡地南迁）、陇西郡、巴郡（汉献帝时刘璋改永宁郡，后复为巴郡）、蜀郡（公孙述、晋武帝曾改成都国，后皆复称蜀郡）、南郡（项羽、汉景帝皆曾改临江国，汉章帝曾改江陵郡，晋武帝曾改新郡，后皆复称南郡）、九江郡（汉高帝改淮南国，汉文帝复为九江郡，又为淮南国，汉武帝复九江郡，曹魏改淮南国、楚国，又改淮南郡）、会稽郡	16

续表

始置时代		郡国始置及其变迁	郡数
秦朝		河内郡、济北郡（汉武帝省，汉和帝复）、河间郡（汉光武帝省，汉和帝复）、清河郡（汉桓帝改甘陵国，魏文帝复为清河郡）、恒山郡（汉武帝改常山郡）、临淄郡（汉高帝改齐国，汉文帝复临淄郡，此后为齐国、齐郡）、东海郡、琅邪郡、苍梧郡（后为长沙郡）、鄣郡（汉武帝改丹阳郡，两晋为丹杨郡）、庐江郡（汉初省，汉文帝复，汉武帝移于江南）、南海郡、桂林郡（后为南越国地，汉武帝平南越于此置郁林郡）	13
楚汉之际		东阳郡（汉高帝先后改荆国、吴国，汉景帝改江都国，汉武帝改广陵郡）	1
西汉	汉高帝	渭南郡（本秦内史地，汉高帝分置渭南郡，又复属内史，汉文帝分为右内史，汉武帝分置京兆尹，魏文帝改京兆郡）、河上郡（本秦内史地，汉高帝分置河上郡，又复属内史，汉文帝分为左内史，汉武帝改左冯翊，魏文帝改冯翊郡）、中地郡（本秦内史地，汉高帝分置中地郡，又复属内史，汉文帝分为右内史，汉武帝分置右扶风，魏文帝改扶风郡，晋武帝改为秦国，晋愍帝复为扶风郡）、魏郡、博阳郡（后改济南郡，高后时又先后改吕国、济川国、济南郡）、城阳郡（光武帝省入琅邪郡，汉献帝复，晋惠帝改高密国）、胶西郡（汉宣帝改高密国，东汉光武帝省，晋惠帝复高密国）、楚国（汉宣帝改彭城郡，后又为楚国，汉章帝改为彭城国）、桂阳郡、豫章郡	10
	汉文帝	汝南郡、勃海郡、广川郡（汉景帝先后改为广川国、信都郡，后又为广川国、信都国，汉明帝改乐成国，汉安帝改安平国）	3
	汉景帝	济阳国（汉景帝置济川国，汉武帝改入陈留郡，汉元帝以陈留郡置济阳国而寻省，晋惠帝复）、济阴国（曾改为定陶国，后又为济阴郡；晋惠帝改广阳国，旋复）、山阳国（汉武帝改昌邑国，汉宣帝改山阳郡，晋武帝改高平国）、济东国（汉武帝改大河郡，汉宣帝改东平国）、平原郡、中山国、北海郡、东莱郡	8
	汉武帝	弘农郡、广平郡（后曾为平干国、广平国，武帝省入巨鹿郡，魏文帝复）、陈留郡（后赵石虎改建昌郡，寻复陈留郡）、泰山郡、涿郡（晋武帝改范阳国）、乐浪郡、玄菟郡、安定郡、金城郡、张掖郡、酒泉郡、敦煌郡、天水郡（汉明帝改汉阳郡，曹魏复为天水郡）、武都郡、广汉郡、犍为郡、汶山郡（汉宣帝省，汉安帝、汉灵帝复立而旋废，汉献帝时刘备复）、沈黎郡（寻省，成汉复，东晋省，东晋末又复）、越巂郡、牂柯郡、益州郡（蜀汉后主改建宁郡）、千乘郡（东汉和帝改乐安国）、临淮郡（汉章帝省，晋武帝复）、江夏郡、零陵郡、合浦郡（孙权改珠官郡，孙亮复）、交阯郡、九真郡、日南郡、苍梧郡	30
	汉宣帝	武威郡	1

续表

始置时代		郡国始置及其变迁	郡数
东汉	汉明帝	永昌郡、下邳国	2
	汉章帝	任城国	1
	汉安帝	安平国	1
	汉顺帝	吴郡	1
	汉桓帝	博陵郡、高兴郡（汉灵帝改高凉郡，后省，汉献帝复高凉郡）	2
	汉灵帝	南安郡（汉献帝省，曹魏初复）、汉嘉郡（汉安帝置蜀郡属国，汉灵帝改汉嘉郡，旋复为蜀郡属国，蜀汉先主又改汉嘉郡）	2
	汉献帝	谯郡、弋阳郡、乐陵郡、章武郡（魏齐王省，晋武帝复）、带方郡（公孙康置）、乐平郡、新兴郡（晋惠帝改晋昌郡，后赵改定襄郡，后复为新兴郡）、新平郡、西平郡、西郡、西海郡（后凉省）、阴平郡（蜀汉后主省，晋武帝复）、梓潼郡（刘备置）、涪陵郡（刘备置）、巴西郡（刘璋置）、宕渠郡（刘备置，寻省，蜀汉后主复，寻省，成汉又复）、固陵郡（刘璋置，后改为巴东郡，刘备又先后改为江关都尉、固陵郡、巴东郡）、江阳郡（刘璋置，东晋改东江阳郡）、朱提郡（刘备置）、东莞郡（曹魏省，晋武帝复）、东安郡（后省，晋惠帝复）、襄阳郡、南乡郡（晋武帝改顺阳国，东晋先后改南乡郡、顺阳郡）、西城郡（魏文帝并入新城郡，寻分置魏兴郡）、上庸郡（魏文帝并入新城郡，魏明帝复）、临江郡（寻改宜都郡）、新都郡（孙权置，西晋改新安郡）、鄱阳郡（孙权置）、庐陵郡	29
三国	曹魏	阳平郡、汝阴郡、安丰郡、平昌郡（后省，晋惠帝复）、义阳郡（后省，晋武帝复）、新城郡、荥阳郡（后省，晋武帝复）、平阳郡、野王郡（后省，后赵复）、昌黎郡、广魏郡（西晋改略阳郡）、襄城郡（东晋十六国时省）	12
	蜀汉	南广郡（后省，晋怀帝复，或晋愍帝又省，成汉复）、云南郡、兴古郡	3
	孙吴	武昌郡（后省，晋武帝改孙吴江夏郡为武昌郡）、临贺郡、衡阳郡、湘东郡、临海郡、临川郡、建平郡（西晋亦置建平郡）、天门郡、建安郡、营阳郡（后省，晋怀帝复）、昭陵郡（晋武帝改邵陵郡）、安成郡、吴兴郡、新昌郡、武平郡、九德郡、始安郡、始兴郡、桂林郡、高兴郡	20

续表

始置时代		郡国始置及其变迁	郡数
西晋	晋武帝	荥阳郡（曹魏置，后省，晋武帝复）、上洛郡、汲郡、顿丘郡、汝阴国（魏文帝置，后省，晋武帝）、武邑国（晋惠帝置，西晋末复）、章武郡（汉献帝置，魏齐王省，晋武帝复）、高阳国、广宁郡、始平郡、秦川郡（寻省）、阴平郡（汉献帝置，后省，晋武帝复）、新都郡（寻省）、武陵郡（寻省）、济岷郡（寻省）、长广郡、东莞国（汉献帝置，魏省，晋武帝复，后省而又复）、临淮郡（汉武帝置，汉章帝省，晋武帝复，东晋省）、义阳国（魏文帝置，后省，晋武帝复）、随国、建平郡（孙吴曾置，灭吴后合并）、南平郡、武昌郡（孙权置，后省，晋武帝改孙吴江夏郡为武昌郡）、宣城郡、毗陵郡（本孙吴置毗陵典农校尉，晋武帝改毗陵郡，晋怀帝改晋陵郡）、晋安郡、南康郡（本孙吴置庐陵南部都尉，晋武帝改南康郡）、宁浦郡（本孙吴置合浦北部都尉，晋武帝改宁浦郡）	28
	晋惠帝	济阳国（汉元帝置，后省，晋惠帝复）、东燕国、南顿国、汝阳国、新蔡国、西阳国、中丘国（寻省）、广川国、晋昌郡、上郡（战国魏国置，魏文帝省，晋惠帝复）、狄道郡（前凉改武始郡）、益州郡（晋怀帝改晋宁郡）、高密国（汉文帝置胶西国，汉宣帝改高密国，东汉初省，晋惠帝复高密国）、平昌郡（魏文帝置，后省，晋惠帝复）、东牟郡、兰陵郡（后赵石虎改武兴郡，寻复兰陵郡）、东安郡（汉献帝置，后省，晋惠帝复）、淮陵国（东晋省）、堂邑郡（东晋省）、竟陵郡、成都国（晋愍帝省）、新野国、建昌郡（东晋省）、历阳郡、寻阳郡、义兴郡	26
	晋怀帝	南广郡（蜀后主置，后省，晋怀帝复，或晋愍帝省，成汉复）、河阳郡（东晋改东河阳）、营阳郡（孙吴孙皓置，后省，晋怀帝复）	3
	晋愍帝	安故郡（前凉改永晋郡，西秦为安固郡）、平夷郡（东晋改平蛮郡）、夜郎郡、平乐郡（寻省，成汉复，东晋省）	4
东晋	晋元帝	梁水郡、晋兴郡、平阳郡（寻省）	3
	晋明帝	永嘉郡	1
	晋成帝	兴宁郡、西平郡、建都郡、西河郡、沮阳郡、东官郡	6
	晋穆帝	遂宁郡、西河阳郡、汶阳郡、晋康郡、新宁郡、永平郡	6
	晋哀帝或废帝	新安郡（寻省）	1
	晋孝武帝	华山郡、晋寿郡、金山郡	3
	晋安帝	新巴郡、山阳郡、海陵郡、宿预郡（寻省）、淮阳郡、盱眙郡、武宁郡、晋熙郡、义安郡	9
	晋恭帝	新会郡	1

续表

始置时代		郡国始置及其变迁	郡数
十六国	汉国	大昌郡（寻省）	1
	前赵	陇东郡	1
	成汉	德阳郡（寻省）、宕渠郡（汉献帝置，寻省，成汉复，后又省）、汉原郡（东晋改晋原郡）、沈黎郡（汉武帝置，寻省，成汉复，东晋省，东晋末又复）、南广郡（蜀后主置，寻省，晋怀帝复，或晋愍帝省，成汉复）、平乐郡（晋惠帝置，寻省，成汉复，东晋省）	6
	后赵	野王郡（曹魏曾置，寻省，后赵置，后又省）、襄国郡（寻省）、建兴郡（寻省）、武乡郡（寻省）、赵平郡（寻省）、赵兴郡（十六国末省）、祝阿郡（寻省）、永石郡（战国时魏国置西河郡，秦国废，汉武帝复，汉献帝末省，魏文帝复，汉国后省，后赵置永石郡，后改西河郡，后燕后当省）	8
	前燕	贵乡郡	1
	前凉	广武郡、晋兴郡（张轨置）、湟河郡、广源郡（寻省）、武兴郡（张轨置）、番禾郡、昌松郡（后凉改东张掖郡，寻复昌松郡，后秦改仓松郡，南凉复为昌松郡）、临松郡、建康郡、祁连郡、延兴郡、高昌郡、大夏郡、兴晋郡、武城郡、汉中郡、广晋郡	17
	前秦	咸阳郡、平凉郡、长城郡、五原郡（赵置九原郡，后省，汉武帝改五原郡，后省，前秦又置，寻省）	4
	后燕	唐郡、建德郡、石城郡	3
	西燕	建兴郡	1
	南燕	京兆郡（东晋改燕郡）	1
	后凉	三河郡、乐都郡、浇河郡、西安郡	4
	西秦	武阳郡、秦兴郡、兴国郡、西安郡、苑川郡、广宁郡、汉阳郡、漒川郡、甘松郡、匡朋郡、白马郡	11
	后秦	泰平郡、河北郡、平原郡、中部郡、南平郡、舞阴郡（入东晋后省）、南乡郡（入东晋后省）	7
	西凉	新城郡	1
	北凉	湟川郡、临池郡、金山郡、凉宁郡、凉兴郡	5
	赫连夏	北地尹（战国时秦国置，后迁，赫连夏于旧地置）	1
	仇池	仇池郡	1

由上表可见，不少郡国的名称曾有变化。两汉时，广平国改平干国，济阴郡改定陶国，清河国改甘陵国，燕国改广阳国，改天水郡为汉阳郡，齐郡改临淄郡，南郡改临江国、江陵国，后来这些郡国名皆复旧称。另外，两汉还有济东国先后改大河郡、东平国，广川郡先后改信都国、乐成国、安平国，

博阳郡先后改济南郡、吕国、济川国、济南郡，千乘郡改乐安郡，胶西国改高密郡，楚国改彭城郡，临淮郡改下邳郡，临江郡改宜都郡，鄣郡改丹阳郡，桂林郡改郁林郡，高兴郡改高凉郡，这些改后的郡国名一直沿用至两晋。蜀汉时，益州郡改建宁郡。孙吴时，合浦郡改珠官郡，后复称合浦郡。晋前也有个别郡国名称变化比较大，如秦置九江郡，汉高帝改为淮南国，汉文帝复为九江郡，又为淮南国，汉武帝复为九江郡，曹魏改九江为淮南国，后又为楚国，又改楚国为淮南郡。

不仅西晋前郡国名称有变化，两晋十六国时也有不少郡国名称有改变。晋武帝时，东郡改濮阳国，山阳郡改高平国，安平国改长乐国，涿郡改范阳国，右北平郡改北平郡，扶风郡改秦国而后复旧，广魏郡改略阳郡，蜀郡改成都国，南郡改新郡而旋复旧，南乡郡改顺阳国，昭陵郡改邵陵郡，新都郡改新安郡。晋惠帝时，济阴郡改广阳国而旋复旧，新兴郡改晋昌郡，城阳国改高密郡。这些郡国名称大多因分封王国之需而改名，也有如昭陵郡因避讳而改邵陵郡，也有如广魏郡因政权更替而改略阳郡。东晋时，因政权更替而改汉原郡为晋原郡，因已有侨郡而改江阳郡为东江阳郡，因避讳而改平夷郡为平蛮郡，因新立西河阳郡而改河阳郡为东河阳郡。十六国时，也有一些郡名有改变。后赵陈留郡改建昌郡，兰陵郡改武兴郡，晋昌郡改定襄郡，顿丘郡改卫国郡；后赵亡后，前二郡名复旧，定襄郡改新兴郡，又改后赵所立永石郡为西河郡，卫国郡改为东郡而后又复称顿丘郡。后凉因谶纬改昌松郡为东张掖郡，寻复为昌松郡，后秦改为仓松郡，南凉复为昌松郡。平阳、京兆、魏郡、中山、昌黎五郡因曾为一些政权都城所在，一度改郡守称尹，后皆复为郡。前秦一度改冯翊郡、扶风郡为左冯翊、右扶风，旋复旧。

西晋之前，有些郡国设立后又省废，这些省废的郡国于两晋十六国时重新设立，上表于有下划线的郡国即属此类。战国时魏国已置上郡，魏文帝省此郡，晋惠帝复立此郡。秦代置九原郡，后省，汉武帝为五原郡，东汉末省，前秦复置五原郡。汉文帝置胶西国，汉宣帝改为高密国，东汉初省，晋惠帝复高密国。汉武帝置沈黎郡而旋省，成汉复置此郡，东晋省，东晋末又复。汉元帝置济阳国，寻省，晋惠帝复立济阳国。汉献帝置章武、阴平、东莞、东安四郡，后皆省，西晋时复立此四郡。曹魏时置荥阳、汝阴、平昌、义阳、野王五郡，后皆省，西晋复置前四郡，后赵复立野王郡。蜀后主置南广郡，后省，晋怀帝复，或晋愍帝又省，成汉复立。两晋十六国复置此前曾经省废的郡国，以汉献帝以来的旧郡国为多。也有一些郡如庐江郡、城阳郡、汶山郡、朱提郡、高凉郡，在西晋曾省而又复立。西晋也有郡国省而复立，晋武帝时陈郡省并梁国，渔阳郡并省燕国，晋惠帝时陈郡、渔阳郡复分立，惠帝又省武邑国，西晋末复立武邑郡。

两晋十六国时，有些郡国省后在这一时期未再复立。西晋时，省中丘国、秦川郡、新都郡、武陵郡、济岷郡、成都国（荆州），这些郡国皆为西晋新置，但省后不再复立。东晋时，省安丰郡、临淮郡、淮陵国、堂邑郡、宿豫郡、淮南郡、任城郡、汉嘉郡、建昌郡、平乐郡、舞阴郡、南乡郡、平阳郡、新安郡，其中前六郡国的省废与土断中该郡内新立侨郡有关，后六郡为置后不久寻废，任城郡之省当与人口流失有关，汉嘉郡与郡界新立沈黎郡有关。十六国时，汉国置大昌郡，后赵置野王、襄国、建兴、武乡、祝阿、赵平六郡，前凉置广源郡，前秦置五原郡，这些郡在置郡的政权亡国后当亦罢废。后赵又置赵兴郡，当也在十六国末被省。另外，后燕迁徙代郡之民后而废此郡，后凉迁徙西海郡民后当废此郡。十六国时，因战乱和人口流失，还会有不少郡被省罢，但见于史料明确记载的却不多，至于哪些郡被省只能阙如。乐浪、带方二郡于西晋末入高句丽，辽东、玄菟二郡于后燕末入高句丽，永昌郡于东晋时也为当地部族占据，诸郡遂省。

郡国的变化不仅体现在郡国的改名、省废和复置，还体现在郡国归属州的改变、郡国领县的变化、辖境的变迁，后面的这三种变化十分复杂，几乎涉及的绝大部分郡国，此不作详述。不仅如此，有些郡的地理位置发生过改变。如战国时秦国置北地郡，两汉承之。《宋书·傅弘之传》载，"汉末（北地）郡境为虏所侵，失土寄寓冯翊，置泥阳、富平二县"。《魏志》雍州北地郡条载，"北地郡，魏文帝分冯翊之祋祤置"。可见，东汉末羌胡侵袭，北地郡旧地人口流失，魏文帝时迁郡于冯翊祋祤县界，郡地南迁。又如，战国时魏国始置西河郡，因在河水之西得名，秦废西河郡，汉武帝时复置西河郡，然至东汉末西河郡地有迁徙。《元和志》河东道二汾州条载，"汉武帝元朔四年置西河郡，领县三十六，理富昌县是也。后汉徙理离石，即今石州离石县也。献帝末荒废。魏黄初二年，乃于汉兹氏县置西河郡，即今州理是也"。《水经注·原公水注》载，"魏黄初二年，分太原，复置西河郡"。西河郡本在河水之西，然西晋时西河郡所领兹氏、离石、中阳、界休四县全在河东以东，可见西河郡地有变。

三、县的源流

在古代政区层级中，高层政区的建置一般都相对较晚，县的层级虽低，但为古代政区中起源较早且唯一相沿至今而未废的政区名。有关县的起源，周振鹤先生认为，"县的意义在春秋战国时期有三个阶段的发展，即县鄙之县、县邑之县与郡县之县"[①]；"县是县鄙，由县鄙得县之名；县是县邑，由县邑得县之形；县是郡县，由县的长官不世袭而得郡县之实"[②]。县邑之县已初具作为政区的县之雏形，许多学者因此将一些县的设立之始追溯到县邑之县。据李晓杰先生研究，春秋时期，周王室以及楚、晋、秦、齐、吴、鲁、卫、郑等国都曾设立县[③]。战国时期，郡县制形成，逐渐形成以郡统县的政区建制，此后县作为基层政区一直未变。

春秋以来所置的县，有不少县省废、改名，也有相当多的县沿用至两晋十六国时期。两晋十六国时期的县，也有前代已废而至两晋十六国时复置的。这一时期也有不少县省废，不少县的治所有迁移，对此，上文"两晋十六国县级政区的设置"已经叙述，本节不再复述。下表所列为春秋以来所置又在两晋十六国时期存在的县，即包括省而复置的县，也包括一些改名的县。下表中加下划线的县名，为西晋所用的县名，是由旧县名所改而来。有关两晋十六国时期增置的县，可见前文"县级政区的设置"中"两晋十六国增置县表"。由下表可见，两晋十六国时期的县，始于春秋、战国、秦朝、西汉、新莽、东汉、三国者分别为七十县、二百一十二县、一百八十一县、五百二十八县、两县、八十三县、一百三十县，共一千二百零六县。这些县中，其中有一百零五县为西晋前已省而两晋十六国复置的。

由于现存文献资料所限，追溯这些县的始置时代并非是确论。《汉志》较为完整地记载了西汉后期的郡县建置，故依据有限的文献资料往往将许多县始置时代追溯至汉代。当然，列入汉代始置的县中，可能有不少县在汉代以前已经设立，但未有文献可征，姑且书于汉代。表中始置时代列于"西汉初"

① 周振鹤：《中国地方行政制度史》，第15页。
② 周振鹤：《中国地方行政制度史》，第28页。
③ 李晓杰：《中国行政区划通史·先秦卷》，复旦大学出版社，2017年，第254—291页。

的这些县，基本都是依据张家山出土汉简《二年律令·秩律》和长沙马王堆汉墓出土的地图。学界一般认为《二年律令》的"二年"应为高后二年（前186），故《二年律令·秩律》中的县名有些可考为汉代以前设立，对于不能考证为汉前设立的县，则可能设立汉高帝至高后二年（前206—前186）间，故在表中列为"西汉初"。长沙马王堆汉墓出土地图的县名反映的也是西汉初期的县，故这些县若不能考证为西汉以前设立，则在下表列入"西汉初"。

两晋十六国的县始于晋前各代表

始置时代		县始置及其变迁	县数
春秋	楚	梁、上雒（曹魏改上洛）、商、邵陵、郏（东汉省，后复）、城父（或西汉改父城）、慎、陈、项、苦（后赵改谷阳）、萧、城父、期思、南郑、郢、鄾、叶、阴、析、随、钟离（三国省，晋武帝复，东晋末当省）、灈、六（东汉为六安，西晋复为六，东晋当省）	23
	晋	平阳、杨、端氏、安邑、朝歌（两汉后省，晋武帝复）、野王、州、怀、邢丘（西汉初改平皋）、温、邯郸、任、柏人、晋阳、盂、祁、平陶、中都、邬、潞、纯留（战国时韩国为屯留）、长子、铜鞮	23
	秦	杜（汉宣帝改杜陵）、郑、下邽（东汉省，后复）、雍、汧、陈仓、衙（东汉后省，晋惠帝复）、上邽、冀	9
	齐	高唐、都昌、淳于	3
	鲁	武城（战国时齐国改南城，西汉为南成，东汉为南城）、平阳（西汉改东平阳，东汉省，西晋改新泰）、卞、诸、启阳（西汉改开阳）、祝丘（西汉为即丘）、费	7
	宋	单父、彭城、留、吕	4
	郑	鄢陵	1
战国	周	雒阳（曹魏改洛阳）、河南、巩、河阴、缑氏	5
	郑	阳城、京、黾池（后为渑池）	3
	魏	卷、启封（汉景帝改开封）、阴晋（秦国改宁秦，汉高帝改华阴）、蒲子、襄陵、绛（东汉改绛邑）、濩泽、汾城（秦代改临汾）、皮氏、垣（西晋改东垣）、汾阴、解、蒲反（东汉改蒲坂）、汲、修武、轵、山阳、邺（西晋末改临漳，后赵复）、魏、宁新中（秦国改安阳，西汉初省，西晋复置安阳）、荡阴、内黄、顿丘、繁阳、小黄、首垣（秦国改长垣）、济阳、襄陵（秦代改为襄邑）、外黄、酸（汉章帝改考城，后省，西晋末复置考城）、濮阳、平阳（西汉改南平阳）、许（魏文帝改许昌）、长社、郾、长平、襄城、昆阳、舞阳、睢阳、蒙、宁陵、高都、陭氏（东汉为猗氏，后省，汉国复陭氏）、合阳、少梁（秦国改夏阳）	46

续表

始置时代		县始置及其变迁	县数
战国	韩	成皋、阳翟、郑（秦朝改新郑）、荥阳、宜阳、卢氏、巩（汉顺帝改永安）、临虑（西汉改隆虑，东汉改林虑）、涉、涅（西汉为涅氏，东汉复为涅）	10
	赵	武安、列人、房子、元氏、鄗（东汉光武帝改高邑）、下曲阳、巨鹿、宋子（东汉省，晋惠帝当复）、观津、平原、乐成（两汉为乐成，汉桓帝为乐陵，曹魏为乐城）、武垣、安平、饶（西汉为饶阳）、东武城、石邑（东汉省，后复）、井陉、上曲阳、南行唐（后燕已改行唐）、灵寿、九门、代、当城、阳曲、榆次、狼孟、阳邑、大陵、泫氏、襄垣、离石、中阳（永嘉后省）、兹氏（汉武帝有隰成，东汉省，西晋初改兹氏为隰城）、轑阳（两汉无，后复）、汪陶、平城、楼烦（两汉有，后省，西晋末有）	37
	中山	下博、扶柳、苦陉（汉章帝改汉昌，魏文帝改魏昌）	3
	齐	廪丘、亢父、范、无盐、平陆（西汉改东平陆）、刚（晋武帝改刚平）、阿（秦代为东阿）、博（秦为博阳，西汉为博）、嬴、薛、博陵（西汉改博平）、聊城、饶安（西汉为千童，东汉省，汉灵帝复）、安平（秦代改东安平，前燕时已复改安平）、昌国、即墨、平陵（秦代改东平陵，后赵复改平陵，东晋末省）、于陵、高宛（东汉为高苑，西晋为高苑）、狄（汉安帝改临济）、博昌、莒、高密、夜（西汉为掖）、不其、盖、剧	27
	燕	文安、鄚、易（西晋改易城）、高阳、曲逆（汉章帝改蒲阴）、唐、涿、方城、蓟、泉州、无终、平舒、肥如、襄平	14
	楚	下蔡、平舆、相、符离、山桑、蕲、铚、西阳（永嘉后寄治邾城，故县废）、邾（东晋省）、西陵、弋阳、零娄（东晋省）、蓼、傅阳、下邳、郯、朐、襄贲、兰陵、广陵（三国废，晋武帝复）、安陆、郢、竟陵、江陵、鄢（汉惠帝改宜城）、宛、鲁阳、郦、新野、穰、邓、上庸、夷陵（孙吴改西陵，晋武帝复夷陵，东晋改西陵，东晋末复夷陵）、辰阳、郪阳（西汉为洮阳）、鄂（孙吴改武昌）、寿春（东晋末当省）、下蔡（东晋末当省）、居巢（三国省，晋武帝复，东晋末当省）、云阳（秦朝改曲阿，孙吴改云阳，晋武帝改曲阿）、长水（秦朝改由拳，孙权先后改禾兴、嘉兴）、富春（晋孝武帝改富阳）、乌呈（西汉为乌程）	43
	秦	胡（汉武帝改湖）、陕、武德（两汉后省，西晋末复）、蓝田、高陵（魏文帝改高陆）、临晋（晋武帝改大荔，西晋末复临晋）、重泉、频阳、泾阳（汉惠帝改池阳）、郿、美阳、乌氏、阴密、泥阳、武功、漆（前秦改新平）、临洮、狄道、梓潼、成都、临邛、郫、武阳、邛（西汉初省，汉武帝置邛都）	24

始置时代	县始置及其变迁	县数
秦朝	新安、阳武、苑陵、河雍（西汉改河阳）、信都（项羽改襄国）、东武阳、酸枣、雍丘、尉氏、陈留（两汉后省，前秦复有，后又省）、白马、鄄城、冤句、成武、城阳、昌邑、巨野、方与、任城、须昌、卢、谷城（西汉省，东汉复）、南顿、女阳（东汉为汝阳）、女阴（东汉为汝阴）、新蔡、虞、下邑、阳夏、柘（太康中省）、沛、丰、竹邑（西汉改竹，东汉复）、虹、谯、酂、鲁、汶阳、驺（西晋改邹）、蕃、安丰、茬平、鬲、厌次（西汉改富平，汉明帝复）、乐陵、南皮、浮阳、奴卢（西汉初为卢奴，后燕改弗违）、范阳、徐无、沮阳、阳乐、令支（东汉后省，西晋末复）、白狼（东汉省，后燕复有）、广成（东汉省，后燕为广都）、壶关、界休、马邑、好畤（东汉省，晋惠帝复）、朝那、鹯觚（西汉为鹯孤，东汉复）、废丘（汉高帝改槐里）、鄂、枸邑（东汉后省，晋武帝置邻邑）、襄武、枹罕（东汉后省，晋怀帝时已复）、獂道、成纪、略阳（西汉为略阳道，东汉为略阳县）、下辨（西汉为下辨道，东汉为下辨县）、沮、故道、成固（蜀汉改乐城，旋复，东晋末改城固）、葭明（东汉为葭萌，蜀汉先主改汉寿，晋武帝改晋寿）、郪（东汉后省，西晋复）、涪陵（东晋当省）、江州、垫江、枳、阆中（成汉末当省，东晋末复）、宕渠（成汉末当省）、朐忍、僰道、资中、严道（成汉末当省）、临淄、般阳、平寿、下密、漯阴、著、乐安（东汉后省，西晋后期复）、黔陬、琅邪（东汉后省，晋惠帝复）、黄、东牟（东汉后省，西晋末复）、昌阳（东汉后省，晋惠帝复）、取虑、僮、赣榆（曹魏省，晋武帝复）、承、戚、阳都、缯、临朐、淮阴、海陵（三国废，晋武帝复）、陵（西汉为凌，三国废，晋武帝复凌，永嘉后省）、盱台（后为盱眙，东晋末当省）、东阳（东晋末当省）、潘旌（东晋当省）、下相（东晋当省）、徐（或三国废，晋武帝复，东晋当省）、堂邑、当阳、临沮、邔、山都、博望、酂、丹水、筑阳、蔡阳、房陵、西成（西汉为西城）、旬阳（东汉省，晋武帝复置洵阳）、武陵（东汉省，曹魏复，后又废，晋武帝复）、巫、秭归、孱陵、临沅、索（东汉改汉寿，孙吴改吴寿，晋武帝复汉寿）、沅陵、酉阳、镡成（西晋为镡城，晋安帝省）、迁陵、舞阳（东汉省，晋武帝复）、临湘、攸、罗、益阳、零陵、郴、耒阳、秣陵（汉献帝改建业，晋武帝复为秣陵，又改建邺，晋愍帝改建康）、丹阳（西晋为丹杨）、无湖（西汉为芜湖）、江乘（孙吴省为典农都尉，晋武帝复县）、石城、历阳（三国省，晋武帝复）、阴陵（三国省，晋武帝复，东晋末当省）、东城（三国省，晋武帝复，东晋末当省）、阳泉（东晋末当省）、舒（三国省，晋武帝复）、丹徒（孙吴改武进，晋武帝复为丹徒）、吴、海盐、钱唐（东汉省，后复）、娄、余杭、晋（西汉为於晋，东汉为於潜）、阳羡、山阴、上虞、余姚、句章、鄞、鄮、诸暨、乌伤、太末、黟、歙、新淦、鄱阳、庐陵（东汉末改高昌）、番禺、四会、博罗、龙川、中留（后省，东晋置中溜）	181

续表

始置时代		县始置及其变迁	县数
西汉	西汉（未知具体时间）	陆浑、大阳、猗氏、河北、沁水、广平、易阳、南和、曲梁、广年、斥章（东汉为斥漳）、元城、馆陶、清渊、清（汉章帝改乐平）、黎阳、扶沟、南燕（东汉改燕，后省，西晋复燕）、句阳、离狐、己氏、湖陵（王莽改湖陆，东汉初改湖陵，汉章帝复湖陆，前秦后省）、橐（王莽改高平，东汉初改橐，汉章帝复高平）、寿良（汉光武帝改寿张）、富城、临邑、蛇丘、梁父、茌（东汉改山茌）、南武阳（东晋十六国时改武阳）、莱芜、牟、巨平、临颍、西华（东汉省，晋惠帝复）、新息、安阳（晋武帝改南安阳）、安成（东汉为安城，后复）、宜春（东汉改北宜春）、朗陵、阳安、灈阳、固始（东晋省）、铜阳（东晋省）、杼秋、浚、蕲春（晋孝武帝改蕲阳）、安风（东晋省）、中丘（后赵石虎改赵安）、平乡、南䜌（两汉后省，后赵置南栾）、鄡（东汉为鄔）、廮陶、广阿（东汉省，后赵当复）、武隧（东汉为武遂）、安德、平昌（东汉改西平昌）、般、湿沃（东汉省，西晋为漯沃）、东光、高成（东汉为高城）、脩（西晋改蓨）、广川、阜城、东平舒、束州、北新成（东汉为北新城）、蠡吾、南深泽、厝（汉安帝改甘陵，西晋改清河）、绎幕、贝丘、灵、新市、安险（汉章帝改安憙，又称安喜）、望都、蒲吾、良乡、阳乡（东汉省，后复）、安次、昌平、军都、广阳、路（东汉改潞）、安乐、雍奴、狐奴、土垠、俊靡、居庸、下落（东汉后改下洛）、潘、涿鹿、广昌、临渝（东汉后省，北燕有）、宾从（东汉为宾徒）、柳城（东汉省，前燕复，又改龙城）、徒河（东汉省，前燕复）、平郭（东汉后省，前燕复）、文（东汉为汶）、居就（东汉省，后复）、安市、西安平、新昌、朝鲜、屯有、浑弥、遂城、镂方、驷望、高句丽、望平、高显、带方、列口、长岑、提奚、含资、海冥、石成（东汉省，后燕有石城）、于离、京陵、沾、广武、崞、莜人（东汉省，后复，西晋末当省）、繁畤、原平、定襄、广牧、霸陵（曹魏改霸城）、阴盘（西汉属安定郡，东汉末因乱移入京兆郡，西晋作阴般，赫连夏移属平凉郡）、粟邑、莲勺（西晋为莲芍，前秦复为莲勺，后秦省）、临泾、泾阳（东汉省，晋惠帝复）、富平、灵州（后省，晋武帝复，后又省）、灵武（东汉省，西晋末复）、榆中、金城、浩亹、枝阳（东汉后省，西晋复，后凉改支阳）、允吾（东汉后省，后凉有）、临羌、安夷、姑臧、宣威、揖次、苍松（东汉改仓松，后凉改昌松）、显美、骊靬、番和（西晋为番禾）、祖厉（东汉改祖厉，后省，前凉复祖厉）、鹑阴（东汉改鹯阴，后省，或前凉复鹑阴）、觻得（西晋改永平）、昭武（西晋改临泽）、屋兰、氐池（西晋初省，后复，后凉有）、日勒、删丹、禄福（东汉改福禄）、会水、绥弥（东汉改安弥）、乐涫、表是（东汉改表氏）、玉门、池头（东汉改沙头）、敦煌、龙勒、效谷、	417

始置时代		县始置及其变迁	县数
西汉	西汉（未知具体时间）	广至、冥安、渊泉、乾齐、居延、首阳、河关（东汉后省，晋武帝复）、安故（东汉后省，西晋末复）、西（东汉后改始昌，后赵省西）、平襄、清水（东汉省，后复）、陇（魏文帝改陇城，后省，西晋末复陇城）、河池、武都（东汉为武都道，后为武都县）、上禄（东汉后省，晋武帝复）、氐道（东晋省）平乐道（东汉省，仇池置平乐县）、循成道（东汉省，仇池置修城县）、嘉陵道（东汉省，仇池置嘉陵县）、阴平道（东汉后为阴平县）、甸氐道（东汉后省，仇池置甸氐县）、刚氐道（东汉后省，仇池置刚氐县）、沔阳（蜀汉改汉城，旋复）、白水、广汉、雒、绵竹、临江、充国（汉献帝改西充国，成汉末省）、鱼复（公孙述称白帝，蜀汉刘备改为永安，晋武帝复为鱼复）、繁、江原、南安、蚕陵（东晋当省）、广柔（东晋当省）、青衣（东汉改汉嘉）、徙（西晋为徙阳）、旄牛、灵关道（西晋初有灵关县，后省）、阇（东汉为阐，后省，东晋末或置兰）、朱提、汉阳、堂琅（东汉省，后复，为堂狼）、会无、卑水、定筰、台登、三绛（东汉为三缝，后省，成汉有三缝，东晋当省）、故且兰（东汉后省，曹魏为且兰）、谈指、夜郎、毋敛、鳖、平夷（东晋改平蛮）、云南、弄栋（东汉为楪榆）、青蛉、姑复（东晋当分为、西古复二县）、邪龙、叶榆（东汉为楪榆）、遂久（东晋当省）、律高、句町、宛温、漏卧、毋棳（蜀汉改西丰，晋武帝复为毋棳）、贲古、胜休、镡封、进桑（东汉为进乘，东晋当省）、西随、味、昆泽、郁鄢（东汉省，后复，为存䮪）、谈㯑、毋单、铜濑（东汉为同濑）、漏江、收靡（东汉为牧靡，西晋为牧麻）、谷昌、连然、秦臧、双柏、俞元、滇池、健伶（东汉为建伶）、同并（西晋初有，晋武帝省，晋哀帝复）、不韦（东晋当省）、比苏（东晋当省）、嶲唐（东晋当省）、西安、广饶（东汉省，后复）、历城、邹平、菅、利、蓼城、寿光、朝阳（东汉改东朝阳）、姑幕、东武、平昌、夷安（东汉后省，西晋有，后又省，东晋十六国又有）、当利、卢乡、崱、牟平（东汉后省，西晋末复）、长广、挺、广戚、武原、梧、良成（西晋为良城）、睢陵、夏丘、祝其、利成（东汉为利城）、厚丘、合乡、临沂、华（东汉省，后复）、蒙阴（东汉省，后复）、射阳（三国废，晋武帝复）、舆、盐渎（三国废，晋武帝复，东晋末改盐城）、淮浦、江都（三国废，晋武帝复）、海西（东晋省）、高山（东晋当省）、赘其（东汉省，后复，东晋当省）、高邮（三国废，晋武帝复）、淮陵（东晋当省）、司吾（东晋当省）、云杜、钟武（东汉省，晋武帝复）、编、华容（晋武帝省，后复立）、枝江、州陵（孙吴当省，晋武帝复）、中庐、襄阳、西鄂、育阳（西晋为淯阳）、堵阳（东晋或改赭阳）、舞阴、比阳、顺阳（汉哀帝改博山，东汉复为顺阳）、武当、春陵（汉光武帝改章陵，魏文帝改安昌，东晋当省）、	417

续表

始置时代		县始置及其变迁	县数
西汉	西汉（未知具体时间）	安阳（晋武帝改安康）、锡、长利（东汉省，后复，晋武帝改勋乡）、很山、充（孙吴省，晋武帝于故充县地置临澧）、钟武（东汉改重安）、湘南、承阳（东汉改烝阳）、连道（东晋当省）、鄩（晋孝武帝省）、茶陵（西晋为荼陵）、阳山（后改为阴山）、泉陵、营道、昭陵（晋武帝改邵陵）、临武、柴桑、沙羡（孙吴省，晋武帝复，晋孝武帝省）、安平（汉和帝改平都）、溧阳（孙吴省为典农都尉，晋武帝复县）、胡孰（东汉为湖熟，孙吴省为典农都尉，晋武帝复湖熟县）、宛陵、宣城（东汉省，东汉末复）、陵阳（东晋改广阳）、泾、春谷（晋孝武帝改阳谷，晋安帝省）、成德（东晋末当省）、义成（西晋为义城，东晋末当省）、曲阳（东汉改西曲阳，东晋末当省）、平阿（东晋末当省）、全椒（三国省，晋武帝复，东晋末当省）、阜陵（三国省，晋武帝复，东晋末当省）、合肥（东晋末当省）、浚遒（三国省，晋武帝复置逡遒，东晋末当省）、当涂（三国省，晋武帝复，东晋末当省）、皖（东晋末当省）、寻阳（晋成帝自江北移于江南，晋安帝省）、临湖（三国省，晋武帝复，东晋末当省）、襄安（三国省，晋武帝复，东晋末当省）、龙舒（东晋末当省）、毗陵（晋怀帝改晋陵）、无锡（孙吴省，晋武帝复）、故障、剡、下诸暨（后改余暨，孙吴改永兴）、回浦（汉章帝改章安）、冶（东汉光武帝改东部候官，晋武帝改候官）、建城、彭泽、艾、余汗、历陵、赣、南野、合浦、徐闻、龙编、苟屚（东晋为句漏）、嬴陵、朱鸢、曲易、北带、稽徐、安定、麊泠、胥浦、居风（孙吴改移风）、都庞（后省，东晋复）、咸骦、象林、卢容、朱吾、西卷、比景、临贺、谢沐、冯乘、封阳、富川、始安、荔浦、曲江、桂阳、含洭、浈阳、中宿、阳山（东汉省，或西晋复）、端溪、高要、猛陵、临允、布山、阿林、领方（汉灵帝分置临浦，孙吴并领方入临浦，晋武帝改临浦为领方）、安广、广郁（后省，东晋复）、潭中（东晋当省）、高凉（东晋当省）	417
	西汉初	密、北屈、阳平、西平、定陵、九原、云中、涪、新都、安汉（成汉末当省）、江阳（晋孝武帝改绵水）、雒、平氏（东晋时当省）、夷道（东晋改西道，东晋末复夷道）、下隽、醴陵（后省，东汉复）、营浦、观阳（后省，孙吴复）、春陵（后省，孙吴复）、泠道、南平	21
	高帝	中牟、斥丘、封丘、颍阴、慎阳、吴房、平棘、信都、堂阳、中水、安国、北平、海阳、阳阿（东汉后省，西燕复）、长安（后秦曾改常安）、万年、新丰、鄡城（后省，晋武帝复）、汁方（东汉为什邡）、祝阿、梁邹、曲城、营陵、安丘、广（东晋十六国省）、棘阳、宜春（晋孝武帝改宜阳）、南昌、南城（晋武帝改新南城，东晋复为南城）、鄩阳、零都	31

始置时代		县始置及其变迁	县数
西汉	惠帝	新成、轪、便（东晋省）	3
	高后	松兹（东汉省，东汉末置松滋，东晋省）、南宫（东汉后省，西晋复）、鄗、朱虚	4
	文帝	浚仪（本大梁）、樊、故安（西晋末已改固安）、壮武	4
	景帝	乘氏、章武、道、容城（东汉省，东汉末复）、阴馆（东汉有，后省，西晋末有）	5
	武帝	弘农、狐讘（东汉省，曹魏复）、闻喜、获嘉、发干、阴安、奉高、龙亢、公丘、阳信、重合、枣强、成平、樊舆（东汉省，西晋复，后省）、渭城（东汉省，西晋末复，后赵改石安，前秦复渭城）、鳌屋（东汉省，晋武帝复）、令居（东汉后省，西晋复）、广都、牛鞞、符（东汉曾改符节，后复为符，成汉末省，东晋于此置安乐）、南广、益都（后为益县，曹魏复益都）、东莞、涅阳、冠军、都梁、夫夷（东晋改扶县）、安成（晋武帝改安复）、句容、广信	30
	昭帝	平陵（魏文帝改始平）、褒中（东晋末改苞中）	2
	宣帝	平恩、新汲、允街、破羌（东汉后省，前凉有）、昌虑、东安（东晋当省）、朝阳、海昏	8
	成帝	复阳（东晋省）	1
	哀帝	武平、湘乡	2
新（王莽）		新市（东汉为南新市，东晋或复为新市）、平林	2
东汉	东汉（未知具体时间）	卫、金乡、经、昌黎、延寿、彰（后省，西秦或有）、显亲、德阳、汉安（成汉末省，晋穆帝复置）、胶东、襄乡（东晋省）、平春（晋孝武帝改平阳）、南乡、作唐、汉昌（孙吴改吴昌）、广德、增城	17
	光武帝	原鹿（东晋或省）、褒信（东晋末改苞信）、谷熟、沅南、望海、封溪	6
	明帝	哀牢（东晋当省）、博南（东晋当省）、鄣平（东晋当省）	3
	章帝	宋、广宗	2
	和帝	汉昌（成汉末当省，东晋末复）、宣汉（后省，晋惠帝复，后又省）、建昌、临汝、石阳	5
	安帝	定颍	1
	顺帝	汉宁（孙吴改阳安，晋武帝改晋宁）、始宁、永宁	3
	桓帝	博陵（晋武帝改博陆，或后燕复博陵）、上饶（后省，晋武帝复）	2

续表

始置时代		县始置及其变迁	县数
东汉	灵帝	安吉、原乡、上蔡（晋武帝改望蔡）、永修、汉平（孙吴改吴平）、新吴、乐安、新邑、长平（晋武帝改晋平）、建始（晋武帝改安始）、阴平（晋武帝改郁平）、武安（晋武帝改武熙）、怀安（汉灵帝置，孙吴改怀安，后省，东晋复）	13
	献帝	汉葭（东汉末已有，东晋当省）、永宁（蜀汉先主改万宁，东晋当省）、南充国（成汉末省）、汉丰（或后省，西晋复）、北井、永新、安吴、宁国、怀安、临水（晋武帝改临安）、长山、吴宁、新安（晋武帝改信安）、丰安、定阳、始新、新定（晋武帝改遂安）、休阳（后改海阳，晋武帝改海宁）、黎阳、松阳、建安、汉兴（孙吴改吴兴）、建平（晋武帝改建阳）、南平（孙吴改昭武，晋武帝改邵武，晋明帝改邵阳）、西安（晋武帝改豫宁）、富城（晋武帝改丰城）、广昌（晋武帝改广晋）、葛阳、遂兴（孙吴改新兴，晋武帝复遂兴，东晋或省）、安南（晋武帝改南康）、思平	31
三国	曹魏	肥乡、临水、繁昌、西川、白土、西都、伊吾（汉明帝有伊吾卢屯）、中陶、新阳、新沓（西晋初有，后省）、义阳（东晋当省）、绥阳（后改秭归，晋武帝复）、昌魏、泫乡、平阳（晋武帝改兴晋）、安富、巫（西晋改北巫）、建始（晋武帝改微阳）、广昌（晋武帝改庸昌，后省，晋成帝复广昌）、安乐（西晋初当有，后省）	20
	蜀汉	广武（晋武帝改平武）、南乡（晋武帝改西乡）、汉德、剑阁（成汉时省县而置尉，晋穆帝后复，晋孝武帝又省）、昭欢（晋孝武帝改邵欢）、五城（后省，晋武帝复）、阳泉（后省，东晋或复）、汉复、都安、平康（东晋当省）、南昌（晋武帝改南秦）、汉兴（东晋当省）、汉平	13
	孙吴	羊渠（蜀汉后主改南浦）、石阳（晋武帝改曲陵）、旌阳、监利（后省，晋武帝复，后省而又复）、信陵、兴山、建始（晋武帝省，后又复）、沙渠、归乡（后省，晋惠帝复）、龙阳、黯阳、溇中、刘阳（后改浏阳）、建宁、蒲圻、衡阳、新阳（晋武帝改新康）、临烝、梨阳（晋武帝改利阳，晋孝武帝省）、新平（晋武帝省）、新宁、祁阳、永昌、邵阳（晋武帝改邵阳）、高平（晋武帝改南高平，后复高平）、新（永嘉后省）、阳新、新渝、萍乡、永平（晋武帝改永世）、临城、盐官、桐庐、建德、新昌（晋武帝改寿昌）、新城（后省，太康末复，后省，晋成帝复）、永安（晋武帝改武康）、永康、平昌（晋武帝改遂昌）、临海、始平（晋武帝改始丰）、罗阳（孙吴孙皓改安阳，晋武帝改安固）、将乐、罗江、东安（晋武帝改晋安）、阳乐（晋武帝改康乐）、宜丰、西平（晋武帝改西丰）、东兴、南丰、永城、宜黄、安浦、西城（晋武帝改西宁）、新建、西昌、巴丘、东昌、吉阳、兴平、阳城（晋武帝改	97

始置时代		县始置及其变迁	县数
三国	孙吴	阳丰）、平阳（晋武帝改平固）、揭阳（晋武帝改陂阳）、阳都（晋武帝改宁都）、珠官、武宁、吴兴、武安（晋武帝改南定）、军平（晋武帝改海平）、平道、嘉宁、吴定、武定、建初、常乐、九德、阳成（晋武帝改阳远，后省）、寿泠（后省，晋武帝复）、平夷（晋武帝改新夷）、建兴（晋武帝改兴安）、始阳、平乐、尚安（晋武帝改熙平）、永丰、始兴、建陵、新宁（晋武帝改宁新）、丰城、武丰（东晋当省）、龙冈（东晋改龙定）、安宁、广化、海宁（晋武帝改海安）、昌平（晋武帝改宁浦）、连道（晋武帝改兴道）、吴安、平山	97

　　随郡的增置，县也随之新立。据上文可知，西汉、东汉、三国分别以汉武帝、汉献帝、孙吴时新增的郡国为多，各代新增的县也同样是以这三个时期或政权为多。汉武帝新立的县远非表中所列，武帝开疆置郡，县也随之增设，但《汉志》等书未明言具体某县与郡同置，故表中将其列于"未知具体时间"。上文已述，汉献帝增立的郡不少为割据者如孙策、刘璋、公孙康等所置，不少县也是这些割据者新立。同样，两汉诸帝新立的县数都超出表中所列，但以汉武帝、汉献帝时为多则无疑。

　　从地域来看，始于春秋的县多在北方，尤其以今河南、山西、山东、陕西四省为多，这与这些地区开发较早有关。始于战国的县仍以北方为多，除在今以上四省之外继续设县外，逐渐扩展到今河北省、湖北省、四川省以及安徽、江苏两省江北地区。秦代除在今以上诸省之内不断增设外，今浙江省、湖南省境内的县数明显增加。西汉时，置县数增加比较明显的是今甘肃、辽宁、云南、贵州、广西、广东六省和今朝鲜、越南中北部境内，有些省境内的县从无到有。东汉增置的县以西南地区和东南地区为多，尤其是东汉末刘焉、刘璋父子于益州和孙策、孙权兄弟于扬州境内新立的县最多。三国时，孙吴增设的县最多，南方地区各地都新立了不少县，尤以今江西省境内新置的县最多；曹魏增设的县次于孙吴，以"东三郡"（魏兴郡、新城郡、上庸郡）境内最多。总的来看，西晋以前县的增置有自中原向周边、自北向南发展的趋势，这与郡国的增置相一致。

四、县的改名

　　由上表可见，有一百多个县设立后名称有所改动。两晋十六国时，也有不少县改名，其可考者西晋有九十一县，东晋有十九县，十六国有十七县，见下表。这些县名中，有的县名多次改动，如秦代置秣陵县，汉献帝改为建业县，西晋太康元年（280）复为秣陵县，太康三年（282）改为建邺县，建兴元年（313）改为建康县。

不同史书记载同一地名时，用字有时不同，这一方面是因古字通假互用，另一方面是因传写而讹，这类因书写不同的地名不能视为改名。在地名用字方面"成""城"二字互通①，对此《汉志》《续汉志》《晋志》在记载同一地名时用字互有不同，如新成、乐成、良成、利成、高成、北新成、安成、镡成、石成、义成等"成"有的书为"城"。

因水得名的地名，早期的文献记载也是没有水旁的，一些县名如胡、黾池、斥章、女阳、女阴、路、文、松兹、育阳、旬阳、刘阳、於晋、中留等都没有水旁，后来加了水旁，这些县名用字分别为湖、渑池、斥漳、汝阳、汝阴、潞、汶、松滋、淯阳、洵阳、浏阳、於潜、中溜等，这种变化也不能视为改名。

除上述两种较为普遍的地名用字情况外，还有一些地名，先后的文献记载用字不同，如邵陵与召陵②，莲勺与莲芍，苍松与仓松，纯留与屯留，南絲与南栾（欒），武隧与武遂，宛陵、菀陵与苑陵，高宛、高菀与高苑，蒲反与蒲坂，番和与番禾，祖厉与租厉，弄栋与桥栋，铜濑与同濑，乌呈与乌程，胡孰与湖熟，苟扁与句漏，为前后用字偏旁的去留而不同；又如鄢与

---

① 《汉志》中河南郡有新成县，《续汉志》司隶河南尹有新城县。中华书局点校本《后汉书》于河南尹新城县条有"校勘记"："新城，按：《集解》引惠栋说，谓前《志》'城'作'成'，古字通。"高亨纂著，董治安整理《古字通假会典》对"成"与"城"地名通假列举甚详，齐鲁书社1989年，第57—58页。

② 《左传》僖公四年（前656）"经文"载，"楚屈完来盟于师，盟于召陵（杜注：召陵，颍川县也）"。可见春秋时楚国当已有地名召陵。杜注此作"召陵"。孔祥军据杜注以为《晋志》作"邵陵"有误，当作"召陵"，见《晋书地理志校注》，第49页。实际上，"邵"通"召"。如"召公"又作"邵公"。《史记·高祖本纪》载"襄侯王陵降西陵"。（《集解》引韦昭曰：南阳有穰县，疑'襄'当为'穰'，而无'禾'字省耳。今'邵公'或作'召'字，此类多矣。）可见，"邵"通"召"，为古人皆知，故举例以言之。宋王观国《学林》卷十"邵郇"条载，"邵公奭之后，亦作'召'，《诗》之'召公''召南'是也"。《战国策·魏策一》载，苏秦说魏王曰"大王之地，南有鸿沟、陈、汝、许、鄢、昆阳、邵陵、舞阳、新郪"。《史记·苏秦列传》载，苏秦说魏襄王曰"大王之地，南有鸿沟、陈、汝南、许、鄢、昆阳、召陵、舞阳、新都、新郪"。可见同为一地，《战国策》《史记》分别作"邵陵""召陵"。且《史记》一书中，有时书作"邵陵"，有时书作"召陵"，钱穆《史记地名考》有列举，九州出版社，2011年，第511—512页。据《汉志》，汝南郡有召陵县。又据《续汉志》，豫州汝南郡有召陵县。《后汉书·灵帝纪》载，中平元年（184）四月，"汝南黄巾败太守赵谦于邵陵"。《灵帝纪》中的邵陵，即《汉志》《续汉志》中的召陵。

郧，丹阳（陽）与丹杨（楊），叶（葉）榆与楪榆，浚遒与逡遒，湿沃与漯沃，鹑阴与鹯阴，承阳与烝阳，故安与固安，汁方与什邡，为前后用字偏旁不同。然《汉志》《续汉志》载，长沙郡（国）有荼陵县，《晋志》中为茶陵县，"荼""茶"之别，当为传写之讹，也并非改名。

两晋十六国县改名表

改名时代及具体时间			所属州郡	原县名	新县名	所属州郡	原县名	新县名
西晋	晋武帝	太康元年（280）	豫州汝南国	安阳	南安阳	秦州阴平郡	广武	平武
			梁州梓潼郡	汉寿	晋寿	梁州巴东郡	永安	鱼复
			荆州江夏郡	石阳	曲陵	荆州魏兴郡	平阳	兴晋
			荆州魏兴郡	安阳	安康	荆州衡阳郡	新阳	新康
			荆州邵陵郡	昭陵	邵陵	荆州邵陵郡	昭阳	邵阳
			荆州邵陵郡	高平	南高平	荆州桂阳郡	阳安	晋宁
			荆州安成郡	安成	安复	扬州丹杨郡	建业	秣陵
			扬州丹杨郡	永平	永世	扬州吴郡	新昌	寿昌
			扬州吴兴郡	临水	临安	扬州吴兴郡	永安	武康
			扬州东阳郡	新安	信安	扬州东阳郡	平昌	遂昌
			扬州新安郡	新定	遂安	扬州新安郡	海阳	海宁
			扬州临海郡	始平	始丰	扬州临海郡	安阳	安固
			扬州建安郡	昭武	邵武	扬州建安郡	建平	建阳
			扬州豫章郡	西安	豫宁	扬州豫章郡	上蔡	望蔡
			扬州豫章郡	富城	丰城	扬州豫章郡	阳乐	康乐
			扬州临川郡	南城	新南城	扬州临川郡	西平	西丰
			扬州临川郡	西城	西宁	扬州鄱阳郡	广昌	广晋
			扬州庐陵郡	阳城	阳丰	扬州庐陵郡	新兴	遂兴
			扬州南康郡	安南	南康	扬州南康郡	平阳	平固
			扬州南康郡	阳都	宁都	扬州南康郡	揭阳	陂阳
			广州南海郡	平夷	新夷	广州临贺郡	建兴	兴安
			广州郁林郡	长平	晋平	广州苍梧郡	新宁	宁新
			广州郁林郡	阴平	郁平	广州郁林郡	建始	安始
			广州郁林郡	武安	武熙	广州郁林郡	临浦	领方
			广州宁浦郡	连道	兴道	广州宁浦郡	昌平	宁浦

续表

改名时代及具体时间			所属州郡	原县名	新县名	所属州郡	原县名	新县名
西晋	晋武帝	太康二年（281）	梁州汉中郡	南乡	西乡	徐州下邳国	凌	北凌
			荆州新城郡	秭归	绥阳	扬州毗陵郡	武进	丹徒
			扬州毗陵郡	云阳	曲阿	交州九德郡	阳远	阳成
		太康三年（282）	扬州晋安郡	东安	晋安	扬州丹杨郡	秣陵	建邺
		太康五年（284）	荆州魏兴郡	长利	勋乡			
		太康间（280—289）	兖州东平国	刚	刚平	荆州宜都郡	西陵	夷陵
			荆州武陵郡	吴寿	汉寿	荆州湘东郡	荼陵	茶陵
			荆州湘东郡	梨阳	利阳	扬州庐江郡	六安	六
			交州交趾郡	武安	南定	交州交趾郡	军平	海平
			广州始安郡	尚安	熙平	广州高兴郡	海宁	海安
		太康间或太康前	豫州鲁郡	骀	邹	兖州泰山郡	平阳	新泰
			冀州勃海郡	修	蓨	冀州河间国	易	易城
			冀州高阳国	博陵	博陆	冀州清河国	甘陵	清河
			雍州冯翊郡	临晋	大荔	凉州武威郡	番和	番禾
			凉州张掖郡	觻得	永平	凉州张掖郡	昭武	临泽
			益州汉嘉郡	徙	徙阳	益州朱提郡	南昌	南秦
			宁州建宁郡	牧靡	牧麻	宁州兴古郡	西丰	毋掇
			荆州上庸郡	建始	微阳	荆州上庸郡	广昌	庸昌
	晋惠帝		荆州衡阳郡	衡阳	衡山			
	晋怀帝		扬州晋陵郡	毗陵	晋陵			
	晋愍帝		司州魏郡	邺	临漳	扬州丹杨郡	建邺	建康
	西晋末		幽州范阳郡	故安	固安	雍州冯翊郡	大荔	临晋
东晋	晋成帝		扬州宣城郡	陵阳	广阳			
	晋哀帝后		宁州平蛮郡	平夷	平蛮	荆州宜都郡	夷陵	西陵
			荆州宜都郡	夷道	西道			
	晋孝武帝		豫州西阳郡	蕲春	蕲阳	荆州南阳郡	涓阳	云阳
			梁州梓潼郡	昭欢	邵欢	荆州义阳郡	平春	平阳
			荆州安成郡	宜春	宜阳	扬州宣城郡	春谷	阳谷
			扬州淮南郡	寿春	寿阳	扬州吴郡	富春	富阳

改名时代及具体时间		所属州郡	原县名	新县名	所属州郡	原县名	新县名
东晋	晋安帝	豫州新蔡郡	褒信	苞信	徐州广陵郡	盐渎	盐城
		梁州汉中郡	褒中	苞中			
	东晋时	荆州江夏郡	南新市	新市	荆州南阳郡	堵阳	赭阳
		扬州临川郡	新南城	南城	广州桂林郡	龙冈	龙定
十六国	后赵	司州魏郡	临漳	邺	秦州天水郡	始昌	西
		豫州陈郡	苦	谷阳	冀州赵郡	中丘	赵安
		雍州京兆郡	渭城	石安	青州济南郡	东平陵	平陵
	前燕	平州昌黎郡	柳城	龙城			
	前秦	雍州京兆郡	石安	渭城	雍州新平郡	漆	新平
	后燕	冀州中山郡	卢奴	弗违			
	后秦	雍州京兆郡	长安	常安			
	十六国时	司州阳平郡	东武阳	武阳	兖州泰山郡	南武阳	武阳
		冀州博陵郡	南深泽	深泽	冀州常山郡	南行唐	行唐
		凉州昌松郡	仓松	昌松	青州齐郡	东安平	安平

  各县改名的原因多有不同，但主要的原因大体有以下几种。由于受传统孝文化的影响，且出于维护皇权的尊严，一些涉及帝王、权臣及其亲属名称的地名因避讳而改。在西晋以前，就有因避讳而改的县名。因避汉景帝刘启讳，改启阳县、启封县为开阳县、开封县。汉光武帝因避叔父名良，改寿良县为寿张县。东汉又因避殇帝讳，改隆虑县为林虑县。吴孙权因避太子和讳，改禾兴县为嘉兴县。这些改后的县名，一直沿用至两晋十六国。不仅县名因避讳而改，郡名也是如此，如因避汉文帝刘恒讳而改恒山郡为常山郡。

  两晋时，因避讳而改的县名有不少。晋武帝因避司马昭之讳，改昭欣、昭陵、昭阳、昭武诸县之"昭"为"邵"，又改张掖郡昭武县为临泽县。晋怀帝时，司马越专权，因避其子毗讳而改毗陵县为晋陵县。晋愍帝司马邺因避讳而改邺县为临漳县，改建邺县为建康县。晋成帝时，因杜皇后讳陵阳，而改宣城郡陵阳县为广阳县。晋孝武帝因郑太后讳，将蕲春、平春、宜春、春谷、寿春、富春之"春"字皆改为"阳"，又因避其父司马昱而改渭阳县为云阳县。东晋桓温掌晋室大权后，因避其讳而改宛温为宛暖县，因避其父桓彝讳，改平夷为平蛮县，改夷陵为西陵县，改夷道为西道县，改夫夷为扶县。晋安帝时，改新蔡郡褒信县为苞信县，改汉中郡褒中县为苞中县，虽然无史料称因避讳改，但同时改"褒"为"苞"或与避讳有关。在一些县名因避讳而改时，一些郡名也相应改动，如昭陵郡改为邵陵郡，毗陵郡改为晋陵郡，平夷郡改为平蛮郡。

一些县名因与他县同名而改。由上表可见，西晋县改名可考者有九十一个，其中晋武帝改者达八十五县，这主要集中于太康元年（280）灭吴之后，而改名可考在太康元年（280）者又占五十县。孙吴统辖的县许多与西晋辖域的县同名，晋灭吴后，为消除南北的同名县，晋武帝遂改原孙吴辖境的县名。如司州河南郡有新安县、阳城县，原孙吴扬州东阳郡有新安县，扬州庐陵郡有阳城县，灭吴后，扬州境内的二县分别改为信安县、阳丰县。太康元年（280）后，晋武帝所改的县名，除昭阳、昭陵、昭武等因避讳而改外，其余大部分县都是因与西晋原辖域内的同名而改。太康间所改的同名县不仅有原孙吴境内的，原西晋辖境内的同名也在此时一起改名，如改豫州汝南郡安阳县、秦州阴平郡广武县、梁州巴东郡永安县等。当然，也有同名县没有改名的，如司州魏郡、扬州新安郡各有黎阳县，而二黎阳县名皆未改。

对于同名县的改名，其改名的方式之一是加方位词。司州魏郡、豫州汝南郡各有安阳县，兖州高平国、荆州邵陵郡各有高平县，遂改南方二县为南安阳县、南高平县。又兖州泰山郡、扬州临川郡各有南城县，南城已有"南"字不便再加"南"，遂改临川南城县为新南城县。西晋以同名县改名为多，东晋因避讳改名为多，十六国以去方位词改名为多。十六国时期，诸政权并立，原来在西晋不同州境的同名县，在十六国时分属于不同政权，所以没有加方位词的必要，这类县名遂去方位词而改名。由上表可见，东平陵、东武阳、南武阳、南深泽、南行唐、东安平等县中的方位词，在十六国时逐渐去掉。

有些县名词义不太美好甚至可称为恶名，随着时代的变化，有政权将有些所谓的"恶名"改为嘉名。如冀州中山郡有安喜县，西汉称安险县，东汉章帝时改为安憙县，又称安喜县，因邑丰民安得名，其义较安险为嘉。汉章帝改中山国苦陉县为汉昌县，也是取嘉名。据《汉志》，中山国有曲逆县，颜师古注引张晏曰："濡水于城北曲而西流，故曰曲逆，章帝丑其名，改曰蒲阴，在蒲水之阴。"蒲阴虽非嘉名，但曲逆因名不美而改。又如司州平阳郡永安县，本先秦所置彘县，古代称猪为彘，其义不美，东汉顺帝时改彘县为永安县。又如豫州陈郡有苦县，后赵改为谷阳县。苦县之名，其义不嘉，改为谷阳，意在去其不美之义。也有些词义不太好的县名，改名后又复旧。如战国时楚国已有云阳县，秦代改为曲阿县，传因"秦时望气者云有王气，故凿之以败其势，截其直道，使之阿曲"得名，孙吴还为云阳县，西晋复为曲阿县。又如丹徒县古名朱方，后名谷阳，秦代为丹徒县，传因"秦以其地有王气，始皇遣赭衣徒三千人凿破长陇"得名，孙吴改为武进县，西晋复为丹徒县。

还有些县名因政权变动而改带有国号的用字。战国时秦国置葭明县，蜀汉时先主刘备改汉寿县，晋武帝改晋寿县（属梓潼郡）。西汉于武陵郡置索县，东汉改汉寿县，孙吴改吴寿县，晋武帝还为汉寿县。武陵郡吴寿县不改为晋寿县，当因梓潼郡已有晋寿县，避两晋寿县同名。战国时中山国有苦陉县，东汉章帝改为汉昌县，魏文帝改为魏昌县。东汉于荆州长沙郡置汉昌县，孙吴改为吴昌县。东汉于扬州建安郡置汉兴县，豫章郡置汉平县，孙吴分别改为吴兴县、吴平县。后赵时，改赵郡中丘县为赵安县，改京兆郡渭城县为石安县，前秦复石安为渭城县，赵安县当也复旧名。

有些县名改名后而有国号的字，则与同名县的出现有关。曹魏于荆州魏兴郡置平阳县，西晋灭吴后，因与司州平阳郡平阳县同名，改为兴晋县。东汉于荆州桂阳郡置汉宁县，孙吴改为阳安县，西晋灭吴后，因与豫州汝南郡阳安县同名，改为晋宁县。孙吴于扬州建安郡置东安县，西晋灭吴后，与徐州琅邪国东安县同名，改为晋安县。扬州鄱阳郡有广昌县，西晋灭吴后，因与幽州代郡广昌县同名，改鄱阳广昌县为广晋县。东汉于广州郁林郡置长平县，西晋灭吴后，因与豫州颍川郡长平县同名，改郁林长平县为晋平县。

县名的更改还有其它许多不同的因素，有的县名因帝王之需而改名。如《后汉书·光武帝纪上》载，建武元年（25），"光武于是命有司设坛场于鄗南千秋亭五成陌"；"六月己未，即皇帝位"；"于是建元为建武，大赦天下，改鄗为高邑"。东汉末，曹操迎献帝迁都许县。《三国志·魏书·文帝纪》载，魏文帝称帝后，黄初二年（221）正月，"改许县为许昌县"。蜀汉与孙吴有夷陵之战，在此之际，刘备行宫在巴东郡鱼复县，置有永安宫，遂改鱼复县为永安县。还有的县名因阴阳五行说和谶纬而改。如雒阳县、洛阳县名称的变化与阴阳五行说有关。《史记·项羽本纪》载，项羽分封诸侯王，"立申阳为河南王，都雒阳"，《史记正义》于此引《括地志》："后汉都洛阳，改为'雒'。汉以火德，忌水，故去洛旁'水'而加'隹'。魏于行次为土，土，水之忌也，水得土而流，土得水而柔，故除'隹'以加'水'。"雒阳县改洛阳县如此，上雒县改上洛县也是如此。又如《十六国春秋》记载，后凉以郭黁言谶，改仓松县为昌松县。不仅县名因谶纬因素有改，郡名亦是。《晋志》凉州条载，"吕光都于姑臧后，以郭黁言谶，改昌松为东张掖郡"。《石季龙载记下附石鉴传》载，"初，谶言灭石者陵，寻而石闵徙封兰陵公，季龙恶之，改兰陵为武兴郡"。

对于县名的改名方式，上文叙及二县同名时其中一县加方位词而改名，也有在政权变化时改国号用字，除此之外还有其他改名方式。有的县名两字颠倒而改名，如春秋时楚国已有城父县，西汉因沛郡有城父县而改楚国所置为父城县。又如西汉时酒泉郡有禄福县，东汉改为福禄县。也有不少单字县，加一字而改为双字县。如春秋时秦国置杜县，汉宣帝因宣帝陵在此改为杜陵县。战国时，魏国已有绛县，东汉改为绛邑县；赵国已有饶县，西汉改为饶阳县；齐国已有刚县，晋武帝改刚平县；燕国有易县，晋武帝改为易城县。西汉有徙县，晋武帝改为徙阳县。有的县名改名改用同音字，如西汉酒泉郡有表是县，东汉为表氏县。有的县名改名改用同意字，如西汉酒泉郡又有绥弥县，东汉改安弥县。

有不少县名改名后，又复用前名者。如秦代已置竹邑县、厌次县、鹑觚县，西汉分别改为竹县、富平县、鹑孤县，东汉复为竹邑县、厌次县、鹑觚县。战国时韩国已有涅县，西汉改为涅氏县，东汉复为涅县。西汉有顺阳县，汉哀帝改为博山县，东汉复为顺阳县。西汉有益都县，后改为益县，曹魏复为益都县。西汉有符县，东汉曾改为符节县，后复为符县。春秋时楚国已有六县，三国改为六安县，西晋还为六县。西汉已有毋椽县，蜀汉改为西丰县，晋武帝复为毋椽县。西汉有索县，东汉改为汉寿县，孙吴改为吴寿县，晋武帝复汉寿县。战国时秦国已有临晋县，晋武帝改大荔县，西晋末复为临晋县。战国时魏国已有邺县，西晋末改临漳县，后赵复为邺县。西汉初已有夷陵县，孙吴改为西陵县，晋武帝复夷陵县，晋哀帝后改为西陵县，东晋末复为夷陵县。上文所言曲阿县、丹徒县也是改名后复旧。王莽所改西汉县名，东汉初复前汉旧名，然个别县名后又复王莽旧名。如西汉有湖陵县、橐县，王莽分别改为湖陆、高平县，东汉初复为湖陵县、橐县，汉章帝又为湖陆县、高平县。

西汉时，在少数民族地区聚居的地方设立道，与县同级。后来有的道改为县，也有的道被废，后又在废道地置县，也用前道旧名。西汉时有略阳道、下辨道，东汉改为略阳县、下辨县。两汉有阴平道，后为阴平县。西汉有武都县，东汉为武都道，后复为武都县。西汉有平乐道、嘉陵道、甸氐道、刚氐道，后省，仇池分别于旧道地置平乐县、嘉陵县、甸氐县、刚氐县。两汉时有灵关道，西晋初为灵关县。还有道改县，不去道字，而是在道后加县，如狄道县、故道县、氐道县、猭道县、严道县、僰道县即是，另外夷道县、连道县、营道县、泠道县当也是。

就两晋十六国的郡县源流来说，大多郡县为承前代而置，有的郡县在前代曾有改名，有的郡县至两晋十六国才改名，两晋十六国时也有新置和省废的郡县，也有的郡县治所有迁移。不仅如此，两晋十六国时，随着州的变动，郡归属的州也不断变化。同样，随着郡的变迁，县归属的郡也有改变。随着州领郡、郡领县的变化，州、郡的辖境也不断变动。

两晋十六国时期州、郡、县变化总的趋势是，州、郡、县的数量越来越多，其幅员越来越小，统辖关系变动也较大。西晋、东晋、十六国这三个时期，相对而言，西晋政区的变化较小，东晋次之，十六国因政权更迭频繁而变化较大。就研究政区所用的史料多寡而言，西晋最丰富，东晋次之，十六国最少。因此，往往可见的是西晋时期的政区设置及其变化情况，而涉及十六国时期往往不足，但这并不意味着十六国政区变化不大。

中编

两晋十六国政区相关文献与著述考订

《晋书》地名问题补考

唐修《晋书》成于众人之手，加之历代流传过程中不断传抄、刊刻，其中谬误有不少，清代以来不断有学者对其纠谬、辨正。对以往诸家的研究成果，中华书局点校本《晋书》大都在点校中有所采纳。然而，《晋书》中的有些讹误，仍未能加以辨正，其中以地名谬误未能辨止者尤多。卜按有谬误的地名在《晋书》中卷帙的先后，逐条考辨于下。另外，若据《中国行政区划通史》先秦、秦汉、三国两晋等部分考证，则知《晋志》中所载某郡"秦置""汉置""魏置"等时有误，然以往对《晋志》的考辨或校注并未指出。因《中国行政区划通史》相关内容已有深入研究，此不再考辨。

1.《晋书·孝怀帝纪》：永嘉二年（308），"九月，石勒寇赵郡，征北将军和郁自邺奔于卫国。"此"赵郡"应为"魏郡"。

《晋书·孝怀帝纪》又载，永嘉元年（307）十一月，"以尚书右仆射和郁为征北将军，镇邺"。据《通鉴》，晋怀帝永嘉二年（308）九月，"汉王弥、石勒寇邺，和郁弃城走"。可见，当时和郁为征北将军，镇守邺城，石勒来攻，和郁自邺城出奔。故永嘉二年（308）石勒所寇之地当为邺，而非赵郡《石勒载记上》载："勒并军寇邺，邺溃，和郁奔于卫国，执魏郡太守王粹于三台。进攻赵郡，害冀州西部都尉冯冲。"据此，石勒寇赵郡，是在和郁自邺奔卫国之后，而不在此前。邺为魏郡治所，魏郡太守和征北将军同守此地。永嘉二年（308），石勒"寇魏郡"，"执魏郡太守王粹"，"征北将军和郁自邺奔于卫国"。故《孝怀帝纪》言"赵郡"有误，当为"魏郡"。

2.《晋书·明帝纪》：太宁三年（325），"六月，石勒将石季龙攻刘曜将刘岳于新安，陷之。"此"新安"当为"石梁"。

据《刘曜载记》，刘曜遣刘岳攻石生于洛阳，"岳攻石勒盟津、石梁二戍，克之，斩获五千余级，进围石生于金墉。石季龙率步骑四万入自成皋关，岳陈兵以待之。战于洛西，岳师败绩，岳中流矢，退保石梁。季龙遂堑栅列围，遏绝内外"；不久，"季龙执刘岳及其将王腾等八十余人，并氐羌三千余人，送于襄国"。据此，石季龙擒刘岳在石梁。《石勒载记下》载："石季龙攻刘曜将刘岳于石梁，至是，石梁溃，执岳送襄国。"《晋书·高僧传·神异传上》也提及此事，其言"岳败保石梁坞，虎坚栅守之"，随后即言刘岳被擒。此"虎"即石虎，"季龙"为石虎字，《晋书》为避唐讳而言石季龙。《晋书·艺术传》所载同《高僧传》，皆言刘岳被擒于石梁坞。《通鉴》晋明帝太宁三年（325）所载史事与《刘曜载记》相同，且言"六月，虎拔石梁，禽岳及其将佐八十余人"。《通鉴》所载时间与《晋书·明帝纪》同为太宁三年（325）六月，而地点非"新安"，为"石梁"。

据《晋书·魏浚传》，晋都洛阳失陷，魏浚"屯于洛北石梁坞"。当时"石梁"为一坞壁，故《高僧传·神异传》和《晋书·艺术传》言刘岳被擒于石梁坞。由《魏浚传》可知，石梁在洛阳之北。而新安并非在洛北。据谭《图》"西晋司州"图可知，新安在洛阳西，距洛阳较远。而石梁在洛北，不会属新安县辖地，应属洛阳县。因此，《晋书·明帝纪》言太宁三年后赵石季龙攻陷新安有误，当是攻陷石梁。据《通鉴》，晋明帝太宁二年（324）正月，后赵司州刺史石生斩前赵河南太守尹平于新安。因此，新安被后赵攻陷在太宁二年（324），而非太宁三年（325），可旁证《明帝纪》所载史事有误。

3.《晋书·地理志上》司州条载，"永和五年，桓温入洛，复置河南郡，属司州"。此"永和五年"当是"永和十二年"。

永和五年（349），洛阳尚未被后赵控制，桓温也未入洛。《晋志》司州条载，"石季龙又分司州之河南、河东、弘农、荥阳、兖州之陈留、东燕为洛州"。可见，后赵石虎时，河南郡属洛州。永和六年（350），冉闵夺取后赵统治权。《石季龙载记下附冉闵载记》，"（冉魏）平南高崇、征虏吕护执洛州刺史郑系，以三河归顺"。据《通鉴》，晋穆帝永和七年（351）八月，"平南将军高崇、征虏将军吕护执洛州刺史郑系，以其地来降"。洛州刺史降东晋，河南郡遂入东晋。《晋书·穆帝纪》载，永和八年（352）九月，"遣河南太守戴施据石门"。可见，东晋得河南郡后，即遣太守领此郡，复置河南郡应在此年。《穆帝纪》又载，永和十年（354）正月，"周成举兵反，自宛陵袭洛阳。辛酉，河南太守戴施奔鲔渚"。据此，永和十年（354），河南郡为周成占据。《穆帝纪》又载，永和十二年（356）八月，桓温北伐，"执周成而归。使扬武将军毛穆之，督护陈午，辅国将军、河南太守戴施镇洛阳"。永和十二年（356），桓温入洛，东晋复置河南郡。综上述，永和七年（351）东晋置河南郡，永和十年（354）又失，永和十二年（356）桓温入洛，复置河南郡。

4.《晋书·地理志上》兖州条载，"咸康四年，于北谯界立陈留郡"。此"咸康四年"当误，于北谯界立陈留郡应在太元九年（384）后。

《晋志》此所云当据《宋志》。《宋志》豫州刺史陈留太守条载，"陈留太守，汉武帝元狩元年立，属兖州，中原乱废。晋成帝咸康四年复立，《永初郡国》属兖州，何、徐属豫州"，"寄治谯郡长垣县界"。东晋咸康四年（338），谯郡为后赵占据①，东晋何以能于其界侨置陈留郡？史籍不载后赵曾置侨郡，陈留侨郡也不应为后赵所立。《宋志》将陈留郡沿革系于豫州下，又于豫州陈留郡末言"寄治谯郡长垣县界"，故《晋志》误以为"咸康四年，于北谯界立陈留郡"。

《晋书·穆帝纪》载，永和十年（354），"五月，江西乞活郭敞等执陈留内史刘仕而叛，京师震骇"；《姚襄载记》载，"流人郭斁等千余人执晋堂邑内史刘仕，降于襄"。中华书局点校本《晋书》"校勘记"，以为"郭斁"或为

---

① 至晋成帝咸和元年（326），豫州淮水以北之地全入后赵，见魏俊杰《十六国疆域与政区研究》，第90页。《晋书·孔愉传附从子坦传》载，"石勒新死，季龙专恣，石聪及谯郡太守彭彪等各遣使请降"；"朝廷遂不果北伐，人皆怀恨"。据《通鉴》，晋成帝咸和八年（333）七月，"赵将石聪及谯郡太守彭彪，各遣使来降。聪本晋人，冒姓石氏。朝廷遣督护乔球将兵救之，未至，聪等为虎所诛。据此，至咸和八年（333），谯郡仍属后赵。《晋书·穆帝纪》载，永和五年（349）六月，"石遵扬州刺史王浃以寿阳来降"。《南齐志》豫州条载，"穆帝永和五年，胡伪扬州刺史王浃以寿春降"。据《通鉴》，晋穆帝永和五年（349）六月，"赵扬州刺史王浃举寿春降，西中郎将陈逵进据寿春"；八月，东晋兵败，"陈逵闻之，焚寿春积聚，毁城遁还"。可见，永和五年（349）前，淮水之南的寿春仍为后赵占据。寿春隔淮水，其北便是谯郡。寿春属后赵，谯郡应亦属后赵。可见，自咸和元年（326）至永和五年（349），谯郡属后赵。

"郭敞"，又言："堂邑西晋虽曾置郡，不闻曾为王国，何以称内史，疑误。"此"堂邑"当为"陈留"。据《通鉴》，晋穆帝永和十年（354），"五月，江西流民郭敞等执陈留内史刘仕，降于姚襄"。《通鉴》所载"陈留内史"当是。《姚襄载记》之所以误"陈留内史"为"堂邑内史"，是因此陈留国侨置堂邑郡境。据此，永和十年（354）已侨立陈留国。颇疑《宋志》所云"晋成帝咸康四年复立"，乃于堂邑郡境复立陈留国，而非于谯郡境复立陈留郡。

《宋书·檀韶传》载，平桓玄后，"（檀韶）迁龙骧将军、秦郡太守、北陈留内史"；《宋书·向靖传》载，"义熙三年，（向靖）迁建武将军、秦郡太守、北陈留内史，戍堂邑"；《宋书·檀祇传》载，平桓玄后，"（檀祇）除龙骧将军、秦郡太守、北陈留内史"。可见，东晋末，秦郡、北陈留为双头郡。又《宋志》南兖州刺史秦郡太守条载，"安帝改堂邑为秦郡"。《晋志》雍州条载，"有秦国流人至江南，改堂邑为秦郡"。又据向靖等传，东晋末，秦郡、北陈留当同治堂邑。又《宋书·武帝本纪中》载，元熙元年（419）正月，进封刘裕为宋王，以"兖州之北陈留"等十郡增宋国。此北陈留当即侨于堂邑郡境者，而此北陈留属兖州。《宋志》豫州刺史陈留太守条言，《永初郡国》载陈留郡"属兖州"，此兖州之陈留，应是侨于堂邑郡境之陈留。

据《宋志》南兖州刺史秦郡太守条，"秦郡太守，晋武帝分扶风为秦国，中原乱，其民南流寄居堂邑"；"《永初郡国》又领临涂（晋宋立）、平丘（汉旧属陈留，《晋太康地志》无）、外黄（汉旧名，属陈留）、沛、雍丘、浚仪、顿丘凡七县"，又领尉氏县，"尉氏令，汉旧名，属陈留"。又《晋志》兖州陈留国条，雍丘、浚仪二县属陈留国。东晋末，北陈留和秦郡本同一太守兼领。刘宋初，《宋志》秦郡太守条中尉氏、平丘、外黄、雍丘、浚仪五县应属侨立北陈留。可见，侨于堂邑之陈留于刘宋初并入秦郡，此陈留侨郡当即《宋志》所言"属兖州"之陈留郡，也当是咸康四年（338）所立陈留郡。《宋志》豫州刺史陈留太守条所载"何、徐属豫州"，则是侨立于谯郡之陈留。《宋志》叙陈留郡沿革，未能将侨于堂邑之陈留和侨于谯郡之陈留区分，而《晋志》又误据豫州陈留郡末言"寄治谯郡长垣县界"，遂致误。

东晋于豫州谯郡境置陈留侨郡，应在谯郡为东晋辖域时。后赵亡后，东晋一度占据谯郡，然此地初有东晋与姚襄相争，后又遭前燕来攻，终为前燕占据。东晋此间得谯郡不过几年，且在交争之际，不应于此置侨郡。前秦灭前燕，谯郡遂入前秦。前秦败于淝水后，谯郡又归东晋。据《通鉴》，晋孝武帝太元九年（384）正月，"刘牢之攻秦谯城，拔之"。故于谯郡境侨置陈留郡，应在太元九年（384）后。

5.《晋书·地理志下》荆州南郡条载，南郡有石首县。《晋志》误，此县当删。

除唐修《晋书》载石首县外，唐以前各类文献皆不载。《旧唐志》山南道荆州江陵府条载，"石首，汉华容县，属南郡。武德四年，分华容县置，取县北石首山为名。旧治石首山，显庆元年，移治阳支山下。松滋，汉高城县地，属南郡。松滋，亦汉县名，属庐江郡。晋时松滋县人避乱至此，乃侨立松滋县，因而不改"。《新唐书·地理志四》山南道江陵府条载，江陵府领县有石首县、松滋县，其中石首县为武德四年（621）置。《寰宇记》山南东道五荆州石首县条载，石首县，"唐武德四年置县，北有石首山，取为名焉"。可见，石首县为唐置。今本《晋书》为唐初史臣修，于《地理志》中误入唐县。据后文"《中国行政区划通史》西晋部分献疑"汉中郡、梓潼郡、巴西郡诸条，汉中郡不当有黄金、兴道二县，梓潼郡不当有武连、黄安二县，巴西郡不当有苍溪、岐惬二县。此六县和南郡松滋、石首二县皆唐初史臣修《晋志》时误将唐县入《晋志》。另外，《晋志》中，梁国误入长平县，敦煌郡误入新乡县，襄阳郡误入邓城、鄀二县，天门郡误入充县，宁浦郡误入昌平县。故南郡不当有石首县。

6.《晋书·滕修传》载，"（滕）修曾孙恬之，龙骧将军、魏郡太守，戍黎阳，为翟辽所执，死之"。此"魏郡"当为"黎阳"。

据《通鉴》，晋孝武帝太元十年（385）三月，"刘牢之攻燕黎阳太守刘抚于孙就栅，燕王垂留慕容农守邺围，自引兵救之。秦长乐公丕闻之，出兵乘虚夜袭燕营，农击败之。刘牢之与垂战，不胜，退屯黎阳，垂复还邺"。可见此时黎阳郡属东晋。《晋书·孝武帝纪》载，太元十一年（386）正月，"翟辽袭黎阳，执太守滕恬之"。据《通鉴》，晋孝武帝太元十一年（386）正月，"鲜于乞之杀翟真也，翟辽奔黎阳，黎阳太守滕恬之甚爱信之……恬之南攻鹿鸣城，辽于后闭门拒之，恬之东奔鄄城，辽追执之，遂据黎阳"。《元和姓纂》卷五"滕"姓条载，"晋有黎阳太守滕恪"，此"滕恪"当为"滕恬之"之误。可见，东晋以滕恬之为黎阳太守。东晋时，并非占据魏郡，应不会以滕恬之为魏郡太守。故《晋书·滕修传》中"魏郡太守"应为"黎阳太守"。

7.《晋书·汝南王亮传附子羕传》载，"惠帝还洛，复羕封，为抚军将军，又以汝南期思、西陵益其国"。此"汝南"应为"弋阳"。

《宋志》郢州刺史西阳太守条载，"西阳太守，本县名，二汉属江夏，魏立弋阳郡，又属焉。晋惠帝又分弋阳为西阳国，属豫州"。《晋书·汝南王亮传附子羕传》又载，"羕字延年。太康末，封西阳县公"；"元康初，进封郡王"。《晋书·惠帝纪》载，元康元年（291）八月，"进西阳公羕爵为王"。《寰宇记》淮南道五光州光山县条载，故西阳城，"晋太康十年，封汝南王亮子羕为西阳公。惠帝改封西阳郡王，居此县"。故西阳王国初领西阳县。据《晋志》豫州条，期思、西陵二县属豫州弋阳郡。《左传》文公十年（前617）载，"期思公复遂为右司马（杜注：复遂，楚期思邑名。今弋阳期思县）"。可见，杜预太康（280—289）初注《左传》时，期思县属弋阳郡。《宋志》郢州刺史西阳太守条载，"西陵男相，汉旧县，属江夏，后属弋阳"。据谭《图》"西晋豫州"图，期思县临汝南郡，而西陵县距汝南郡较远，不太可能有弋阳郡时，将西陵县划入汝南郡。故此"汝南"应为"弋阳"。

8.《晋书·刘隗传附刘波传》："苻坚弟融围雍州刺史朱序于襄阳。"此"雍州"当为"梁州"。

《晋书·孝武帝纪》载，太元二年（377），"三月，以兖州刺史朱序为南中郎将、梁州刺史、监沔中诸军，镇襄阳"。据《通鉴》，晋孝武帝太元二年（377），"桓豁表兖州刺史朱序为梁州刺史，镇襄阳"；晋孝武帝太元四年（379）正月，苻融围朱序于襄阳。又据后文"东晋各州治所考"东晋雍州条，朱序为雍州刺史，治襄阳，在太元十五年（390）。《晋书·刘隗传附刘波传》中"雍州刺史"应为"梁州刺史"。

9.《晋书·王逊传》：王逊为宁州刺史，"以地势形便，上分牂柯为平夷郡，分朱提为南广郡，分建宁为夜郎郡，分永昌为梁水郡，又改益州郡为晋宁郡，事皆施行"。此"建宁"当为"牂柯"，"永昌"当为"兴古"。

据《晋志》益州条，牂柯郡领万寿、且兰、谈指、夜郎、毋敛、并渠、鳖、平夷八县；宁州条载，西晋永嘉二年（308），"分牂柯立平夷、夜郎二郡"。常璩《华阳国志·南中志》载，刺史王逊分牂柯郡夜郎以南为夜郎郡，领夜郎、谈指二县。《太平御览·州郡部十七》引《十道志》曰："晋永嘉五年，分牂柯置夜郎郡。"《太平御览》与《晋志》所载夜郎郡设置时间不同，但皆言夜郎郡是分牂柯郡而置。又据《宋志》宁州刺史夜郎太守条，"夜郎太守，晋怀帝永嘉五年宁州刺史王逊分牂柯、朱提、建宁立"，领夜郎（汉旧县，属牂柯）、广谈（《晋太康地志》属牂柯）、谈乐（江左立）、谈柏（汉旧县，属牂柯）四县。《宋志》虽言夜郎郡为"王逊分牂柯、朱提、建宁立"，然就所统县前属牂柯可知，此郡是分牂柯郡而立。故《晋书·王逊传》载"分建宁为夜郎郡"有误，当是"分牂柯为夜郎郡"。

又据《晋志》宁州条，兴古郡领律高、句町、宛温、漏卧、毋掇、贲古、滕休、镡封、汉兴、进乘、都篖十一县。常璩《华阳国志·南中志》载，梁水郡，领梁水、贲古、西随三县。据《水经注·温水注》："温水又东南迳梁水郡南，温水上合梁水，故自下通得梁水之称，是以刘禅分兴古之盘南，置郡于梁水县也。"《水经注》言梁水郡为刘禅所置，或误，然其云"分兴古之盘南置"当是。据《宋志》宁州刺史梁水太守条，"梁水太守，晋成帝分兴古立"，领梁水（与郡俱立）、腾休（汉旧县，属益州郡，《晋太康地志》属兴古，何《志》故属建宁，晋武帝徙兴古治之，遂以属焉）、西隋（汉旧县，属牂柯，《晋太康地志》属兴古，并作'随'）、母棳（汉旧县，属益州郡，《晋太康地志》属兴古）、新丰（何《志》不注置立）、建安（何《志》不注置立）、镡封（汉旧县，属牂柯，《晋太康地志》属兴古）七县。可见梁水郡为分兴古所立。故《晋书·王逊传》载"分永昌为梁水郡"有误，当是"分兴古为梁水郡"。

10.《晋书·儒林传·刘兆传》："刘兆字延世，济南东平人。"此"东平"应为"东平陵"。

据《晋志》，济南、东平皆为郡国名，济南郡属青州，东平国属兖州。三国两晋时期，无东平县。《晋志》济南郡条后有脱文，钱大昕《廿二史考异》卷十九《晋书》"济南郡"条有详考。《左传》庄公十年（前684）"经文"载，"冬十月，齐师灭谭"；杜预注"谭国在济南平陵县西南"。钱大昕据杜注认为，《晋志》中济南郡脱平陵县。然据《宋志》青州刺史济南太守条，"平陵令，汉旧县，至晋并曰东平陵"。《魏志》齐州济南郡条载，"平陵，二汉、晋属，曰东平陵，后改"。又《魏书·世祖纪下》载，太平真君七年（446）二月，北魏侵刘宋，"高凉王那至济南东平陵，迁其民六千余家于河北"；《魏书·陆俟传》亦载，"（陆俟）又与高凉王那渡河南，略地至济南东平陵，徙其民六千家于河北"。可见，刘宋前期仍称东平陵县。《元和志》河南道六齐州全节县条载，全节县，"本春秋谭国之地，齐灭之。汉以为东平陵县，属济南郡，宋省'东'字"。又据《寰宇记》河南道十九齐州历城县条，"东平陵县属济南郡，宋改为平陵县"。据此，刘宋时改东平陵县为平陵县。故西晋时应仍称东平陵县，属济南郡。谭《图》"西晋青州"图，济南郡有东平陵县。《晋书·儒林传·刘兆传》称刘兆为"济南东平人"当误，应为"济南东平陵人"，脱"陵"字。

11.《晋书·刘元海载记》："（刘元海）进据河东，攻寇蒲坂、平阳，皆陷之。元海遂入都蒲子。"此"蒲坂"应为"蒲子"。

据《通鉴》，晋怀帝永嘉二年（308）七月，"汉王渊寇平阳，太守宋抽弃郡走，河东太守路述战死；渊徙都蒲子"。这表明刘渊（字元海）"寇平阳""都蒲子"是在永嘉二年（308）。据《刘元海载记》，刘渊于西河郡离石起兵，随后占据西河郡。又据谭《图》"西晋司州"图，蒲子县在平阳郡最北边，北与西河郡相邻；蒲坂县在河东郡西南，与西河郡相隔有平阳郡及河东郡数县。刘渊据有西河郡后，南侵平阳郡，蒲子应首当其冲。而蒲坂在河东郡西南，是关中通往河东的要道。刘渊占据平阳郡后，才可能进攻此县。永嘉乱后，蒲坂为晋南阳王司马模所控制。又据《通鉴》，晋怀帝永嘉五年（311）七月，"南阳王模使牙门赵染戍蒲坂（胡注：刘聪在平阳，欲窥关中；蒲坂，兵冲也），染求冯翊太守不得而怒，帅众降汉，汉主聪以染为平西将军"。《晋书·宗室传·高密文献王泰传附南阳王模传》亦载此事，与《通鉴》同。可见，匈奴汉国占据蒲坂是在永嘉五年（311），当时刘渊已死，刘聪在位。故永嘉二年（308），刘渊所占为蒲子；至永嘉五年（311），蒲坂才为刘聪攻占。《刘元海载记》所言"蒲坂"，应为"蒲子"，其下文随之而言"入都蒲子"，也表明此前占据的是蒲子，而非蒲坂。

12.《晋书·石勒载记下》："石生攻刘曜河内太守尹平于新安，斩之。"此"河内"应为"河南"。

《晋志》司州条载，新安县属司州河南郡。据《石勒载记下》，似河内郡统有新安县，则可疑。据《通鉴》，晋明帝太宁二年（324）正月，"司州刺史石生击赵河南太守尹平于新安，斩之"。据此，尹平为河南太守，而非河内太守。郑樵《通志·后赵载记》是完全抄自唐修《晋书》，此段内容则为"石生攻刘曜河南太守尹平于新安，斩之"，表明郑樵所用《晋书》作"河南太守"。因此，今传本《晋书》作"河内"有误，应为"河南"。

13.《晋书·石季龙载记上》："宁远刘宁攻武都狄道，陷之。"此"武都"应为"武始"。

此"武都"为郡名，后赵石虎（字季龙）时，武都郡为仇池杨氏占据，而后赵并没有出兵征伐过仇池，故不会攻武都郡。后赵石虎时，多次出征前凉，刘宁等为其征讨大将。《晋书·康帝纪》载，建元元年（343）八月，"石季龙使其将刘宁攻陷狄道"；"十二月，石季龙侵张骏，骏使其将军谢艾拒之，大战于河西，季龙败绩"。《石季龙载记上》在记刘宁攻陷狄道后又载，后赵石季龙以其将张伏都击前凉，"与张骏将谢艾大战于河西，伏都败绩"。由此可见，后赵刘宁攻陷狄道是在建元元年（343）。而张骏为当时前凉的统治者，于东晋太宁二年（324）至永和二年（346）间在位。后赵灭前赵后，狄道县在前凉、后赵的边境线上。据《晋书·张轨传附张骏传》，"及石勒杀刘曜，骏因长安乱，复收河南地，至于狄道，置武卫①、石门、候和、漒川、甘松五屯护军，与勒分境"。据此可知，在刘宁攻陷狄道前，狄道属前凉。据《晋志》秦州条，武都郡领县无狄道县，而陇西郡辖有狄道县；且载，"张骏分属凉州，又以狄道县立武始郡"。可见，张骏时，狄道县属武始郡。因此，后赵刘宁所攻陷的狄道应属前凉，当时属武始郡。故《石季龙载记》所载"武都狄道"应为"武始狄道"。

14.《晋书·姚襄载记》："流人郭敳等千余人执晋堂邑内史刘仕，降于襄。"此"堂邑"当为"陈留"。

中华书局点校本《晋书》"校勘记"，以为"郭敳"或为"郭敞"，又言："堂邑西晋虽曾置郡，不闻曾为王国，何以称内史，疑误。"《晋书·穆帝纪》载，永和十年（354），"五月，江西乞活郭敞等执陈留内史刘仕而叛，京师震

---

① 此"武卫"，应为"武街"，见中华书局点校本《晋书》"校勘记"。

骇"。据《通鉴》，晋穆帝永和十年（354），"五月，江西流民郭敞等执陈留内史刘仕，降于姚襄"。《晋书·穆帝纪》《通鉴》所载"陈留内史"当是。据后文"两晋郡王郡公封国考"中"东晋郡王的侨立封国""陈留国"条，陈留国侨置堂邑郡境。《姚襄载记》当因此误"陈留内史"为"堂邑内史"。故《姚襄载记》中"堂邑"当为"陈留"。

15.《晋书·李流载记》：西晋攻成汉，"前锋孙阜破德阳，获（李）特所置守将骞硕，太守任臧等退屯涪陵县"。此"涪陵县"应为"涪县"。

涪陵县在江水以南，当时距成汉李特所控制成都之东北地区尚远。此时，涪陵县为西晋控制，成汉任臧不可能退屯此地。据《晋志》梁州条，梁州梓潼郡有涪城县。又据胡运宏、胡阿祥《中华本〈晋书·地理志〉考异》，《晋志》中此"涪城县"应为"涪县"①。成汉李雄时，攻梓潼郡。《晋书·孝怀帝纪》载，永嘉五年（311）正月，"李雄攻陷涪城，梓潼太守谯登遇害"。可见，涪城应为梓潼郡治所。此称"涪城"，如同魏郡治所邺县称"邺城"。常璩《华阳国志·大同志》载，李特为晋军所杀，"李雄以李离为梓潼太守，众还赤祖，推流为大将军大都督"，晋军来攻，"前锋建平太守孙阜，破特德阳守将骞硕，太守任臧径至涪"。可见，《华阳国志》的记载不同于《李流载记》，为"涪"，而非"涪陵"。《通鉴》晋惠帝太安二年（303）二月载此事，其文为"任臧退屯涪陵"。胡三省于"涪陵"下注曰："此涪陵，乃汉广汉郡之涪县，晋梓潼郡之涪城县，非涪陵郡之涪陵。广汉、梓潼之涪，今绵州，今人犹谓绵州为涪陵，涪陵郡之涪陵则今涪州涪陵县也。"以"绵州为涪陵"之说，仅见胡注，不可取②。据上所考，《李流载记》所载"涪陵县"当误，应从东晋常璩《华阳国志》的记载，为"涪县"。

---

① 胡运宏、胡阿祥：《中华本〈晋书·地理志〉考异》，载徐少华主编：《荆楚历史地理与长江中下游开发——2008年中国历史地理国际学术研讨会论文集》，湖北人民出版社，2009年，第513页。

② 中国历史大辞典·历史地理卷编纂委员会编：《中国历史大辞典·历史地理卷》，涪县，"西汉置，治今四川绵阳市东"；涪陵县，"（1）西汉置。治今四川彭水县"，"（2）隋开皇十三年（593）改汉平县置。治今四川涪陵市"；涪陵郡，"（1）东汉建安末刘备改巴东属国置。治涪陵（今彭水县），属益州"，"（2）隋大业初改涪州置。治石镜（今合川市）"，上海辞书出版社1996年版，第852—853页。据此，隋代前后，涪陵地理位置不同，但未有在绵州（今绵阳市）之说。胡三省以元代"绵州为涪陵"之说来强解西晋涪县之地为涪陵，不可取。

16.《晋书·乞伏乾归载记》：西秦击仇池杨定，"斩定及首虏万七千级。于是尽有陇西、巴西之地"。此"陇西、巴西"应为"陇西已西"。

中华书局点校本《晋书》于此点校为"于是尽有陇西、巴西之地"。似乎西秦有巴西郡。然巴西郡远在巴蜀梁州，西秦从未染指巴蜀之地。淝水之战后，北方大乱，鲜卑乞伏氏据有苑川（今甘肃宛川河流域）附近之地，破仇池后，西秦扩张至陇坻以西地区。故史书言尽有陇西以西之地，而《晋书》载此误将"已西"写为"巴西"。检《晋书》可知，"以东""以西""以南""以北"的"以"字，《晋书》皆书为"已"字。故此处"巴西"应是"已西"之误。又《石勒载记下》载，石勒攻段匹磾，匹磾降，"于是冀、并、幽州、辽西巴西诸屯结皆陷于勒"。中华书局点校本《晋书》"校勘记"曰："'巴西'远不相及，'巴'当是'已'之讹，今不标。"《晋书》点校者于《石勒载记下》看出了"巴西"之误，却在《乞伏乾归载记》没能辨正。

《宋书·州郡志》补考

《宋志》不仅记载了刘宋时期的政区沿革，而且保留有大量两晋时期的州郡县的建置情况。《宋志》中存在不少问题，对此，胡阿祥《宋书州郡志汇释》集中予以校订。但《宋志》还有一些问题，值得进一步考辨，下文就《宋志》有关两晋政区的存在问题加以考述。

1.《宋志》扬州刺史临海太守条载，"乐安令，晋康帝分始丰立"。此"晋康帝"或应为"晋穆帝永和三年"。

《元和志》江南道二台州乐安县条载，乐安县，"东晋穆帝永和三年，分始丰南乡置乐安县，属临海郡"。《寰宇记》江南东道十台州永安县条载，"顾野王《舆地志》：晋穆帝永和三年，分始丰南乡置乐安县，属临海郡"。《元和志》《寰宇记》载永和三年（347）置乐安县，《宋志》载为晋康帝时。又《元和志》江南道二台州宁海县条载，宁海县，"晋穆帝永和三年，分会稽之鄞县置宁海县"。《寰宇记》江南道十台州宁海县条载，宁海县，"《临海记》云：'晋永和三年，分会稽郡八百户，于临海郡章安地立宁海县'"。据此，乐安县、宁海县同属临海郡，当皆晋穆帝永和三年（347）置①。

---

① 南宋嘉定间陈耆卿所撰《赤城志·地里门一》载，晋武帝太康元年（280），"析临海之北置宁海县（按《宁海土风志》：县，本汉回浦、鄞二县，太元二年裂鄞之八百户安北乡二百步置宁海县，与前说微不同）"。《赤城志》载太康元年（280）置宁海县，当有所据。故西晋当太康元年（280）置宁海县，后省，东晋永和三年（347）复置。

2.《宋志》南徐州刺史南濮阳太守条载，濮阳郡，"本东郡，属兖州，晋武帝咸宁二年以封子允，以东不可为国名，东郡有濮阳县，故曰濮阳国。濮阳，汉旧名也"。此"咸宁二年"应为"咸宁三年"。

《晋书·武帝纪》载，咸宁三年（277）八月，以皇子允为濮阳王。又据《晋书·武十三王传·淮南忠壮王传》，淮南忠壮王允，"咸宁三年，封濮阳王"。《通鉴》也系司马允封濮阳王在晋武帝咸宁三年（277）八月。故濮阳国应咸宁三年（277）立。

3.《宋志》徐州刺史东安太守新泰令条载，"新泰令，魏立，属泰山"。此"魏立"应为"魏立平阳县，晋武帝太康九年改新泰"。

《魏志》北徐州东泰山郡条载，"新泰，魏置，晋属泰山"。《宋志》《魏志》言魏立新泰县，有误；对此，吴增仅《三国郡县表附考证》于魏兖州平阳县条考证已指出，此再作详考。《三国志·魏书·鲍勋传》载，"鲍勋字叔业，泰山平阳人也"；《三国志·魏书·高堂隆传》载，"高堂隆字升平，泰山平阳人"。可证曹魏时泰山郡所领为平阳县，非新泰县。又《左传》宣公八年（前601）载，"（鲁国）城平阳（杜注：今泰山有平阳县）"。据此，杜预太康（280—289）初注《左传》时仍称平阳县。又据《汉志》，泰山郡有东平阳县。《续汉志》中泰山郡无东平阳县，也无平阳县。《宋志》《魏志》言"魏立"，应是魏复立平阳县。《元和志》河南道七沂州新泰县条载，新泰县，"春秋时鲁平阳邑也，宣公八年城平阳。晋武帝泰始中，镇南将军羊祜，此县人也，表改为新泰县，属泰山郡"。《寰宇记》河南道二十三沂州新泰县条载，新泰县，"春秋时鲁平阳邑也，宣公八年'城平阳'，注云'今泰山有平阳县'。汉为东平阳县，属泰山郡。按河东有平阳县，故此为东也。后汉省，魏复立平阳，晋武帝泰始中改为新泰县，属泰山郡，后属东安郡"。《元和志》言羊祜为平阳人，有误。据《晋书·羊祜传》，祜为泰山郡南城人。《羊祜传》又载，"诏以泰山之南武阳、牟、南城、梁父、平阳五县为南城郡"；《通鉴》载此事在晋武帝咸宁三年（277）八月。故《元和志》《寰宇记》言泰始中改平阳为新泰，亦误。《元和志》称羊祜表改立新泰县，也不可信。《水经注·洙水注》载，"（洙水）又西迳泰山东平阳县。《春秋》宣公八年，冬，城平阳。杜预曰：今泰山平阳县是也。河东有平阳，故此加东矣。晋武帝元康九年，改为新泰县也"。"元康"为晋惠帝年号，晋武帝有年号"太康"。故《水经注》所言"元康"应为"太康"，改平阳为新泰县应在太康九年（288）。

4.《宋志》南豫州刺史条载，"哀帝隆和元年，刺史袁真自谯退守寿春"。此"谯"当为"汝南"。

《晋书·哀帝纪》载，隆和元年（362）二月，以"袁真为西中郎将、监护豫司并冀四州诸军事、豫州刺史，镇汝南"；"八月，西中郎将袁真进次汝南"；十二月，"袁真自汝南退镇寿阳"。《通鉴》晋哀帝隆和元年（362）所载与《哀帝纪》同。《南齐志》豫州条载，"哀帝隆和元年，袁真还寿春"。《哀帝纪》所言"寿阳"即"寿春"，晋孝武帝时因避讳改。

5.《宋志》司州刺史条载，"（宋）武帝北平关、洛，河南底定，置司州刺史，治虎牢，领河南、荥阳、弘农实土三郡。河南领洛阳、河南、巩、缑氏、新城、梁、河阴、陆浑、东垣、新安、西东垣凡十一县"。此"西东垣"当为"西垣"。

此"武帝北平关、洛"，即刘裕灭后秦事。《宋志》所载东垣、西东垣不见于《晋志》。《寰宇记》河南道三河南府条载，"宋武帝入洛，更置东垣、西垣二县，仍于虎牢置司州"。可见，东垣、西垣二县为刘裕灭后秦所置。《魏志》义州新安郡条载，新安郡领西垣、新安、东垣三县。《魏志》此载虽是东魏时郡县建置，但郡县名称自有渊源。又据《通鉴》，晋孝武帝太元十一年（386）十月，前秦主苻丕为西燕慕容永所败，"帅骑数千南奔东垣（胡注：此东垣在河南新安县界……宋武入洛，更置东垣、西垣二县，仍于虎牢置司州），谋袭洛阳"；晋恭帝元熙元年（419）二月，"时宗室多逃亡在河南，有司马文荣者，帅乞活千余户屯金墉城南；又有司马道恭，自东垣帅三千人屯城西（胡注：按魏收《地形志》，洛州新安郡有东垣县，注云：二汉、晋属河东，后属。参考《汉》《晋志》河东郡有垣县，无东垣。孝武太元十一年，冯该击斩苻丕于东垣，此时已有东垣之名。宋白曰：宋武入洛，更置东垣、西垣二县。《新唐书·地理志》：河南府新安县，高祖武德初析置东垣县。则知东垣在新安界）"。据上述，《宋志》所记"西东垣"之"东"字当为衍文，当为"西垣"。

6.《宋志》荆州刺史巴东公相条载，"《晋太康地志》，巴东属梁州。惠帝太安二年，度益州"。此"太安二年"应为"永兴元年"。

据《晋志》，巴东郡属梁州。晋惠帝太安二年（303），益州治所成都被成汉占据，益州刺史罗尚南走。《华阳国志·大同志》载，"永兴元年春正月，（罗）尚至江阳。军司辛宝诣洛表状，诏书权统巴东、巴郡、涪陵三郡，供其军赋"。据《通鉴》，晋惠帝永兴元年（304）正月，"罗尚逃至江阳，遣使表状。诏尚权统巴东、巴郡、涪陵以供军赋"。巴东郡属益州当在晋惠帝永兴元年（304）。

7.《宋志》梁州刺史汉中太守条载，汉中太守，"晋地记云，孝武太元十五年，梁州刺史周琼表立。又疑是李氏所省，李氏平后复立"。此文自"晋地记云"以下内容当删。

据后文"东晋侨郡补考"南汉中侨郡条，周琼所表立者当是南汉中侨郡，而非汉中郡实郡。《宋志》梁州刺史汉中太守条自"晋地记云"以下内容当删。

8.《宋志》益州刺史东江阳太守条载，"东江阳太守，何《志》，晋安帝初，流寓入蜀，今新复旧土为郡"。何《志》有误，东江阳郡应晋穆帝时置。

何《志》所云"晋安帝初，流寓入蜀，今新复旧土为郡"，似晋安帝时江阳旧郡民入蜀，刘宋于江阳旧郡置东江阳郡。据后文"东晋侨郡补考"宕渠侨郡条，成汉末，宕渠郡、巴西郡等郡县为僚人攻破，遂省。又《元和志》剑南道下泸州江安县条，江安县，"本汉江阳县地也，李雄乱后没于夷獠。晋穆帝于此置汉安县"。可见，江阳郡地也为"夷獠"侵占。江阳郡省废，也应在成汉时。

《宋志》益州刺史江阳太守条载，"江阳太守，刘璋分犍为立。中失本土，寄治武阳"，领县四，其中"常安令，晋孝武立"。《宋志》益州刺史东江阳太守又载，东江阳郡领汉安、綮水二县，其中綮水县为"晋孝武立"。江阳侨郡所领常安县，东江阳郡所领綮水县，皆东晋孝武帝时所立，故晋安帝之前应已置江阳侨郡和东江阳郡。

《元和志》剑南道下泸州泸川县条载，泸川县，"本汉江阳县也，属犍为郡"，"晋穆帝于县置东江阳郡，领江阳县"。《寰宇记》剑南西道三眉州彭山县条载，彭山县，"本汉武阳县地，属犍为郡"，"晋永和中，置西江阳郡"；剑南东道四陵州井研县条载，井研县，"本汉武县地，东晋置西江阳郡"。可见，晋穆帝时置两江阳郡，东江阳郡为江阳旧郡；而江阳郡为侨置，寄治武阳，即《寰宇记》所称西江阳郡。又《元和志》剑南道下泸州縣水县条载，縣水县，"本汉江阳县地，晋于此置縣水县"；泸州江安县条，江安县，"本汉江阳县地也，李雄乱后，没于夷獠。晋穆帝于此置汉安县"。可见，东江阳郡所领汉安、縣水二县皆东晋所置。故《宋志》所引何《志》有误，东江阳郡应晋穆帝时置。

《元和郡县图志》补考

李吉甫《元和郡县图志》是中国现存最早的较完整的地理总志，对于研究唐代及唐前政区地理价值极高。今传本《元和志》有残阙，清代学者严观、孙星衍、缪荃孙等曾作辑补。中华书局本点校本《元和志》是由贺次君点校，充分利用了各重要版本加以整理，并将清代学者张驹贤对《元和志》的《考证》收入"校勘记"中，为研究者提供了极大的便利。中华书局点校本出版后，仍有一些学者指正《元和志》中的讹误，大多为一则札记，见于发表的两则以上补正之作有张伟然《〈元和郡县图志〉两湖部分校勘补正》[①]、孔祥军《中华书局点校本〈元和郡县图志〉校补九则》[②]、胡世明《〈元和郡县图志〉关内道部分校勘补正》[③]。以上诸作，多订正《元和志》记载隋唐地理之误，辨正两晋地理部分不多。下文在贺次君点校的基础上，主要对《元和志》所载两晋地理作考订[④]。

1.《元和志》关内道一京兆府云阳县条载，云阳县，"本汉旧县，属左冯翊。魏司马宣王抚慰关中，罢县，置抚夷护军。及赵王伦镇长安，复罢护军。刘、石、苻、姚因之。魏罢护军，更于今理别置云阳县"。《元和志》此有脱文，"复罢护军"后应有"后氏羌反，又立护军"。

《晋书·惠帝纪》载，元康元年（291）九月，"以赵王伦为征西大将军、

---

①　张伟然：《〈元和郡县图志〉两湖部分校勘补正》，《古籍整理研究学刊》1993年第3期。

②　孔祥军：《中华书局点校本〈元和郡县图志〉校补图志》，载孔祥军《汉唐地理志考校》，新世界出版社，2012年，第186—189页。

③　胡世明：《〈元和郡县图志〉关内道部分校勘补正》，《中国地方志》2017年第6期。

④　下文所考有些内容虽不是西晋政区，但反映两晋政区源流的变化，与两晋政区有关，故也于此考辨。

都督雍梁二州诸军事";元康六年（296）五月，"征征西大将军赵王伦为车骑将军";《赵王伦传》载，"元康初，（赵王伦）迁征西将军、开府仪同三司，镇关中。伦刑赏失中，氐羌反叛，征还京师"。故赵王伦镇关中在元康元年至六年（290—296），罢抚夷护军当在此间。据《晋书·阎鼎传》，晋愍帝即位前，西晋有"抚夷护军索綝"。故西晋末有抚夷护军。《元和志》所言"刘、石、苻、姚"，即汉赵、后赵、前秦、后秦。《寰宇记》关内道七耀州云阳县条载，云阳县，"《魏志》曰：'司马宣王抚慰关中，罢县，置抚夷护军。'及赵王伦镇长安，复罢护军。后氐羌反，又立护军，刘、石、苻、姚因之。后魏罢护军，更于今理别置云阳县"。据《寰宇记》，《元和志》此有脱文，"复罢护军"后应有"后氐羌反，又立护军"；否则文意不通。

2.《元和志》河南道六兖州莱芜县条载，莱芜县，"本汉县也"，"至晋废，后魏移古嬴城于此"。此"至晋废"误，应是"至宋废"。

据《晋志》，泰山郡中有此莱芜县。又据《宋志》兖州刺史泰山太守条，《永初郡国》载泰山郡有莱芜县，故刘宋初仍有莱芜县。又《魏志》中无莱芜县，仅兖州泰山郡牟县条下注"有莱芜城"。《宋志》言《永初郡国》有莱芜县，而永初后无，当是刘宋时废此县。故《元和志》言"至晋废"，当误。

3.《元和志》河南道七沂州新泰县条载，新泰县，"春秋时鲁平阳邑也，宣公八年城平阳。晋武帝泰始中，镇南将军羊祜，此县人也，表改为新泰县，属泰山郡"。此"此县人"应为"南城县人"，或删去。

据《晋书·羊祜传》，"羊祜字叔子，泰山南城人也"，"景献皇后同产弟"；"其后，诏以泰山之南武阳、牟、南城、梁父、平阳五县为南城郡，封祜为南城侯，置相，与郡公同"；《晋书·后妃传上·景献羊皇后传》载，"景献羊皇后讳徽瑜，泰山南城人"；《晋书·后妃传上·惠羊皇后传》载，"惠羊皇后讳献容，泰山南城人"。据此，羊祜应为泰山南城人。又《宋书·羊玄保传》载，"羊玄保，太山南城人也"；《宋书·羊欣传》载，"羊欣字敬元，泰山南城人也"。可见，羊氏为南城望族，亦可旁证羊祜为南城人。

4.《元和志》河东道四邢州任县条载,任县,"本汉张县地也,在今县西南渚阳城是也。后汉省。赵于此置苑县,石氏灭废"。此"苑县"应为"苑乡县"。

中华书局点校本《元和志》"校勘记":"《考证》:乐史云:'后赵置苑县,石季龙改为清苑县。'此宜有脱。""校勘记"认识到《元和志》有脱文,然未校出"苑县"之误。《寰宇记》河北道八邢州任县条载,任县,"本汉张县地,后汉省张县,则为巨鹿郡之南䜌县地。晋省南䜌,又为广平郡之任县地。后赵石氏于此置苑乡县,季龙又改清苑县,属襄国郡"。又据《石勒载记下》载,"勒如苑乡","勒自苑乡如邺","甘露降苑乡"。故《元和志》中"苑县"应为"苑乡县",且"苑乡县"后当脱"石季龙改为清苑县"。

5.《元和志》河北道二冀州武强县条载,武强县,"本汉武隧县地也,属河间国。晋于此置武强县,属武强郡";"武强故城,在县西南二十五里。汉将严不识以击黥布功,封武强侯。后汉王梁为武强侯"。"武强故城"中所言史事误入,当删。

文中"武强郡"为"武邑郡"之误,中华书局点校本《元和志》"校勘记"已指出;又据其"校勘记":"《考证》:'严不识',《史记》作'庄不识',《汉书》避'庄'改'严','识'作'职',音同。"《史记·高祖功臣侯者年表》载,汉高帝六年(前201),封庄不识为武强侯;《曹相国世家》载,"(曹参)击羽婴于昆阳,追至叶。还攻武强(《集解》:瓒曰:'武强城在阳武。'《正义》引《括地志》云:'武强故城,在郑州管城县东北三十一里。'),因至荥阳"。可见此"武强"在阳武。《水经注·渠沙水注》载,"《汉书·曹参传》:击羽婴于昆阳,追至叶,还攻武强,因至荥阳。薛瓒云:按武强城在阳武县,即斯城也。汉高帝六年,封骑将庄不识为侯国"。东汉封王梁为侯国,与封庄不识为侯国,当在一地。又《元和志》河南道四郑州管城县条载,"武强城,县东三十一里。曹参击项羽,还攻武强,即此城也"。西晋置武强县,在今河北境;封庄不识为侯国之武强,在今河南境。《元和志》言冀州之"武强"曾封严不识为侯国,及东汉封王梁为侯国,皆误,皆不当于此记述。

6.《元和志》河北道二德州蓨县条载，蓨县，"本汉条县，即条侯
国也，景帝封周亚夫为条侯。汉条县属信都国，后汉属渤海郡。晋改
'条'为'脩'。隋开皇三年废渤海郡，属冀州，五年改脩县为蓨县，
属观州"。《晋志》中冀州勃海郡有"蓨"县，与《元和志》所载"晋
改'条'为'脩'"不同。

《汉志》中信都国有脩县，《续汉志》中于勃海郡也作脩县。《史记·孝景
帝本纪》载，汉景帝七年（前150）二月，"以太尉条侯周亚夫为丞相"；《史
记·绛侯周勃世家》载，"（亚夫）封为条侯（《集解》引徐广曰：'表皆作脩
字。'骃案：服虔曰'脩音条'。《索隐》：《地理志》，条县属渤海郡。《正义》
引《括地志》云：'故蓨城俗名南条城，在德州蓨县南十二里，汉县'）"。
盖两汉时称脩县或条县，而西晋始称蓨县。《元和志》言"晋改'条'为
'脩'"，当是"晋改'条'为'蓨'"。

7.《元和志》山南道二复州监利县条载，监利县，"本汉华容县地也，
晋武帝太康五年分立监利县，属南郡"。此"太康五年"，《宋志》载为
"太康四年"。

《宋志》郢州刺史巴陵太守条载，"监利侯相，按《晋起居注》，太康四
年复立南郡之监利县，寻复省之。言由先有而被省也，疑是吴所立，又是吴
所省"。《水经注·夏水注》载，"夏水又东，迳监利县南，晋武帝太康五年
立"。《寰宇记》山南东道五荆州监利县条载，监利县，"《荆州图副》云：'晋
太康五年立监利，属南郡'"。《水经注》《寰宇记》所载时间与《元和志》同，
与《宋志》不同，此存异。

8.《元和志》山南道二房州条载，房州，"后汉末，立为房陵郡"；"魏
文帝时，孟达降魏，魏改房陵郡为新城郡"。此载"改房陵郡为新城郡"，
不准确，当是"合房陵、上庸、西城三郡为新城郡"。

《三国志·蜀书·刘封传》载，蜀将孟达降魏，魏文帝"合房陵、上庸、
西城三郡（为新城郡），（以）达领新城太守"。《华阳国志·汉中志》载，孟
达平三郡降魏，"（魏）文帝合三郡为新城（郡），以达为太守"。《水经注·沔
水注》载，"（堵水）东历新城郡，郡，故汉中之房陵县也"；"汉末以为房

陵郡。魏文帝合房陵、上庸、西城立以为新城郡，以孟达为太守，治房陵故县"。据《通鉴》，魏文帝黄初元年（220）七月，蜀将军孟达降魏，"（魏）合房陵、上庸、西城三郡为新城，以达领新城太守"。《续汉志》荆州条刘昭注引《魏氏春秋》载，"（建安）二十五年，分南郡之巫、秭归、夷陵、临川并房陵、上庸、西城七县为新城郡"。据此，曹魏黄初元年（220），合房陵、上庸、西城三郡为新城郡，非《元和志》所载"改房陵郡为新城郡"。

9.《元和志》山南道三兴元府褒城县条载，褒城县，"**本汉褒中县，属汉中郡，都尉理之。古褒国也。当斜谷大路，晋义熙末，朱龄石平蜀，梁州刺史理此，仍改褒中县**"。文末"**褒中县**"，应为"**苞中县**"。

《晋志》《华阳国志》皆载梁州汉中郡有"褒中县"，《宋志》梁州刺史汉中太守作"苞中县"。又《宋志》梁州刺史条载，"谯纵时，又没汉中。刺史治魏兴。纵灭，刺史还治汉中之苞中县，所谓南城也"。罗泌《路史·国名纪四》褒国条载，"汉之褒中，义熙之苞中"。据此，东晋义熙中改"褒中"为"苞中"。《寰宇记》山南西道一兴元府褒城县条载，褒城县，"本汉褒中县，以其当褒斜大路，故名。汉都尉理此。其褒国城为褒水所坏，盖后汉末、曹魏初移于今理。东晋义熙末，梁州刺史理此，仍改为苞中县"。《宋志》豫州刺史新蔡太守条载，"苞信令，前汉无，后汉属汝南，《晋太康地志》属汝阴。《后汉郡国》《晋太康地志》并作'褒'"。《寰宇记》河南道十一蔡州褒信县条载，褒信县，"晋属汝阴。宋武北伐，改为苞信县"。据此，东晋义熙中，又改褒信县为苞信县。《寰宇记》所载"改为苞中县"为是，《元和志》称"改褒中县"当误。

10.《元和志》山南道三利州景谷县条载，景谷县，"**本汉白水县地，属广汉郡。宋元嘉十七年，氐人杨难当自称大秦王，进军克葭萌，获晋寿太守申坦，因分白水置平兴县**"。此处"**元嘉十七年**"应为"**元嘉十八年**"，且应移于"**大秦王**"后。

中华书局点校本《元和志》"校勘记"："《考证》：按《宋书·氐胡传》，'七'宜作'三'。"据《宋书·氐胡传》，元嘉十三年（436）三月，"（杨）难当自立为大秦王"；元嘉十八年（441）十月，杨难当"倾国南寇，规有蜀土"；十一月，"克葭萌，获晋寿太守申坦"。《元和志》所言意在杨难当

克葭萌，因分葭萌置平兴县，所要表述的不仅是"杨难当自称大秦王"。据
《氐胡传》，杨难当自称大秦王在元嘉十三年（436），然置平兴县应在元嘉
十八年（441）。故《元和志》"元嘉十七年"应为"元嘉十八年"，且应移
于"大秦王"后。

11.《元和志》江南道一睦州清溪县条载，清溪县，"黄武元年，分歙
县东乡置始新县。晋改为雉山，以县南有雉山，因名之"。此"黄武元年"
应为"建安十三年"，"晋改为雉山"应为"隋改为雉山"。

《三国志·吴书·贺齐传》载，建安十三年（208），"（贺）齐表言以叶
乡为始新县"。《宋志》扬州刺史新安太守条载，"新安太守，汉献帝建安十三
年孙权分丹阳立曰新都，晋武帝太康元年更名"；"始新令，孙权分歙立"。《元
和志》江南道一睦州条载，"后汉建安十三年，吴大帝遣中郎将贺齐讨歙县山
贼，平定，分歙为始新、新安、黎阳、休阳四县，与歙、黟凡六县，立新都
郡，理始新县"。《元和志》睦州清溪县条称"黄武元年"置始新县，不仅与
《三国志》矛盾，也与《元和志》睦州条自相矛盾。故清溪县条当误，应是
建安十三年（208）置始新县。《隋志》遂安郡条载，"雉山，旧置新安郡，平
陈，废为新安县，大业初县改名焉，置遂安郡"。《旧唐志》江南东道睦州条
载，"清溪，汉歙县地，属丹阳郡。后分置新安县，隋改为雉山"。据《隋志》
《旧唐志》，隋改为雉山，非晋改。故《元和志》清溪县条称"晋改为雉山"，
又误，应是"隋改为雉山"。

12.《元和志》江南道二衢州龙丘县条载，龙丘县，"晋改太末为龙丘，
因县东龙丘山为名。隋末废"。此"晋改太末为龙丘"，应为"陈改太末为
龙丘"。

中华书局点校本《元和志》"校勘记"："《考证》：'晋'，官本作'吴
大帝赤乌三年'，按《晋》《宋志》俱有太末，无龙丘，《隋志》未详。"对于
"晋改太末为龙丘"之误，此需进一步深入考证。《旧唐志》江南东道衢州条
载，"龙丘，汉太末县，属会稽郡。晋置龙丘县，以山为名。至隋废"。《寰宇
记》江南东道九衢州龙游县条亦载，龙游县，"秦、汉为太末县地。晋立龙丘
县。按《舆地志》云：'今龙丘，乃春秋东阳太末县也。'……。隋废"。据此，
似晋曾置龙丘县。

然《晋志》《宋志》《南齐志》皆载东阳郡有太末县，无龙丘县。又《隋志》东阳郡金华县条载，金华，"旧曰长山，置金华郡。平陈，郡废，又废建德、太末、丰安三县入"。《隋志》亦无龙丘县。西晋至隋的正史、《水经注》《通鉴》等，皆未言及龙丘县或相关官吏。不仅《晋志》《宋志》《南齐志》《隋志》记载有太末县，且不少史籍记载又太末令。据《晋书·江逌传》《南齐书·萧谌传》《梁书·刘孺传》《梁书·文学传下·刘勰传》，江逌、萧谌、刘孺、刘勰曾为太末令。可见，西晋、南朝齐、梁有太末县。《太平御览·妖异部四》载，"《齐谐记》曰：义熙四年，东阳郡太末县吴道宗少失父，单与母居"。此又证东晋东阳郡有太末县。综上所述，自西晋至萧梁，有太末县而无龙丘县。《元和志》言"晋改太末为龙丘"，不当。

据上文《寰宇记》引《舆地志》云："今龙丘，乃春秋东阳太末县也。"《太平御览·州郡部十七》引《舆地志》曰："太蔑，秦、汉为太末县，今龙丘，乃春秋东阳太末县也。"《陈书·顾野王传》载，"顾野王字希冯，吴郡吴人也"，陈太建十三年卒，撰有《舆地志》三十卷。《隋书·经籍志二》载，"《舆地志》三十卷，陈顾野王撰"；又载，"陈时，顾野王抄撰众家之言，作《舆地志》"。《旧唐书·经籍志上》《新唐书·艺文志二》均载《舆地志》为顾野王之作。可见，《舆地志》为陈时顾野王之作。又《寰宇记》有二十一条直接引作"顾野王《舆地志》"，《太平御览》也有同样引法，可证《寰宇记》《太平御览》所引《舆地志》为陈顾野王之作。顾野王称"今龙丘县"，可证陈太建十三年（581）顾野王卒前已置龙丘县。

据《河洛墓刻拾零》所载《唐监察御史邢府君墓志铭》，墓主邢巨"曾祖师，隋衢州龙丘县令"，可证隋仍置龙丘县，邢师曾任县令。上引《元和志》《寰宇记》《旧唐志》皆称隋废龙丘县，故隋有龙丘县而后废，然《隋志》不载龙丘县。故龙丘县当是陈改太末县而来，隋承陈仍置太末县[①]，后又废。因

① 《陈书·徐度传》载，天嘉元年（560），出徐度为"都督会稽、东阳、临海、永嘉、新安、新宁、信安、晋安、建安九郡诸军事"；同卷《沈恪传》载，"世祖嗣位，进督会稽、东阳、新安、临海、永嘉、建安、晋安、新宁、信安九郡诸军事，将军、太守如故。天嘉元年，增邑五百户"；又据同书《世祖纪》，陈世祖于永定三年（559）即位，故当时已有信安郡。《寰宇记》江南东道九婺州条载，"陈永定三年，于郡置缙州；寻又改信安县为信安郡"。据《陈书》和《寰宇记》，信安郡当置于永定三年（559），当属缙州。信安县本属东阳郡，陈乃分东阳置信安郡。颇疑陈置信安郡时，改太末为龙丘县。

此，《元和志》言"晋改太末为龙丘"，应为"陈改太末为龙丘"①。

13.《元和志》江南道三鄂州武昌县条载，武昌县，"建安二十五年，吴大帝以下雉、寻阳、新城、柴桑、沙羡、武昌六县为武昌郡"。此"建安二十五年"或应为"黄初二年"。

《三国志·吴书·吴主传》载，黄初二年（221）四月，"（孙）权自公安都鄂，改名武昌，以武昌、下雉、寻阳、阳新、柴桑、沙羡六县为武昌郡"。据《通鉴》，魏文帝黄初二年（221）四月，"孙权自公安徙都鄂，更名鄂曰武昌"。据《三国志》，孙吴置武昌郡应在黄初二年（221），非建安二十五（220）。

14.《元和志》江南道四吉州永新县条载，永新县，"本汉庐陵县地，吴归命侯所置，属安城郡"。"吴归命侯所置"应为"东汉末孙权所置"。

《三国志·吴书·吕岱传》载，"建安二十年，（吕岱）督孙茂等十将从取长沙三郡。又安成、攸、永新、茶陵四县吏共入阴山城，合众拒岱。岱攻围，即降，三郡克定"。可见，东汉末已有永新县。永新县当是东汉末孙氏据有江东时所置。《宋志》江州刺史安成太守条载，"永新男相，吴立"。永新县为孙氏所置，《宋志》言吴立，亦可解。《寰宇记》江南西道七吉州永新县条载，永新县，"汉庐陵县地，吴宝鼎中立永新县，属安成郡"。宝鼎（266—269）为孙皓年号，孙皓即《元和志》所言"归命侯"。

永新县属安成郡。《三国志·吴书·三嗣主传·孙皓传》载，宝鼎二年（267），"分豫章、庐陵、长沙为安成郡"。《宋志》江州刺史安成太守条载，"安成太守，孙皓宝鼎二年分豫章、庐陵、长沙立"。《晋志》荆州条载，孙

① 有关龙丘县的设置，还有孙吴置县和唐贞观置县说。嘉靖间修《衢州府志·舆地志》载，吴初，改太末为龙丘县。万历间和康熙间所修两《龙游县志·舆地志》均载，"吴主皓宝鼎元年，以会稽隶东阳，改太末为龙丘"。对于此说，民国间余绍宋修《龙游县志·地理考》云："两《旧志》均云吴主宝鼎元年改太末为龙丘，嘉靖《府志》则云吴初改名龙丘。遍考群书，未得其据。其谬误殆与以会稽隶东阳同。《古今图书集成》亦载三国吴改名龙丘县，当系根据两《旧志》，亦不足信，今故不录。"故孙吴置龙丘县之说不可取。王溥《唐会要·州县改置下》载，"龙丘县，贞观八年置"。又《新唐书·地理志五》载，"贞观八年，析信安、金华复置，更名龙丘，隶婺州"。《舆地广记·两浙路下》载，"贞观八年，复置更名龙丘"。余绍宋修《龙游县志·地理考》也认为，唐贞观八年（634）置龙丘县，"此当为称龙丘之始"。然《唐会要》《新唐志》《舆地广记》所载的唐复置龙丘县，而非始置。故《元和志》《寰宇记》《旧唐志》称"复置"龙丘县，当是。

皓时，"分长沙立安成郡"；扬州条载，孙皓时，"分豫章、庐陵、长沙立安成郡"。可见，《元和志》言"归命侯所置"，《寰宇记》言"宝鼎中立"，皆是立安成郡时间，非置永新县时间。

又《寰宇记》江南道西道七吉州条载，"按《地理志》云：'吴分豫章之新喻、宜春，庐陵之平都、永新，长沙之安成、萍乡六县为安成郡。'"可见，孙皓置安成郡前已有永新县，属庐陵郡，永新县并非与安成郡同时置。涵芬楼本《说郛》卷五十一录雷次宗《豫章古今记》载，"献帝初平二年，始分置庐阳、石阳、平都、赣县、南野、雩都等六县为庐陵郡。汉末建安十五年，汉祚已季，三分天下，孙权又分鄱阳、历阳、余干、邹阳、乐安等五县及庐江共为鄱阳郡"。可见，东汉末置庐陵郡时无永新县。永新县当东汉末孙权所立。故《元和志》言"归命侯所置"，《寰宇记》言"宝鼎中立"，皆应改为"东汉末孙权置"。

15.《元和志》江南道四虔州虔化县条载，虔化县，"本汉赣县地，吴宝鼎三年初置新都，晋太康元年改为宁都"。此"新都"当为"阳都"。

《宋志》江州刺史南康公相条载，"宁都子相，吴立曰杨都，晋武帝太康元年更名"。《寰宇记》江南西道六虔州虔化县条载，虔化县，"本汉赣县地，属豫章郡。吴大帝时，分赣县立为阳都县。《吴录·地志》属庐陵郡之南部。晋武帝改为宁都。《起居注》云'太康元年以庐陵郡都尉之阳都县来入'是也"。《宋志》作"杨（楊）都"，《寰宇记》作"阳（陽）都"，楊、陽字形相近。《宋书州郡志汇释》于江州刺史南康公相宁都子相条有编者按："又《三国志·吴书·诸葛恪传》'进封恪阳都侯'，则吴立当作阳都欤？"若据《寰宇记》引《起居注》，孙吴所立应为阳都县。《元和志》所载"新都"，当为"阳都"。

16.《元和志》江南道四江州条载，"晋太康十年，以荆扬二州疆域旷远，难为统理，分豫章、鄱阳、庐江等郡之地置江州，因江水以为名"。此"太康十年"误，应为"元康元年"。

中华书局点校本《元和志》"校勘记"："《考证》：《晋志》'江'作'陵'，此疑误。"《元和志》中"庐江"应为"庐陵"。《宋志》江州刺史条载，"江州刺史，晋惠帝元康元年，分扬州之豫章、鄱阳、庐陵、临川、南康、建安、晋安、荆州之武昌、桂阳、安成十郡为江州"。《南齐志》江州条载，"晋元康元年，惠帝诏：'荆扬二州，疆土旷远……可因江水之名为江州'"。《晋书·惠帝纪》载，元康元年（291）七月，"分扬州、荆州十郡为江州"。《晋志》扬州条载，"惠帝元康元年……因江水之名而置江州"。可见，诸书皆载元康元年（291）置江州，《元和志》误为太康十年（289）。

17.《元和志》岭南道五交州条载，"吴黄武五年，分交趾、日南、九真、合浦四郡为交州，南海、郁林、苍梧三郡为广州，寻省广州，还并交州"。"**南海、郁林、苍梧三郡**"应为"**南海、郁林、苍梧、高凉四郡**"。

《三国志·吴书·吴主传》载，黄武五年（226），"分交州置广州，俄复旧"；《三国志·吴书·吕岱传》载，"（吕）岱表分海南三郡为交州，以将军戴良为刺史，海东四郡为广州"。《晋志》交州条载，"吴黄武五年，割南海、苍梧、郁林三郡立广州，交阯、日南、九真、合浦四郡为交州。戴良为刺史，值乱不得入，吕岱击平之，复还并交部"；广州条载，"吴黄武五年，分交州之南海、苍梧、郁林、高梁四郡立为广州，俄复旧"。《晋志》广州条的"高梁"应为"高凉"①。当时孙吴已置高凉郡，若分交州置广州，高凉郡应属广州。又据《吕岱传》，广州当领四郡，此四郡应为南海、苍梧、郁林、高凉。《晋志》交州条所载"南海、苍梧、郁林三郡立广州"，有误，《元和志》或是取材《晋志》此条而误。

18.《元和志》陇右道上兰州广武县条载，广武县，"**本汉枝阳县地，前凉张骏三年分晋兴置广武郡**"。此"**晋兴**"误，应为"**金城**"，此载"**张骏三年**"又与《晋志》不同。

《晋志》凉州条载，"及张寔，分金城之令居、枝阳二县，又立永登县，合三县立广武郡"。可见，《元和志》载广武郡分晋兴郡而置，《晋志》载为分金城郡而置。又据《晋志》凉州条，"分西平界置晋兴郡，统晋兴、枹罕、永

---

① 《宋志》广州刺史高凉太守条载，高凉太守，"汉献帝建安二十三年吴分立"。《晋志》交州条载，"桓帝分立高兴郡，灵帝改曰高凉"。《三国志·吴书·吕岱传》又载，"高凉贼帅钱博乞降，岱因承制，以博为高凉西部都尉"。可见，孙吴时有高凉郡，而非高梁郡。

固、临津、临鄣、广昌、大夏、遂兴、罕唐、左南等县"。据此，晋兴郡统县无令居、枝阳二县。又据《汉志》《续汉志》，金城郡有令居、枝阳二县。《晋志》中金城郡无此二县。当是西晋初省此二县，西晋后期复置，仍属金城郡。《元和志》以广武郡为张骏三年（327）置，与《晋志》所载"张寔"置不同。

19.《元和志》陇右道上临州狄道县条载，狄道县，"本汉县，属陇西郡，晋改为武轺县"。此"晋改为武轺县"应为"前凉改立武始郡"。

中华书局点校本《元和志》"校勘记"："武轺县。《考证》：毕沅引'武轺'作'武始'。"《晋志》秦州条载，晋惠帝分陇西之狄道等县置狄道郡，前凉张骏"以狄道县立武始郡"。《元和志》"武轺"当作"武始"。《寰宇记》陇右道二兰州狄道县条载，狄道县，"惠帝时，改为武始郡"。据《晋志》秦州条，晋惠帝所立为狄道郡，武始郡为前凉张骏置。《寰宇记》言晋惠帝时改为武始郡，也不准确。据《晋志》，则《元和志》"晋改为武轺县"，或应为"前凉改立武始郡"。

《太平寰宇记》补考

　　乐史《太平寰宇记》是继《元和郡县图志》之后现存最完整的一部地理总志，对研究宋前历史地理价值极高。中华书局点校本《寰宇记》是王文楚等点校，利用当时可见的各重要版本，便于治学者参考使用乐史之书。日本宫内厅书陵部藏有残宋本《寰宇记》，中华书局将其影印出版。孔祥军将残宋本与光绪八年（1882）金陵书局刻本相校，作有《日本国宫内厅书陵部藏残宋本〈太平寰宇记〉校勘记》[①]。对《寰宇记》存在的问题，还有一些学者发表相关札记，其中以陈雪飞《中华书局点校本〈太平寰宇记·淮南道〉勘误七则》[②]、郑立勇《中华书局点校本〈太平寰宇记〉校勘札丛》六则辨正为多[③]。下文在中华书局点校本《寰宇记》点校的基础上，着重对《寰宇记》中有关两晋地理的内容作考订。

　　1.《寰宇记》河南道五河南府密县条载，"晋泰始二年分河南置阳翟郡，以密县属焉"。此"阳翟郡"当为"荥阳郡"。

　　中华书局点校本《寰宇记》"校勘记"："'泰始'，底本作'太和'，据万本、中大本、《库》本及傅校改。方恺《新校晋书地理志》：'按《寰宇记》，晋泰始二年，分河南置阳翟郡，以密县属焉，未详所本。'"点校本改"太和"为"泰始"，是。《宋志》司州刺史条载，荥阳郡，"晋武帝泰始元年，分河南立"。《晋志》司州条载，"分河南立荥阳"，"荥阳郡，泰始二年置"，荥阳郡领有密

　　①　孔祥军：《日本国宫内厅书陵部藏残宋本〈太平寰宇记〉校勘记》,载孔祥军《汉唐地理志考校》,第190—220页。

　　②　陈雪飞：《中华书局点校本〈太平寰宇记·淮南道〉勘误七则》,《镇江高专学报》2017年第4期。

　　③　郑立勇：《中华书局点校本〈太平寰宇记〉校勘札丛》,《古籍研究》2019年上卷（总第69卷）。

县。《元和志》河南道四郑州条载，"晋武帝分河南置荥阳郡"。《寰宇记》河南道九郑州荥阳县条载，"晋泰始二年分河南郡立荥阳郡"。又据《晋志》，荥阳郡领有密县。可见，西晋泰始二年（266），分河南所置为荥阳郡，而非阳翟郡。

2.《寰宇记》河南道二十三沂州新泰县条载，新泰县，"《记》云：旧名平阳，泰始中，镇南将军羊祜，此县人也，表改为新泰县，属泰山郡"。"此县人"应为"南城县人"，或删去。

据前文"《元和郡县图志》补考"河南道七沂州新泰县条，羊祜为泰山郡南城县人。故"此县人"应为"南城县人"，或删去。

3.《寰宇记》关西道六凤翔府宝鸡县条载："《周地图记》云：'陈仓县，晋末废。'"此"晋末废"应为"后魏废"。

据《寰宇记》引《周地图记》，似晋末废陈仓县。《刘曜载记》载，西晋亡后，秦陇地区为南阳王司马保控制，刘曜都长安后，攻司马保，"保以其将杨曼为雍州刺史，王连为扶风太守，据陈仓"；"曜遣其车骑刘雅、平西刘厚攻杨曼于陈仓"。可见，西晋亡后，司马保在其控制的扶风郡地区以雍州刺史、扶风太守同治陈仓。据《通鉴》，晋穆帝永和十年（354）三月，桓温伐前秦，"（前）凉秦州刺史王擢攻陈仓以应温"；五月，"王擢拔陈仓，杀秦扶风内史毛难"；六月，"秦丞相雄击司马勋、王擢于陈仓，勋奔汉中，擢奔略阳"。可见，前秦仍扶风郡治陈仓，当有陈仓县。又据《姚兴载记下》《姚泓载记》，后秦姚兴时，夏赫连勃勃攻秦，"兴将曹炽、曹云、王肆佛等各将数千户避勃勃内徙，兴处佛于湟山泽，炽、云于陈仓"；姚泓时，"泓使辅国敛曼嵬、前将军姚光儿讨杨倦于陈仓"。可见后秦仍有陈仓县。据《魏书·世祖纪下》，太平真君七年（446）二月，魏世祖拓跋焘先后幸长安、盩厔、陈仓、雍城。可见北魏初仍有陈仓县。《寰宇记》称"陈仓县，晋末废"，当误。《魏志》无陈仓县，北魏当废此县。故《寰宇记》中"晋末废"应为"后魏废"。

4.《寰宇记》河北道七贝州清阳县条载，清阳县，"汉县，属清河郡"，"后汉并入甘陵。西晋省甘陵，于此置清河县理置清阳县，复汉名"。"西晋省甘陵"后应加"隋"字。

中华书局点校本《寰宇记》"校勘记"："'于此置清河县理置清阳县'。

库本同，惟'此'下衍'置'字。万本作'于此置清河国理置清阳县'。按《晋书》卷十四《地理志上》，清河国，治清河县，本书清河县总序云：'晋于厝城西南七里置清河县。'是晋清河国治清河县，在汉厝城西南七里，非此清阳县也，万本误。汉置清河郡，理清阳县，后汉并入甘陵，晋复于汉清河郡理清阳县，属清河国，则此'清河县'之'县'盖为'郡'字之误。"据《寰宇记》，西晋时当有清阳县。据谭《图》"西晋冀州"图，西晋冀州清河国有清阳县。谭《图》或据《寰宇记》所载。然《晋志》所载清河国无清阳县，《魏志》《宋志》未载清阳县。又据《寰宇记》贝州清河县条，清河县，"秦为厝县"，"后汉桓帝改为甘陵县"，"按《郡国记》云：'隋清阳城内有汉清河王庆陵，在今郡东南三十里故厝城是也。'后汉安帝改名甘陵，仍为甘陵国都，后国除复为县。晋省，于厝城西南七里置清河县"。可见，西晋省甘陵后，置清河县，而非清阳县。《隋志》清河郡清阳县条载，"清阳，旧曰清河县，后齐省贝丘入焉，改为贝丘，开皇六年改为清阳"。《元和志》河北道一贝州清阳县条载，清阳县，"本汉旧县也，属清河郡。后汉省清阳县，其地属甘陵县。隋开皇六年重置，皇朝因之"。可见，清阳县乃隋重置。故"西晋省甘陵"后应加"隋"字。

5.《寰宇记》河北道十二冀州条载，冀州，"西晋末，石赵自信都徙理襄国，至季龙，州徙于邺"。此"邺"应改为"信都"。

据《石勒载记下》，"以（石）季龙子邃为冀州刺史"。《石勒载记下附石弘载记》载，石弘初即位，以石宣为冀州刺史，封河间王。石虎称赵天王后，诸王降为公，河间王遂降为河间公。又据《通鉴》，晋成帝咸康三年（337）七月，赵太子石邃"因谓颜等曰：'我欲至冀州（胡注：冀州治信都），杀河间公'"；晋穆帝永和六年（350）正月，"（冉）闵欲去石氏之迹"，"汝阴王（石）琨奔冀州（胡注：赵之冀州治信都）"。河间公石宣为冀州刺史，赵太子石邃欲至冀州杀河间公，汝阴王琨自邺城出奔冀州，皆证后赵石虎时冀州治所不在赵都邺城，应在信都。据《石勒载记下》《石季龙载记上》，后赵石勒时都襄国，石虎（字季龙）迁都邺。《寰宇记》所言是后赵都城自襄国徙邺，然冀州治所在石虎时应在信都。故《寰宇记》此文"州徙于邺"之"邺"应改"信都"。

6.《寰宇记》江南东道九衢州龙游县条亦载，龙游县，"秦、汉为太末县地。晋立龙丘县"。此"晋立龙丘县"，应为"陈立龙丘县"。

据前文"《元和郡县图志》补考"江南道二衢州龙丘县条，《寰宇记》此文中"晋立龙丘县"，应为"陈立龙丘县"。

7.《寰宇记》江南西道七吉州永新县条载，永新县，"汉庐陵县地，吴宝鼎中立永新县，属安成郡"。此"吴宝鼎中立"应为"东汉末孙权立"。

据前文"《元和郡县图志》补考"江南道四吉州永新县条，《寰宇记》此文中"吴宝鼎中立"应为"东汉末孙权立"。

8.《寰宇记》江南西道八抚州崇仁县条载，"废西宁县，在县南六十三里，吴太平二年置，以宁水为名"。此"吴太平二年置"应为"吴太平二年置西城，西晋太康元年改西宁"。

据《晋志》，扬州临川郡有西宁县。又《寰宇记》江南西道八抚州条载，"吴太平二年，以南城、临汝二县置临川郡，更增宜黄、安浦、新建、西平、西城、南丰、东兴、永城八县。至晋改西平为西丰，改西城为西宁"。可见，吴太平二年（257）置西城县，西晋改为西宁县。又《宋志》江州刺史临川内史条载，"西丰侯相，吴立曰西平，晋武帝太康元年更名"。西宁县应与西丰县同为晋武帝太康元年（280）灭吴后所改。故《寰宇记》崇仁县条"吴太平二年置"，应为"吴太平二年置西城，西晋太康元年改西宁"。

9.《寰宇记》江南西道九江州条载，"后至成帝咸和元年移江州理溢城，即今郡是也"。此"咸和元年"应为"咸和三年"。

据后文"东晋各州治所考"东晋江州条，东晋咸和元年（326）江州治武昌，咸和三年（328）移理寻阳（即溢城）。故《寰宇记》中"咸和元年"应为"咸和三年"。

10.《寰宇记》江南西道九江州德安县条载，"至晋建兴初，始以为郡，仍领寻阳、彭泽、柴桑、上甲、九江五县"；江州瑞昌县条载，"按《州经》：'晋建兴元年始立郡，领寻阳、柴桑、彭泽、上甲、九江等五县'"。此"建兴初""建兴元年"应为"永兴初""永兴元年"。德安县条"仍领"

和瑞昌县条"领"应为"建兴元年领"。

涵芬楼本《说郛》卷五十一录雷次宗《豫章古今记》载,"晋永嘉七年分柴桑、庐江、九江为浔阳郡"。晋怀帝永嘉七年(313)即晋愍帝建兴元年(313)。可见,《豫章古今记》和《州图经》皆以建兴元年(313)置浔阳郡。《晋书·周访传》载,"(周)访执(华)轶,斩之,遂平江州。帝以访为振武将军、浔阳太守"。据《通鉴》,晋怀帝永嘉五年(311)六月,周访斩华轶,琅邪王睿以"周访为浔阳太守"。据此,建兴元年(313)前应已置浔阳郡。《宋志》江州刺史浔阳太守条,"(晋)惠帝永兴元年,分庐江、武昌立浔阳郡"。《晋志》荆州条载,"永兴元年,分庐江之浔阳、武昌之柴桑二县置浔阳郡,属江州"。据此,西晋永兴元年(304)置浔阳郡,领浔阳、柴桑二县。《晋志》扬州条载,"(晋)怀帝永嘉元年,又以豫章之彭泽县属浔阳郡"。《宋志》江州刺史浔阳太守条载,"彭泽子相,汉、《晋太康地志》属豫章,立浔阳郡,后割度"。可见,永嘉元年(307),彭泽县别属浔阳郡。上文《寰宇记》以建兴元年(313)立浔阳郡,当误,应是永兴元年(304)立。又《晋志》扬州条载,"元帝渡江","浔阳郡又置九江、上甲二县,寻又省九江县入浔阳"。建兴初,琅邪王司马睿统辖江东,浔阳郡在其辖域内,此后称帝,故《晋志》称"元帝渡江"后置此二县。又《晋书·周访传》载,西晋末,周访"除郎中、上甲令"。可见,西晋末已有上甲县。故上甲、九江二县当是建兴元年(313)置,至此年浔阳郡领五县[①]。《寰宇记》将浔阳立郡时间与"领五县"时间相混,遂误。

11.《寰宇记》淮南道五蕲州条载,"晋惠帝时,蕲春改为西阳郡"。此"西阳郡"应为"西阳国"。

据下条考证,晋惠帝元康初立西阳国。又据下引《晋书·汝南王亮传附子羕传》,永嘉初"复以邾、蕲春益之",又可证蕲春属西阳国。

---

① 江田祥认为,九江、上甲二县与彭泽县同在永嘉元年(307)属浔阳,见江田祥《两晋浔阳郡领县与辖区考》,《中国历史地理论丛》2005年第2辑。江田祥未用《寰宇记》记载浔阳郡领县情况,其推测九江、上甲设置时间,此不从。

12.《寰宇记》淮南道五光州条载，光州，"晋元康末分弋阳为西阳郡"。此"元康末"当为"元康初"，"西阳郡"当为"西阳国"。

《宋志》郢州刺史西阳太守条载，"西阳太守，本县名，二汉属江夏，魏立弋阳郡，又属焉。晋惠帝又分弋阳为西阳国，属豫州"。《晋书·汝南王亮传附子羕传》载，"羕字延年。太康末，封西阳县公"；"元康初，进封郡王"；"永嘉初……复以邾、蕲春益之"。《晋书·惠帝纪》载，元康元年（291）八月，"进西阳公羕爵为王"。故此年西阳为王国。

13.《寰宇记》山南西道三利州葭萌县条载，葭萌县，"太元中分晋寿置晋安县，属新巴郡"。此"太元中"应为"晋安帝时"。

《宋志》梁州刺史新巴太守条载，"新巴太守，晋安帝分巴西立"，"晋安令，晋安帝立"。《魏志》益州新巴郡条载，"新巴郡，司马德宗置，魏因之"；益州东晋寿郡条，"晋安，司马德宗置，魏因之"。《晋志》梁州条载，"及安帝时，又立新巴、汶阳二郡"。可见，新巴郡及其所统晋安县为晋安帝所立。"太元"为晋孝武帝年号，《寰宇记》称"太元中"有误，应为"晋安帝时"。

14.《寰宇记》山南西道六洋州兴道县条载，"按《地记》云：'晋于今西泉县置晋昌郡，魏复移于今县置晋昌郡，因晋旧名也'"。此"西泉"当为"石泉"。

据《宋志》梁州刺史新兴太守条，"新兴太守，《永初郡国》、何、徐云新兴、吉阳、东关三县，属晋昌郡。何云晋元帝立，本巴、汉流民。宋末省晋昌郡，立新兴郡，以晋昌之长乐、安晋、延寿、安乐属魏兴郡，宣汉属巴渠郡，宁都属安康郡"。《晋志》梁州条载，"及桓温平蜀之后，以巴、汉流人立晋昌郡，领长乐、安晋、延寿、安乐、宣汉、宁都、新兴、吉阳、东关、永安十县"。《晋志》以长乐为晋昌郡首县，或为郡治。《寰宇记》山南西道九金州石泉县条载，石泉县，"本汉西城县地，梁武帝立晋昌郡，治王水口，夏侯道迁以梁州入魏，移晋昌郡于所领长乐县东阳村，即今石泉县理是也。后值黄众宝反叛，移晋昌郡于旧理，因改曰魏昌。周武成三年，郡又移理东阳川，仍并所领诸县为永乐一县，理于今县南一里旧长乐县所理处，续改名石泉县，以县北石泉为名。保定三年废魏昌郡，移石泉县理郡城，即今县理是也"。据此，梁时所置晋昌郡，领有长乐县，此当承东晋晋昌郡而置。历代地志中皆无"西泉县"。《寰宇记》中"西泉县"应为"石泉县"。

15.《寰宇记》山南东道七夔州大昌县条载，大昌县，"本汉巫、秭归二县地，《舆地志》云：'晋太康元年，分巫、秭归县置建平县，后改为大昌县，属建平郡。'"此"大昌"应为"泰昌"。

《宋志》荆州刺史建平太守条载，"泰昌令，《晋太康地志》有"。《晋志》荆州建平郡条，建平郡有秦昌县。"秦""泰"字形相近。"泰"又书为"太"，如"泰山"书"太山"。《晋志》为秦昌，当误。《舆地广记·夔州路》大宁监大昌县条载，"大昌县，本泰昌，晋太康初分秭归置，属建平郡"。故《寰宇记》中"大昌"应为"泰昌"。

16.《寰宇记》岭南道二潮州潮阳县条载，"按《南越志》云：'义安郡有义昭县，昔流人营也。'义熙九年立为县"。此"义昭县"当为"义招县"。

《宋志》广州刺史义安太守条载，"义招令，晋安帝义熙九年，以东官五营立"。据《南齐志》，广州义安郡有义招县。《寰宇记》作"义昭"，与《宋志》《南齐志》不同，此以"义招"为是。

《资治通鉴》胡三省地理注补考

  《资治通鉴》是中国古代史学巨著，胡三省注是中国古代史学名注。胡三省精于地理，《通鉴》胡注中的地理注[1]，"是用力最勤、价值最大的部分"[2]。对《通鉴》胡注地名的讹误，钱大昕《通鉴注辨正》已有大量考订，华林甫也有较多考订[3]，另有一则或两则的辩误札记也见于期刊发表。《通鉴》胡注尚有一些错误，暂未见考辨，此按其所在《通鉴》卷帙的先后考辨于下。

  1.《通鉴》魏元帝咸熙元年（264）三月载，"封刘禅为安乐公"。胡注："《晋志》：安乐，属燕国。"此"安乐"不属幽州燕国，应属荆州上庸郡。

  据《三国志·蜀书·后主传》，"后主举家东迁，既至洛阳"，策命"刘禅为安乐县公"，"公泰始七年薨于洛阳"。《华阳国志·汉中志》上庸郡条载，"安乐县，咸熙元年为公国，封刘后主也"；《华阳国志·后贤志·文立传》载，"初，安乐思公世子早没，次子宜嗣，而思公立所爱者"，"后安乐公淫乱无道，何攀与上庸太守王崇、涪陵太守张寅为书谏责"。可见，咸熙元年（264）置安乐县，属上庸郡，西晋初仍有此县。胡注有误，此安乐县应属上庸郡，非燕国安乐县。《晋志》中，上庸郡所领无安乐县，当西晋时已省。

  2.《通鉴》晋愍帝建兴元年（313）五月载，"石勒使孔苌击定陵，杀田徽"。胡注："定陵县，汉属颍川郡，晋属襄城郡。田徽，王浚用为兖州

---

  ① 下文凡《通鉴》"胡三省注"，皆简称"胡注"。

  ② 华林甫：《论胡三省注〈通鉴〉地名的得与失》，《浙江学刊》1995年第3期。

  ③ 除上引华林甫文外，另有华林甫《〈通鉴〉胡注地理失误举例》，《史学史研究》1995年第4期。

刺史。"此"定陵",非豫州襄城郡定陵县,当在冀州清河郡境。

据《晋书·孝愍帝纪》,建兴元年(313)六月,"石勒害兖州刺史田徽。是时,山东郡邑相继陷于勒";《石勒载记上》,"(石勒)其将孔苌寇定陵,害兖州刺史田徽"。孔苌所杀田徽,为王浚所任命的兖州刺史。《晋书·王沉传附子浚传》载,王浚在八王之乱期间据有幽州,永嘉之乱后,"(石)勒复寇冀州,刺史王斌为勒所害,浚又领冀州",后"以田徽为兖州"。王浚以田徽为兖州刺史,其辖地则在王浚所控制的冀州之内。《孝愍帝纪》所言"山东郡邑相继陷于勒",此"山东"为太行山东,即冀州地区。由《通鉴》此前文字所载可知,晋愍帝建兴元年(313),石勒始定都襄国,主要活动于河北,与王浚争夺冀州,尚未渡河而南侵。而王浚控制的幽州和冀州的部分地区,皆在当时河水以北。《晋志》所载襄城郡定陵县,属豫州,在河水以南。襄城郡定陵县距冀州相去甚远,而胡注言孔苌所击定陵在晋时襄城郡则误。又据《慕容垂载记》,"清河太守贺耕聚众定陵以叛,南应翟辽,慕容农讨斩之,毁定陵城"。可见,冀州清河郡有定陵城。石勒、王浚相争时,孔苌所击定陵,当在冀州清河郡境,胡注言在襄城郡有误。

3.《通鉴》晋愍帝建兴四年(316)载,"宁州刺史王逊,严猛喜诛杀。五月,平夷太守雷照、平乐太守董霸帅三千余家叛"。胡注:"平乐郡,证以《隋志》,盖置于越巂郡之邛部川,然不知谁所置也。"此"平乐郡"不在"越巂之邛部川",是分建宁郡而置。

《隋志》越巂郡邛部县条载:"旧置邛部郡,又有平乐郡。开皇初并废。"平乐郡于隋开皇初年被废,表明此郡被设置距隋朝不远,很难作为西晋末年平乐郡地理位置的凭据。然《华阳国志·南中志》明确记载:"平乐郡,元帝建兴元年,刺史王逊割建宁之新定、兴迁二县,新立平乐、三沮二县,合四县为一郡。后太守建宁董霸叛降李雄,郡县遂省。""建兴"为晋愍帝年号,当为"愍帝建兴元年"。由《华阳国志》所载可知,平乐郡是分建宁郡而置,并非分越巂郡置,不在邛部川,因此胡注有误。

4.《通鉴》晋成帝咸和四年(329)八月载,"赵南阳王胤帅众数万自上邽趣长安,陇东、武都、安定、新平、北地、扶风、始平诸郡戎、夏皆起兵应之"。胡注:"魏收《地形志》有陇东郡,领泾阳、祖厉、抚夷三县，盖后赵分安定置也。"胡注中"**后赵**"应为"**前赵**"。

《刘曜载记》载，前赵亡前，刘胤率众数万自上邽将攻石生于长安，陇东等郡戎夏皆起兵应胤。据此，前赵有陇东郡。《刘曜载记》所载与《通鉴》同。此前赵末已有陇东郡，胡注言"盖后赵分安定置也"当误，应为前赵始置陇东，当分安定郡置。

5.《通鉴》晋穆帝永和二年（346）十一月载，"（桓）温帅益州刺史周抚、南郡太守谯王无忌伐汉，拜表即行；委安西长史范汪以留事，加抚都督梁州之四郡诸军事"。胡注："梁州四郡，涪陵、巴东、巴西、巴郡也。"胡注误，梁州四郡为汉中、巴西、梓潼、阴平。

《晋书·周访传附周抚传》载，"（周抚）代毌丘奥监巴东诸军事、益州刺史……寻进征虏将军，加督宁州诸军事。永和初，桓温征蜀，进抚督梁州之汉中、巴西、梓潼、阴平四郡军事"。据《周抚传》，胡注此误，梁州四郡为汉中、巴西、梓潼、阴平。

6.《通鉴》晋穆帝永和十一年（355）十月载，"以豫州刺史谢尚督并、冀、幽三州，镇寿春"。胡注："进取则屯寿春，守江则多在历阳、芜湖二处。"《通鉴》此处"**寿春**"应为"**马头**"。胡注所言"进取则屯寿春"应为"**进取则屯寿春、马头**"较为确切。

《宋志》南豫州刺史条载，"（永和）十一年，（谢尚）进马头"。《南齐志》豫州条载，"穆帝永和五年，胡伪扬州刺史王浃以寿春降，而刺史或治历阳，进马头及谯，不复归旧镇也"。《晋书·穆帝纪》载，永和十一年（355）十月，"进豫州刺史谢尚督并冀幽三州诸军事、镇西将军，镇马头"。《舆地广记·淮南西路》寿州六安县条载，"六安县，本汉潜、安丰二县地。晋永和中，谢尚镇马头城，在今县北"。又据后文"东晋各州治所考"东晋豫州条，永和八年（352），豫州刺史谢尚镇寿春；永和九年（353），豫州刺史谢尚镇历阳；永和十一年（355），豫州刺史谢尚镇马头。故《通鉴》此载永和十一年（355）豫州刺史谢尚镇寿春，有误。又据"东晋各州治所考"东晋豫州条，胡注言东晋"守江则多在历阳、芜湖二处"较为正确；而言"进取则屯寿春"不够确切，应言"进取则屯寿春、马头"。

7.《通鉴》晋穆帝升平二年（358）十月载，"泰山太守诸葛攸攻燕东郡，入武阳"。胡注："后汉东郡治东武阳。武帝咸康二年，封子允，以'东'不可为国名，而东郡有濮阳县，改曰濮阳国。"胡注此误，改东郡为濮阳国应在咸宁三年（277）。

晋武帝时年号无"咸康"，咸康为晋成帝年号，此曰"咸康二年"必误。《晋书·武帝纪》载，咸宁三年（277）八月，以皇子允为濮阳王。又据《晋书·武十三王传·淮南忠壮王传》，淮南忠壮王允，"咸宁三年，封濮阳王"。《通鉴》也系司马允封濮阳王在晋武帝咸宁三年（277）八月。《宋志》南徐州刺史南濮阳太守条载，"南濮阳太守，本东郡，属兖州。晋武帝咸宁二年，以封子允，以东不可为国名，东郡有濮阳县，故曰濮阳国"。显然，胡注的史料是来源于《宋书》所载此段内容，而非《晋书》。疑胡注中将"咸宁"作"咸康"，可能是在史书流传过程中刊刻之误造成的，中华书局点校本《资治通鉴》未校出。当然，咸宁二年（276）也不当，应是咸宁三年（277）。

8.《通鉴》晋海西公太和五年（370）正月载，"秦王猛遗燕荆州刺史武威王筑书"，"筑惧，以洛阳降"。胡注："燕荆州治洛阳。"此"荆州"应为"洛州"。

据《慕容暐载记》，前燕得洛阳后，以慕容筑为"洛州刺史，镇金墉"。《水经注·谷水注》载，"谷水又东迳金墉城北，魏明帝于洛阳城西北角筑之，谓之金墉城"。可见，金墉在洛阳。《苻坚载记上》载，前秦"攻（慕容）暐洛州刺史慕容筑于洛阳"，"筑惧而请降"。据此，前燕以慕容筑为洛州刺史，镇洛阳。《慕容暐载记》又载，慕容暐以慕容垂为荆州牧，"镇鲁阳"。可见，前燕荆州治鲁阳。又据《通鉴》，晋哀帝兴宁三年（365）三月，"燕人以左中郎将慕容筑为洛州刺史，镇金墉"，吴王垂为"荆州牧，配兵一万，镇鲁阳"。可见，《通鉴》前已载慕容筑为洛州刺史，镇洛阳金墉。故《通鉴》太和五年（370）正月所载"荆州"应为"洛州"。胡三省注言"燕荆州治洛阳"，亦随《通鉴》而误，应为"燕洛州治洛阳"。

9.《通鉴》晋安帝隆安元年（397）三月，"己酉，（魏主）珪如卢奴。辛亥，复围中山"。胡注："杜佑曰：后燕都中山，今博陵郡唐昌县。唐昌本汉苦陉县，章帝改汉昌，曹魏改魏昌，隋改隋昌，唐武德中改唐昌。"

胡注此误，应为"后燕都中山，今博陵郡安喜县。安喜本汉卢奴，高齐省卢奴，移旧安喜县于此"。

据《汉志》《续汉志》《晋志》，卢奴为中山国首县，当为中山国治。《魏志》定州中山郡条载，"卢奴，州郡治"。《水经注·滱水注》载，"阚骃《十三州志》曰：中山治卢奴"。阚骃由十六国北凉入北魏，其所言"中山治卢奴"，当表明十六国时中山郡应治卢奴。中山郡治卢奴，后燕都中山应在卢奴。又据《水经注·滱水注》，"魏皇始二年，破中山，立安州，天兴三年改曰定州，治水南卢奴县之故城"；"余按卢奴城内西北隅有水，渊而不流，南北百步，东西百余步，水色正黑，俗名曰黑水池。或云水黑曰卢，不流曰奴，故此城藉水以取名矣。池水东北际水，有汉中山王故宫处"；"暨赵石建武七年，遣北中郎将始筑小城，兴起北榭，立宫造殿，后燕因其故宫，建都中山小城之南，更筑隔城，兴复宫观，今府榭犹传故制，自汉及燕"。由《水经注》此载，后燕所都中山城，即在卢奴县之故城。顾祖禹《读史方舆纪要·北直五》定州安喜废县条载，"安喜废县，今州治。汉曰卢奴县，中山国治焉"；"晋亦为中山国治。隆安初，拓跋珪攻后燕，如卢奴，复围中山。后魏中山郡及恒州皆治此。《舆地志》：卢奴城北临滱水，南面泒河，杜预谓之管仲城。又有中山宫，慕容垂所置宫也"。据此，后燕都中山，在中山卢奴，不在魏昌。《旧唐志》定州条载，"安喜，汉卢奴县，属中山国，慕容垂改为不连，北齐改为安喜"。《元和志》河北道三定州条载，定州，博陵（郡）；定州安喜县条载，安喜县，"本汉卢奴县，属中山国"；"后燕慕容垂都中山，故改卢奴为弗违县"；"后魏平燕，又改为卢奴，高齐省卢奴，移旧安喜县于此"。《寰宇记》河北道十一定州安喜县条所载与《元和志》同。可见，后燕都中山即于唐为定州（博陵郡）安喜县。故胡注所据"杜佑曰"，应改为"后燕都中山，今博陵郡安喜县。安喜本汉卢奴，高齐省卢奴，移旧安喜县于此"。

10.《通鉴》晋安帝义熙六年（410）三月，"（南凉）右卫将军折掘奇镇据石驴山以叛"。胡注："石驴山在姑臧西南、长宁川西北，属晋昌郡界。张寔讨曹祛于晋昌，自姑臧西逾石驴，据长宁。"此"属晋昌郡界"当为"在武威郡、西平郡交界地带"，后一"晋昌"当为"西平"。

据《晋书·张轨传》，"酒泉太守张镇潜引秦州刺史贾龛以代轨，密使诣京师，请尚书侍郎曹祛为西平太守，图为辅车之势"；"晋昌张越，凉州大族"，"阴图代轨，及遣兄镇及曹祛、麴佩移檄废轨"；张轨"南讨曹祛"，"别遣从事田迥王丰率骑八百自姑臧西南出石驴，据长宁。祛遣麴晁距战于黄阪。寔诡道出浩亹，战于破羌。轨斩祛"。胡注所注"石驴山"当据此。张越虽为晋昌人，张寔所出石驴并非讨张越，而是讨曹祛。曹祛当时为西平太守，西平郡在姑臧南。《张轨传》言"自姑臧西南出石驴"，显然石驴山在姑臧西南。又据《晋志》凉州条，西平郡有长宁县。石驴山应在武威郡、西平郡交界地带。《晋志》凉州条载："元康五年，惠帝分敦煌郡之宜禾、伊吾、冥安、深泉[1]、广至等五县，分酒泉之沙头县，又别立会稽、新乡，凡八县为晋昌郡。"可见，凉州晋昌郡分敦煌、酒泉二郡而置，确在姑臧之西。《水经注·河水注二》载，"湟水又东，长宁川水注之，水出松山，东南流径晋昌城，晋昌川水注之"。因此，此长宁川附近确有"晋昌"，在湟水流域，然非《晋志》中的凉州晋昌郡。胡注言石驴山"石驴山在姑臧西南、长宁川西北"不误，然言"属晋昌郡界"当误，言"张寔讨曹祛于晋昌"又误。据上所考，胡注"属晋昌郡界"当为"在武威郡、西平郡交界地带"，后一"晋昌"当为"西平"。

11.《通鉴》宋文帝元嘉七年（430）十一月，"南安诸羌万余人叛秦，推安南将军、督八郡诸军事、广宁太守焦遗为主，遗不从；乃劫遗族子长城护军亮为主"。胡注："《五代志》：平凉郡百泉县，后魏置长城郡。"胡注此误，长城护军应在原西晋南安郡界。

据《魏志》，原州有长城郡。胡注此言《五代志》，即《隋志》。《隋志》平凉郡条载，"百泉，后魏置长城郡及黄石县，西魏改黄石为长城，开皇初郡废，大业初县改为百泉"。《元和志》关内道三原州平凉县条载，平凉县，"后魏为长城郡长城县之地。周武帝建德元年，割泾州平凉于今理置平凉县，属长城郡。隋开皇三年，属原州"。《隋志》中百泉县应在今宁夏彭阳县境。南安羌叛西秦，当在原西晋南安郡界，即今甘肃定西市、天水市一带。胡三省以北魏所置长城郡所在地来释西秦长城护军所在地，不可取。西秦长城护军应在原西晋南安郡界。

---

[1] 此"深泉"当为"渊泉"，唐修《晋书》避唐讳改。

洪亮吉《十六国疆域志》谬误举要

　　洪亮吉（1764—1809年），江苏阳湖（今江苏常州市）人。洪亮吉是清代著名学者，著述极为丰富。清人袁枚曾以为洪氏"于史精地理，所著有《三国》《东晋》《十六国疆域志》三志"①，对于洪亮吉的补志成就给予肯定。洪亮吉《十六国疆域志》是第一部研究十六国地理的专著，具有开创之功。其著分国考述了十六国各政权所占据的诸州郡县，以州系郡，郡下系县，同时把与当时各州郡县相关的史料录于其下。洪氏此书取材十分广博，尽可能地把收罗到的与当时各州郡县相关的史料罗列于其中，其所钩稽的史料极为详尽，洪氏收罗史料之功是此书的一大贡献。清末杨守敬编绘的《历代舆地图》有关十六国的部分基本上采用洪《志》的成果，仅个别处有所辨正②。

　　近代以来，一些学者对洪《志》有所批评，余逊指其"疏忽脱漏，往往而有"③，谭其骧称洪书漏略"有不胜枚举者"④，此为批评之声。近人张鹏一《苻秦疆域志补正》曾纠正洪《志》前秦疆域的一些疏误⑤，但没有对洪氏此书的谬误加以系统地研究。洪《志》的主要问题在于对搜集到的诸多史料缺乏考辨，以致该作谬误甚多，下文分类各举两例以述之。

---

①　（清）袁枚：《卷施阁文乙集序》，载《洪亮吉集（第一册）》，中华书局，2001年，第265页。

②　（清）杨守敬编，（清）熊会贞绘图：《历代舆地图（十六国）》，清宣统元年（1909）刻本。

③　余逊：《汉魏晋北朝东北诸郡沿革表》，载《中史研究院历史语言研究所集刊（第六册）》，1936年。

④　谭其骧：《补陈疆域志校补》，载《长水集（上）》，人民出版社，1987年，第104页。

⑤　张鹏一：《苻秦疆域志补正》，民国在草山堂铅印本。

一、误入境外郡县

十六国时期，各政权争夺不息，疆土离合无恒，洪氏在考述各政权疆域时都没有给予断限。即使以各政权不同时期所曾占据之地为其疆土，洪《志》也有将一些境外之郡县滥入某些政权境内的。

洪《志》中南凉统有凉州晋昌郡。洪书此载晋昌郡，即《晋志》中凉州晋昌郡。当时南凉占据西平郡，在凉州西南，北凉据有张掖等郡，南凉从未曾越过北凉张掖郡而取有凉州西北晋昌郡。《通鉴》晋安帝义熙六年（410）三月载，南凉"折掘奇镇据石驴山以叛"，胡三省注言"石驴山在姑臧西南长宁川西北，属晋昌郡界"。然据上文"《资治通鉴》胡三省地理注补考"《通鉴》晋安帝义熙六年（410）三月条考辨，胡注有误，石驴山在姑臧西南、长宁川西北，在武威郡、西平郡交界地带。洪氏据此而不加考辨，遂以为南凉有晋昌郡，遂误。

洪《志》以南燕辖有冀州勃海郡。十六国后期，拓拔魏攻破后燕都城中山，慕容宝败走龙城，镇守邺城的慕容德渡河南走滑台。后又因滑台兵变而东下，击破辟间浑，据有青州。《晋志》平州条载，慕容宝迁于龙城后，"自幽州至于庐溥镇以南地入于魏"。慕容德渡河后，河水以北冀州之地皆属北魏。《魏书·太祖纪》载，拓跋氏得冀州之地后，置行台于中山；天兴元年（398）正月，以"略阳公元遵镇勃海之合口"；既而，"博陵、勃海、章武群盗并起，略阳公元遵等讨平之"。此亦表明北魏破后燕后，得有勃海郡。慕容德取青州后，未曾渡河北攻冀州之地，亦不再有勃海郡。洪《志》据勃海太守封孚以郡降德，遂以为南燕得勃海郡，其所载勃海郡所统十县与《晋志》全同。《晋书·慕容超载记附封孚传》："及兰汗之篡，（封孚）南奔辟间浑，浑表为渤海太守。德至莒城，孚出降。"据此，封孚当时在莒城，时属青州城阳郡，辟间浑所表封孚为勃海太守乃是遥领，并不得实土。因此，洪氏以冀州勃海郡为南燕之土，有误。

二、州郡县统属错误

十六国时期，各政权疆土变迁较大，其行政区划以随着疆域变化而改变。有时在疆域不变的情况下，一些政权也会调整其境内的政区统属关系，这些变化在洪《志》很少反映出来。不仅如此，洪《志》中还出现一些州郡县统属的错误。

洪《志》以前凉秦州辖有广武郡。前凉张轨初任凉州刺史，仅领有凉州。《晋志》凉州条载，"及张寔，分金城之令居、枝阳二县，又立永登县，合三县立广武郡"；张骏时，"分武威、武兴、西平、张掖、酒泉、建康、西海、西郡、湟河、晋兴、广武合十一郡为凉州"。而《晋志》载张所分凉州，旧刊本误将"广武"作"须武"。洪氏据旧刊本《晋志》，遂以载凉州领有"须武郡"，其下案"郡盖张氏置，县无考"。广武郡分凉州金城郡而置，在河水以西，属凉州则无疑。洪氏认识到前凉有广武郡，然不加考辨，误以为归于秦州统辖。

洪《志》以南凉乐都郡领有苕藋县。洪氏的依据是，秃发傉檀伐沮渠蒙逊，至苕藋。《秃发傉檀载记》载，傉檀伐蒙逊，"五道俱进，至番禾、苕藋"。可见，苕藋距番禾不远。据《通鉴》，晋安帝隆安元年（397）四月，"若勒兵向西平，出苕藋（胡注：苕藋，地名，在汉张掖郡番禾县界）"。《水经注·河水注二》载，"湟水又东迳乐都城南"。据此，乐都在湟水流域，距番禾较远。据《敦煌氾氏人物传》："氾洧，字世震……为护羌参军、番禾太守……凉文王张骏嘉之，辟为都官从事。"[1]可见，前凉有番禾郡。南凉时应承前代置有番禾郡。因此，苕藋县不为乐都郡统辖，当属番禾郡。

三、部分郡县失载

《晋志》载，青州所统郡国有六，脱北海郡。钱大昕《廿二史考异·晋书二·地理志下》济南郡条指出，"《武帝纪》泰始元年，封皇从叔父逐为济南王、凌为北海王，是北海与济南并置，今《志》有济南，无北海，始悟此志本有脱文，后人以北海所领之县误连缀于济南郡下"。洪《志》考后赵、前燕、前秦、后燕诸政权所统青州，均不载北海郡，皆因《晋志》而失。

洪《志》于高昌郡失载高昌、横截、高宁、白力四县。洪《志》所载前秦、后凉、北凉高昌郡仅领有田地县。郑炳林先生认为，前凉高昌郡治高昌，领有高昌、田地、横截、高宁、白力五县[2]。据吐鲁番出土文书阿斯塔那一号

---

① 王仲荦：《敦煌石室地志残卷考释》，中华书局，2007年，第181页。

② 郑炳林：《前凉行政区划初探（凉州）》，《敦煌学辑刊》1993年第1期。

墓出图文书和洋海一号台第四号墓出土文书，可证前秦、西凉、北凉高昌郡有高昌、横截、高宁三县①。《魏书·唐和传》载，"（唐和、唐契）为蠕蠕所逼，遂拥部落至于高昌。蠕蠕遣部帅阿若率骑讨和。至白力城，和率骑五百先攻高昌，契与阿若战殁。和收余众，奔前部王国。时沮渠安周屯横截城，和攻拔之，斩安周兄子树，又克高宁、白力二城"。《通鉴》载此事在宋文帝元嘉十九年（442），即北凉亡国不久，此亦可旁证北凉有高昌、横截、高宁、白力等县。可见，洪氏于高昌郡失载高昌、横截、高宁、白力四县。又据上引吐鲁番出土文书可知，西凉有高昌郡，然洪《志》不载西凉统有高昌郡。洪亮吉不能据出土文献来考高昌郡及其领县，是当时所见史料的局限性造成的，非洪氏失误。然洪氏未能引《唐和传》的记载，当有所失。

四、同一地前后重出

洪《志》在考订后秦政区时，先以武兴郡属凉州，后以武兴郡属南梁州，且皆言"前凉置"；前一武兴郡条又言，"后秦县可考者一"，即晏然县；后一武兴郡条又载，"后秦领县可考者一"，即武兴县。据《晋志》凉州条，"永宁中，张轨为凉州刺史，镇武威，上表请合秦、雍流移人于姑臧西北置武兴郡，统武兴、大城、乌支、襄武、晏然、新鄣、平狄、司监等县"。可见，武兴县、晏然县确属武兴郡。然此武兴郡在姑臧西北。洪氏以此武兴郡属凉州，当是。然洪《志》又以此武兴郡属南梁州。《姚兴载记下》载，"晋义熙二年，平北将军梁州督护苻宣入汉中，（姚）兴梁州别驾吕营、汉中徐逸、席难起兵应宣，求救于杨盛。盛遣军临洟口，南梁州刺史王敏退守武兴"。洪氏据此以为后秦有南梁州②，且以南梁州辖有武兴郡，又以武兴郡为"前凉置"。前凉从

---

① 武汉大学历史系等编：《吐鲁番出土文书（第一册）》，文物出版社1981年，第14—15、131页；孟宪实主编：《新获吐鲁番出土文献（上）》，中华书局，2008年，第171页，第176—179页。

② 据《通鉴》，晋安帝义熙三年（407）四月，"氐王杨盛以平北将军苻宣为梁州督护，将兵入汉中，（后）秦梁州别驾吕莹等起兵应之；刺史王敏攻之。莹等求援于盛，盛遣军临洟口，敏退屯武兴。盛复通于晋，晋以盛为都督陇右诸军事、征西大将军、开府仪同三司，盛因以宣行梁州刺史"。据此，王敏应为梁州刺史。《姚兴载记》所言南梁州，是因梁州在后秦京都长安之南。据《姚泓载记》，"时征北姚恢率安定镇户三万八千，焚烧室宇，以车为方阵，自北雍州趣长安"。此"北雍州"即"雍州"，因雍州在后秦京都长安之北，故名。洪《志》以后秦有南梁州，当误。

未占据汉中之地，不可能于此置武兴郡。王敏退守"武兴"并非郡名，洪氏误以为武兴郡，遂误。

洪《志》在考订西秦政区时，先以白土县属金城郡，后又以此县属三河郡。据《晋志》，金城郡领有白土县。洪《志》以白土县属金城郡，当据《晋志》。据《通鉴》晋安帝义熙八年（412）四月，"乞伏炽磐攻南凉三河太守吴阴于白土"。洪氏据此又以白土县属三河郡。据《通鉴》此处胡注可知，三河太守所据白土县，即为原金城郡所领白土县，当时应属三河郡。洪氏将一县前后归属两郡，有误。

五、引证史料有误

《石季龙载记上》载，"刘宁攻武都狄道，陷之"。据前文"《晋书》地名问题补考"，《晋书》中此"武都"应为"武始"。洪《志》不加考辨，遂以为后赵曾占有武都郡，有误。

据《通鉴》晋愍帝建兴三年（315）五月，"平夷太守雷炤、平乐太守董霸帅三千余家叛，降于成（胡注："平乐郡，证以《隋志》，盖置于越巂之邛部川，然不知谁所置也"）。然据上文"《资治通鉴》胡三省地理注补考"有关此条所考，平乐郡是分建宁郡而置，并非分越巂郡置，不在邛部川，胡注有误。洪《志》据"胡注"遂将平乐郡入安州越巂郡之后。《晋志》宁州条载，"咸康四年，分牂牁、夜郎、朱提、越巂四郡置安州"。显然，安州所统无平乐郡。"胡注"有误，洪氏不加考证，误之又甚。

六、史料所系郡县有误

洪《志》于后赵常山郡井陉县下载："刘琨与猗卢会陉北，谋击刘聪。'陉'亦作'岍'。《载记》，勒使石虎击托侯部掘咄哪于岍北，即此。"首先，刘琨谋击刘聪属匈奴汉国时的事件，入于后赵则误。其次，此"陉北"不在常山郡井陉县。据《魏书·序纪》，"（猗卢）从琨求句注陉北之地。琨自以托附，闻之大喜，乃徙马邑、阴馆、楼烦、繁畤、崞五县之民于陉南，更立城邑，尽献其地"。《史记集解·赵世家》引《括地志》云："句注山一名西陉山，在代州雁门县西北四十里。"《元和志》河东道三代州雁门县条载，"勾注山一名西陉山，在县西北三十里"。可见，句注陉在代北雁门郡。再次，石虎所击"托侯部"之"岍北"也不在常山郡井陉县界。洪氏认为"陉"亦作"岍"，与顾炎武看法一致[①]。《魏书·序纪》载，炀帝拓拔纥那三年（327），"石勒遣石虎率骑五千来寇边部，帝御之于句注陉北"。据此，《石勒载记》之"托侯部""掘咄哪"与"拓拔部""纥那"为同音异译。因此，"岍北"亦在代北雁门郡，洪《志》系于井陉县亦误。

洪《志》于后赵渔阳郡潞县下载："《晋书》，勒将逯明要败刘琨司马温峤于潞。"《晋书·温峤传》载，温峤曾为上党潞令，后又迁为上党太守。又据《晋志》并州上党郡条，上党郡首县为潞县。《石勒载记上》载："刘琨遣乐平太守焦球攻勒常山，斩其太守邢泰。琨司马温峤西讨山胡，勒将逯明要之，败峤于潞城。"可见，当时刘琨尚在并州，而温峤在上党郡，逯明所败温峤之潞县应在上党郡。洪《志》系之于渔阳郡，则误。

七、强入《魏志》中郡县

洪《志》据《魏志》逆推十六国郡县。据《魏志》总叙可知，《魏志》据残缺的永熙（532—534）地志和武定（543—550）地志合编而成。永熙、武定分别是北魏和东魏最后一个年号。由《魏志》记载的内容可知，自十六国至北魏末、东魏末，政区州郡县统辖变化极大。《魏志》中政区建置情况，很难反映十六国时期的政区。洪《志》据《魏志》逆推十六国郡县，而强以《魏志》中某些郡县为十六国时期的郡县，很大程度上会造成错误。

洪《志》于西秦政区中有建昌郡，领有榆中、治城、蒙水三县。洪氏案，"郡县并据《地形志》列入"。据现存史书，皆不见有西秦有建昌郡任何相关记载，这种逆推方式未免出于主观臆断，可能致误。

《魏志》幽州赵兴郡条载，"赵兴郡，真君二年置"，领阳周、独乐、定安、赵安、高望五县；阳周、独乐二县，"前汉属上郡，后汉、晋罢，后复属"；定安、赵安、高望三县，"真君二年置"。洪《志》据《魏志》，以后秦赵兴郡领阳周、独乐二县。据《魏志》所述，定安、赵安、高望三县应与赵兴郡同置，阳周、独乐二县"后复属"应在太平真君二年（441）后属赵兴郡。

---

① （清）顾炎武著，黄汝成集释：《日知录集释》，上海古籍出版社，2006年，第1835页。

洪《志》据《魏志》，误将阳周、独乐二县入后秦赵兴郡。《晋书·艺术传·麻襦传》载，"赵兴太守籍状收送诣季龙"。可见，后赵已有赵兴郡。《魏志》中赵兴郡所领赵安县，或后赵时与赵兴郡同置。北魏初，赵兴郡、赵安县皆废，至太平真君二年（441）复置。

八、误以遥领政区为实土

据《通鉴》，晋安帝隆安二年（398）正月，慕容德自邺城南徙滑台；同月，"（北魏）广川太守贺赖卢，性豪健，耻居冀州刺史王辅之下，袭辅，杀之，驱勒守兵，掠阳平、顿丘诸郡，南渡河，奔南燕。南燕王德以赖卢为并州刺史，封广宁王"。据《慕容德载记》，"时德始都滑台，介于晋魏之间，地无十城，众不过数万"。由此可知，当时南燕慕容德所封贺赖卢，并非有实土，绝不是镇平阴之并州，而是遥领并州。洪《志》不辨，以"贺赖卢为并州刺史"系于"并州"下，当误。

《晋书·凉武昭王李玄盛传》载，西凉李暠时，以"令狐迁为武卫将军、晋兴太守，氾德瑜为宁远将军、西郡太守，张靖为折冲将军、河湟太守，索训为威远将军、西平太守，赵开为骁骑护军、大夏太守，索慈为广武太守，阴亮为西安太守，令狐赫为武威太守，索术为武兴太守，以招怀东夏"。当时西凉仅占据酒泉及其以西之凉州之地，晋兴、西郡、河湟、西平、大夏、广武、西安、武威、武兴皆在张掖郡之东，非西凉所能统辖。李暠所署晋兴等郡太守，既无人民，又无实土，纯为招怀东夏而虚设，以遥领诸郡。洪《志》于西凉政区考证中不辨，将晋兴等郡视为西凉政区，遂误。

洪《志》之所以出现诸多谬误，与十六国疆域和政区的研究难度很大是有关的。洪氏在《十六国疆域志》的序言曾指出研究十六国疆域有"十难"，其归纳起来大致有可分两个方面，即史料有限性和疆域、政区变化的复杂性。东晋十六国和南北朝虽然出现诸多记载十六国史事的旧史，但在流传中逐渐散佚，而现存的十六国史料有限，可依靠的十六国史料主要出于《晋书》《通鉴》等少数史书。史料的有限性，在一定程度上限制了十六国疆域政区的研究，致使不少问题难易解决。十六国时期诸政权并立，疆土常常易主，各层级政区的辖域常有变化，这些都为研究十六国疆域和政区带来很大的麻烦。

　　洪亮吉未加对搜集到的众多史料详加考辨，是该作出现众多错误的重要原因。虽然袁枚言洪氏"于史精地理"，这不过是为洪氏之书作序时的褒美之词，经最近的历史地理学者研究，洪氏在地理研究上失误甚多。胡阿祥专门研究过《东晋疆域志》，指出该作各种类型的诸多错误①。周振鹤认为，洪亮吉《补三国疆域志》《东晋疆域志》《十六国疆域志》"皆是不成功之作"②。洪氏于《十六国疆域志》序文中言，在其撰述《东晋疆域志》后，不逾二年而成《十六国疆域志》。研究十六国疆域有相当大的难度，在较短的时间内完成此作，固然没有足够的时间对史料详加考辨。上文所述《十六国疆域志》的各种错误，都是对史料未加考辨造成的。

　　洪《志》是一部专门研究十六国地理的著作，在史料搜集上颇费功力，但该作缺乏史料考辨而谬误甚多。因此，在参考利用《十六国疆域志》时需要对其史料有所考辨，不宜轻易引用。

---

①　胡阿祥：《东晋南朝侨州郡县与侨流人口研究》，江苏教育出版社，2008年，第15—22页。
②　周振鹤：《点石成金、披沙沥金与脸上贴金》，载《随无涯之旅》，三联书店，2007年，第89页。

《中国历史地图集》十六国部分献疑

谭其骧主编《中国历史地图集》是至今为止有关中国历史地理学术水平最高的历史地图集，被国内外学术界普遍认可，是学者们进行学术研究的必备参考书。但谭《图》十六国部分也有一些问题，《中国行政区划通史·十六国北朝卷》曾有质疑[①]。此就谭《图》十六国部分尚存可疑者，考之于下。

1. 谭《图》第四册"十六国成、前赵、前凉、后赵"图，当有前凉时所置高昌郡。

谭《图》第四册"十六国成、前赵、前凉、后赵"图标准年是"成玉衡十年、前赵光初十年、前凉建兴十五年"，即东晋成帝咸和二年（327）。西晋末，中原丧乱，张轨图保据凉州，晋惠帝永宁元年（301），张轨出任凉州刺史，统领其地。据《晋书》和《通鉴》所载前凉史事可知，咸和二年（327）前，张氏主要与前赵刘曜争夺陇右地区。对于张氏在西域地区的经营，《晋书》涉及到相关史事，但所记时间不明。《晋志》凉州条载："魏时复分以为凉州，刺史领戊己校尉，护西域，如汉故事，至晋不改。"据《晋书·张轨传附张骏传》："初，戊己校尉赵贞不附于骏，至是，骏击擒之，以其地为高昌郡。"若仅凭这些史料，是不能冒然把高昌郡纳入咸和二年（327）前凉之境。

《初学记》和《寰宇记》的记载，明确了高昌郡的设置时间。《初学记·州郡部·陇右道》引《地舆志》曰："晋咸和二年置高昌郡，立田地县。"《寰宇记》陇右道七西州高昌县条引《舆地志》，与《初学记》所载同。据此，前凉

---

① 牟发松、毋有江、魏俊杰：《中国行政区划通史·十六国北朝卷》，"《中国历史地图集》第13—14页将平阳郡划入后秦版图，不确。平阳郡先归西燕，后属后燕。《中国历史地图集》在后燕版图里并州绘有定襄郡，冀州绘有建兴郡，因为没有直接的史料根据，不取"，复旦大学出版社，2017年，第454页。

置高昌郡应在咸和二年（327）。可惜日本有些学者并未看到这两条史料，而根据几条没有明确时间记载的间接史料推测，分别提出高昌郡置于咸和三年（328）至五年（330）间说和咸和四年（329）说；对此，王素先生都予以反驳，认定高昌郡置于咸和二年（327）①。且唐长孺、余太山、山口洋等先生都认为高昌应置于咸和二年（327）②，他们的研究结论是可信的。谭《图》当据《晋书》和《通鉴》所载张氏霸有凉州，仅将凉州河西之地作为咸和二年时前凉疆土，应该是没有注意到《初学记》和《寰宇记》相关记载，其图中未将高昌郡划入，应不妥。

2. 谭《图》第四册"十六国成、前赵、前凉、后赵"图，广宁、上谷、代郡及渔阳郡北部不属后赵，当属鲜卑段部。

《晋志》幽州条载，幽州统郡国七，范阳国、燕国、北平郡、上谷郡、广宁郡、代郡、辽西郡。永嘉乱后，原西晋时期幽州为王浚所领。时鲜卑段部居于辽西，王浚引之为援。晋愍帝建兴二年（314），石勒袭幽州，杀王浚，既而幽州之地陷于鲜卑段氏③。其后，鲜卑段部内部分裂，幽州为段末柸、段匹磾分据，二者互为仇雠，相互攻击。据《通鉴》，晋元帝太兴元年（318）五月，"末柸遣其弟攻匹磾，匹磾帅其众数千将奔邵续，（石）勒将石越邀之于盐山（胡注：盐山，在勃海高城县），大败之，匹磾复还保蓟。末柸自称幽州刺史"。此时，段匹磾所据幽州之地有为段末柸所得者。

后赵石勒乘段匹磾垂亡之际而攻之。据《通鉴》，晋元帝太兴二年（319）四月，石勒遣"孔苌攻幽州诸郡，悉取之。段匹磾士众饥散，欲移保上谷，代王郁律勒兵将击之，匹磾弃妻子奔乐陵，依邵续"。自晋末丧乱以来，鲜卑段部一直控有幽州辽西等郡，因此《通鉴》言"孔苌攻幽州诸郡，悉取之"并不准确。谭《图》可能据《通鉴》所言孔苌"悉取"幽州诸郡，而将广宁、

---

① 王素：《高昌史稿（统治篇）》，文物出版社，1998年，第120—131页。

② 唐长孺：《高昌郡纪年》，《魏晋南北朝隋唐史资料》第3期，1981年。余太山：《关于"李柏文书"》，《西域研究》，1995年第1期。［日］山口洋：《高昌郡设置年代考》，《小田义久博士还历记念东洋史论集》，真阳社，1995年，第29—50页。

③ 《石勒载记上》载，石勒取幽州后，"以晋尚书刘翰为宁朔将军、行幽州刺史，戍蓟，置守宰而还"；"勒既还襄国，刘翰叛勒，奔段匹磾"。据《通鉴》，晋愍帝建兴二年（314）三月，"刘翰不欲从石勒，乃归段匹磾，匹磾遂据蓟城"。

上谷、代郡等地作为后赵之壤。若细加考辨，孔苌击破段匹磾后，当仅取有范阳郡、燕郡和渔阳郡南部，故随后此年石勒称赵王，其境内二十四郡于幽州也仅有范阳、燕郡、渔阳三郡①。

渔阳郡是分燕国而置。据《晋书·宣五王传·清惠亭侯京传》，"泰始元年，封（司马机）燕王"；"咸宁初，征为步兵校尉，以渔阳郡益其国"。此后，当又分燕国置渔阳郡，故当时石勒称赵王，当时境内二十四郡有渔阳郡。《寰宇记》河北道十八幽州条载，"晋永嘉后，（幽州）陷于石勒，勒僭号襄国，于蓟置幽州，于州置燕郡"。可见，石勒僭号称赵王时，置有燕郡。又据《通鉴》，晋元帝太兴三年（320）七月，"（祖）逖练兵积谷，为取河北之计。后赵王勒患之，乃下幽州为逖修祖、父墓，置守冢二家（胡注：逖，范阳人，其祖、父墓在焉），因与逖书，求通使及互市"。祖逖为范阳人，石勒能修祖逖祖、父墓，当石氏已经控有范阳郡。

段匹磾在后赵石氏和段末柸的夹击下败走，其据幽州之地分别陷于石氏和段末柸。段末柸卒后，段牙立，不久段辽取段牙而代之。《晋书·段匹磾传》载，"自务勿尘已后，值晋丧乱，（段氏）自称位号，据有辽西之地，而臣御晋人。其地西尽幽州，东界辽水。然所统胡晋可三万余家，控弦可四五万骑，而与石季龙递相侵掠，连兵不息"。此言段氏"其地西尽幽州，东界辽水"，为段辽控制之区域。据《石季龙载记上》，石季龙攻段辽，"辽渔阳太守马鲍、代相张牧、北平相阳裕、上谷相侯龛等四十余城并率众降于季龙"。由此可知，段辽时统有代郡、上谷、北平等郡；段氏也有渔阳郡，当统其北部②。段辽败后，幽州之地才全入后赵。据上所述，晋成帝咸和二年（327）时，幽州广宁、上谷、代郡三郡及渔阳郡北部并非后赵之土，应属鲜卑段部控制。

3. 谭《图》第四册"十六国前凉、前燕、代"图，淮水以北、琅邪郡以南徐州之地不属前燕，当属东晋。

谭《图》第四册"十六国前凉、前燕、代"图标准年是"前凉升平十年、前秦建元二年、前燕建熙七年、代建国二十九年（366）"，即东晋海西公太和元年（366）。据《通鉴》，晋穆帝升平三年（359）十月，前燕在东晋将军

---

① 见《石勒载记上》和《通鉴》晋元帝太兴二年（319）十一月。

② 当时后赵在南，鲜卑段部在北，故认为后赵所控渔阳郡为南部，段部所控为北部。

谢万溃退后，大举南侵，"许昌、颍川、谯、沛诸城相次皆没于燕"。这意味着前燕所控制的豫州部分地区已经濒临淮水。又据《通鉴》，晋穆帝升平四年（360）三月，前燕慕容暐以慕容垂镇梁国，"帅骑二万，观兵河南，临淮而还"，似乎表明前燕疆土以临淮水。谭《图》把淮水以北的豫州、徐州之地皆划入前燕，或许据此。

据现存史料，不见有前燕取有琅邪郡以南徐州之地的记载，反而有诸多史料表明这些地区归属东晋。后赵乱亡后，鲜卑段龛屯广固，据有青州。《晋书·穆帝纪》载，升平元年（357）正月，"镇北将军、齐公断龛为慕容恪所陷，遇害"；《慕容儁载记》载，慕容恪攻围段龛，"龛所署徐州刺史王腾、索头单于薛云降于恪。段龛之被围也，遣使诣建邺请救。穆帝遣北中郎将荀羡赴之，惮虏强迁延不敢进。攻破阳都，斩王腾以归。恪遂克广固"。据《晋志》徐州条，琅邪国有阳都县。段龛所署徐州刺史，镇阳都，琅邪郡当为其统有。又据谭《图》第三册"西晋徐州"图，徐州东莞郡在琅邪郡北，广固城在郡内。琅邪郡归属段龛，当时东莞郡当亦为段龛占据。据《通鉴》，晋穆帝永和十二年（356）十一月，东晋将荀羡攻破阳都后，"闻龛已败，退还下邳，留将军诸葛攸、高平太守刘庄将三千人守琅邪"。荀羡进兵，仅至琅邪，不及东莞，东莞郡当随青州一起没于前燕。

又据《通鉴》，晋穆帝升平三年（359）十月，东晋将郗昙攻前燕失败，自高平退屯彭城。《晋书·哀帝纪》载，兴宁二年（364）四月，东晋将朱辅为前燕所败，退保彭城。据此，彭城不属前燕。前燕不能得彭城重镇，彭城以南徐州之地也应不为前燕疆土。东晋太和五年（370），前秦灭前燕，尽取其地。若琅邪郡以南徐州之地为前燕占据，前秦应得之，然事实并非如此。据《通鉴》，晋简文帝咸安元年（371）三月，"秦后将军金城俱难攻兰陵太守张闳子于桃山（胡注：魏收《地形志》：兰陵昌虑县有桃山），大司马温遣兵击却之"。据《晋志》徐州条，兰陵郡为晋惠帝分徐州东海郡而置。又据谭《图》第三册"西晋徐州"图，东海郡在琅邪郡南。前秦此攻东晋所占据的兰陵郡，表明该郡在苻坚灭燕前也不属前燕。据《通鉴》，晋孝武帝太元四年（379）二月，前秦遣将攻彭城，东晋彭城守将奔走。据此，太元四年（379）前，彭城为东晋之地。以上史料表明，琅邪郡以南徐州之地，在前秦灭前燕时为东晋所控，故前秦灭燕后再攻此地。因此，琅邪以南、淮水以北徐州之地非前燕之地，当属东晋。

4.谭《图》第四册"十六国后秦、后燕、西秦、后凉、魏"图，河南郡不属后燕，当属东晋。

谭《图》第四册"十六国后秦、后燕、西秦、后凉、魏"图标准年是"后秦皇初二年、后燕建兴十年、西秦太初八年、后凉麟嘉七年、魏登国十年（395）"，即东晋孝武帝太元二十年（395）。沧洲《后燕慕容垂的疆土无洛阳》，意在纠正洪《志》之误，指出慕容垂图入洛阳不成，此后再未涉足洛阳，进而指出苻秦之后洛阳归于东晋[①]。其说甚是。不仅洛阳非后燕疆土，亦有不少史料可旁证河南郡亦非后燕辖域，该郡与洛阳同归属东晋。

据《通鉴》，晋孝武帝太元九年（384）七月，"秦平原公晖帅洛阳、陕城之众七万归于长安"；"（东晋）荆州刺史桓石民据鲁阳，遣河南太守高茂北戍洛阳"。苻秦弃洛阳后，东晋遂得河南郡，以高茂为太守戍此。又据《通鉴》，晋安帝隆安三年（399）七月，"（后）秦齐公崇、镇东将军杨佛嵩寇洛阳，（东晋）河南太守陇西辛恭靖婴城固守。雍州刺史杨佺期遣使求救于魏常山王遵"；"辛恭靖固守百余日，魏救未至，秦兵拔洛阳，获恭靖"。河南太守辛恭靖为后秦所获，东晋遂失河南郡。故后燕慕容垂图取洛阳不成，后再无西顾。东晋孝武帝太元二十年（395），洛阳及河南郡仍属东晋。谭《图》当沿袭洪《志》之误，而将河南郡划入后燕。

5.谭《图》第四册"十六国后秦、魏、南凉、北凉、西凉、南燕、夏、西秦、北燕"图，汉中、武都、仇池三郡不属后秦，当属仇池，也不当有南梁州和武兴郡。

谭《图》第四册"十六国后秦、魏、南凉、北凉、西凉、南燕、夏、西秦、北燕"图标准年是"后秦弘始十一年、魏永兴元年、南凉嘉平二年、北凉永安九年、西凉建初五年、南燕太上五年、夏龙升三年、西秦更始元年、北燕太平元年（409）"，即东晋义熙五年（409）。自永嘉乱后，氐族杨氏便控据武都之地。《华阳国志·汉中志》武都郡条载，"永嘉初，天水氐傻杨茂搜率种人为寇，保据其郡"。据《元和志》山南道三兴州条，"晋永嘉末，氐人杨茂搜自号氐王，据武都。自后郡县荒废，而茂搜子孙承嗣为氐王"。杨氏

---

① 沧洲：《后燕慕容垂的疆土无洛阳》，《中国历史地理论丛》1992年第3辑。

后为苻坚所败，其地入于前秦。《宋书·氐胡传》载，苻秦败亡后，杨氏复据其故地，并"割天水之西县、武都之上禄为仇池郡"。

据《通鉴》，晋安帝义熙元年（405）二月，蜀地大乱，"汉中空虚，氐王杨盛遣其兄子平南将军抚据之"；"（后）秦陇西公硕德伐仇池，屡破杨盛兵；将军敛俱攻汉中，拔成固，徙流民三千余家于关中。秋，七月，杨盛请降于秦。秦以盛为都督益宁二州诸军事、征南大将军、益州牧"。洪《志》据此，把汉中、武都、仇池三郡归属后秦。洪氏又据《姚兴载记下》所载南梁州刺史王敏退屯武兴，遂以后秦有南梁州，领有武兴郡。洪《志》此误，后秦不应有南梁州，也不会领有武兴郡，此已于前文"洪亮吉《十六国疆域志》谬误举要"中已考辨。谭《图》当因袭洪《志》致误。

据《魏书·氐传》，杨盛虽降后秦，同时还称藩于东晋和北魏。实际上，当时仇池杨氏依然自立为政，其所据武都郡等地不能作为后秦疆域。不久，杨盛为夺回汉中之地，便撕破与后秦表面上藩属关系。《魏书·氐传》载，"（杨）盛以兄子抚为平南将军、梁州刺史，守汉中"。《宋书·氐胡传》载，义熙三年（407），"（杨）盛又遣将苻宣行梁州刺史代抚"。据《通鉴》，晋安帝义熙三年（407）四月，"氐王杨盛以平北将军苻宣为梁州督护，将兵入汉中，（后）秦梁州别驾吕莹等起兵应之；刺史王敏攻之。莹等求援于盛，盛遣军临沔口，敏退屯武兴。盛复通于晋，晋以盛为都督陇右诸军事、征西大将军、开府仪同三司，盛因以宣行梁州刺史"。此后，后秦终不能取汉中之地。因此，义熙五年（409），汉中郡、武都郡、仇池郡之地，皆为氐族杨氏所控有，非后秦之地。

6. 谭《图》第四册"十六国后秦、魏、南凉、北凉、西凉、南燕、夏、西秦、北燕"图，东燕郡不属东晋，当属北魏。

据后文"《中国行政区划通史》两晋部分献疑"西晋兖州东郡（濮阳国）燕县条考辨，西晋末有东燕县。又据后文"两晋郡王郡公封国考"东燕国条，西晋末立有东燕国。《晋志》司州条载，后赵石虎置洛州，领有东燕郡。《晋书·毛宝传附毛穆之传》载，桓温伐前燕失利，"及温焚舟步归，使（毛）穆之督东燕四郡军事，领东燕太守"。可见，东晋曾有东燕郡。据《魏书·太祖纪》，北魏皇始二年（397），拓拔魏伐后燕，攻克中山；天兴元年（398）正月，"慕容德走保滑台"。《魏志》司州东郡条载，"东郡，秦置，治滑台城，晋改为濮阳，后复，天兴中置兖州"，所领有东燕县，"东燕，二汉属，晋属濮阳，后属，有燕城"。《元和志》河南道四滑州条载，"东晋时，慕容德自邺南徙滑台，僭号南燕，都于胙城"；滑州白马县条载，"州城，即古滑台城"；滑州胙城县条载，胙城县，"慕容德都之，复号东燕县"。据此，当时滑台城应在东燕郡境内。

顾祖禹《读史方舆纪要·历代州域形势四》载："道武珪克并州，下常山，拔中山，尽取慕容燕河北地"；"道武既定河北，尝南循许昌，略彭城，又东拔令支，西取高平，皆弃而不守。嗣既袭位，寻与宋争河南地，取陈留，陷滑台及泰山、高平、金乡等郡。又陷金墉，取许昌，陷虎牢及汝阳郡。河南州镇，多为魏境矣。"据此，似乎北魏明元帝拓拔嗣之前未得有河南之地，滑台所在的东燕郡当亦不属北魏。若顾祖禹之说成立，东燕郡不为北魏之壤，则可能属东晋。谭《图》或采顾祖禹之说。

然不能仅据北魏明元帝攻取河南州镇，便认为滑台此前不曾为魏所有。岂不知北魏曾一度占据滑台和东燕郡。又据《魏志》司州东郡条，东郡，"天兴中置兖州"，领有东燕县；濮阳郡条，"濮阳郡，晋置，天兴中属兖州"。显然，北魏天兴（398—404）中置有兖州，东燕之地属北魏兖州。《魏书·太祖纪》载，天兴二年（399）三月，"氐人李辩叛慕容德，求援于邺行台尚书和跋，跋轻骑往应之，克滑台"。慕容德进退失据，遂东取广固，而据青州。此后，滑台及东燕之地遂归属北魏。《魏书·太宗纪》，明元帝泰常元年（416）九月，刘裕北伐后秦，途径滑台，"（北魏）兖州刺史尉建畏懦，弃州北渡，王仲德遂入滑台"。《魏书·天象志三》，泰常元年（416），"（刘）裕陷我滑台，兖州刺史尉建以畏懦斩"。可见，自北魏天兴二年（东晋隆安三年，399）至泰常元年（东晋义熙十二年，416），滑台一直为北魏控制，东燕之地当亦属北魏统辖，不为东晋疆土。故谭《图》以义熙五年（409）东燕郡属东晋，有误，当属北魏。

7.谭《图》第四册"十六国后秦、魏、南凉、北凉、西凉、南燕、夏、西秦、北燕"图，濡水以西之北平、辽西二郡之地不属北燕，当属北魏。

后燕被北魏击败后，迁于龙城。据《晋志》平州条，后燕迁于龙城，"自幽州至于庐溥镇以南地入于魏"。此后，北魏、后燕多争战于辽西郡令支附近。据上引顾祖禹言，北魏道武帝"东拔令支，西取高平，皆弃而不守"。据此，北魏道武帝（386—409）末年，令支不属北魏，当为北燕之境。当然，顾氏之说是有所据的。据《通鉴》晋安帝隆安五年（401）十二月，"乙卯，魏虎威将军宿沓干伐燕，攻令支；乙丑，燕中领军宇文拔救之。壬午，宿沓干拔令支而戍之"；次年正月，"丁丑，燕慕容拔攻魏令支戍，克之，宿沓干走，执魏辽西太守那颉。燕以拔为幽州刺史，镇令支，以中坚将军辽西阳豪为本郡太守"。据此，北魏得令支而复失，后燕再得令支，以幽州刺史镇此。谭《图》或采顾氏之说，或仅据《通鉴》所载，遂将令支及其濡水以西之北平、辽西二郡地归属北燕。

令支为北燕再取后，后又归属北魏。据《通鉴》晋安帝义熙三年（407）七月，后燕高云杀燕主慕容熙，即天王位，"幽州刺史上庸公懿以令支降魏"；义熙四年（408）五月，"北燕以尚书令冯万泥为幽冀二州牧，镇肥如"。可见，燕幽州刺史本镇令支，失令支后遂移镇肥如。当时魏强燕弱，令支为后燕防范北魏侵袭的重镇，故北魏多攻此地。据《魏书·太宗纪》《魏书·世祖纪上》，北魏明元帝、太武帝时，前后侵掠濡水以东的北燕肥如、乙连、石城、建德、凡城等地。肥如等地皆在令支以东，表明令支已为北魏占据。据《水经注·濡水注》，"濡水又东南流迳令支县故城东"，"肥如城西十里有濡水"。据此，令支在濡水西，肥如在濡水东。义熙四年（408）后，北魏、北燕可能以濡水为界，北魏控有濡水以西，北燕据濡水以东。北魏再攻掠燕地，需渡濡水。《魏书·太宗纪》，明元帝泰常元年（416）十月，"徒何部落库傉官斌先降，后复叛归冯跋。骁骑将军延普渡濡水讨击，大破之，斩斌及冯跋幽州刺史渔阳公库傉官昌、征北将军、关内侯库傉官提等首，生擒库傉官女生，缚送京师。幽州平"。据此，亦可证此前北魏、北燕以濡水为界。故义熙五年（409），濡水以西之北平、辽西二郡地当属北魏，不属北燕。

《中国行政区划通史》两晋部分献疑

　　唐修《晋志》主要记载西晋太康年间的政区，对东晋的政区记载较少。由于《晋志》讹误较多，自清代以来，钱大昕、毕沅、方恺、马与龙、吴士鉴、孔祥军等学者不断加以辨正。洪亮吉《东晋疆域志》可补东晋无政区的缺失，虽有开创之功，然错讹甚多。《中国行政区划通史·三国两晋南朝卷》两晋部分，代表目前研究两晋政区的研究新水平，然仍有一些可作商榷之处。下文主要对《通史》第四编"西晋诸州郡县沿革"、第五编"东晋实州郡县沿革"两编第一章的内容作辨正[①]，总体按两编内容的先后逐条考辨于下[②]。

---

　　① 《中国行政区划通史·三国两晋南朝卷》第四编"西晋诸州郡县沿革"第二章"西晋诸州郡县各断代的地方行政区划"、第五编"东晋实州郡县沿革"两编第二章"东晋义熙十四年（418）实州郡县行政区划"是根据两编第一章考订内容而来，两编第一章可商榷处，第二章相应内容存在同样的问题，本文不对第二章相关问题述说。

　　② 凡后文"两晋郡县补考""两晋郡王郡公封国考""两晋十六国郡县治所变迁考""东晋诸州治所考""东晋侨郡补考""东晋山阳、淮阳二郡侨实考"已作考辨者，本文不作考辨。随着与两晋相邻十六国政权或割据势力的兴亡，有些州郡县自两晋入十六国，也有些州郡县自十六国入两晋。《中国行政区划通史·三国两晋南朝卷》第四、五两编所考这些州郡县出入两晋的时间，有些与拙作《十六国疆域与政区研究》及后文"'十六'国之外割据者及其统治区"所考相关郡县出入十六国时间不同。如西晋平阳郡和河东郡（除大阳、蒲坂二县）于永嘉二年（308）为汉国占据，见拙作《十六国疆域与政区研究》第49—50页。而《中国行政区划通史·三国两晋南朝卷》以西晋平阳、河东二郡至永嘉五年（311）沦没，第597—599页。对于此类问题，本文一般不作考辨。本文首条是对第四编"凡例"的考辨，凡涉及第四编所有与"凡例"此条相关的问题，不再作考辨。

1.《通史》第四编"本编凡例"第五条①："《晋书·地理志》政区断代取太康四年，杜预《春秋经传集解》所存地志断代取太康元年，《太康地志》政区断代取太康三年。"此条不当，《晋志》和《太康地志》大致反映太康（280—289）年间的政区，杜预《春秋经传集解》注文所存西晋政区大体反映咸宁三年（277）前至太康元年（280）间的政区。

第四编部分内容基于"凡例"第五条，由此断定各郡县的政区沿革。如《通史》西晋司州阳平郡乐平县条："乐平（266—280后，283—311）。按：魏末、《晋志》皆属。检《左传·成公十七年》杜注阳平郡有乐平县，则太康元年阳平郡有乐平县。又《宋志》：'乐平令，前汉曰清，属东郡，章帝更名，《晋太康地志》无。'则太康三年乐平郡见废。《地形志》：'乐平，二汉属东郡，晋属（阳平郡）。'又《晋志》本郡有乐平郡，则太康四年复置。"②可见，《通史》据"凡例"第五条而定阳平郡乐平县沿革。

又如《通史》西晋兖州东郡条："东郡（266—275，276—279，濮阳国，280，281—313濮阳国）"③。《通史》据《宋志》以咸宁二年（276）东郡改为濮阳国，据杜预注《左传》之文有"东郡"而定太康元年（280）改濮阳国为东郡，又据《宋书·五行志》及《宋志》引《晋太康地志》而以太康二年（281）东郡改为濮阳国。而以《晋书·司马允传》所载"咸宁三年，封濮阳王，拜越骑校尉，太康十年，徙封淮南"有误，以为"'咸宁三年'当为'咸宁二年'之讹，'太康十年'当为'太康元年'之讹"。若考之《晋书·武帝纪》，则知《司马允传》不误。据后文"两晋郡王郡公封国考"濮阳国条，西晋咸宁三年（277）改东郡立濮阳国，太康十年（289）复为东郡，永宁元年（301）复为濮阳国，旋改为濮阳郡。《通史》轻以"凡例"之断限而致误。

凡是史籍记载与《通史》"凡例"此条不合者，则以此条为断，以其他史籍记载不确，上举《通史》"东郡"条即是其例。又如《宋志》南兖州刺史广陵太守条载，"江都令，汉旧县，三国时废，晋武帝太康六年复立"。《通史》徐州广陵郡江都县条据《宋志》，以为江都县当太康六年（285）立。然《晋

① 胡阿祥、孔祥军、徐成：《中国行政区划通史·三国两晋南朝卷》，复旦大学出版社，2017年，第589—590页。

② 胡阿祥、孔祥军、徐成：《中国行政区划通史·三国两晋南朝卷》，第602页。

③ 胡阿祥、孔祥军、徐成：《中国行政区划通史·三国两晋南朝卷》，第606页。

志》有江都县，遂与《晋志》断限在太康四年（283）相矛盾。《通史》此条遂言，"《晋志》录此江都，不合断限，当为衍文"[1]。又如《宋志》司州刺史义阳太守条载，"平阳侯相，前汉无，后汉属江夏曰平春，《晋太康地志》属义阳，晋孝武改。鄳令，二汉属江夏，《晋太康地志》属义阳"。《宋志》引《晋太康地志》所载与《晋志》《舆地广记》所载不合[2]，《通史》于西晋荆州江夏郡鄳县条和平春县条皆以为，"宋志所谓'《晋太康地志》属义阳'似为'《晋太康地志》属江夏'之讹"[3]。

对本编有关《晋志》政区所取年代，有学者认为，"本书对这一基础性的问题没有深究，乃径直以某一考证所得之'断限'作为本书研究基础，似嫌草率"[4]。本编"凡例"云"《晋书·地理志》政区断代取太康四年"，其注曰："详孔祥军：《〈晋书·地理志〉政区断代考》，收入《汉唐地理志考校》，新世界出版社，2012年。"《〈晋书·地理志〉政区断代考》（下文简称《断代考》）取太康四年（283）为断，主要依《晋志》中的十条例证为据。首先，《断代考》据阳平郡发干县、济阳郡两例认为，"《晋志》政区断代当晚于太康三年"[5]。其次，据安平国[6]、安平国信都县[7]、顺阳郡汎阳县三例认为，"《晋志》政区断代当在太康五年前"。最后，据魏兴郡长利、洵阳二县、天门郡临沣、沣阳二县[8]、吴郡海虞县五例，此五县为太康四年（283）置，认为"《晋志》政区断代为太康四年，无疑也"。然而，《晋志》所载诸州郡县有些为太康四年（283）后所置，有些于太康四年（283）前已省而《晋志》有，皆与断代为太康四年（283）相

---

① 胡阿祥、孔祥军、徐成：《中国行政区划通史·三国两晋南朝卷》，第702—703页。

② 对比《舆地广记》和《晋志》相关内容，颇疑《舆地广记》所载西晋政区多取材于《晋志》。

③ 胡阿祥、孔祥军、徐成：《中国行政区划通史·三国两晋南朝卷》，第706页。

④ 李文才、曹万青：《一部具有创新精神的政区沿革史力作——评〈中国行政区划通史（三国两晋南朝卷）〉》，《南京晓庄学院学报》2017年第5期。

⑤ 《〈晋书·地理志〉政区断代考》据《晋志》有发干县而《太康地志》无，以"发干县似于太康三年后复置"；方恺据此在《新校晋书地理志》认为，"疑太康时省，惠帝后复置"。《断代考》以《晋志》中济阴郡应为济阳郡之误，且认为太康三年（282）后晋改济阴郡为济阳郡。《晋志》中济阴郡不误，见下文"西晋兖州济阴郡条"考辨。

⑥ 据后文"两晋郡王郡公封国考"，太康二年（281），安平国绝，改为安平郡。若以太康四年（283）为断，《晋志》当称安平郡。

⑦ 据下文"西晋冀州安平国信都县条"，此处"信都县"是误引《水经注》，不足为证。

⑧ 天门郡临沣、沣阳二县，应为临澧、澧阳二县。

矛盾。

《晋书·武帝纪》载，"（太康）三年春正月丁丑，罢秦州，并雍州"。《晋志》秦州条载，"太康三年，罢秦州，并雍州。七年，复立"。《宋志》秦州刺史条载，"太康三年，（秦州）并雍州。惠帝元康七年复立"。《南齐志》秦州条载，秦州，"太康省，惠帝元康七年复置"。可见，太康三年（282）罢秦州，元康七年（297）复置秦州。如此，太康四年（283）无秦州，然《晋志》载有秦州，则与《晋志》断限为太康四年（283）相矛盾。

《宋志》徐州刺史东莞太守条载，"东莞太守，晋武帝泰始元年，分琅邪立。咸宁三年，复以合琅邪，太康十年复立"。而《晋志》徐州条载，"及太康元年"，"分琅邪置东莞郡"。据顾江龙考证，东莞郡应是太康十年（289）复立，《晋志》所载有误①。《晋书·文六王传》载，太康四年（283），"以济南郡益齐国"。据《通鉴》，晋武帝太康四年（283）二月，"诏以济南郡益齐国"。《晋书·宣五王传》载，"泰始元年，封（司马机）燕王，邑六千六百六十三户。机之国，咸宁初征为步兵校尉，以渔阳郡益其国"。《晋志》中无渔阳郡，然有济南郡。若《晋志》以太康四年（283）为断，不当有此年所省济南郡和咸宁三年（277）所省东莞郡。

《左传》哀公四年（前494）载，"司马起丰、析（杜注：析县，属南乡郡）"。可见，杜预注《左传》时仍称南乡郡。《宋志》雍州刺史扶风太守条载，"汜阳令，晋武帝太康五年立，属南乡"。可见，太康五年（284）仍称南乡郡。又《宋志》雍州刺史顺阳太守条载，"顺阳太守，魏分南阳立曰南乡，晋武帝更名"。《晋志》荆州条载，"顺阳郡，太康中置"。《水经注·丹水注》载，"丹水又南迳南乡县故城东北。汉建安中，割南阳右壤为南乡郡。逮晋封宣帝孙畅为顺阳王，因立为顺阳郡，而南乡为县。旧治酂城，永嘉中，丹水浸没。至永和中，徙治南乡"。《晋书·武帝纪》载，太康十年（289）十一月，"徙扶风王畅为顺阳王"。结合《水经注》和《晋书》，当太康十年（289）改南乡郡为顺阳国。据后文"两晋郡王郡公封国考"辽东国条，西晋太康四年（283）五月，辽东国改为辽东郡。然《晋志》载为"辽东国"，而非"辽东郡"。《宋志》广州刺史宁浦太守条载，"宁浦太守，《晋太康地志》，武帝太康七年，改合浦属国都尉立"；南兖州刺史广陵太守条载，"江都令，汉旧县，三国时废，

---

① 顾江龙：《〈太康地记〉考——兼论王隐〈晋书·地道记〉和〈元康地记〉》，《文史》2018年第4辑。

晋武帝太康六年复立"。又据下文所考，太康六年（285）置乌江县。《晋志》载有顺阳郡、辽东国、宁浦郡、江都县、乌江县，又皆与《晋志》断限为太康四年（283）相矛盾。

《宋志》司州刺史义阳太守条载，"平阳侯相，前汉无，后汉属江夏曰平春，《晋太康地志》属义阳，晋孝武改。郢令，二汉属江夏，《晋太康地志》属义阳"。上引本编"凡例"称"《太康地志》政区断代取太康三年"。依此，则西晋太康三年（282）平春、郢二县已自江夏郡别属义阳郡。然《晋志》载平春、郢二县属江夏郡。若《晋志》断代取太康四年（283），则又与《太康地志》的记载相左。

西晋太康元年（280）灭吴，遂有原孙吴统辖下的扬州、荆州、交州、广州之地。《晋志》载扬、荆、交、广四州，可见其政区断限之上限应自太康元年（280）灭吴之后。《晋志》的篇章结构是，先为全志总序，再述各州政区沿革。在总序中，先述郡国沿革，自秦置郡始，止于"晋武帝太康元年，即平孙氏，凡增置郡国二十有三"。总序又述历代户口变迁，止于"太康元年，平吴，大凡户二百四十五万九千八百四十，口一千六百一十六万三千八百六十三"。此亦表明，《晋志》政区断限之上限应自太康元年（280）始。

《晋志》述各州政区沿革，先有前叙，再为诸郡及其领县，后为后叙。各州前叙记西晋之前至晋初的各州郡国变迁，其述晋初郡国沿革最晚者为徐州条"及太康元年"云云，而荆州、扬州、交州、广州也止于"平吴"或"吴平"之年。此又证《晋志》政区断限上限为太康元年（280）。《晋志》后叙记自晋惠帝至东晋时期州郡的变迁，其述郡国沿革最早者为梁州条所云"太康六年九月，罢信都郡并广汉郡"，其次为徐州条所云"太康十年"。凡晋惠帝时郡国变迁，皆在后叙中记述，故《晋志》政区断限之下限应在晋惠帝之前。而《晋志》各州前叙秦州条称，"太康三年，罢秦州，并雍州。七年复立"；后叙宁州条称，"太康三年，武帝又废宁州入益州"。可见其叙述州的沿革前叙和后叙时间有重合之处。再结合上文所考，其最后郡国为太康十年（289）所立东莞郡和由南乡郡所改之顺阳国，另有太康七年（286）自合浦属国都尉所改的宁浦郡，太康六年（285）所立江都县、乌江县。故《晋志》政区断限之下限应为太康十年（289）。

综上所述，《晋志》记述诸郡及其领县的内容，上限自太康元年（280）平吴，下限至太康十年（289），大体反映的是太康（280—289）年间政区建置，不能以一个精确的年代来定《晋书》的政区断限。

《通史》第四编"凡例"第五条云"《太康地志》政区断代取太康三年"，其注曰："详毕沅：《晋太康三年地志王隐晋书地道记总序》。"毕沅认为，《太康地志》书成于太康三年（282），故称此书为《晋太康三年地志》（见毕沅《晋太康三年地志王隐晋书地道记总序》）。可见，《通史》于此取于毕沅之说。

《太康地志》又称《太康地记》。顾江龙认为，"《太康地记》没有特定的断代年份，大致以太康三年至太康十年为限"，"要指出一个精确的断限年代不惟不可能，也不符合实情"①。顾说可从。此再补充举一条证据，以印证顾说。《宋志》南豫州刺史历阳太守条载，"乌江令，二汉无，《晋书》有乌江，《太康地志》属淮南"。《寰宇记》淮南道二和州乌江县条载，乌江县，"晋太康六年，始于东城界置乌江县"；《舆地纪胜·淮南西路》和州乌江县条引《元和志》与《寰宇记》同。此又表明，《太康地志》并非仅录太康三年（282）的政区。《太康地志》（或《太康地记》）之所以以"太康"为名，应是记载太康（280—289）年间的政区，而非太康中某一年的政区。

《通史》第四编"凡例"第五条又云"杜预《春秋经传集解》所存地志断代取太康元年"，其注曰："详孔祥军：《杜预〈春秋经传集解〉所存太康地志辑考》，收入《汉唐地理志考校》，新世界出版社，2012年。"《辑考》所以定杜预《春秋经传集解》所存地志断代为太康元年（280），其依据是："据宋庆元本《春秋正义》所存《杜预春秋经传集解后序》：'大康元年三月，吴寇始平。余自江陵还襄阳，解甲休兵，乃申杼旧意，修成《春秋释例》及《经传集解》。始讫，会汲郡汲县有发其界内旧冢者，大得古书。'"而汲县民发旧冢又在太康元年（280），遂以为"杜预作《集解》，始于太康元年，亦终于是年，其注中所引郡县情况之断限当亦为太康元年"。杜预一年之内撰成《集解》，颇不可思议。

据方韬、刘丽群所考，"杜预始注《左传》的时间应不晚于咸宁二年（276），并非太康元年（280）平吴后"②。结合后文"两晋郡王郡公封国考"

---

① 顾江龙：《〈太康地记〉考——兼论王隐〈晋书·地道记〉和〈元康地记〉》，《文史》2018年第4辑。

② 方韬、刘丽群：《〈春秋经传集解〉书名与撰著年代考辨》，《河南师范大学学报（哲学社会科学版）》2012年第1期。

濮阳国条所考，方韬、刘丽群之文"咸宁二年（276）"应改为"咸宁三年（277）"。此再补充举一条证据，以印证方、刘之说。《春秋经传集解》隐公三年十二月杜注有"今陈国陈县"，成公十六年七月杜注有"陈国武平县"。又后文"两晋郡王郡公封国考"陈国条，咸宁三年（277），陈国省入梁国。《晋志》豫州条载，晋惠帝时，"分梁国立陈郡"。晋惠帝时，杜预已卒。故杜注所云"陈国"应是咸宁三年（277）前所立陈国。据此，杜预撰《春秋经传集解》应自咸宁三年（277）前至太康元年（280），杜注中所存西晋政区大体反映这一时期的政区建置。

综上所考，《晋志》和《太康地志》大致反映太康（280—289）年间的政区，杜预《春秋经传集解》注文所存西晋政区大体反映咸宁三年（277）前至太康元年（280）间的政区。

2. 西晋兖州东郡（濮阳国）燕县条[①]，"燕（266—313）"当为"燕（266—306？，306？—315东燕）"[②]。

《晋志》兖州濮阳国无燕县。《通史》据《左传》杜注等证西晋东郡（后为濮阳国）当领有燕县。《晋书·潘岳传》载，"及赵王伦辅政"，诛潘岳，"（岳）弟燕令豹""一时被害"。又据《晋书·惠帝纪》，永康元年（300）四月，赵王伦"废贾后为庶人"，随后执掌晋室大权；永宁元年（301）正月，赵王伦篡位，四月被诛。据此，永康元年（300）前仍称燕县。

据《通鉴》，晋怀帝永嘉二年（308）九月，"车骑将军王堪屯东燕以拒勒"。《石勒载记上》载，石勒将渡河北上，"行达东燕，闻汲郡向冰有众数千，壁于枋头"；"逯明攻宁黑于茌平，降之，因破东燕、酸枣而还"。可见，西晋末有东燕县。据后文"两晋郡王郡公封国考"东燕国条，西晋光熙元年（306）立东燕国。改燕县为东燕县，或在东燕立国时。《晋书·祖逖传》载，"（桃）豹宵遁，退据东燕城"。据《通鉴》，晋元帝太兴三年（320）六月，

---

① 胡阿祥、孔祥军、徐成：《中国行政区划通史·三国两晋南朝卷》，第607页。

② 胡阿祥、孔祥军、徐成：《中国行政区划通史·三国两晋南朝卷》，第四编"凡例"，"若建置时间在某年之下半年，则以次年为建置年"，第589页。据《晋书·武帝纪》，泰始元年（265）十二月，司马炎成帝。第四编"凡例"，本编将西晋政区建置开始时间定为泰始二年（266）。对此，本文遵其"凡例"，凡遇西晋政区建置开始时间，从其所定泰始二年（266）。

"（桃）豹宵遁，屯东燕城"。桃豹为后赵将。可见，东晋初年，当时后赵有东燕县。东燕县自西晋入后赵，应在晋愍帝建兴三年（315）[①]。

《魏志》司州东郡条载，"东燕，二汉属，晋属濮阳"。据《汉志》《续汉志》，西汉东郡有南燕县，东汉东郡有燕县。又据上文，西晋前期仍称燕县，后期改为东燕县。《魏志》所言"东燕"是北魏时用名，然由此可知西汉南燕县、东汉至西晋前期燕县、西晋后期至北魏东燕县，其实为一县，只是名称改变而已。《元和志》河南道四滑州胙城县条载，胙城县，"又为古之燕国，《左传》'卫人、燕师伐郑'是也。汉为南燕县。其后慕容德都之，复号东燕县"。然据上文，西晋末、东晋初已有东燕县。故《元和志》以慕容德"复号东燕县"，有误。

3. 西晋兖州济阴郡条[②]，"济阴郡（266—282，283—313济阳郡）"当为"济阴郡（266—316）"。

《通史》以西晋太康四年（283）改"济阴郡"为"济阳郡"，其考证为："魏作济阴郡，宋本《晋志》作'济阳郡'，中华书局标点本《晋书》校勘记据钱氏《考异》及《宋志》、《左传》杜注以为当作'济阴郡'，并改《晋志》正文为'济阴郡'，方氏《新校志》、吴氏《校注》皆同之，疑误。检《左传·隐公七年》经文杜注有济阴城武县，则太康元年仍作济阴郡。《宋志》：'城武令，前汉属山阳，后汉、晋太康地志属济阴。'则太康三年仍作济阴郡。而《通典》卷一百七十七《州郡七》：'曹州……汉改为梁国……宣帝更名定陶，后为济阴郡。后汉因之。晋为济阳郡。'又《舆地广记》卷七京东西路兴仁府济阴县条：'二汉置济阴郡，晋为济阳郡。'又《舆地广记》卷七京东西路洪州楚丘县条：'汉为己氏县，属梁国。后汉属济阴郡。晋属济阳郡。'则西晋确有'济阳郡'。而《晋志》政区断代在太康四年，则晋时改'济阴郡'为'济阳郡'当在太康四年，故《太康地志》为'济阴郡'，而《晋志》为'济阳郡'，中华书局标点本《晋书》误改。"

由上文所考可见，《通史》以晋改济阴郡为济阳郡的主要依据是：唐修《晋志》于此为"济阳郡"，杜佑《通典》、欧阳忞《舆地广记》皆称后汉济

---

① 魏俊杰：《十六国疆域与政区研究》，第86页。

② 胡阿祥、孔祥军、徐成：《中国行政区划通史·三国两晋南朝卷》，第607页。

阴郡至晋为济阳郡。是否有这种可能，唐修《晋书》误将"济阴"书为"济阳"，杜佑、欧阳忞又因此而误？考订晋太康三年（282）后此郡名为"济阳"还是"济阴"，不仅要依据后世典籍的记载，还需要记载有关此郡太康三年（282）后文献为依据。

钱大昕《十驾斋养新录》卷六"'济阳'乃'济阴'之讹"条已详辨其《晋志》中"济阳"之误，其史料依据为《宋志》和《左传》杜注，又言："《宋志》谓'晋惠分陈留为济阳国'者是也。《晋志》以太康地志为断，故不列济阳之名。济阳所领县，今亦无考。要之，济阴自济阴，济阳自济阳，不可混而为一。《志》既不书晋惠分济阳，似史臣竟误认济阴为济阳，非传写之失也。"由此可见，钱大昕认为，《晋志》此误，"非传写之失"，乃唐初修《晋书》史臣之误。

《元和志》河南道七曹州条、《寰宇记》河南道十三曹州皆未言此地晋时为济阳郡。《元和志》河南道七曹州南华县条载，南华县，"本汉离狐县也，属东郡"，"后汉属济阴郡"，"晋属济阴郡"。《寰宇记》河南道十三曹州冤句县条载，冤句县，"汉初属梁国，景帝时属济阴郡，后汉及晋同"；曹州乘氏县条载，乘氏县，"本汉旧县也，属济阴郡，至晋同"；曹州南华县条载，南华县，"本汉离狐县也，属东郡"，"后汉属济阴郡，晋、宋不改"。《元和志》《寰宇记》所载曹州其余诸县，皆未言及"济阳郡"。可见，《元和志》《寰宇记》所记晋有济阴郡。

《晋志》原文为"济阳郡"，中华书局点校本《晋书》改为济阴郡，其"校勘记"为："《考异》：汉无济阳郡，盖'济阴'之误。《卞壶传》济阴冤句人，《宋书·州郡志》于城武、离狐二县并云《晋太康地志》属济阴。按：《左传》隐公七年杜注及《邵诜传》并可证。今据改"。另有史料亦可证《晋志》中当为济阴郡。《水经注·睢水注》载，"《帝王世纪》曰：尧葬济阴成阳西北四十里，是为谷林"。可见魏晋之际人皇甫谧亦称济阴郡。《宋书·符瑞志中》载，"晋武帝泰始元年十二月，青龙二见济阴定陶"；《宋书·符瑞志下》载，"太康元年五月，木连理二生济阴乘氏、沛国"。《晋书·儒林传》载，"泰始初，拜（文立）济阴太守"。可见自泰始初至太康间，皆有济阴郡。《水经注·瓠子河注》载，"京相璠曰：今济阴句阳县小成阳东五里有故垂亭者也"。可见，京相璠也称济阴郡。《隋书·经籍志一》载，"《春秋土地名》三卷，晋裴秀客京相璠等撰"；《隋书·经籍志二》载，"《春秋土地名》三卷，晋裴秀客京相璠撰"。裴秀为西晋人，京相璠为同时人。然以上史料虽可证西晋有济阴郡，并不能确证太康三年（282）后为济阴郡。

《晋书·五行志中》载，太康六年（285）六月，"济阴、武陵旱，伤麦"。此可证太康六年（285）称济阴郡。《晋书·文六王传·乐安平王鉴传》载，乐安平王鉴，"（乐安王）薨，子殇王籍立，薨，无子。齐王冏以子冰绍鉴后，以济阴万一千二百一十九户改为广阳国。立冰为广阳王，冏败，废"。可见，晋惠帝时有济阴郡。《晋书·武十三王传·吴敬王晏传》载，吴敬王晏子衍，"初封新都王，改封济阴"。据后文"两晋郡王郡公封国考"，司马衍所封济阴国乃晋惠帝末立，后改为济阴郡。《晋书·祖逖传》载，东海王越执政时，曾以祖逖为济阴太守。此又表明西晋末有济阴郡。《尔雅·释地》载，"再成为陶丘"；郭璞注，"今济阴定陶城中有陶丘"。《穆天子传》卷六载，"孟冬辛亥，邢侯、曹侯来吊"；郭璞注，"曹国，今济阴定陶县是也"。郭璞为两晋之际人，可见其称济阴郡。

据《晋书·赵王伦传》及《通鉴》，晋惠帝永康元年（300）四月，封赵王伦子馥济阳王。《宋志》南徐州刺史济阳太守条载，"晋惠分陈留为济阳国"。故晋惠帝永康元年（300）分陈留立济阳国。据后文"两晋郡王郡公封国考"，西晋济阳国（后为济阳郡）当领济阳、外黄、考城等县。济阳、外黄、考城三县皆故属陈留，此济阳国并非改济阴郡而来，而是分陈留而立。

由上所考，济阴郡不仅太康之前有此郡名，太康之后郡名不变；西晋后期确有济阳国（后为济阳郡），然此郡国乃分陈留而立，非济阴郡改名而来。故唐初史臣修《晋书》，于《地理志》中误将"济阴郡"书为"济阳郡"，杜佑、欧阳忞所书"济阳郡"或因袭《晋志》。

又此条以该郡建兴元年（313）沦没。其依据是："据《晋书》卷五《孝愍帝纪》：'（建兴元年）六月，石勒害兖州刺史田徽。是时是，山东郡邑相继陷于勒。'《通史》依次遂将兖州泰山郡之外的其他郡国定为建兴元年（313）皆沦没。《晋书·孝愍帝纪》言"相继陷"而非一时沦没。《晋书·王沈传附子浚传》载，王浚为幽州刺史，控有冀州，"以田徽为兖州（刺史）"；《石勒载记上》载，"（石勒）其将孔苌寇定陵，害兖州刺史田徽"。据前文"《资治通鉴》胡三省地理注补考"晋愍帝建兴元年（313）五月条载，此孔苌所寇"定陵"在冀州境内。《孝愍帝纪》所言"山东"即今太行山东，指"冀州"，而非兖州。建兴元年（313），石勒并没有越河水南侵，后赵疆土在河水以北。后赵自晋愍帝建兴三年（315）至晋明帝太宁三年（325）逐渐占据兖州，占据济阴郡又在太宁三年（325）[①]。故西晋亡前，后赵并未占据兖州济阴郡。至西晋亡前，仍有济阴郡。故济阴郡为西晋辖域时间的下限，应为晋愍帝建兴四年（316）。

4.西晋豫州汝阴郡楼烦县条[②]，"楼烦（269—？）"，此条当删。

《通史》此条考证："按：魏末、《晋志》均无此县。检《宋书》卷二十八《符瑞志中》：'泰始五年正月癸卯，白麞见汝阴楼烦，豫州刺史刘勔以献。'则泰始五年汝阴有楼烦县，其后似废，而确年乏考。"

据《宋书·刘勔传》，"刘勔字伯猷，彭城人也"；"泰始三年，以勔为征虏将军、督西讨前锋诸军事"；后"仍以为使持节、都督豫司二州诸军事、征虏将军、豫州刺史"。宋明帝刘彧有年号"泰始"。可见，刘勔于宋明帝泰始（465—471）间为豫州刺史，非晋武帝泰始（265—274）间。《宋书·符瑞志》此前言"泰始"冠有"明帝"，下言"泰始三年"，故此"泰始"显然为宋明帝年号，非晋武帝年号。又据后文"两晋郡县补考"西晋阴馆县、楼烦县条，两汉雁门郡有楼烦县，后省，西晋末复立。《宋志》豫州刺史汝阴太守楼烦令条载，"楼烦令，汉旧县，属雁门，流寓配属"。可见，刘宋时汝阴郡有楼烦侨县。故西晋汝阴郡无楼烦县，《通史》此"楼烦县"条当删。

5.西晋豫州梁国条[③]，"陈（281—313）"当为"陈（277—290后）"，"项（281—313）"当为"项（277—302）"，"阳夏（281—302）"当为"阳夏（277—302）"，"苦（282前—313）"当为"苦（282前—302）"。

据下"豫州陈国条"所考，梁国所领陈、项、阳夏、苦四县时间的上限、下限当改。

① 魏俊杰：《十六国疆域与政区研究》，第85—88页。
② 胡阿祥、孔祥军、徐成：《中国行政区划通史·三国两晋南朝卷》，第615页。
③ 胡阿祥、孔祥军、徐成：《中国行政区划通史·三国两晋南朝卷》，第615—616页。

6.西晋豫州陈国条①,"陈国(266—280,302—313陈郡)"当为"陈国(266—277,302—316陈郡),陈"(266—280)"当为"陈(266—277,302—316)","项(266—280)"当为"项(266—277,302—316)","阳夏(266—280,302—313)"当为"阳夏(266—277,302—316)","柘(266—280)"当为"柘(266—277)","长平(266—280前)"当为"长平(302—316)";此条无苦县,当补"苦(302—316)"。

《通史》此条考证:"据《晋志》:'武帝受命……合陈郡(当作陈国)于梁国。'武帝时合陈国入梁国。"然据此不能表明太康元年(280)陈国省入梁国。据后文"两晋郡王郡公封国考"陈国条,咸宁三年(277),陈国省入梁国。故陈国及其所领诸县时限"(266—280)"当为"(266—277)"。

《晋志》豫州条载,晋武帝时"合陈郡于梁国";惠帝时,"分梁国立陈郡"。可见,晋惠帝时又置陈郡。《宋志》豫州刺史陈郡太守条载,陈郡太守,"晋初并,梁王肜薨,还为陈"。《晋书·惠帝纪》载,太安元年(302)四月,"梁王肜薨"。据《宋志》,陈郡当于晋惠帝太安元年(302)复立。然《宋书·五行志一》载,"晋惠帝元康六年,陈国有鸡生雄鸡无翅";《晋书·五行志上》所载同。可见,晋惠帝元康六年(296)确有陈国。

《通史》豫州条考证:"据《晋志》:'永嘉之乱,豫州沦没石氏。'而《晋书》卷五《孝怀帝纪》:'(永嘉五年)冬十月,勒寇豫州诸郡,至江而还。'则至永嘉五年(311)石勒方寇豫州。又据《晋书》卷五《孝愍帝纪》:'(建兴元年)六月,石勒害兖州刺史田徽。是时,山东郡邑相继陷于勒。'则谯郡、鲁郡、淮南之弋阳郡与安丰郡外,其余豫州诸郡似于建兴元年(313)沦没。"然据上文"兖州济阴郡条"和下文"冀州清河郡东武城县条"所考,《孝愍帝纪》所言"山东郡邑相继陷于勒",既不能作为冀州诸郡为石勒占据证据,也不能作为兖州为石勒占据证据,建兴元年(313)石勒仅控有广平、魏郡二郡,也没有越河南侵,更不可能占据豫州之地。后赵占据豫州淮水以北(除汝南郡),在晋明帝太宁三年(325)②。故西晋亡前,豫州仍为晋土,豫州及陈郡、

---

① 胡阿祥、孔祥军、徐成:《中国行政区划通史·三国两晋南朝卷》,第616—617页。

② 魏俊杰:《十六国疆域与政区研究》,第89—91页。

陈郡属县为西晋辖域时间的下限，应为晋愍帝建兴四年（316）。

据《晋志》，梁国领睢阳、蒙、虞、下邑、宁陵、谷熟、陈、项、长平、阳夏、武平、苦十二县。《晋志》中颍川郡又有长平县。中华书局点校本《晋书》"校勘记"以梁国长平县"此误复出"，当是。睢阳、蒙、虞、下邑、宁陵、谷熟六县，《续汉志》中属梁国。陈、阳夏、武平、苦四县，《续汉志》中属陈国。《续汉志》中又有柘县，属陈国。项县，《续汉志》中属汝南国。据《三国志·魏书·明帝纪》，景初二年（238）四月，陈郡苦县别属谯郡。《宋志》豫州刺史陈郡太守条载，"项城令，汉旧县，属汝南，《晋太康地志》属陈郡"。《元和志》河南道四陈州项城县条载，项城县，"在汉属汝南郡，晋属陈国。隋文帝改项县，加'城'字"。《通史》以晋初陈国有陈、项、武平、阳夏、柘、长平六县，前五县于晋初应属陈国。据下文所考，长平县当于晋惠帝时置陈郡时来属。

《晋书·王隐传》载，"王隐字处叔，陈郡陈人也"。可见，陈郡领有陈县。《晋书·陈頵传》载，"陈頵字延思，陈国苦人也"。王隐、陈頵为两晋之际人，据此二人传则知，西晋后期陈县、苦县应属陈郡。苦县应在晋惠帝置陈郡时来属。《太平御览·文部五》载，"王隐《晋书》曰：《石瑞记》曰：'永嘉初，陈国项县贾逵石碑中生金人'"。此"陈国"应为"陈郡"。据此，晋怀帝时项县属陈郡。《晋书·何曾传》《晋书·谢鲲传》载，何曾、谢鲲"陈国阳夏人"；《晋书·袁悦之传》《晋书·袁瓌传》载，袁悦之、袁瓌，"陈郡阳夏人"。何曾为晋初人，谢鲲、袁瓌为两晋之际人，袁悦之为东晋人。据此，西晋后期阳夏县应属陈郡。《晋书·殷浩传》载，"殷浩字深源，陈郡长平人也"。长平县晋初属颍川郡，又殷浩为东晋人，长平县也应在晋惠帝置陈郡时来属。《宋志》豫州刺史陈郡太守条载，陈郡太守，"晋初并，梁王肜薨，还为陈"。《宋志》言"还为陈"应是原自陈国并入梁国诸县还为陈郡。又据《元和志》河南道三宋州柘城县条载，柘城县，"《续汉志》属陈郡，至晋太康中废"。故晋惠帝复置陈郡，并入梁国之前陈国所领陈、项、武平、阳夏四县还属，又有苦、长平二县自梁国、颍川郡来属。

由上所考，《通史》所载晋初陈国领县、晋惠帝以来陈郡领县、梁国领县以及诸县属陈国、陈郡、梁国时间的上限、下限都当改写。

7.西晋豫州沛国公丘县条①，"公丘（266—283前）"当为"公丘（266—277）"；鲁国公丘县条②，"公丘（283前—316）"当为"公丘（277—316）"。

《通史》豫州沛国条考证："按：魏属沛国，《晋志》属鲁郡。检《左传·隐公七年》经文杜注有沛国公丘县，则太康元年时沛国有公丘县。又《宋书》卷二十八《符瑞志中》：'太康九年十二月戊申，青龙一见鲁国公丘居民井中。'则太康九年前公丘确属鲁郡，而《晋志》公丘属鲁郡，则太康四年前公丘移属鲁郡。"《通史》以太康四年（283）前公丘移属鲁郡，不误，但不够确切。《晋书·贾充传》载，"咸宁三年，日食于三朝，充请逊位，不许，更以沛国之公丘益其封"。据此，咸宁三年（277）公丘县自沛国别属鲁国。故豫州沛国公丘县、鲁国公丘县都应该改为更为确切的时间。

8.西晋冀州安平国信都县条③，"信都（266—283，284—313长乐）"当为"信都（266—314）"。

《通史》此条考证："按：检《地形志》：'信都，二汉、晋属（长乐）。'据本郡考证，西晋时期信都县为安平国治所，则西晋时信都县确属焉。又据《水经注》卷五：'长乐，故信都也。晋太康五年改从今名。'则太康五年改信都为长乐。"《水经注·河水注》载，"（河水）又东北，迳长乐郡枣强县故城东，长乐，故信都也，晋太康五年改从今名"。显然，此"长乐"为郡名，非县名。《水经注》所云"信都"，也是郡国名，并非县名。《汉志》中有信都国，《续汉志》安平国条载安平国"故信都"。可见，信都国、安平国、长乐国，为不同时期郡国名。《石勒载记上》载，"（石勒）进寇信都，害冀州刺史王斌"。据《通鉴》，晋怀帝永嘉三年（309）十一月，"石勒寇信都，杀冀州刺史王斌"。可见，至晋怀帝时仍称信都，不为长乐。

又《通史》以冀州及其属郡于西晋建兴元年（313）为石勒占据，其依据是："据《晋志》：'惠帝之后，冀州沦没于石勒。'又据《晋书》卷五《孝愍帝纪》：'（建兴元年）六月，石勒害兖州刺史田徽。是时，山东郡邑相继陷

---

① 胡阿祥、孔祥军、徐成：《中国行政区划通史·三国两晋南朝卷》，第618页。

② 胡阿祥、孔祥军、徐成：《中国行政区划通史·三国两晋南朝卷》，第619页。

③ 胡阿祥、孔祥军、徐成：《中国行政区划通史·三国两晋南朝卷》，第624页。

于勒。'"据《晋书·王沈传附子浚传》，西晋末，冀州为王浚控有。建兴元年（313），石勒仅据有广平、魏郡二郡之地；建兴二年（314），石勒袭幽州，杀王浚，始得冀州（除乐陵郡）①。故信都县为西晋辖域时间的下限，应为晋愍帝建兴二年（314）。

9.西晋冀州清河郡东武城县条②，"东武城（266—313）"当为"东武城（266—280后，280后—314武城）"。

据《晋志》，冀州清河国有东武城县。《宋志》冀州刺史清河太守条载，"武城令，汉旧县，并曰东武城"。《魏志》司州清河郡条载，"武城，二汉、晋曰东武城，属，后改。有武城"。可见，清河东武城县后改为武城县，宋、北魏皆称武城县。《太平御览·人事部四十五》载，"（崔鸿）《后赵录》曰：张跃，清河武城人也"；《学部五》载，"崔鸿《春秋·前燕录》曰：豫州刺史张怖字文祖，清河武城人也"。《寰宇记》河北道七贝州条载，贝州，清河郡，"永嘉乱后，石赵移郡理平晋城，即今博州清平县也，苻秦移理武城"；又贝州武城县条载，"故武城县，在县北十里"，"前秦苻坚封长子为清河王，移居武城，即此城也"。可见，十六国时，后赵、前燕、前秦也称此县为武城县，无"东"字。《寰宇记》河北道七贝州武城县条又载，武城县，"《汉书·地理志》东武城县属清河郡。晋太康年去'东'字"。据此则知晋太康（280—289）中去"东"字。而《晋志》中仍称"东武城"，去"东"字当在太康元年（280）至太康十年（289）间。又据上条所考，建兴二年（314），后赵得冀州（除乐陵郡）③。故清河武城县为西晋辖域时间的下限，应为晋愍帝建兴二年（314）。

10.西晋冀州博陵郡条④，"博陵郡（266—313）"应为"博陵国（266—277博陵郡，278—314）"，领县增"博陵（266—277后）"；西晋冀州高阳国博陆县条⑤，"博陆（266—313）"当为"博陆（277后—314）"。

① 魏俊杰：《十六国疆域与政区研究》，第81—82页。
② 胡阿祥、孔祥军、徐成：《中国行政区划通史·三国两晋南朝卷》，第627页。
③ 魏俊杰：《十六国疆域与政区研究》，第81—82页。
④ 胡阿祥、孔祥军、徐成：《中国行政区划通史·三国两晋南朝卷》，第628页。
⑤ 胡阿祥、孔祥军、徐成：《中国行政区划通史·三国两晋南朝卷》，第628页。

《晋书·武帝纪》载，泰始元年（265）十二月，封王沈为博陵公。《晋书·王沈传》载，"及帝受禅，（王沈）以佐命之勋"，"封博陵郡公，固让不受，乃进爵为县公"，"泰始二年（王沈）薨"；"咸宁中，复追封沈为郡公"。《晋书·职官志》载，"追进封故司空博陵公王沈为郡公"。据《通鉴》，晋武帝咸宁三年（277）八月，"追封王沈为博陵郡公"。方恺《新校晋书地理志注》冀州博陵国条载，"西晋无博陵王，惟王浚嗣父沈爵为博陵郡公，盖公国也"；下有吴翊寅案："汲古阁本作'博陵郡'，不作'博陵国'，此据殿本及汲古阁本已校正。"中华书局点校本《晋志》中博陵为郡，当误，应为博陵国。王沈于泰始元年（265）被封为博陵县公，又可参见后文"两晋郡县补考"西晋临淮县条。故泰始元年（265），王沈被封为博陵县公，咸宁三年（277）追封为博陵郡公。《通史》中"博陵郡"因袭《晋志》遂误。故咸宁三年（277）前为博陵郡，咸宁三年（277）后为博陵国。咸宁三年（277）前，王沈所封为博陵县公，当时应有博陵县，属博陵郡。

《后汉书·桓帝纪》载，延熹元年（158）六月，"分中山置博陵郡，以奉孝崇皇园陵"；《后汉书·章帝八王传·河间孝王开传》载，汉桓帝即位后，"（追尊）蠡吾先侯曰孝崇皇，庙曰烈庙，陵曰博陵，皆置令、丞"。可见，汉桓帝时置博陵郡和博陵县。《水经注·滱水注》载，"汉质帝本初元年，继孝冲为帝，追尊父翼陵曰博陵，因以为县，又置郡焉"。《后汉书·质帝纪》载，质帝父勃海王鸿；《桓帝纪》载，桓帝父蠡吾侯翼。可见，应是汉桓帝置博陵郡，非质帝置，《水经注》所载博陵郡设置时间有误。

据《晋志》，冀州高阳国有博陆县[①]，然冀州无博陵县。《舆地广记·河北西路》博野县条载，"博野县，本蠡吾。汉属涿郡。后汉属中山国，桓帝父蠡吾侯葬此，追尊为孝崇皇，其陵曰博陵，因分置博陵县。晋改曰博陆，为高

---

① 《史记·建元以来侯者年表》载，汉昭帝时封霍光为博陆侯。《汉书·昭帝纪》载，始元二年（前85）正月，"封（霍）光为博陆侯"。《水经注·鲍丘水注》载，"洵水又东南，迳平谷县故城东南，与泃河会，水出北山，山在傂奚县故城东南，东南流迳博陆故城北，又屈迳其城东，世谓之平陆城，非也。汉武帝玺书，封大司马霍光为侯国。文颖曰：博大陆平，取其嘉名而无其县，食邑北海、河东。薛瓒曰：按渔阳有博陆城，谓此也。今城在且居山之阳，处平陆之上，匝带川流，面据四水，文氏所谓无县目，嘉美名也"。可见汉博陆侯国，非晋博陆县地。

阳国治"。可见，汉桓帝时置博陵县，西晋改为博陆县①。博陵县改为博陆县，属高阳国，应在咸宁三年（277）追封王沈为博陵郡公后。高阳国应初治高阳，咸宁三年（277）后博陆县来属，遂改治博陆。又据上条所考，博陆国和高阳博陆县为西晋辖域时间的下限，皆应为晋愍帝建兴二年（314）。

11. 西晋雍州冯翊郡临晋县条②，"临晋（266—316）"当为"临晋（266—283后，283后—311前大荔，311前—316临晋）"。

《汉志》左冯翊条载，"临晋，故大荔，秦获之，更名"。可见，秦始名临晋。《元和志》关内道二同州冯翊县条载，冯翊县，"本汉临晋县，故大荔戎城，秦获之，更名。旧说秦筑高垒以临晋国，故曰临晋。晋武帝改为大荔县"。《寰宇记》关西道四同州条载，"后汉于此置临晋县，今取朝邑界故临晋城为名。晋改为大荔"。可见，晋武帝改临晋县为大荔县。据《晋志》中，雍州冯翊郡有临晋县，无大荔县。《宋书·符瑞志下》载，"太康四年正月，木连理生冯翊临晋"。可见，太康四年（283），临晋县仍属冯翊郡。故晋武帝改临晋为大荔县应在太康四年（283）后。

《晋书·张轨传》载，（张轨）闻秦王入关，乃驰檄关中曰"仲秋中旬会于临晋。"此又称临晋县，当是此前已改大荔县为临晋县。据《通鉴》，晋怀帝永嘉五年（311）十月，"阎鼎欲奉秦王业入关，据长安以号令四方"；"鼎与业自宛趣武关"；"进至蓝田，使人告贾疋，疋遣兵迎之；十二月，入于雍城"。可见，永嘉五年（311）秦王业入关，改大荔为临晋县应在此年前。又据《苻坚载记上》，"（苻）坚自临晋登龙门"；《姚泓载记》，"姚绍济自薄津，击临晋叛户，大破之"。《魏书·徒河慕容廆传》载，"（西燕）去长安而东，以（慕容）永为武卫将军。恒弟护军将军韬阴有贰志，诱觊，杀之于临晋"；《魏书·世祖纪上》载，"（赫连）定长安、临晋、武功守将皆奔走，关中平"。可见，十六国时，前秦、后秦、西燕、夏皆称临晋县。故西晋时又改大荔为临晋县，十六国承之。

---

① 《魏书·屈遵传》载，"（慕容）永灭，（慕容）垂以为博陵令"。据《通鉴》，晋孝武帝太元二十一年（396）十一月，北魏伐后燕，"博陵令屈遵降魏"。可见，后燕时博陵县还为博陵县。

② 胡阿祥、孔祥军、徐成：《中国行政区划通史·三国两晋南朝卷》，第643页。

12. 西晋凉州张掖郡昭武县条①，"昭武（266—279，280—316临泽）"当为"临泽（266—316）"。

《通史》此条考证："魏作'昭武'，《晋志》作'临泽'。检《舆地广及》卷十七陕西路甘州张掖县条：'汉昭武县，属张掖郡。晋改曰临泽。'则晋初改昭武县为临泽县。又《宋志》：'邵武子相，吴立，曰昭武，晋武帝更名。'据此晋太康元年前张掖郡昭武县似仍为改名，故有改吴之昭武为邵武县事。"

《晋志》凉州张掖郡条载，"临泽，汉昭武县，避文帝讳改也"。中华书局点校本《晋书》"校勘记"："'文'，原误作'景'，今改正。"此所谓"文帝"者，即晋景帝司马昭，可见《晋书·文帝纪》。据《宋志》湘州刺史邵陵太守条和《水经注·资水注》，荆州邵陵郡邵陵县、昭阳县，自孙吴入晋后，因避司马昭之讳，改为邵陵郡邵陵县、邵阳县。《通史》上引《宋志》，出自《宋志》江州刺史建安太守条。建安郡昭武县改名邵武县，也是因避司马昭之讳而改，是在太康元年（280）由吴入晋后，与凉州昭武县无关。张掖郡昭武县更名临泽县，即为避司马昭之讳而改，当在西晋王朝建立后即改。

13. 西晋梁州汉中郡兴道县条、黄金县条②，"兴道（283前—313）"，"黄金（283前—313）"，此两条当删。

《华阳国志·汉中志》汉中郡条无黄金、兴道二县。《魏志》梁州晋昌郡条载，兴势县，"延昌三年置"。《通典·州郡典五》洋川郡条载，兴道县，"后魏置兴势县，贞观初改"；黄金县，"西魏置今县"。《元和志》山南道三洋州黄金县条载，黄金县，"本汉安阳县地，属汉中郡。后魏文帝于此分置黄金县，因黄金水为名"；洋州兴道县条载，兴道县，"本汉成固县地，后魏宣帝分置兴势县，理在兴势山上，故以为名。武德元年置洋州，以县属焉。贞观二十三年改为兴道县"。《水经注·沔水注》载，"汉水又东迳小、大黄金南，山有黄金峭，水北对黄金谷，有黄金戍，傍山依峭，险折七里。氐掠汉中，

① 胡阿祥、孔祥军、徐成：《中国行政区划通史·三国两晋南朝卷》，第652页。
② 胡阿祥、孔祥军、徐成：《中国行政区划通史·三国两晋南朝卷》，第661页。

阻此为戍，与铁城相对。一城在山上，容百余人；一城在山下，可置百许人。言其险峻，故以金、铁制名矣。昔杨难当令魏兴太守薛健据黄金，姜宝据铁城，宋遣秦州刺史萧思话西讨，话令阴平太守萧垣攻拔之，贼退西水矣"；"汉水又东迳小成固南，州治大成固，移县北，故曰小成固。城北百二十里有兴势坂，诸葛亮出洛谷，戍兴势，置烽火楼处，通照汉水"。

毕沅《晋书地理志新补正》梁州汉中郡兴道县条，"《通典》：蜀分成固立兴势县，今名盖晋所改"。然据上引《通典》，兴势县乃后魏置，非"蜀分成固立"。毕沅所考当误。

方恺《新校晋书地理志》校曰，"《水经注》但有黄金戍，《元和志》盖本郦说。据此，则县不当始立于晋"；"窃谓黄金、兴势在三国时仅为屯戍之地，置县之说，惟见于此。本志与魏郦不合，未详何据。至兴道，实以唐初避'丗'字嫌名而改，不特非晋县，亦非魏、周县也。又案《华阳国志》汉中但六县，无黄金、兴道，本志似误"；吴翊寅于此下有，"寅案：《隋志》汉川郡有兴势、黄金二县，《唐志》'兴势'作'兴道'。是隋末尚未改兴道也。又此二县，据《元和志》皆后魏分置，《志》误显然。唐史臣修《晋书》，于地理最不精，核此以后魏为曹魏，尤属疏谬"。

马与龙《晋书地理志注》黄金县条云，"三国蜀无。《张光传》：'贼王如余党李运、杨虎等，自襄阳入汉中，光遣参军晋邈率众于黄金拒之'即此。姑存之"；兴道县条载，"三国蜀无"，"考《沔水注》：小城固城北百二十里有兴势坂。《蜀志·王平传》：平曰：宜遣护军刘敏据兴势。此即兴势坂也。《地形志》晋昌郡龙亭县下云：有镇势山，亦即兴势山，亦即兴势坂也。又兴势县下云：延昌三年置。盖兴势坂尝立兴势县。后魏正始中，移晋昌郡于其县，旋改置龙亭县，后又改为傥城郡，而延昌三年别置兴势县也"。

孟刚、邹逸麟编著《晋书地理志汇释》言，"此处黄金县应为黄金戍，当删。谭《图》西晋太康二年图无黄金县"[1]；又言，"此处兴道县当删。谭《图》西晋太康二年图无兴道县。唐贞观时兴势县改名兴道县，西晋时汉中郡无兴道县。而太康元年，宁浦郡连道县改名兴道县"[2]。

综上所考，《晋志》汉中郡条误入唐县黄金、兴道二县。《通史》据《晋

① 孟刚、邹逸麟编著：《晋书地理志汇释》，安徽教育出版社，2018年，第348页。
② 孟刚、邹逸麟编著：《晋书地理志汇释》，第349页。

168

志》所录黄金、兴道二县，当删。

14.西晋梁州梓潼郡涪城县条、东晋梁州梓潼郡涪城县条①，"涪城"当改为"涪"。

《汉志》《续汉志》中，广汉郡所领为涪县。《华阳国志·汉中志》梓潼郡条载，梓潼郡有涪县，非涪城县。《宋志》益州刺史梓潼太守条载，"涪令，汉旧县，属广汉"。方恺《新校晋书地理志》梓潼郡条校曰："《州郡志》'涪令'下并无晋改涪城之条。"《元和志》剑南道下梓州涪城县条载，涪城县，"本汉涪县地，隋开皇十六年改置涪城县"。据上述，西晋应为涪县，不当为涪城县。《晋志》载，梓潼郡有涪城县。胡运宏、胡阿祥《中华本〈晋书·地理志〉考异》，"汉晋时涪县，入隋后方改名涪城，唐史臣以涪城为晋县，误也。《晋志》梓潼郡下涪城当改为涪"②。文献记载两晋十六国史事，有些称有"涪城"，此为涪县城之意，如同文献常记郫县城为郫城，记蓟县城为蓟城。故《通史》此条为"涪城"，因从《晋志》而误，当改为"涪"。

15.西晋梁州梓潼郡武连县条、黄安县条、东晋梁州梓潼郡武连县条③，"武连（283前—302，310）"，"黄安（283前—302，310）"，"武连（352—373，384—404，413—420）"，此三条当删。

《华阳国志·汉中志》梓潼郡条无武连、黄安二县。《元和志》剑南道下剑州武连县条载，武连县，"本汉梓潼县地，宋元嘉中，于县南五里侨立武都郡下辨县，又改下辨侨置武功县。周明帝改武功为武连县。隋开皇三年罢郡，以县属始州"；剑州黄安县条载，黄安县，"本汉梓潼县地，宋于此置华阳县，属南安郡。后魏禅帝改为南安县，周武帝改为黄安县"。《大清一统志·保宁府·古迹》武连废县条载，"按《晋书·地理志》，梓潼郡领武连、黄安二县，宋、齐《志》皆无之，《元和志》《通典》《寰宇记》诸书亦并不云晋有此县，盖《晋志》成于唐人，或误以隋县为古县也"。《晋志》中梓潼郡有武连县、

---

① 胡阿祥、孔祥军、徐成：《中国行政区划通史·三国两晋南朝卷》，第661页，第862页。

② 胡运宏、胡阿祥：《中华本〈晋书·地理志〉考异》，载徐少华主编：《荆楚历史地理与长江中下游开发——2008年中国历史地理国际学术研讨会论文集》，湖北人民出版社，2009年版，第513页。

③ 胡阿祥、孔祥军、徐成：《中国行政区划通史·三国两晋南朝卷》，第662页，第862页。

黄安县。胡运宏、胡阿祥《中华本〈晋书·地理志〉考异》，"武连非西晋时县，《华阳国志·汉中志》梓潼郡下亦无武连县，《晋志》梓潼郡下武连县当删"；"黄安非西晋时县无疑，《华阳国志·汉中志》梓潼郡下亦无黄安县，《晋志》梓潼郡下黄安县当删"[1]。据上述，《晋志》中梓潼郡条误入武连、黄安二县。《通史》据《晋志》所录武连、黄安二县，当删。

《宋志》益州刺史梓潼太守条载，"万安令，徐《志》，旧县。二汉、晋并无"。《寰宇记》剑南东道二绵州罗江县条载，罗江县，"本涪县地，晋于梓潼水尾万安故城置万安县，晋末乱，移就屠亭，今县是也"。吴士鉴等《晋书斠注》黄安县条，据《寰宇记》疑《晋志》梓潼郡条"黄安"为"万安"之讹。方恺《新校晋书地理志》梓潼郡条校曰，"是本《志》黄安即万安，字相近而误也"。《宋志》引徐《志》，"二汉、晋并无"，当西晋无此县。《晋志》书为"黄安"，且武连县亦以隋唐之县误入，此黄安县当与武连县同误入。《寰宇记》所言"晋"，或为东晋。故此不以"黄安"为"万安"之讹。

16. 西晋梁州梓潼郡苍溪县条、岐惬县条[2]，"苍溪（283前—302，310）"，"岐惬（283前—302，310）"，此两条当删。

据《华阳国志·巴志》巴西郡条和《宋志》益州刺史巴西太守条，巴西郡无苍溪、岐惬二县。《隋志》巴西郡条载，"苍溪，旧曰汉昌，开皇末改名焉"。《旧唐志》阆州条载，"苍溪，后汉分宕渠置汉昌县，属巴郡。隋改汉昌为苍溪也"。《寰宇记》剑南东道五阆州苍溪县条载，苍溪县，"本汉阆中县地，后汉永元中于今县北巴岳山侧置汉昌县。宇文周以县属阆州。隋开皇四年移理曲肘州，即今县是也；十八年改汉昌为苍溪县，因县界苍溪谷为名"；阆州岐坪县条载，岐坪县，"本汉葭萌县地，属葭萌，为汉寿，晋又改为晋寿。宋分晋寿于此立宋安县，属宋熙郡。后魏废帝三年改宋安为岐坪"。可见隋改汉昌为苍溪县。《晋志》中有苍溪县，当唐初史臣误入。《寰宇记》山南西道三利州昭化县条载，昭化县，"本汉葭萌县地，秦使司马错自剑阁道伐蜀，即此

---

① 胡远宏、胡阿祥：《中华本〈晋书·地理志〉考异》，载徐少华主编：《荆楚历史地理与长江中下游开发——2008年中国历史地理国际学术研讨会论文集》，第514页。

② 胡阿祥、孔祥军、徐成：《中国行政区划通史·三国两晋南朝卷》，第665页。

路也，亦名石牛道。宋武帝分晋寿置宋安县。后魏废帝三年改宋安为岐坪县，因岐坪川以为名"。曹学佺《蜀中广记·蜀郡县古今通释第四》川北道属保宁府昭化县条载，"废岐坪县，宋武帝于此立宋安县，后魏废帝改为岐坪，取岐坪川为名，宋改入昭化。按《晋书》作'岐惬'，未详"。可见岐坪县为西魏时改宋安县而来，唐初史臣误入《晋志》，又误作"岐惬"。

马与龙《晋书地理志注》巴西郡苍溪县条云，"今考《宋志》无此县，而《隋志》《旧唐志》《寰宇记》皆言隋始改汉昌为苍溪，疑修《晋志》者以隋县误入，后人又因此附会也。与龙按：此县当删"；岐惬县条载，"据《一统志》，谓修《晋志》者以隋苍溪误入，则岐惬即岐坪，亦隋县，而与苍溪相联属，因并误入此。与苍溪县皆当删去也"。孟刚、邹逸麟编著《晋书地理志汇释》言，"晋时无苍溪县。谭《图》西晋图无此县，当删"[1]；"晋时无岐惬县。谭《图》西晋图无此县，当删"[2]。故《晋志》中巴西郡条误入苍溪、岐惬二县。《通史》据《晋志》所录苍溪、岐惬二县，当删。

17.西晋益州汉嘉郡青衣县条[3]，"青衣"当为"汉嘉"。

《通史》此条考证："《晋志》作'汉嘉'。检《水经注》卷三十六经文'东北与青衣水合'注引《华阳国志》曰：'二水于汉嘉青衣县东，合为一川，自下亦谓之青衣水。'此段引文今本《华阳国志》阙载，则至晋时汉嘉郡仍有青衣县，《晋志》汉嘉郡'汉嘉'当为'青衣'之讹。《宋志》益州刺史晋原太守领汉嘉令，似于东晋时改。"

《续汉志》益州蜀郡属国条载，"汉嘉，故青衣，阳嘉二年改"。今传本《华阳国志》有散佚，阙载汉嘉郡领县情况。《水经注》所引《华阳国志》文，是记载青衣水的情况，其用汉县名也是正常的。《史记·司马相如列传》载有"西至沫、若水"，司马贞《索隐》："《华阳国志》：汉嘉县有沫水。"据此，显然《华阳国志》记载有汉嘉县。故不当用《水经注》引《华阳国志》之文而否定《晋志》所载汉嘉县。又《史记·彭越列传》载有"传处蜀青衣"，裴骃《集解》："文颖曰：'青衣，县名，在蜀。'瓒曰：'今汉嘉是也。'"裴骃

---

①　孟刚、邹逸麟编著：《晋书地理志汇释》，第364页。

②　孟刚、邹逸麟编著：《晋书地理志汇释》，第364—365页。

③　胡阿祥、孔祥军、徐成：《中国行政区划通史·三国两晋南朝卷》，第671页。

所云"瓒"者，学界普遍认为西晋人[1]。据此，可证西晋确有汉嘉县。故《晋志》中汉嘉郡有汉嘉县不误，《通史》此条误改为"青衣"。

18. 西晋益州兴古郡毋掇县条、西晋宁州兴古郡毋掇县条、东晋宁州兴古郡毋掇县条、东晋宁州梁水郡毋掇县条[2]，"毋掇"当为"毋棳"。

《汉志》《续汉志》《宋志》中皆为"毋棳"，当以"毋棳"为是。《水经注·温水注》载，"温水又东南迳兴古郡之毋棳县东"。可见《水经注》中亦作"毋棳"。中华书局点校本《晋书》"校勘记"："毋掇，《汉志》上'掇'作'棳'。《水经·温水注》亦作'毋棳'。"孟刚、邹逸麟编著《晋书地理志汇释》，"毋掇县应为毋棳县"，"谭其骧主编《中国历史地图集》西晋图定名为毋棳"[3]。《通史》西晋部分中作"毋掇"，当误，应改为"毋棳"。又《通史》以宁州曾为前秦占据，因而以宁州梁水郡及其属县曾属前秦。据下文"东晋宁州晋宁郡"条所考，前秦从未曾占据宁州，《通史》此误。

19. 西晋青州乐安国益县条[4]，"益（266—313）"当为"益都（266—310）"。

《晋志》乐安国条"利""益"二字相连，中华书局点校本《晋书》以"利益"为一县。方恺《新校晋书地理志》和马与龙《晋书地理志注》和《通史》此条皆以利、益为二县。青州乐安国有利县，无需再考。谭《图》"西晋青州"图定乐安国此县为益都县。西晋乐安国当有益都县，而无益县，此考之于下。

《汉书·王子侯表上》载，汉武帝元朔二年（前127）五月，封菑川懿王子刘胡为益都侯，汉昭帝元凤三年（前78）免侯国。《水经注·巨洋水注》载，"（百尺沟）西北流迳北益都城，汉武帝元朔二年，封菑川懿王子刘胡为侯国"。益都侯国罢后，当改为益县。据《汉志》《续汉志》，西汉北海郡、东汉乐安国有益县。《宋志》青州刺史齐郡太守条载，"益都令，魏立"。《魏志》

---

① 参见王先谦《汉书补注》卷首《汉书注叙例》"臣瓒"条注；刘宝和《〈汉书音义〉作者"臣瓒"姓氏考》，《文献》1989年第2期；李步嘉《论朱希祖的〈臣瓒姓氏考〉》，《清华大学学报（哲学社会科学版）》2006年第3期。

② 胡阿祥、孔祥军、徐成：《中国行政区划通史·三国两晋南朝卷》，第674、678、876、878页。

③ 孟刚、邹逸麟编著：《晋书地理志汇释》，第411页。

④ 胡阿祥、孔祥军、徐成：《中国行政区划通史·三国两晋南朝卷》，第689页。

青州齐郡条载，"益都，魏置"。此益都县当益县所改。《旧唐志》青州条载，"益都，汉县，在今寿光县南十里故益都城是也"。《寰宇记》河南道十八青州益都县条载，益都县，"益都，亦汉侯国，魏于今寿光县南十里益都城置益都县，属齐国，宋至后魏，县并属齐郡"。《大清一统志·青州府·古迹》"益都故城"条载，"按，《晋志》利县作利益，疑益即益都，传写者误并二县为一也，二城与上益城凡三城俱在寿光县界，故说者多混"。《姚苌载记》载，前秦时，姚苌被封为益都侯。据此，前秦当有益都县，当承魏晋而来。故西汉立益都侯国，后为益县，曹魏改为益都县，西晋至宋、北魏仍为益都县。

《通史》以建兴元年（313）青州为石勒占据，遂将西晋青州各郡县下限定于此年。建兴元年（313），石勒仅控有广平、魏郡二郡，不能远据青州之地。据后文"'十六'国之外的割据者及其统治区"，永嘉五年（311），青州（除东莱郡）为曹嶷占据，此地已不为晋土。故益都县于西晋时间下限应为永嘉五年（311）。

20.西晋徐州临淮郡徐县条①，"徐（280后—296）"当为"徐（282—301）"。

据《汉志》《续汉志》，西汉临淮郡、东汉下邳国有徐县。《宋志》南徐州刺史淮陵太守条载，"徐令，前汉属临淮，后汉属下邳，《晋太康地志》属临淮"。《元和志》河南道五泗州徐城县条载，徐城县，"晋太康三年，复置徐县，属临淮郡"。西晋复置徐县，表明此前徐县被废。《宋志》南徐州刺史临淮太守射阳令、凌令、南兖州刺史广陵太守海陵令、江都令诸条，射阳、凌、海陵、江都诸县皆"三国废"。徐县被废，当亦在三国。由《元和志》可知，太康三年（282）复置徐县。故徐县属西晋临淮郡应在太康三年（282）。又据后文"两晋郡王郡公封国考"，西晋永宁元年（301）置淮陵国，徐县别属淮陵国应在此年。

21.西晋荆州襄阳郡中卢县条②，"中卢"当为"中庐"。

据《晋志》，荆州襄阳郡有中庐县，而非中卢县。《晋书·成帝纪》载，

---

① 胡阿祥、孔祥军、徐成：《中国行政区划通史·三国两晋南朝卷》，第696页。
② 胡阿祥、孔祥军、徐成：《中国行政区划通史·三国两晋南朝卷》，第709页。

咸康元年（335）四月，"石季龙将石遇寇中庐，南中郎将王国退保襄阳"；《石季龙载记上》载，"（石季龙）遣其征虏石遇寇中庐，遂围平北将军桓宣于襄阳"。可见，《晋书》其他记载也作"中庐"。《汉志》《续汉志》南郡条、《宋志》雍州刺史襄阳公相条、《南齐志》雍州襄阳郡条均作"中庐"。故当以"中庐"为是。

22. 西晋荆州天门郡充县条①，"充（280—316）"，此条当删。

《宋志》荆州刺史天门太守条载，孙吴分武陵置天门郡，"充县后省"；"临澧令，晋武帝太康四年立"。《水经注·澧水注》载，"澧水出武陵充县西，历山东过其县南，澧水自县东迳临澧、零阳二县故界"；"充县废省，临澧即其地，县，即充县之故治，临侧澧水，故为县名，晋太康四年置"。据此，太康（280—289）初充县当已省，太康四年（283）于故充县地置临澧县。马与龙《晋书地理志注》云，"《晋志》充县与临澧并列，误也"。胡运宏、胡阿祥《中华本〈晋书·地理志〉考异》，"荆州天门郡充县当删"②。

23. 西晋荆州邵陵郡武刚县条、西晋湘州邵陵郡武刚县条、东晋荆州邵陵郡武刚县条、东晋湘州邵陵武刚县条③，"武刚"当为"武冈"。

《宋志》湘州刺史邵陵太守条载，"武刚令，晋武分都梁立"。《通史》据《宋志》以西晋有武刚县。《水经注·资水注》载，"（资水）东北迳邵陵郡武冈县南，县分都梁之所置也。县左右二冈对峙，重阻齐秀，间可二里。旧传，后汉伐五溪蛮，蛮保此冈，故曰武冈，县即其称焉"。《元和志》江南道五邵州武冈县条载，武冈县，"本汉都梁县地，属零陵郡，吴宝鼎元年改为武冈县，因武冈为名，一云晋武帝分都梁县置"。《寰宇记》江南西道十三邵州武冈县条载，武冈县，"汉都梁县地，属零陵郡，晋武帝分都梁立武冈县。今冈东有汉都梁故城是也。县因后汉武陵蛮为汉所伐，来保此冈，故谓之武冈。又《郡国志》云，'武冈，冈接武陵，因以得名'"。《晋书·陶侃传》载，西

---

① 胡阿祥、孔祥军、徐成：《中国行政区划通史·三国两晋南朝卷》，第719页。

② 胡运宏、胡阿祥：《中华本〈晋书·地理志〉考异》，载徐少华主编：《荆楚历史地理与长江中下游开发——2008年中国历史地理国际学术研讨会论文集》，第515页。

③ 胡阿祥、孔祥军、徐成：《中国行政区划通史·三国两晋南朝卷》，第722、746、849、852页。

晋末，"（黄庆）举（陶）侃补武冈令"。据此，西晋末仍有武冈县。《晋书·王导传》载，"（王导）以讨华轶功，封武冈侯"；《晋书·王导传附王协传》载，"（王）协字敬祖，元帝抚军参军，袭爵武冈侯"；《晋书·刘牢之传》载，"（刘牢之）以功赐爵武冈县男"。《宋书·刘敬宣传》载，"以（刘）敬宣为辅国将军、晋陵太守，袭封武冈县男。是岁，安帝元兴三年也"。可见，东晋有武冈县。据上引《水经注》《晋书》《宋书》《元和志》《寰宇记》，邵陵郡此县当为"武冈县"。

24.西晋荆州安成郡新谕县条、西晋江州安成郡新谕县条①，"新谕"当为"新渝"；东晋江州安成郡新喻县条②，"新喻"当为"新渝"。

《晋志》荆州安成郡条为"新谕"。马与龙《晋书地理志注》云，"谕为渝之讹"。《宋志》江州刺史安成太守条载，"新喻侯相，吴立"。《元和志》江南道四袁州新喻县条载，新喻县，"本汉宜春县地，吴孙皓分置新渝县，因渝水为名。天宝后相承作'喻'，因声变也"。《新唐书·地理志五》袁州宜春郡条载，"新喻，上，本作'渝'，天宝后相承作'喻'"。据《元和志》《新唐志》，此县因渝水得名，当为新渝，唐天宝后因声变为"新喻"。《宋书·宗室传·长沙景王道怜传》载，东晋末，"（刘道怜）以破索度真功，封新渝县男"；又载，"（刘）义宗幼为高祖所爱，字曰伯奴，赐爵新渝县男。永初元年，进爵为侯"。可见，《宋书》传文作"新渝"，当以新渝为是。孟刚、邹逸麟编著《晋书地理志汇释》，"新谕县应为新渝县"，"谭其骧主编《中国历史地图集》西晋太康二年图定名为新渝"③。

25.西晋扬州吴郡沙中县条④，"沙中（280）"，此条当删。

《通史》此条考证："吴属，《晋志》无此县。检《宋志》：'南沙令，本吴县（当作吴郡）司盐都尉署。吴时名沙中。吴平后，立暨阳县，割属之。'又《宋志》：'暨阳令，晋武帝太康二年分无锡、毗陵立。'则太康二年并沙中

① 胡阿祥、孔祥军、徐成：《中国行政区划通史·三国两晋南朝卷》，第724、751页。
② 胡阿祥、孔祥军、徐成：《中国行政区划通史·三国两晋南朝卷》，第857页。
③ 孟刚、邹逸麟编著：《晋书地理志汇释》，第561页。
④ 胡阿祥、孔祥军、徐成：《中国行政区划通史·三国两晋南朝卷》，第734页。

入暨阳县，故《晋志》无此县。"《通史》改"吴县"为"吴郡"，不确。孙吴时，司盐都尉应属吴郡吴县，不需改县为郡。《宋志》"立暨阳县割属之"后又有，"晋成帝咸康七年，罢盐署，立以为南沙县"。其实，《宋志》所云"立暨阳县，割属之"，是暨阳置县后，南沙司盐都尉由吴县割属暨阳，而非置沙中县。据《宋志》，则孙吴置南沙司盐都尉，至东晋咸康七年（341）改为南沙县。《宋书·五行志四》载，"太康七年十二月己亥，毗陵雷电，南沙司盐都尉戴亮以闻"。《晋书·成帝纪》载，咸和五年（330）五月，"石勒将刘征寇南沙，都尉许儒遇害"。此亦表明西晋和东晋咸康七年（341）前有南沙司盐都尉。故《通史》误读《宋志》，而以西晋曾有沙中县，此条当删。

26. 西晋扬州庐陵郡南野县条、江州庐陵郡南野县条[1]，南野县应自庐陵郡移属南康郡。

《晋志》载，南野县属扬州庐陵郡。《山海经·海内东经》载，"赣水出聂都东山"，两晋之际郭璞注"今赣水出南康南野县西北"。据此，晋时南野县属南康郡。《寰宇记》江南西道七吉州载，"《晋地记》云：'太康中，以雩都、赣、南野等县割为南康郡'"。此又证南康置郡时已统有南野县。又据谭《图》"西晋扬州"图，南野县治今江西赣州南康区南，南康郡其余属县皆在南野县北，庐陵郡又在南康郡北，故西晋分庐陵置南康郡后，南野县当属南康郡。方恺《新校晋书地理志》庐陵郡条认为，"南野县当属南康"。胡运宏、胡阿祥《中华本〈晋书·地理志〉考异》，"扬州庐陵郡南野当属南康郡"[2]。孟刚、邹逸麟编著《晋书地理志汇释》，"南野县当属于南康郡"[3]。故晋时南野县不属庐陵郡，应属南康郡，《晋志》所载有误，《通史》因袭《晋志》遂误。

27. 西晋"湘州"条、东晋"湘州"条，湘州领郡沿革有误[4]，应为："西晋永嘉元年（307）置湘州，领长沙、衡阳、湘东、邵陵、零陵、营阳、建昌、桂阳八郡，至东晋咸和三年（328）省，此前领郡不变；东晋

---

① 胡阿祥、孔祥军、徐成：《中国行政区划通史·三国两晋南朝卷》，第742、749页。

② 胡运宏、胡阿祥：《中华本〈晋书·地理志〉考异》，载徐少华主编：《荆楚历史地理与长江中下游开发——2008年中国历史地理国际学术研讨会论文集》，第516页。

③ 孟刚、邹逸麟编著：《晋书地理志汇释》，第632页。

④ 胡阿祥、孔祥军、徐成：《中国行政区划通史·三国两晋南朝卷》，第744—748、850—853页。

义熙八年（412）复置湘州，领长沙、衡阳、湘东、邵陵、零陵、营阳、桂阳七郡，义熙十二年（416）又省。"

《通史》西晋"湘州沿革"载，西晋永嘉元年（307）置湘州，领长沙、衡阳、湘东、零陵、邵陵、建昌、桂阳七郡，其后临贺、始兴、始安三郡来属；东晋"湘州沿革"载，东晋咸和三年（328）前，湘州统郡同西晋末，领长沙、衡阳、湘东、零陵、邵陵、建昌、桂阳、临贺、始兴、始安十郡；义熙八年（412）至十二年（416），湘州领长沙、衡阳、湘东、零陵、邵陵、桂阳、营阳、临贺、始兴、始安十郡。

《宋志》湘州刺史条载，"湘州刺史，晋怀帝永嘉元年，分荆州之长沙、衡阳、湘东、邵陵、零陵、营阳、建昌、江州之桂阳八郡立，治临湘。成帝咸和三年省。安帝义熙八年复立，十二年又省。宋武帝永初三年又立"；"建昌郡，晋惠帝元康九年，分长沙东北下隽诸县立，成帝咸康元年省"。《晋书·孝怀帝纪》载，永嘉元年（307）八月，"分荆州、江州八郡为湘州"。《晋志》荆州条载，"怀帝又分长沙、衡阳、湘东、零陵、邵陵、桂阳及广州之始安、始兴、临贺九郡置湘州"。《元和志》江南道五潭州条载，"怀帝分荆州湘中诸郡置湘州，南以五岭为界，北以洞庭为界"。钱大昕《廿二史考异·宋书一》湘州条载，"考营阳郡《晋志》以为穆帝立，此志亦云江左分零陵立，则怀帝时不应有营阳矣"。然据后文"两晋郡县补考"，西晋时当有营阳郡。故《宋志》载永嘉元年（307）所置湘州领有营阳郡，不误。

《宋志》《晋书·孝怀帝纪》皆载分荆州、江州置湘州，《元和志》称湘州"南以五岭为界"。又据《宋志》湘州刺史条，广兴、临庆、始建三郡国，于晋为始兴、临贺、始安三郡，西晋皆属广州，东晋成帝度荆州，宋文帝元嘉二十九年度广州，三十年度湘州。可见，《宋志》于此不言三郡两晋曾属湘州。《宋志》湘州刺史条又载，"元嘉十六年，立巴陵郡属湘州，后度郢"，刘宋湘州领长沙、衡阳、桂阳、零陵、营阳、湘东、邵陵、广兴（故始兴）、临庆（故临贺）、始建（故始安）十郡，且载营阳郡为"江左分零陵立"。陈健梅认为，"晋怀帝永嘉元年所置湘州统郡，为《宋书·州郡志》及《晋书·孝怀帝纪》所记载的八郡。《宋书·州郡志》湘州所统十郡，反映的是宋元嘉时期政区情况，《晋志》误袭《宋书·州郡志》湘州统郡，又冒然剔除'江左分零陵立'的营阳郡，却收录明言元嘉三十年自广州度属湘州的岭南三郡，并无视永嘉元年显然存在的建昌郡，从而在辖境和统郡问题上均造成疑义"[1]。故《晋志》所载湘州统郡不可从。

综上所述，湘州领郡当如《宋志》所载，西晋永嘉元年（307），分荆州、江州置湘州，领长沙、衡阳、湘东、邵陵、零陵、营阳、建昌、桂阳八郡；东晋咸和三年（328）省湘州，此前领郡不变；东晋义熙八年（412）复置湘州，领长沙、衡阳、湘东、邵陵、零陵、营阳、桂阳七郡，义熙十二年（416）又省。

28.西晋交州交趾郡交兴县条、东晋交州交趾郡交兴县条[2]，"交兴"当为"吴兴"。

《晋志》交州交趾郡有交兴县。《宋志》交州刺史交趾太守条载，"吴兴令，吴立"。据《南齐志》，交州交趾郡有吴兴县，无交兴县。方恺《新校晋书地理志》校曰："交兴，当从《州郡志》作吴兴。"马与龙《晋书地理志注》交兴条云，"三国吴县，曰吴兴。《州郡志》交趾太守下云'吴兴令，吴立'。按此《志》交兴当即吴兴也。宋因，曰吴兴"。此县为孙吴所立，当为"吴兴"，晋、宋、齐不改。故《晋志》所载"交兴"当误，此以"吴兴"为是。

29.西晋交州交趾郡封溪县条[3]，封溪县应自交趾郡移属武平郡。

《通史》此条考证："按：吴、《晋志》均属武平郡。检《艺文类聚》卷九十五兽部下猩猩条引《广志》：'（猩猩）出交趾封溪县。'又《寰宇记》卷一百七十九四夷哀牢国土俗物产亦引《广志》：'（猩猩）出交趾封溪县。'据魏兖州东郡谷城县条考证，《广志》撰者郭义恭乃晋初人，则晋初封溪县似又复属交趾郡。又《尔雅注疏》卷十'猩猩小而好啼'条郭璞注曰：'《山海经》曰："人面豕身能言语。"今交趾封溪出猩猩。'据《晋书》郭璞本传，其为西晋入东晋人，则封溪县晋时确属交趾郡，《晋志》阙载此县，误。"《通史》又于交州武平郡条云，"《晋志》误列武宁、封溪二县"。

《续汉志》交州交趾郡条载，"封溪，建武十九年置"。东汉置封溪县，

---

① 陈健梅：《晋怀帝湘州统郡考》，《中国史研究》2008年第2期。

② 胡阿祥、孔祥军、徐成：《中国行政区划通史·三国两晋南朝卷》，第754、891页。

③ 胡阿祥、孔祥军、徐成：《中国行政区划通史·三国两晋南朝卷》，第755页。

属交趾郡。《广志》载"（猩猩）出交趾封溪县"，可能郭义恭撰《广志》所据资料封溪县属交趾郡，当是就封溪县别属武平郡以前而言。《山海经·海内南经》郭璞注："今交州封溪出狌狌。"此为"交州"，而非"交趾"。《寰宇记》岭南道十四交州条载，"按交州界内，有吴武平郡封溪县，有兽名猩猩"。可见，孙吴时，封溪县已别属武平郡。当是孙吴置武平郡，封溪县遂来属。《南齐志》交州武平郡有封溪县。《宋志》交州刺史武平太守条，武平太守"领县六"，然仅列三县，且此三县应属新昌郡。孙彭《宋书考论》以《宋志》中武平郡领六县同《南齐志》。中华书局点校本《宋书》"校勘记"："《宋志》武平太守领县六，盖即《南齐志》之武平郡六县。"胡阿祥《宋书州郡志汇释》于此认为，"上'中华校''集释'是"①。故封溪县初置属交趾郡，吴置武平郡来属，晋、宋、南齐当不改。《晋志》中封溪县属武平郡，应不误。

30.西晋交州武平郡条②，武平郡当有武定县。

《晋志》中交州武平郡有武宁县。《通史》以"《晋志》误列武宁、封溪二县"，又未列武定县。据《晋志》，交州交趾郡又有武宁县。《宋志》交州刺史交趾太守条载，"武宁令，吴立"；九真太守条载，"武宁令，吴立。何《志》，武帝立。《太康地志》无此县，而交趾有"。《水经注·叶榆河注》载，"南越王知不可战，却军住武宁县，按《晋太康记》，县属交趾"。西晋时，武宁县当为交趾郡属县，《晋志》中武平郡有此县，当误。

《宋志》交州刺史武平太守条载，刘宋时，武平郡"领县六"，然后有脱文，不知刘宋武平郡领县。而《南齐志》交州武平郡条载，武平郡领武定等六县。据中华书局点校本《宋书》"校勘记"，"《宋志》武平太守领县六，盖即《南齐志》之武平郡六县"。《南齐志》中武平郡领县有武定县而无武宁县，且以武定县为首县。据此推测，《晋志》武平郡条中"武宁"当为"武定"之误。谭《图》"西晋交州"图，以武平郡领有武定县。谭《图》当据《南齐志》推武平郡领有武平县，可从。孟刚、邹逸麟编著《晋书地理志汇释》，"武宁县应为武定县"③。此亦以武平郡当有武定县。

---

① 胡阿祥：《宋书州郡志汇释》，第319页。

② 胡阿祥、孔祥军、徐成：《中国行政区划通史·三国两晋南朝卷》，第755页。

③ 孟刚、邹逸麟编著：《晋书地理志汇释》，第652页。

31. 西晋交州九德郡蒲阳县条①，"蒲阳"应为"浦阳"。

据《晋志》，九德郡有浦阳县。《水经注·温水注》载，"《晋书·地道记》，九德郡有浦阳县"。《宋志》交州刺史九德太守条载，"浦阳令，晋武帝分阳远立"。《南齐志》载，交州九德郡有浦阳县。据《隋志》，日南郡有浦阳县。《寰宇记》岭南道十五骥州浦阳县条载，"浦阳县，晋旧县"。故九德郡所领此县应为浦阳县，《通史》误为蒲阳县。

32. 西晋广州南海郡平夷县条②，"平夷"应为"新夷"。

据《晋志》，广州南海郡有平夷县。马与龙《晋书地理志注》南海郡平夷县条云，"'平'当作'新'，沿旧名致误"。《通史》以西晋南海郡领有平夷县，东晋改为新夷县；且于东晋广州南海郡新夷县条考证："西晋作'平夷'，《宋志》广州刺史新会太守条：'新夷令，吴立曰平夷，晋武帝太康元年更名，故属南海。'洪亮吉《东晋志》卷三广州新会郡新夷条云：'《晋书·地理志》尚名平夷'，《宋志》云云'似误'，则似于东晋改。"③以《宋志》体例，若东晋改县名，则云"江左改"，此言"晋武帝太康元年更名"当不误。又据《晋志》，益州牂柯郡有平夷县。西晋太康元年（280）平吴后，改原孙吴境内与西晋同名县。牂柯郡在平吴前属西晋，其境内平夷县名不改。南海郡自吴入晋后，当为避免与牂柯郡属县同名，遂改名新夷县。《宋书·孙处传》载，东晋末，"高祖平定京邑，以（孙处）为振武将军，封新夷县五等侯"。可见，东晋确有新夷县。孟刚、邹逸麟编著《晋书地理志汇释》，"平夷县应为新夷县"，"谭其骧主编《中国历史地图集》西晋太康二年图定名新夷"④。

33. 西晋广州桂林郡常安县条⑤，"常安（280—282）"，此条当删；西晋广州始安郡尚安县条⑥，"尚安（280—282，283—307后常安）"当为"常安（280—316）"。

---

① 胡阿祥、孔祥军、徐成：《中国行政区划通史·三国两晋南朝卷》，第757页。
② 胡阿祥、孔祥军、徐成：《中国行政区划通史·三国两晋南朝卷》，第759页。
③ 胡阿祥、孔祥军、徐成：《中国行政区划通史·三国两晋南朝卷》，第881页。
④ 孟刚、邹逸麟编著：《晋书地理志汇释》，第665页。
⑤ 胡阿祥、孔祥军、徐成：《中国行政区划通史·三国两晋南朝卷》，第762页。
⑥ 胡阿祥、孔祥军、徐成：《中国行政区划通史·三国两晋南朝卷》，第764页。

《通史》桂林郡常安县条考证："按：吴、《晋志》均无此县。检《寰宇记》卷一百六十二岭南道慕化县条：'本汉潭中县地，晋太康元年分吴所置武丰县，置长安县于此'又《宋志》桂林太守条：'常安，《太康地志》有而王隐无。'其时京兆郡有长安县，则当作常安县，当于太康元年置，太康四年废。"始安郡尚安县条考证："《晋志》作'常安'。据桂林郡常安县考证，太康元年桂林郡立常安县，太康四年废，则此后似改尚安县为常安县。"又东晋广州桂林郡常安县条考证："西晋末无此县，《宋志》桂林太守条：'常安，《太康地志》有而王隐无。'则王隐未见此县，当为东晋复置。"①

《通史》于此以《寰宇记》中"长安"当作"常安"，应是。《宋志》湘州刺史始建内史条载，"熙平令，吴立为尚安，晋武改"。刘宋始建郡国于两晋为始安郡。《晋志》中始安郡有熙平县。既然熙平县为孙吴尚安县所改，西晋平吴后始安郡不当有尚安县。《通史》以太康四年（283）废常安县，又以"似改尚安县为常安县"，并无史料依据。故《宋志》《晋志》所载常安县应为一县，孙吴有尚安县而西晋无此县名，《晋志》所载始安郡常安县并非尚安县改名；《宋志》所载桂林郡常安县应是东晋时此县自始安郡来属，并非复置，西晋桂林郡无常安县。又据上文"西晋'湘州沿革'"条所考，西晋时，始安郡并不属湘州，故始安郡常安县下限应至西晋亡。

34.西晋广州宁浦郡涧阳县条②，涧阳县当为简阳县。

《晋志》中无此县。马与龙《晋书地理志注》补为"简阳"。孟刚、邹逸麟编著《晋书地理志汇释》仍补为"简阳"③。《宋志》广州刺史宁浦太守条载，晋分"宁浦为涧阳"，"涧阳令，晋武帝太康七年立。《永初郡国》作'简阳'"。可见，《永初郡国》为"简阳"，而《宋志》记为"涧阳"。《晋书·阮籍传附阮放传》载，晋成帝时，阮放除交州刺史，"行达宁浦，逢陶侃将高宝平梁硕自交州还。放设馔请宝，伏兵杀之。宝众击放，败走，保简阳城，得免"。可见，东晋有简阳县。据《南齐志》广州宁浦郡条，宁浦郡领有简阳县。《隋志》郁林郡宁浦县条载，"宁浦，旧置宁浦郡，梁分立简阳郡。平陈，郡

---

① 胡阿祥、孔祥军、徐成：《中国行政区划通史·三国两晋南朝卷》，第889页。

② 胡阿祥、孔祥军、徐成：《中国行政区划通史·三国两晋南朝卷》，第764页。

③ 孟刚、邹逸麟编著：《晋书地理志汇释》，第681页。

废，置简州"。《旧唐志》横州宁浦县条载，"梁分置简阳郡"。《通典·州郡典十四》横州条载，"梁又置简阳郡"。故除《宋志》外，诸书皆书为"简阳"，当以"简阳"为是。

35. 东晋扬州临海郡宁海县条[①]，"宁海（317—420）"当为"宁海（347—420）"。

《宋志》扬州刺史临海太守条载，"宁海令，何《志》，汉旧县。按《二汉志》《晋太康地志》无"。末"志无"二字，《宋志》原本无，中华书局点校本《宋书》据《寰宇记》补。《元和志》江南道二台州宁海县条载，宁海县，"晋穆帝永和三年，分会稽之鄞县置宁海县"。《寰宇记》江南东道十台州宁海县条载，宁海县，"《临海记》云：'晋永和三年，分会稽郡八百户，于临海郡章安地立宁海县'"。据此，东晋临海郡宁海县应永和三年（347）置。

《晋志》载临海郡有宁海县。马与龙《晋书地理志注》云，"三国吴县。……此《志》载此县，盖本何《志》，疑汉末吴立，太康末省，永和中复立，宋因"。南宋嘉定间陈耆卿所撰《赤城志·地里门一》载，晋武帝太康元年（280），"析临海之北置宁海县（按《宁海土风志》：县，本汉回浦、鄞二县，太元二年裂鄞之八百户安北乡二百步置宁海县，与前说微不同）"。《赤城志》载太康元年（280）置宁海县，当有所据。

36. 东晋扬州临海郡乐安县条[②]，"乐安（343？—420）"当为"乐安（347—420）"。

《通史》此条考证："按：据《宋志》：'乐安令，晋康帝分始丰立。'晋康帝自咸康八年六月至建元二年九月在位，凡二年有余，故乐安之置当在康帝建元元年前后。"《元和志》江南道二台州乐安县条载，乐安县，"东晋穆帝永和三年，分始丰南乡置乐安县，属临海郡"。《寰宇记》江南东道十台州永安县条载，"顾野王《舆地志》云：'晋穆帝永和三年，分始丰南乡置乐安县，属临海郡'"。《元和志》《寰宇记》载永和三年（347）置乐安县，《宋志》载

---

① 胡阿祥、孔祥军、徐成：《中国行政区划通史·三国两晋南朝卷》，第796页。

② 胡阿祥、孔祥军、徐成：《中国行政区划通史·三国两晋南朝卷》，第796页。

为晋康帝时。据上文"宁海县"条，永和三年（347）复置宁海县，属临海郡。故乐安、宁海二县皆应是永和三年（347）置，同属临海郡。

37.东晋兖州条①，东晋末当于兖州旧地置北兖州。

《通史》述兖州沿革无北兖州，以东晋亡前仍为兖州。《宋书·武帝本纪中》载，东晋安帝义熙十二年（416）九月，刘裕伐后秦，"遣北兖州刺史王仲德先以水军入河，仲德破索虏于东郡凉城，进平滑台"。王仲德平滑台后，北兖州当治此。《宋志》兖州刺史条载，兖州刺史，"武帝平河南，治滑台"。"治滑台"者，当为北兖州。《宋书·萧思话传》载，"（萧思话）父源之字君流，历中书黄门郎、徐兖二州刺史、冠军将军、南琅邪太守。永初元年卒"。《南齐书·高帝纪》载，"宗人丹阳尹摹之、北兖州刺史源之并见知重"。据《南齐书》，《宋书》所载"徐兖二州"之"兖"应为北兖州。萧源之任北兖州刺史，应在东晋末。

东晋灭南燕后置北青州②，又分徐州置北徐州③，灭后秦后置北雍州④，皆有"北"字。钱大昕《十驾斋养新录》卷六"晋侨置州郡无'南'字"条称，

---

① 胡阿祥、孔祥军、徐成：《中国行政区划通史·三国两晋南朝卷》，第813页。

② 《宋志》青州刺史条载，"安帝义熙五年，平广固，北青州刺史治东阳城，而侨立南青州如故。后省南青州，而北青州直曰青州"。《宋书·向靖传》载，向靖字奉仁，小字弥，"高祖北伐，弥以本号侍从，留戍碻磝，遂屯石门、柏谷，迁督北青州诸军事、北青州刺史，将军如故"；《刘敬宣传》载，"（刘敬宣）出为使持节、督北青州军郡事、征虏将军、北青州刺史"。据《通鉴》，晋安帝义熙十三年（417）三月，"（刘）裕引军入河，以左将军向弥为北青州刺史，留戍碻磝"。《寰宇记》河南道十八青州条载，"安帝初，以广陵已侨立南青州，故此为北青州"。可见，刘裕灭南燕后置北青州。

③ 《宋志》南徐州刺史条载，"安帝义熙七年，始分淮北为北徐，淮南犹为徐州"。据《通鉴》，晋安帝义熙七年（411），"是岁，并州刺史刘道怜为北徐州刺史，移镇彭城"。可见，东晋义熙七年（411）置北徐州，治彭城。《宋书·武帝本纪下》载，刘裕称帝后，永初元年（420）七月，"征虏将军、北徐州刺史刘怀慎进号平北将军"。可见，刘宋初仍置北徐州。

④ 《宋书·武帝本纪中》载，义熙十二年（416），刘裕伐后秦，加领"北雍州刺史"。《魏书·岛夷刘裕传》亦载，刘裕北伐，"领北雍州刺史"。《宋书·宗室传·刘遵考传》载，"长安平定，以（刘遵考）督并州、司州之北河东、北平阳、北雍州之新平、安定五郡诸军事"。《晋书·安帝纪》载，义熙十四年（418）十一月，"赫连勃勃大败王师于青泥，北雍州刺史朱龄石焚长安宫殿，奔于潼关"。据此，东晋灭后秦后，于关中置有北雍州。《宋书·武帝本纪中》载，刘裕灭后秦，"以桂阳公义真为安西将军、雍州刺史，留腹心将佐以辅之"；《宋书·王镇恶传》载，"高祖留第二子桂阳公义真为安西将军、雍秦二州刺史，镇长安"。此载为"雍州"，当以"北雍州"为是。

"晋南渡后，侨立徐、兖、青诸州于江淮间，俱不加'南'字。刘裕灭南燕，收复青、徐故土，乃立北青、北徐州治之，而侨置之名如故。其时，兖境亦收复，不别立北兖州，但以刺史治广陵，或治淮阴，而遥领淮北实郡。义熙末，乃以兖州刺史治滑台，而二兖始分，然侨立之州，犹不称南。至永初受禅以后，始诏除北加南。此诏载于《宋书·本纪》，可谓信而有征矣"。东晋破后秦，占据兖州旧地全境，因南有侨立兖州，此新立兖州当称"北兖州"，与称北雍州、北青州、北徐州同。至永初元年（420），改北兖州为兖州，侨立兖州则加"南"字。

顺便提及的是，除北兖州、北雍州、北青州、北徐州，凡南土有侨郡者，北方实郡或也加"北"字。据《宋志·武帝本纪中》，义熙十二年（416）十月，"以徐州之彭城、沛、兰陵、下邳、淮阳、山阳、广陵、兖州之高平、鲁、泰山十郡，封公为宋公"；义熙十三年（417）十月，"以徐州之海陵、东安、北琅邪、北东莞、北东海、北谯、北梁、豫州之汝南、北颍川、北南顿凡十郡，益宋国"；元熙元年（419）正月，"以徐州之海陵、北东海、北谯、北梁、豫州之新蔡、兖州之北陈留、司州之陈郡、汝南、颍川、荥阳十郡，增宋国"。以上诸郡，北琅邪、北东莞、北东海、北谯、北梁、北颍川、北南顿、北陈留诸郡，皆有"北"字，除北陈留外，其他诸郡皆是原西晋徐州、豫州境内的实郡，去"北"后，东晋则皆置有侨郡。颇疑义熙十二年（416）立宋国后，凡是南土立有侨郡者，东晋末诸旧郡皆加"北"字。又《宋书·武帝本纪下》载，永初元年（420）八月，"诸旧郡县以北为名者，悉除；寓立于南者，听以南为号"。据此，刘宋王朝建立后，侨立郡县则加"南"字，而诸旧郡县悉除"北"字。

38. 东晋豫州颍川郡阳翟县条[①]，"阳翟（416—420）"当为"阳翟（317？—325，351—359，361—365，384—403，416—420）"。

据《宋志》豫州刺史颍川太守条载，刘宋初，颍川郡领有阳翟县；而司州刺史条载，东晋末，河南郡无阳翟县。《晋书·李矩传》载，"（元）帝嘉其功，除（李）矩都督河南三郡军事、安西将军、荥阳太守"；"及（元）帝践阼，以（李）矩为都督司州诸军事、司州刺史"；"矩乃表郭诵为扬武将军、阳翟

---

① 胡阿祥、孔祥军、徐成：《中国行政区划通史·三国两晋南朝卷》，第824页。

令"。可见，东晋初有阳翟县。又据《晋书·郭默传》，郭默"太兴初，除颍川太守"；为石勒将石聪战败，"乃奔阳翟"。东晋初，李矩、郭默先后为颍川太守，阳翟县当已属颍川郡。故颍川郡领阳翟县，应自东晋初起。然东晋十六国时，颍川郡于晋明帝太宁三年（325）入后赵，又自后赵入冉魏，晋穆帝永和七年（351）又自冉魏入东晋，升平三年（359）入前燕，升平五年（361）复入东晋，晋哀帝兴宁三年（365）又入前燕，其后又自前燕入前秦，晋孝武帝太元九年（384）自前秦入东晋，晋安帝元兴二年（403）入后秦，义熙十二年（416）再入东晋①。

39. 东晋青州济岷郡条②，济岷郡及其属县当删。

据后文"两晋郡县补考"西晋济岷郡及其属县条及"东晋侨郡补考"济岷侨郡条，青州济岷郡为西晋初所置，东晋青州无济岷实郡，所置为侨郡。故《通史》此条当删。

40. 东晋司州河南郡西东垣县条③，"西东垣"当为"西垣"。

《通史》据《宋志》为书为"西东垣"。据前文"《宋书·州郡志》补考"《宋志》司州刺史条，《宋志》中"西东垣"应为"西垣"。《通史》因袭《宋志》而误，当改。

41. 东晋司州弘农郡曲阳侨县条④，曲阳侨县当为朱阳实县。

《通史》据《宋志》而书为"曲阳"，又以《汉志》东海郡、《续汉志》下邳国有曲阳县，遂以《宋志》此载曲阳县为侨县。据后文"两晋郡县补考"东晋朱阳县条，《宋志》中"曲阳"应为"朱阳"，且朱阳县为实县。

42. 东晋荆州南郡临沮县条⑤，"临沮（317—420）"当为"临沮（347？—420）"。

---

① 魏俊杰：《十六国疆域与政区研究》，第90、139、205、238、333、335页。
② 胡阿祥、孔祥军、徐成：《中国行政区划通史·三国两晋南朝卷》，第829—830页。
③ 胡阿祥、孔祥军、徐成：《中国行政区划通史·三国两晋南朝卷》，第834页。
④ 胡阿祥、孔祥军、徐成：《中国行政区划通史·三国两晋南朝卷》，第835页。
⑤ 胡阿祥、孔祥军、徐成：《中国行政区划通史·三国两晋南朝卷》，第839页。

据《晋志》，襄阳郡有临沮县。又据后文"两晋郡县补考"东晋沮阳郡及其属县条，东晋咸和（326—334）中分襄阳置有沮阳郡，治临沮，领临沮等县，晋穆帝永和三年（347）已省沮阳郡。沮阳郡省，临沮县当自此别属南郡。

43. 东晋荆州南阳郡堵阳县条①**，"堵阳"，东晋末当为"赭阳"。**

《汉志》《续汉志》《晋志》中均作"堵阳"。《宋志》雍州刺史南阳太守载，《永初郡国志》中南阳郡领县有"赭阳"。又《魏志》襄州建城郡条及《南齐书·魏虏传》《梁书·曹景宗传》均作"赭阳"。《晋书·贾充传》载，"（贾）谧字长深。母贾午，（贾）充少女也；父韩寿字德真，南阳堵阳人，魏司徒暨曾孙"；《晋书·宗室传·谯刚王逊传附韩延之传》载，"韩延之字显宗，南阳赭阳人，魏司徒暨之后也。少以分义称，安帝时为建威将军"。可见，西晋堵阳县，东晋末已改为赭阳县。

44. 东晋荆州宜都郡夷道县条、夷陵县条②**，"夷道（317—420）"当为"夷道（317—362后，362后—405后西道，405后—420）"，"夷陵（317—420）"当为"夷陵（317—362后，362后—405后西陵，405后—420）"**

《水经注·江水注》载，"（江水）又东南过夷道县北，夷水从偍山县南，东北注之。夷道县，汉武帝伐西南夷，路由此出，故曰夷道矣。王莽更名江南。桓温父名彝，改曰西道"。由此可知，东晋时曾改夷道县为西道县。《晋书·桓玄传》载，"（桓玄以）桂阳郡公赐兄子濬，降为西道县公"。可见，东晋确有西道县。《三国志·吴书·吴主传》载，黄武元年（222），"改夷陵为西陵"。《水经注·江水注》载，夷陵，"吴黄武元年，更名西陵也，后复曰夷陵"。可见，夷陵、西陵县名曾互改。《晋书·毛宝传附毛璩传》载，"（桓）振遣桓放之为益州，屯西陵"；《桓玄传》载，"（桓）振遣桓放之为益州，屯夷陵"。据《通鉴》，晋安帝元兴三年（404）十二月，"桓振以桓放之为益州刺史，屯西陵"。《毛璩传》和《通鉴》所载"西陵"当是。东

---

① 胡阿祥、孔祥军、徐成：《中国行政区划通史·三国两晋南朝卷》，第841页。
② 胡阿祥、孔祥军、徐成：《中国行政区划通史·三国两晋南朝卷》，第844页。

晋因避桓彝讳，改夷陵县为西陵县。桓温为桓彝之子，"彝"与"夷"同音。桓温因灭成汉而得势，温势倾朝野在晋哀帝即位后，故避"夷"字之讳应在隆和元年（362）后。

东晋因避桓温父彝讳而改名的郡县不止夷道县、夷陵县，平夷郡和夫夷县也因避讳改"夷"字。《宋志》宁州刺史平蛮太守条载，"平蛮太守，晋怀帝永嘉五年，宁州刺史王逊分牂柯、朱提、建宁立平夷郡，后避桓温讳改"。《宋志》湘州刺史邵陵太守条载，"扶县令，汉旧县，至晋曰夫夷，汉属零陵，晋属邵陵。案，今云'扶'者，疑是避桓温讳去'夷'，'夫'不可为县，名故为'扶'云"。据此，东晋因"避桓温讳"改平夷郡为平蛮郡，改夫夷县为扶县。

据《宋志》荆州刺史宜都太守条，刘宋时，宜都郡所领此二县仍称"夷道""夷陵"。《晋书·毛宝传附毛璩传》载，义熙中，"以（毛）佑之斩（桓）玄功，封夷道县侯"。可见，东晋义熙（405—418）中复称夷道县。晋安帝义熙元年（405），桓玄篡位失败后，桓氏败落，前因避桓彝讳所改"夷"字的郡县部分复旧，西道县还称夷道县，西陵县还称夷陵县。

综上所考，隆和元年（362）后，东晋因避桓温父彝讳改夷道县为西道县，改夷陵县为西陵县；义熙元年（405）后，桓氏已败落，西道县、西陵县还称夷道县、夷陵县。

45. 东晋荆州长沙郡刘阳县、湘州长沙郡刘阳县条①，"刘阳"当为"浏阳"。

《通史》于荆州长沙郡刘阳县条考证，《宋志》作"浏阳"，然长沙走马楼吴简作"刘阳"，吴增仅《三国郡县表》卷八引吴谷朗碑以为"刘"旁无水，《晋志》亦作"刘阳"，遂以"《宋志》'浏阳'当为'刘阳'之讹"。孙吴置此县时，县名当为"刘阳"。然后来史籍书为"浏阳"，表明此后用名为"浏阳"。《水经注·浏水注》载，"浏水出临湘县东南、浏阳县西北，过其县东北与涝水合"。《元和志》江南道五潭州浏阳县条载，"吴置浏阳，因县南浏阳水为名"。据此，浏阳县因浏阳水得名。据前文《两晋十六国政区概述》"两晋十六国政区地名的源流"所述，一些水名的早期用字是没有水字旁的，后来才加三点水旁，刘阳改浏阳亦是。《晋书·孙盛传》载，"（孙盛）出补浏阳

---

① 胡阿祥、孔祥军、徐成：《中国行政区划通史·三国两晋南朝卷》，第847、851页。

令，太守陶侃请为参军"；《晋书·忠义传·易雄传》载，"易雄字兴长，长沙浏阳人也"。《宋书·何承天传》载，"长沙公陶延寿以为其辅国府参军，遣通敬于高祖，（何承天）因除浏阳令"。可见，东晋已为浏阳县。《宋志》载为浏阳县，当不误，因此前县名已为"浏阳"。

46.东晋江州建安郡邵武县条[①]，"邵武（317—420）"当为"邵武（317—323，323—420邵阳）"。

《宋志》江州刺史建安太守条载，"邵武子相，吴立曰昭武，晋武帝更名"。《元和志》江南道五建州邵武县条载，邵武县，"本汉冶县地，吴于此立昭武县，晋改为邵武"。《寰宇记》江南东道十三邵武军邵武县条载，邵武县，"本后汉东侯官县之北乡也，建安元年，孙策称会稽守，置南平县。吴景帝三年改为昭武县。晋太康三年改为邵武县。太宁元年又改为邵阳县。宋永初元年复为邵武县"。西晋因避司马昭之讳而改昭武为邵武县。据《寰宇记》，东晋太宁元年（323）改为邵阳县，宋武帝永初元年（107）复为邵武县。

47.东晋江州武昌郡条[②]，当补"沙羡（317—378）"。

《通史》此条云，"按，西晋末领县六，沙羡、高陵二县似于东晋后废，领县四"，其下未列沙羡县。《宋志》郢州刺史江夏太守条载，"沙羡令，汉旧县，吴省，晋武太康元年复立，治夏口。孝武太元三年，省并沙阳"。据此，东晋太元三年（378），沙羡县省入沙阳县。

48.东晋梁州上庸郡北吉阳侨县条[③]，北吉阳当非侨县，应为实县。

《通史》此条考证："按：据《宋志》上庸太守条：'吉阳令，《永初郡国》云北吉阳，何、徐无。'庐陵郡有吉阳县，则此北吉阳县为侨县。"《寰宇记》山南西道九金州平利县条载，"晋于今县平利川置上廉县，取上廉水为名，寻又改为吉阳县"。据《寰宇记》，吉阳县乃改上廉县而来，并非侨立。北吉阳县是相对吉阳县而名。又庐陵郡在南，此地于东晋无大乱，不致于有

---

① 胡阿祥、孔祥军、徐成：《中国行政区划通史·三国两晋南朝卷》，第856页。
② 胡阿祥、孔祥军、徐成：《中国行政区划通史·三国两晋南朝卷》，第857页。
③ 胡阿祥、孔祥军、徐成：《中国行政区划通史·三国两晋南朝卷》，第861页。

流民迁徙至上庸郡。故北吉阳县并非侨县，应为实县。

49.东晋梁州涪郡条①，此"涪郡"应为"涪陵郡"，且为侨郡，当删。

《通史》此条考证："按《元和志》卷三十江南道涪州涪陵县条云：'桓温定蜀，以涪郡理枳县城。'则永和三年时置涪郡，治枳县，然遍检《宋志》《晋书》《通鉴》均未见此郡，则此郡旋置旋没，枳县移属巴郡。"《元和志》所载"涪郡"应为"涪陵郡"之讹误。据后文"东晋侨郡补考"涪陵侨郡条，东晋曾以涪陵郡寄治枳县。按《通史》此编体例，本章考述东晋实州郡县沿革，不当以侨郡列入，故当删。

50.东晋梁州宕渠郡条②，此"宕渠郡"为侨郡，当删。

据后文"东晋侨郡补考"宕渠侨郡条，东晋宕渠郡为侨郡。按《通史》此编体例，本章考述东晋实州郡县沿革，不当以侨郡列入，故当删。

51.东晋益州晋原郡晋乐县条③，晋乐县当移属沈黎郡。

《通史》东晋益州沿革中有沈黎郡，然属县无晋乐县，而晋原郡属县有晋乐县。《晋志》益州条载，"李雄又分汉嘉、蜀二郡立沈黎、汉原二郡"；桓温灭成汉后，省汉原、沈黎二郡。据此，成汉曾置沈黎郡，东晋省。《宋志》益州刺史沈黎太守条载，沈黎太守，"《永初郡国》有，何无，徐云旧郡"。《永初郡国》有沈黎郡，故东晋末当复此郡。又《宋志》益州刺史晋原太守条载，"晋乐令，何《志》，故属沈黎，《晋太康地志》无沈黎郡及晋乐县"。晋乐县名有"晋"字，当为东晋所置。何《志》云"故属沈黎"，表明晋乐县先属沈黎郡，后属晋原郡。《宋志》沈黎太守条"领县四"，然下仅列三县。东晋置沈黎郡时当领四县，刘宋时，晋乐县别属晋原郡，沈黎郡遂领三县。故东晋时，晋乐县应属沈黎郡，不属晋原郡。

---

① 胡阿祥、孔祥军、徐成：《中国行政区划通史·三国两晋南朝卷》，第864—865页。

② 胡阿祥、孔祥军、徐成：《中国行政区划通史·三国两晋南朝卷》，第865页。

③ 胡阿祥、孔祥军、徐成：《中国行政区划通史·三国两晋南朝卷》，第867页。

52. 东晋益州东江阳郡汉安县条①，"汉安（384—404，413—420）"
应为"汉安（347？—373，384—404，413—420）"。

《元和志》剑南道下泸州泸川县条载，泸川县，"本汉江阳县也，属犍为
郡"，"晋穆帝于县置东江阳郡，领江阳县"；泸州江安县条载，江安县，"本
汉江阳县地也，李雄乱后，没于夷獠。晋穆帝于此置汉安县"；泸州合江县条
载，合江县，"本汉符县地，晋穆帝于此置安乐县"。据此，晋穆帝时置东江
阳郡，领江阳、汉安、安乐诸县。《通史》东晋益州东江阳郡无安乐县，后文
"两晋郡县补考"已作补考。由《元和志》所载可知，汉安县应与东江阳郡同
置。《通史》此条考证以为"似永和三年平蜀时置东江阳郡"。东江阳郡可能
是永和三年（347）平蜀时所置，然无史料确证。宁康元年（373），东江阳郡
为前秦占据；太元九年（384），此郡还属东晋②。

53. 东晋宁州晋宁郡条③，"晋宁郡（317—332，347—372，398—
420）"当为"晋宁郡（317—332，347—420）"，此下晋宁郡所领诸县
同改。

《通史》此条考证："按：咸和三年随州沦没，永和三年桓温西征灭成汉
后，复置晋宁郡。其后，宁康元年沦没于秦，又据《晋志》：'隆安二年，又
立晋熙、遂宁、晋宁三郡云。'则至隆安二年方复晋宁郡。"其实，《通史》不
仅以宁州晋宁郡为前秦占据，又以整个宁州曾为前秦占据。《通史》东晋宁州
部分云："宁康元年（373）诸郡陷没，太元九年（384）诸郡皆复，隆安二年
（398）晋宁郡得复。"④

《苻坚载记上》载，苻坚以"姚苌为宁州刺史"。据《通鉴》，晋孝武帝
宁康元年（373）十一月，前秦平巴蜀后，"姚苌为宁州刺史，屯垫江"。《通

---

① 胡阿祥、孔祥军、徐成：《中国行政区划通史·三国两晋南朝卷》，第869页。

② 魏俊杰：《十六国疆域与政区研究》，第234、238页。顺便需要指出的是，该书第275页"东江阳
郡"条以此郡仅领江阳县，有误；前秦承东晋置东江阳郡，此郡应领江阳、汉安、安乐等县。

③ 胡阿祥、孔祥军、徐成：《中国行政区划通史·三国两晋南朝卷》，第876页。

④ 胡阿祥、孔祥军、徐成：《中国行政区划通史·三国两晋南朝卷》，第871页。本文开篇注已
述，对于《通史》两晋州郡县出入两晋的时间，本文一般不作考辨。但本条不仅涉及宁州及晋宁郡是否
为前秦占据，而且涉及《晋志》所云"隆安二年，又立晋熙、遂宁、晋宁三郡云"之"晋宁"是否为宁州晋
宁郡问题，故作考辨。

史》以前秦占据宁州，或据此。除此，无任何史料表明前秦有宁州。据《晋志》，垫江县属梁州巴郡。若前秦占据东晋宁州，不当以宁州刺史屯垫江。且淝水之战后，又不言东晋收复宁州的任何记载。《苻坚载记上》又载，"桓石虔败姚苌于垫江，苌退据五城"。又据《通鉴》，晋孝武帝宁康二年（374）五月，"（晋）益州刺史竺瑶、威远将军桓石虔帅众三万攻垫江，姚苌兵败，退屯五城"。前秦不能控制垫江，又如何控制远在垫江之南、江水之南的东晋宁州。

又据《苻坚载记上》，前秦伐东晋梁益二州，"益州刺史周仲孙勒兵距（朱）彤等于緜竹，闻（苻）坚将毛当将至成都，仲孙率骑五千奔于南中。（杨）安、（毛）当进兵，遂陷益州。于是西南夷邛、莋、夜郎等皆归之"。据《通鉴》，晋孝武帝宁康元年（373）十一月，"（周）仲孙帅骑五千奔于南中，秦遂取梁益二州，邛、莋、夜郎皆附于秦"。《苻坚载记上》《通鉴》虽言西南夷归前秦，并不表明前秦占据东晋宁州，且《苻坚载记》《通鉴》仅言占据梁益二州，不言宁州。又周仲孙"奔于南中"，此"南中"即宁州。若前秦占据宁州，周仲孙当不会来奔。

《宋书·符瑞志中》载，"晋孝武帝太元十四年六月甲申朔，宁州刺史费统上言，所统晋宁之滇池县旧有河水，周回二百余里。六月二十八日辛亥，神马二匹，一白一黑，忽出于河中"；又载，"晋孝武帝太元十二年八月，甘露降宁州界内，刺史费统以闻"；《符瑞志下》载，"晋武帝太康元年十二月戊子，嘉瓠生宁州，宁州刺史费统以闻"。《水经注·温水注》载，"晋太元十四年，宁州刺史费统言，晋宁郡滇池县两神马，一白一黑，盘戏河水之上"。由此可见，东晋孝武帝时有宁州，领有晋宁郡，刺史为费统。《符瑞志下》所云"晋武帝太康元年"当为"晋孝武帝宁康元年"。由《宋书》此载，又可证宁康元年（373）前秦占据梁益二州之际，并非占据宁州，当时宁州刺史为费统。

又据上引《宋书》《水经注》，东晋太元十四年（389）确有晋宁郡。故《晋志》所云隆安二年（398）所置晋宁郡，非宁州晋宁郡。且隆安二年（398）前秦已亡，更不可能唯独占据晋宁一郡。《晋志》时在益州条中云"隆安二年，又立晋熙、遂宁、晋宁三郡"。其中，晋熙郡侨寄于绵竹（今四川绵竹市）[1]，

---

① 胡阿祥、孔祥军、徐成：《中国行政区划通史·三国两晋南朝卷》，第1580页。

遂宁郡属梁州，治巴兴（今四川蓬溪县西南）①。《晋志》此所言晋宁郡，或亦是侨郡，寄治梁州或益州某地。

综上述，东晋十六国时，前秦并未占据宁州，《晋志》益州条所云"晋宁"并非宁州晋宁郡。永和三年（347）东晋收复宁州之后，此地一直为东晋辖域。

54.东晋广州晋兴郡安广县条②，"安广（318—420）"，此条当删；东晋广州宁浦郡条③，增补"安广（318？—420）"。

《晋志》广州条载，郁林郡有安广县。《宋志》广州刺史晋兴太守条载，"晋兴太守，晋元帝太兴元年，分郁林立，晋兴、熙注、桂林、增翊、安广、广郁、晋城、郁阳"。据此，刘宋晋兴郡领有安广县。又据《宋志》广州刺史宁浦太守条，"《永初郡国》有安广县"。据此，刘宋初安广县属宁浦郡，后别属晋兴郡。或东晋太兴元年（318）置晋兴郡时，安广县自郁林郡别属宁浦郡。故东晋晋兴郡当未有安广县，而宁浦郡应增列安广县。

55.东晋广州桂林郡龙冈县条④，"龙冈"当为"龙定"。

《宋志》广州刺史桂林太守条载，"龙定令，晋武帝太康元年立桂林之龙冈，疑是《永初郡国》、何、徐并云龙定"。据此，《永初郡国》云为"龙定"，且"何、徐并云"，当东晋时已为龙定县。

56.东晋交州武平郡平道县条⑤，平道县下考证当删。

《通史》此条考证："按：西晋末无此县，《宋志》交州刺史武平太守条：'晋化长，江左立。'则其当为东晋新置。"而《通史》交州新昌郡晋化县条也有相同考证，显然此文应考晋化县设置，与平道县无关，平道县下考证当删。

① 胡阿祥、孔祥军、徐成：《中国行政区划通史・三国两晋南朝卷》，第863页。
② 胡阿祥、孔祥军、徐成：《中国行政区划通史・三国两晋南朝卷》，第888页。
③ 胡阿祥、孔祥军、徐成：《中国行政区划通史・三国两晋南朝卷》，第890页。
④ 胡阿祥、孔祥军、徐成：《中国行政区划通史・三国两晋南朝卷》，第889页。
⑤ 胡阿祥、孔祥军、徐成：《中国行政区划通史・三国两晋南朝卷》，第893页。

57. 东晋交州九真郡军安县条①，"军安（？—420）"当为"军安（317—420）"，其下考证当删。

《通史》此条考证："西晋末无此县，其当为东晋新置。"然《通史》西晋交州九真郡有军安县，且列为"军安（283后—316）"。显然《通史》以西晋末有军安县。故东晋军安县条考证当删，军安县当与九真郡沿革同。

---

① 胡阿祥、孔祥军、徐成：《中国行政区划通史·三国两晋南朝卷》，第893页。

下编

两晋十六国政区研究补考

两晋郡县补考

西晋时期的郡县,《晋书·地理志》大多有载,还有不少郡县见于《晋志》之外的文献。清代以来学者校注《晋志》,基本就其记载的内容作考辨。洪亮吉《东晋疆域志》补有东晋时期的一些郡县,但存在的问题很多。《中国行政区划通史》两晋部分,代表目前两晋政区研究新水平,但所记两晋郡县仍有缺失。下文以《中国行政区划通史》两晋部分为研究基础,对其中缺失的郡县加以补考①。

1.西晋上郡及其属县

战国时魏国始置上郡,三国时魏文帝省②。《晋书·匈奴传》载,郭钦上疏言"宜及平吴之威,谋臣猛将之略,出北地、西河、安定,复上郡","帝不纳"。可见,晋武帝时,郭钦建议复上郡,事未成。《寰宇记》关西道四同州白水县条载,"彭衙故城,在今县东北六十里,有古城。《左传》:'秦、晋战于彭衙。'即此也。后汉安帝以上郡避羌寇寄理于此,因省衙县。晋惠帝再置,寻又省焉"。据此,东汉安帝后,上郡寄治衙。晋惠帝时,再置衙

---

① 西晋时有广川、平昌等王国(后为郡),已于后文"两晋郡王郡公封国考"有考,下文不再重考。《宋书·蛮夷传·百济国传》载,"百济国,本与高骊俱在辽东之东千余里,其后高骊略有辽东,百济略有辽西。百济所治,谓之晋平郡晋平县"。马与龙《晋书地理志注》据《百济国传》补晋平郡晋平县。孟刚、邹逸麟《晋书地理志汇释》,据马与龙注于平州补入晋平郡、晋平县,第243—244页。其实,百济国不可能占据辽西之地,《宋书》此载不可信。

② 《史记·秦本纪》载,"魏筑长城,自郑滨洛以北,有上郡","(秦惠文君)十年,张仪相秦,魏纳上郡十五县";《史记·匈奴列传》载,"魏有河西、上郡以与戎界边","(秦)惠王击魏,魏尽入西河及上郡于秦"。可见,战国时魏国已置上郡,后入秦国。据《汉志》《续汉志》,两汉仍置上郡。《晋志》并州条载,"灵帝末,羌胡大扰,定襄、云中、五原、朔方、上郡等五郡并流徙分散"。《元和志》关内道三丹州条载,"秦置三十六郡,属上郡。汉因之。魏文帝省上郡。其地晋时戎狄居之"。

县，当属上郡。《晋书·孝愍帝纪》载，建兴四年（316）四月，"刘曜寇上郡，太守籍韦率其众奔于南郑"。据《刘聪载记》，晋愍帝时，"（刘）曜进攻上郡，太守张禹与冯翊太守梁肃奔于允吾"。可见，晋愍帝时有上郡。十六国时，仍有上郡①，当承西晋而置。故西晋惠帝后，应置上郡，当属雍州，领衙县等县。

2.西晋武兴郡、晋兴郡及其属县

《晋志》凉州条载，"永宁中，张轨为凉州刺史，镇武威，上表请合秦雍流移人于姑臧西北，置武兴郡，统武兴、大城、乌支、襄武、晏然、新鄣、平狄、司监等县。又分西平界置晋兴郡，统晋兴、枹罕、永固、临津、临鄣、广昌、大夏、遂兴、罕唐、左南等县"。据此，似永宁（301—302）中置武兴郡。然"永宁中"是张轨任凉州刺史的时间，未必是武兴郡设置时间。据《晋书·张轨传》，"永宁初，（张轨）出为护羌校尉、凉州刺史"；"及京都陷，（张）斐等皆没于贼。中州避难来者日月相继，分武威置武兴郡以居之"；"（张轨）在州十三年"而卒。《晋书·孝愍帝纪》载，建兴二年（314）四月，"太尉、领护羌校尉、凉州刺史、西平公张轨薨"。据《张轨传》，武兴郡应于永嘉五年（311）洛阳失陷后所置，晋兴郡也非"永宁中"所立②。张轨虽肇前凉之基，但仍为晋臣。张轨分凉州西平郡置晋兴郡，应仍属凉州；于姑臧西北置武兴郡，也在凉州境内。故西晋末，凉州应有武兴郡、晋兴郡③，领县当如《晋志》所载。

---

① 《刘曜载记》载，"石勒将石他自雁门出上郡"；《慕容儁载记》载，后赵亡后，"张平跨有新兴、雁门、西河、太原、上党、上郡之地"；《慕容暐载记》载，申绍上疏称，"今鲁阳、上郡，重山之外，云阴之北，四百有余，而未可以羁服塞表，为平寇之基"；《苻坚载记上》载，苻坚遣幽州刺史苻洛讨代王涉翼犍，"又遣后将军俱难与邓羌等率步骑二十万，东出和龙，西出上郡，与洛会于涉翼犍庭"。可见，十六国时仍有上郡。

② 日本学者前田正名认为晋兴郡置于西晋永嘉二年（308），或是，见前田正名《前凉国の境域について》，《驹沢大学文学部研究纪要39》，1981年。

③ 胡阿祥、孔祥军、徐成：《中国行政区划通史·三国两晋南朝卷》，第四编第一章第九节"凉州沿革"载，"直至西晋结束，凉州仍隶晋室"，第650页。"凉州沿革"节于凉州及凉州所统诸郡下限为建兴四年（316）。晋兴郡即为凉州刺史张轨分凉州西平郡立，当仍属凉州。故西晋末凉州应有晋兴郡。东晋时侨郡多见，西晋时侨郡仅见武兴郡。武兴郡虽有侨郡性质，仍为西晋末境之郡，当应入西晋凉州政区。

3.西晋安故郡及其属县

据《晋书·张轨传附张寔传》，张寔以匈奴汉国兵逼长安，遣韩璞等东赴国难，"命讨虏将军陈安、故太守贾骞、陇西太守吴绍各统郡兵为璞等前驱"。据中华书局点校本《晋书》"校勘记"可知，此"故太守贾骞"当为"安故太守贾骞"。《通鉴》晋元帝建武元年（317）正月亦载此事，作"安故太守贾骞"。据此，西晋末当有安故郡。据《乞伏国仁载记》，西晋曾于陇西地区置安固郡。此"安固郡"当为张氏所立安故旧郡。《宋志》益州刺史安固太守条载，"安固太守，张氏于凉州立。晋哀帝时，民流入蜀，侨立此郡"；又载，"桓陵令，张氏立"；秦州刺史安固太守条载，"安固太守，《永初郡国志》有安固，又有南安固"，领桓陵县和南桓陵县。可见，张氏立安故郡，属凉州，桓陵县当与安故郡同立。据《汉志》《续汉志》，两汉陇西郡有安故县，《晋志》无此县。西晋末置安故郡，当复立安故县，属安故郡。故西晋末当有安故郡，属凉州，或领安故、桓陵等县[①]。

4.西晋武陵郡及其属县

《华阳国志·巴志》巴东郡条，"蜀平，（罗）献仍其任，拜凌江将军，领武陵太守。泰始二年，吴大将步阐、唐咨攻献，献保城，咨西侵至朐忍"；"吴武陵太守孙恢寇南浦，安蛮护军杨宗讨之，退走，因表以宗为武陵太守，住南浦，诱邮武陵蛮夷，得三县初附民"；又载朐忍、南浦等县属巴东郡。可见，西晋初有武陵郡，与巴东郡相接。《宋志》荆州刺史巴东公相条载，"黾阳令，何《志》不注置立。晋末平吴时，峡中立武陵郡，有黾阳、黔阳县。咸宁元年并省"。胡阿祥"疑此处'晋末平吴时'当作'晋末平吴时'，'未''末'盖形近致讹"[②]。《宋志》于"巴东公相"载此，武陵郡当西晋分巴东郡所立，当时应属梁州。故西晋泰始（265—274）中置武陵郡，属梁州，领黾阳、黔阳二县，咸宁元年（275）省。

---

① 郑炳林认为安故郡治安故县，领安故、石门、桑城三县，见郑炳林《前凉行政区划初探（沙州河州）》，《敦煌学辑刊》1993年第2期。然此文所用史料，不能确证前凉有石门、桑城二县。姑存此。

② 胡阿祥：《宋书州郡志汇释》，第174页。

5.西晋南广郡及其属县

蜀汉曾置南广郡，后省[①]。《宋志》宁州刺史南广太守条载，"南广太守，晋怀帝分朱提立"。据此，晋怀帝复立南广郡。《晋书·王逊传》载，晋怀帝永嘉四年（310），任王逊为宁州刺史，逾年乃至宁州；王逊在宁州，"分朱提为南广郡"。《华阳国志·南中志》载，"朝庭以广汉太守魏兴王逊为南夷校尉、宁州刺史，代（李）毅。自永嘉元年受除，四年乃至"。《华阳国志》与《晋书》记载为宁州刺史及到州时间不同，然皆在晋怀帝时。《晋书·孝愍帝纪》载，建兴四年（316），"五月，平夷太守雷炤害南广太守孟桓，帅二郡三千余家叛，降于李雄"[②]。可见，晋愍帝时有南广郡。《南中志》又载，"平乐郡……后太守建宁董霸叛降李雄，郡县遂省。宁州北属，雄复为郡"。平乐郡应太守降成汉而省，南广郡也当因太守降成汉且郡民北徙而省。《南中志》又载，王

---

① 《华阳国志·南中志》载，"南广郡，蜀延熙中置，以蜀郡常竺为太守。蜀朝召竺入为侍中，巴西令狐衷代之。建武九年省"。刘琳认为此"建武"应为"郡建"，依据是《华阳国志·巴志》宕渠郡条载，宕渠郡"延熙中置……郡建九年省……李雄复置，今遂为郡"，见常璩撰，刘琳校注：《华阳国志校注》，巴蜀书社1984年，第419页。任乃强改"建武九年"为"建武元年"，并按"惠帝、元帝皆曾改元建武亦各只一年"；且言，"杨守敬《三国郡县表考证》云：'当是泰始九年省'，盖谓'建'当作'晋'，晋武帝即位之九年即泰始九年，于文帝字可省也。《晋书》录《泰康地志》朱提郡五县中有南广，别无南广郡。是泰康时已省郡存县之证。然常氏降江左后，悉改其书中蜀年号从晋，对核审慎，无舍年号而称晋武之例。泰始九年犹未平吴，于晋事多仍旧惯，无省郡之必要。惟惠帝建武元年（304）李雄入成都，罗尚败屯巴郡，蜀民大流徙，南广沦没，乃有省郡可能。是作建武元年省者也。杨说与作建武九年者皆非也"，见常璩撰，任乃强校注：《华阳国志校补图注》，上海古籍出版社1987年，第279页。《晋志》中南广县属朱提郡，表明西晋前期应无南广郡，当在蜀汉时已省。刘琳改"建武"应为"郡建"，当是。

② 拙作《十六国疆域与政区研究》据《晋书·孝愍帝纪》此载，遂以为平夷、南广二郡晋愍帝建兴四年（316）入成汉。然平夷太守虽帅二郡三千余家降于李雄，此二郡之地并未入成汉。据下文晋元帝时南广郡省入朱提郡，也表明此前南广郡未入成汉。又据拙作相关研究，晋成帝咸和八年（333），宁州刺史尹奉降成汉，宁州之地皆为成汉疆土。故南广之地和平夷郡当于咸和八年（333）与宁州同入成汉。故《十六国疆域与政区研究》第150—151页"时平夷、南广与李雄之地相接，雷炤杀孟桓后，降于李雄，平夷、南广之地即入成"应删；第152页"成玉衡六年（316），得平夷郡、南广郡"应删；第161页"成玉衡六年（316），平夷郡、南广郡入成汉，当属宁州"应删，"成玉衡十三年（323），越嶲郡自东晋来属"改为"成玉衡十三年（323），越嶲郡入成汉，当属宁州"，领建宁等十七郡中的"南广"应删；第162页第一行"十七郡"改为"十六郡"，"成新置平乐郡"改为"成新置平乐郡、南广郡"；第163页"南广郡（316—347）"改为"南广郡（333—347）"，"成玉衡六年（316）"改为"成玉衡二十三年（333）"；第166页"平夷郡（316—347）"改为"平夷郡（333—347）"，"成玉衡六年（316）"改为"成玉衡二十三年（333）"。

逊为宁州刺史，"表（李）钊为朱提太守，治南广"；又载，"元帝世，（宁州）刺史王逊移朱提治郡南广，太守李钊数破（李）雄，杀贼大将乐初。后刺史尹奉却郡还旧治。及雄定宁州，复置郡"。据此，晋元帝时，为防成汉李雄攻宁州，刺史王逊将朱提郡移治南广，也表明此前南广之地已并入朱提郡。李雄占据宁州后，复立南广郡。故晋怀帝分朱提立南广郡，当领南广等县，或晋愍帝建兴四年（316）省入朱提郡，成汉李雄复立。

6.西晋平乐郡及其属县

《华阳国志·南中志》载，"平乐郡，元帝建兴元年刺史王逊割建宁之新定、兴迁二县，新立平乐、三沮二县，合四县为一郡。后太守建宁董霸叛降李雄，郡县遂省。宁州北属，雄复为郡，以朱提李壮为太守"；又载，"晋太安二年，分（建宁郡）为益州、平乐二郡"。建兴为晋愍帝年号，《南中志》载为"元帝"当误。《南中志》一言"建兴元年"置平乐郡，一言"太安二年"置。若平乐郡为宁州刺史王逊所置，当不会在"太安二年"，当以建兴元年（313）为是。据《通鉴》，晋愍帝建兴四年（316），"五月，平夷太守雷照、平乐太守董霸帅三千余家叛，降于成"。据《通鉴》可知，晋愍帝时已有平乐郡，又证《南中志》中"元帝"为误。又据《南中志》《通鉴》，晋愍帝建兴四年（316），平乐太守董霸降成汉，遂省平乐郡，成汉李雄复置。《宋志》中无平乐郡，此郡在东晋当已省。故西晋建兴元年（313），分建宁置平乐郡，领新定、兴迁、平乐、三沮四县，建兴四年（316）省，成汉李雄复置，东晋当又省。

7.西晋济岷郡及其属县

《宋志》青州刺史济南太守条载，"晋世济岷郡，云魏平蜀，徙蜀豪将家于济、河，故立此郡。安帝义熙中土断，并济南。案《晋太康地志》无济岷郡"。《晋志》青州济南郡条载，"或云魏平蜀，徙其豪将家于济河北，故改为济岷郡。而《太康地理志》无此郡名，未之详"。钱大昕《十驾斋养新录》卷六"济岷郡"条，认为"此条亦《晋志》之误"，"济岷一郡，侨置并合之迹，《宋志》历历可考，修晋史者，采无稽之谈，不一检照正史，甚矣其无识也。济岷郡本江左立，则《太康地志》自不应有此郡，而徙蜀豪家之说，不辨而知其诬矣"。钱氏据《宋志》所云济岷郡"并合之迹"，为济岷侨郡并合之迹。

《宋志》所云"安帝义熙中土断,并济南",是济岷侨郡并入济南侨郡。然据此而断定西晋曾未设置实土济岷郡,恐难以成立。《宋志》南兖州刺史条载,"济岷郡（江左立）领营城、晋宁（江左立）凡二县"。据后文"东晋侨郡补考"济岷侨郡条,《宋志》南兖州刺史条所云江左立,是东晋于下邳郡境立济岷侨郡,而非东晋于青州境立济岷侨郡。《宋志》云"徙蜀豪将家于济、河",当非无中生有,西晋初应分青州济南置济岷郡。《晋太康地志》无济岷郡,此郡当在太康（280—289）初年已省。西晋初又曾分天水置秦川郡,分巴东置武陵郡,皆于太康初年已废。济岷郡的情况应与秦川、武陵二郡同。又据后文"东晋侨郡补考"济岷侨郡条,济岷侨郡领有晋宁、营城等侨县。晋宁、营城二县,或西晋初与济岷郡同置,又与郡同废。

8.西晋东牟郡及其属县

《晋书·孝怀帝纪》载,永嘉元年（307）二月,"东莱人王弥起兵反,寇青徐二州,长广太守宋罴、东牟太守庞伉并遇害"。可见,西晋末有东牟郡。《晋书·惠帝纪》载,永宁元年（301）六月,"封齐王冏功臣葛旟牟平公"。可见当时有牟平县。《元和志》河南道六青州益都县条载,"广固城,在县西四里。晋永嘉五年,东莱牟平人曹嶷为刺史所筑"。此亦表明西晋末东莱郡领有牟平县。东牟置郡后,牟平县当别属东牟郡。《寰宇记》河南道二十登州文登县条载,"东牟故城,在县西北十里。汉东牟县地也,属东莱郡,有铁官、盐官。高后六年封齐悼惠王子兴居为侯。至宋省"。据此,刘宋前当有东牟县。明末屠乔孙等辑录《十六国春秋·南燕录三》载,"刘昶,本平原人也。世仕慕容氏,昶从德南渡河,因家于北海之都昌县。子奉伯,为超东牟令,后归刘裕为北海太守"。刘奉伯为刘休宾父。据《魏书·刘休宾传》和《北史·刘休宾传》,皆仅言奉伯为刘宋北海太守,不言为慕容超东牟令,屠乔孙等或另有所据。据《汉志》《续汉志》,西汉东莱郡有东牟、牟平等县,东汉东莱郡有牟平县和东牟侯国。东牟、牟平二县,《晋志》无,当在西晋末复,后属东牟郡。故西晋末分东莱置东牟郡,领东牟、牟平等县。《魏书·张彝传》载,"（张彝）曾祖幸,慕容超东牟太守"。可见南燕有东牟郡。南燕东牟郡应与西晋末所立东牟郡有一定关系。

9. 西晋营阳郡及其属县

孙吴甘露元年（265）分零陵置营阳郡[①]，后省。《宋志》湘州刺史营阳太守条载，"营阳太守，江左分零陵立"，领营浦、营道、舂陵、泠道四县。《晋志》荆州条载，"穆帝时，又分零陵立营阳郡"。《晋书·孝怀帝纪》载，永嘉元年（307）八月，"分荆州、江州八郡为湘州"。《宋志》湘州刺史条载，晋怀帝永嘉元年（307），分荆州置湘州，领有营阳等八郡。钱大昕《廿二史考异·宋书一》湘州条载，"考营阳郡《晋志》以为穆帝立，此志亦云江左分零陵立，则怀帝时不应有营阳矣"。然据《晋书·宗室传·谯刚王逊传附闵文承传》，晋元帝时，"以（谯王）承监湘州诸军事、南中郎将、湘州刺史"；王敦叛乱间，"零陵太守尹奉首同义谋，出军营阳，于是一州之内皆同义举"。可见，东晋初，湘州领有营阳郡，当承西晋[②]。晋怀帝永嘉元年（307），置湘州，领有营阳郡，营阳郡当置于此年。故西晋末分零陵置营阳郡，当领营浦、营道、舂陵、泠道四县。

10. 东晋华山郡及其属县

据《姚兴载记上》，"（姚）兴率众寇湖城，晋弘农太守陶仲山、华山太守董迈皆降于兴"；《姚兴载记下》，"华山郡地涌沸，广袤百余步"。可见，东晋、后秦有华山郡。华山郡，当东晋置。李万生认为西晋已置华山郡，以为《魏志》华阴等四县小注"后属""后罢"之"后"是在"西晋太康三年至西晋末"，不当在东晋[③]。据下文所考，北魏华山郡与东晋华山郡有别，即便"后属""后罢"之"后"不在东晋，也有可能是在北魏间"后属""后罢"。李氏又将晋惠帝间氐羌乱关中与华山郡设立相关联，出于臆测，不足为证。毫无史料记载西晋有华山郡或有华山太守，故西晋置华山郡之说不可从。李氏以东晋于太元十一年（386）后置华山郡，可从。

---

① 《水经注·湘水注》载，"营水又东北迳营浦县南，营阳郡治也。魏咸熙二年，吴孙皓分零陵置，在营水之阳，故以名郡矣"。魏咸熙二年（265）即孙吴甘露元年。《元和志》江南道五道州条载，道州，"秦属长沙郡，汉属长沙国，武帝分长沙置零陵郡，吴分零陵置营阳郡，今州是也，以郡在营水之南，因以为名"。

② 陈健梅认为，晋怀帝置湘州，领有营阳郡，见陈健梅《晋怀帝湘州统郡考》，《中国史研究》2008年第2期。

③ 李万生：《记两晋南北朝之华山郡》，载北京大学中国古代史研究中心编《田余庆先生九十华诞颂寿论文集》，中华书局，2014年，第306—330页。

有关东晋、后秦之华山郡，自胡三省以来已有不同见解。《通鉴》晋安帝隆安元年（397）九月载，东晋华山太守董迈降后秦，胡三省注："华山郡，晋分弘农之华阴、京兆之郑、冯翊之夏阳、合阳置。"顾祖禹《读史方舆纪要·陕西三》华州条载，华州，"后魏为华山郡，《地志》：'东晋太元十二年，分弘农之华阴、京兆之郑、冯翊之夏阳、郃阳等县置华山郡，后魏盖因晋旧。'"对于顾氏的看法，张侯生在《魏书地形志校释》提出此为"妄言"，其依据为"是年前秦苻登、后秦姚苌方酣斗于关中，东晋隔绝，安得有此。本书卷四十五《韦阆传》：'子范试守华山郡，高宗时赐爵兴平男。'是郡置当在世祖时也"；而胡阿祥以为"张侯生《魏书地形志校释》谓华山郡置于北魏世祖太武帝时，非"，"据《魏书·地形志》下华州华山郡领县五，即华山、郑、夏阳、敷西、郃阳，颇疑分弘农之华阴、京兆之郑、冯翊之夏阳而置郡"[①]。此为各家对东晋华山郡设置的看法。

《晋志》不载华山郡。《魏志》华州华山郡条载，华山郡领华阴、郑、夏阳、敷西、郃阳五县，其中敷西县为"太和十一年分夏阳置"。胡三省注和顾祖禹《读史方舆纪要》所载华山郡领县当据《魏志》，胡氏、顾氏皆以为北魏华山郡是承东晋而置。然据《魏志》开篇序文可知，《魏志》依永熙版籍和武定版籍而编订。永熙（532—534）、武定（543—550）分别是北魏和东魏的最后一个年号。且由《魏志》的注文可知，北魏时期的政区变化很大。魏末的华山郡领县，很难说与东晋华山郡领县相同。张侯生提出北魏太武帝置华山郡，其史料依据是《魏书·韦阆传》，而另一条史料是张氏所未用的。《寰宇记》关西道五华州条引《后魏书》载，"太平真君元年置华山郡"。太平真君（440—451）为北魏太武帝的年号。据《寰宇记》，又可证北魏华山郡为太武帝置，并非承东晋华山郡而来。

张氏又言"是年（指太元十二年）前秦苻登、后秦姚苌方酣斗于关中，东晋隔绝，安得有此"，亦是当时事实。前秦兵败淝水以后，东晋乘机大举北伐，其向西北拓展最远推进到潼关附近的华阴县。据上引胡注可知，晋孝武帝太元十一年（386）东晋置有湖、陕二戍。又据《通鉴》，晋孝武帝太元十七年（392）十月，"秦主（苻）登以窦冲为左丞相，冲徙屯华阴。郗恢遣将军赵睦守金墉，河南太守杨佺期帅众军湖城，击冲，走之"；太元十八年

---

① 胡阿祥：《宋书州郡志汇释》，安徽教育出版社，2006年，第223页。

（393），"氐帅杨佛嵩叛，奔后秦，杨佺期、赵睦追之。九月，丙戌，败佛嵩于潼关。后秦将姚崇救佛嵩，败晋兵，赵睦死"。东晋北伐遂止兵于此。京兆郡郑县已于太元十五年（390）归后秦[①]。据谭《图》"西晋雍州"图，冯翊郡在渭水以北、河水以西，也在在潼关以西，而夏阳、郃阳又在冯翊郡东北。东晋不能得京兆郡郑县，焉能得更远的冯翊之夏阳、郃阳二县。因此，东晋所置华山郡不会领有郑、夏阳、郃阳三县。

东晋所立华山郡领县需再作考订。《通鉴》载"秦主兴入寇湖城，弘农太守陶仲山、华山太守董迈皆降之"，可见华山郡当与弘农郡为邻，而湖县有可能属华山郡。又据华山郡的得名可知，此郡距华山不远。华阴县在当时为东晋控制，在华山之下，当属华山郡。故疑东晋分弘农郡华阴、湖二县置华山郡。

《晋志》司州弘农郡条载，弘农郡领弘农、湖、陕、宜阳、黾池、华阴六县。《宋志》司州刺史条载，刘裕"北平关、洛"，置司州，"领河南、荥阳、弘农实土三郡"，弘农郡领"弘农、陕、宜阳、黾池、卢氏、曲阳凡七县"。《宋志》所言"七县"疑为"六县"[②]。刘裕北平关、洛在晋安帝义熙十三年（417），此距后秦主姚兴占据华山郡仅20年。东晋末，华山郡当属雍州，故《宋志》司州条无此郡。据后文"东晋朱阳县"条，《宋志》中"曲阳"当为"朱阳"之误。《宋志》不载弘农郡领华阴、湖二县，应有别属，当是别属华山郡。东晋末，华山郡又入赫连夏[③]。或夏省华山郡，北魏灭夏后，至太武帝又置新的华山郡。故东晋太元十一年（386）后置华山郡，当领华阴、湖等县，隆安元年（397）入后秦。

---

① 据《通鉴》，晋孝武帝太元十五年（390）七月，"冯翊人郭质起兵于广乡以应秦（胡注：魏收《地形志》，郑县有广乡原。郑县时属京兆）"；"于是三辅壁垒皆应之；独郑县人苟曜聚众数千附于后秦。秦以质为冯翊太守。后秦以曜为豫州刺史"；"十二月，郭质及苟曜战于郑东，质败，奔洛阳（胡注：郑东，郑县之东也）"。郭质奔洛阳后，郑县地当入后秦。

② 钱大昕《廿二史考异·宋书一》州郡志二司州条："'弘农郡领弘农、陕、宜阳、黾池、卢氏、曲阳凡七县'，今数之，止六县"。

③ 《齐故直阁将军员外散骑侍郎镇东将军金紫光禄大夫□阳太守广州大中正皇甫公墓志铭》载，"君讳琳，字洛起，安定朝那人也"，"□祖预，赫连时荆州刺史、大将军、大司马"，见赵超《汉魏南北朝墓志汇编》，天津古籍出版社，1992年，第404页。可见夏有荆州。《晋书》雍州条载，夏"平刘义真于长安"后，以"荆州刺史镇陕"。此"陕"即弘农郡陕县。据《通鉴》，宋文帝元嘉三年（426）十一月，北魏伐夏，"夏弘农太守曹达闻周几将至，不战而走；魏师乘胜长驱，遂入三辅"。夏有弘农太守，是占据了弘农郡。华山郡在弘农郡之西，弘农郡入夏，华山郡也应归属夏。

11.东晋上洛郡及其属县

据《晋志》，西晋司州有上洛郡，领上洛、商、卢氏三县。《晋书·孝愍帝纪》载，建兴四年（316）八月，"散骑常侍华辑监京兆、冯翊、弘农、上洛四郡兵，东屯霸上"。可见，西晋亡前仍有上洛郡之名。西晋亡后，上洛郡地先后为前赵、后赵、前秦占据。《苻健载记》载，"（苻）雄遣（苻）菁掠上洛郡，于丰阳县立荆州"；桓温来伐，"攻上洛，执（苻）健荆州刺史郭敬"。据此，前秦有上洛郡，属荆州，且有丰阳县，属上洛郡。然桓温北伐失败，上洛郡复为前秦占据。《苻生载记》载，"牛夷惧不免祸，请出镇上洛"。可见，前秦苻生时又有上洛郡。《晋志》雍州条载，前秦"移洛州居丰阳"。据《通鉴》，晋孝武帝太元五年（380）八月，前秦"移洛州刺史治丰阳"；太元九年（384）五月，"秦洛州刺史张五虎据丰阳来降"。可见，前秦后期，上洛郡属洛州；淝水之战后，上洛郡入东晋。故太元九年（384）后，东晋应有上洛郡。

《晋书·郗鉴传附郗恢传》载，"（郗）恢以随郡太守夏侯宗之为河南太守，戍洛阳。姚苌遣其子略攻湖城及上洛"；《姚兴载记上》载，"（姚）兴率众寇湖城，晋弘农太守陶仲山、华山太守董迈皆降于兴。遂如陕城，进寇上洛，陷之"。据《通鉴》，晋安帝隆安元年（397）九月，"（姚兴）进寇上洛，拔之"。此"上洛"属东晋，应为上洛郡。隆安元年（397），上洛郡为姚兴攻陷，遂入后秦。

晋安帝时，刘裕北伐后秦。《宋书·傅弘之传》载，"高祖北伐，（傅）弘之与扶风太守沈田子等七军自武关入，伪上洛太守脱身奔走"。《姚泓载记》载，东晋伐后秦，"刘裕使沈田子及傅弘之率众万余人入上洛，所在多委城镇奔长安"。据《通鉴》，晋安帝义熙十三年（417）七月，"沈田子、傅弘之入武关，秦戍将皆委城走"。据此，后秦曾置上洛郡①。义熙十三年（417），东晋来伐，后秦上洛太守奔走，上洛郡遂入东晋。东晋亡，上洛郡入刘宋。

《魏书·世祖纪上》载，太延五年（439）三月，"遣雍州刺史葛那取上洛，刘义隆上洛太守镡长生弃郡走"。据《通鉴》，宋文帝元嘉十六年（439）三月，"魏雍州刺史葛那寇上洛，上洛太守镡长生弃郡走"。可见，刘宋初有上洛郡，当承东晋而置。上洛郡入北魏后，刘宋再未得此地。《宋志》不载上洛实郡，当因此郡为北魏占据。

---

① 《姚兴载记下》载，"扬武、安乡侯康宦驱略白鹿原氐胡数百家奔上洛，太守宋林距之"。此亦证后秦曾置上洛郡。

《宋志》司州刺史条载，刘裕"北平关、洛"，置司州，"领河南、荥阳、弘农实土三郡"，弘农郡领有卢氏等县。可见，东晋末卢氏县已别属弘农郡。故东晋上洛郡，太元九年（384）取自前秦，隆安元年（397）失于后秦，义熙十三年（417）复入东晋，元熙二年（420）入刘宋；上洛郡初领丰阳、上洛、卢氏、商等县，后卢氏县别属弘农郡。

12. 东晋金山郡及其属县

《晋志》梁州条载，东晋孝武帝时，"分巴西、梓潼为金山郡"；梁州条又载，桓温平蜀之后，"又置益昌、晋兴二县，属巴西郡"。《元和志》剑南道下绵州西昌县条载，西昌县，"本汉涪县地，晋孝武帝于此置益昌县"。《隋志》金山郡金山县条载，"金山，旧置益昌、晋兴二县，西魏省晋兴入益昌，后周别置金山。开皇四年，省益昌入金山"。《隋志》中金山郡金山具地，应为东晋金山郡所在。《宋志》中无金山郡，东晋末当已省此郡。《宋志》益州刺史巴西太守条载，巴西郡领有益昌、晋兴等县。金山郡省并，益昌、晋兴二县当还属巴西郡。马与龙《晋书地理志注》梁州条载，"检诸地志，晋无金山郡。《隋志》：大业初，改绵州为金山郡，与此《志》异，疑此以隋郡误入也"。然《晋志》又此载，或金山郡旋置旋废，此姑存之。故东晋孝武帝时或置金山郡，当领益昌、晋兴等县，后省。

13. 东晋东河阳郡、西河阳郡及其属县

《华阳国志·南中志》河阳郡条载，"河阳郡，刺史王逊分云南置，属县四"，"河阳县，郡治"。《华阳国志》载河阳郡属县四，然今存本仅有河阳一县。《宋志》宁州刺史东河阳太守条载，"东河阳太守，晋怀帝永嘉五年，宁州刺史王逊分永昌、云南立。《永初郡国》又有西河阳，领楪榆、遂段、新丰三县，何、徐无（原注：遂段、新丰二县，二汉、晋并无）"，东河阳郡领东河阳、楪榆二县，楪榆县"《晋太康地志》属云南"；西河太守条载，"西河太守，晋成帝分河阳立"，领芘苏、成昌、建安三县[①]；芘苏县故属永昌郡，后

---

① 中华书局点校本《宋书》据《南齐志》，将"西河太守"改为"西河阳太守"。胡阿祥认为，"此以后出之《南齐书》改先前之《宋志》，而又别无依据，不妥"，见《宋书州郡志汇释》，第289页。此仍以"西河郡"为是。

二县为"晋成帝立"。可见，楪榆县初属云南郡，后属西河阳郡，西河阳郡省，楪榆县遂属东河阳郡。芘苏县先后属永昌郡、河阳郡、西河郡。综上文，西晋永嘉五年（311）分云南、永昌二郡置河阳郡，领河阳、芘苏等县；东晋成帝分河阳郡置西河郡，芘苏别属西河郡；东晋当又置西河阳郡，领楪榆、遂段、新丰三县；置西河阳郡时，当改河阳郡为东河阳郡，改河阳县为东河阳县，东河阳郡领东河阳等县。

14. 东晋燕郡

据《通鉴》，晋安帝义熙六年（410）二月，刘裕灭南燕后，"以韩范为都督八郡军事、燕郡太守（胡注："所谓燕郡者，盖南燕于广固置燕都尹，而今改为燕郡太守耳"）"。据此，东晋义熙六年（410），当置燕郡，领县不可考。《宋志》中青州无燕郡，或在东晋亡前后已省此郡。

15. 东晋沮阳郡及其属县

《水经注·沮水注》载，"沮水南迳临沮县西，青溪水注之"；"青溪又东流入于沮水，沮水又屈迳其县南，晋咸和中为沮阳郡治也"。杨守敬《水经注疏》疏云："守敬按：沮阳郡不见他书，当是晋置旋废，故《宋志》无之。"据《晋志》，临沮县属荆州襄阳郡。《南齐志》荆州条载，"桓温平蜀，（荆州）治江陵。以临沮西界，水陆纡险，行径裁通，南通巴、巫，东南出州治，道带蛮、蜒，田土肥美，立为汶阳郡，以处流民"。《南齐书·蛮传》载，"汶阳，本临沮西界，二百里中，水陆迂狭，鱼贯而行，有数处不通骑，而水白田甚肥腴。桓温时，割以为郡"。桓温平蜀在晋穆帝永和三年（347）。据此，汶阳郡应是晋穆帝永和三年（347）后所置。《宋志》荆州刺史汶阳太守条载，"汶阳太守，何《志》新立"。《宋志》所引何《志》称"新立"，当误。《晋志》梁州条载，"及安帝时，又立新巴、汶阳二郡"。《晋志》以汶阳郡为晋安帝时立，亦误。沮阳郡、汶阳郡皆置于临沮西界，晋穆帝时汶阳郡置，沮阳郡当已废。故东晋咸和（326—334）中分襄阳置有沮阳郡，治临沮，当领临沮等县，晋穆帝时已省。

16. 东晋平阳郡及其属县

《元和志》江南道五郴州平阳县条载，平阳县，"本汉郴县地，东晋陶侃于今理南置，属平阳郡。至陈俱废"。《寰宇记》江南西道十五郴州平阳县条载，"汉郴县地。按《桂阳记》云：'东晋太兴三年，陶侃于今理县南九里置平阳郡及县。'陈太建十二年郡、县俱废"。据此，东晋太兴三年（320）置平阳郡及平阳县。《晋书·元帝纪》载，太兴元年（318）十月，"加广州刺史陶侃平南将军"；《明帝纪》载，太宁三年（325）五月，以陶侃为荆州刺史。可见，太兴三年（318），陶侃为广州刺史。平阳置郡后，当属广州。《元和志》《寰宇记》均载此平阳郡、县至陈废，然《宋志》《南齐志》均未载此平阳郡及县，故东晋时当已省。故东晋太兴三年（320）置平阳郡，属广州，当领平阳等县，后省平阳郡及县。

17. 东晋新安郡及其属县

《晋志》广州条载，"哀帝太和中，置新安郡"。晋哀帝年号为隆和、兴宁，晋哀帝后为晋废帝海西公，太和为晋海西公年号。故《晋志》此"哀帝太和中"有误。此新安郡为晋哀帝或晋海西公时所置。劳格《晋书校勘记》云："《州郡志》无此郡。又哀帝年号隆安，非太和，疑误。"劳格所云"隆安"又误，隆安为晋安帝年号，应为"隆和"。《宋志》中交州、广州皆无新安郡，而《宋志》交州刺史合浦太守条载，"新安长，江左立"。故东晋海西公时当分合浦置新安郡，后又省此郡，以新安县属合浦郡。故晋哀帝或晋海西公时，分合浦置新安郡，当领新安等县，后省。

18. 西晋武德县

《石勒载记上》载，"时刘聪攻河内，勒率骑会之，攻冠军将军梁巨于武德，怀帝遣兵救之。勒留诸将守武德，与王桑逆巨于长陵。巨请降，勒弗许，巨逾城而遁，军人执之。勒驰如武德，坑降卒万余"。可见，西晋末有武德县，应属司州河内郡。《石季龙载记下附石鉴载记》载，"以石闵为大将军，封武德王"。石闵即冉闵，所封应为武德县王。武德既为封地，当有此县。后赵武德县，应承西晋末而置。

19. 西晋宋子县

《晋书·卫瓘附卫恒传》载，"（卫）恒善草隶书，为《四体书势》"，《四体书势》中曰"今巨鹿宋子有耿球碑"；后恒在楚王玮之乱中遇害。楚王玮之乱在晋惠帝元康元年（291）。可见，西晋有宋子县，属冀州巨鹿国。《晋志》

无宋子县，或此县于西晋太康（280—289）之后而置。

20. 西晋武强县

《元和志》河北道二冀州武强县条载，武强县，"本汉武隧县地也，属河间国。晋于此置武强县，属武强郡"。此"武强郡"为"武邑郡"之误，中华书局点校本《元和志》有校注。据后文"两晋郡王郡公封国考"武邑国条，西晋太康十年（289）分长乐国立武邑国，晋惠帝时省还长乐国。武强县当与武邑国同为晋武帝末所置。《晋书·卢钦传附卢志传》载，晋惠帝时，"封（卢）志为武强侯"。可见，西晋惠帝时有武强县。故晋武帝末置武强县，属冀州武邑国，晋惠帝时别属冀州长乐国。

21. 西晋枣强县、索卢县

据后文"两晋郡王郡公封国考"武邑国条，西晋惠帝时分勃海郡立广川国，永嘉二年（308）改为郡。《魏志》冀州长乐郡条载，"枣强，前汉属清河，后汉罢，晋复，属广川"；"索卢，晋属广川"。可见，西晋惠帝时应有枣强、索卢二县，属冀州广川国。《石季龙载记附冉闵载记》载，"清河王宁以枣强降于闵"；《慕容儁载记》载，前燕有"枣强令卫颜"。可见后赵、前燕有枣强县，当承西晋而置。

22. 西晋樊舆县

《魏志》瀛州高阳郡条载，"扶舆，前汉属涿，后汉罢，晋复属。前汉、晋曰樊舆，后罢。太和中改，复"。据此，西晋有樊舆县，当属幽州范阳国，后省。《晋志》中无樊舆县，当太康（280—289）前已省。

23. 西晋阴馆县、楼烦县

《魏书·序纪》载，魏穆帝猗卢三年（310），"晋怀帝进帝大单于，封代公。帝以封邑去国悬远，民不相接，乃从琨求句注、陉北之地。琨自以托附，闻之大喜，乃徙马邑、阴馆、楼烦、繁畤、崞五县之民于陉南，更立城邑"。《通鉴》晋怀帝永嘉四年（310）十月亦载此事。可见，晋怀帝时有阴馆、楼烦二县，应属并州雁门郡。据《汉志》《续汉志》，两汉雁门郡有阴馆、楼烦二县。据《晋志》，马邑、繁畤、崞三县属并州雁门郡，无阴馆、楼烦二县。

故西晋后期当复置阴馆、楼烦二县，属并州雁门郡。

24.西晋渭城县

《晋书·忠义传·刘沉传》载，刘沉发兵袭河间王颙，"颙时顿于郑县之高平亭，为东军声援，闻沉兵起，还镇渭城"。据此，西晋末复置渭城县，当属雍州京兆郡。《刘曜载记》载，"石勒将石他自雁门出上郡，袭安国将军、北羌王盆句除，俘三千余落，获牛马羊百余万而归。曜大怒，投袂而起。是日次于渭城"；"曜署刘胤为大司马，进封南阳王，以汉阳诸郡十三为国，置单于台于渭城，拜大单于"。可见前赵有渭城县，应承西晋而置。据《通鉴》，晋孝武帝太元五年（380）二月，"（秦王坚）作教武堂于渭城（胡注：汉高帝元年，改咸阳曰新城；武帝元鼎三年，更名渭城；后汉、晋省；石勒置石安县，苻秦复曰渭城）"。可见后赵改渭城为石安县，前秦复为渭城县。

25.西晋好畤县

《晋书·索靖传附子綝传》载，索綝曾除好畤令。《寰宇记》关西道七乾州好畤县条载，好畤县，本汉旧县，后汉省，"晋元康中，复于汉好畤县城东南二里再置好畤县"。可见，西晋自元康（291—299）中置有好畤县，当属雍州秦国（后为扶风郡）。谭《图》"西晋雍州"图扶风国有好畤县，甚是。

26.西晋泾阳县

《晋书·惠帝纪》载，元康六年（296），"八月，雍州刺史解系又为（郝）度元所破，秦雍氐、羌悉叛，推氐帅齐万年，僭号称帝，围泾阳"。《通鉴》晋惠帝元康六年（296）八月所载与《惠帝纪》同，胡三省注："泾阳县，前汉属安定郡，后汉、晋省。贤曰：泾阳故城，在今原州平凉县南。"据此，晋惠帝时当有泾阳县，当属雍州安定郡。《姚兴载记上》载，"兴自安定如泾阳"。据《通鉴》，晋孝武帝太元十二年（387）四月，"后秦征西将军姚硕德为杨定所逼，退守泾阳"。可见后秦有泾阳县，应承前代而置。

27.西晋灵武县

《魏志》雍州咸阳郡灵武县条载，"灵武，前汉属北地，后汉罢，晋复，真君七年分属焉"。可见，西晋曾复置灵武县。《晋书·忠义传·麹允传》载，

"（刘）曜闻而转寇上郡，允军于灵武"。《刘聪载记》载，"麹允饥甚，去黄白而军于灵武"；又载，"麹允与刘曜战于磻石谷，王师败绩，允奔灵武"。可见，西晋末有灵武县，当属雍州北地郡。

28.西晋盩厔县

《魏志》雍州扶风郡条载，"盩厔，汉武帝置，属。后汉、晋罢，后复"。《寰宇记》关西道六凤翔府盩厔县条载，盩厔县，"后汉省，晋武复立，魏因之"。可见，晋武帝复置盩厔县，当属雍州始平郡。谭《图》"西晋雍州"图始平郡有盩厔县，甚是。

29.西晋令居县、枝阳县

《晋志》凉州条载，"及张寔，分金城之令居、枝阳二县，又立永登县，合三县立广武郡"。可见，金城郡曾领有令居、枝阳二县。张寔于晋愍帝建兴二年（314）至晋元帝太兴三年（320）统凉州。令居、枝阳二县应在西晋末已置，属凉州金城郡，张寔改二县属凉州广武郡。

30.西晋祖厉县

《元和志》关内道四会州乌兰县条载，"乌兰县，本汉祖厉县地，属安定郡，后汉属武威郡。前凉张轨收其县人，于凉州故武威县侧近别置祖厉县"。张轨于晋惠帝永宁元年（301）至晋愍帝建兴二年（314）统凉州。祖厉县别置应在西晋末，具有侨县性质。故西晋末置祖厉县，当属凉州武威郡。

31.西晋汉阳县

《晋志》凉州条载，"永兴中，置汉阳县以守牧地，张玄靓为祁连郡"。《太平广记·梦一》引《敦煌录》载，张骏时，侯亮"为祁连令"。可见前凉张骏时有祁连县。张玄靓时置祁连郡，祁连县当属此郡。《元和志》陇右道下肃州福禄县条载，福禄县，"本汉乐涫县，属酒泉郡，后魏太武帝平沮渠茂虔，改县为戍"，"祁连戍，在县东南一百二十里"。据此，祁连县初置，当属酒泉郡。祁连郡当分酒泉郡而置。汉阳县初置，或属酒泉郡，至张玄靓时别属祁连郡。故晋惠帝永兴（304—306）中置汉阳县，或属酒泉郡。

32.西晋陇城县

据《汉志》，天水郡有陇县。又据《续汉志》，凉州汉阳郡有陇县。《寰宇记》陇右道一秦州陇城县条载，陇城县，"本汉陇县，即略阳道，属天水郡"，"魏黄初中改为陇城"。可见，曹魏黄初（220—226）中改为陇城县[①]。后省陇城县，《晋志》无此县。《晋书·宗室传·高密文献王泰传附南阳王保》载，"（司马）模之败也，都尉陈安归于（司马）保"，"保将张春等疾之"，"春等辄伏刺客以刺安。安被创，驰还陇城，遣使诣保，贡献不绝"。可见，西晋末当有陇城县，应属秦州略阳郡。《晋书·明帝纪》载，太宁元年（323）七月，"刘曜攻陈安于陇城，灭之"。《石勒载记下》载，秦州休屠王羌叛于勒，"勒遣石生进据陇城"以讨之。据《通鉴》，晋孝武帝太元十四年（389）九月，"后秦主苌使姚硕德置秦州守宰，以从弟常戍陇城"。可见，前赵、后赵、后秦有陇城县，应承西晋末以来所置。

33.西晋上禄县

《宋志》秦州刺史武都太守条载，"上禄令，汉旧县，后省，晋武帝太康三年又立"。可见，西晋太康三年（282）复置上禄县，当属雍州武都郡，后属秦州武都郡。据《宋书·氐胡传》，"（杨定）割天水之西县、武都之上禄为仇池郡"。可见，仇池占据武都郡时，统有上禄县。

34.西晋郪县

《华阳国志·后贤志》载，"王长文字德俊，广汉郪人也"，"咸宁中，领蜀郡太守"，"元康初试守江原令"；又载，"李毅字允刚，广汉郪人也"，"及（王）濬伐吴，（李毅）与何攀并为参军"，"晋朝复置宁州，以毅为刺史"。又据《华阳国志·蜀志》广汉郡条和《宋志》益州刺史广汉太守条，皆载广汉郡有郪县，不言省废。故西晋当有郪县，属梁州广汉郡。据《李雄载记》，"（李）雄军饥甚，乃率众就谷于郪，掘野芋而食之"。可见成汉有郪县，当承西晋而置。谭《图》"西晋梁州"图广汉郡有郪县，甚是。

---

① 胡阿祥、孔祥军、徐成:《中国行政区划通史·三国两晋南朝卷》，曹魏雍州天水郡所领为陇县，而非陇城县，第407页。

35.西晋灵关县（含护龙县）

《宋书·符瑞志中》载，"咸宁二年十月庚午，黄龙二见于汉嘉灵关"。可见，西晋咸宁二年（276）有灵关县，属益州汉嘉郡。《水经注·沫水注》载，"灵道县，一名灵关道。汉制，夷狄曰道。县有铜山，又有利慈渚。晋太始九年，黄龙二见于利慈池。县令董玄之率吏民观之，以白刺史王濬，濬表上之，晋朝改护龙县也"。赵一清《水经注释》于此释曰："《禹贡锥指》曰'汉灵关道属越嶲郡'，去此地甚远。今芦山县西北有灵关废县，《通典》雅州卢山县有灵关山是也，其地当为沫水之所经，盖汉后别置。《宋书·符瑞志》云'晋咸宁三年黄龙见汉嘉灵关'，则县属汉嘉之灵关，非越嶲之灵关道也。《经》《注》并误。一清按，'灵'《史记》作'零'。《寰宇记》雅州卢山县下云：'灵关镇在县北八十二里，四向险峻，控带蕃蛮，一夫守之，可以御百。'《蜀都赋》云：'廓灵关而为门。'注云：'关为西南汉嘉郡界也。'又云：'灵关山在县北二十里，峰岭嵯峨，山箐十里，傍夹大路。下有山峡，口阔三丈，长二百步，俗呼为重关，通蛮貊之乡，入白狼夷之境是也。'"据赵一清释文，《水经注》中"灵道县"应为"灵关县"。《宋书》载咸宁二年（276）有黄龙二见于灵关，而《水经注》载为泰始九年（273），此以《宋志》为是。据《水经注》，灵关县又改为护龙县，当在咸宁二年（276）。《晋志》既无灵关县，也无护龙县，此县当太康（280—289）初已废。故西晋初有灵关县，咸宁二年（276）改为护龙县，太康（280—289）初已废。

36.西晋开邦县

《水经注·沫水注》载，"沫水又东迳开刊县，故平乡也，晋初置"。陈桥驿校证："开刊县，《大典》本、《注笺》本、项本、《注释》本、张本均作'开邦县'，《东晋疆域志》卷三汉嘉引《水经注》作'开邘县'。"此以"开邦县"为是。据《水经注》所载，开邦县应在汉嘉郡界。《晋志》中无开邦县，此县当在太康（280—289）初已省。故西晋初置开邦县，当属益州汉嘉郡，旋省。

37.西晋新乐县

《华阳国志·蜀志》江阳郡条载，"新乐县，郡西二百八十里，元康五年置"。据此，晋惠帝元康五年（295）置新乐县，属益州江阳郡。

38. 西晋广谈县

据《华阳国志·南中志》，牂柯郡有广谈县。《宋志》宁州刺史夜郎太守条载，"广谈长，《晋太康地志》属牂柯"。《晋太康地志》有广谈县，表明晋武帝太康间已置广谈县，属益州牂柯郡。广谈县别属夜郎郡，当在东晋时。

39. 西晋兴迁县

《华阳国志·南中志》载，"平乐郡，元帝建兴元年刺史王逊割建宁之新定、兴迁二县，新立平乐、三沮二县，合四县为一郡"。据上文"平乐郡及其属县"条，晋愍帝建兴元年（313）置平乐郡。据《华阳国志》所载，西晋当有兴迁县，先后属宁州建宁郡、平乐郡。

40. 西晋菑阳县

《晋书·武帝纪》载，泰始元年（265）十二月，司马炎称帝，分封功臣，以"卫瓘为菑阳公"；《晋书·羊祜传》载，"卫瓘本爵菑阳县公"；《晋书·卫瓘传》载，"（曹魏末，卫瓘）增封菑阳侯，以余爵封弟实开阳亭侯。泰始初，转征东将军，进爵为公"。可见，晋初封卫瓘为菑阳县公[①]。《晋志》无菑阳县，旧地志也无此县。《周礼·职方氏》载，"其浸菑、时"；郑玄注"菑出莱芜"。《水经注·淄水注》"经文"载，"淄水出泰山莱芜县原山"。《元和志》河南道七淄州条载，"《职方氏》幽州'其浸菑、时'，州盖取淄水为名也"。可见，"菑""淄"相通，菑水即淄水。菑阳当在菑水之阳。菑阳县当在青州境内，或属齐国。据后文"两晋郡王郡公封国考"，晋惠帝元康元年（291），追封卫瓘为兰陵郡公。晋惠帝后，菑阳县当废。

41. 西晋乐安县

《晋书·隐逸传·范粲传附子乔传》载，"元康中，诏求廉让冲退履道寒

[①] 《宋书·荀伯子传》载，"卫瓘本爵萧阳县公"。中华书局点校本《宋书》"校勘记"："'萧阳'《南史》《晋书·卫瓘传》《晋书·羊祜传》并作'菑阳'。钱大昕《廿二史考异》云：'萧阳，《晋书》作菑阳。考《晋书·地理志》不见此二县名。'"

素者，不计资，以参选叙。尚书郎王琨乃荐（范）乔"；"又吏部郎郗隆亦思求海内幽遁之士，乔供养衡门，至于白首，于是除乐安令"。可见，晋惠帝元康（291—299）中有乐安县，应属青州乐安国。

42. 西晋临淮县

《晋书·武帝纪》载，泰始元年（265）十二月，封"司空荀颛为临淮公"；《晋书·荀颛传》载，"咸熙初，封（荀颛）临淮侯。武帝践祚，进爵为公"；《晋书·郑冲传》载，"太傅寿光公郑冲、太保朗陵公何曾、太尉临淮公荀颛各尚德依仁"；"故司空博陵元公王沈、卫将军巨平侯羊祜才兼文武"；"其为寿光、朗陵、临淮、博陵、巨平国置郎中令，假夫人、世子印绶，食本秩三分之一，皆如郡公侯比"。据此，西晋立国后，荀颛被封为临淮县公。故当时应有临淮县。然《晋志》中无临淮县。《宋志》南徐州刺史临淮太守条载，"临淮太守，汉武帝元狩六年立，光武以并东海。明帝永平十五年，复分临淮之故地为下邳郡。晋武帝太康元年，复分下邳之淮南为临淮郡，治盱眙"。《晋志》徐州条载，"及太康元年，复分下邳属县在淮南者置临淮郡"。据此，西晋初无临淮郡。封荀颛之临淮县，太康元年（280）前应属下邳郡，此后当属临淮郡，《晋志》当失载此县。

43. 两晋钟武县

《晋书·李重传》载，"李重字茂曾，江夏钟武人也"；《晋书·张光传》载，"张光，字景武，江夏钟武人也"。据李重、张光二传可知，二人皆西晋人。故西晋当有钟武县。然《晋志》中无钟武县。又《宋志》司州刺史义阳太守条载，"钟武令，前汉属江夏，后汉、《晋太康地志》无，《永初郡国》属义阳"。《晋太康地志》无钟武县，此县当太康（280—289）后置。《永初郡国志》中钟武县属义阳郡，或东晋时别属。故西晋有钟武县，当属荆州江夏郡，或东晋时别属荆州义阳郡。

44. 西晋沌阳县

《晋书·周访传》载，杜曾反叛，"威振江沔。元帝命（周）访击之。访有众八千，进至沌阳"；《晋书·陶侃传》载，王贡、杜曾反，"击（陶）侃督护郑攀于沌阳，破之"。杜曾反叛，在晋愍帝建兴元年（313），当时应有沌阳县。《宋志》郢州刺史江夏太守条载，"沌阳子相，江左立"。西晋都城洛阳为匈奴汉国攻陷后，晋愍帝于长安称帝，而荆州之地实际为司马睿（后为东晋元帝）控制。因沌阳县为司马睿掌控荆州时设置，故《宋志》言"江左立"，但当时在晋愍帝建兴元年（313）。《太平御览·州郡部十五》载，"《宋书·州郡志》曰：晋于临嶂山置沌阳县"。《元和志》江南道三沔州条载，沔州，"本汉安陆县地，晋于今州西临嶂山下置沌阳县，江夏郡自上昶城移理焉。后郡又移理夏口，沌阳县属郡下不改"。《寰宇记》淮南道九汉阳军条载，"晋立沔阳县，属江夏郡"；中华书局点校本《寰宇记》"校勘记"以此"沔阳"为"沌阳"之误，极是。故西晋末置沌阳县，属荆州江夏郡。

45.西晋上黄县

《水经注·沔水注》载，"晋武帝平吴，割临沮之北乡、中庐之南乡立上黄县，治轪乡"。《寰宇记》山南东道四襄州南漳县条载，"郭仲产《南雍州记》云：'晋平吴，割临沮之北乡立上黄县'。"西晋平吴在太康元年（280），置上黄县应在此年。临沮、中庐二县皆属襄阳郡，上黄县也应属襄阳郡。故西晋太康元年（280）置上黄县，当属荆州襄阳郡。谭《图》"西晋荆州"图襄阳郡有上黄县，甚是。

46.西晋安乐县

《华阳国志·汉中志》上庸郡条载，"安乐县，咸熙元年为公国，封刘后主也"；《华阳国志·后贤志·文立传》载，"初，安乐思公世子早没，次子宜嗣，而思公立所爱者"，"后安乐公淫乱无道，何攀与上庸太守王崇、涪陵太守张寅为书谏责"。《三国志·蜀书·后主传》载，"后主举家东迁，既至洛阳"，策命"刘禅为安乐县公"，"公泰始七年薨于洛阳"。据《通鉴》，魏元帝咸熙元年（264）三月，"封刘禅为安乐公（胡注：《晋志》：安乐，属燕国）"。胡注有误，此安乐县应属上庸郡，非燕国安乐县。《晋志》《宋志》中，上庸郡所领无安乐县，当在西晋时已省。故曹魏咸熙元年（264）置安乐县，西晋初当有此县，属荆州上庸郡，后省。

47.西晋归乡县

《晋书·刘弘传》载，刘弘平张昌后，以"以（仇）勃为归乡令"；《惠帝纪》载，太安二年（303）八月，"刘弘及张昌战于清水，斩之"。可见，晋惠帝时复有归乡县。《毛宝传附毛璩传》载，义熙中，"论（毛）璩讨桓玄功，追封归乡公"。可见，东晋有归乡县。《宋志》荆州刺史建平太守条载，"归乡公相，何《志》，故属秭归，吴分。按《太康地志》云，秭归有归乡，故夔子国，楚灭之，而无归乡县，何《志》所言非也"。然西晋末、东晋有归乡县，故此县非刘宋所置。孙吴当已置归乡县，后省，西晋复置此县，当属荆州建平郡。

48.西晋辰阳县

《晋书·良吏传·潘京传》载，"潘京字世长，武陵汉寿人也。弱冠，郡辟主簿，太守赵廞甚器之，尝问曰：'贵郡何以名武陵？'京曰：'鄙郡本名义陵，在辰阳县界，与夷相接，数为所攻'"；"京仍举秀才，到洛。尚书令乐广，京州人也，共谈累日"。《华阳国志·大同志》载，"（赵）廞字和叔，本巴西安汉人也"，"历长安令、天门、武陵太守，来临（益）州"。又据《晋书·惠帝纪》，永康元年（300）十二月有"益州刺史赵廞"。赵廞任武陵太守，应在此前。据《晋书·乐广传》，晋惠帝时乐广任尚书令。潘京所言"辰阳县"，当是西晋县。马与龙《晋书地理志注》荆州武陵郡辰阳县条，"按沈约不言晋省，盖此《志》脱漏也，今据以补录"。故西晋当有辰阳县，属荆州武陵郡。

49.西晋溇阳县

《水经注·澧水注》载，"澧水又迳溇阳县，右会溇水。水出建平郡，东径溇阳县南，晋太康中置"。可见，晋太康（280—289）中置溇阳县，当属荆州天门郡。

50.西晋九江县、上甲县

据前文"《太平寰宇记》补考"《寰宇记》江南西道九江州德安县条，西晋末置有九江、上甲二县，属江州寻阳郡。

51.西晋兴安县

《寰宇记》江南西道五饶州余干县条载，"安仁故城，在县东南一百五十里。按《鄱阳记》云：'晋永嘉七年分余干置兴安县，寻废焉。'"《大清一统志·饶州府》安仁县条载，"汉余汗县东南地，晋析置晋兴县，永嘉七年改兴安县，寻废"。《一统志》言改晋兴为兴安县，不知何据。然《寰宇记》载分余干置兴安县，不应为改晋兴县为兴安县。当从《鄱阳记》所载，西晋永嘉七年（313）分余干置兴安县，属鄱阳郡，寻废。

52. 两晋上饶县

《宋志》江州刺史鄱阳太守条载，"上饶男相，吴立，《太康地志》有，王隐《地道》无"。据此，西晋太康间有上饶县。《宋书·天文志三》载，义熙六年（410）八月，"鄱阳太守虞丘进破贼别帅于上饶"；《宋书·虞丘进传》载，"（卢）循遣将英斜为上饶令，千余人守故城，进攻破之"。英斜虽为卢循所命上饶令，然东晋末当已有此县，卢循占据此地后，仍置县。马与龙《晋书地理志注》据《虞丘进传》认为，"（上饶）县东晋时犹存"。故东晋末当有上饶县，应属鄱阳郡。

53. 东晋朱阳县

《宋志》司州刺史条载，刘裕"北平关、洛"，置司州，"领河南、荥阳、弘农实土三郡"，弘农郡领"弘农、陕、宜阳、黾池、卢氏、曲阳凡七县"。《宋志》所言"七县"疑为"六县"[1]。《晋志》载，卢氏县属上洛郡，东晋末当别属弘农郡。《宋志》于"曲阳"下注"前汉属东海，后汉属下邳，《太康地志》无"。《宋志》此注可疑，岂有远在徐州东海（下邳）郡的曲阳县别属司州弘农郡的可能？弘农郡为四战之地，两晋十六国战乱之际，人口外流，也不会有徐州曲阳县民大量流寓于此；且曲阳为汉县，西晋无此县，故不应将曲阳县视为侨立弘农郡属县[2]。

《魏志》析州朱阳郡条，朱阳郡有朱阳县。可见，北魏有朱阳县。《元和志》河南道二虢州条载，虢州领有弘农、卢氏、朱阳等六县，又言朱阳县

---

① 钱大昕《廿二史考异·宋书一》州郡志二司州条："'弘农郡领弘农、陕、宜阳、黾池、卢氏、曲阳凡七县'，今数之，止六县"。

② 胡阿祥认为此曲阳县为侨于弘农郡之侨县，见胡阿祥《东晋南朝侨州郡县与侨流人口研究》，第164页。

"本汉卢氏县"。据此，朱阳县应是分卢氏县而立。《寰宇记》河南道六虢州朱阳县条载，朱阳县，"本汉卢氏县地。按《十三州记》：'卢氏有朱阳山，因别立县。'后魏太和十四年，蛮人樊磨背梁归魏，魏于今卢氏县南百五十里立朱阳郡，以樊磨为太守"。中华书局点校本《寰宇记》"校勘记"："按应劭著《十三州记》，见《水经·泗水注》《淄水注》，阚骃《十三州记》，见《水经·济水注》，黄义仲作《十三州记》，见《水经·河水注》，此不知何人所修。"《寰宇记》不见"黄义仲"之名①，虽有应劭之名，而不见"应劭"与《十三州记》相连。应劭为东汉末人，《后汉书》有传，东汉应劭不可能记载朱阳县。《寰宇记》河南道十五徐州萧县条、河南道十九齐州禹城县条、河北道五卫州共城县条，皆直书所引之作名为"阚骃《十三州记》"。《寰宇记》中，有时引作"阚骃《十三州志》"。故朱阳县条所引《十三州记》应是阚骃之作。《魏书·阚骃传》载，"阚骃字玄阴，敦煌人也"；"撰《十三州志》，行于世。（沮渠）蒙逊甚重之，常侍左右"；"（沮渠）牧犍待之弥重"；"姑臧平，乐平王丕镇凉州，引为从事中郎。王薨之后，还京师"。可见，阚骃由北凉入北魏。汪受宽认为，阚骃于归魏前完成《十三州志》的写作②。沮渠蒙逊于晋安帝隆安五年（401）为北凉国主，时弘农郡属后秦。东晋灭后秦，弘农郡遂入东晋。阚骃记载的朱阳县，应是东晋所立。北魏太和十四年（490），于朱阳县立朱阳郡，故《魏志》载朱阳郡领朱阳县。综上所述，东晋末当有朱阳县，属弘农郡。

54. 东晋蕲春县（蕲阳县）

《宋志》郢州刺史西阳太守条载，"晋武帝太康元年，省蕲春郡，而（蕲阳）县属弋阳，后属新蔡"。《寰宇记》淮南道蕲州蕲春县条载，蕲春县，"《晋太康地记》云：'改属弋阳郡。'惠帝时属西阳郡。孝武改为蕲阳，属新蔡郡"。

---

① 《太平御览·人事部三十二》载："黄义仲《交广记》曰：合浦尹牙为郡主簿，太守到官，三年不笑。牙问其故，曰：'父为太尉所杀。'牙乃辞。至洛，为太尉养马三年，断其头而还南。"《太平御览·职官部六十三》亦在此事，引作黄义仲《交广二州记》。《太平御览》引《交广记》所载之事，时洛阳为统一王朝之都，故为东汉。故黄义仲著有《交广记》，当为东汉时南方人，为北魏人可能不大。

② 汪受宽：《关于〈十三州志〉的几个问题》，《敦煌学辑刊》1996年第2期。

据此，东晋当有蕲春县，属西阳郡，晋孝武帝改为蕲阳县，属新蔡侨郡[①]。

55. 东晋光城县、茹由县

《元和志》河南道五光州条载，光州，"在汉为西阳，属江夏。晋安帝立光城县，理于此。梁末于县置光州"。《寰宇记》淮南道五光州光山县条载，"故茹由城，在县南六十二里。按顾野王《舆地志》云：'晋帝立茹由县。宋文帝元嘉二十五年复立茹由县，属弋阳。'按孝武帝以属光城郡"。《宋志》南豫州刺史边城左郡太守条载，"边城左郡太守，文帝元嘉二十五年，以豫部蛮民立茹由、乐安、光城、零娄、史水、开化、边城七县，属弋阳郡"；光城左郡太守条载，光城左郡太守领三县，"乐安令、茹由令、光城令，此三县，徐《志》属弋阳"。光城县、茹由县当同为晋安帝立，后同省，又同于宋元嘉二十五年（448）复立。故晋安帝立光城县、茹由县，属豫州弋阳郡。

56. 东晋安乐县

《元和志》剑南道下泸州合江县条载，合江县，"本汉符县地，晋穆帝于此置安乐县"。据《晋志》，符县属江阳郡。《元和志》泸州泸川县条载，泸川县，"本汉江阳县也，属犍为郡"，"晋穆帝于县置东江阳郡，领江阳县"；泸州江安县条载，江安县，"本汉江阳县地也，李雄乱后，没于夷獠。晋穆帝于此置汉安县"。可见，晋穆帝时置东江阳郡，安乐、江阳、汉安三县与郡同置，当同属东江阳郡。《宋志》中东江阳郡无安乐县，此县后当省。故晋穆帝置安乐县，属益州东江阳郡。

57. 东晋新兴县

《华阳国志·南中志》载，南广郡有新兴县。《宋志》宁州刺史南广太守条载，"新兴令，何《志》不注置立"。《华阳国志》《宋志》皆载南广郡有新兴县，故东晋时当有此县。故东晋有新兴县，属宁州南广郡。

---

① 胡阿祥、孔祥军、徐成：《中国行政区划通史·三国两晋南朝卷》，第十编第一章"新蔡侨郡"条以蕲春县属新蔡侨郡，第1544页。新蔡侨郡领蕲阳县，是侨郡领实县，按《中国行政区划通史·三国两晋南朝卷》第五编"凡例"，此县应在第五编实县中列出。《中国行政区划通史·三国两晋南朝卷》第五编"西阳郡"下又无蕲春县，第827页。西阳郡下也应补入蕲春县。

58. 东晋东古复县、西古复县

《宋志》宁州刺史云南太守条载，"东古复长，汉属越巂，《晋太康地志》属云南，并云姑复。《永初郡国》、何并云东古复，何不注置立"；"西古复长，《永初郡国》有，何不注置立"。《永初郡国志》有东古复县、西古复县，东晋末当已有此二县，属宁州云南郡。

59. 东晋汶阳县

《宋志》荆州刺史汶阳太守条载，汶阳太守，"先属梁州"，"宋初有四县，后省汶阳县"。据此，东晋汶阳郡当领有汶阳县，刘宋时省此县。据上文"东晋沮阳郡及其属县"条，汶阳郡应是晋穆帝永和三年（347）后所置。汶阳县当与郡同置。故晋穆帝时置汶阳县，属梁州汶阳郡。

60. 东晋广城县

《宋志》梁州刺史魏兴太守条载，"广城令，《永初郡国》、何、徐并有，不注置立"。《永初郡国》有广城县，东晋末当已有此县。《水经注·沔水注》载，"（汉水）又东迳魏兴郡广城县，县治王谷"；"汉水又东迳鱼脯谷口，旧西城、广城二县，指此谷而分界也"。据《水经注》亦可知，广城县属魏兴郡。故东晋当有广城县，属梁州魏兴郡。

61. 东晋欣乐县

《宋志》广州刺史东官太守条载，"欣乐男相，本属南海，宋末度（东官郡）"。《读史方舆纪要·广东四》惠州府归善县条载，"晋太和初，置欣乐县，仍属南海郡"。《大清一统志·惠州府》古迹条载，"欣乐故城，在归善县南。东晋置，属南海郡。刘宋改属东官郡"，"《归善县志》：欣乐县故基在县南一百五里，晋太和元年建，陈祯明二年废"。据此，东晋太和元年（366）置欣乐县，属广州南海郡。

62. 东晋招义县

《寰宇记》岭南道十一化州废犍水县条载，废犍水县，"本高凉县地。按《南越志》云：'招义县，昔流人营也。义熙元年立县为，后废。'"可见，义熙元年（405）置招义县。招义县地故为高凉县，置县后当属高凉郡。《宋志》中无招义县，此县当在入宋前已省。故东晋义熙元年（405）置招义县，当属广州高凉郡，后省。

两晋郡王郡公封国考

　　两晋时期郡王郡公的封国，《晋书·地理志》仅载太康初年的封国情况，且有不少错误，洪亮吉《东晋疆域志》基本没有体现东晋封国的设置情况。万斯同《晋诸王世表》《晋功勋世表》、秦锡田《补晋宗室王侯表》《补异姓封爵表》、赵在翰《晋书补表·诸王侯表》《功臣表》侧重于考订两晋宗室诸王和异姓封爵，难以反映政区的变化。张兴成《两晋宗室制度研究》没有探讨王爵公爵封国之地，与政区研究无关。《中国行政区划通史》西晋部分主要据《晋志》而录封国，且立国时间多有误，许多封国失载；东晋部分仅录会稽国、梁国和陈留国，且立国时间有误，未能区分侨旧之别，又误以淮阳为国。此对两晋时期的郡王郡公的封国作深入考订，以补旧志和学术研究的不足。

　　下文考订两晋郡王郡公封国，先考郡王封国，再考郡公封国。无论对郡王的封国还是对郡公的封国，考订内容都按分封时间先后编排；若同一时间分封，再依《晋志》所载各州郡先后来编排。西晋郡王郡公封国，都是实封。东晋承西晋所封郡王，北方实土为十六国部分政权占据，一些郡王以侨郡为封国[1]。对东晋所封的王国，则先考有实土的封国，再考侨立的封国。

一、晋武帝泰始年间的郡王封国

1.陈留国

西晋泰始元年（265）立，《三国志·魏书·三少帝纪》载，魏帝禅位

---

　　① 《晋书·成帝纪》载，咸和元年（326）十一月，"改定王侯国秩，九分食一"。此为户数不多的侨郡成为封国提供了可能。

于晋，裴松之注："《魏世谱》曰：封帝为陈留王。年五十八，太安元年崩，谥曰元皇帝。"《晋书·武帝纪》载，泰始元年（265）十二月，"封魏帝为陈留王"；《晋书·惠帝纪》载，永兴元年（304）七月，"陈留王送貂蝉文衣鹖尾"。据《通鉴》，晋惠帝太安元年（302），"是岁，陈留王薨，谥曰魏元皇帝"。《晋志》中陈留为国。**西晋永嘉（307—313）间当已改为郡**。史籍不载西晋末年的陈留王情况。《晋书·孝怀帝纪》载，永嘉四年（310）十月，"石勒围仓垣，陈留内史王赞击败之"；《石勒载记上》载，"（石勒）围陈留太守王赞于仓垣，为赞所败"；《通鉴》晋怀帝永嘉四年（310）十月亦载，作"陈留太守王赞"。《晋书·王戎附从弟衍传》载，王衍子玄，"苟藩用为陈留太守，屯尉氏"；《晋书·苟勖传附子藩传》载，西晋都城洛阳为匈奴汉国攻陷后，"（苟）藩出奔密。王浚承制，奉藩为留台太尉。及愍帝为太子，委藩督摄远近"。苟藩用王玄为陈留太守，应在永嘉（307—313）间。《晋书·胡母辅之传》载，东海王越以胡母辅之为"陈留太守"，"王弥经其郡，辅之不能讨，坐免官"。据《胡母辅之传》前后文，胡母辅之为陈留太守应在晋怀帝永嘉（307—313）间。据《通鉴》，晋愍帝建兴元年（313）四月，"初，刘琨用陈留太守焦求为兖州刺史"。焦求为陈留太守，应在晋怀帝永嘉（307—313）末年。《晋书·祖逖传》载，"蓬陂坞主陈川自号宁朔将军、陈留太守"。据《通鉴》，晋元帝太兴二年（319）三月，"初，蓬陂坞主陈川自称陈留太守"。以上陈留长官，除王赞有可能为内史外，其余皆称太守。可见，晋怀帝永嘉（307—313）间，陈留国当已改为郡。又据本文末"余论"所述，永嘉之乱间，西晋王公大多或被杀，或逃亡，或被掠。陈留地处中原，于永嘉之乱间为为四战之地，在战乱期间陈留王或逃亡，或被杀，或不知所终，故史籍不载此时的陈留王。又据下文所考东晋"陈留国"，东晋初立国，无陈留王，自晋明帝时始绍封。晋不封陈留王，应在西晋永嘉之乱期间。因此，永嘉（307—313）间，陈留国改为郡。

2.东平国

西晋泰始元年（265）立，据《晋书·武帝纪》《晋书·宗室传·安平献王孚传附竟陵王楙传》，泰始元年（265）十二月，封司马楙为东平王。《晋志》中东平为国。**光熙元年（306）改为郡**。《竟陵王楙传》又载，"及怀帝践祚，（楙）改封竟陵王"。光熙元年（306），晋怀帝即皇帝位，司马楙改封竟陵王，东平国当改为郡。

3. 汝阴国

西晋泰始元年（265）立，据《晋书·武帝纪》《晋书·宣五王传·扶风武王骏传》，泰始元年（265）十二月，封司马骏为汝阴王。《晋志》豫州汝阴郡条载，"汝阴郡，魏置郡，后废，泰始二年复置"。此"泰始二年"误，应为"泰始元年"。**咸宁三年（277）改为郡**；又据《武帝纪》《扶风武王骏传》，咸宁三年（277）八月，徙"汝阴王骏为扶风王"。故汝阴国改为郡。《晋志》中汝阴为郡。**此后复为国，太康七年（286）改为郡**。《晋书·武十三王传·汝阴哀王谟传》载，"汝阴哀王谟字令度，太康七年薨，时年十一。无后，国除"。据此，司马谟被封为汝阴王，汝阴郡改为国；太康七年（286）汝阴国除，改为郡。又据《晋书·惠帝纪》《晋书·赵王伦传》，永宁元年（301）正月，赵王伦篡位，封其子虔汝阴王；四月，诛赵王伦父子。可见。永宁元年（301）初，一度立汝阴国而旋为郡。

4. 梁国

西晋泰始元年（265）立，据《晋书·武帝纪》《晋书·宣五王传·梁孝王肜传》，泰始元年（265）十二月，封司马肜为梁王。《晋书·惠帝纪》载，太安元年（302）五月，"梁王肜薨"。《晋志》中豫州有梁国。**永嘉五年（311）后改为郡**。《梁孝王肜传》载，梁王肜卒，"无子，以武陵王澹子禧为后，是为怀王，拜征虏将军，与澹俱没于石勒"。《晋书·孝怀帝纪》载，永嘉五年（311）四月，"武陵王澹等皆遇害"。梁王禧遇害后，梁国当除，改为郡。

5. 陈国

西晋泰始元年（265）立，《晋书·武帝纪》载，泰始元年（265）十二月，封司马斌为陈王。**咸宁三年（277）省入梁国**。《武帝纪》载，咸宁三年（277）八月，徙"陈王斌为西河王"；《晋书·宣五王传·梁孝王肜传》载，"咸宁中，复以陈国、汝南南顿增封（梁王肜），为次国"。故咸宁三年（277）陈国省入梁国。《宋志》豫州刺史陈郡太守条载，陈郡太守，"晋初并，梁王肜薨，还为陈"。《晋志》豫州条载，晋武帝时"合陈郡于梁国"；惠帝时，"分梁国立陈郡"。可见，晋惠帝时又置陈郡。

6.沛国

西晋泰始元年（265）立，据《晋书·武帝纪》《晋书·宗室传·安平献王孚传附沛顺王景传》，泰始元年（265）十二月，封司马景为沛王。《晋志》中豫州有沛国。**永嘉五年（311）后改为郡。**《沛顺王景传》又载，"（沛王景传）咸宁元年薨，子韬立"。司马韬之后，沛王袭爵，《沛顺王景传》未载。《晋书·孝怀帝纪》载，永嘉五年（311）七月，"石勒寇谷阳，沛王滋战败遇害"。沛王滋遇害后，不见史籍载有沛王，沛国当除。

7.谯国

西晋泰始元年（265）立，据《晋书·武帝纪》《晋书·宗室传·谯刚王逊传》，泰始元年（265）十二月，封司马逊为谯王。《谯刚王逊传》又载，"（谯王逊）泰始二年薨，二子随、承。定王随立，薨。子邃立，没于石勒。元帝以承嗣逊"。《晋志》豫州有谯郡，误，当为谯国。**永嘉五年（311）后改为郡。**永嘉五年（311）西晋诸王公"没于石勒"，多为石勒所杀。谯王邃"没于石勒"或在永嘉五年（311），故此年后谯国改为郡。《晋书·祖逖传》载，西晋末，"北中郎将刘演距于石勒也，流人坞主张平、樊雅等在谯，演署平为豫州刺史，雅为谯郡太守"；《晋书·陈颕传》载，"（陈颕）出除谯郡太守。大兴初，以疾征。"。可见，西晋末称谯郡，亦可证当时谯国已改为谯郡。

8.安平国

西晋泰始元年（265）立，据《晋书·武帝纪》《晋书·宗室传·安平献王孚传》，泰始元年（265）十二月，封司马孚为安平王。《晋志》中安平为国。**太康二年（281）改为郡。**《安平献王孚传附子邕传》载，安平王司马孚卒后，立司马隆为安平王，"咸宁三年（隆）薨，谥曰穆。无子，国绝"。然《武帝纪》又载，咸宁二年（276）七月，"安平王隆薨"；咸宁三年（277）正月，"安平穆王隆弟敦为安平王"；太康二年（281）三月，"安平王敦薨"。《宗室传》载于安平王隆薨时安平国绝，当误。据《武帝纪》，安平国绝当于安平王敦薨时，即太康二年（281），此年安平国当改为安平郡。

9.平原国

西晋泰始元年（265）立，据《晋书·武帝纪》《晋书·宣五王传·平原王幹传》，泰始元年（265）十二月，封司马幹为平原王。《晋志》中平原为国。**永嘉五年（311）后当改为郡。**《平原王幹传》又载，永嘉五年（311），平原王幹薨，幹有二子，世子广早卒，次子永遇难，"合门湮灭"。永嘉末，平原王"合门湮灭"后，平原国当除。据此，永嘉五年（311）后，平原国当改为郡。

10.勃海国

西晋泰始元年（265）立，据《晋书·武帝纪》《晋书·宗室传·安平献王孚传附太原成王辅传》，泰始元年（265）十二月，封司马辅为渤海王。据《通鉴》，晋武帝咸宁三年（277）八月，徙"勃海王辅为太原王"。可见《通鉴》书为"勃海"。《晋志》载冀州有勃海郡，皆与《武帝纪》《宗室传》作"渤海"不同。此以"勃海"为是。**咸宁三年（277）改为郡。**《晋书·武帝纪》载，咸宁三年（277）八月，徙"渤海王辅为太原王"。司马辅徙为太原王，勃海国当改为郡。

11.河间国

西晋泰始元年（265）立，据《晋书·武帝纪》《晋书·宗室传·安平献王孚传附河间平王洪传》，泰始元年（265）十二月，封司马洪为河间王。《晋志》中河间为国。**光熙元年（306）当改为郡。**《河间平王洪传》又载，河间平王洪薨，"威嗣，徙封章武"。《武帝纪》载，咸宁三年（277）七月，徙"太原王颙为河间王"，"河间王威为章武王"；《晋书·孝怀帝纪》载，光熙元年（306）十二月，"南阳王模杀河间王颙于雍谷"；《晋书·宗室传·河间王颙传》载，"南阳王模遣将梁臣于新安雍谷，车上扼杀之，并其三子。诏以彭城元王植子融为颙嗣，改封乐成县王"。可见，司马颙被杀后，河间国当改为郡。

12.高阳国

西晋泰始元年（265）立，据《晋书·武帝纪》《晋书·宗室传·安平献王孚传附高阳元王珪传》，泰始元年（265）十二月，封司马珪为高阳王。《晋志》冀州高阳国条载，"高阳国，泰始元年置"。**咸宁四年（278）改为郡；**《武

帝纪》又载，咸宁四年（278）七月，"高阳王缉薨"。《高阳元王珪传》又载，
高阳元王珪薨，"无子，诏以太原王辅子缉袭爵。缉立五年，咸宁四年薨，谥
曰哀，无子。太康二年，诏以太原王瓌世子颙子讼为缉后，封真定县侯"。高
阳王缉薨后，高阳国当除，改为郡。又据下引《晋书·宗室传·高阳王睦传》，
太康元年（280）前，高阳为郡。**太康元年（280）复立**，《武帝纪》载，太康
元年（280）六月，"封丹水侯睦为高阳王"。《高阳王睦传》载，太康初，"以
高阳郡封之，乃封为高阳王"。**永嘉（307—313）后当改为郡**。《高阳王睦传》
载，"元康元年，（高阳王睦）为宗正，薨于位。世子蔚早卒，孙毅立，拜散
骑侍郎，永嘉中，没于石勒"。司马毅没于石勒后，高阳国当改为郡。

13.中山国

西晋泰始元年（265）立，据《晋书·武帝纪》《晋书·宗室传·高阳王
睦传》，泰始元年（265）十二月，封司马睦为中山王。《晋志》中中山为国。
永兴元年（304）当改为郡。《武帝纪》又载，咸宁三年（277）七月，"中山
王睦以罪废为丹水侯"；八月，徙"济南王耽为中山王"。《晋书·宗室传·济
南惠王遂传》载，"咸宁三年徙（济南王耽）为中山王，是年薨。无子，缉
继。成都王颖以缉为建威将军，与石熙等率众距王浚，没于阵，薨。无子，
国除"。又据《晋书·惠帝纪》，永兴元年（304）八月，"安北将军王浚遣乌
丸骑攻成都王颖于邺，大败之。颖与帝单车走洛阳"。可见，永兴元年（304），
中山王缉薨，中山国当改为郡。

14.常山国

西晋泰始元年（265）立，据《晋书·武帝纪》《晋书·宗室传·安平献
王孚传附常山孝王衡传》，泰始元年（265）十二月，封司马衡为常山王。**咸
宁三年（277）改为郡**；《常山孝王衡传》又载，"（常山王衡）薨，无子，以
安平世子邕第四子敦为嗣"。《武帝纪》又载，咸宁二年（276）七月，"安平
王隆薨"；咸宁三年（277）正月，"安平穆王隆弟敦为安平王"；十月，"常
山王殷薨"；太康二年（281）三月，"安平王敦薨"。据此，常山王衡薨，司
马殷当继为常山王；殷薨，司马敦当继为常山王；安平王隆薨，司马敦当由
常山王改封安平王。故咸宁三年（277），常山国当改为郡。《晋志》中为常
山郡，而非常山国。**元康元年（291）复立**，《晋书·惠帝纪》载，元康元年

（291）八月，"徙长沙王乂为常山王"。**永宁元年（301）改为郡。**《惠帝纪》载，永宁元年（301）七月，"复封常山王乂为长沙王"。故此年常山复为郡。

15. 范阳国

西晋泰始元年（265）立，据《晋书·武帝纪》《晋书·宗室传·范阳康王绥传》，泰始元年（265）十二月，封皇司马绥为范阳王。《晋志》幽州"范阳国"条载，"武帝置国，封宣王弟子绥为王"。**永嘉五年（311）后改为郡。**《范阳康王绥传》又载，范阳康王绥，"咸宁五年薨，子虓立焉"；又载，范阳王虓薨，"无子，养模子黎为嗣。黎随模就国，于长安遇害"。据《通鉴》，晋怀帝永嘉五年（311），八月，汉国攻破长安；九月，杀司马模。范阳王黎当同模同时被杀，此后范阳国当改为郡。

16. 燕国

西晋泰始元年（265）立，据《晋书·武帝纪》《晋书·宣五王传·清惠亭侯京传》，泰始元年（265）十二月，封司马机为燕王。《晋志》中幽州有燕国。**太安二年（303）改为郡。**《清惠亭侯京传》又载，"（燕王机）薨，无子。齐王冏表以子几嗣。后冏败，国除"。《晋书·惠帝纪》载，太安元年（302）十二月，齐司马王冏被杀。故太安二年（303），燕国当改为郡。

17. 太原国

西晋泰始元年（265）立，《晋书·武帝纪》载，泰始元年（265）十二月，封皇从叔父瑰为太原王；咸宁三年（277）八月，徙"渤海王辅为太原王，太原王颙为河间王"。《晋书·宗室传·安平献王孚传附太原烈王瑰传》载，太原烈王瑰，"武帝受禅，封太原王"；薨，"子颙立，徙封河间王"；《安平献王孚传附太原成王辅传》载，太原成王辅，"咸宁三年徙为太原王"。《晋志》中太原为国。**元康三年（293）前后改为郡。**《晋书·惠帝纪》载，元康三年（293），"十月，太原王泓薨"；《晋书·宗室传·太原成王辅传》又载，太原王辅薨，"子弘立，元康中为散骑常侍，后徙封中丘王"[①]。《惠帝纪》和《宗室传》所载不同，然史籍不载元康三年（293）后有太原王，故此年前后当太原

---

① 中华书局点校本《晋书》"校勘记"："子弘立。劳校：《惠纪》'弘'作'泓'。"

国改为郡。《晋书·孝怀帝纪》载，永嘉六年（312）七月，汉国寇晋阳，"太原太守高乔以晋阳降粲"；同书《刘琨传》和《刘聪载记》皆载高乔为"太原太守"。西晋末，高乔为太原太守，而非内史，表明此时太原国改为郡。

18. 扶风国（含秦国）

西晋泰始元年（265）立，《晋书·武帝纪》载，泰始元年（265）十二月，封皇叔父亮为扶风王；咸宁三年（277）八月，"徙扶风王亮为汝南王"，"汝阴王骏为扶风王"。《晋志》中扶风为郡，误，应为扶风国。**太康十年（289）改为秦国**，《武帝纪》载，太康十年（289），"改封南阳王柬为秦王"，"徙扶风王畅为顺阳王"。《晋志》雍州条载，"惠帝即位，改扶风国为秦国"。《元和志》关内道二凤翔府条载，"晋太康八年，（扶风郡）为秦国"。然据《武帝纪》，改扶风国为秦国应在晋武帝太康十年（289）。**建兴元年（313）改秦国为扶风郡**。《晋书·武十三王传·秦献王柬传》载，秦献王柬薨，"无子，以淮南王允子郁为嗣，与允俱被害。永宁二年，追谥曰悼。又以吴王晏子邺嗣。怀帝崩，邺入纂帝位，国绝"。建兴元年（313），晋愍帝即位后，秦国除，当还为扶风郡。《晋书·忠义传·麹允传》载，晋愍帝时，有"扶风太守竺爽"。可见晋愍帝时为扶风郡。

19. 陇西国

西晋泰始元年（265）立，《晋书·武帝纪》载，泰始元年（265）十二月，"封皇从叔父泰为陇西王"。《晋书·宗室传·高密文献王泰传》载，高密文献王泰，"武帝受禅，封陇西王"；"（楚王）玮既诛，乃以泰录尚书事，迁太尉，守尚书令，改封高密王"。可见，晋武帝至晋惠帝时，司马泰为陇西王。《晋志》中陇西为郡，然晋太康（280—289）间应为陇西国。**元康六年（296）改为郡**。据《通鉴》，晋惠帝元康六年（296）正月，"太尉陇西王泰行尚书令，徙封高密王"。陇西王泰改封高密王，陇西国当改为郡。《晋书·惠帝纪》载，元康九年（299）六月，"太尉、陇西王泰薨"。《惠帝纪》此应为"高密王"，而非"陇西王"。

20. 齐国

西晋泰始元年（265）立，《晋书·武帝纪》载，泰始元年（265）十二月，封"皇弟攸为齐王"。《晋志》中青州有齐国。**永嘉五年（311）当改为郡**。《晋书·齐王冏传》载，齐献王攸薨，子冏嗣；《晋书·惠帝纪》载，太安元年（302）十二月，齐王冏被杀，"封东莱侯蕤子炤为齐王"；永兴元年（304）十二月，下诏曰："齐王冏前应还第，长沙王乂轻陷重刑，封其子绍为乐平县王，以奉其嗣"；永兴二年（305）四月，"诏封乐平王绍为齐王"。此二"绍"字，中华书局点校本《晋书》"校勘记"皆以为应为"超"字，是。《齐王冏传》又载，永兴初，诏封齐王子超为县王，光熙初嗣齐王爵；"及洛阳倾覆，超兄弟皆没于刘聪，冏遂无后。太元中，诏以故南顿王宗子柔之袭封齐王，绍攸、冏之祀"。洛阳为匈奴汉国刘聪占据，在永嘉五年（311）。司马超没于刘聪后，齐国当除，改为郡。西晋末，东海王司马越以苟晞为青州刺史，苟晞又以其弟纯守青州。《晋书·孝怀帝纪》载，永嘉五年（311）正月，"（苟）晞为曹嶷所破"；《晋书·苟晞传》载，"会王弥遣曹嶷破琅邪，北攻齐地。苟纯城守，嶷众转盛，连营数十里。（苟）晞还，登城望之，有惧色，与贼连战，辄破之。后简精锐，与贼大战，会大风扬尘，晞遂败绩，弃城夜走。嶷追至东山，部众皆降嶷"。苟晞"部众皆降嶷"后，青州大部分地区为曹嶷控制。又《刘聪载记》载，曹嶷臣服于刘聪，被任以青州刺史，"其青州刺史曹嶷攻汶阳关、公丘，陷之，害齐郡太守徐浮，执建威刘宣，齐鲁之间郡县垒壁降者四十余所"。故永嘉五年（311），青州基本为曹嶷占据，当改此境内封国为郡。

21.北海国

西晋泰始元年（265）立，据《晋书·武帝纪》《晋书·宗室传·任城景王陵传》，泰始元年（265）十二月，封司马陵为北海王。**咸宁三年（277）改为郡**；《晋书·武帝纪》载，咸宁三年（277）八月，徙"北海王陵为任城王"；《任城景王陵传》载，"（咸宁）三年，转封任城王"。司马陵徙为任城王后，北海国当改为郡。《晋志》中脱北海郡。**太康四年（283）复立**，《武帝纪》又载，太康四年（283）二月，"立长乐亭侯寔为北海王"；《文六王传·齐献王攸传》载，"又以攸子寔为北海王"。**太安元年（302）改为郡**。《晋书·惠帝纪》载，太安元年（302）十二月，八王之乱中，司马冏被杀，"废冏弟北海王寔"。北海王寔被废后，北海国当改为郡。《晋书·王沈传附王浚传》载，王浚谋将僭号，"前渤海太守刘亮、从子北海太守搏、司空掾高柔并切谏"；《通鉴》系此事于晋愍帝建兴元年（313）十一月。可见，西晋末北海为郡。

22.济南国

西晋泰始元年（265）立，据《晋书·武帝纪》《晋书·宗室传·济南惠王遂传》，泰始元年（265）十二月，封司马遂为济南王。**咸宁三年（277）改为郡**；《武帝纪》又载，咸宁三年（277）八月，徙"济南王耽为中山王"。《济南惠王遂传》又载，济南王遂薨，子耽嗣立，"咸宁三年徙（耽）为中山王"。司马耽徙为中山王后，济南国当改为郡。《晋志》中济南为郡。**西晋后期复立，后当复为郡**。《晋书·武十三王传·吴敬王晏传》载，吴敬王晏之子固，"初封汉王，改封济南"，后"没于贼"。据后文"济阴国"条，司马固改封济南王应在西晋后期，或在晋惠帝末年。司马固没于贼后，济南国当复为郡。

23.乐安国

西晋泰始元年（265）立，据《晋书·武帝纪》《晋书·文六王传·乐安平王鉴传》，泰始元年（265）十二月，封司马鉴为乐安王。《晋志》中乐安为国。**太安元年（302）改为郡**。《乐安平王鉴传》又载，乐安平王鉴，"（乐安王）薨，子殇王籍立，薨，无子。齐王冏以子冰绍鉴后，以济阴万一千二百一十九户改为广阳国。立冰为广阳王，冏败，废"。据《晋书·惠帝纪》，永宁元年（301）十二月，"封齐王冏子冰为乐安王"；太安元年（302）十二月，齐王冏被杀。司马冰改封广阳王，应在太安元年（302）。改封后，乐安国当该改为郡。

24.彭城国

西晋泰始元年（265），据《晋书·武帝纪》《晋书·宗室传·彭城穆王权传》，泰始元年（265）十二月，封司马权为彭城王。《晋志》中彭城为国。**东晋建武元年（317）入东晋**。据《晋书·武帝纪》《晋书·惠帝纪》《晋书·孝怀帝纪》及《彭城穆王权传》载，彭城王权薨后，权子植、植子释、释子雄先后嗣立，"（雄）坐奔苏峻伏诛"。苏峻叛，在东晋成帝时。据后文东晋"彭城国"条，西晋亡后，彭城国入东晋。

25.下邳国

西晋泰始元年（265）立，据《晋书·武帝纪》《晋书·宗室传·下邳献王晃传》，泰始元年（265）十二月，封司马晃为下邳王。《晋志》中下邳为国。**光熙元年（306）前改为郡。**《晋书·惠帝纪》载，永宁元年（301）八月，"下邳王韡薨"；《下邳献王晃传》又载，下邳王晃薨，"以太原王辅第三子韡为嗣"；"韡薨，子韶立"。韶之后，不言有嗣。《晋书·东海王越传》载，东海王越迎惠帝反洛阳，"诏越以太傅录尚书，以下邳、济阳二郡增封"。《惠帝纪》又载，光熙元年（306）五月，"（祁）弘等奉帝还洛阳"；八月，"以太傅、东海王越录尚书"。下邳郡增封东海国，表明此前下邳国已改为郡。故光熙元年（306）前下邳国改为郡。

26. 琅邪国

西晋泰始元年（265）立，据《晋书·武帝纪》《晋书·宣五王传·琅邪武王伷传》载，泰始元年（265）十二月，封司马伦为琅邪王；咸宁三年（277）八月，徙东莞王伷为琅邪王，徙琅邪王伦为赵王。《晋志》中琅邪为国。**东晋建武元年（317）入东晋。**《琅邪武王伷传》载，琅邪王伷薨，子觐立；觐薨，"子睿立是为元帝"。据后文东晋"琅邪国"条，西晋亡后，琅邪国入东晋。

27. 东莞国

西晋泰始元年（265）立，《晋书·武帝纪》载，泰始元年（265）十二月，封皇叔父伷为东莞王。**咸宁三年（277）省入琅邪国。**《武帝纪》载，咸宁三年（277）八月，徙"东莞王伷为琅邪王"。《宋志》徐州刺史东莞太守条载，"东莞太守，晋武帝泰始元年分琅邪立，咸宁三年复以合琅邪，太康十年复立"。东莞国本分琅邪郡立，司马伷自东莞王徙为琅邪王后，则省入琅邪国。《晋志》徐州条载，太康元年（280），"分琅邪置东莞郡"。《宋志》与《晋志》所载不同，当以《宋志》所载为是[①]。

28. 义阳国

西晋泰始元年（265）分南阳郡立，据《晋书·武帝纪》《晋书·宗室传·安平献王孚传附义阳成王望传》载，泰始元年（265）十二月，封司马望为义阳王。《寰宇记》淮南道十信阳军条载，"晋武帝泰始元年，割南阳之

东鄙，复置义阳郡，封安平献王孚次子望为义阳王，又自石城徙居仁顺，即今州是也"。《晋志》荆州条载，"及武帝平吴"，"分南阳立义阳郡"。据上引《晋书》《寰宇记》，当是泰始元年（265）置义阳国。《晋志》所载时间有误。《晋志》中义阳为郡，误，应为义阳国。**永宁元年（301）改为郡**。《晋书·惠帝纪》载，永宁元年（301）四月，诛义阳王威等；《义阳成王望传》又载，义阳成王望薨，孙奇袭爵；后"诏贬（奇）为三纵亭侯，更以章武王威为望嗣。后威诛，复奇为棘阳王以嗣望"。永宁元年（301），司马威被诛，义阳国当改为郡。

29. 城阳国

西晋泰始五年（269）立，《晋书·武帝纪》载，泰始五年（269），"十一月，追封谥皇弟兆为城阳哀王，以皇子景度嗣"。**泰始七年（271）改为郡**。《武帝纪》又载，泰始六年（270）七月，"城阳王景度薨"；泰始七年（271）五月，"立皇子宪为城阳王"；八月，"城阳王宪薨"。《晋书·文六王传·城阳哀王兆传》载，"城阳哀王兆字千秋，年十岁而夭"；"以皇子景度为千秋后"，"追加兆封谥。景度以泰始六年薨，复以第五子宪继哀王后。薨，复以第六子祗为东海王，继哀王后"。泰始七年（271），城阳王宪卒，城阳国当改为郡。《晋志》中城阳为郡。

30. 汝南国

西晋泰始六年（270）立，据《晋书·武帝纪》《晋书·武十三王传·秦献王柬传》《晋书·武十三王传·汝南王亮传》，泰始六年（270）十二月，立司马柬为汝南王；咸宁三年（277）八月，"徙扶风王亮为汝南王"，"汝南王柬为南阳王"。《晋书·惠帝纪》载，元康元年（291）六月，"贾后矫诏，使楚王玮杀太宰、汝南王亮"。《晋志》载汝南为郡，有误；晋太康间司马亮仍为汝南王，故当为汝南国。**东晋建武元年（317）入东晋**。据后文东晋"汝南国"条，西晋亡后，汝南国入东晋。

31. 东海国

西晋泰始九年（273）立，旋改为郡；《晋书·武帝纪》载，泰始九年（273），"三月，立皇子祗为东海王"；"六月乙未，东海王祗薨"；《晋书·武十三王传》载，"东海冲王祗字敬度，泰始九年五月受封。殇王薨，复以祗继兆，其年薨，时年三岁"。东海王祗薨后，东海国当复为郡。**元康元年（291）复立**，《晋书·惠帝纪》载，元康元年（291）八月，"立陇西世子越为东海王"。**永嘉五年（311）改为郡**。《晋书·东海王越传》载，东海王越，"永嘉五年，薨于项"，"（怀）帝发诏贬越为县王"。司马越被贬为县王，东海国当除，改为郡。

二、晋武帝咸宁、太康年间的郡王封国

1.濮阳国

西晋咸宁三年（277）改东郡立，据《晋书·武帝纪》《晋书·武十三王传·淮南忠壮王允传》载，咸宁三年（277）八月，立司马允为濮阳王。《宋志》南徐州刺史南濮阳太守条载，濮阳郡，"本东郡，属兖州，晋武帝咸宁二年，以封子允，以东不可为国名，东郡有濮阳县，故曰濮阳国。濮阳，汉旧名也"。《宋志》言咸宁二年（276）封皇子允为濮阳王，有误，应为咸宁三年（277）。《晋志》兖州濮阳国载，濮阳国，"故属东郡，晋初分东郡置"。《晋志》此误，应是改东郡为濮阳国。**太康十年（289）复为东郡**；《武帝纪》又载，太康十年（289）十一月，改封"濮阳王允为淮南王"。又据《宋志》南徐州刺史南濮阳太守条，"（濮阳王）允改封淮南，还曰东郡。赵王伦篡位，废太孙臧为濮阳王，王寻废，郡名遂不改"。据此，太康十年（289），濮阳王允改封淮南王，濮阳国复为东郡。**永宁元年（301）复为濮阳国，旋改为濮阳郡**。《晋书·惠帝纪》载，永宁元年（301）正月，赵王伦篡帝位，"废皇太孙臧为濮阳王"，旋"伦害濮阳王臧"。据《惠帝纪》及上条注释《宋志》可知，永宁元年（301），东郡改为濮阳国，旋改为濮阳郡。

2.任城国

西晋咸宁三年（277）立，据《晋书·武帝纪》《晋书·宗室传·任城景王陵传》，咸宁三年（277）八月，"徙北海王陵为任城王"。《晋志》中任城为国。**永嘉五年（311）后改为郡**。《任城景王陵传》又载，任城王陵薨，"子济立"；济"随东海王越在项，为石勒所害，二子俱没"。据《通鉴》，晋怀帝永

嘉五年（311）四月，任城王济为石勒所杀。司马济被杀后，任城国当改为郡。

3.赵国

西晋咸宁三年（277）立，据《晋书·武帝纪》《晋书·赵王伦》载，咸宁三年（277）八月，徙"琅邪王伦为赵王"。《晋志》中冀州有赵国。**永宁元年（301）改为郡**。《晋书·惠帝纪》载，永宁元年（301）四月，"诛赵王伦"。赵王伦被诛，赵国除，遂改为郡。

4.章武国

西晋咸宁三年（277）立，《晋书·武帝纪》载，咸宁三年（277）八月，徙"河间王威为章武王"；太康九年（288）六月，"徙章武王威为义阳王"，十二月，"立河间平王洪子英为章武王"。《晋志》中章武为国。**永嘉五年（311）后当改为郡**。《晋书·宗室传·安平献王孚传附河间平王洪传》载，"（河间平王洪）二子：威、混。威嗣，徙封章武。其后威既继义阳王望，更立混为洪嗣。混历位散骑常侍，薨。及洛阳陷，混诸子皆没于胡"。永嘉五年（311），匈奴汉国攻陷洛阳，此后章武国当改为郡。

5.清河国

西晋咸宁三年（277）立，据《晋书·武帝纪》《晋书·武十三王传·清河王遐传》，咸宁三年（277）八月，立司马遐为清河王。《晋志》中清河为国。**太安元年（302）改为郡**；《清河王遐传》又载，清河康王遐薨，"覃嗣立"，后"立覃为皇太子"。《晋书·惠帝纪》载，太安元年（302）五月，"以清河王遐子覃为皇太子"。清河王覃为皇太子，清河国当改为郡。**永兴元年（304）复立**，《惠帝纪》载，永兴元年（304）二月，"黜皇太子覃，复为清河王"；《清河王遐传》载，"河间王颙胁迁大驾，表成都王颖为皇太弟，废覃复为清河王"。故永兴元年（304）复立清河国。**永嘉二年（308）改为郡**。《晋书·孝怀帝纪》载，永嘉二年（308）二月，"清河王覃为东海王越所害"；《清河王遐传》载，"永嘉初，前北军中候任城吕雍、度支校尉陈颜等谋立覃为太子，事觉，幽于金墉城，未几，被害"。清河王覃被害后，清河国当改为郡。

6.辽东国

西晋咸宁三年（277）立，《晋书·武帝纪》载，咸宁三年（277）九月，"立齐王子蕤为辽东王"；《晋书·文六王传·辽东悼惠王定国传》载，"辽东悼惠王定国，年三岁薨。咸宁初追加封谥，齐王攸以长子蕤为嗣"。故咸宁三年（277）立辽东国。《晋志》中辽东为国。**太康四年（283）改为郡**。《晋书·武帝纪》载，太康四年（283）五月，"徙辽东王蕤为东莱王"。司马蕤徙为东莱王后，辽东郡国改为郡。

7.西河国

西晋咸宁三年（277）立，《晋书·武帝纪》载，咸宁三年（277）八月，徙"陈王斌为西河王"；《晋书·宗室传·任城景王陵传附西河缪王斌传》载，西河缪王斌，"武帝受禅，封陈王"；"（咸宁）三年，改封西河"。《晋志》中西河为国。**永兴元年（304）入匈奴汉国**[①]。《西河缪王斌传》又载，西河缪王斌，"咸宁四年薨，子隐立；薨，子眘立"。《石勒载记上》载，西河王喜等为石勒所杀；《通鉴》载此在晋怀帝永嘉五年（311）四月。西河国已入汉国，然西晋仍有西河王，由实封变为虚封。西河王喜被杀后，西河封国当除。

8.始平国

西晋咸宁三年（277）立，《晋书·武帝纪》载，咸宁三年（277）正月丙子，"立皇子裕为始平王"，"庚寅，始平王裕薨"；八月，"立皇子玮为始平王"。《晋志》中为始平郡，误，当为始平国。**太康十年（289）改为郡**。《武帝纪》又载，太康十年（289）十一月，改"始平王玮为楚王"。司马玮改为楚王后，始平国当还为郡。

9.广汉国

西晋咸宁三年（277）立，《晋书·武帝纪》载，咸宁三年（277）九月，立齐王子赞为广汉王。**太康元年（280）还为郡**。《武帝纪》又载，太康元年（280）十二月，"广汉王赞薨"。《晋书·文六王传·广汉殇王广德传》载，"广

---

① 魏俊杰：《十六国疆域与政区研究》，第47—48页。

汉殇王广德，年二岁薨。咸宁初，追加封谥，齐王攸以第五子赞绍封。薨，攸更以第二子寔嗣广德"；《晋书·文六王传·齐王攸传》载，"赞字景期，继广汉殇王广德后，年六岁。太康元年薨，谥冲王"；"赞薨，又以寔继广汉殇王后，改封北海王"。据此，太康元年（280），司马赞卒后，广汉国当改为郡。

10.新都国

咸宁三年（277）立，《晋书·武帝纪》载，咸宁三年（277）八月，立皇子该为新都王。**太康四年（283）还为郡**。《武帝纪》载，太康四年（283）十一月，"新都王该薨"；《晋书·武十三王传·新郡王该传》载，"新都王该字玄度，咸宁三年受封，太康四年薨，时年十二。无子，国除"。新都国除，当改为郡。

11.南阳国

西晋咸宁三年（277）立，据《晋书·武帝纪》《晋书·武十三王传·秦献王柬传》，咸宁三年（277）八月，徙"汝南王柬为南阳王"。故此年南阳郡当改为国。《晋志》中南阳为国。**太康十年（289）改为郡**；《武帝纪》又载，太康十年（289）十一月，"改封南阳王柬为秦王"；《秦献王柬传》又载，"太康十年，徙封于秦"。故此年南阳国当改为郡。**光熙元年（306）复立**，《晋书·惠帝纪》载，光熙元年（306）九月，进"平昌公模为南阳王"；《晋书·宗室传·高密文献王泰传附南阳王模传》载，南阳王模，"初封平昌公"，"进爵南阳王"。故此年南阳郡当改为国。**东晋建武元年（317）入东晋**。据后文东晋"南阳国"条，西晋亡后，南阳国入东晋。

12.东莱国

西晋太康四年（283）立，《晋书·武帝纪》载，太康四年（283）五月，"徙辽东王蕤为东莱王"。《晋志》中东莱为国。**永宁元年（301）改为郡**。《晋书·惠帝纪》载，永宁元年（301）六月，"东莱王蕤、左卫将军王舆谋废齐王冏，事泄，蕤废为庶人"。东莱王蕤被废后，东莱国当改为郡。

13.长乐国

西晋太康五年（284）改安平郡立，《晋书·武帝纪》载，太康五年（284）二月，"立南宫王子祐为长乐王"。《宋志》冀州刺史广川太守条载，广川太守，

"晋武帝太康五年，又改（安平）为长乐"。《魏志》冀州长乐郡条载，长乐郡，"安帝改曰安平，晋改"。《水经注·河水注》载，"长乐，故信都也，晋太康五年，改从今名"。故太康五年（284），立司马玷为长乐王，改安平郡为长乐国。**西晋末已改为长乐郡。**有史可载的西晋长乐王仅见司马玷，玷薨后，长乐国当除，改为郡。《晋书·蔡豹传》载，"豹有气干，历河南丞，长乐、清河太守。避乱南渡，元帝以为振武将军"。可见，西晋末有长乐郡，蔡豹曾任长乐太守。故西晋末已改长乐国为长乐郡。

14. 随国

西晋太康九年（288）分义阳国立，《晋书·宗室传·安平献王孚附随穆王整传》载，"（随穆王整），武帝以义阳国一县追封为随县王。子迈嗣。太康九年，以义阳之平林益迈为随郡王"。《宋志》司州刺史随阳太守条载，"太康年，又分义阳为随国，属荆州"。《水经注·涢水注》载，"（涢水）东南过随县西。县，故随国矣"；"楚灭之，以为县。晋武帝太康中立为郡"。又《元和志》山南道二随州条载，"晋太康九年，分义阳置随郡"。据此，太康九年（288）立随国。《晋志》荆州条载，晋惠帝时，"分义阳立随郡"。《晋志》此误，应是晋武帝时分义阳立随国。**西晋末当改为随郡。**《晋书·陶侃传》载，"（陈）敏遣其弟恢来寇武昌，（陶）侃出兵御之。随郡内史扈瑰间侃于（刘）弘"；《通鉴》载此事在晋惠帝永兴二年（305）十二月。故至晋惠帝末，仍有随国。然随王迈后，不见史籍有随王记载，当西晋末大乱，随王嗣绝，随国遂改为郡。《晋书·哀帝纪》载，兴宁三年（365）二月，"桓冲监江州、荆州之江夏、随郡、豫州之汝南、西阳、新蔡、颍川六郡诸军事"；《晋书·郗鉴传附郗恢传》载，东晋孝武帝时，"（郗）恢以随郡太守夏侯宗之为河南太守"。《苻坚载记下》载，淝水之战后，"晋随郡太守夏侯澄攻姜成，斩之"。《宋书·宗室传·临川烈武王道规传》载，刘裕灭桓玄后，"（刘道规）督江州之武昌、荆州之江夏、随郡、义阳、绥安、豫州之西阳、汝南、颍川、新蔡九郡诸军事"。可见，东晋时为随郡。

15. 武邑国

西晋太康十年（289）分长乐国立，《晋书·武帝纪》载，太康十年（289）十月，"徙南宫王承为武邑王"；《晋书·牵秀传》载，"牵秀字成叔，武邑观津人也"。《魏志》冀州武邑郡条载,"武邑郡,晋武帝置"。《水经注·浊漳水注》载,"晋武帝封子于县以为王国。后分武邑、武隧、观津为武邑郡,治此"。据《晋志》,武邑、武遂、观津三县属安平国。又据上文"长乐国"条,晋武帝时安平国改为郡,后又改为长乐国。故晋武帝太康十年(289)分长乐立武邑国。**晋惠帝时省还长乐国。**《寰宇记》河北道十二冀州条载,"(太康)十年,割武遂、武邑、观津三县为武邑国,以封南宫王承为武邑王。惠帝时承薨,无后,省还长乐"。据此,晋惠帝时省武邑还长乐国。

16.代国

西晋太康十年(289)立,据《晋书·武帝纪》《晋书·武十三王传·代哀王演传》,太康十年(289)十一月,立司马演为代王。**后改为郡**;《代哀王演传》又载,"(代王演)薨,无子,以成都王颖子廓为嗣,改封中都王,后与颖俱死"。代王廓改封中都王,代国当改为郡,改年无考。**永宁元年(301)复立,而旋为郡。**《晋书·武十三王传·吴敬王晏传》载,"吴敬王晏字平度,太康十年受封";"与兄淮南王允共攻赵王伦,允败,收晏付廷尉,欲杀之。傅祗于朝堂正色而争,于是群官并谏,伦乃贬为宾徒县王。后徙封代王。伦诛,诏复晏本封";《晋书·惠帝纪》载,永康元年(300)八月,"改封吴王晏为宾徒县王";永宁元年(301)正月,"赵王伦篡帝位";四月,"诛赵王伦"。赵王伦篡位之际,当有封爵。故司马晏当于永宁元年(301)初徙封代王,四月还封吴王,故此年复立代国而旋为郡。

17.汉国

西晋太康十年(289)改汉中郡立,《华阳国志·汉中志》载,汉中郡,"大康中,晋武帝子汉王迪受封,更曰汉国"。《晋书·武帝纪》载,太康十年(289)十一月,"立濮阳王子迪为汉王"。据此,西晋太康十年(289),改汉中郡为汉国。**永康元年(300)汉国除,还为汉中郡**;《晋书·惠帝纪》载,永康元年(300)八月,"淮南王允举兵讨赵王伦,不克,允及其二子秦王郁、汉王迪皆遇害";《晋书·武十三王传·始平哀王裕传》载,始平哀王裕薨,无子,"以淮南王允子迪为嗣。太康十年,改封汉王,为赵王伦所害"。汉王迪遇害,汉国当还为汉中郡。**晋惠帝时复立汉国,又还为汉中郡。**《晋书·武十三王传·吴敬王晏传》载,吴敬王晏子固,"初封汉王,改封济南"。据后文西晋"济阴国"条，司马固封汉王，应在晋惠帝时。故晋惠帝时复立汉国，汉王改封为济南王后，汉国当还为汉中郡。

18.成都国

太康十年（289）改蜀郡立，《华阳国志·蜀志》载，"蜀郡，太康初属王国，改号曰成都内史"；《华阳国志·大同志》载，"（太康）八年，武帝子成都王颖受封，以蜀郡、广汉、犍为、汶山十万户为王国，易蜀郡太守号为成都内史"。《华阳国志》所载时间有误。《晋书·武帝纪》载，太康十年（289）十一月，以司马颖为成都王；《晋书·成都王颖传》载，成都王颖，"太康末受封"。《宋志》益州刺史蜀郡太守条载，"蜀郡太守，秦立，晋武帝太康中改曰成都国"。《水经注·江水注》载，"晋太康中，蜀郡为王国，更为成都内史"。据此，太康十年（289），改蜀郡立成都国。**太安二年（303）入成汉**[1]；**永兴二年（305）前，分南郡立成都国**，《水经注·夏水注》载，"（夏水）又东过华容县南"，"夏水自县东北迳成都郡故城南，晋永嘉中，西蜀阻乱，割华容诸城为成都王颖国"。《晋志》荆州条载，"时蜀乱，又割南郡之华容、州陵、监利三县，别立丰都，合四县置成都郡，为成都王颖国，居华容县。愍帝建兴中，并还南郡，亦并丰都于监利"。据《水经注》《晋志》可知，西晋曾于荆州置成都国。据《晋书·惠帝纪》，光熙元年（306）十月，成都王颖被害。故《水经注》称"永嘉中""割华容诸城为成都王颖国"，时间有误。且晋怀帝永嘉中，东海王越专政，与成都王颖为仇敌，当不可能此间置成都国。西晋太安二年（303），成都国为成汉占据。又晋惠帝太安二年（303）至永兴二年（305）间，为成都王颖执掌晋室朝政大权时，故于分荆州南郡置成都国应在此间。**光熙元年（306）当改为郡**。《惠帝纪》载，光熙元年（306）十月，成都王颖被害。成都王被害后，东海王越掌晋室实权，当改成都国为郡。又据上引《晋志》，"愍帝建兴中，并还南郡"。并还南郡前，成都为郡。

19.广陵国

西晋太康十年（289）立，《晋书·武帝纪》载，太康十年（289）十一月，立"皇孙遹为广陵王"。**太熙元年（290）改为郡**。《晋书·惠帝纪》载，永熙

---

① 魏俊杰：《十六国疆域与政区研究》，第148页。

元年（290）八月，"立广陵王遹为皇太子"；《晋书·愍怀太子传》载，愍怀太子遹，"封为广陵王"，"惠帝即位，立为皇太子"。司马遹为皇太子后，广陵国当改为郡。

20.顺阳国

西晋太康十年（289）改南乡郡立，《晋书·武帝纪》载，太康十年（289）十一月，"徙扶风王畅为顺阳王"。《左传》哀公四年（前491）载，"司马起丰、析（杜注：析县，属南乡郡）"。可见，杜预注《左传》时仍称南乡郡。《宋志》雍州刺史扶风太守条载，"汎阳令，晋武帝太康五年立，属南乡，仍属顺阳"。可见，太康五年（284）当仍称南乡郡。又《宋志》雍州刺史顺阳太守条载，"顺阳太守，魏分南阳立曰南乡，晋武帝更名"。《晋志》荆州条载，"顺阳郡，太康中置"。《水经注·丹水注》载，"丹水又南迳南乡县故城东北。汉建安中，割南阳右壤为南乡郡。逮晋封宣帝孙畅为顺阳王，因立为顺阳郡，而南乡为县。旧治酂城，永嘉中，丹水浸没。至永和中，徙治南乡"。结合《水经注》和《晋书》，当太康十年（289）改南乡郡为顺阳国。**永嘉（307—313）后当改为顺阳郡。**《晋书·宣五王传·扶风王骏传附子畅传》载，"畅字玄舒，改封顺阳王"，"永嘉末，刘聪入洛，不知所终"。司马畅不知所终，永嘉后顺阳国当改为郡。

21.长沙国

西晋太康十年（289）立，据《晋书·武帝纪》《晋书·长沙王乂传》，太康十年（289）十一月，立司马乂为长沙王。**元康元年（291）改为郡；**《晋书·惠帝纪》载，元康元年（291）八月，"徙长沙王乂为常山王"；《长沙王乂传》又载，"（楚王）玮既诛，乂以同母，贬为常山王"。**永宁元年（301）复立，**《惠帝纪》又载，永宁元年（301）七月，"复封常山王乂为长沙王"。**太安二年（303）改为郡；**《惠帝纪》又载，太安二年（303）十一月，"东海王越执长沙王乂，幽于金墉城，寻为张方所害"。故此年长沙国改为郡。**永嘉二年（308）复立，**《晋书·孝怀帝纪》载，永嘉二年（308）十二月，"立长沙王乂子硕为长沙王"。故此年长沙郡改为国。**永嘉五年（311）后改为郡；**《晋书·孝怀帝纪》载，永嘉五年（311）六月，匈奴汉国攻陷洛阳，王公大臣多遇害，"百官士庶死者三万余人。帝蒙尘于平阳"；《长沙王乂传》载，"永嘉中，怀帝以义子硕嗣，拜散骑常侍。后没于刘聪"。长沙王硕没于刘聪当在永嘉五年（311）汉国攻陷洛阳时，此后长沙国当改为郡。

22.楚国（含襄阳国）

西晋太康十年（289）改襄阳郡立楚国，《晋书·武帝纪》载，太康十年（289）十一月，改封"始平王玮为楚王"；《晋书·楚王玮传》载，楚隐王玮，初封始平王，"太康末，徙封于楚，出之国，都督荆州诸军事、平南将军，转镇南将军"。据《通鉴》，晋武帝泰始五年（269）二月，"以尚书左仆射羊祜都督荆州诸军事，镇襄阳"；咸宁四年（278）十一月，"羊祜疾笃，举杜预自代，辛卯，以预为镇南大将军、都督荆州诸军事"；太康元年（280）五月，西晋灭吴后，"杜预还襄阳"。《晋书·孝怀帝纪》载，永嘉元年（307）三月，"以征东将军、高密王简为征南大将军、都督荆州诸军事，镇襄阳"。由此可见，西晋荆州都督镇襄阳。楚王玮"出之国，都督荆州诸军事"，此国应改襄阳郡而来。襄阳郡旧为楚国之地，司马玮封楚王，封国可能在此。又据《楚王玮传》载，永宁元年（301），封楚王玮子范为襄阳王，亦证司马玮所封由襄阳郡所改。**元康元年（291）还为襄阳郡**；《晋书·惠帝纪》载，元康元年（291）六月，"以（楚王）玮擅害（汝南王）亮、（卫）瓘，杀之"。楚王玮被杀后，楚国当还为襄阳郡。**永康元年（300）立襄阳国**，《晋书·惠帝纪》载，永康元年（300）五月，立皇孙尚为襄阳王；永宁元年（301）五月，"立襄阳王尚为皇太孙"；九月，"封楚王玮子范为襄阳王"。据此，永康元年（300）当立襄阳国。**永嘉五年（311）后改为郡。**《晋书·楚王隐玮传》载，永宁元年（301），封楚王玮子范为襄阳王；《晋书·东海王越传》载，"永嘉五年，（东海王越）薨于项，秘不发丧，以襄阳王范为大将军，统其众"；为石勒所败，"王公士庶死者十余万"。据此，永嘉五年（311），襄阳王范被杀后，襄阳国当复为郡。

23.淮南国

西晋太康十年（289）立，《晋书·武帝纪》载，太康十年（289）十一月，改封"濮阳王允为淮南王"。故此年淮南郡改为国。**永嘉五年（311）后改为郡**。《晋书·武十三王传·淮南忠壮王允传》载，"太康十年，（允）徙封淮南"；允讨赵王伦，兵败被杀；伦败，"（齐王冏）以息超继允后"；"冏败，超被幽金墉城。后更以吴王晏子祥为嗣，拜散骑常侍。洛京倾覆，为刘聪所害"。永嘉五年（311），洛阳为汉国刘聪攻陷；此年后，淮南国当改为郡。

24.吴国

西晋太康十年（289）立，《晋书·武帝纪》载，太康十年（289）十一月，立皇子晏为吴王；《晋书·武十三王传·吴孝王晏传》载，"吴敬王晏字平度，太康十年受封，食丹阳、吴兴并吴三郡"。故此年吴国立。**永康元年（300）改为郡；**《晋书·惠帝纪》载，永康元年（300）八月，"改封吴王晏为宾徒县王"。故此年吴国改为郡。**永宁元年（301）复立，**《惠帝纪》载，永宁元年（301）六月，"复封宾徒王晏为吴王"。故此年吴国当复立。**永嘉五年（311）后当改为郡。**《晋书·孝怀帝纪》载，永嘉五年（311）六月，晋都洛阳为汉国攻陷，吴王晏等遇害。此年后，吴国当改为郡。

25.豫章国

西晋太康十年（289）立，《晋书·武帝纪》载，太康十年（289）十一月，立皇子炽为豫章王；《晋书·孝怀帝纪》载，"孝怀皇帝讳炽"，"太熙元年，封豫章郡王"。晋武帝最后一次分封皇子在太康十年（289），此以《武帝纪》为是，故此年豫章郡改为国。**永嘉五年（311）后改为郡。**《孝怀帝纪》载，永嘉五年（311）九月，"石勒袭阳夏，至于蒙县，大将军苟晞、豫章王端并没于贼"；《晋书·武十三王传·清河康王遐传》载，"（清河王遐）四子：覃、籥、铨、端"；"铨初封上庸王，怀帝即位，更封豫章王。二年，立为皇太子。洛京倾覆，没于刘聪。端初封广川王，铨之为皇太子也，转封豫章"；"会洛阳陷没，端东奔苟晞于蒙"，后"为石勒所没"。豫章王端没于石勒后，豫章国改为郡。

26.毗陵国

西晋太康十年（289）立，《晋书·武帝纪》载，太康十年（289）十一月，立"始平王子仪为毗陵王"。**元康元年（291）改为郡。**《晋书·惠帝纪》载，元康元年（291）五月，"毗陵王轨薨"。有关两晋毗陵王的记载，仅见此二处。毗陵王轨薨后，毗陵国当改为郡。

三、晋惠帝年间的郡王封国

1.西阳国

西晋元康元年（291）分弋阳郡立，《晋书·武帝纪》载，太康十年（289）十一月，封"汝南王次子羕为西阳公"；《晋书·惠帝纪》载，元康元年（291）八月，"进西阳公羕爵为王"；《晋书·汝南王亮传附子羕传》载，"羕字延年，太康末，封西阳县公"；"元康初，进封郡王"；后"又以汝南期思、西陵益其国"[1]。《宋志》郢州刺史西阳太守条载，"西阳太守。本县名，二汉属江夏。魏立弋阳郡，又属焉。晋惠帝又分弋阳为西阳国，属豫州"。《寰宇记》淮南道五光州光山县条载，故西阳城，"晋太康十年，封汝南王亮子羕为西阳公。惠帝改封西阳郡王，居此县"。据此，元康元年（291）分弋阳郡立西阳国。《晋书·戴若思传附戴邈传》载，"（戴邈）寻迁太子洗马，出补西阳内史。永嘉中，元帝版行邵陵内史"。可见，西晋末有西阳国。**东晋建武元年（317）入东晋。**据后文东晋"西阳国"条，西晋亡后，西阳国入东晋。

2.东安国

西晋元康元年（291）分东莞郡立，旋废，永宁元年（301）复立，《晋书·惠帝纪》载，元康元年（291）三月，"东安公繇为尚书左仆射，进封东安王，督将侯者千八十一人。庚戌，免东安王繇及东平王楙，繇徙带方"；永宁元年（301），"九月，追东安王繇复其爵"；《晋书·宣五王传·琅邪武王伷传附东安王繇传》载，"东安王繇字思玄，初拜东安公"，"进封郡王"。司马繇进封为东安王，旋被免，东安国遂废。永宁元年（301），东安王复爵，东安国复建。《晋志》徐州条载，元康七年（297），"分东莞置东安郡"。《宋志》徐州刺史东安太守条载，"东安太守。东安，故县名，前汉属城阳，后汉属琅邪，《晋太康地志》属东莞。晋惠帝分东莞立"。《魏志》南青州东安郡条载，"东安郡，二汉县，晋惠帝置"。晋惠帝元康七年（297）已置东安郡，至永宁元年（301）又为东安国。**永兴元年（304）改为郡。**《惠帝纪》载，永兴

---

[1] 据前文"《晋书》地名问题补考"，此"汝南"应为"弋阳"。

元年（304），"八月戊辰，（成都王）颖杀东安王繇"；《晋书·宣五王传》载，成都王颖杀东安王繇，"后立琅邪王觐子长乐亭侯浑为东安王，以奉繇祀。寻薨，国除"。东安王浑薨或在永兴元年（304），或在此年稍后，此以永兴元年（304）东安国改为郡。《晋书·儒林传·续咸传》载，"永嘉中，（续咸）历廷尉平、东安太守"。可见，永嘉（307—313）时东安为郡。

3. 中丘国

西晋元康（291—299）初年分赵郡立，《晋书·宗室传·安平献王孚传附太原成王辅传》载，"（司马辅）子弘立，元康中为散骑常侍，后徙封中丘王。三年薨，子铄立"。中华书局点校本《晋书》"校勘记"："子弘立。劳校：《惠纪》'弘'作'泓'。"据《晋书·惠帝纪》，元康三年（293）十月，"太原王泓薨"。中丘国当元康初年且在元康三年（293）前立。然司马弘（或泓）薨时，《惠帝纪》为太原王，《宗室传》为中丘王，当应从《宗室传》。《元和志》河东道四邢州内丘县条载，内丘县，"晋于此立中丘郡"。《寰宇记》河北道八邢州内丘县条载，"《赵记》云：'晋于此立中丘郡。'"。西晋所置当为中丘国，而非中丘郡。**西晋末当省。**司马铄之后，不见史籍记载有中丘王，也未见有中丘郡或中丘国的记载。永嘉乱后，晋室诸王在战乱中多被杀，其王国也当省废。

4. 高密国

西晋元康六年（296）分城阳郡立，《晋书·宗室传·高密文献王泰传》载，高密文献王泰，"武帝受禅，封陇西王"，后"改封高密王"。《晋志》青州条载，晋惠帝时，分城阳立高密国。《宋志》青州刺史高密太守条载，"晋惠帝又分城阳立"。据《通鉴》，晋惠帝元康六年（296）正月，"太尉陇西王泰行尚书令，徙封高密王"。**永嘉五年（311）改为郡。**《高密文献王泰传》载，高密王泰薨，子略立；略薨，子据立；"（据）薨，无子，以彭城康王子纮为嗣"。又据上文"齐国"条，永嘉五年（311），青州之地基本为曹嶷占据，高密国当于此年改为郡。

5. 平昌国

西晋元康九年（299）分高密国立，《宋志》青州刺史平昌太守条载，"平昌太守，故属城阳，魏文帝分城阳立。后省，晋惠帝又立"。《魏志》胶州平昌郡条载，"平昌郡，魏文帝置，后废，晋惠帝复"。据此，平昌郡为晋惠帝所立。《晋志》载，"惠帝元康十年，又置平昌郡"。然晋惠帝元康年号仅有九年。《晋书·宗室传·高密文献王泰传》载，高密文献王泰，"元康九年薨"，"泰四子：越、腾、略、模"，子略嗣；《高密文献王泰传附南阳王模传》载，南阳王模，"初封平昌公。惠帝末，拜冗从仆射"；《晋书·惠帝纪》载，永兴元年（304）七月，东海王越、平昌公模等"奉帝北征"。当是元康九年（299）高密王泰薨，子略嗣为高密王；又分高密为平昌郡，以模为平昌郡公。又据《晋志》，高密国领有平昌县。故平昌国当分高密而立。**光熙元年（306）改为郡。**《惠帝纪》载，光熙元年（306）九月，进"平昌公模为南阳王"。司马模进爵为南阳王后，平昌国当改为郡。

6. 济阳国

西晋永康元年（300）分陈留国立，据《晋书·赵王伦传》及《通鉴》，晋惠帝永康元年（300）四月，封赵王伦子馥济阳王。《宋志》南徐州刺史济阳太守条载，"晋惠分陈留为济阳国"。故永康元年（300）分陈留立济阳国。据《宋志》济阳太守条，刘宋时济阳侨郡领考城、鄄城二县。鄄城旧属濮阳郡，距济阳县较远，西晋济阳置国当不会来属。而考城县与济阳县相邻，当属济阳国。《宋书·蔡廓传》载，"蔡廓字子度，济阳考城人也。曾祖谟，晋司徒"。此可旁证考城县属济阳郡（国）《魏志》梁州阳夏郡条载，济阳县"有济阳城、外黄城、东缗城、崔城"。《晋书·元敬虞皇后传》载，"元敬虞皇后讳孟母，济阳外黄人也"，亦证外黄县曾属济阳郡（国）。西晋末，济阳国当领济阳、外黄、考城等县。**太安元年（302）当改为郡。**据《晋书·惠帝纪》《晋书·赵王伦传》《晋书·齐王冏传》，永宁元年（301）四月，诛赵王伦父子；十二月，封齐王冏子英为济阳王；太安元年（302）十二月，齐王冏被杀，"幽其诸子于金墉城"。齐王冏被杀，济阳王英当废，济阳国当改为济阳郡。《晋书·东海王越传》载，东海王越执政，"诏越以太傅录尚书，以下邳、济阳二郡增封"。可见，东晋末济阳为郡。

7. 临淮国

西晋永康元年（300）立，旋改为郡；《晋书·愍怀太子传附子臧传》载，

"臧字敬文，永康元年四月，封临淮王"；后诏"立臧为皇太孙"；"永宁元年正月，赵王伦篡位，废为濮阳王。与帝俱迁金墉，寻被害"；《晋书·惠帝纪》载，永康元年（300）五月，"立皇孙臧为皇太孙"。可见，永康元年（300），改临淮郡为国，旋复为郡。**永嘉二年（308）复立，永嘉五年（311）后又改为郡。**《晋书·孝怀帝纪》载，永嘉二年（308）十二月，"立长沙王乂子硕为长沙王，龂为临淮王"；永嘉五年（311）六月，匈奴汉国攻陷洛阳，王公大臣多遇害，"百官士庶死者三万余人。帝蒙尘于平阳"；《晋书·长沙王乂传》载，"永嘉中，怀帝以乂子硕嗣，拜散骑常侍，后没于刘聪"。司马龂被封为临淮王，仅见《孝怀帝纪》所载。《晋书·周处传附周玘传》载，"建兴初，（夏）铁已聚众数百人，临淮太守蔡豹斩铁以闻"。可见，在建兴（313—316）初，临淮国已改为郡。永嘉五年（311），匈奴汉国攻陷洛阳，诸王公或被杀，或被掠，司马硕、司马龂兄弟当同没于刘聪。随后，临淮国当改为郡。

8.南平国

西晋惠帝时立，永宁元年（301）复为郡。《晋书·惠帝纪》载，永宁元年（301）八月，"徙南平王祥为宜都王"。可见，永宁元年（301）前南平为国，至此年改为郡。南平国当晋惠帝时所立。《惠帝纪》又载，太安二年（303）十一月，"前南平内史王矩"等"起义军以讨石冰"。南平置内史，亦证南平曾为国。

9.上庸国

西晋永宁元年（301）前立，《晋书·武十三王传·清河康王遐传》载，"（遐）四子：覃、籥、铨、端"，"铨初封上庸王，怀帝即位，更封豫章王"。清河王遐诸子皆晋惠帝时立为王，确年无考。又《晋书·文四王传·齐献王攸传附子蕤传》载，"永宁初，上庸内史陈钟承（齐王）冏旨害蕤"。晋惠帝永宁共二年，永宁二年十二月改元太安。故此"永宁初"应是永宁元年（301），此年前当已立上庸国。**光熙元年（306）改为郡。**晋怀帝于光熙元年（306）即位，当此年铨改封豫章王，上庸国当改为郡。

10.淮陵国

西晋永宁元年（301）分临淮郡立，《宋志》南徐州刺史淮陵太守条载，

"淮陵太守，本淮陵县，前汉属临淮，后汉属下邳，晋属临淮，惠帝永宁元年以为淮陵国"。《晋书·惠帝纪》载，永宁元年（301）正月，"赵王伦篡帝位"；四月，"左卫将军王舆与尚书、淮陵王濉勒兵入宫禽伦党孙秀（等）"；《晋书·宣五王传·琅邪武王伷传附淮陵元王濉传》载，"赵王伦之篡也，三王起义，濉与左卫将军王舆攻杀孙秀，因而废伦，以功进封淮陵王，入为尚书"。《晋志》徐州条载，晋惠帝时，"分临淮置淮陵郡"。可见，永宁元年（301）置淮陵国。**西晋末当改为郡**。《淮陵元王濉传》又载，"（淮陵元王濉）薨，子贞王融立。薨，无子。安帝时，立武陵威王孙蕰为淮陵王，以奉元王之祀位"。可见，司马濉之后，子融为淮陵王。司马融之后，淮陵国除，当改为郡。据《晋书·五行志中》，"后中原大乱，宗藩多绝，唯琅邪、汝南、西阳、南顿、彭城同至江东"。此不言又淮陵王融，故淮陵国当在西晋末已除。

11. 新野国

西晋永宁元年（301）分义阳国立，《水经注·淯水注》载，"晋咸宁二年，封大司马扶风武王少子歆为新野郡公，割南阳五属：棘阳、蔡阳、穰、邓、山都封焉"。然《晋书·惠帝纪》载，永宁元年（301）正月，赵王伦篡位；三月，"齐王冏起兵以讨伦"，"新野公歆皆举兵应之"；太安元年（302）十二月，新野王歆等会洛阳，"请废冏还第"。可见，永宁元年（301）三月，司马歆尚为新野公，太安元年（302）已为新野王。《晋书·宣五王传·扶风武王骏传附新野庄王歆传》载，"武王（骏）薨后，兄畅推恩，请分国封歆。太康中，诏封新野县公，邑千八百户，仪比县王"；齐王冏杀赵王伦后，"冏以勋进封（歆）新野郡王"。可见，司马歆为郡王在永宁元年（301），新野立为王国应在此年。又据下引《宋志》《晋志》，皆载晋惠帝时立新野郡。故《水经注》载在咸宁二年（276），有误。《宋志》雍州刺史新野太守条载，"新野太守，何《志》晋惠帝分南阳立"。《晋志》荆州条载，晋惠帝时，"分南阳立新野郡"。钱大昕《廿二史考异·晋书二》地理志下条载，"义阳本领十二县：新野、穰、邓、蔡阳、随、安昌、棘阳、厥西、平氏、义阳、平林、朝阳是也。后分新野、穰、蔡阳、邓、棘阳等县立新野郡，则新野亦分义阳所分矣。即云义阳，故属南阳，而以例言之，当云分义阳，不当云分南阳也"。钱氏所言是，新野郡应是分义阳国郡而立。**永嘉（307—313）末改为郡**。《新野庄王歆传》又载，新野王歆为张昌所杀，"（歆）无子，以兄子劭为后，永嘉末，没于石勒"。司马劭"没于石勒",新野国当除,改为郡。

12.宜都国

西晋永宁元年（301）立，《晋书·惠帝纪》载，永宁元年（301）八月，"徙南平王祥为宜都王"。故此年宜都郡改为国。**后复为郡**。史文仅见司马祥为宜都王，不见两晋时有其他宜都王。司马祥之后，宜都国当复为郡。据《晋书·夏侯湛传附夏侯承传》载，"太兴末，王敦举兵内向"，夏侯承与梁州刺史甘卓、宜都太守谭该等"并露檄远近，列敦罪状"；《晋书·甘卓传》亦载。可见，东晋初宜都为郡。

13.广阳国

西晋太安元年（302）改济阴郡立，《晋书·惠帝纪》载，永宁元年（301）十二月，"封齐王冏子冰为乐安王"；太安元年（302）十二月，齐王冏为长沙王乂所杀。又《晋书·文六王传·乐安王鉴传》载，"齐王冏以子冰绍（乐安王）鉴后，以济阴万一千二百一十九户改为广阳国，立冰为广阳王。冏败，废"；《晋书·文六王传·齐王冏传》载，"（长沙王乂）幽其子淮陵王超、乐安王冰、济阳王英于金墉"。《乐安王鉴传》载齐王冏子冰被封广阳王，而《惠帝纪》《齐王冏传》载为乐安王。《乐安王鉴传》所载内容更为详实，当有所据。据上文推测，永宁元年（301）末，司马冰绍乐安王鉴后，封乐安王；太安元年（302），齐王冏执政，改封冰为广阳王。然司马冰因绍乐安王后，故《齐王冏传》仍书为"乐安王"。**旋复为济阴郡**。太安元年（302）末，齐王冏被杀，司马冰被幽禁，广阳国当还为济阴郡。

14.庐江国

西晋永兴元年（304）立，据《晋书·惠帝纪》，永兴元年（304），成都王颖为丞相、皇太弟；《晋书·成都王颖传》载，成都王颖兵败，"于是弃母妻，单车与二子庐江王普、中都王廓渡河赴朝歌"；既而成都王颖被杀，"二子亦死"。可见，永兴元年（304），成都王颖为皇太弟，其子普当在此年被为庐江王，庐江郡遂改为国。**光熙元年（306）当改为郡**。据《惠帝纪》，光熙元年（306），成都王颖败，被杀。据上引《成都王颖传》，颖子庐江王普与颖同时被害。故光熙元年（306）当改庐江国为郡。

15. 东燕国

西晋光熙元年（306）分濮阳郡立，《晋书·惠帝纪》载，光熙元年（306）九月，"进东嬴公腾爵为东燕王"。《晋志》司州条载，后赵石虎置洛州，领有东燕郡。《宋志》徐州刺史钟离太守条载，"钟离太守，本属南兖州，晋安帝分立"；钟离太守燕令条载，"燕县令，故属东燕，流寓因配"。此"东燕"为郡级政区名。《晋书·毛宝传附毛穆之传》载，桓温伐前燕失利，"及温焚舟步归，使（毛）穆之督东燕四郡军事，领东燕太守"。可见，当时东晋有东燕郡。东晋东燕郡，当承西晋而来。故东燕王腾所封非县王，当为郡王。**永嘉元年（307）改为郡。**《晋书·孝怀帝纪》载，永嘉元年（307）三月，"改封安北将军、东燕王腾为新蔡王"。改封后，东燕国当改为郡。

16. 南顿国

西晋光熙元年（306）分汝南立，《宋志》豫州刺史南顿太守条载，"南顿太守，故属汝南，晋惠帝分立"。《晋志》豫州条载，晋惠帝时，"分汝南立南顿"。《魏志》北扬州南顿郡条载，"南顿郡，晋惠帝置"。《晋书·汝南王亮传附子宗传》载，"宗字延祚。元康中，封南顿县侯，寻进爵为公。讨刘乔有功，进封王，增邑五千，并前万户，为征虏将军。与兄兼俱过江"。永兴二年（305），晋惠帝为河间王颙所胁，居长安，司马颙关东地区主要依靠势力为刘乔。司马越、司马虓、司马睿、司马宗、司马熙、司马兼为同党，与司马颙、刘乔为敌。《晋书·惠帝纪》载，永兴二年（305）十二月，"范阳王虓济自官渡，拔荥阳，斩石超；袭许昌，破刘乔于萧，乔奔南阳"；光熙元年（306）正月，"帝在长安。河间王颙闻刘乔破，大惧，遂杀张方，请和于东海王越，越不听"；司马越遣其将祁弘等迎帝，司马颙战败而奔南山；五月，"弘等奉帝还洛阳"；八月，"以太傅、东海王越录尚书"；九月，"进东嬴公腾爵为东燕王，平昌公模为南阳王"。司马腾、司马模为司马越之弟。又《晋书·汝南王亮传附西阳王兼传》，"惠帝还洛，复兼封，为抚军将军，又以汝南期思、西陵益其国"。司马宗、司马熙、司马兼皆汝南王亮之子，受封当同在光熙元年晋惠帝还洛阳后。据上述，永兴二年（305），司马越一党击破刘乔；光熙元年（306），司马越专权，至此年九月而封功。故司马宗进爵南顿王应在光熙元年（306）。**东晋建武元年（317）入东晋**。据后文东晋"南顿国"

条，西晋亡后，南顿国入东晋。

17.汝阳国

西晋光熙元年（306）分汝南立，《晋书·汝南王亮传附汝阳王熙传》载，"熙初封汝阳公，讨刘乔有功，进爵为王。永嘉末，没于石勒"。据上文"南顿国"条，永兴二年（305）击破刘乔，光熙元年（306）封功。汝阳立为王国应在光熙元年（306）。《宋志》豫州刺史汝阳太守条载，"汝阳太守，《晋太康地志》、王隐《地道》无此郡，应是江左分汝南立"。据《汝阳王熙传》，《宋志》言江左立汝阳郡，有误。**永嘉六年（312）后当改为郡。**《晋书·孝怀帝纪》载，永嘉六年（312）二月，"汝阳王熙为石勒所害"。此后，汝阳国当除，改为郡。据《晋书·祖逖传》，祖逖为豫州刺史时，曾以张敞为汝阳太守。可见，东晋初汝阳为郡。

18.竟陵国

西晋光熙元年（306）立，《晋书·宗室传·安平献王孚传附竟陵王楙传》载，"竟陵王楙字孔伟"，"武帝受禅，封东平王"；"及怀帝践祚，改封竟陵王"。故晋怀帝于光熙元年（306）即位，竟陵国立于此年。《宋志》郢州刺史竟陵太守条载，"竟陵太守，晋惠帝元康九年，分江夏西界立"。《晋志》荆州条载，晋惠帝时，"分江夏立竟陵郡"。《水经注·沔水注》载，"沔水又南迳石城西，城因山为固，晋太傅羊祜镇荆州立。晋惠帝元康九年，分江夏西部置竟陵郡，治此"。《寰宇记》山南东道三复州景陵县条载，景陵县，"本汉竟陵县，属江夏郡。盛弘之《荆州记》云：'晋元康九年，分江夏郡置竟陵郡，而县属焉。'"故晋惠帝元康九年（299）已置竟陵郡，光熙元年（306）改为国。**永嘉五年（311）后当改为郡。**《晋书·孝怀帝纪》载，永嘉五年（311）六月，匈奴汉国攻陷洛阳，竟陵王楙等遇害；《竟陵王楙传》又载，"及洛阳倾覆，（竟陵王楙）为乱兵所害"。竟陵王楙被害后，竟陵国当改为郡。

19.新蔡国

晋惠帝时立，《晋书·武十三王传·清河康王遐传》载，"（司马）籥初封新蔡王，（司马）覃薨，还封清河王"。司马籥封新蔡王应在晋惠帝时，确年无考。《晋志》豫州条载，"惠帝分汝阴立新蔡"。《宋志》豫州刺史新蔡太守条载，"新蔡太守，晋惠帝分汝阴立"。据《清河王覃传》，晋惠帝时，分汝阴立新蔡国，非为郡。《晋书·孝怀帝纪》载，永嘉元年（307）三月，"改封安北将军、东燕王腾为新蔡王，都督司冀二州诸军事，镇邺"；五月，"马牧帅汲桑聚众反，败魏郡太守冯嵩，遂陷邺城，害新蔡王腾"；十二月，"东海王越矫诏，囚清河王覃于金墉城"；永嘉二年（308）二月，"清河王覃为东海王越所害"。《孝怀帝纪》所载与《清河康王覃传》所新蔡王篇还封清河王时间有异，然司马腾为新蔡王应在司马籥之后。**永嘉五年（311）后当改为郡**。《晋书·宗室传·高密文献王泰传附新蔡庄王确传》载，新蔡王腾被害后，子确立；"永嘉末，为石勒所害。无子，初以章武王混子滔奉其祀"；《晋书·宗室传·安平献王孚传附河间平王洪传》载，"及洛阳陷，（司马）混诸子皆没于胡。又而小子滔初嗣新蔡王确，亦与其兄俱没"。据《孝怀帝纪》，永嘉五年（311）六月，洛阳为匈奴汉国攻陷。永嘉五年（311）新蔡王"没于胡"，此年后新蔡国当改为郡。

20.广川国

西晋惠帝时分勃海郡立，《晋书·武十三王传·清河康王覃传》载，"铨初封上庸王，怀帝即位，更封豫章王。二年，立为皇太子。洛京倾覆，没于刘聪。端初封广川王，铨之为皇太子也，转封豫章"。司马端被封广川王，当在晋惠帝时，故此时立广川国。《魏志》冀州长乐郡条载，"枣强，前汉属清河，后汉罢，晋复，属广川"；"索卢，晋属广川"；"广川，前汉属，后汉属清河，晋属广川"。据《魏志》，西晋置有广川郡（国）。故广川国当领广川、枣强、索卢等县。**永嘉二年（308）改为郡**。永嘉二年（308），司马铨为皇太子，司马端改封豫章王，广川国当改为郡。《晋书·纪瞻传》载，"广川太守河南褚沉"，"与瞻素疏，咸藉其高义，临终托后于瞻"。褚沉为广川太守，当在西晋末，当时广川国已改为广川郡。

21.济阴国

西晋惠帝末立，《晋书·武十三王传·吴敬王晏传》载，吴王晏四子：祥、邺、固、衍；"祥嗣淮南王允，邺即愍帝。固初封汉王，改封济南。衍初封新都王，改封济阴"，祥、固、衍"皆没于贼"。可见西晋后期有济阴国。据《晋书·武十三王传·淮南忠壮王允传》，"（赵王）伦败"，"（齐王冏）以息超继允后"；"冏败，超被幽金墉城。后更以吴王晏子祥为嗣"；《晋书·武十三王传·秦献王柬传》载，秦献王柬薨，"无子，以淮南王允子郁为嗣，与允俱被害。永宁二年，追谥曰悼。又以吴王晏子郕嗣"。又据《晋书·惠帝纪》，永宁二年（302）十二月，齐王冏被杀，冏诸子被幽金墉城；然后"大赦，改元（太安）"。司马祥为淮南王、司马郕为秦王，应在永宁二年（302）十二月后。司马固封汉王、司马衍封新都王，与祥、郕封王应大致同时。《华阳国志·蜀志》载，"泰始末又分置新都郡，太康省。末年又置蜀王国，蜀郡常骞为内史。永嘉末省"。任乃强改"蜀王国"为"新都王国"①，所改当是。《华阳国志·后贤志》载，常骞"拜新都内史，时蜀乱，民皆流在荆、湘，徙湘东太守"。可见，新都置国，当时蜀已乱。又据《晋志》，太康六年（285），"罢新都郡并广汉郡"。永宁元年（301），除德阳县外，广汉郡余县为成汉占据②。晋惠帝时再置新都国，应分广汉郡而立。然广汉郡已为成汉占据，常骞曾被任新都内史，并未就任。故晋惠帝时所立新都国，有名无实。当因新都之地为成汉占据，司马衍遂改封济阴。故济阴国应于晋惠帝末年立。**后还为郡。**司马衍没于贼后，济阴当复为郡。

22.武陵国

西晋惠帝末立，《晋书·宣五王传·琅邪王伷传附武陵王澹传》载，东安王繇被害后，"（澹）改封武陵王"；《晋书·惠帝纪》载，永兴元年（304）八月，"（成都王）颖杀东安王繇"。司马澹改封武陵王应在晋惠帝末，武陵郡改为国应在此时。**永嘉（307—313）后改为郡。**《孝怀帝纪》载，永嘉五年（311）四月，"武陵王澹等皆遇害"；《武陵王澹传》又载，"永嘉末，为石勒所害，子哀王喆立。喆字景林，拜散骑常侍，亦为勒所害。无子"。故永嘉（307—313）后，武陵国当复为郡。

---

① 常璩撰，任乃强校注：《华阳国志校补图注》，上海古籍出版社，1987年，第167页。
② 魏俊杰：《十六国疆域与政区研究》，第144页。

四、东晋郡王的实土封国

1.汝南国

东晋建武元年（317）承西晋立，西晋立汝南国，见上文西晋"汝南国"条。《晋书·元帝纪》载，"及永嘉中，岁、镇、荧惑、太白、聚斗、牛之间，识者以为吴越之地当兴王者。是岁，王室沦覆，帝与西阳、汝南、南顿、彭城五王获济"；《晋书·五行志中》载，"后中原大乱，宗藩多绝，唯琅邪、汝南、西阳、南顿、彭城同至江东"。又《晋书·孝怀帝纪》载，永嘉五年（311）二月，"石勒寇汝南，汝南王祐奔建邺"；《晋书·元帝纪》又载，建武元年（317）十一月，"封汝南王子弼为新蔡王"；《晋书·汝南王亮传》载，汝南王亮被杀后，亮子祐嗣爵；"永嘉末，以寇贼充斥，（祐）遂南渡江，元帝命为军谘祭酒。建武初，为镇军将军。太兴末，领左军将军"。可见，至东晋初，仍有汝南王。西晋亡后，汝阳国入东晋。**咸和元年（326）入后赵**[①]。《晋书·成帝纪》载，咸和元年（326）四月，"石勒遣其将石生寇汝南，汝南人执内史祖济以叛"。此年四月，汝南国入后赵。据此亦可知，此前汝南为国。据下文"东晋郡王的侨立封国"汝南国条，咸和元年（326），汝南王统被废，汝南国除；晋成帝时复汝南王爵，此后汝南国为侨立。后赵亡后，汝南旧地自冉魏入东晋，后又为前燕、前秦占据，淝水之战复入东晋，又为后秦占据，东晋末再入东晋。东晋虽一度得汝南旧地，然汝南国当仍为侨立。汝南旧地虽一度入东晋，汝南国当仍为侨置。

2.南顿国

东晋建武元年（317）承西晋立，西晋立南顿国，见上文西晋"南顿国"条。《晋书·汝南王亮传附子宗传》载，南顿王宗，"与兄羕俱过江。元帝承制，拜散骑常侍"；"元帝即位，拜抚军将军，领左将军"。可见，至东晋初，仍有南顿王。东晋立国初有南顿王，亦见上文"汝南国"条引《晋书·元帝纪》《晋书·五行志中》。西晋亡后，南顿国入东晋。**太宁三年（325）入后**

---

① 魏俊杰：《十六国疆域与政区研究》，第90页。

赵①。南顿国入后赵后，遂无实土。南顿王是否寄食别郡（县），史籍未载。《晋书·成帝纪》载，咸和元年（326）十月，"南顿王宗有罪，伏诛"。《汝南王亮传附子宗传》又载，咸和初，南顿王宗被杀，诸子"废为庶人"。司马宗被杀后，南顿国遂除。

3.新蔡国

东晋建武元年（317）承西晋立，西晋立新蔡国，见上文西晋"新蔡国"条。《晋书·宗室传·高密文献王泰传附新蔡庄王确传》载，"永嘉末，（新蔡王确）为石勒所害。无子，初以章武王混子滔奉其祀。其后，复以汝南威王佑子弼为确后，太兴元年薨"；《晋书·宗室传·安平献王孚传附河间平王洪传》载，"及洛阳陷，（司马）混诸子皆没于胡。而小子滔初嗣新蔡王确，亦与其兄俱没。后得南还，与新蔡太妃不协。太兴二年上疏，以兄弟并没在辽东，章武国绝，宜还所生"；晋元帝从之，"（滔）还袭章武"。《晋书·元帝纪》载，建武元年（317）十一月，"封汝南王子弼为新蔡王"。《河间平王洪传》与《新蔡庄王确传》《元帝纪》所载时间不同，当误。建武元年（317），东晋应已立新蔡国，新蔡复国也应在此年。**太兴元年（318）改为郡**。又据《新蔡庄王确传》，"（新蔡王弼）太兴元年薨，无子，又以弼弟邈嗣确"。《晋书·成帝纪》载，咸和八年（333）四月，"诏封故新蔡王弼弟邈为新蔡王"。自太兴元年（318）至咸和八年（333）无新蔡王，此期间当除新蔡国，改为新蔡郡。

4.梁国

东晋建武元年（317）立，《晋书·元帝纪》载，建武元年（317）七月，"梁王悝薨"；八月，"封梁王世子翘为梁王"；《晋书·宣五王传·梁孝王肜传》载，梁王肜卒，"无子，以武陵王澹子禧为后，是为怀王，拜征虏将军，与澹俱没于石勒。元帝时，以西阳王羕子悝为肜嗣，早薨，是为殇王。至是，怀王子翘自石氏归国得立，是为声王"。可见，东晋建武元年（317）立梁国。**太宁三年（325）入后赵②**。梁国入后赵后，遂无实土。梁王是否寄食别郡（县），史籍未载。《晋书·成帝纪》载，咸和元年（326）十二月，"梁王翘薨"；

---

① 同上。
② 魏俊杰：《十六国疆域与政区研究》，第90页。

《晋书·穆帝纪》载，升平三年（359）十二月，"封武陵王晞子瑾为梁王"。《梁孝王肜传》又载，"（梁王翘）薨，无子。诏以武陵威王子瑾为翘嗣"。自咸和元年（326）至升平三年（359）无梁王，此期间梁国当除。

5. 谯国

东晋建武元年（317）立，《晋书·宗室传·谯刚王逊传》载，谯王邃"没于石勒"，"元帝以承嗣逊"；《晋书·宗室传·谯刚王逊传附子闵王承传》载，"永嘉中，天下渐乱，（承）间行依征南将军山简。会简卒，进至武昌。元帝初镇扬州，承归建康"；"元帝为晋王承制，更封承为谯王"。据《晋书·元帝纪》，建武元年三月，司马睿称晋王。故建武元年（317）立谯国。**太宁三年（325）入后赵[1]，遂无实土**；谯国旧地为后赵占据，谯国无实土。谯王是否寄食别郡（县），史籍未载。**永和七年（351），谯郡自冉魏入东晋[2]，或复为谯国；升平三年（359），谯国入前燕[3]，谯国又无实土**。谯国旧地为前燕占据，谯国遂无实土。谯王是否是否寄食别郡（县），史籍未载。此后，谯国又为前秦占据，淝水之战后收复，当时东晋已侨立谯国。谯国旧地虽入东晋，谯国当仍为侨置。

6. 西阳国

东晋建武元年（317）承西晋立，西晋立西阳国，见上文西晋"西阳国"条。《晋书·元帝纪》载，建武元年（317）三月，"西阳王羕及群僚参佐、州征牧守等上尊号"。可见，至东晋初，仍有西阳王。东晋立国初有西阳王，亦见上文"汝南国"条引《元帝纪》《晋书·五行志中》。西晋亡后，西晋国入东晋。**咸和元年（326）改为郡**。《晋书·成帝纪》载，咸和元年（326）十月，"免太宰、西阳王羕，降为弋阳县王"。《晋书·汝南王亮传附子羕传》载，"咸和初，坐弟南顿王宗免官，降为弋阳县王。及苏峻作乱，羕诣峻称述其勋，峻大悦，矫诏复羕爵位。峻平，赐死。世子播、播弟充及息崧并伏诛，国除"。司马羕降为弋阳县王，西阳国遂除，改为郡。《成帝纪》又载，

---

① 魏俊杰：《十六国疆域与政区研究》，第90页。

② 魏俊杰：《十六国疆域与政区研究》，第139页。

③ 魏俊杰：《十六国疆域与政区研究》，第204—205页。

咸和三年（328）正月，苏峻叛，"温峤帅师救京师，次于寻阳，遣督护王愆期、西阳太守邓岳、鄱阳太守纪睦为前锋"。邓岳为西阳太守邓岳，可见当时西阳国已改为郡。

7. 彭城国

东晋建武元年（317）承西晋立，西晋立彭城国，见上文西晋"彭城国"条。又据上文"汝南国"条引《晋书·元帝纪》《晋书·五行志中》可知，东晋立国之初有彭城王。《元帝纪》载，太兴二年（319）十二月，"彭城内史周抚杀沛国内史周默以反"；《晋书·刘遐传》载，"（周抚）以彭城叛，石勒遣骑援之。诏（刘）遐领彭城内史"。《石勒载记》载，"（后赵石瞻）寇兰陵，又败彭城内史刘续"；又载，"晋彭城内史刘续复据兰陵石城，石瞻攻陷之"。可见，东晋初有彭城国。**太宁二年（324）入后赵**[①]，**遂失实土。** 后赵亡后，彭城旧地为冉魏占据，又自冉魏入东晋。此后，彭城郡又为前秦占据，淝水之战后收复。彭城旧地虽入东晋，彭城国当仍为侨置。

8. 东海国

东晋建武元年（317）立，《晋书·元四王传·东海王越传》载，"初，元帝镇建邺，裴妃之意也，帝深德之，数幸其第，以第三子冲奉越后"；《晋书·元四王传·东海哀王冲传》载，"东海哀王冲字道让。元帝以东海王越世子毗没于石勒，不知存亡，乃以冲继毗后，称东海世子，以毗陵郡增本封，邑万户，又改食下邳、兰陵，以越妃裴氏为太妃"；"冲即王位，以荥阳益东海国"。据此，东晋立国，遂立东海国。**太宁二年（324）入后赵**[②]，**遂失实土。** 后赵亡后，东海旧地为冉魏占据，又自冉魏入东晋。此后，东海郡又为前秦占据，淝水之战后收复。东海旧地虽入东晋，东海国当仍为侨置。

9. 琅邪国

东晋建武元年（317）承西晋立，《晋书·元帝纪》载，建武元年（317）三月，琅邪王睿即晋王位，"封王子宣城公裒为琅邪王"。据此，东晋立国后，

---

① 魏俊杰：《十六国疆域与政区研究》，第89页。

② 同上。

仍封有琅邪王。《石勒载记下》载，"琅邪内史孙默以琅邪叛，降于勒"。《元帝纪》误以孙默为琅邪"太守"，应为琅邪"内史"。可见，东晋初琅邪国。**永昌元年（322）入后赵**[①]，遂失实土。后赵亡后，琅邪旧地为冉魏占据，又自冉魏入东晋。此后，琅邪郡又为前秦占据，淝水之战后收复。晋安帝时，琅邪郡又为南燕占据，后复入东晋。琅邪旧地虽入东晋，琅邪国当仍为侨置。

10.南阳国

东晋建武元年（317）承西晋立，西晋立南阳国，见上文西晋"南阳国"条。**太兴三年（320）后改为郡**。《晋书·宗室传·高密文献王泰传附南阳王模传》载，南阳王模为匈奴汉国刘粲所杀，"子保立"。《晋书·元帝纪》载，太兴二年（319），"南阳王保称晋王于祁山"；太兴三年（320）五月，"晋王保为其将张春所害"。司马保被害后，南阳国当改为郡。《晋书·成帝纪》载，咸和三年（328）四月，"石勒攻宛，南阳太守王国叛，降于勒"。可见，当时东晋称南阳郡。

11.武陵国

东晋太兴元年（318）立，《晋书·元帝纪》载，太兴元年（318）六月，"封皇子晞为武陵王"；《晋书·宣五王传·琅邪王伷传附武陵王澹传》载，"元帝立皇子晞为武陵王，以奉澹祀焉"；《晋书·元四王传·武陵威王晞传》载，"武陵威王晞字道叔，出继武陵王喆后，太兴元年受封"。据此，此年武陵郡改为国。据《元帝纪》《晋书·范汪传》，向硕、范汪曾为武陵内史，可见东晋初有武陵国。**咸安元年（371）改为郡**；《晋书·简文帝纪》载，咸安元年（371）十一月，"诛武陵王晞，帝不许"，"废晞及其三子"。据此，此年武陵国改为郡。**太元十二年（387）复立**，《晋书·孝武帝纪》载，太元九年（384）正月，"立新宁王晞子遵为新宁王"；太元十二年（387）九月，"复新宁王遵为武陵王"；《晋书·元四王传·武陵威王晞传附忠敬王遵传》载，"（遵）初袭封新宁"，"及晞追复封武陵王，以遵嗣"。故太元十二年（387）武陵郡改为国。**宋永初元年（420）入宋**。据《宋书·檀道济传》《宋书·王镇恶传》《宋书·庾悦传》，东晋末，檀道济、王镇恶、庾悦曾为武陵内史。可见，东晋末

---

① 同上。

有武陵国。《武陵威王晞传附忠敬王遵传》又载，"（遵薨），子定王季度立，拜散骑侍郎。薨，子球之立。宋兴，国除"。可见，至东晋亡前，有武陵国。

12.吴国

东晋咸和元年（326）立，《晋书·成帝纪》载，咸和元年（326）十月，"封皇弟岳为吴王"；《晋书·康帝纪》载，"康皇帝讳岳"，"咸和元年封吴王，二年徙封琅邪王"。故此年立吴国。由《晋书》所载诸吴国内史可知，东晋一度立吴国。**咸和二年（327）改为郡。**《成帝纪》载，咸和二年（327）十二月，徙封吴王岳为琅邪王。故此年吴国改为郡。

13.会稽国

东晋咸和二年（327）立，据《晋书·成帝纪》《晋书·简文帝纪》，咸和二年（327）十二月，徙封琅邪王昱为会稽王。故此年立会稽国。**后虽一度无会稽王，仍立会稽国。**司马昱后，司马昌明、司马道子先后为会稽王。《简文帝纪》载，"废帝即位，以琅邪王绝嗣，复徙封琅邪，而封王子昌明为会稽王。帝固让，故虽封琅邪，而不去会稽之号"；咸安二年（372）七月，"（司马）道子为琅邪王，领会稽内史"；《晋书·孝武帝纪》载，"兴宁三年七月甲申，初封会稽王。咸安二年秋七月乙未，立为皇太子。是日，简文帝崩，太子即皇帝位"。又《晋书·简文三子传·会稽文孝王道子传》载，"（司马道子）年十岁，封琅邪王"，"摄会稽国"。据此，孝武帝即位后，会稽国无会稽王，然会稽国不除。《孝武帝纪》载，太元十七年（392）十一月，"徙封琅邪王道子为会稽王，封皇子德文为琅邪王"；《会稽文孝王道子传》又载，"及恭帝为琅邪王，道子受封会稽国"。**义熙十三年（417）改为郡。**《晋书·安帝纪》载，义熙元年（405）八月，"封临川王子修之为会稽王"；义熙十三年（417）五月，"会稽王修之薨"；《会稽文孝王道子传》又载，会稽王道子为桓玄所杀，后"以临川王宝子修之为道子嗣"；修之薨，"无子，国除"。可见，义熙十三年（417），会稽国改为郡。

14.新宁国

东晋太元九年（384）立，《晋书·元四王传·武陵威王晞传》载，"（桓）温于是奏（晞）徙新安郡"，"太元六年，晞卒于新安"，晋孝武帝"追封新宁郡王";《晋书·元四王传·忠敬王遵传》，"忠敬王遵字茂远，初袭封新宁";《晋书·孝武帝纪》载，太元九年（384）正月，"立新宁王晞子遵为新宁王"。故太元九年（384），新宁郡改为国。**太元十二年（387）改为郡。**《武陵威王晞传》又载，"（太元）十二年，追复晞武陵国";《忠敬王遵传》又载，"及晞追复封武陵王，以遵嗣"。《孝武帝纪》载，太元十二年（387）九月，"复新宁王遵为武陵王"。故此年新宁国改为郡。

15.临川国

东晋太元九年（384）立，《晋书·孝武帝纪》载，宁康二年（374）正月，"追封谥故会稽世子郁为临川献王";太元九年（384）正月，"封武陵王孙宝为临川王";《晋书·简文三子传·临川献王郁传》载，临川献王郁薨，"宁康初，赠左将军，加散骑常侍，追封郡王，以武陵威王曾孙宝为嗣";司马郁虽追封临川王，当时应并未立临川国。至太元九年（384），司马宝为临川王，始立临川国。**宋永初元年（420）入宋。**据《晋书·宗室传·彭城穆王权传附·王俊传》，东晋后期司马纯之曾为临川内史。可见，东晋后期临川国。《临川献王郁传》又载，"宋兴，以（临川王宝）为金紫光禄大夫，降为西丰侯"。据此，东晋亡前仍有临川国。

五、东晋郡王的侨立封国

1.琅邪国

东晋建武元年（317）立，永昌元年（322）失实土。据上文东晋郡王实土封国"琅邪国"条，东晋建武元年（317）立琅邪国，永昌元年（322）入后赵，遂失实土。**晋元帝于丹杨郡境侨立琅邪国，**《宋志》南徐州刺史南琅邪太守条载，"南琅邪太守，晋乱，琅邪国人随元帝过江千余户，太兴三年，立怀德县。丹阳虽有琅邪相而无土地。成帝咸康元年，桓温领郡，镇江乘之蒲洲金城上，求割丹杨之江乘县境立郡，又分江乘地立临沂县"。《晋志》徐州条载，晋元帝时，以江乘置南琅邪等郡。据钱大昕《十驾斋养新录》卷六"晋侨置州郡无'南'字"条，晋元帝所侨置应为琅邪国，非南琅邪郡。据《晋志》，江乘县属丹杨郡。《宋志》称"琅邪相"，应为"琅邪内史"，可见晋元帝侨立琅邪国。《晋书·康帝纪》载，建元元年（343）七月，东晋谋北伐，"以辅国将军、琅邪内史桓温为前锋小督"。《宋志》载，成帝咸康元年（335），"桓温领（琅邪）郡，镇江乘之蒲洲金城上"。可见，桓温领琅邪，为内史。此琅邪为国，且为侨立江乘者。《晋书·外戚传·褚裒传》载，以褚裒为"兖州刺史、都督兖州徐州之琅邪诸军事、假节，镇金城，又领琅邪内史"。褚裒所领琅邪也为侨立于江乘之琅邪国。《宋书·檀韶传》载，东晋伐南燕，"（檀）韶率所领先登，领北琅邪太守"；此后，檀韶"进号宁朔将军、琅邪内史。从讨卢循于左里"；义熙九年（413），丁母忧后，"复为琅邪内史、淮南太守，将军如故，镇姑孰"。由此可见，东晋灭南燕后，琅邪旧地以琅邪太守统领，侨立江乘者以琅邪内史统领。此亦证琅邪王封国为侨立。又《晋书·元四王传·琅邪孝王裒传》载，"封裒琅邪，嗣恭王后，改食会稽、宣城"。据此，琅邪王封国虽为侨立，然寄食会稽、宣城二郡，故当时此二郡长官不称太守，而称内史。会稽郡后为会稽王封国，而宣城郡并非为宣城郡王或郡公封国。**元熙元年（419）改为郡。** 又据《晋书·元帝纪》及以下诸帝纪和《晋书·宣五王传·琅邪武王伷传》《琅邪孝王裒传》可知，司马裒之后，司马焕、司马昱、司马岳、司马丕、司马奕、司马道子、司马德文先后文琅邪王。《琅邪武王伷传》载，"道子后为会稽王，更以恭帝为琅邪王。帝既即位，琅邪国除"；《晋书·元四王传·琅邪悼王焕传》载，"（太元十七年）以恭帝为琅邪王。恭帝即位，于是琅邪国除"。据《晋书·安帝纪》《晋书·恭帝纪》和《通鉴》，晋恭帝于义熙十四年（418）十二月底即位，元熙元年（419）正月改元，立琅邪王妃为王后。琅邪国除，改为郡应在元熙元年（419）。

2.东海国

东晋建武元年（317）立，太宁二年（324）失实土； 据上文东晋郡王实土封国"东海国"条，东晋建武元年（317）立东海国，太宁二年（324）入后赵，遂失实土。**东晋于晋陵等郡境侨立东海国，** 《宋志》南徐州刺史南东海太守条载，"南东海太守，晋元帝初，割吴郡海虞县之北境为东海郡，立郯、朐、利城三县，而祝其、襄贲等县寄治曲阿。穆帝永和中，郡移出京口，郯等三县亦寄治于京"。《晋志》徐州条载，晋元帝时，"割吴郡之海虞北境，立郯、朐、利城、祝其、厚丘、西隰、襄贲七县，寄居曲阿。以江乘置南东海"；"穆帝时，移南东海七县出居京口"。胡阿祥《宋书州郡志汇释》，"《晋志》

语有乖忤：既割海虞北境立郯等七县，是有实土，何以又言寄治曲阿及于江乘立侨郡？且东晋不应有'南'东海郡，故当以《宋志》。原其郡县侨置始末，元帝渡江之后，于江乘侨置东海郡，然无实土；旋割海虞县北境为东海郡，立郯、朐、利城三县，此为有实土者；另有祝其、襄贲、厚丘、西隰四县无实土，寄治曲阿。永和中，东海郡并郯等三县移治京口"①。胡阿祥之说当是。据钱大昕《十驾斋养新录》卷六"晋侨置州郡无'南'字"条，晋元帝所侨置应为东海郡，非南东海郡。据《晋志》，海虞县属吴郡，曲阿县属晋陵郡，江乘县属丹杨郡；东晋时，京都建康又属丹杨郡。可见，故东海郡曾寄治晋陵、吴郡、丹杨三地。由《晋书·元四王传·东海哀王冲传》可知，东晋先以晋陵郡增封东海王，又食下邳、兰陵二郡，又先后分别以荥阳、临川益东海国。故东海国为侨立，东海王且食别郡。**元兴元年（402）改为郡**。东晋始封司马冲为东海王。据《晋书·成帝纪》载，咸康七年（341）八月，"东海王冲薨"；《晋书·康帝纪》载，咸康八年（342）六月，"封成帝子丕为琅邪王，奕为东海王"；《晋书·哀帝纪》载，升平五年（361）五月，"东海王奕，戚属亲近，宜奉本统，其以奕为琅邪王"；《晋书·海西公纪》载，"废帝讳奕"，"咸康八年封为东海王"，"（升平）五年改封琅邪王"；《晋书·东海王越传》载，"（东海王冲）薨，无子，成帝以少子奕继之。哀帝徙奕为琅邪王，而东海无嗣"。《东海哀王冲传》又载，东海王冲薨，"以小晚生奕继哀王为东海王。以道远，罢荥阳，更以临川郡益东海。及哀帝以琅邪王即尊位，徙奕为琅邪王，东海国阙，无嗣。奕后入纂大业，桓温废之，复为东海王，既而贬为海西公。东海国又阙嗣"。《海西公纪》又载，太和六年（371）十一月，"废奕为东海王，以王还第"。司马奕被后，司马昱继位，是为简文帝，同年改元咸安。《海西公纪》又载，"咸安二年正月，降封帝为海西县公"。故司马奕再为东海王，不过二月而降为海西县公。据《东海哀王冲传》，升平五年（361），东海王奕改封琅邪王后，东海"国阙"。东海"国阙"并不意味着东海国除，只是暂阙，以待嗣后。《晋书·简文帝纪》载，咸安二年（372）六月，"庾希举兵反，自海陵入京口"；七月，"桓温遣东海内史周少孙讨希，擒之"。此东海内史所领东海国，即在晋陵郡界，显然为侨立。由此可证，咸安二年（372）仍有东海国，且为侨立。又《宋书·宗室传·长沙景王道怜传》载，

---

① 胡阿祥：《宋书州郡志汇释》，第26页。

"时鲜卑侵逼，自彭城以南，民皆保聚山阳、淮阴诸戍，并不复立。道怜请据彭城，以渐修创。朝议以彭城县远，使镇山阳，进号征虏将军、督淮北军郡事、北东海太守"。此"北东海"为东海郡旧地，刘道怜镇山阳，遥领北东海郡。可见，南北侨实二东海长官，在南侨置者东海国而称内史，在北为实土者东海郡而称太守。《晋书·安帝纪》载，隆安四年（400）十一月，"封（司马）元显子彦璋为东海王"；元兴元年（402）三月，桓玄败王师，东海王彦璋等遇害。《东海王越传》载，"隆安初，安帝更以会稽忠王次子彦璋为东海王，继冲为曾孙。为桓玄所害，国除"；《东海哀王冲传》载，"隆安三年，安帝诏以会稽忠王次子彦璋为东海王，继哀王为曾孙，改食吴兴郡，为桓玄所害，国除"。据此，司马彦璋为东海王，东海国复立；彦璋为桓玄所害，东海国除，改为郡。

3.彭城国

东晋建武元年（317）立，太宁二年（324）失实土；据上文东晋郡王实土封国"彭城国"条，东晋建武元年（317）立彭城国，太宁二年（324）入后赵，遂失实土。**东晋于晋陵郡境侨立彭城国**，《宋志》南徐州刺史南彭城太守条载，"南彭城太守，江左侨立。晋明帝又立南下邳郡"。《晋志》徐州条载，晋元帝渡江之后，分武进立南彭城等郡。武进县，属晋陵郡。据钱大昕《十驾斋养新录》卷六"晋侨置州郡无'南'字"条，晋元帝所侨置应为彭城郡，非南彭城郡。《晋书·文苑传·庾阐传》载，苏峻之乱被平后，"拜（庾阐）彭城内史"。晋成帝时，彭城旧地为后赵占据，此彭城长官称"内史"，当为彭城国，应为彭城王封国。可见，此时彭城国应是侨立。晋孝武帝时，刘牢之曾任彭城太守和彭城内史。《晋书·刘牢之传》载，淝水之战后，刘牢之以功"迁龙骧将军、彭城内史"；"以军败征还。顷之，复为龙骧将军，守淮阴。后进戍彭城，复领太守"；"及王恭将讨王国宝，引（刘）牢之为府司马，领南彭城内史"，又"以牢之领晋陵太守"。刘牢之初任彭城"内史"，应是侨立于晋陵之彭城国。当时，东晋与前秦大战之后，不可能将彭城国迁于彭城旧地。刘牢之由淮阴进戍"彭城"，此"彭城"显然为彭城旧地，此时刘牢之所领彭城则称"太守"，可见彭城旧地不为彭城王封国。后又领南彭城内史，兼任晋陵太守，此于南彭城称"内史"，于晋陵称"太守"。可见，此彭城为侨立于晋陵郡境之封国，为彭城王封国。至晋安帝，仍延续晋孝武帝时南北彭城分别以内史、太守统领。《宋书·王弘传》载，王弘从刘裕北征，"还彭城，（王）弘领彭城太守"。此为彭城旧地，以太守领之。《宋书·宗室传·长沙景王道怜传》载，晋安帝时，"（刘道怜）迁建威将军、南彭城内史"。此称"南彭城"即侨置于晋陵境者，又称"内史"，则南彭城为国，应为彭城王封国。可见，至东晋末，彭城旧地仍以太守领之，侨立者仍由内史统领，为彭城王封国。**宋永初元年（420）入宋。**据《晋书·成帝纪》《晋书·康帝纪》《晋书·孝武帝纪》及《晋书·宗室传·彭城穆王权传》，东晋初有彭城王雄，"（雄）坐奔苏峻伏诛，更以释子纮嗣"，纮之后，纮子玄、玄子弘之、弘之子邵、邵子崇之、崇之子绲之先后嗣立，"宋受禅，国除"。据此，至东晋亡前有彭城国。

4.高密国

东晋建武元年（317）承西晋立，西晋立高密国，见上文西晋"高密国"条。《晋书·宗室传·高密文献王泰传》载，高密王泰薨，子略立；略薨，子据立；"（据）薨，无子，以彭城康王子纮为嗣。其后纮归本宗，立纮子俊以奉其祀"；《晋书·宗室传·彭城穆王权传》载，权孙纮，"建兴末，元帝承制，以纮继高密王据"；"（彭城王）雄之诛也，纮入继本宗"。又《晋书·成帝纪》载，咸和四年（329）三月，"复封高密王纮为彭城王"。据此，建武元年（317），东晋有高密王，当有高密国。**东晋未有高密旧地，**自西晋末，高密国先后为曹嶷、后赵、段龛、前燕、前秦占据，前秦败于淝水后，高密之地一度入东晋，后又陷于南燕，东晋灭南燕，复得此地。故东晋自立国始已有高密王，而不得高密旧地。**初未见侨立，**《晋志》《宋志》未见有高密侨郡，《晋书》《宋书》等皆未见东晋中前期有高密内史。**此封国封土情况不明；**高密王既有此封爵，与其初立时封地相关的政区暂不可考。此高密王是否寄食别郡（县），未见史籍记载。**东晋孝武帝后，于晋陵郡境侨立高密国，**《晋书·孝武帝纪》载，太元四年（379）五月，"苻坚将句难、彭超陷盱眙，高密内史毛璪之为贼所执"。又《宋志》南兖州刺史条载，南兖州，"《永初郡国》领十四郡"，十四郡中有高密郡，"并省属南徐州"；南徐州刺史南平昌太守条载，"高密令，江左立高密国，后为南高密郡。文帝元嘉十八年，省为高密县，属此"。据此，东晋有高密内史，又侨立高密国，应为高密王封国。**宋永初元年（420）入宋。**据《成帝纪》载，咸和五年（330）九月，"封彭城王纮子浚为高密王";《海西公纪》载，太和六年（371）十月，"高密王俊薨"；《晋书·安帝纪》载，义熙八年（412）八月，"高密王纯之薨"；《彭城穆王权传》又载，（高密王）纮子俊，"出嗣高密王略"，"（俊）薨，子敬王纯之立"，"（纯之）薨，子恢之立"；"宋受禅，国除"。可见，东晋亡前有高密国。

5.汝南国

东晋建武元年（317）立，咸和元年（326）入后赵，据上文东晋郡王实土封国"汝南国"条，东晋建武元年（317）立汝南国，咸和元年（326）入后赵。同年汝南国除；《晋书·成帝纪》载，咸和元年（326）十月，"汝南王祐薨"；《晋书·汝南王亮传》载，汝南王亮被杀后，亮子祐嗣爵；"永嘉末，以寇贼充斥，（祐）遂南渡江"；"咸和元年薨"；"（祐）子恭王统立。以南顿王宗谋反被废。其后，成帝哀亮一门殄绝，诏统复封"《成帝纪》载，咸和元年（326）十月，"南顿王宗有罪，伏诛"。故咸和元年（326）汝南王统被废，汝南国当除。晋成帝时，"诏统复封"，汝南国复立。咸和（326—334）中于武昌郡境侨立汝南国，《宋志》郢州刺史江夏太守条载，"汝南侯相，本沙羡土。晋末，汝南郡民流寓夏口，因立为汝南县"。据下引《水经注》《元和志》，东晋当先立汝南侨郡，后省为侨县。《水经注·江水注》载，"（涂）水出江州武昌郡武昌县金山西北，流迳汝南侨郡故城南。咸和中，寇难南逼，户口南渡，因置斯郡，治于涂口"。《元和志》江南道三鄂州江夏县条载，江夏县，"本汉沙羡县地，属江夏郡。东晋以汝南流人侨立汝南郡，后改为汝南县"。可见，东晋咸和（326—334）中，于武昌郡境侨置汝南郡。《晋书·哀帝纪》载，兴宁三年（365）二月，以"桓冲监江州、荆州之江夏、随郡、豫州之汝南、西阳、新蔡、颍川六郡诸军事"；《晋书·何无忌传》载，"义熙二年，（何无忌）迁都督江荆二州、江夏、随、义阳、绥安、豫州西阳、新蔡、汝南、颍川八郡军事"。此"汝南"应为寄治武昌郡涂口者。因东晋当时有汝南王，而无汝南旧土，故此侨置应为汝南国。《哀帝纪》载，兴宁元年（363），"慕容暐将慕容尘攻陈留太守袁披于长平，汝南太守朱斌承虚袭许昌，克之"；兴宁二年（364）二月，"慕容暐将慕容评袭许昌，颍川太守李福死之。评遂侵汝南，太守朱斌遁于寿阳"；《姚兴载记上》载，"晋汝南太守赵策委守奔于（姚）兴"。此"汝南"皆汝南旧土。可见，东晋中后期，汝南旧土长官太守。汝南王封国当是侨立。**宋永初元年**

（420）入宋。据《晋书·穆帝纪》《孝武帝纪》《安帝纪》及《汝南王亮传》载，汝南王统薨，统子义、义子遵之先后嗣立。《汝南王亮传》又载，"义熙初，梁州刺史刘稚谋反，推遵之为主，事泄，伏诛。弟楷之子莲扶立。宋受禅，国除"。据此，至东晋亡前有汝南国。

6.新蔡国

东晋建武元年（317）承西晋立，太兴元年（318）改为郡；据上文东晋郡王实土封国"新蔡国"条，东晋建武元年（317）立新蔡国，太兴元年（318）改为郡。**咸和八年（333）复立新蔡国，**《晋书·成帝纪》载，咸和八年（333）四月，"诏封故新蔡王弼弟邈为新蔡王"。**然无实土，**东晋太宁三年（325），新蔡郡入后赵①，遂无实土。后赵亡后，新蔡旧地自冉魏入东晋，后又为前燕、前秦占据，淝水之战复入东晋，又为后秦占据，东晋末再入东晋。东晋虽一度得新蔡旧地，然新蔡国当仍为侨立。**东晋于庐江郡境侨立新蔡国；**晋元帝时，已于庐江郡侨置新蔡郡。《晋志》豫州条载，晋孝武帝时，"因新蔡县人于汉九江王黥布旧城置南新蔡郡，属南豫州"；扬州条载，晋元帝渡江后，"江州又置新蔡郡"。据钱大昕《十驾斋养新录》卷六"晋侨置州郡无'南'字"条，东晋应侨置应是新蔡郡，非南新蔡郡。《舆地广记·淮南西路》黄梅县条载，"黄梅县，汉蕲春县地。晋元帝置新蔡郡及永兴县，后郡废"。据《晋志》扬州条及《舆地广记》，此新蔡郡当晋元帝时侨置。《晋志》豫州条系于晋孝武帝时，当误。《读史方舆纪要·湖广二》蕲州黄梅县条载，"汉寻阳县及蕲春县地，东晋置南新蔡郡及永兴县"；又载，"九江城，在（黄梅）县西南七十里。相传九江王黥布所筑。《晋书》'宁康元年于黥布旧城置新蔡郡'，即此"。《方舆纪要》引《晋书》称"宁康元年"，有误。据《方舆纪要》，新蔡郡寄治今湖北黄梅县西南，应在当时庐江郡境。《南齐志》豫州条载，"荆州刺史庾翼领州，在武昌。诸郡失土荒民数千，无佃业，翼表移西阳、新蔡二郡荒民就陂田于寻阳"；江州条载，"（庾亮）督豫州新蔡、西阳二郡"。《晋书·哀帝纪》载，桓冲所监诸军事有豫州之西阳、新蔡二郡。《宋书·庾悦传》《宋书·孟怀玉传》《宋书·檀韶传》《宋书·王弘传》载，东晋末，庾悦、孟怀玉、檀韶、王弘先后为江州刺史，或督或监诸军事有豫州之西阳、新蔡二

---

① 魏俊杰：《十六国疆域与政区研究》，第90页。

郡。可见新蔡侨郡与西阳郡、寻阳郡为邻，属豫州。**咸安元年（371）改为郡，**《晋书·海西公纪》载，太和元年（366）三月，"新蔡王邈薨"；《晋书·简文帝纪》载，咸安元年（371）十一月，"放新蔡王晃于衡阳"。又据《晋书·宗室传·高密文献王泰传附新蔡庄王确传》，"（新蔡王邈）薨，子晃立"；"桓温废武陵王，免晃为庶人，徙衡阳"。据此，咸安元年（371）新蔡国改为郡。**太元九年（384）复立，**《晋书·孝武帝纪》载，太元九年（384）十月，"立前新蔡王晃弟崇为新蔡王"。《晋书·新蔡庄王确传》又载，"孝武帝立（新蔡王）晃弟崇继邈后，为奴所害。子惠立，宋受禅，国除"。据此，太元九年（384）当复立新蔡国，应仍为侨置。《宋书·孟怀玉传》，"义熙三年，（孟怀玉）出为宁朔将军、西阳太守、新蔡内史"。据上文，新蔡国与西阳郡为邻。孟怀玉兼西阳太守和新蔡内史，可证东晋末新蔡为国，且为侨置。**宋永初元年（420）入宋。**据上引《新蔡庄王确传》所载"宋受禅，国除"可知，东晋亡前有新蔡国。

7. 梁国

东晋建武元年（317）立，太宁三年（325）失实土，咸和元年（326）梁国除；据上文东晋郡王实土封国"梁国"条，东晋建武元年（317）立梁国，太宁三年（325）入后赵，遂失实土，咸和元年（326）国除。**升平三年（359）复立梁国，然无实土；**《晋书·穆帝纪》载，升平三年（359）十二月，"封武陵王晞子瑈为梁王"。此时，梁国旧地为前燕占据，东晋无实土。梁王是否寄食别郡（县），史籍未载。前燕亡后，梁国旧地又为前秦占据。淝水之战后，梁国旧地入东晋，后又入后秦。东晋末，梁国复入东晋。梁国旧自前秦入东晋后，东晋已侨立梁国，当不于旧地立梁国。**咸安元年（371）改为郡，**《晋书·宣五王传·梁孝王肜传》载，"（梁王瑈）与父晞俱废徙新安"；《晋书·元四王传·梁王瑈传》载，梁王瑈"与父晞俱废"。《晋书·简文帝纪》载，咸安元年（371）十一月，"废（武陵王）晞及其三子，徙于新安"。故此年梁国除，改为郡。**宁康元年（373）于淮南郡境侨立梁郡，**《南齐志》豫州条载，"孝武宁康元年，桓冲移姑熟，以边寇未静，分割谯、梁二郡见民，置之浣川，立为南谯、梁郡"。据此，梁郡（侨）初寄治浣川。《宋志》南豫州刺史南梁太守条载，"南梁太守，晋孝武太元中侨立于淮南"。《宋志》与《南齐志》所载南梁郡侨置时间不同，《南齐志》所载时间、地点详明，此从《南齐志》。**太元十二**

年（387）侨立梁国，《晋书·孝武帝纪》载，太元十二年（387）九月，"立梁王瑝子龢为梁王"；《梁孝王肜传》又载，"太元中，复（梁）国，（瑝）子龢立。薧，子珍之立"；《梁王瑝传》又载，"（瑝）薧，子龢嗣。太元中复国。薧，子珍之嗣"。《宋志》南豫州刺史南梁太守条载，睢阳令，"所治即二汉、晋寿春县，后省"。《宋志》此以睢阳为南梁郡首县，当为郡治。东晋孝武帝时，改寿春为寿阳县。《宋书·向靖传》载，义熙八年（412），向靖转"安丰汝阴二郡太守、梁国内史，戍寿阳"。据此，东晋末，梁国寄治寿阳。此梁国为侨置，应为梁王封国。《梁孝王肜传》又载，"桓玄篡位，国臣孔璞奉（梁王）珍之奔于寿阳。义熙初，乃归"；《梁王瑝传》亦载，"桓玄篡位，国人孔仆奉（梁王）珍之奔于寿阳。桓玄败，珍之归朝廷"。据此，又可证东晋所侨置梁郡，后为梁王封国。**义熙十二年（416）后改为郡。**《晋书·安帝纪》载，义熙六年（410）五月，卢循来攻京都建康，"刘裕次石头，梁王珍之屯南掖门"；《梁孝王肜传》载，"刘裕伐姚泓，请（梁王珍之）为谘议参军。（珍之）为裕所害，国除"；《梁王瑝传》载，"刘裕伐姚泓，请为谘议参军。裕将弱王室，诬其罪，害之"。《安帝纪》又载，义熙十二年（416）八月，"刘裕及琅邪王德文帅众伐姚泓"。据此，义熙十二年（416）后，梁王珍之被害，梁国除，改为郡。

8.谯国

东晋建武元年（317）立，太宁三年（325）无实土；据上文东晋郡王实土封国"谯国"条，东晋建武元年（317）立谯国，太宁三年（325）入后赵，东晋遂失实土。谯国无实土，谯王是否寄食别郡（县），史籍未载。**永和七年（351），谯郡自冉魏入东晋[1]，当复为谯国；升平三年（359），谯国入前燕[2]，谯国又无实土；**谯国旧地为前燕占据，东晋谯国遂无实土。谯王是否是否寄食别郡（县），史籍未载。**宁康元年（373）于淮南郡境侨立谯国，**《南齐志》豫州条载，"孝武宁康元年，桓冲移姑熟，以边寇未静，分割谯、梁二郡见民，置之浣川，立为南谯、梁郡"。《宋志》南豫州刺史南谯太守条载，"南谯太守，晋孝武太元中，于淮南侨立郡县"。《魏志》谯州南谯郡条载，"南谯郡，司马昌明置，魏因之"。《宋志》与《南齐志》所载南谯郡侨置时间不同，

---

[1] 魏俊杰：《十六国疆域与政区研究》，第139页。
[2] 魏俊杰：《十六国疆域与政区研究》，第204—205页。

《南齐志》所载时间、地点详明，此从《南齐志》。《晋书·宗室传·谯刚王逊传》载，东晋时，司马允之历位"吴国、宣城、谯、梁内史"；《晋书·桓彝传附桓石民传》载，淝水之战前，桓石民"领谯国内史、梁郡太守"。淝水之战前，谯郡旧地为前秦占据，桓石民所任谯国内史，应是侨立谯国。据上文东晋"梁国"条，淝水之战前，东晋侨置有梁郡，不为梁国。又据上引《南齐志》，谯、梁同时为桓冲所置于浣川，桓石民一人兼任谯国内史和梁郡太守，谯称"国"和"内史"，梁称"郡"和"太守"，表明此谯国即为谯王封国。淝水之战后，谯郡旧土复入东晋。然谯国封国之地应仍为侨立不变。《宋书·向靖传》载，东晋末，卢循攻姑孰，向靖"率谯国内史赵恢讨之"。谯国内史当时应在淮南，与向靖同攻卢循。可见，东晋末，谯国仍为侨置。**元兴元年（402）改为郡**，据《晋书·元帝纪》《晋书·穆帝纪》《晋书·孝武帝纪》《晋书·安帝纪》及《谯刚王逊传》，谯王承之后，承子无忌、无忌子恬、恬子尚之相继嗣立。《谯刚王逊传》又载，谯王尚之为桓玄所害，"玄上疏，以闵王不宜绝嗣，乃更封尚之从弟康之为谯县王"。司马康之为谯县王，谯国当改郡。**义熙元年（405）复立**，《谯刚王逊传》又载，"安帝反正，追赠（谯王）尚之卫将军，以休之长子文思为尚之嗣，袭封谯郡王"。又据《晋书·安帝纪》，义熙元年（405）正月，"乘舆反正"。据此，义熙元年（405）复立谯国。**义熙十一年（415）改为郡**。《谯刚王逊传》又载，"（谯王文思）与休之同怨望称兵，为（刘）裕所败而死，国除"。《安帝纪》又载，义熙十一年（415）正月，"荆州刺史司马休之、雍州刺史鲁宗之并举兵、贰于刘裕，裕帅师讨之"；五月，休之兵败，奔后秦。谯王文思败死应在义熙十一年（415），此年谯国除，改为郡。

9.陈留国

东晋太宁二年（324）立，《艺文类聚·封爵部》引《晋中兴书》曰："元帝绍封魏后曹劢为陈留王。"《太平预览·封建部四》引《晋中兴书》与《艺文类聚》同。可见，东晋立国后即封陈留王。《通典·礼典三十四》载，"东晋明帝大宁二年，诏曰：'三恪二王，代之所重；兴灭继绝，政之所先。禋祀不传，甚用伤悼。主者详议立后以闻。'时曹劢为嗣陈留王，以主魏祀"；下又载"升平元年，陈留王劢表称"云云。《晋书·明帝纪》载此在诏太宁三年（325）七月。又《晋书·成帝纪》载，咸和元年（326）十月，"封魏武帝玄孙曹劢为陈留王，以绍魏"。《成帝纪》为"曹劢"，其他做"曹劢"，或为"曹劢"。东晋绍封陈留王时间，《晋中兴书》、唐修《晋书》和《通典》记载各不同，以《通典》所载事件详明，此从《通典》。**当时陈留旧地属后赵，无实土**；东晋永昌元年（322），陈留国入后赵[①]，遂无实土。东晋绍封陈留王后，陈留王是否寄食别郡（县），史籍未载。**东晋咸康四年（338）当于堂邑郡境侨立陈留国**，据"《晋书》地名问题补考"《晋书·地理志上》兖州条，东晋咸康四年（338）当于堂邑郡境侨立陈留国。**东晋末曾为北陈留国**；《宋书·檀韶传》载，平桓玄后，"（檀韶）迁龙骧将军、秦郡太守、北陈留内史"；《宋书·向靖传》载，"义熙三年，（向靖）迁建武将军、秦郡太守、北陈留内史，戍堂邑"；《宋书·檀祗传》载，平桓玄后，"（檀祗）除龙骧将军、秦郡太守、北陈留内史"。可见，东晋末，秦郡、北陈留为双头郡。又《宋志》南兖州刺史秦郡太守条载，"安帝改堂邑为秦郡"。《晋志》雍州条载，"有秦国流人至江南，改堂邑为秦郡"。又据向靖等传，秦郡、北陈留当同治堂邑。据前文"《中国行政区划通史》两晋部分献疑"东晋兖州条，"北陈留"是东晋末江北郡国用名的通例，此前为陈留国。《檀韶传》《向靖传》《檀祗传》称秦郡长官用"太守"，称"北陈留"长官用"内史"，表明陈留为封国，应为陈留王之封国。**宋永初元年（420）入宋**。据《晋书·穆帝纪》《晋书·哀帝纪》《晋书·孝武帝纪》《晋书·安帝纪》载，东晋先后以曹恢、曹灵诞为陈留王，以绍魏。《宋书·武帝本纪中》载，晋恭帝元熙二年（420）六月，"陈留王虔嗣等二百七十人及宋台群臣并上表劝进"；《宋书·武帝纪下》载，永初元年（420）七月，"陈留王曹虔嗣薨"。可见，东晋末至刘宋初仍有陈留王，当有陈留国。

10. 齐国

东晋太元二年（377）立，《晋书·齐王冏传》载，"及洛阳倾覆，（冏子）超兄弟皆没于刘聪，冏遂无后。太元中，诏以故南顿王宗子柔之袭封齐王，绍攸、冏之祀"；《晋书·孝武帝纪》载，太元二年（377）正月，"继绝世，绍功臣"。据此，司马柔之袭封齐王应在太元二年（377），此年复遂立齐国。**当时东晋未有齐国旧地**，此齐国当为侨立于晋陵郡境，齐国旧地于太元初为

---

① 魏俊杰：《十六国疆域与政区研究》，第86页。

前秦占据，淝水之战后入东晋，后又为南燕占据，东晋灭南燕后复有此地。《宋志》南兖州刺史条载，南兖州，"《永初郡国》领十四郡"，十四郡中有齐郡，"并省属南徐州"；南徐州刺史南鲁郡太守条载，"西安令，汉旧名，本属齐郡。齐郡，过江侨立，后省，以西安配此"。据此，东晋后期当也侨置有齐郡。《孝武帝纪》载，太元十七年（392）四月，"齐国内史蒋喆杀乐安太守辟闾濬，据青州反，北平原太守辟闾浑讨平之"。此"齐国内史"或应为"齐郡太守"。《慕容德载记》载，"（慕容）德遣使喻齐郡太守辟闾浑"。此则在南燕占据此地前称齐郡。《宋书·王诞传》载，晋安帝时，"（东晋）北伐广固，（王诞）领齐郡太守"。可见，东晋灭南燕后仍称齐郡。《宋书·刘钟传》载，晋安帝时，"（刘钟）除南齐国内史"。由《宋书》所载可见，东晋占据齐郡旧地后，其地仍称齐郡，而南方侨置者则称齐国。此南方侨立齐国，应是齐王封国。**宋永初元年（420）入宋。**《晋书·安帝纪》载，元兴元年（402）二月，"（司马元显）遣兼侍中、齐王柔之以驺虞幡宣告荆江二州。丁卯，桓玄败王师于姑孰，谯王尚之、齐王柔之并死之"；《齐王冏传》又载，"元兴初，会稽王道子将讨桓玄，诏柔之兼侍中，以驺虞幡宣告江荆二州，至姑孰，为玄前锋所害。赠光禄勋。子建之立。宋受禅，国除"。可见，东晋亡前有齐国。

11. 高阳国

东晋隆安元年（397）立，《晋书·宗室传·高阳王睦传》载，"永嘉中，（高阳王毅）没于石勒。隆安元年，诏以谯敬王恬次子恢之子文深继毅后"。可见，东晋隆安元年（397）立高阳国。**东晋未有高阳旧地，此高阳国当侨立于京邑**，隆安元年（397）后，高阳国旧地为北魏占据。《宋志》扬州刺史条载，"江左又立高阳、堂邑二郡""（高阳）寄治京邑"。《晋志》扬州条载，"咸康四年，侨置魏郡、广川、高阳、堂邑等诸郡，并所统县，并寄居京邑"。可见，高阳侨郡寄治晋都建康。《宋书·向靖传》载，"（义熙）十年，（向靖）迁冠军将军、高阳内史、临淮太守，领石头戍事"；《宋书·刘钟传》载，东晋末，刘钟迁"高阳内史，领石头戍事"。石头城在东晋国都建康。可见，东晋末，向靖、刘钟曾领高阳内史，寄治京邑。此称"内史"，则高阳为国。据此，东晋高阳王所封高阳国应为侨立。**宋永初元年（420）入宋。**《晋书·安帝纪》载，义熙二年（406）五月，"封高密王子法莲为高阳王"；《高阳王睦传》又载，"（高阳王文深）立五年，薨，无嗣，复以高密王纯之子法莲继之。

宋受禅，国除"可见，东晋亡前有高阳国。

12. 淮陵国

东晋隆安三年（399）立，《晋书·安帝纪》载，隆安三年（399）正月，"封宗室蕴为淮陵王"。**东晋当省淮陵旧郡，此淮陵国当为侨立于晋陵郡境**，有关东晋淮陵实郡的记载，主要集中在东晋初年，此后不再有，当省。《晋志》徐州条载，"永嘉之乱，临淮、淮陵并沦没石氏"；晋元帝时，"分武进立临淮、淮陵、南彭城等郡"。据《宋志》南徐州刺史淮陵太守条，东晋末当仍侨立淮陵郡。永嘉之乱时，后赵石勒并未侵入临淮、淮陵二郡，此二郡于东晋咸和元年（326）为后赵占据[1]。《晋书·儒林传·孔衍传》载，晋元帝时，"出（孔）衍为广陵郡"；"石勒常骑至山阳，敕其党以衍儒雅之士，不得妄入郡境。视职期月，以太兴三年卒于官"。可见，后赵入侵徐州，曾渡淮水，侵至山阳。可能随着后赵不断侵袭徐州淮水南北之地，淮陵郡民南渡，迁入武进县境，晋元帝遂侨置此郡。《宋书·武帝本纪下》载，永初元年（420）八月，"诸旧郡县以北为名者，悉除；寓立于南者，听以南为号"。又据《宋志》南徐州刺史条，刘宋时，南徐州所领侨郡南东海、南琅邪、南兰陵、南东莞、南彭城、南清河、南高平、南平昌、南济阴、南濮阳、南泰山、南鲁郡皆有"南"字，然临淮、淮陵、济阳三侨郡无"南"字。之所以此三侨郡无"南"字，是因当时刘宋已无此三实土郡。《宋书·武帝本纪上》载，义熙六年（410）有"淮陵内史索邈"；《自序》载，沈田子于晋安帝义熙（405—418）中为淮陵内史。可见，东晋末有淮陵国。此淮陵国当为侨立，应为淮陵王封国。**宋永初元年（420）入宋**。《晋书·安帝纪》载，义熙十一年（415）三月，"淮陵王蕴薨"；《晋书·宣五王传·琅邪武王伷传附淮陵元王濯传》载，"（淮陵元王濯）薨，子贞王融立。薨，无子。安帝时，立武陵威王孙蕴为淮陵王，以奉元王之祀位"；"（蕴）薨，无子，以临川王宝子安之为嗣。宋受禅，国除"。据此，东晋亡前有淮陵国。

13. 河间国

东晋咸和五年（330）立，《晋书·河间王颙传》载，河间王颙被杀后，"诏以彭城元王植子融为颙嗣，改封乐成县王。薨，无子。建兴中，元帝又以

---

① 魏俊杰：《十六国疆域与政区研究》，第91页。

彭城康王释子钦为融嗣";《晋书·成帝纪》载，咸和五年（330）九月，"徙乐成王钦为河间王"。据此，咸和五年（330）当立河间国。**东晋未有河间旧地，**东晋十六国时，河间旧地先后为后赵、前燕、前秦、后燕等政权占据。**初未见侨立，**《晋志》《宋志》未见有河间侨郡，《晋书》《宋书》等皆未见东晋中前期有河间内史。**此封国封土情况不明；**河间王既有此封爵，与其初立时封地相关的政区暂不可考。此河间王是否寄食别郡（县），未见史籍记载。**东晋末，河间国当为侨立于京邑，**《晋书·安帝纪》载，义熙六年（410），卢循攻晋都建康，七月自建康"遁走"，"使辅国将军王仲德、广川太守刘钟、河间内史蒯恩等帅众追之"。《宋书·武帝本纪上》载为"河间太守蒯恩"，《建康实录》晋安帝义熙六年载为"河间内史蒯恩"，《通鉴》晋安帝义熙六年载为"河间内史兰陵蒯恩"。义熙六年（410），蒯恩应为河间内史。《晋志》扬州条载，"咸康四年，侨置魏郡、广川、高阳、堂邑等诸郡，并所统县，并寄居京邑"。可见，广川郡寄治京邑。刘裕遣广川太守、河间内史同自建康追击卢循，故广川郡（侨）、河间国（侨）当同寄治京邑。蒯恩为河间内史，则当时应有河间国，应为河间王封国。**或义熙六年（410）至义熙八年（412）改为郡。**《晋书·海西公纪》载，兴宁三年（365）三月，"河间王钦薨"；《晋书·孝武帝纪》载，太元九年（384）九月，"河间王昙之薨"；《安帝纪》载，隆安三年（399）二月，"河间王国镇薨"。据此，至隆安三年（399），东晋有河间王。《通鉴》于晋安帝义熙六年（410）七月载为"河间内史兰陵蒯恩"，于义熙八年（412）十二月载为"河间太守蒯恩"。《姚兴载记下》载，"晋河间王子国璠、章武王子叔道来奔（姚）兴"。又据《通鉴》，晋安帝义熙二年（406）正月，"桓玄之乱，河间王昙之子国璠、叔璠奔南燕"；二月，"国璠等攻陷弋阳"；义熙六年（410）六月，东晋灭南燕，"司马国璠及弟叔璠、叔道奔秦"。颇疑义熙六年（410）至义熙八年（412）间，最后一位河间王薨或被诛杀，河间国除。蒯恩当先为河间内史，再为河间太守。《宋志》载宋初寄居京邑诸郡有魏郡、广川、高阳、堂邑，唐修《晋书》所载同《宋书》。《宋志》未言及河间郡（国），当入东晋亡前已省并。

附①：

章武国

东晋建武元年（317）立，《晋书·宗室传·安平献王孚传附河间平王洪传》载，河间王洪子混为章武王，混子滔初嗣新蔡王确；滔与新蔡太妃不协，太兴二年上疏欲还所封章武，晋元帝从之，"还袭章武"。据上文东晋"新蔡国"条，此载"太兴二年"有误，章武国复立应在建武元年（317）。**东晋未有章武旧地**，章武国爵虽复，然当时章武旧地为后赵占据，东晋并无实土。后赵后，章武旧地先后为前燕、前秦、后燕、北魏占据。**又未见有侨立**，《晋志》《宋志》未见有章武侨郡，《晋书》《宋书》等皆未见东晋有章武内史。**此章武封国封土情况不明**，章武王既有此封爵，与其封地相关的政区暂不可考。此章武王是否寄食别郡（县），也未见史籍记载。**义熙元年（405）省**。《晋书·河间平王洪传》又载，"（滔）薨，子休嗣。休与彭城王雄俱奔苏峻，峻平，休已战死。弟珍年八岁，以小弗坐，咸和六年袭爵位，至大宗正。薨，无嗣，河间王钦以子范之继，位至游击将军。薨，子秀嗣，义熙元年为桂阳太守。秀妻，桓振之妹。振作逆，秀不自安，谋反，伏诛，国除"。《晋书·成帝纪》载，咸和二年（327）十二月，"彭城王雄、章武王休叛，奔（苏）峻"；咸和六年（331）六月，封"章武王混子珍为章武王"；《晋书·哀帝纪》载，隆和元年（362）十月，"章武王珍薨"；《晋书·孝武帝纪》载，太元元年（376）六月，"封河间王钦子范之为章武王"；太元十六年（391）六月，"章武王范之薨"；《晋书·安帝纪》载，义熙元年（405）五月，"章武王秀、益州刺史司马轨之谋反，伏诛"。章武王秀伏诛，章武国遂除。

安平国

东晋永和六年（350）前立，《通典·礼典十二》载，"东晋穆帝太和六年五月九日，安平王薨"。晋穆帝有年号永和，太和为晋海西公年号，颇疑此"太和"应为"永和"。据《通典》可知，此时东晋已有安平王，当是继安平献王孚之嗣。故晋穆帝永和六年（350）前立，当立安平国。**东晋未有安平旧地**，安平国爵虽复，然当时安平旧地为后赵占据，东晋并无实土。后赵后，安平旧地先后为前燕、前秦、后燕等政权占据。**又未见有侨立**，《晋志》《宋

---

① 东晋有章武王、安平王，未见章武、安平有侨立，姑附于此。

志》未见有安平侨郡，《晋书》《宋书》等皆未见东晋有安平内史。**此安平封国封土情况不明，**安平王既有此封爵，与其封地相关的政区暂不可考。此安平王是否寄食别郡（县），未见史籍记载。**或太元十一年（386）省。**《晋书·孝武帝纪》载，太元十一年（386）八月，"安平王遂之薨"。安平王遂之薨后，不见史籍载东晋有安平王，或此年安平国除。

六、两晋郡公封国

1.高平国

西晋泰始元年（265）改山阳郡立，据《晋书·武帝纪》《晋书·陈骞传》，泰始元年（265）十二月，封陈骞为高平郡公。《宋志》兖州刺史高平太守条载，"高平太守，故梁国，汉景帝中六年分为山阳国，武帝建元五年为郡，晋武帝泰始元年更名"。《魏志》兖州高平郡条载，"高平郡，故梁国，汉景帝分为山阳国，武帝改为郡，晋武帝更名"。《晋志》兖州高平国条载，高平国，"故属梁国，晋初分山阳置"。《晋志》此误，应为改山阳郡为高平国。**永嘉五年（311）后改为郡。**《陈骞传》载，陈骞卒后，骞子舆、舆子植、植子粹先后嗣爵；陈粹于"永嘉中遇害"；"孝武帝以骞玄孙袭爵。卒，弟子浩之嗣。宋受禅，国除"。东晋孝武帝时，复陈氏高平郡公国，也表明高平公国曾被除。故永嘉五年（311）后，高平国除。

2.济北国

西晋泰始元年（265）立，据《晋书·武帝纪》《晋书·荀勖传》，泰始元年（265）十二月，封荀勖为济北郡公。《晋志》中济北为国。**或永嘉五年（311）后改为郡。**《荀勖传》载，荀勖卒后，勖子辑、辑子畯、畯弟子识先后嗣爵。又据《艺文类聚·封爵部》引《晋中兴书》，太元二年（377），"兴灭继绝后"，以"荀勖后轨为济北侯"。可见，东晋前期，荀勖之后绝封。永嘉五年（311），西晋诸王公多为石勒所杀，此后诸王国、公国当罢，济北公国或于此年后改为郡。

3. 鲁国

西晋泰始元年（265）立，据《晋书·武帝纪》《晋书·贾充传》，泰始元年（265）十二月，封贾充为鲁郡公。《晋志》豫州有鲁郡，误，当为鲁国，此考之于下。《左传》隐公元年（前722）"经文"载，"三月，公及邾仪父盟于蔑（杜注：邾，今鲁国邹县也）"；僖公十七年（前643）"经文"载，"夫人姜氏会齐侯于卞（杜注：卞，今鲁国卞县）"；隐公十一年（前712）载，"滕侯、薛侯来朝（杜注：薛，鲁国薛县）"。西晋杜预注《左传》称"鲁国"，可见当时为鲁国，而非鲁郡。《武帝纪》载，太康八年（287），"六月，鲁国大风，拔树木，坏百姓庐舍"；九年（288）十二月，"青龙、黄龙各一，见于鲁国"；《晋书·惠帝纪》载，元康七年（297），"五月，鲁国雨雹"。《晋书》中唐彬、孔衍、郑袤妻曹氏诸传，及叙述人物前所冠郡国名，皆称鲁国人。方恺《新校晋书地理志注》豫州鲁国条载，"本书《索靖传》，惠帝即位之前为鲁国相。考晋初诸王无封鲁者，岂相为太守之误耶？又案《武帝纪》，受禅之始，封石苞乐陵郡公、陈骞高平郡公、贾充鲁郡公、裴秀巨鹿郡公。核之本《志》，乐陵、高平、巨鹿皆称国，盖缘此得名。然独于鲁则称郡，本《志》例不合矣。《武帝纪》，太康五年，'夏四月，任城、鲁国池水赤如血'。又《纪》《志》不合也"。马与龙《晋书地理志注》豫州鲁郡条载，"《志》郡当作国。贾充所封，见《充》传。杜预《左传》注皆作鲁国"。故《晋志》"鲁郡"应为"鲁国"。**西晋末改为郡。**《贾充传》载，贾充死而无嗣，以外孙韩谧嗣鲁公；及赵王废贾后，贾氏被诛；伦败，封贾秃为鲁公；"永兴中，立充从曾孙湛为鲁公，奉充后，遭乱死，国除"。可见，鲁国至西晋末国已除，当改为郡。

4. 乐陵国

西晋泰始元年（265）立，据《晋书·武帝纪》《晋书·石苞传》，泰始元年（265）十二月，封石苞为乐陵郡公。《晋志》中乐陵为国。**永嘉五年（311）后当改为郡。**《石苞传》又载，石苞卒，"以（苞子）统为嗣"；晋惠帝时，"封（石）崇从孙演为乐陵公"；苞曾孙朴"没于胡"。永嘉五年（311），西晋王公大多或被杀，或没于胡。乐陵国改为郡，当在永嘉五年（311）。《晋书·邵续传》载，"王浚假（邵）续绥集将军、乐陵太守，屯厌次"。又据《通鉴》，晋愍帝建兴二年（314），王浚为石勒所杀；又载，"初，王浚以邵续为乐陵太守，屯厌次"。此称乐陵长官称"太守"，可见西晋末已为乐陵郡。

5.巨鹿国

西晋泰始元年（265）立，据《晋书·武帝纪》《晋书·裴秀传》，泰始元年（265）十二月，封裴秀为巨鹿郡公。《晋志》中巨鹿为国。**晋惠帝末当改为郡**。《裴秀传》又载，裴秀之后，裴浚、裴颜、裴嵩相继嗣为巨鹿郡公；裴嵩为嗣，在赵王伦被杀后，嵩为乞活陈午所害。裴嵩遇害后，巨鹿国当改为郡《晋书·宗室传·高密文献王泰传附新蔡武哀王腾传》载，新蔡王司马腾被杀，"巨鹿太守崔曼"也遇害。据《通鉴》，晋怀帝永嘉元年（307）五月，新蔡王腾被杀。《晋书·天文志下》载，晋怀帝永嘉元年（307）十一月，"田甄等大破汲桑，斩于乐陵。于是以甄为汲郡太守，弟兰巨鹿太守"；《晋书·东海王越传》亦载此事。可见晋怀帝永嘉元年（307）巨鹿已为郡。巨鹿国改为郡，当在晋惠帝末年。

6.博陵国

西晋咸宁三年（277）立，《晋书·武帝纪》载，泰始元年（265）十二月，封王沈为博陵公。《晋书·王沈传》载，"及帝受禅，（王沈）以佐命之勋"，"封博陵郡公，固让不受，乃进爵为县公"，"泰始二年（王沈）薨"；"咸宁中，复追封沈为郡公"。《晋书·职官志》载，"追进封故司空博陵公王沈为郡公"。据《通鉴》，晋武帝咸宁三年（277）八月，"追封王沈为博陵郡公"。方恺《新校晋书地理志注》冀州博陵国条载，"西晋无博陵王，惟王浚嗣父王沈为博陵郡公，盖公国也"；下有吴翔寅案："汲古阁本作'博陵郡'，不作'博陵国'，此据殿本及汲古阁本已校正。"中华书局点校本《晋志》中博陵为郡，当误，应为博陵国。**建兴二年（314）改为郡**。《晋书·王沈传附王浚传》载，"（王）沈薨，无子，亲戚共立（王）浚为嗣"；晋惠帝末，王浚为幽州刺史，"以燕国增博陵之封"，后王浚为石勒所杀；《晋书·孝愍帝纪》载，建兴二年（314）三月，"（石）勒陷幽州，杀侍中、大司马、幽州牧博陵公王浚"。王浚被杀后，冀州博陵郡也为后赵占据。故建兴二年（314）博陵国当改为郡。

7.兰陵国

西晋元康元年（291）立，《晋书·卫瓘传》载，"朝廷以（卫）瓘举门无辜受祸，乃追瓘伐蜀勋，封兰陵郡公"。据《通鉴》，晋惠帝元康元年

（291）六月，"（追）封（卫）瓘为兰陵郡公"。《宋志》徐州刺史兰陵太守条载，"兰陵太守，晋惠帝元康元年分东海立"。《晋志》徐州条载，"元康元年，分东海置兰陵郡"。《南齐书·高帝纪上》载，"晋元康元年，分东海为兰陵郡"。故此年立兰陵公国。**光熙元年（306）改为郡**。《卫瓘传》载，卫瓘子恒与瓘同遇害，"谥兰陵贞世子"；恒子璪，"袭瓘爵。后东海王越以兰陵益其国，改封江夏郡公，邑八千五百户。怀帝即位，为散骑侍郎"；《晋书·羊祜传》载，"故太保卫瓘，本爵菑阳县公，既被横害，乃进茅土，始赠兰陵，又转江夏"。《宋书·荀伯子传》载，"前朝以（卫）瓘秉心忠正，加以伐蜀之勋，故追封兰陵郡公。永嘉之中，东海王越食兰陵，换封江夏"。据此，卫璪由兰陵郡公改封江夏郡公。据《卫瓘传》，似晋怀帝永嘉前已改封江夏郡公，而《荀伯子传》载永嘉中改封。据《晋书·东海王越传》，"（东海王越）迎惠帝反洛阳。诏越以太傅录尚书，以下邳、济阳二郡增封。及怀帝即位，委政于越"。又据《晋书·惠帝纪》，光熙元年（306）五月，晋惠帝反洛阳；八月，"以太傅、东海王越录尚书"。故增封东海王下邳、济阳二郡，应在光熙元年（306）。《东海王越传》所载增封之郡，未言及兰陵。光熙元年（306），西晋朝中大权完全为东海王执掌，此年增封东海王当还应有兰陵郡，《东海王越传》没有记载到。此以光熙元年（306）卫璪改封江夏郡公，故此年兰陵公国改为郡。

8.壮武国

西晋元康（291—299）初年分城阳郡立，《晋书·张华传》载，"及（楚王）玮诛，（张）华以首谋有功，拜右光禄大夫、开府仪同三司、侍中、中书监"；"久之，论前后忠勋，进封壮武郡公"；"数年代下邳王晃为司空领著作"。据《通鉴》，晋惠帝元康元年（291）六月，"以（张）华为侍中、中书监"。《晋书·惠帝纪》载，元康六年（296）正月，"司空下邳王晃薨，以中书监张华为司空"。据此，封张华为壮武郡公应在元康（291—299）初年。据《晋志》，青州城阳郡有壮武县，故壮武公国应分城阳郡立。**永康元年（300）省**。《宋书·五行志三》载，"永康元年四月，壮武国有桑化为柏。是月，张华遇害"；《晋书·五行志中》亦载。《张华传》载，"初，（张）华所封壮武郡有桑化为柏，识者以为不祥"。可见，永康元年（300）四月之前有壮武公国。《惠帝纪》载，永康元年（300）四月，司空张华遇害。《张华传》又载，张华遇害后，"壮武国臣竺道又诣长沙王，求复华爵位，依违者久之"。又据《张华传》，张华初封广武县侯，太安二年（303）诏复张华广武侯。可见，张华遇害后，遂失爵位，壮武公国当省。

9. 上谷国

西晋元康元年（291）后立，《晋书·孟观传》载，"及（杨）骏诛，以（孟）观为黄门侍郎，特给亲信四十人。迁积弩将军，封上谷郡公"。又据《晋书·惠帝纪》，元康元年（291）四月，"诛太傅杨骏"。故上谷立国应在元康元年（291）后。**永宁元年（301）改为郡**。《孟观传》载，赵王伦篡位，孟观为伦党，"及帝反正，永饶冶令空桐机斩观首，传于洛阳，遂夷三族"。又据《惠帝纪》，永宁元年（301）四月，"诛赵王伦"。故上谷郡公孟观应于永宁元年（301）被杀，此年上谷国改为郡。

10. 广陵国

西晋永康元年（300）立，东晋建武元年（317）入东晋，宋永初元年（420）入宋。《晋书·羊祜传》载，荀伯子上表称，"故太尉广陵公准，党翼贼伦，祸加淮南，因逆为利，窃飨大邦。值西朝政刑失裁，中兴因而不夺。今王道维新，岂可不大判臧否，谓广陵国宜在削除"；"竟寝不报"。《晋书·忠义传·嵇绍传》载，"太尉广陵公陈准薨，太常奏谥"。又《石勒载记上》载，石勒"寇新蔡"，"广陵公陈眕"等率众降于勒。《新唐书·宰相世系表下》载，"晋太尉广陵元公生伯眕，建兴中渡江，居曲阿"。可见，陈准被封广陵公。《宋书·荀伯子传》亦载荀伯子上表，时在义熙九年（413）；又载陈准后人陈茂先上表称，"先臣以剪除贾谧，封海陵公，事在淮南遇祸之前。后广陵虽在扰攘之际，臣祖乃始蒙殊遇，历位元、凯。后被远外，乃作平州，而犹不至除国，良以先勋深重，百世不泯故也"。《晋书·惠帝纪》载，永康元年（300）四月，"侍中贾谧及党与数十人皆伏诛"；八月，"光禄大夫陈准为太尉、录尚书事"；永宁元年（301），赵王伦篡位。据《通鉴》，晋惠帝永康元年（300）八月，"以光禄大夫陈准为太尉、录尚书事，未几薨"。据以上史事，永康元年（300）末，赵王伦执掌大权，陈准卒后，遂加封广陵公。故此以永康元年（300）立广陵公国。又据《晋书·羊祜传》《晋书·荀伯子传》所载荀伯子、陈茂先两人上表，可见东晋末仍有广陵公国。《晋书》中所载东晋广陵此地长官基本都是广陵相，而非广陵太守，亦证东晋有广陵公国。故广陵公国应存于东晋一代，后入宋。

11. 江夏国

西晋光熙元年（306）立，据上文"兰陵国"条，光熙元年（306），卫璪由兰陵郡公改封江夏郡公。故此年立江夏公国。**东晋建武元年（317）入东晋**，《晋书·卫瓘传附孙璪传》载，"永嘉五年，（卫璪）没于刘聪。元帝以瓘玄孙崇嗣"。可见，东晋初仍有江夏公国。**宋永初元年（420）入宋**。《晋书》所载东晋江夏长官皆称"江夏相"，《宋书·刘粹传》《宋书·刘怀肃传》《宋书·刘康祖传》载东晋末有江夏相刘粹、张畅之、刘虔之，此皆证东晋一代有江夏公国。《晋书·羊祜传》载，荀伯子上表称，"故太保卫瓘，本爵菑阳县公，既被横害，乃进茅土，始赠兰陵，又转江夏。中朝名臣，多非理终，瓘功德无殊，而独受偏赏，谓宜罢其郡封，复邑菑阳"，"竟寝不报"。《宋书·荀伯子传》亦在此，载上表时间在义熙九年（413）。故东晋末仍有江夏公国。

12. 东平国

西晋永嘉元年（307）立，《晋书·苟晞传》载，"（苟晞）败石勒于河北，威名甚盛"，"封东平郡侯"，后"进为郡公"。据《通鉴》，晋怀帝永嘉元年（307）十二月，"封（苟晞）东平郡公"。故此年立东平公国。**永嘉五年（311）后改为郡**。《晋书·孝怀帝纪》载，永嘉五年（311）九月，"石勒袭阳夏，至于蒙县，大将军苟晞、豫章王端并没于贼"；《苟晞传》载，"（石勒）袭蒙城，执晞，署为司马，月余乃杀之"。苟晞被杀后，东平公国当改为郡。

13. 西平国

西晋建兴二年（314）立，《晋书·孝愍帝纪》载，西晋建兴二年（314）二月，"张轨为太尉，封西平郡公"；《张轨传》载，晋怀帝时，"进封（张轨）西平郡公，不受"；晋愍帝时，"拜（张）轨侍中、太尉、凉州牧、西平公，轨又固辞"。此据《孝愍帝纪》，以建兴二年（314）立西平公国。**建兴四年（316）入前凉**。《孝愍帝纪》载，建兴四年（316），匈奴汉国攻陷长安，晋愍帝出降。西晋亡后，西平公国属凉州，遂入前凉。又据《张轨传》，张轨之后，张寔、张骏、张重华、张耀灵、张玄靓、张天锡皆称西平公；又载有西平相陈寓、赵疑，此皆证前凉时有西平公国。

14.宣城国

西晋末立，建武元年（317）改为郡。《晋书·元帝纪》载，建武元年（317）三月，司马睿称晋王，"封王子宣城公裒为琅邪王"；《晋书·元四王传·琅邪孝王裒传》载，琅邪孝王裒，"初继叔父长乐亭侯浑，后徙封宣城郡公，拜后将军。及帝为晋王，有司奏立太子"；后"更封裒琅邪，嗣恭王后，改食会稽、宣城"。立司马裒为宣城郡公在西晋末。建武元年（317），改封裒为琅邪王，遂食宣城，宣城长官称内史，但宣城应为郡，而非王国。

15.武昌国

东晋永昌元年（322）立，《晋书·元帝纪》载，永昌元年（322）四月，王敦"封武昌郡公"；《晋书·王敦传》载，王敦叛，入建康，"以敦为丞相、江州牧，进爵武昌郡公"；《晋书·薛兼传》载，"永昌初，王敦表（薛）兼为太常。明帝即位，加散骑常侍"；晋明帝下诏曰"丞相武昌公、司空即丘子体道高邈"。可见，永昌元年（322），封王敦为武昌郡公，武昌遂为公国。**太宁二年（324）改为郡。**《晋书·明帝纪》载，太宁二年（324）七月，王敦叛乱，兵败，"王敦愤惋而死"。王敦败死后，武昌公国遂还为郡。

16.始兴国

东晋太宁二年（324）立，《晋书·明帝纪》载，太宁二年（324）七月，"封司徒王导为始兴郡公"；《晋书·王导传》载，"（王）敦平，进封（王导）始兴郡公"。故太宁二年（324）立始兴公国。**宋永初元年（420）入宋。**据《晋书·安帝纪》《晋书·刁协传附刁彝传》及《宋书·武帝本纪上》《宋书·胡藩传》《宋书·刘康祖传》《宋书·张茂度传》，东晋时，阮腆之、刁畅、徐道覆、胡藩、刘谦之、张茂度曾为始兴相。据此，东晋有始兴公国。《晋书·王导传》载，王导子悦，"先导卒，谥贞世子"；"悦无子，以弟恬子琨为嗣，袭导爵，丹阳尹，卒，赠太常。子嘏嗣，尚鄱阳公主，历中领军、尚书。卒，子恢嗣，义熙末，为游击将军"。《宋书·武帝本纪下》载，永初元年（420）六月，降始兴公封始兴县公，以奉王导之祀。可见，东晋亡前有始兴公国。

17.长沙国

东晋咸和四年（329）立，《晋书·成帝纪》载，咸和四年（329）三月，平定苏峻之乱，"以征西大将军陶侃为太尉，封长沙郡公"；《晋书·陶侃传》载，陶侃平定苏峻之乱，"改封长沙郡公"。故此年立长沙公国。**宋永初元年（420）入宋**。据《晋书》所载东晋长沙此地长官称长沙相，可知东晋有长沙公国。又《宋书·范泰传》载，东晋末，"（范泰）除长沙相"。《陶侃传》载，陶侃薨，"诏复以（陶）瞻息弘袭侃爵"；弘卒，"子绰之嗣"；"绰之卒，子延寿嗣。宋受禅，降为吴昌侯"。《宋书·武帝本纪下》载，永初元年（420）六月，降长沙公为醴陵县侯，以奉陶侃之祀。可见，至东晋亡前有长沙公国。

18.始安国

东晋咸和四年（329）立，《晋书·成帝纪》载，咸和四年（329）三月，平定苏峻之乱，封温峤为始安郡公；《晋书·温峤传》载，苏峻之乱平，"封（温峤）始安郡公"。故此年立始安公国。**宋永初元年（420）入宋**。《温峤传》载，温峤薨，子放之嗣爵。《宋书·武帝本纪下》载，永初元年（420）六月，降始安公为荔浦县侯，以奉温峤之祀。可见，至东晋亡前有始安公国。

19.临贺国

东晋永和四年（348）立，《晋书·穆帝纪》载，永和四年（348）八月，封桓温临贺郡公；升平四年（360）十一月，"封太尉桓温为南郡公"，"子济为临贺郡公"；《晋书·桓温传》载，桓温灭成汉后，"封临贺郡公"；桓温病，温子济谋杀桓冲，被徙于长沙，温子韵"赐爵临贺公"。据此，永和四年（348）当立临贺公国。**元兴三年（404）改为郡**。《晋书·安帝纪》载，元兴二年（403）十二月，"（桓）玄篡位"；元兴三年（404）二月，刘裕等"举义兵"；五月，桓玄被杀。桓玄败亡后，临贺公国当还为郡。

20.南郡国

东晋升平四年（360）立，《晋书·穆帝纪》载，升平四年（360）十一月，"封太尉桓温为南郡公"；《晋书·桓温传》载，"升平中，（桓温）改封南郡公"。故此年立南郡公国。据《晋书·刘隗传附刘波传》《晋书·谢安传附谢玄传》《晋书·江逌传附江绩传》《晋书·杨佺期传》《晋书·桓玄传》，东晋时，刘波、谢玄、江绩、杨佺期、桓石康曾为南郡相。可见东晋当时有南郡公国。**元兴二年（403）改为郡**；《晋书·安帝纪》载，元兴二年（403）八月，"（桓）玄又自号相国楚王"；《桓玄传》载，"（桓温）以为嗣袭，爵南郡公"，后又封南郡等十郡为楚王。桓玄为楚王，南郡当改为郡。**义熙八年（412）复立**，《宋书·宗室传·临川烈武王道规传》载，"（义熙）八年闰月，（刘道规）薨于京师"；"平桓谦功，进封南郡公"；"高祖受命，赠大司马，追封临川王"。**宋永初元年（420）入宋**。据《宋书·张邵传》《宋书·毛修之传》《宋书·谢方明传》，东晋末，张邵、毛修之、谢方明曾为南郡相。可见，东晋末有南郡公国。《宋书·宗室传·临川烈武王道规传》载，"道规无子，以长沙景王第二子义庆为嗣"；又载，"（刘义庆）年十三袭封南郡公，除给事，不拜。义熙十二年，从伐长安"；"永初元年，袭封临川王"。可见，刘义庆入宋后改封临川王，故南郡公国入宋。

21.庐陵国

东晋太元十年（385）立，《晋书·孝武帝纪》载，太元十年（385）十月，"论淮肥之功，追封谢安庐陵郡公"；《晋书·谢安传》载，"（谢安）以平苻坚勋，更封庐陵郡公"。可见，太元十年（385）立庐陵公国。**宋永初元年（420）入宋**。《谢安传》载，谢安薨，子瑶袭爵；瑶卒，子该嗣；"（该）无子，弟光禄勋模以子承伯嗣，有罪，国除"；"刘裕以安勋德济世，特更封该弟澹为柴桑侯"。《宋书·武帝本纪下》载，永初元年（420）六月，降庐陵公为柴桑县公，以奉谢安之祀。谢承伯有罪，谢澹为柴桑侯，当在刘宋初。

22.南康国

东晋太元十年（385）立，《晋书·孝武帝纪》载，太元十年（385）十月，"论淮肥之功追"，"封谢石南康公"；《晋书·谢安传附谢石传》载，"更封（谢石）南康郡公"。可见，太元十年（385）立南康公国。**宋永初元年（420）入宋**。据《晋书·郭澄之传》，东晋后期，郭澄之曾为南康相。可见，东晋后期有南康公国。《谢安传附谢石传》载，"（谢石卒）子汪嗣，早卒。汪从兄冲以子明慧嗣，为孙恩所害。明慧从兄喻复以子蒿嗣。宋受禅，国除"。可见，东晋亡前有南康公国。

23. 桂阳国

东晋元兴元年（402）立，《晋书·桓玄传》载，桓玄讽朝廷以已"平仲堪、佺期功，封桂阳郡公"，以"桂阳郡公赐兄子濬"；《通鉴》载此事在晋安帝元兴元年（402）八月。故此年当立桂阳公国。**元兴三年（404）改为郡。**《晋书·安帝纪》载，元兴二年（403）十二月，"（桓）玄篡位"；元兴三年（404）二月，刘裕等"举义兵"；五月，桓玄被杀。桓玄败亡后，桂阳当还为郡。

24. 豫章国

东晋元兴元年（402）立，《晋书·桓玄传》载，"（桓）玄讽朝廷以已平元显功封豫章公"，"玄以豫章改封息昇"；桓玄篡位后，"封子昇为豫章郡王"。《通鉴》载此事在晋安帝元兴元年（402）八月。故此年当立豫章公国。**元兴三年（404）改为郡；**《晋书·安帝纪》载，元兴二年（403）十二月，"（桓）玄篡位"；元兴三年（404）二月，刘裕等"举义兵"；五月，桓玄被杀。桓玄败亡后，豫章公国当还为郡。**义熙二年（406）复立，**《宋书·武帝本纪上》载，义熙二年（406）十月，"尚书奏封唱义谋主镇军将军裕豫章郡公"。《晋书·安帝纪》载，义熙二年（406）十月，"论匡复之功，封车骑将军刘裕为豫章郡公"。据此，义熙二年（406）立豫章公国。据《宋书·王弘传》《宋书·良吏传·王歆之传》，东晋时，王弘、王肇之曾为豫章相。可见，东晋有豫章公国。**义熙十二年（416）改为郡。**《宋书·武帝本纪中》载，义熙十二年（416）十月，以十郡封刘裕为宋公，上送豫章公印策。故此年豫章公国改为郡。

25. 安成国

东晋义熙二年（406）立，《晋书·安帝纪》载，义熙二年（406）十月，因平定桓玄公，封何无忌为安成郡公；《晋书·何无忌传》载，何无忌"以兴复之功，封安成郡开国公"。**宋永初元年（420）入宋。**据《宋书·谢瞻传》，东晋末谢瞻曾为安成相，可见东晋末有安成公国。《何无忌传》载，何无忌为卢循所杀，"子邕嗣"。何无忌与刘裕同举兵讨桓玄，因功封安成郡公，东晋末不当罢封。《宋书·徐湛之传》载，宋文帝元嘉（424—453）间，"时安成公何勖，无忌之子也"。可见，刘宋前期仍有安成公国。

26.南平国

东晋义熙二年（406）立，义熙八年（412）复为郡。《宋书·谢景仁传》载，"（刘毅）以（谢纯）为卫军长史、南平相"。可见，东晋末有南平公国。《晋书·安帝纪》载，义熙二年（406）十月，"论匡复之功"，封刘毅为南平郡公；义熙八年（412）九月，"（刘）裕参军王镇恶陷江陵城，（刘）毅自杀"。《晋书·刘毅传》载，刘毅"以匡复功封南平郡开国公"，后兵败自杀。刘毅受封，南平遂为公国；刘毅自杀后，南平国遂为郡。

27.南阳国

义熙九年（413）立，《晋书·安帝纪》载，义熙九年（413）四月，"封镇北将军鲁宗之为南阳郡公"。故此年立南阳公国。**义熙十一年（415）改为郡。**《安帝纪》载，义熙十一年（415）正月，"荆州刺史司马休之、雍州刺史鲁宗之并举兵贰于刘裕，裕帅师讨之"；五月，"休之、宗之出奔于姚泓"。鲁宗之兵败，南阳公国遂改为郡。

七、余论

两晋时期许多宗室成员被封为郡王，一些功臣被封为郡公。判断郡王郡公的封地是否为切实的郡级封国，首先要看封爵是否为王为公，其次依据封地是否为郡级政区，再次依据封地行政长官是否为内史或相。

两晋时，以两晋政区中的郡来封王封公，作为王公的食封邑，一般都会为郡级封国。西晋时期，一些郡级封国是析分一郡的部分县而新立的，这类封国有：分陈留立济阳国，分濮阳立东燕国，分汝南立南顿国、汝阳国，分汝阴立新蔡国，分弋阳立西阳国，分赵郡立中丘国，分长乐立武邑国，分勃海立广川国，分城阳立高密国，分城阳立壮武（公）国，分高密立平昌国，分东海立兰陵（公）国，分琅邪立东安国，分临淮立淮陵国，分江夏立竟陵国，分义阳立随国、新野国。

西晋个别封王封地虽为郡级政区，但并未切实置国，不具有政区建置的意义。如《晋书·武帝纪》载，太康元年（280）八月，"封皇弟延祚为乐平王";《晋书·文六王传》载，"乐平王延祚字大思，少有笃疾，不任封爵。太康初，诏曰：'弟祚早孤无识，情所哀愍。幼得笃疾，日冀其差，今遂废痼，无复后望，意甚伤之。其封为乐平王，使有名号，以慰吾心。'寻薨，无子"。可见，延祚虽封乐平王，但并非切实立乐平国。又据上文西晋"济阴国"条，晋惠帝后期曾立新都国，然因当时新都已为成汉占据，虽封新都王，而未有新都国土。又《晋书·赵王伦传》载，赵王伦篡位，立其子馥为京兆王，虔为广平王。据《晋书·惠帝纪》，永宁元年（301）正月，"赵王伦篡帝位"；四月，"诛赵王伦"。京兆、广平二国为赵王伦篡位间所立，时间很短，上文也未录之。

按两晋职官制度，自太康十年（289），王国行政长官称内史，公国行政长官称相。《晋书·武帝纪》载，太康十年（289）十一月，"改诸王国相为内史"。据《晋书·职官志》，"郡皆置太守"，"诸王国以内史掌太守之任"。郡级公国行政长官为相，史籍不载。《晋志》中于部分县下有小注"公国相"，此为县级公国。结合上文所考两晋郡级公国以及《晋书》《通鉴》述及这些公国的长官可知，两晋时期郡级公国的长官称相。故太康十年（289）虽改王国相为内史，而公国相不改①。

一般郡名后加以"内史"，则有可能此地为郡王封国。有时郡级同一长官称内史还是太守，史籍记载会出现不同。如《晋书·孝怀帝纪》载有"陈留内史王赞"，《石勒载记上》载为"陈留太守王赞"，《通鉴》晋怀帝永嘉四年（310）亦作"陈留太守王赞"。可见，王赞任陈留内史还是陈留太守，《晋书》前后所载不一。又如《晋书·元帝纪》载孙默为琅邪太守，而《石勒载记下》记为"琅邪内史"，同一书前后又不同。类似于此者还有不少，钱大昕《十驾斋养新录》卷六"内史、太守互称"条已详录。严耕望认为，"内史相或称太守者，则通称，不足异矣"②。然郡级长官称内史者，或为王国封郡的长官，或为王国支郡长官。郡名后加以"内史"并不能是判断此郡级政区是否为郡王

---

① 严耕望：《中国地方行政制度史：魏晋南北朝地方行政制度》，"《温峤传》，苏峻反，峤率诸郡二千石上尚书，陈峻罪状。其列衔中又宣城内史桓彝、江夏相周抚。同一疏中，相遇内史并见，此尤为异"，上海古籍出版社2007年，第225页。据下文，此宣城内史，是因宣城郡为东晋琅邪国支郡，其长官称内史。又据上文两晋郡公封国"江夏国"条，东晋有江夏公国，其长官则称江夏相。严耕望仅认识到西晋改王国相为内史，没有认识到公国相仍称相，故以温峤疏文"为异"。

② 严耕望：《中国地方行政制度史：魏晋南北朝地方行政制度》，第225页。

封国的唯一标准，还要结合当时是否有封王等情况来看。

两晋时，不仅郡王封爵地的长官为内史，且王国支郡的长官也称内史。王国支郡是郡王增封的食邑，仍以郡称，其长官则称内史。《晋书·武十三王传·吴敬王晏传》载，吴敬王晏，"太康十年受封，食丹阳、吴兴并吴三郡"。西晋有吴王，故有吴国内史；然无吴兴王、丹阳王，而有吴兴内史、丹阳内史，与此二郡为吴国支郡有关。《晋书·元四王传·琅邪孝王裒传》载，"封裒琅邪，嗣恭王后，改食会稽、宣城"。故史籍不仅记载东晋有琅邪内史，还有会稽内史、宣城内史。《晋书·东海王越传》载，东海王执政，"以下邳、济阳二郡增封（东海王）"；《晋书·元四王传·东海哀王冲传》载，"以（司马）冲继（司马）毗后，称东海世子，以毗陵郡增本封邑万户，又改食下邳、兰陵"；"冲即王位，以荥阳益东海国"；"以道远罢荥阳，更以临川郡益东海"；"（司马）彦璋为东海王，继哀王为曾孙，改食吴兴郡"。此"毗陵郡"误，应是晋陵郡①。荥阳、临川皆远离东海国，不可能是益国②，应是增封。东晋时，不仅有东海内史，还有晋陵内史、临川内史、吴兴内史等，与这些郡为东海国支郡有关。由于两晋官制存在王国支郡长官称内史，故不能以郡级政区长官称内史便以为有此封国。两晋时，除王国行政长官称内史，以及上文已述的封国支郡长官称内史，还有安丰内史、梓潼内史、鄱阳内史、衡阳内史、邵陵内史、历阳内史、义兴内史等，然史籍未载两晋有安丰王、梓潼王等，或许安丰、梓潼等郡为其它王国的支郡。

据上所述，郡王郡公封国需要结合政区（郡）和封国行政长官来判断，而且王爵公爵也同是判断郡级封国的重要依据。但是，两晋时期封王封公者，不一定都是郡王郡公，有些是县王县公。《晋书·职官志》载，"南宫王承、随王万各于泰始中封为县王"，可见泰始中所封南宫王、随王为县王。对于县王，上文未作考订。两晋所封诸公，以县公为多，上文所考皆为郡公。《晋书·武帝纪》载，泰始元年（265）十二月，晋武帝即位分封，封

---

① 《晋志》扬州条载，西晋末，"以毗陵郡封东海王世子毗，避毗讳，改为晋陵"。

② 两晋时期的"增封"与"益国"不同。益国是将郡县并入封国内，所益之郡不再单独设立行政长官。据《晋书·宣五王传·琅邪武王伷传》《晋书·宣五王传·清惠亭侯京传》《晋书·文六王·传齐献王攸传》及《晋志》，西晋曾以东莞郡益琅邪国，以渔阳郡益燕国，以济南郡益齐国，以陈郡益梁国，则此时渔阳、东莞、济南、陈郡不为政区。

石苞乐陵公、陈骞高平公、贾充鲁公、裴秀巨鹿公、荀勖济北公、郑冲寿光公、王祥睢陵公、何曾朗陵公、王沈博陵公、荀颛临淮公、卫瓘菑阳公、何曾朗陵公、王沈博陵公。乐陵、高平、鲁、巨鹿、济北五公为郡公，以见上文已考。自寿光以下，当皆为县公。《晋志》中，博陵、临淮皆为郡，且无博陵县和临淮县，似为郡公，此需要考辨。

晋武帝即位后，分封功臣，王沈初封为博陵郡公，因王沈固辞而罢。《晋书·王沈传》载，"及帝受禅，以佐命之勋"，"封博陵郡公，固让不受，乃进爵为县公"；"咸宁中，复追封沈为郡公"。《晋书·职官志》亦载，"追进封故司空博陵公王沈为郡公"。又《晋书·郑冲传》载，"其为寿光、朗陵、临淮、博陵、巨平国，置郎中令，假夫人、世子印绶，食本秩三分之一，皆如郡公"。显然，王沈为博陵县公。王沈虽封博陵县公，然《晋志》中无博陵县。《舆地广记·河北西路》博野县条载，"博野县，本蠡吾。汉属涿郡。后汉属中山国，桓帝父蠡吾侯葬此，追尊为孝崇皇，其陵曰博陵，因分置博陵县。晋改曰博陆，为高阳国治"。可见，汉桓帝时置博陵县，西晋改为博陆县。据上文"博陵国"条，咸宁三年（277）立博陵公国。西晋改博陵县为博陆县，应在咸宁三年（277）立博陵公国时。《魏书·屈遵传》载，"（慕容）永灭，（慕容）垂以为博陵令"。据《通鉴》，晋孝武帝太元二十一年（396）十一月，北魏伐后燕，"博陵令屈遵降魏"。据此，后燕时，又改博陆为博陵县。故泰始元年（265）王沈所封为博陵县公。

晋武帝即位，又封荀颛为临淮公。《宋志》南徐州刺史临淮太守条载，临淮太守，"晋武帝太康元年，复分下邳之淮南为临淮郡，治盱眙"。《晋志》徐州条载，"及太康元年，复分下邳属县在淮南者置临淮郡"；又徐州临淮郡条载，"临淮郡，汉置章帝以合下邳，太康元年复立"。据此，临淮郡乃太康元年（280）所置，故临淮不可能为公国。《晋书·荀颛传》载，"咸熙初，封临淮侯。武帝践祚，进爵为公"。可见，曹魏末，已有临淮侯国，此临淮也不可能为郡，应为县。然《晋志》中无临淮县。《晋书·武帝纪》载，泰始十年（274）四月，"太尉临淮公荀颛薨"。又据《荀颛传》，"颛无子，以从孙徽嗣。中兴初，以颛兄玄孙序为颛后，封临淮公。序卒，又绝"。可见，荀徽之后，临淮国无嗣，晋元帝时复爵。可能太康元年（280）置临淮郡时，临淮县公国已除。又据上文"临淮国"条，晋惠帝永康元年（300）和晋怀帝永嘉二年（308）先后立临淮王国。若有临淮公国，不可能同时又置临淮王国。又据上文引《晋书·郑冲传》可证，荀颢为临淮县公。方恺《新校晋书地理志》徐州临淮郡条载，"案《荀颢传》封临淮公，若从高平、巨鹿例，当称国。又颢于咸熙初封临淮侯，武帝践祚进爵为公。是在魏末晋初已有临淮郡，乃本《志》前篇云太康元年分置临淮郡，与《传》矛盾，必有一误"。方恺未能详考，《志》《传》皆不误，实则荀颢为临淮县公。

西晋时，有一些公爵封地也不具有政区意义。《晋书·武帝纪》载，泰始六年（270）十二月，孙吴将军孙秀降晋，晋封秀为会稽公；泰始八年（272）九月，"吴西陵督步阐来降"，"封宜都公"。然当时会稽郡、宜都郡皆孙吴辖域，西晋实为虚封孙秀、步阐，并不存在会稽公国、宜都公国。又《晋书·索綝传》载，晋愍帝即位后，"（索綝）以功封上洛郡公"。然晋愍帝建兴元年（313），上洛郡当时为匈奴汉国占据[1]。故在战乱的背景下，索綝所封公爵并未立有此公国。《晋书·贾疋传》载，晋愍帝即位后，以贾疋为酒泉公。结合据《通鉴》《晋书》可知，封贾疋为酒泉公应在晋怀帝永嘉六年（312）九月，然此年十二月贾疋为兵败被杀，酒泉公国或未切实立国。《晋书·刘弘传》载，刘弘卒后，赠新城郡公，又不言弘子璠嗣爵。故西晋末应立新城公国。《晋书·傅玄传附子咸传》载，晋惠帝时诛杨骏，"孟观、李肇与知密旨"，其后论功，"东安封王，孟李郡公"。孟观封上谷郡公，上文已考。李肇封国已不可考，姑存此。

东晋孝武帝初，曾绍封晋初功臣。《晋书·孝武帝纪》载，太元二年（377）正月，"继绝世，绍功臣"。《晋书·谢安传》记载这次绍封晋初功臣的背景，"于时悬象失度，亢旱弥年。（谢）安奏兴灭继绝，求晋初佐命功臣后而封之"。据《艺文类聚·封爵部》引《晋中兴书》曰："泰元二年，兴灭继绝后，故陈骞后浩之为高平公，裴秀后球为巨鹿公，王沉后朴之为博陵公，荀勖后轨为济北侯，何曾后阐为朗陵侯，羊祜后法兴为巨平侯。"又《晋书·陈骞传》载，"孝武帝以骞玄孙袭爵。卒，弟子浩之嗣。宋受禅，国除"；《晋书·王沉传附王浚传》载，"太元二年，诏兴灭继绝，封沈从孙道素为博陵公。卒，子崇之嗣。义熙十一年，改封东莞郡公。宋受禅，国除"。可见，这些封国至刘宋而国除。对于太元二年此次绍封，杨光辉认为，"凡此诸国均在中原，绍封

① 魏俊杰：《十六国疆域与政区研究》，第53页。

时又未改新邑，估计是空有名号，无租秩收入"①。又据《晋书·羊祜传》，"孝武太元中，封（羊）祜兄玄孙之子法兴为巨平侯，邑五千户"。此有"邑五千户"，当应有租秩收入。然当时高平、巨鹿、博陵、济北、朗陵、巨平诸郡县皆在前秦统治下，东晋不可能以旧土实封。又据《宋志》《晋志》等，以上郡县，仅有高平郡东晋于江南有侨郡，不知是否为高平国封国。

两晋时，为安抚少数民族首领，往往授予一些首领王爵或公爵，其爵号封地则为两晋之郡。《晋书·王沈传附子浚传》载，晋怀帝即位后，"（王）浚又表封（段）务勿尘辽西郡公"；《晋书·孝愍帝纪》载，建兴三年（315）二月，"进封代公猗卢为代王"；《晋书·元帝纪》载，建武元年（317）六月，渤海公段匹磾、广宁公段辰、辽西公段眷等上书劝进；《晋书·成帝纪》载，咸和八年（333）五月，"辽东公慕容廆卒，子皝嗣位"；《晋书·穆帝纪》载，永和六年（350）闰正月，"氐帅苻洪遣使来降，以为氐王，封广川郡公"；永和七年（351）正月，"鲜卑段龛以青州来降"，二月"封齐公"；十一月，"以（姚）弋仲为车骑将军、大单于，封高陵郡公"。《宋书·氐胡传》载，晋穆帝永和三年（347），以仇池国杨初为仇池公；永和十一年，以杨初子国为天水公；《宋书·夷蛮传·东夷高句骊国传》载，"高句骊王高琏，晋安帝义熙九年，遣长史高翼奉表"，东晋以琏为高句骊王、乐浪公。据《通鉴》，晋安帝义熙十二年（416）十二月，"西秦王炽磐遣使诣太尉裕，求击秦以自效。裕拜炽磐平西将军、河南公"。另有汉人李暠、李歆（字士业）父子，在十六国动乱之际于敦煌、酒泉、晋昌诸郡建有西凉国。《晋书·安帝纪》载，义熙十四年（418）十月，"以凉公（李）士业为镇西将军，封酒泉公"。以上王爵公爵封地，皆为外臣，只表明割据政权与两晋王朝间的藩属关系，而不具有政区意义。

两晋郡王郡公封国的立国一般比较容易判定，但除国为郡的情况比较复杂。郡王郡公封国改为郡，一般有以下几种情况。一是郡王郡公改封别郡，此封国遂改为郡。二是郡王郡公无嗣而"国除"。三是王朝更替而"国除"，就两晋而言，或为"宋受禅，国除"，或为封国为十六国占据后改为郡。四是郡王郡公被杀或战乱丧亡而"国除"。王公被诛杀又分两种情况，其一，两晋王室内部矛盾而伏诛，如西晋赵王伦、东晋南顿王宗被杀后，赵国、南顿国

---

① 杨光辉：《汉唐封爵制度》，学苑出版社，2002年，第136页。

遂除为郡；其二，永嘉之乱后，西晋王公为胡族政权等所杀，或因此乱而丧亡，对此需加考析。

西晋不少王公于永嘉五年（311）被杀。《晋书·孝怀帝纪》载，永嘉五年（311）四月，"石勒追东海王越丧，及于东郡[①]，将军钱端战死，军溃，太尉王衍、吏部尚书刘望、廷尉诸葛铨、尚书郑豫、武陵王澹等皆遇害，王公已下死者十余万人。东海世子毗及宗室四十八王寻又没于石勒"；《晋书·东海王越传》载，"永嘉五年，（司马越）薨于项。秘不发丧，以襄阳王范为大将军，统其众。还葬东海，石勒追及于苦县宁平城，将军钱端出兵距勒，战死，军溃"；"于是数十万众，勒以骑围而射之，相践如山。王公士庶死者十余万。王弥弟璋焚其余众，并食之"；"何伦、李恽闻越之死，秘不发丧，奉妃裴氏及毗出自京邑，从者倾城，所经暴掠。至洧仓，又为勒所败，毗及宗室三十六王俱没于贼"。据此，永嘉五年（311），西晋许多王公为石勒所杀。《孝怀帝纪》又载，永嘉五年（311）六月，匈奴汉国攻陷洛阳，"吴王晏、竟陵王楙、尚书左仆射和郁、右仆射曹馥、尚书闾丘冲、袁粲、王绲、河南尹刘默等皆遇害，百官士庶死者三万余人。帝蒙尘于平阳"。此西晋王公又为汉国所杀。

《晋书·元帝纪》载，"及永嘉中，岁、镇、荧惑、太白聚斗、牛之间，识者以为吴越之地当兴王者。是岁，王室沦覆，帝与西阳、汝南、南顿、彭城五王获济"；《晋书·五行志中》载，"后中原大乱，宗藩多绝，唯琅邪、汝南、西阳、南顿、彭城同至江东"。永嘉五年（311）后，除琅邪等五王外，其它王公大多为因战乱被杀。据上文所考，这些郡王郡公不仅有大量被杀，也有因战乱而"没于胡""没于贼"，也有为人所掠而不知所终。又据下文，西晋郡王郡公封国大多在兖州、豫州、冀州、青州，这些地区是受当时影响最动乱的区域。此时，不仅王公不存，王国内史、公国相以及封国内的人民也或被杀害，或有逃亡；而且晋怀帝被俘后，后来即位的晋愍帝政令不出长安，王室也难以维系封国的存在。故上文凡遇到郡王郡公在永嘉之乱中遇难者、"没于胡""没于贼"者，基本都视为封国不存。

---

① 据中华书局点校本《晋书》"校勘记"，此"东郡"为"陈郡"之误。

西晋郡王郡公封国表

封国	属州	立国时间	国爵
陈留国		泰始元年（265）至永嘉（307—313）间	王国
东平国		泰始元年（265）至光熙元年（306）	
高平国		永嘉元年（307）至永嘉五年（311）后	公国
济北国		泰始元年（265）至永嘉五年（311）后	
濮阳国	兖州	咸宁三年（277）至太康十年（289）； 永宁元年（301）	王国
任城国		咸宁三年（277）至永嘉五年（311）后	
济阳国		永康元年（300）至太安元年（302）	
广阳国		太安元年（302）	
东燕国		光熙元年（306）至永嘉元年（307）	
济阴国		晋惠帝末至晋怀帝时	
汝阴国		泰始元年（265）至咸宁三年（277）； ？至太康七年（286）	王国
梁国		泰始元年（265）至永嘉五年（311）后	
陈国		泰始元年（265）至咸宁三年（277）	
沛国		泰始元年（265）至永嘉五年（311）后	
谯国	豫州	泰始元年（265）至永嘉五年（311）后	
鲁国		泰始元年（265）至西晋末	公国
汝南国		泰始六年（270）至西晋亡，入东晋	王国
西阳国		元康元年（291）至西晋亡，入东晋	
南顿国		光熙元年（306）至西晋亡，入东晋	
汝阳国		光熙元年（306）至永嘉六年（312）后	
新蔡国		晋惠帝时至永嘉五年（311）后	
安平国		泰始元年（265）至太康二年（281）	王国
平原国		泰始元年（265）至永嘉五年（311）后	
勃海国	冀州	泰始元年（265）至咸宁三年（277）	
河间国		泰始元年（265）至光熙元年（306）	
高阳国		泰始元年（265）至咸宁四年（278）； 太康元年（280）至永嘉（307—313）后	

续表

封国	属州	立国时间	国爵
中山国		泰始元年（265）至永兴元年（304）	王国
常山国		泰始元年（265）至咸宁三年（277）； 元康元年（291）至永宁元年（301）	
乐陵国		泰始元年（265）至永嘉五年（311）后	公国
巨鹿国		泰始元年（265）至晋惠帝末	
博陵国		咸宁三年（277）至建兴二年（314）	
赵国	冀州	咸宁三年（277）至永宁元年（301）	
章武国		咸宁三年（277）至永嘉五年（311）后	
清河国		咸宁三年（277）至太安元年（302）； 永兴元年（304）至永嘉二年（308）	
长乐国		太康五年（284）至西晋末	王国
武邑国		太康十年（289）至晋惠帝时	
中丘国		元康（291—299）初至西晋末	
广川国		晋惠帝时至永嘉二年（308）	
范阳国		泰始元年（265）至永嘉五年（311）后	
燕国	幽州	泰始元年（265）至太安二年（302）	
上谷国		元康元年（291）后至永宁元年（301）	公国
辽东国	平州	咸宁三年（277）至太康四年（283）	
太原国		泰始元年（265）至元康三年（293）前后	
西河国	并州	咸宁三年（277）至永兴元年（304），入汉国	
代国		太康十年（289）至？；永宁元年（301）	王国
扶风国		泰始元年（265）至太康十年（289）	
始平国	雍州	咸宁三年（277）至太康十年（289）	
秦国		太康十年（289）至建兴元年（313）	
西平国	凉州	建兴二年（314）至西晋亡，入前凉	公国
陇西国	秦州	泰始元年（265）至元康六年（296）	
广汉国		咸宁三年（277）至太康元年（280）	
新都国	梁州	咸宁三年（277）至太康四年（283）	王国
汉国		太康十年（289）至永康元年（300）； 晋惠帝时复立，后还为汉中郡	

续表

封国	属州	立国时间	国爵
成都国	益州	太康十年（289）至太安二年（303），入成汉	王国
齐国	青州	泰始元年（265）至永嘉五年（311）	
北海国		泰始元年（265）至咸宁三年（277）； 太康四年（283）至太安元年（302）	
济南国		泰始元年（265）至咸宁三年（277）； 西晋后期复立，又改为郡	
乐安国		泰始元年（265）至太安元年（302）	
城阳国		泰始五年（269）至泰始七年（271）	
东莱国		太康四年（283）至永宁元年（301）	
壮武国		元康（291—299）初至永康元年（300）	公国
高密国		元康六年（296）至永嘉五年（311）	
平昌国		元康九年（299）至光熙元年（306）	
彭城国	徐州	泰始元年（265）至西晋亡，入东晋	王国
下邳国		泰始元年（265）至光熙元年（306）前	
琅邪国		泰始元年（265）至西晋亡，入东晋	
东莞国		泰始元年（265）至咸宁三年（277）	
东海郡		泰始九年（273）； 元康元年（291）至永嘉五年（311）	
东安国		元康元年（291）至永兴元年（304）	
兰陵国		元康元年（291）至光熙元年（306）	公国
广陵国		太康十年（289）至太熙元年（290）	王国
		永康元年（300）至西晋亡，入东晋	公国
临淮国		永康元年（300）； 永嘉二年（308）至永嘉五年（311）后	
淮陵国		永宁元年（301）至西晋末	
义阳国	荆州	泰始元年（265）至永宁元年（301）	王国
南阳国		咸宁三年（277）至太康十年（289）； 光熙元年（306）至西晋亡，入东晋	
随国		太康九年（288）至西晋末	
顺阳国		太康十年（289）至永嘉（307—313）后	

续表

封国	属州	立国时间	国爵
长沙国	荆州	太康十年（289）至元康元年（291）； 永宁元年（301）至太安二年（303）； 永嘉二年（308）至永嘉五年（311）后	王国
楚国		太康十年（289）至元康元年（291）	
襄阳国		永康元年（300）至永嘉五年（311）后	
南平国		晋惠帝时至永宁元年（301）	
上庸国		永宁元年（301）前至光熙元年（306）	
新野国		永宁元年（301）至永嘉（307—313）末	
宜都国		永宁元年（301）至西晋惠帝、怀帝时	
成都国		永兴二年（305）前至光熙元年（306）	
竟陵国		光熙元年（306）至永嘉六年（312）后	
江夏国		光熙元年（306）至西晋亡，入东晋	公国
武陵国		晋惠帝末至永嘉（307—313）后	
淮南国	扬州	太康十年（289）至永嘉五年（311）后	王国
毗陵国		太康十年（289）至元康元年（291）	
吴国		太康十年（289）至永康元年（300）； 永宁元年（301）至永嘉五年（311）后	
豫章国		太康十年（289）至永嘉五年（311）后	
庐江国		永兴元年（304）至光熙元年（306）	
宣城国		西晋末至东晋建武元年（317）	公国

东晋郡王郡公封国表

封国	属州	立国时间	侨实	国爵
汝南国	豫州	建武元年（317）至咸和元年（326），入后赵	实土	王国
南顿国		建武元年（317）至太宁三年（325），入后赵		
新蔡国		建武元年（317）至太兴元年（318）		
梁国		建武元年（317）至太宁三年（325），入后赵		
谯国		建武元年（317）至太宁三年（325），入后赵； 永和七年（351）至升平三年（359），入前燕		
西阳国		建武元年（317）至咸和元年（326）		

封国	属州	立国时间	侨实	国爵
彭城国	徐州	建武元年（317）至太宁二年（324），入后赵	实土	王国
东海国		建武元年（317）至太宁三年（325），入后赵		
琅邪国		建武元年（317）至永昌元年（322），入后赵		
广陵国		建武元年（317）至东晋亡		公国
陈留国		太宁二年（324）立，无实土，未见侨立；后东晋于堂邑郡境侨立陈留国，东晋末曾为北陈留国，至东晋亡	侨立	王国
南阳国	荆州	建武元年（317）至太兴三年（320）后	实土	公国
		义熙九年（413）至义熙十一年（415）		
江夏国		建武元年（317）至东晋亡		
武陵国		太兴元年（318）至咸安元年（371）；太元十二年（387）至东晋亡		王国
长沙国		咸和四年（329）至东晋亡		公国
南郡国		升平四年（360）至元兴二年（403）；义熙八年（412）至东晋亡		
南平国		义熙二年（406）至义熙八年（412）		
琅邪国	扬州	建武元年（317）立，永昌元年（322）失实土；晋元帝于丹杨郡境侨立，至元熙元年（419）	侨立	王国
东海国		建武元年（317）立，太宁二年（324）失实土；东晋于晋陵等郡境侨立，至元兴元年（402）		
彭城国		建武元年（317）立，太宁二年（324）失实土；东晋于晋陵郡境侨立，至东晋亡		
吴国		咸和元年（326）至咸和二年（327）	实土	
会稽国		咸和二年（327）至义熙十三年（417）		
新蔡国		咸和八年（333）立，无实土，未见侨立，后东晋于庐江郡境侨立，至咸安元年（371）；太元九年（384）复立，至东晋亡	侨立	
梁国		升平三年（359）立，然无实土，咸安元年（371）除；太元十二年（387）于淮南郡境侨立，至义熙十二年（416）后		
谯国		东晋建武元年（317）立，太宁三年（325）后无实土；永和七年（351）复有实土，升平三年（359）又无实土；宁康元年（373）于淮南郡境侨立，至元兴元年（402）；义熙元年（405）复侨立于淮南郡境，至义熙十一年（415）		

续表

封国	属州	立国时间	侨实	国爵
齐国		太元二年（377）侨立于晋陵郡境，至东晋亡	侨立	王国
高密国		建武元年（317）立，无实土，未见侨立；孝武帝后于晋陵郡境侨立，至东晋亡		
高阳国	扬州	隆安元年（397）于京邑侨立，至东晋亡		
淮陵国		隆安三年（399）于晋陵郡境侨立，至东晋亡		
河间国		咸和五年（330）立，无实土，未见侨立，东晋末当于京邑侨立，至义熙六年（410）至义熙八年（412）		
武昌国		永昌元年（322）至太宁二年（324）	实土	公国
汝南国		咸和（326—334）中于武昌郡境侨立，至东晋亡	侨立	王国
临川国		太元九年（384）至东晋亡		
庐陵国		太元十年（385）至东晋亡		
南康国	江州	太元十年（385）至东晋亡		
豫章国		元兴元年（402）至元兴三年（404）；义熙二年（406）至义熙十二年（416）	实土	公国
桂阳国		元兴元年（402）至元兴三年（404）		
安成国		义熙二年（406）至东晋亡		
始兴国		太宁二年（324）至东晋亡		
始安国	广州	咸和四年（329）至东晋亡		
临贺国		永和四年（348）至元兴三年（404）		
新宁国		太元九年（384）至太元十二年（387）		王国
章武国	不明	建武元年（317）立，无实土，未见侨立，至义熙元年（405）	不详	王国
安平国		永和六年（350）前，无实土，未见侨立，或至太元十一年（386）		

说明：由于东晋不少侨立郡国为军府统辖①，故上表侨立封国所属的州，是该封国侨立之地所在的州，并非统辖该封国的州。

---

① 见上编《两晋十六国郡级政区的设置》部分相关论述。

两晋十六国郡县得名考

两晋十六国政区研究，学术界主要考察该时期州郡县不同层级政区的设置及其统辖关系，还没有对郡县的得名加以研究。此对两晋十六国设置过的郡县的得名作考订，进一步完善政区研究。当然，并不是所有郡县的得名都可以考订，此仅就可考者则考之，不可考者则缺之。各地区郡县编排的体例，一如后文"两晋十六国郡县名"的体例。

一、司州地区郡县得名

1.河南郡及其属县得名

河南郡、河南县，因在河水之南得名。《释名·释州国》载，"河南，在河之南也"。

洛阳县，因在洛水之阳得名。《读史方舆纪要·河南三》洛阳县条载，洛阳县，"在洛水之北，故曰洛阳"。

巩县，本巩伯之国，当因封国得名。《史记·周本纪》载，"惠公代立，乃封其少子于巩"（《正义》引郭缘生《述征记》，巩县，周地，巩伯邑。史记周显王二年西周惠公封少子班于巩，以奉王室，为东周惠公也。子武公，为秦所灭）。《左传》昭公二十六年（前516）载，"晋师克巩"。《元和志》河南道一河南府巩县条载，巩县，"古巩伯之国也。《春秋》'晋师克巩'，战国时韩献于秦"。罗泌《路史·国名纪五》载，"巩，巩伯国，今河县巩县，西周故居。郦氏云，有巩故城。《洛地图》云，在洛之间，四面山，巩固也"。巩虽因封国得名，但其本义当出于"四面山，巩固"。

河阴县，当因在河水之阴得名。

缑氏县，因境内缑氏山得名。《元和志》河南道一河南府县缑氏县条，缑氏县，"至秦、汉为县，因山为名"。《寰宇记》河南道五河南府缑氏县条，缑氏县，"古滑国也"，"汉以为县。《舆地志》云：'因山以名县。'"

阳城县，因境内阳城山得名。《元和志》河南道一河南府告成县条载，"本汉阳城县，属颍川郡，因阳城山为名"。

陆浑县，当因春秋陆浑戎得名。《汉志》弘农郡条载，"陆浑，春秋迁陆浑戎于此"。《元和志》河南道一河南府陆浑县条载，陆浑县，"本陆浑戎所居，春秋时秦、晋迁陆浑之戎于伊川。至汉为陆浑县，属弘农郡，后属河南尹"。

2.荥阳郡及其属县得名

荥阳郡、荥阳县，因在荥泽之阳得名。《寰宇记》河南道九郑州荥阳县条载，"荥阳城，即古大索亭也，东虢之地"，"晋泰始二年分河南郡立荥阳郡，取名于荥泽也"；又荥泽县条载，"荥泽在县北四里"。据《汉志》，河南郡有荥阳县。又据《续汉志》，司隶河南尹有荥阳县；中华书局本点校本《后汉书》"校勘记"："荥阳，汲本、殿本'荥'作'荥'。按：段玉裁谓荥泽、荥阳，古无作'荥'者，浅人任意窜易，以为水名当作'荥'，不知沸水名荥，自有本义，于绝小水之义无涉也。"

密县，因境内山如堂得名。《寰宇记》河南道五河南府密县条载，密县，"古密国也，亦郐国之地。《左传》僖公六年：'诸侯伐郑，围新密。'汉为县，属河南郡。后汉卓茂理此。今县东南三十里古密城，即汉理所，兼有卓茂祠尚存。……《尔雅》曰：'山如堂者密。'因以为名"。《寰宇记》称密县为古密国，又言"郐国之地"。《汉志》亦言"密，故国"。然古密国在阴密县，见后文雍州地区安定郡"阴密县"条。《寰宇记》引《尔雅》称"山如堂者密"，因以为名，当是。

3.弘农郡、华山郡及其属县得名

弘农郡、弘农县，取弘大农桑为名。《寰宇记》河南道六虢州条载，"于故函谷置弘农郡并弘农县，义取弘大农桑为名"。

华山郡，当因境内华山得名。

黾池县，因境内有黾池得名。《水经注·谷水注》载，"今谷水出千崤东马头山谷阳谷，东北流历黾池川，本中乡地也。汉景帝中二年，初城，徙万户为县，因崤黾之池以目县焉"。

华阴县，因在华山之阴得名。《寰宇记》关西道五华州华阴县条载，华阴县，"战国属魏，为阴晋地，今县东南五里有古城，即是六国时阴晋地也。魏纳于秦，秦得之，改为宁秦。《汉书》：'高帝八年更宁秦为华阴县。'以在太华山之阴，故名之"。

敷西县，因在敷水之西得名。《寰宇记》关西道五华州华阴县条载，"敷西城。郭缘生《述征记》云：'敷西县，夷狄所置，谓苻坚、姚苌时有敷西县，寻省之。'在（华阴）县西南"《读史方舆纪要·陕西三》华阴县条载："敷西城，在县西二十五里，以在敷水之西而名。郭缘生《述征记》：'苻、姚时所置。'"

朱阳县，因境内朱阳山得名。《寰宇记》河南道六虢州朱阳县条载，朱阳县，"本汉卢氏县地，按《十三州记》：'卢氏有朱阳山，因别立县'"。

4.上洛郡及其属县得名

上洛郡、上洛县，因居洛水之上得名。《寰宇记》山南西道九商州上洛县条载，上洛县，"本汉旧县也。《竹书纪年》曰：'晋烈公三年，楚人伐我南鄙，至于上洛。'即此也。汉元鼎四年，以其地置上洛县，居洛水之上，因以为名"。

卢氏县，因境内有卢氏山得名。《元和志》河南道二虢州卢氏县条载，卢氏县，"本汉旧县，春秋时西虢之邑。地有卢氏山，或言卢敖得道于此。山宜五谷，可以避水灾"。由此可见卢氏县得名。又《寰宇记》河南道六虢州卢氏县条载，卢氏县，"汉县，属弘农郡。后属虢，今不改《郡国县道记》云：'县则西虢之别邑。'按《遁甲开山图》云：'卢氏山宜五谷，可以避水灾。'因山以名县"。可见，卢氏县因境内有卢氏山得名。

丰阳县，因境内丰阳川得名。《寰宇记》山南西道九商州丰阳县条载，丰阳县，"本卫鞅封受于此。汉为商县地，晋太始三年分商县之地置丰阳县，因丰阳川以为名。"

5.平阳郡及其属县得名

平阳郡、平阳县，因在平水之阳得名。《元和志》河东道一晋州临汾县条载，临汾县，"本汉平阳县，属河东郡，在平水之阳，故曰平阳"。

杨县，因封国得名。《国语·郑语》载，史伯对曰："当成周者"，"西有虞、虢、晋、隗、霍、杨、魏、芮"；韦昭注："八国姬姓也。"《左传》襄公二十九年（前544）载，"公告叔侯，叔侯曰：'虞、虢、焦、滑、霍、扬、韩、魏，皆姬姓也（杜注：八国，皆晋所灭）'"。阮元校刻《十三经注疏》于《左传注疏》此处"校勘记"曰，"石经初刻杨，后改从扌"。《元和志》河东道一晋州洪洞县条载，洪洞县，"本汉杨县，即春秋时杨侯国也，晋灭之，以赐大夫羊舌肸。汉以为县，属河东郡。魏置平阳郡，杨县属焉"。罗泌《路史·国名纪五》载，"杨，侯也，宣王子，幽王封之曰杨侯，其地平阳杨氏县，汉之河东杨县也"。据此，杨县当因封国得名。

襄陵县，因晋襄公陵在此得名。《汉志》中河东郡有襄陵县，颜注"晋襄公之陵，因以名县"。《水经注·汾水注》载，"汾水又南，历襄陵县故城西，晋大夫郤犨之邑也，故其地有犨氏乡亭矣。西北有晋襄公陵，县，盖即陵以命氏也"。

濩泽县，因境内有濩泽得名。《水经注·沁水注》："沁水又南，与濩泽水合，水出濩泽城西白涧岭下，东迳濩泽。《墨子》曰：舜渔濩泽。应劭曰：泽在县西北。又东迳濩泽县故城南，盖以泽氏县也。"据此，濩泽县因境内有濩泽得名。

临汾县，当因临近汾水得名。

6.河东郡、河北郡及其属县得名

河东郡，因在河水以东得名。《释名·释州国》载，"河东，在河水东也"。《水经注·河水注》引《汉官》记各郡得名云，"或以川原，西河、河东是也"。

河北郡、河北县，当因在河水之北得名。《水经注·河水注》载，"河水又东，永乐涧水注之，水北出于薄山，南流迳河北县故城西，故魏国也。晋献公灭魏，以封毕万。卜偃曰：魏大名也，万后其昌乎。后乃县之，在河之北，故曰河北县也。今城南、西二面并去大河可二十余里，北去首山十许里，处河山之间，土地迫隘，故《魏风》著《十亩》之诗也"。

闻喜县，因汉武帝行过此地闻破南越之喜得名。《汉书·武帝纪》载，元鼎六年（前111），"行东，将幸缑氏，至左邑桐乡，闻南越破，以为闻喜县"。《汉志》河东郡条载，"闻喜，故曲沃，晋武公自晋阳徙此。武帝元鼎六年行过，更名"；颜注引应劭曰："今曲沃也，秦改为左邑。武帝于此闻南越破，改曰闻喜。"《宋志》荆州刺史南河东太守条载，"闻喜令，故曲沃，秦改为左邑，汉武帝元鼎六年行幸至此，闻南越破，改名闻喜"。

垣县，因境内王屋山状如垣得名。《寰宇记》河南道五河南府王屋县条载："（王屋）山在在河东垣县之北。《古今地名》云：'王屋山状如垣，故以名县。'"

汾阴县，当因在汾水之阴得名。

大阳县，因在大河之阳得名。《水经注·河水注》载，"河北对茅城，故茅亭，茅戎邑也。《公羊》曰：晋败之大阳者也"；"河水又东，迳大阳县故城南。《竹书纪年》曰：晋献公十有九年，献公会虞师伐虢，灭下阳；虢公丑奔卫，献公命瑕父、吕甥邑于虢都。《地理志》曰：北虢也，有天子庙，王莽更名勤田。应劭《地理风俗记》曰：城在大河之阳也"。据《汉志》，河东郡大阳县；颜注引应劭曰："在大河之阳。"

猗氏县，因猗顿所居得名。《水经注·涑水注》载，"涑水又西迳猗氏县故城北。《春秋》文公七年，晋败秦于令狐，至于刳首，先蔑奔秦，士会从之。阚骃曰：令狐即猗氏也。刳首在西三十里，县南对泽，即猗顿之故居也。《孔丛》曰：猗顿，鲁之穷士也，耕则常饥，桑则常寒。闻朱公富，往而问术焉。朱公告之曰：子欲速富当畜五牸。于是乃适西河，大畜牛羊于猗氏之南，十年之间，其息不可计，赀拟王公，驰名天下，以兴富于猗氏，故曰猗顿也"。《元丰九域志·新定九域志·河中府》载，"猗氏，古郇国也。后以猗顿所居，因为猗氏"。

解县，当因封国得名。罗泌《路史·国名纪五》，"解，唐叔后，今河中临晋东南故解城，在桑泉之南虞乡东三十，后魏为二（原注：南解虞乡，北解临晋），以蚩尤体解名城"。

7.汲郡属县得名

朝歌县，因"有新声靡乐"得名。《水经注·淇水注》载，"其水南流东屈，迳朝歌城南。《晋书·地道记》曰：本沬邑也。《诗》云：爰采唐矣，沬之乡矣。殷王武丁始迁居之，为殷都也。纣都在《禹贡》冀州大陆之野，即此矣。有糟丘、酒池之事焉，有新声靡乐，号邑朝歌。晋灼曰：《史记·乐书》，纣作《朝歌》之音，朝歌者，歌不时也"。

共县，因封国得名。《汉志》河内郡条载，"共，故国"。《续汉志》司隶河内郡条载，"共，本国"。《左传》隐公元年（前722）载，郑庄公公伐诸鄢，"大叔出奔共（杜注：共国，今汲郡共县）"。《水经注·浊漳水注》载，"稽之群书，共县本共和之故国，是有共名"。罗泌《路史·国名纪四》载，"共，恭也，今朝之共城，文王侵阮徂恭者，即共伯国。汉之共县，共故城"。

林虑县，因境内有隆虑山得名。《续汉志》司隶河内郡条载，"林虑，故隆虑，殇帝改"。《元和志》河北道一相州林虑县条载，林虑县，"本汉隆虑县，属河内郡，以隆虑山在北，因以为名。后避殇帝讳，改曰林虑"。

获嘉县，因汉武帝过此地时南越破而获吕嘉首得名。《汉书·武帝纪》载，元鼎六年（前111），"至汲新中乡，得吕嘉首，以为获嘉县"。《汉志》河内郡条载，"获嘉，故汲之新中乡，武帝行过更名也"。

修武县，或因武王伐纣勒兵于此得名。《水经注·清水注》载，"修武，故宁也，亦曰南阳矣。马季长曰：晋地自朝歌以北至中山为东阳，朝歌以南至轵为南阳"；"秦始皇改曰修武。徐广、王隐并言始皇改。瓒注《汉书》云：案《韩非书》，秦昭王越赵长平，西伐修武。时秦未兼天下，修武之名久矣。余案《韩诗外传》言，武王伐纣，勒兵于宁，更名宁曰修武矣"。

8.河内郡及其属县得名

河内郡，因古称河水以北为内得名。《释名·释州国》载，"河内，河水从岐山而南，从雷首而东，从谭首而北，郡在其内也"。《史记·魏世家》载，"任西门豹守邺，而河内称治"（《正义》：古帝王之都多在河东、河北，故呼河北为河内，河南为河外。又云河从龙门南至华阴，东至卫州，折东北入海，曲绕冀州，故言河内云也）。

平皋县，因"在河之皋，处势平夷"得名。据《汉志》，河内郡有平皋县；颜注引应劭曰："邢侯自襄国徙此。当齐桓公时，卫人伐邢，邢迁于夷仪，其地属晋，号曰邢丘。以其在河之皋，处势平夷，故曰平皋。"

河阳县，因在河水之阳得名。《寰宇记》河北道一孟州河阳县条载，河阳县，"汉为河阳县，以在河之北为名，属河内郡"。

沁水县，因境内有沁水得名。《水经注·沁水注》载，"沁水又迳沁水县故城北，盖藉水以名县矣"。

温县，因封国得名。《左传》僖公十年（前650）载，"狄灭温（杜注：苏子，周司寇苏公之后也，国于温，故曰温子）"。《史记·周本纪》载，"子带立为王，取襄王所绌翟后与居温"（《正义》引《括地志》云：故温城，在怀州温县西三十里，汉、晋为县，本周司寇苏忿生之邑。《左传》云周与郑人苏忿生十二邑，温其一也。《地理志》云温县，故国，已姓，苏忿生所封也）。罗泌《路史·国名纪三》载，"温，已姓，子，今孟之温西南三十有古温城，汉温县，忿生邑"。

武德县，因秦始皇"自以武德定天下"得名。据《汉志》，河内郡有武德县；颜注引孟康曰，"始皇东巡置，自以武德定天下"。

9. 广平郡、襄国郡及其属县得名

襄国郡、襄国县，当以赵襄子谥得名。《元和志》河东道四邢州条载，邢州，"秦兼天下，于此置信都县，属巨鹿郡，项羽改曰襄国，盖以赵襄子谥名也"。

邯郸县，因"邯山至此而尽"得名。《水经注·浊漳水注》载，"其水又东历邯郸阜，张晏所谓邯山在东城下者也。曰单，尽也，城郭从邑，故加邑，邯郸之名，盖指此以立称矣"。《寰宇记》河北道五磁州邯郸县条载，"邯，山名；单，尽也，邯山至此而尽。城郭从邑，故'单'字加'邑'"。

易阳县，因在易水之阳得名。《汉志》中赵国有易阳县，颜注引应劭曰："'易水出涿郡故安。'师古曰：'在易水之阳。'"《寰宇记》河北道七洺州永年县条载，"漳水，《风土记》云：'南易水，本名漳水，源出三门山，西自肥乡界流入。'《赵地记》云：'六国时此水名易水……'按《燕赵记》云：'其分有三易，漳为南易。'"

涉县，因"漳水于此有涉河之称"得名。《水经注·清漳水》载，"东过涉县西，屈从县南。按《地理志》：魏郡之属县也。漳水于此有涉河之称，盖名因地变也"。《元和志》河东道四潞州涉县条载，涉县，"本汉旧县，属魏郡，因涉河水为名。晋属广平郡"。

南和县，因在和城之南得名。《寰宇记》河北道八邢州南和县条载，南和县，"本汉旧县，城属广平国。《水经注》云：'北有和城县，故此县云南。'"

任县，因封国得名。《左传》襄公三十年（前543）载，"羽颉出奔晋，为任大夫（杜注：任，晋县，今属广平郡）"。据《汉志》，广平国有任县；颜注，"本晋邑也，郑皇颉奔晋，为任大夫"。罗泌《路史·国名纪一》载，"任，禹阳国仓颉为任大夫，晋邑，今邢之任县"。据此，任县当因封国得名。

临水县，因城临滏水得名。《元和志》河东道四磁州滏阳县条载，滏阳县，"本汉武安县之地，魏黄初三年分武安立临水县，属广平郡，以城临滏水，故

曰临水"。

斥漳县， 因"漳水经其城，其地斥卤"得名。据《汉志》，广平国有斥章县；颜注引应劭曰："漳水出治北，入河。其国斥卤，故曰斥章。"《水经注·浊漳水注》载，"（漳水）又东北过斥漳县南，应劭曰：其国斥卤，故曰斥漳"。《元和志》河东道四洺州洺水县条载，洺水县，"本汉斥漳县，属广平国。漳水经其城，其地斥卤，故曰斥漳"。

10.阳平郡属县得名

元城县， 因"魏武侯公子元食邑于此"得名。据《汉志》，魏郡有元城县；颜注引应劭曰："魏武侯公子元食邑于此，因而遂氏焉。"

馆陶县， 因置馆于陶丘之侧得名。《元和志》河北道一魏州馆陶县条载，"本春秋时晋地冠氏邑，陶丘在县西北七里。《尔雅》曰'再成为陶丘'。赵时置馆于其侧，因为县名"。

清渊县， 因县西北有清渊得名。《水经注·淇水注》载，"其水又东过清渊县故城西，又历县之西北为清渊，故县有清渊之名矣"。

东武阳县， 因在武水之阳得名。据《汉志》，东郡有东武阳县；颜注引应劭曰："武水之阳也。"《水经注·河水注》载，"（漯）水自城东北迳东武阳县故城南。应劭曰：县在武水之阳"。

11.魏郡、黎阳郡及其属县得名

魏郡、魏县， 当因魏国封国得名。《水经注·淇水注》载，"（白沟）又北迳问亭东，即魏界也，魏县故城。应劭曰：魏武侯之别都也"；《浊漳水注》又载，"魏文侯七年，始封此地，故曰魏也"。可见魏县当因封国得名。

黎阳郡、黎阳县， 因境内有黎山及在河水之阳得名。据《汉志》，魏郡有黎阳县；颜注引晋灼曰，"黎山在其南，河水经其东。其山上碑云，县取山之名，取水之阳以为名"。《水经注·河水注》载，"（河水）又东北过黎阳县南"；"黎，侯国也。《诗·式微》，黎侯寓于卫是也。晋灼曰：黎山在其南，河水迳其东，其山上碑云，县取山之名，取水之阳，以为名也。王莽之黎蒸也。今黎山之东北故城，盖黎阳县之故城也。山在城西，城凭山为基，东阻于河"。

斥丘县， 因境内丘地多斥卤得名。《汉志》魏郡有斥丘县，颜注引应劭曰："'斥丘在西南也。'师古曰：'阚骃云地多斥卤，故曰斥丘。'"《水经注·洹水注》载，"（白沟）又北迳斥丘县故城西，县南角有斥丘，盖因丘以氏县，故乾侯矣。《春秋经》书，昭公二十八年，公如晋，次于乾侯也。汉高帝六年，封唐厉为侯国，王莽之利丘矣"。

荡阴县，因在荡水之阴得名。《水经注·荡水注》载，"荡水出（荡阴）县西石尚山，泉流迳其县故城南，县因水以取名也。"

内黄县，因境内有黄泽，且对陈留郡外黄县而得名。《史记·赵世家》载，"（赵敬侯）八年，拔魏黄城"（《正义》引《括地志》云：故黄城，在州冠氏县南十里，因黄沟为名）。《水经注·淇水注》载，"（白沟）又东北流迳内黄县故城南，县，右对黄泽。《郡国志》曰：县有黄泽者也。《地理风俗记》曰：陈留有外黄，故加内"。

12.顿丘郡及其属县得名

顿丘郡、顿丘县，因境内有一顿之丘得名。《水经注·淇水注》载，"淇水又北屈而西转，迳顿丘北，故阚骃云：顿丘在淇水南。《尔雅》曰：山一成谓之顿丘。《释名》谓一顿而成丘，无高下小大之杀也"；"《竹书纪年》：晋定公三十一年城顿丘。《皇览》曰：顿丘者，城门名顿丘道，世谓之殷。皆非也。盖因丘而为名，故曰顿丘矣"。

繁阳县，因在繁水之阳得名。《史记·赵世家》载，"二十一年孝成王卒，廉颇将，攻繁阳"（《集解》注引徐广曰：在顿丘。《正义》引《括地志》云：繁阳故城，在相州内黄县东北二十七里，应劭云"繁水之北，故曰繁阳也"）。《水经注·河水注》载，"（河水）左会浮水故渎，故渎上承大河于顿丘县而北出，东迳繁阳县故城南。应劭曰：县在繁水之阳"。

卫县，因封国得名。《续汉志》兖州东郡条载，"卫，公国，本观故国，姚姓，光武更名"。《水经注·河水注》载，"浮水故渎又东南迳卫国邑城北，故卫公国也，汉光武以封周后也"。

二、兖州地区郡县得名

1.陈留郡、济阳郡及其属县得名

陈留郡、陈留县，因陈国留邑得名。据《汉志》，陈留郡有陈留县；颜注引孟康曰："'留，郑邑也，后为陈所并，故曰陈留。'臣瓒曰：'宋亦有留，彭城留是也；留属陈，故称陈留也。'师古曰：'瓒说是也。'"《水经注·渠沙水注》载，"（沙水）又迳陈留县故城南，孟康曰：留，郑邑也，后为陈所并，故曰陈留矣"。《寰宇记》河南道一开封府陈留县条载，陈留县，"本古有莘城，《国语》谓之莘墟。《史记》云：'郑桓公反以周衰，徙都于留。'即此地。后为陈所并，故曰陈留。秦始皇二十六年置陈留县，汉为陈留郡，县隶焉"。

济阳郡、济阳县，因在济水之阳得名。《水经注·济水注》载，"济水又东迳济阳县故城南，故武父城也。城在济水之阳，故以为名"。

小黄县，因境内黄沟得名。《水经注·济水注》载，"（济水）又东迳小黄县之故城北。县有黄亭，说济又谓之曰黄沟。县，故阳武之东黄乡也，故水以名县"。可见，小黄县因黄沟得名。

浚仪县，当因"浚水之北，象而仪之"得名。《水经注·渠沙水注》载，"《陈留风俗传》曰：县北有浚水，像而仪之，故曰浚仪。余谓故汳沙为阴沟矣，浚之，故曰浚，其犹《春秋》之浚洙乎？汉氏之浚仪水，无他也，皆变名矣"。《元和志》河南道三汴州浚仪县载，浚仪县，"本汉旧县，属陈留郡。故大梁也，魏惠王自安邑徙此，因浚水为名"。《寰宇记》河南道一开封府浚仪县条载，浚仪县，"汉武帝元年废新里城而立浚仪县，属陈留郡。《舆地志》云：'夷门之下，新里之东，浚水之北，象而仪之，以为邑名。'"

酸枣县，因地多酸枣得名。《水经注·济水注》载，"濮渠又东北迳酸枣县故城南，韩国矣。圈称曰：昔天子建国名都，或以令名，或以山林，故豫章以树氏郡，酸枣以棘名邦，故曰酸枣也"。《通典·州郡典十》灵昌郡条载，"酸枣，秦拔魏，置县，汉因之。以其地多酸枣，因以为名"。《元和志》河南道四滑州酸枣县条载，酸枣县，"本秦旧县，属陈留郡。以地多酸枣，其仁入药用，故为名"。

长垣县，因其地有防垣得名。《水经注·济水注》载，"濮渠东绝驰道，东迳长垣县故城北，卫地也，故首垣矣。秦更从今名，王莽改为长固县。《陈留风俗传》曰：县有防垣，故县氏之"。

雍丘县，因地有五陵得名。《水经注·睢水注》载，"睢水又东迳雍丘县故城北，县，旧杞国也。殷汤、周武以封夏后，继禹之嗣。楚灭杞，秦以为县。圈称曰：县有五陵之名，故以氏县矣"。

尉氏县，因郑之狱官称尉氏得名。《左传》襄公二十一年（前552）载，栾盈曰"臣戮余也，将归死于尉氏（杜注：尉氏，讨奸之官）"。可见，春秋时，尉氏本为官称。《汉志》陈留郡有尉氏县，颜注引应劭曰："'古狱官曰尉氏，郑之别狱也。'臣瓒曰：'郑大夫尉氏之邑，故遂以为邑。'师古曰：'郑大夫尉氏亦以掌狱之官故为族耳。应说是也。'"《水经注·渠沙水注》载，"长明沟水又东迳尉氏县故城南，圈称云：尉氏，郑国之东鄙，弊狱官名也，郑大夫尉氏之邑。故栾盈曰：盈将归死于尉氏也"。

襄邑县，本春秋襄陵，因宋襄公陵在此得名。据《汉志》，陈留郡有襄邑县；颜注引应劭曰："'《春秋传》曰"师于襄牛"是也。'师古曰：'圈称云襄邑宋地，本承匡襄陵乡也。宋襄公所葬，故曰襄陵。秦始皇以承匡卑湿，故徙县于襄陵，谓之襄邑，县西三十里有承匡城。然则应说以为襄牛，误也。'"《水经注·淮水注》载，"（涣水）又东迳襄邑县故城南。故宋之承匡、襄牛之地，宋襄公之所葬，故号襄陵矣。《竹书纪年》：梁惠成王十七年，宋景㪝、卫公孙仓会齐师，围我襄陵；十八年，惠成王以韩师败诸侯师于襄陵，齐侯使楚景舍来求成，即于此也。西有承匡城，《春秋》会于承匡者也。秦始皇以承匡卑湿，徙县于襄陵，更为襄邑"。

外黄县，因境内有黄沟得名，又因对魏郡内黄县而称外黄县。《汉志》陈留郡有外黄县，颜注引张晏曰："'魏郡有内黄，故加外。'臣瓒曰：'县有黄沟，故氏之也。'师古曰：'《左氏传》云"惠公败宋师于黄"，杜预以为外黄县东有黄城，即此地也。'"《水经注·泗水注》载，"黄水东流迳外黄县故城南，张晏曰：魏郡有内黄县，故加外也。薛瓒曰：县有黄沟，故县氏焉"。又参见司州地区魏郡"内黄县"条。

扶沟县，因其地有扶亭和洧水沟得名。《水经注·渠沙水注》载，"沙水南迳扶沟县故城东，县即颍川之谷平乡也。有扶亭，又有洧水沟，故县有扶沟之名焉"。

2. 濮阳郡、东郡、东燕郡及其属县得名

濮阳郡、濮阳县，因在濮水之阳得名。《水经注·济水注》载，"濮水又东迳濮阳县故城南"；《瓠子河注》载，"河水旧东决，迳濮阳城东北，故卫也，帝颛顼之墟。昔颛顼自穷桑徙此，号曰商丘，或谓之帝丘，本陶唐氏火正阏伯之所居，亦夏伯昆吾之都，殷相土又都之。故《春秋传》曰：阏伯居商丘，相土因之是也。卫成公自楚丘迁此，秦始皇徙卫君角于野王，置东郡，

治濮阳县。濮水迳其南，故曰濮阳也”。

东郡，因为魏国东地立郡而名。《史记·卫康叔世家》载，“秦拔魏东地，秦初置东郡，更徙卫野王县，而并濮阳为东郡”（《索隐》：魏都大梁，濮阳、黎阳并是魏之东地，故立郡名东郡也）。《释名·释州国》载，“东郡、南郡，皆以京师方面言之也”。

东燕郡、燕县、东燕县，因封国得名。《左传》隐公五年（前716）载，“卫人以燕师伐郑（杜注：南燕国，今东郡燕县）”；孔颖达《正义》，“燕有二国，一称北燕，故此注言南燕以别之。《世本》：‘燕国，姞姓。’《地理志》：东郡燕县，‘南燕国，姞姓，黄帝之后也’。小国无世家，不知其君号谥，唯庄二十年燕仲父见传耳”。《史记·周本纪》载，周庄王四年（前693），“王子克奔燕”（《正义》：杜预云：南燕，姞姓也）；“及惠王即位，夺其大臣园以为囿，故大夫边伯等五人作乱，谋召燕、卫师”（《正义》：南燕，滑州胙城）。《史记·燕召公世家》载，“周武王之灭纣，封召公于北燕”（《集解》：《世本》曰：“居北燕。”宋忠曰：“有南燕，故云北燕”）。罗泌《路史·国名纪一》载，“南燕，伯爵，伯儵国，后稷妃，南燕姞氏也。滑之胙城东北，汉南燕县，随（按：即隋）改曰胙，亦尝曰东燕云”。可见周代有燕国，对北燕而称南燕。《水经注·济水注》载，“濮渠又东北迳燕城南，故南燕姞姓之国也。有北燕，故以南氏县”。

白马县，当因其地白马山有成群白马得名。《水经注·河水注》载，“《耆旧传》云：东郡白马县之神马亭，实中层峙，南北二百步，东西五十许步，状丘斩城也。自外耕耘垦斫，削落平尽，正南有躔陛陟上，方轨是由，西南侧城有神马寺，树木修整，西去白马津可二十许里，东南距白马县故城可五十里，疑即《开山图》之所谓白马山也。山下常有白马群行，悲鸣则河决，驰走则山崩。《注》云：山在郑北，故郑也，所未详。刘澄之云：有白马塞，孟达登之长叹。可谓于川土疏妄矣”。《元和志》河南道四滑州白马县条载，白马县，“本卫之曹邑，汉以为县，属东郡，因白马津为名”，“白马山，在县东北三十四里。《开山图》曰：‘有白马群行山上，悲鸣则河决，驰走则山崩。’津与县，盖取此山为名”。

3.济阴郡及其属县得名

济阴郡，因在济水之阴得名。《释名·释州国》载，“济阴，在济水之阴也”。《水经注·济水注》载，“汉景帝中六年，以济水出其北，东注，分梁，于定陶置济阴国，指北济而定名也"。《寰宇记》河南道十三曹州条载，"汉为济阴之地，在济水之南，故以为名。景帝中六年别为济阴国"。

定陶县，因其地有陶丘得名。《元和志》河南道七曹州济阴县条载，"州理中城，盖古之陶丘也，一名左城。《帝王世纪》'舜陶于河滨，即《禹贡》之陶丘，今济阴定陶西有陶丘'是也。《尔雅》曰'再成为陶丘'，成，犹重也。古曹国，在县东北四十七里，故定陶是也。定陶故城，尧所居也，尧先居唐，后居陶，故曰陶唐氏。《史记》曰曹叔振铎者，周武王弟，封于曹。……又范蠡相越平吴后，变姓名为朱公，居于陶，号陶朱公，亦此地也"。

句阳县，因在句渎之阳得名。《水经注·济水注》载，"濮水又东与句渎合，渎首受濮水枝渠于句阳县东南，迳句阳县故城南，《春秋》之谷丘也。《左传》以为句渎之丘矣。县处其阳，故县氏焉"。

离狐县，因"初置县在濮水南，常为神狐所穿穴，遂移城濮水北"得名。《元和志》河南道七曹州南华县条载，南华县，"本汉离狐县也，属东郡。旧传初置县在濮水南，常为神狐所穿穴，遂移城濮水北，故曰离狐"。

己氏县，因戎君姓己氏邑于此得名。《寰宇记》河南道十二宋州楚丘县条载，楚丘县，"古之戎州，即已氏之邑城也。《九州记》云：'已氏本戎君之姓，盖昆吾之后，别居戎翟中。周衰，入居中国，故有此已氏之邑焉。'汉为已氏县，属梁国"。

单父县，或因舜师单卷所居得名。罗泌《路史·国名纪六》载，"单、善，帝舜师单卷，今郓城有单父城，即善卷也（原注：传言尧师善卷）"。

城阳县，因"武王封季弟载于成，其后迁于成之阳"得名。《史记·项羽本纪》载，"项梁使沛公及项羽别攻城阳"（《正义》引《括地志》云：濮州雷泽县，本汉城阳，在州东九十一里。《地理志》云城阳属济阴郡，古郕伯国，姬姓之国。《史记》周武王封季弟载于郕，其后迁于城之阳，故曰城阳）；《曹相国世家》载，"击王离军成阳南"（《索隐》：《地理志》，县名，在济阴。成，地名。周武王封弟季戴于成，其后代迁于成之阳，故曰成阳。《正义》：成阳故城，濮州雷泽县是。《史记》云武王封季弟载于成，其后迁于成之阳，故曰成阳也）。可见，"城阳"又作"成阳"。由《史记索隐》《史记正义》可知城阳得名。

4.高平郡属县得名

巨野县，因其地有大野泽得名。《汉志》山阳郡条载，"巨野，大野泽在北，兖州数"。《水经注·济水注》载，"黄水又东迳巨野县北。何承天曰：巨野湖泽广大，南通洙、泗，北连清、济，旧县故城，正在泽中，故欲置戍于此城，城之所在，则巨野泽也"。

金乡县，因穿山得金得名。 据《续汉志》，兖州山阳郡有金乡县；刘昭引《晋书·地道记》曰："县多山，所治名金山。山北有凿石为冢，深十余丈，隧长三十丈，傍却入为堂三方，云得白兔不葬，更葬南山，凿而得金，故曰金山。故冢今在。或云汉昌邑所作，或云秦时。"《元和志》河南道六兖州金乡县载，金乡县，"本汉东缗县也，属山阳郡。即古之缗国城，《左传》曰：'夏桀为仍之会，有缗叛之。'《陈留风俗传》曰：'东缗县者，故阳武户牖乡也，汉丞相陈平即此乡人也。'后汉于今兖州任城县西南七十五里置金乡县，盖因穿山得金，故曰金乡，属山阳郡"。

5.任城郡及其属县得名

任城郡、任城县，因封国得名。《左传》僖公二十一年（前639）载，"任（杜注：任，今任城县也）、宿、须句、颛臾，风姓也"。《汉志》东平国条载，"任城，故任国，太昊后，风姓"。罗泌《路史·国名纪一》载，"任，伯爵，本己姓，帝魁母家，逮黄帝以封幼子，周之继绝也，以居，风姓。今济阳之任城"。可见，春秋时有任国，后为任城县，县因封国得名。

6.东平郡及其属县得名

东平郡，取《禹贡》"东原底平"之义。《明一统志·兖州府》东平州条载，"汉为东平国，取《禹贡》'东原底平'之义"。

须昌县，春秋时有须句，县当因古国得名。《左传》僖公二十一年（前639）载，"任、宿、须句（杜注：须句，在东平须昌县西北）、颛臾，风姓也"。《汉志》东郡条载，"须昌，故须句国，大昊后，风姓"。《水经注·济水注》载，"（济水）又北过须昌县西。京相璠曰：须朐，一国二城两名。盖迁都须昌，朐是其本。秦以为县"。

7.济北郡及其属县得名

济北郡，因济水在其北得名。《释名·释州国》载，"济北，济水在其北也"。

卢县，当因封国得名。 罗泌《路史·国名纪一》载，"卢，姜姓后封，今齐之卢城，汉县（原注：隶济北）"。可见，济北卢县本为封国。

8.泰山郡及其属县得名

泰山郡，因郡内泰山得名。《水经注·河水注》引《汉官》记各郡得名云，"或以山陵，太山、山阳是也"。此"太山"即"泰山郡"之"泰山"。

奉高县，因奉泰山之祀得名。《汉志》泰山郡条载，"奉高，有明堂，在西南四里，武帝元封二年造"。《水经注·汶水注》载，"奉高县，汉武帝元封元年立，以奉泰山之祀，泰山郡治也"。《元和志》河南道六兖州乾封县条载，"汉武帝封禅，分嬴、博二县立奉高县，以奉泰山之祀"。

博县，因封国得名。《左传》哀公十一年（前484）载，"五月，克博，壬申，至于嬴（杜注：博、嬴齐邑也，二县皆属泰山）"。罗泌《路史·国名纪》载，"博，兖之奉符，汉之博县，随（按：即隋）为博城"。可见，春秋时齐国当有博县，因故博国得名。

嬴县，因封国得名。《左传》桓公三年（前709）"经文"载，"春正月，公会齐侯于嬴（杜注：嬴，齐邑，今泰山嬴县）"。另参见上条注文引《左传》哀公十一年（前484）及杜注。据《汉志》，泰山郡有嬴县。罗泌《路史·国名纪二》载，"嬴，□也，翳能繁物而封。汉县，隶泰山"。可见，嬴县因故嬴国得名。

梁父县，因梁父山得名。《战国策·齐策三》载，淳于髡曰，"及之罘、梁父之阴"。此梁父为山名，表明战国有梁父山。据《汉志》，泰山郡有梁父县；颜注引师古曰："以山名县也。"《水经注·汶水注》载，"淄水又迳梁父县故城南，县北有梁父山。《开山图》曰：泰山在左，亢父在右，亢父知生，梁父主死。王者封泰山，禅梁父，故县取名焉"。

南武阳县，当因在武水之阳，又对东郡东武阳县而称南武阳县。据《汉志》，泰山郡有南武阳县；颜注引应劭曰："武水所出，南入泗。"《水经注·沂水注》载，"（治）水出泰山南武阳县之冠石山。《地理志》曰：冠石山，治水所出。应劭《地理风俗记》曰：武水出焉。盖水异名也"。又据《汉志》，东郡有东武阳，泰山郡有南武阳。泰山郡之武阳在南，故称南武阳。

莱芜县，传因"莱民播流此谷，邑落荒芜"得名。《水经注·淄水注》载，"（淄水）东北流迳莱芜谷，屈而西北流，迳其县故城南。《从征记》曰：城在莱芜谷，当路阻绝，两山间道由南北门。汉末有范史云为莱芜令，言莱芜在齐,非鲁所得引。旧说云,齐灵公灭莱,莱民播流此谷,邑落荒芜,故曰莱芜"。

牟县,当因封国得名。《左传》桓公十五年(前697)"经文"载,"邾人、牟人、葛人来朝(杜注:牟国,今泰山牟县)"。《汉志》泰山郡条载,"牟县,故国";颜注引应劭曰:"'附庸也。'师古曰:'《春秋》桓十五年"牟人来朝",即此也。'"罗泌《路史·国名纪三》载,"牟,子爵,祝融后。《续志》云泰山牟县。故牟国,今文登"。

三、豫州地区郡县得名

1.颍川郡及其属县得名

颍川郡,因境内颍水得名。《释名·释州国》载,"颍川,因颍水为名也"。《水经注·颍水注》载,"秦始皇十七年灭韩,以其地为颍川郡,盖因水以著称者也"。

长社县,因社中树暴长得名。据《汉志》,颍川郡有长社县;颜注引应劭曰:"宋人围长葛是也。其社中树暴长,更名长社。"《水经注·洧水注》载,"(洧水)又东迳长社县故城北,郑之长葛邑也。《春秋》隐公五年,宋人伐郑,围长葛是也。后社树暴长,故曰长社,魏颍川郡治也"。

颍阴县,当因在颍水之阴得名。

临颍县,当因临颍水得名。《水经注·颍水注》载,"临颍,旧县也,颍水自县西注"。《明一统志·开封府上》载,"临颍县,在州城南六十里,本汉旧县,属颍川郡,以在颍水之上故名"。

郾县,或因封国得名。罗泌《路史·国名纪二》载,"偃,匽,郾也。光武曰:郾最大,宛次之。楚昭阳伐魏取郾者,今许之郾城,有故城。而蔡之褒信,故郾城,乃汉之匽"。

邵陵县,因其地高而有丘墟得名。《水经注·颍水注》载,"东南迳召陵县故城南,《春秋左传》僖公四年,齐桓公师于召陵,责楚贡不入,即此处也。城内有大井,迳数丈,水至清深。阚骃曰:召者,高也。其地丘墟,井深数丈,故以名焉"。

2. 汝南郡、汝阳郡、南顿郡及其属县得名

汝南郡，因在汝水之南得名。《释名·释州国》载，"汝南，在汝水南也"。

汝阳郡、汝阳县，因在汝水之阳得名。《水经注·颍水注》载，"（颍水）又南过女阳县北，县故城南有汝水枝流，故县得厥称矣。阚骃曰：本汝水别流，其后枯竭，号曰死汝水，故其字无水。余按汝、女乃方俗之音，故字随读改，未必一如阚氏之说，以穷通损字也"。

南顿郡、南顿县，因顿国南徙至此得名。《汉志》汝南郡条载，"南顿，故顿子国，姬姓"；颜注引应劭曰："顿迫于陈，其后南徙，故号南顿，故城尚在。"《水经注·颍水注》载，"颍水又东，右合谷水，水上承平乡诸陂，东北迳南顿县故城南，侧城东注。《春秋左传》所谓顿迫于陈而奔楚，自顿徙南，故曰南顿也。今其城在顿南三十余里"。

慎阳县，因在慎水之阳得名。《汉志》汝南郡有慎阳县，颜注引应劭曰："慎水出东北，入淮。"《水经注·淮水注》载，"淮水又东合慎水，水出慎阳县西，而东迳慎阳县故城南，县取名焉。汉高帝十一年，封栾说为侯国"。

朗陵县，当因境内有朗陵山得名。《水经注·汝水注》载，"溱水出浮石岭北青衣山，亦谓之青衣水也。东南迳朗陵县故城西，应劭曰：西南有朗陵山，县以氏焉"。

上蔡县，本西周蔡国封地，因有下蔡县而称此县为上蔡县。《汉志》汝南郡条载，"上蔡，故蔡国，周武王弟叔度所封。度放，成王封其子胡，十八世徙新蔡"。《水经注·汝水注》载，"（汝水）又东南过汝南上蔡县西"，"县，故蔡国，周武王克殷，封其弟叔度于蔡。《世本》曰：上蔡也。九江有下蔡，故称上。《竹书纪年》曰：魏章率师及郑师伐楚，取上蔡者也"。

灈阳县，当因在灈水之阳得名。据《汉志》，汝南郡有灈阳县；颜注引应劭曰："灈水出吴房东，入瀙也。"《水经注·瀙水注》载，"（瀙水）东过吴房县南，又东过灈阳县南，应劭曰：灈水出吴房县东，入瀙。县之西北，即两川之交会也"。

吴房县，因楚以房子国旧地封吴王阖闾弟夫概得名。据《汉志》，汝南郡有吴房县；颜注引孟康曰："本房子国。楚灵王迁房于楚。吴王阖闾弟夫概奔楚，楚封于此，为堂谿氏，以封吴，故曰吴房，今吴房城堂谿亭是。"《水经注·灈水注》载，"灈水出汝南吴房县西北奥山，东过其县北入于汝。县西北

有棠谿城，故房子国。《春秋》定公五年，吴王阖闾弟夫概奔楚，封之于棠谿，故曰吴房也。汉高帝八年，封庄侯杨武为侯国"。

西平县，因西陵平夷得名。《水经注·潕水注》载，"（潕水）又东过西平县北，县，故柏国也，《春秋左传》所谓江、黄、道、柏，方睦于齐也。汉曰西平，其西吕墟，即西陵亭也。西陵平夷，故曰西平。汉宣帝甘露三年，封丞相于定国为侯国"。

3. 襄城郡及其属县得名

襄城郡、襄城县，因周襄王曾居此得名。《水经注·汝水注》载，"汝水又东南迳襄城县故城南"，"晋襄城郡治。京相璠曰：周襄王居之，故曰襄城也"。《元和志》河南道二汝州襄城县条载，襄城县，"本秦旧县，汉因之，属颍川郡。春秋襄王避叔带之难，出居郑地氾，在今县南一里古氾城是，盖以周襄王居此，故名襄城"。

郏县，当因封国得名。罗泌《路史·国名纪三》载，"郏，汝之襄城有郏城。《九域志》云，令邑郏敖邑"。

昆阳县，因在昆水之阳得名。《水经注·汝水注》载，"汝水又东南，昆水注之，水出鲁阳县唐山，东南流迳昆阳县故城西。……故《后汉·郡国志》有昆阳县，盖藉水以氏县也"。据《汉志》，颍川郡有昆阳县；颜注引应劭曰："昆水出南阳。"

舞阳县，因在舞水之阳得名。据《汉志》，颍川郡有舞阳县；颜注引应劭曰："舞水出南。"《水经注·潕水注》载，"潕水又东北，历舞阳县故城南"。此潕水当即舞水。

4. 汝阴郡、新蔡郡及其属县得名

汝阴郡，因在汝水之阴得名。《释名·释州国》载，"汝阴，在汝水阴也"。《水经注·颍水注》载，"颍水又东迳女阴县故城北"，"县在汝水之阴，故以汝水纳称"。

新蔡郡、新蔡县，因春秋蔡平侯自蔡迁此得名。《汉志》汝南郡条载，"新蔡，蔡平侯自蔡徙，此后二世徙下蔡"。《寰宇记》河南道十一蔡州新蔡县条载，"《舆地志》：'蔡平侯自上蔡徙都于此，故曰新蔡'"。

慎县，因封国得名。《左传》哀公十六年（前479）载，"吴人伐慎，白

公败之（杜注：汝阴慎县也）"。罗泌《路史·国名纪三》载，"慎，吴伐慎，白公败之。今庐之属县西北四十一有故慎城、慎水。《通典》：汉慎故城在今颍州颍上西北"。据此，慎当为古国。

鮦阳县，因在鮦水之阳得名。据《汉志》，汝南郡有鮦阳县，颜注引应劭曰："在鮦水之阳也。"《水经注·汝水注》载，"陂水东出为鮦水，俗谓之三丈陂，亦曰三严水。水迳鮦阳县故城南，应劭曰：县在鮦水之阳"。

宋县，因封国得名。《续汉志》豫州汝南郡条载，"宋，公国，周名郪丘，汉改为新郪，章帝建初四年徙宋公于此"。

5.梁郡、陈郡及其属县得名

梁郡，战国时魏国都大梁时又称梁国，此郡当因旧地大梁且为梁国（魏国）之都而得名。《水经注·渠水注》载，"（渠水）又东迳大梁城南，本《春秋》之阳武高阳乡也，于战国为大梁。周梁伯之故居矣。梁伯好土功，大其城，号曰新里，民疲而溃，秦遂取焉。后魏惠王自安邑徙都之，故曰梁耳。《竹书纪年》：梁惠成王六年四月甲寅，徙都于大梁是也。秦灭魏以为县，汉文帝封孝王于梁，孝王以土地下湿，东都睢阳，又改曰梁，自是置县"。

陈郡、陈县，因封国得名。《水经注·河水注》引《汉官》记各郡得名云，"凡郡或以列国，陈、鲁、齐、吴是也"。《史记·陈杞世家》载，"陈胡公满者，虞帝舜之后也"；"至于周武王克殷纣，乃复求舜后，得妫满，封之于陈"；"楚惠王复国，以兵北伐，杀陈潜公，遂灭陈而有之"。《左传》宣公十一年（前598）载，"楚子为陈夏氏乱故，伐陈"，"遂入陈，杀夏征舒，轘诸栗门，因县陈"，后"乃复封陈"。可见，此县楚灭陈，置陈县，后复封陈国。《左传》哀公十七年（前478）载；"楚公孙朝帅师灭陈"。《史记·楚世家》载，"（楚）惠王乃复位，是岁也，灭陈而县之"。可见楚灭陈后，置陈县。

睢阳县，因在睢水之阳得名。《水经注·睢水注》载，"睢水又东，迳睢阳县故城南"。《寰宇记》河南道十二宋州宋城县条载，宋城县，"汉为睢阳，睢水之阳以为名，地属梁国"。

蒙县，当因蒙泽得名。《左传》庄公十二年（前681）载，"宋万弑闵公于蒙泽（杜注：蒙泽，宋地。梁国有蒙县）"。据此，蒙县当因蒙泽得名。

虞县，当因封国得名。《水经注·获水注》载，"获水又东迳虞县故城北，古虞国也。昔夏少康逃奔有虞，为之庖正，虞思于是妻之以二姚者也"。罗泌

《路史·国名纪四》载，"虞，公爵虞思国，宋之虞城，汉虞县"。

项县，因封国得名。《左传》僖公十七年（前643）"经文"载，"夏，灭项（杜注：项国，今汝阴项县）"。可见春秋有项。《汉志》汝南郡条载"项，故国"，亦证项为古国。

6.沛郡及其属县得名

沛郡、沛县，当因沛泽得名。《左传》昭公二十年（前522）载，"十二月，齐侯田于沛（杜注：沛，泽名）"。可见春秋有沛泽。《水经注·泗水注》载，"（泗水）又东过沛县东，昔许由隐于沛泽，即是县也，县盖取泽为名。宋灭属楚，在泗水之滨，于秦为泗水郡治"。可见沛县当因沛泽得名。

丰县，或因丰水得名。《水经注·泗水注》载，"（泡水）又迳丰西泽，谓之丰水……又东迳丰县故城南"。

符离县，因地多符离草得名。《寰宇记》河南道十七宿州符离县条载，符离县，"本秦旧县也"，"《尔雅》：'芫，符离。'以地多此草故取名矣"。

洨县，当因洨水得名。《水经注·淮水注》载，"洨水又东南流迳洨县故城北，县有垓下聚，汉高祖破项羽所在也"。

萧县，因封国得名。《左传》庄公十二年（前682）载，宋万弑闵公，立子游，"群公子奔萧（杜注：萧，宋邑，今沛国萧县）"。《水经注·获水注》载，"（获水）又东过萧县南"，"县，本萧叔国，宋附庸，楚灭之。《春秋》宣公十二年，楚伐萧，萧溃"。

7.鲁郡及其属县得名

鲁郡、鲁县，因封国得名。《史记·鲁周公世家》载，"封周公旦于少昊之虚曲阜，是为鲁公"。《水经注·河水注》引《汉官》记各郡得名云，"凡郡或以列国，陈、鲁、齐、吴是也"。

汶阳县，因在汶水之阳得名。《左传》僖公元年（前659）载，"公赐季友汶阳之田及费（杜注：汶阳田，汶水北地。汶水出泰山莱芜县，西入济）"；哀公二十四年载，"宣叔以晋师伐齐，取汶阳"。可见春秋时鲁国有地名汶阳。《水经注·汶水注》载，"汶水又西迳汶阳县故城北而西注"。汶阳县治虽不在汶水之阳，但此地名当取汶水之阳而来。

卞县，当因封国得名。《左传》僖公十七年（前643）"经文"载，"夫人姜氏会齐侯于卞（杜注：卞，今鲁国卞县）"。罗泌《路史·国名纪五》载，"卞，季武子以自封者，今兖之泗水"。

薛县，因封国得名。《左传》隐公十一年（前712）载，"滕侯、薛侯来朝（杜注：薛，鲁国薛县）"。据此春秋有薛国。

8.弋阳郡属县得名

蕲春县，因境内蕲水"隈多蕲菜"得名。《元和志》江南道三蕲州蕲春县条载，蕲春县，"本汉旧县，属江夏郡。因蕲水以为名也。晋改为蕲阳"。《寰宇记》淮南道五蕲州蕲春县条载，蕲春县，"本汉旧县，属江夏郡。按《地名解》云，'蕲春以水隈多蕲菜，因以为名'"。

邾县，因楚宣王灭邾，徙其君于此，遂得名。据《续汉志》，荆州江夏郡有邾县；刘昭注引《地道记》曰："楚灭邾，徙其君此城。"《水经注·江水注》载，"江水又东迳邾县故城南，楚宣王灭邾，徙居于此，故曰邾也"。

9.安丰郡属县得名

安风县，当因境内安风水得名。《水经注·淮水注》载，"淮水又东北，穷水入焉。水出六安国安风县穷谷"，"川流泄注于决水之右，北灌安风之左，世谓之安风水，亦曰穷水，音戎，并声相近，字随读转"。

蓼县，因封国得名。《左传》文公五年（前622）载，"冬，楚子燮灭蓼（杜注：蓼国，今安丰蓼县）"。蓼县应因故蓼国得名。

四、冀州地区郡县得名

1.赵郡及其属县得名

赵郡，当因曾为赵国之地得名。

下曲阳县，因"城在山曲之阳"得名，又因对常山郡上曲阳县而称。《水经注·滱水注》载，"其水又东迳上曲阳县故城北……城在山曲之阳，是曰曲阳；有下，故此为上矣"。《汉志》巨鹿郡有下曲阳县；颜注引师古曰："常山有上曲阳，故此云下。"

2.巨鹿郡及其属县得名

巨鹿郡、巨鹿县，或因"林之大者"得名。《汉志》巨鹿郡有巨鹿县；颜注引应劭曰："'鹿，林之大者也。'臣瓒曰：'山足曰鹿。'师古曰：'应说是。'"《水经注·浊漳水注》载，"衡水又北迳巨鹿县故城东，应劭曰：鹿者，林之大者也。《尚书》曰：尧将禅舜，纳之大麓之野，烈风雷雨不迷，致之以昭华之玉，而县取目焉"。

3.安平国（长乐郡）属县得名

下博县，因博水过境且对上博而称。据《汉志》，信都国有下博县；颜注："应劭曰：'博水出中山望都，入河。'"《水经注·浊漳水注》载，"（衡水）又右迳下博县故城西，王莽改曰闰博。应劭曰：太山有博，故此加下"。战国时中山国有三孔布"下博"布、"上博"布[①]。据此，应劭所解当有误，下博并非对泰山郡博县而称，当时对博水所经"上博"而称。

扶柳县，因境内有扶泽且泽中多柳得名。据《汉志》，信都国有扶柳县；颜注引阚骃云："其地有扶泽，泽中多柳，故曰扶柳。"《水经注·浊漳水注》载，"扶柳县故城在信都城西，衡水迳其西。县有扶泽，泽中多柳，故曰扶柳也"。

堂阳县，因在堂水之阳得名。据《汉志》，巨鹿郡有堂阳县；颜注引应劭曰："在堂水之阳。"《水经注·浊漳水注》载，"长芦水东迳堂阳县故城南，应劭曰：县在堂水之阳。《谷梁传》曰：水北为阳也。今于县故城南，更无别水，惟是水东出，可以当之，斯水盖包堂水之兼称矣"。

4.平原郡及其属县得名

平原郡，平原县，因博平为原得名。《水经注·河水注》载，"河水又北迳平原县故城东。《地理风俗记》曰：原，博平也，故曰平原矣。县，故平原郡治矣"。

茌平县，因在茌山之平地得名。据《汉志》，东郡有茌平县；颜注引应劭曰："在茌山之平地者也。"《水经注·河水注》载，"河水冲其西南隅，又崩

---

① 黄锡全《先秦货币中的地名》，《九州》第3辑，2001年。

于河，即故茌平县也。应劭曰：茌，山名也，县在山之平地，故曰茌平也"。

鬲县，当因古国得名。《左传》襄公四年（前568）载，"靡奔有鬲氏（杜注：有鬲，国名，今平原鬲县）"。《水经注·河水注》载，"（大河故渎）西流迳平原鬲县故城西。《地理志》曰：鬲，津也，王莽名之曰河平亭，故有穷后羿国也。应劭曰：鬲，偃姓，咎繇后"。罗泌《路史·国名纪二》载，"鬲，《郡国县道记》'古鬲国，郾姓，皋陶后，汉为县'。齐天保七并入安德，今隶德州，西北有故鬲城"。

5. 乐陵郡属县得名

厌次县，相传因"秦始皇东游厌气，至碣石，次舍于此"得名。《元和志》河北道二棣州厌次县条载，厌次县，"本汉富平县，属平原郡，后汉更名曰厌次，则厌次前已废矣。相传以秦始皇东游厌气，至碣石，次舍于此，因名之"。

6. 勃海郡、广川郡及其属县得名

广川郡、广川县，因有长河为流得名。据《汉志》，信都国有广川县；颜注引阚骃云："其县中有长河为流，故曰广川也。"《水经注·淇水注》载，"清河北迳广川县故城南，阚骃曰：县中有长河为流，故曰广川也"。

浮阳县，因"浮水出入，津流同逆混并，清、漳二渎，河之旧道，浮水故迹，又自斯别"得名。《水经注·淇水注》载，"浮水在南，而此有浮阳之称者。盖浮水出入，津流同逆混并，清、漳二渎，河之旧道，浮水故迹，又自斯别，是县有浮阳之名也"。

饶安县，因"其地丰饶，可以安人"得名。《元和志》河北道三沧州饶安县条载，饶安县，"本汉千童县……属渤海郡。灵帝置饶安县，以其地丰饶，可以安人"。

枣强县，因其地枣木强盛得名。《元和志》河北道二冀州枣强县条载，枣强县，"本汉旧县，属清河郡"，"其地枣木强盛，故曰枣强"。

7. 河间郡及其属县得名

河间郡，因在两河之间得名。《汉志》河间国条颜注和《水经注·浊漳水注》皆引应劭言，河间郡（国）因"在两河之间"得名。

易城县，因易水得名。《史记·绛侯周勃世家》载，"（周勃）以将军从高

帝击反者燕王臧荼，破之易下"（《索隐》：易，水名，因以为县，在涿郡）。

中水县，因在易、滱二水之中得名。《史记·项羽本纪》载，吕马童等杀项羽，"（汉高帝）封吕马童为中水侯"（《索隐》：按《晋书·地道记》，其中水县属河间。《正义》引《地理志》云：中水县属涿郡。应劭云："在易、滱二水之中，故曰中水。"）。

8.高阳郡及其属县得名

高阳郡、高阳县，因在高河之阳得名。据《汉志》，涿郡有高阳县；颜注引应劭曰："在高河之阳。"

9.博陵郡及其属县得名

博陵郡，因桓帝尊其父陵为博陵得名。《后汉书·桓帝纪》载，延熹元年（158）六月，"分中山置博陵郡，以奉孝崇皇园陵"。《水经注·滱水注》载，"汉质帝本初元年，继孝冲为帝，追尊父翼陵曰博陵，因以为县，又置郡焉"。《舆地广记·河北西路》博野县条载，"博野县，本蠡吾。汉属涿郡。后汉属中山国，桓帝父蠡吾侯葬此，追尊为孝崇皇，其陵曰博陵，因分置博陵县"。《后汉书·质帝纪》载，质帝父勃海王鸿；《桓帝纪》载，桓帝父蠡吾侯翼。可见，应是汉桓帝置博陵郡，非质帝置，《水经注》所载博陵郡设置时间有误。

饶阳县，因在饶河之阳得名。据《汉志》，涿郡有饶阳县；颜注引应劭曰："在饶河之阳。"

南深泽县，因界内水泽深广得名，又因中山国有深泽县而加"南"。《元和志》河北道三定州深泽县条载，"本汉南深泽县也，以涿郡有深泽县，故此加'南'以别之，属中山国"。《寰宇记》河北道九祁州深泽县条载，深泽县，"盖汉南深泽县也，以涿郡有深泽县，故此加'南'以别之，以界内水泽深广名之"。然《汉志》中涿郡有南深泽县，中山国有深泽县。故当以中山国有深泽县而加"南"以别。

10.清河郡及其属县得名

清河郡、清河县，因临清河水得名。《元和志》河北道一贝州条载，"汉文帝又分巨鹿置清河郡，以郡临清河水，故号清河"。

贝丘县，因城内有丘得名。《元和志》河北道贝州一临清县条载，"贝丘城，在县东南五十里，汉贝丘县城也。城内有丘高五丈，周回六十八步，城因此为名"。

11.中山郡及其属县得名

中山郡，因城中有山得名，或因此地为战国中山国而得名。《水经注·滱水注》载，"（唐）水出中山城之西如北，城内有小山，在城西，侧而锐上，若委粟焉，疑即《地道记》所云望都县有委粟关也。俗以山在邑，中故亦谓之中山城；以城中有唐水，因复谓之为广唐城也。《中山记》以为中人城，又以为鼓聚，殊为乖谬矣。言城中有山，故曰中山也，中山郡治"。

卢奴县，因城内西北隅有黑水池，"水黑曰卢，不流曰奴"而得名。《水经注·滱水注》载，"滱水之右，卢水注之，水上承城内黑水池。《地理志》曰：卢水出北平，疑为疏阔；阚骃、应劭之徒，咸亦言是矣。余按卢奴城内西北隅有水，渊而不流，南北百步，东西百余步，水色正黑，俗名曰黑水池。或云水黑曰卢，不流曰奴，故此城藉水以取名矣"。

安喜县，因邑丰民安得名。《水经注·滱水注》载，"（滱水）又东过安憙县南，县，故安险也。其地临险，有井、涂之难，汉武帝元朔五年，封中山靖王子刘应为侯国，王莽更名宁险，汉章帝改曰安憙。《中山记》曰：县在唐水之曲，山高岸险，故曰安险；邑丰民安，改曰安憙"。"憙"与"喜"相通，此"安憙县"即"安喜县"。

蒲阴县，因在蒲水之阴得名。据《汉志》，中山国有曲逆县；颜注引张晏曰："濡水于城北曲而西流，故曰曲逆。章帝丑其名，改曰蒲阴，在蒲水之阴"。《水经注·滱水注》载，"（蒲水）其水又东南流迳蒲阴县故城北，《地理志》曰：城在蒲水之阴。汉章帝章和二年，行巡北岳，以曲逆名不善，因山水之名，改曰蒲阴焉"。

望都县，因"尧山在北，尧母庆都山在南，登尧山见都山"得名。据《汉志》，中山国有望都县；颜注引张晏曰："尧山在北，尧母庆都山在南，登尧山见都山，故以为名。"《水经注·滱水注》载，"然则俗谓之都山，即是尧山，在唐东北望都界。……此城之东，有山孤峙，世以山不连陵，名之曰孤山，孤、都声相近，疑即所谓都山也。《帝王世纪》曰：尧母庆都所居，故县目曰望都。张晏曰：尧山在北，尧母庆都山在南，登尧山见都山，故望都县以为名也"。

唐县，因传说"尧为唐侯，国于此"得名。据《汉志》，中山国有唐县；

颜注引应劭曰："'故尧国也，唐水在西。'张晏曰：'尧为唐侯，国于此。尧山在唐东北望都界。'孟康曰：'晋荀吴伐鲜虞及中人，今中人亭是。'"《元和志》河北道三定州唐县条载，"本春秋鲜虞邑，汉唐县之地。即古唐侯国，尧初封于此。今定州北有故唐城，是尧所封也。汉唐县，属中山国"。

12.常山郡及其属县得名

常山郡，原名恒山郡，因山得名，又因避汉文帝刘恒讳而改为常山郡。《汉志》常山郡条颜注引张晏曰："恒山在西，避文帝讳，故改曰常山。"《魏志》定州常山郡条载，"常山郡，汉高帝置，曰恒山郡，文帝讳恒，改为常山"。

井陉县，因其地"四面高，中央下如井"得名。《元和志》河北道二恒州井陉县条载，井陉县，"六国时赵地。秦始皇十八年，王翦兴兵攻赵，下井陉。汉高帝三年，韩信、张耳东下井陉，擒成安君，即此地也。陉山，在县东南八十里，四面高，中央下如井，故曰井陉，属常山郡"。

上曲阳县，曲阳因"城在山曲之阳"得名，因对巨鹿郡下曲阳县而称上曲阳县。《水经注·滱水注》载，"其水又东迳上曲阳县故城北，本岳牧朝宿之邑也。古者，天子巡狩，常以岁十一月至于北岳，侯伯皆有汤沐邑，以自斋洁。周昭王南征不还，巡狩礼废，邑郭仍存。秦罢井田，因以立县。城在山曲之阳，是曰曲阳；有下，故此为上矣"。据《汉志》，巨鹿郡有下曲阳县；颜注引师古曰："常山有上曲阳，故此云下。"

五、幽州、平州地区郡县得名

1.范阳郡及其属县得名

范阳郡、范阳县，因在范水之阳得名。据《汉志》，涿郡有范阳县；颜注引应劭曰："在范水之阳。"《水经注·易水注》载，"淀水东南流，出长城注易，谓之范水。易水自下，有范水通目。又东迳范阳县故城南，即应劭所谓范水之阳也"。

涿县，当因涿水而得名。《水经注·圣水注》载，"涿水又东北迳涿县故城西，注于桃。应劭曰：涿郡，故燕，汉高帝六年置。其南有涿水，郡盖氏焉。阚骃亦言是矣。今于涿城南无水以应之，所有惟西南有是水矣。应劭又云：涿水出上谷涿鹿县，余按涿水自涿鹿东注漯水。漯水东南迳广阳郡与涿郡分水，汉高祖六年，分燕置涿郡，涿之为名，当受涿水通称矣，故、郡县氏之"。

2.燕郡、渔阳郡及其属县得名

燕郡，当因曾燕国之地得名。

渔阳郡，因在渔水之阳得名。《水经注·沽河注》载，"沽水又南，渔水注之，水出县东南平地泉流，西迳渔阳县故城南，应劭曰：在渔水之阳也"。

雍奴县，本薮泽之名，因"四面有水曰雍，水不流曰奴"得名。《寰宇记》河北道十八幽州武清县条载，武清县，"本汉雍奴县也。《水经注》云：'雍奴，薮泽之名，四面有水曰雍，水不流曰奴。'《汉书·地理志》雍奴县属渔阳郡"。《太平御览·州郡部八》载，"郦道元注《水经》曰：'雍奴，薮泽之名，四面有水曰雍，不流曰奴'"。今传本《水经注》无此文。

3.北平郡属县得名

无终县，春秋时有无终国，当因古国得名。《左传》襄公四年（前568）载，"无终子嘉父使孟乐如晋（杜注：无终，山戎国名）"。《汉志》右北平郡条载，"无终，故无终子国"。《水经注·鲍丘水注》载，"（蓝）水出北山，东流屈而南，迳无终县故城东，故城，无终子国也。《春秋》襄公四年，无终子嘉父使孟乐如晋，因魏绛纳虎豹之皮，请和诸戎是也"。

4.上谷郡及其属县得名

上谷郡，因在谷之上头得名。《晋志》幽州上谷郡条载，"上谷郡，秦置，郡在谷之上头，故因名焉"。《水经注·圣水注》载，"圣水出上谷，故燕地，秦始皇二十三年置上谷郡。王隐《晋书·地道志》曰：郡在谷之头，故因以上谷名焉"。

居庸县，当因居庸关得名。《吕氏春秋·有始览》载，"何谓九塞？大汾、冥阨、荆阮、方城、殽、井陉、令疵、句注、居庸"。可见，居庸为关名，居庸县当因关得名。

5.代郡及其属县得名

代郡、代县，因故代国得名。《战国策·赵策二》载，"而襄主兼戎取代，以攘诸胡"。《史记·赵世家》载，赵襄子立后，"以枓击杀代王及从官，遂兴兵平代地"。可见战国初，代国为赵国所灭。据《汉志》，代郡有代县。赵国灭代国后，当置代县。代县当因代国得名。

6.辽西郡及其属县得名

辽西郡，当因在大辽水之西得名。

肥如县，因"肥子奔燕，燕封于此"得名。据《汉志》，辽西郡有肥如县；颜注引应劭曰："肥子奔燕，燕封于此也。"《水经注·濡水注》载，"（玄水）水出肥如县东北玄溪，西南流迳其县东，东屈南转，西回迳肥如县故城南，俗又谓之肥如水。故城，肥子国。应劭曰：晋灭肥，肥子奔燕，燕封于此，故曰肥如也"。罗泌《路史·国名纪五》载，"肥，子爵，本白翟地，晋灭之……肥子后归燕，封之肥如"（原注：如归也，汉故县）。

令支县，春秋时有令支国，当因古国得名。《国语·齐语》载，"北伐山戎，刜令支，斩孤竹而南归"（韦昭注：二国，山戎之与也。刜，击也。斩，伐也。令支，今为县，属辽西）。可见，春秋时有令支国。

临渝县，当因临近渝水得名。《汉志》辽西郡条载，"临渝，渝水首受白狼，东入塞外。又有侯水，北入渝"。

7.辽东郡得名

辽东郡，当因在大辽水之东得名。《水经注·大辽水注》载，"（大辽水）屈而西南流，迳襄平县故城西，秦始皇二十二年灭燕，置辽东郡治此"。

8.玄菟郡属县得名

高句丽县，因高句骊国得名。《水经注·小辽水注》载，"玄菟高句丽县有辽山，小辽水所出，县，故高句丽，胡之国也"。

9.建德郡属县得名

白狼县，因境内有白狼山得名。据《汉志》，右北平郡有白狼县；颜注："有白狼山，故以名县。"

六、并州地区郡县得名

1.太原郡属县得名

晋阳县，当因在晋水之阳得名。《汉志》太原郡条载，晋阳，"故《诗》唐国，周成王灭唐，封弟叔虞。龙山在西北。有盐官。晋水所出，东入汾"。《水经注·晋水注》载，"（晋水）迳晋阳城南，城在晋水之阳，故曰晋阳矣"。

阳曲县，因"河千里一曲，当其阳"得名。据《汉志》，太原郡有阳曲县；颜注引应劭曰："河千里一曲，当其阳，故曰阳曲也。"《元和志》河东道二太原府阳曲县载，阳曲县，"本汉旧县也，属太原郡。黄河千里一曲，曲当其阳，故曰阳曲"。

京陵县，因为春秋时九京且为晋卿大夫之墓地得名。《续汉志》并州太原郡条载，"京陵，春秋时九京"（刘昭注引《礼记》曰："赵武从先大夫于九京"，郑玄曰："晋卿大夫之墓地。'京'，字之误，当为'九原。'"）。《水经注·汾水注》载，"（侯甲水）又西迳京陵县故城北，王莽更名曰致城矣。于《春秋》为九原之地也"；"其故京尚存。汉兴，增陵于其下，故曰京陵焉"。

2.上党郡及其属县得名

上党郡，因"在山上其所最高"得名。《释名·释州国》载，"上党，党，所也，在山上其所最高，故曰上也"。

潞县，因潞子国得名。《左传》宣公十五年（前594）"经文"载，"晋师灭赤狄潞氏，以潞子婴儿归（杜注：潞，赤狄之别种。潞氏，国，故称氏）"。《汉志》上党郡条载，"潞，故潞子国"。

壶关县，因此关似壶得名。《元和志》河东道四潞州壶关县条载，壶关县，"本汉县也，属上党郡。山形似壶，于此置关，故名壶关"。

泫氏县，因在泫水之上得名。《元和志》河东道四泽州高平县条载，高平县，"本汉泫氏县，属上党郡，在泫水之上，故以为名"。

铜鞮县，因铜鞮水得名。《寰宇记》河东道十一威胜军铜鞮县条载，铜鞮县，"本汉旧县，以铜鞮水为名"。

涅县，因涅水得名。《汉志》上党郡条载，"涅氏，涅水也"；颜注，"涅

327

水出焉，故以名县也"。《水经注·浊漳水注》载，"涅水又东迳涅县故城南，县氏涅水也"。

襄垣县，因赵襄子所筑得名。《元和志》河东道四潞州襄垣县条载，襄垣县，"本汉旧县，属上党郡。赵襄子所筑，因以为名"。

3.西河郡及其属县得名

西河郡，因在河水之西得名。《释名·释州国》载，"河西，在河水西也"。此"河西"应为"西河"。《水经注·河水注》引《汉官》记各郡得名云，"或以川原，西河、河东是也"。

离石县，因境内有离石水得名。《水经注·河水注》载，"河水又南得离石水口，水出离石北山，南流迳离石县故城西"。《元和志》河东道三石州离石县条载，离石县，"本汉旧县也，属西河郡。县东北有离石水，因取名焉"。

界休县，因在介山西得名。《元和志》河东道二汾州介休县条载，介休县，"本秦、汉之旧邑，在介山西，因名之"。《元和志》中的"介休县"即西晋十六国时期的"界休县"。

4.雁门郡及其属县得名

雁门郡，因雁之所出得名。《山海经·北山经》载，"北水行五百里，至于雁门之山（郭璞注：雁门山，即北陵西隃，雁之所出，因以名云）"。《水经注·河水注》引《汉官》记各郡得名云，"或以所出……雁门雁之所育是也"。

崞县，因崞山得名。《元和志》河东道三代州崞县条载，崞县，"本汉旧县，因山为名，属雁门郡"。

马邑县，当因代之马城得名。据《汉志》，雁门郡有马邑县；颜注引《晋太康地记》云："秦时建此城辄崩不成，有马周旋驰走反复，父老异之，因依以筑城，遂名为马邑。"据《续汉志》，并州雁门有马邑县；刘昭注引干宝《搜神记》曰："昔秦人筑城于武州塞内以备胡，城成而崩者数矣。有马驰走一地，周旋反复，父老异之，因依以筑城，城乃不崩，遂名之为马邑。"《水经注·漯水注》载，"（马邑川水）东迳马邑县故城南，干宝《搜神记》曰：昔秦人筑城于武州塞内以备胡，城将成而崩者数矣。有马驰走一地，周旋反复，父老异之，因依以筑城，城乃不崩，遂名之为马邑。或以为代之马城也，诸记纷竞，未识所是。汉以斯邑封韩王信，后为匈奴所围，信遂降之"。《晋太康地记》《搜神记》所载马邑得名，不可信，此不从。相对而言，《水经注》所载"代之马城"更可信。

楼烦县，当因楼烦部族得名。《元和志》河东道三岚州条载，"春秋属晋，晋灭后为胡楼烦王所居，赵武灵王破以为县"。

七、雍州地区郡县得名

1.京兆郡属县得名

蓝田县，当因县出美玉得名。《元和志》关内道一京兆府蓝田县条载，蓝田县，"本秦孝公置。按《周礼》，'玉之美者曰球，其次为蓝'，盖以县出美玉，故曰蓝田"。

新丰县，因汉高祖"分置丰民以实兹邑"得名。《史记·高祖本纪》载，"（高帝十年）七月，太上皇崩栎阳宫，楚王、梁王皆来送葬，赦栎阳囚，更命郦邑曰新丰"（《正义》引《括地志》云："新丰故城，在雍州新丰县西南四里，汉新丰宫也。太上皇时凄怆不乐，高祖窃因左右问故，答以平生所好皆屠贩少年，酤酒卖饼，斗鸡蹴鞠，以此为欢，今皆无此，故不乐。高祖乃作新丰，徙诸故人实之。太上皇乃悦。"按：前于郦邑筑城寺，徙其民实之，未改其名，太上皇崩后，命曰新丰）。《汉志》京兆尹条载，"新丰，骊山在南，故骊戎国。秦曰骊邑。高祖七年置"（应劭曰：太上皇思东归，于是高祖改筑城寺街里以象丰，徙丰民以实之，故号新丰）。《水经注·渭水注》载，"池水又迳鸿门西，又迳新丰县故城东，故丽戎地也。高祖王关中，太上皇思东归，故象旧里，制兹新邑，立城社，树枌榆，令街庭若一，分置丰民以实兹邑，故名之为新丰也"。

郑县，因郑国封国得名。《汉志》京兆尹条载，"郑，周宣王弟郑桓公邑"。《水经注·渭水注》载，"渭水又东迳郑县故城北，《史记》：秦武公十年县之，郑桓公友之故邑也。《汉书》薛瓒注言：周自穆王已下，都于西郑，不得以封桓公也。幽王既败，虢、郐又灭，迁居其地，国于郑父之丘，是为郑桓公。无封京兆之文。余按迁《史记》，考《春秋》《国语》《世本》言，周宣王二十二年，封庶弟友于郑。又《春秋》《国语》并言桓公为周司徒，以王室将乱，谋于史伯，而寄帑与贿于虢、郐之间。幽王贾于戏，郑桓公死之。平王东迁，郑武公辅王室，灭虢、郐而兼其土。故周桓公言于王曰：我周之东迁，晋、郑是依。乃迁封于彼。《左传》隐公十一年，郑伯谓公孙获曰：吾先君新邑于此，其能与许争乎？是指新郑为言矣。然班固、应劭、郑玄、皇甫谧、裴頠、王隐、阚骃及诸述作者，咸以西郑为友之始封，贤于薛瓒之单说也。无宜违正经而从逸录矣"。据此，郑县因郑国封国得名。

泾阳县，当因在泾水之阳得名。

2.冯翊郡属县得名

临晋县，因"秦筑高垒以临晋国"得名。《元和志》关内道二同州冯翊县条载，冯翊县，"本汉临晋县，故大荔戎城，秦获之，更名。旧说秦筑高垒以临晋国，故曰临晋"。

下邽县，因迁邽戎于此，已有上邽，故此称下邽。据《汉志》，京兆尹有下邽县；颜注引应劭曰："'秦武公伐邽戎，置有上邽，故加下。'师古曰：'邽音圭，取邽戎之人而来为此县。'"《水经注·渭水注》载，"渭水又东迳下邽县故城南，秦伐邽，置邽戎于此。有上邽，故加下也"。

频阳县，因在频山之阳得名。《汉志》左冯翊条载，"频阳，秦厉公置"；颜注引应劭曰："在频水之阳。"《水经注·沮水注》载："沮循郑渠，东迳当道城南，城在频阳县故城南，频阳宫也，秦厉公置。城北有频山，山有汉武帝殿，以石架之。县在山南，故曰频阳也。应劭曰：'县在频水之阳。今县之左右，无水以应之，所可当者，惟郑渠与沮水。'"《元和志》关内道二京兆府美原县条载，美原县，"秦、汉频阳之地，以县西北十一里有频山，秦厉公于山南立县，故曰频阳"。

莲芍县，因莲芍草得名。《水经注·沮水注》载，"（沮水）又东迳莲芍县故城北，《十三州志》曰：县以草受名也"。《寰宇记》关西道五华州下邽县条载，"古莲勺城，在今县北二十二里，莲勺以草为名"。

合阳县，因在合水之阳得名。《史记·魏世家》载，魏文侯十七年（前429），"西攻秦，至郑而还，筑雒阴、合阳（《正义》：雒，漆沮水也，城在水南。合阳，合水之北）"。据《汉志》，左冯翊有郃阳县；颜注引应劭曰："'在郃水之阳也。'师古曰：'音合。即《大雅·大明》之诗所谓"在洽之阳"。'"《水经注·河水注》载，"河水又迳合阳城东，周威烈王之十七年，魏文侯伐秦至郑，还筑汾阴、合阳，即此城也。故有莘邑矣，为太姒之国。

《诗》云：在合之阳，在渭之涘"。

夏阳县，因在夏山之阳得名。《史记·张仪列传》载，"惠王乃以张仪为相，更名少梁曰夏阳。"（《集解》：徐广曰："夏阳在梁山龙门。"《索隐》："音下。夏，山名，亦曰大夏，是蜀所都。"《正义》："少梁城，同州韩城县南二十三里。夏阳城在县南二十里。梁山在县东南十九里。龙门山在县北五十里。"）据此，夏阳县应因在夏山之阳得名。

3.扶风郡及其属县得名

扶风郡，因"扶助京师行风化"得名。《元和志》关内道二凤翔府条载，"武帝太初元年更名右扶风，所以扶助京师行风化也，与京兆尹、左冯翊谓之三辅，理皆在长安城中。后汉出理槐里，即今兴平县南东七里故槐里城是。魏文帝除'右'字，为扶风郡"。

池阳县，因在池水之阳得名。《元和志》关内道二京兆府泾阳县条载，泾阳县，"（汉）惠帝改置池阳县，属左冯翊，故城在今县西北二里，以其在池水之阳，故曰池阳"。

汧县，当因汧水得名。《水经注·渭水注》载，"汧水入焉，水出汧县之蒲谷乡弦中谷，决为弦蒲薮。《尔雅》曰：水决之泽为汧，汧之为名，寔兼斯举"。

陈仓县，当因陈仓山得名。《水经注·渭水注》载，"（渭水）又东过陈仓县西，县有陈仓山"。《元和志》关内道二凤翔府宝鸡县条载，宝鸡县，"本秦陈仓县，秦文公所筑，因山以为名"。

4.安定郡属县得名

临泾县，当因临泾水得名。

乌氏县，当因此地有乌氏戎得名。《史记·匈奴列传》载，"岐、梁山、泾、漆之北有义渠、大荔、乌氏（《正义》：《括地志》云：乌氏故城，在泾州安定县东三十里。周之故地，后入戎。秦惠王取之，置乌氏县也）、朐衍之戎"。

都卢县，当因都卢山得名。《汉志》安定郡条载，"乌氏，乌水出西，北入河。都卢山在西"。《元和志》关内道三原州百泉县条载，百泉县，"本汉朝那县地，故城在今县理西四十五里"；"可蓝山，一名都卢山，在县西南七十里"。

鹑觚县，因筑城"以觚爵奠祭，乃有鹑鸟飞升觚上"而得名。《寰宇记》关西道十邠州宜禄县条载，"废鹑觚县，在县西十里。按《周地图记》云：'鹑

瓠县者，秦使太子扶苏及蒙恬筑长城，见此原原高水浅，因欲筑城，遂以瓠
爵奠祭，乃有鹑鸟飞升瓠上，以为灵异，因以名县'"。

阴密县，因古密国得名。《汉志》安定郡条载，"阴密，《诗》密人国"。《寰
宇记》关西道八泾州灵台县条载，"阴密城。《诗》曰：'密人不恭。'《春秋左
传》昭公十五年：'晋荀跞如周，葬穆后。王曰："叔父唐叔，成王之母弟也。
密须之鼓，与其大路，文所以大蒐也。"'杜预云：'密须，姞姓国也，在安定
阴密县。'《史记》：'周共王游于泾上，密康公从，有三女奔之。其母曰："必
致之于王。夫兽三为群，人三为众，女三为粲。王田不取群，公行不下众，王
御不参一族。夫粲，美之物也。众以美物归汝，而何德以堪之？王犹不堪，况
尔小丑乎！小丑备物，终必亡。"康公不献，一年，共王灭密。'即此城也"。

泾阳县，当因在泾水之阳得名。

5.北地郡属县得名

泥阳县，因在泥水之阳得名。《史记·樊郦滕灌列传》载，"苏驵军于泥阳"
（《正义》：故城在宁州罗川县北三十一里。泥谷水源出罗川县东北泥阳，源侧
有泉，于泥中潜流二十余步而流入泥谷。又有泥阳湫，在县东北四十里）。据
《汉志》，北地郡有泥阳县；颜注引应劭曰："泥水出郁郅北蛮中。"

6.始平郡及其属县得名

始平郡、始平县，因始平原得名。《寰宇记》关西道三雍州兴平县条载，
兴平县，"昭帝又割其地置平陵县，以平陵之故也，属右扶风。魏黄初元年改
为始平县，因原以建名"。

武功县，因境内有武功山、武功水得名。《水经注·渭水注》载，"（渭
水）又东过武功县北"，"余水出武功县，故亦谓之武功水也"；"《地理志》曰：
县有太一山。《古文》以为终南，杜预以为中南也。亦曰太白山，在武功县南，
去长安二百里，不知其高几何，俗云：武功、太白，去天三百"，"杜彦达曰：
太白山南连武功山，于诸山最为秀杰"。可见武功县境内有武功水、武功山。
《元和志》关内道二京兆府武功县条载，武功县，"按：旧县境有武功山。斜
谷水亦曰武功水。故诸葛亮表云'遣孟琰据武功水'，又杜彦远云'太白山南
连武功山'。是则县本以山水立名也"。

鄠县，因古扈国得名。《汉志》右扶风条载，"鄠，古国。有扈谷亭。扈，

夏启所伐"。《水经注·渭水注》载，"（甘水）又北迳甘亭西，在水东鄠县，昔夏启伐有扈作誓于是亭。故马融曰：甘，有扈南郊地名也"。《元和志》关内道二京兆府鄠县条载，鄠县，"本夏之扈国，启与有扈战于甘之野。《地理志》古扈国，有户谷、户亭，又有甘亭。扈至秦改为鄠邑，汉属右扶风"。据此，鄠县因古扈国得名。

盩厔县，因"山曲曰盩，水曲曰厔"得名。《元和志》关内道二京兆府盩厔县条载，盩厔县，"汉旧县，武帝置，属右扶风。山曲曰盩，水曲曰厔"。

7. 新平郡属县得名

漆县，当因漆水得名。《汉志》右扶风条载，"漆，水在县西"。《水经注·漆水注》载，"《尚书·禹贡》、太史公《禹本纪》云：导渭水东北至泾，又东迳漆、沮入于河"；"班固《地理志》云：漆水出漆县西。阚骃《十三州志》又云：漆水出漆县西"。

八、凉州、秦州地区郡县得名

1. 金城郡及其属县得名

金城郡、金城县，当因郡城坚固得名。《汉志》金城郡条载，"金城郡，昭帝始元六年置"；颜注引应劭曰："初筑城得金，故曰金城。"臣瓒曰："称金，取其坚固也，故《墨子》曰'虽金城汤池。'师古曰：'瓒说是也。一云，以郡在京师西，故谓金城。金，西方之行。'"《水经注·河水注》引《汉官》记各郡得名云，"或以所出，金城城下得金"。金城郡得名有三说，此以城坚固说为是。

浩亹县，因"浩水流峡山，岸深若门"得名。据《汉志》，金城郡有浩亹县；颜注引师古曰："'浩音诰。浩，水名也。亹者，水流峡山，岸深若门也。'《诗·大雅》曰：'凫鹥在亹'，亦其义也。今俗呼此水为合门河，盖疾言之，浩为合耳。"

2. 武威郡属县得名

姑臧县，因姑臧山得名。《元和志》陇右道下凉州姑臧县条载，姑臧县，

"本汉旧县，属武威郡，因姑臧山为名。亦言故匈奴盖藏城，后人音讹为'姑臧'焉"。

3.张掖郡及其属县得名

张掖郡，因张国臂掖得名。《汉志》张掖郡条颜注引应劭曰："张国臂掖，故曰张掖也。"《水经注·河水注》引应劭《地理风俗记》曰："张掖，言张国臂掖，以威羌狄。"

屋兰县，当因匈奴屋兰氏居此得名。《晋志》凉州张掖郡条载，"屋兰，汉因屋兰名焉"。《后汉书·章帝纪》载，章和元年（87）十月，"北匈奴屋兰储等率众降"。据此，匈奴有屋兰氏。《晋志》言"汉因屋兰名"，当因匈奴屋兰氏居此得名。

4.西郡属县得名

删丹县，因删丹山得名。《元和志》陇右道下甘州删丹县条载，删丹县，"本汉旧县，属张掖郡。按，焉支山一名删丹山，故以名县。山在县南五十里"。

兰池县，当因境内有兰绝池得名。《晋书》凉州西郡条载，"兰池，一云兰绝池"。

5.酒泉郡得名

酒泉郡，当因"其水甘若酒味"得名。《汉志》酒泉郡条颜注引应劭曰："'其水若酒，故曰酒泉也。'师古曰：'旧俗传云城下有金泉，泉味如酒。'"《水经注·河水注》引应劭《地理风俗记》曰，"酒泉，其水甘若酒味故也"；又引《汉官》记各郡得名称，"或以所出……酒泉泉味如酒"。

6.敦煌郡及其属县得名

敦煌郡、敦煌县，取"敦，大也；煌，盛也"之意。《汉志》敦煌郡条颜注引应劭曰："敦，大也；煌，盛也。"

龙勒县，因龙勒山得名。《元和志》陇右道下沙州寿昌县条载，寿昌县，"本汉龙勒县，因山为名，属敦煌郡"，"龙勒水，在县南百八十里龙勒山上"。

阳关县，当因阳关关名得名。《汉志》敦煌郡条载，"龙勒，有阳关、玉门关"。可见，汉代已有阳关之名。然阳关置县在西晋时，故县因关名。

冥安县，因境内冥水得名。《汉志》敦煌郡条载，"冥安，南籍端水出南羌中，西北入其泽，溉民田"；颜注引应劭曰："冥水出北，入其泽。"《元和志》陇右道下瓜州晋昌县条载，晋昌县，"本汉冥安县，属敦煌郡，因县界冥水为名也"。

渊泉县，因其地多泉水得名。据《汉志》，敦煌郡有渊泉县；颜注引师古曰："阚骃云地多泉水，故以为名。"

7. 西海郡及其属县得名

西海郡，因海在其西得名。《释名·释州国》载，"西海，海在其西也"。

居延县，当因居延泽得名。《史记·李将军列传》载，"天子以为李氏世将，而使（李陵）将八百骑，尝深入匈奴二千余里，过居延"（《正义》引《括地志》云："居延海，在甘州张掖县东北六十四里。"《地理志》云："居延泽，古文以为流沙。"甘州，在京西北二千四百六十里）。《汉志》张掖郡条载，"居延，居延泽在东北，古文以为流沙"。

8. 高昌郡及其属县得名

高昌郡、高昌县，因"其地势高敞，人物昌盛"得名。《元和志》陇右道下西州条载，西州，"本汉车师国之高昌壁也。后汉和帝永元三年，班超定西域，以超为都护，复置戊己校尉，理车师前部高昌壁，以其地势高敞，人物昌盛，因名高昌。晋成帝咸和中，张骏置高昌郡"。

9. 陇西郡、大夏郡及其属县得名

陇西郡，因陇坻之西得名。《水经注·河水注》载，"（陇水）又西北迳狄道故城东"，"汉陇西郡治，秦昭王二十八年置。应劭曰：'有陇坻在其东，故曰陇西也。'"

大夏郡、大夏县，因大夏水得名。《水经注·河水注》载，"洮水右合二水，左会大夏川水"，"（大夏水）又东北迳大夏县故城南"。《寰宇记》陇右道五河州大夏县条载，大夏县，"《十六国春秋》：'张骏十八年分武始、晋兴、广武置大夏郡及县，取县西大夏水为名。'"

临洮县，因临洮水得名。《史记·秦始皇本纪》载，"（秦王政）八年，王

335

弟长安君成蟜将军击赵，反，死屯留，军吏皆斩死，迁其民于临洮"（《索隐》：临洮在陇西。《正义》：临洮水，故名临洮。）。

狄道县，因此地为狄人所居得名。据《汉志》，陇西郡有狄道县；颜注引师古曰："其地有狄种。故云狄道。"《水经注·河水注》载，"（陇水）又西北迳狄道故城东。《百官表》曰：县有蛮夷谓之道，公主所食曰邑。应劭曰：反舌左衽，不与华同，须有译言乃通也。汉陇西郡治，秦昭王二十八年置"。《寰宇记》陇右道二兰州狄道县条载，狄道县，"其地故西戎别种所居，秦取以为县"。

河关县，因地处河之关塞得名。《水经注·河水注》载，"（河水）又东过陇西河关县北，洮水从东南来流注之"，"《地理志》曰：汉宣帝神爵二年置河关县。盖取河之关塞也"。

枹罕县，因为故罕羌居地得名。据《汉志》，金城郡有枹罕县；颜注引应劭曰："故罕羌侯邑也。"

洮阳县，当因在洮水之阳得名。

金剑县，因金剑山得名。《寰宇记》陇右道五河州大夏县条载，大夏县，"金剑山在县西二十里。亦有金剑故城，一号金柳城，即前凉曾为金剑县于其中"。可见前凉曾置金剑县，因山得名。

10.南安郡属县得名

獂道县，因为戎邑獂地得名。据《汉志》，天水郡有獂道县；颜注引应劭曰："獂，戎邑也。"《水经注·渭水注》载，"渭水又东南迳獂道县故城西，昔秦孝公西斩戎之獂王，应劭曰：獂，戎邑也"。

新兴县，当因新兴川水得名。《水经注·渭水注》载，"渭水又东，新兴川水出西南鸟鼠山"；"又东北迳新兴县北，《晋书·地道记》，南安之属县也"。

彰县，当因彰川水得名。《水经注·渭水注》载，"渭水又东，新兴川水出西南鸟鼠山，二源合舍，东北流与彰川合，水出西南溪下，东北至彰县南，本属故道侯尉治，后汉县之"。《寰宇记》陇右道二渭州郭县条载，郭县，"因水为名焉"。

11.天水郡及其属县得名

天水郡，因"郡前湖水冬夏无增减"得名。《汉志》天水郡条颜注引《秦州地记》云："郡前湖水冬夏无增减，因以名焉。"《元和志》陇右道上秦州条载，"汉武帝元鼎三年，分陇西置天水郡。郡前有湖水，冬夏无增减，取天水名，由此湖也"。

上邽县，本邽戎之地，因对下邽县而称此上邽县。《史记·秦本纪》载，"（秦武公）十年，伐邽、冀戎，初县之"。《水经注·渭水注》载，"（蒙）水出（上邽）县西北邽山，翼带众流，积以成溪，东流南屈，迳上邽县故城西，侧城南出上邽，故邽戎国也。秦武公十年伐邽，县之，旧天水郡治"。据前文雍州地区郡县得名"下邽县"条，春秋时，秦迁邽戎之人而立下邽，对上邽而称。

冀县，因冀戎居地得名。《史记·秦本纪》载，"（秦武公）十年，伐邽、冀戎，初县之"。《水经注·渭水注》载，"其水北迳冀县城北，秦武公十年伐冀戎，县之，故天水郡治"。

新阳县，当因新阳川水得名。《水经注·渭水注》载，"渭水又东，出岑峡，入新阳川，迳新阳下城南"。新阳县有新阳川，县当因此得名。

12.略阳郡属县得名

平襄县，当因襄戎居地得名。据《汉志》，天水郡有平襄县；颜注引师古曰："阚骃云故襄戎邑也。"《水经注·渭水注》载，"渭水自黑水峡至岑峡南，北十一水注之。北则温谷水，导平襄县南山温溪，东北流迳平襄县故城南，故襄戎邑也"。

九、梁州地区郡县得名

1.汉中郡及其属县得名

汉中郡，因汉水得名。《水经注·沔水注》载，"（沔水）东过南郑县南"，"周赧王二年，秦惠王置汉中郡，因水名也"。

褒中县，当因"以其当褒斜大路"得名。《元和志》山南道三兴元府褒城县条载，褒城县，"本汉褒中县，属汉中郡，都尉理之。古褒国也。当斜谷大路"。《寰宇记》山南西道一兴元府褒城县条载，褒城县，"本汉褒中县，以其当褒斜大路，故名"。

沔阳县，当因在沔水之阳得名。

2.梓潼郡、金山郡及其属县得名

金山郡，因金山得名。《元和志》剑南道下绵州条载，绵州，"大业三年改为金山郡，武德元年复为绵州"；绵州龙安县条载，龙安县，"本汉涪县地，周武帝天和六年于此置金山县，隋大业三年废。武德三年于废金山县城置龙安县，因山为名"。隋金山郡与东晋金山郡在同一位置，隋金山郡、金山县因金山得名，东晋金山郡也应因此山得名。

剑阁县，因小剑戍至大剑"连山绝险，飞阁通衢"得名。《水经注·漾水注》载，"（清水）又东南迳小剑戍北，西去大剑三十里，连山绝险，飞阁通衢，故谓之剑阁也"。

白水县，当因白水得名。据《汉志》，广汉郡有白水县；颜注引应劭曰："出徼外，北入汉。"据《续汉志》，益州广汉郡有白水县；刘昭注："《山海经》曰白水出蜀而东南入江，郭璞曰今在县。"

3.广汉郡、新都郡属县得名

五城县，当因发五县民于此置五仓得名。《华阳国志·蜀志》广汉郡条载，"五城县。郡东南。有水通于巴。汉时置五仓，发五县民，尉部主之。后因以为县"。

雒县，因雒水得名。《汉志》广汉郡条载，"雒，章山，雒水所出，南至新都谷入湔"。《元和志》剑南道上汉州雒县条载，雒县，"本汉旧县也，属广汉郡，县南有雒水，因以为名"。

郪县，因郪江水得名。《元和志》剑南道下梓州郪县条载，郪县，"本汉旧县，属广汉郡，因郪江水为名也"。

4.巴郡及其属县得名

巴郡，因故为巴国得名。《华阳国志·巴志》载，"周慎王五年，蜀王伐苴侯，苴侯奔巴，巴为求救于秦。秦惠文王遣张仪、司马错救苴、巴，遂伐蜀，灭之。仪贪巴、苴之富，因取巴，执王以归，置巴、蜀及汉中郡"。《水经注·江水注》载，"秦惠王遣张仪等救苴侯于巴，仪贪巴、苴之富，因执其王以归，而置巴郡焉，治江州"。《元和志》剑南道下合州条载，"春秋为巴国，秦灭之，以为巴郡"。

临江县，因临江水得名。《寰宇记》山南东道八忠州临江县条载，临江县，

"本汉旧县也，属巴郡，梁立郡于此县，本以临江川为名"。

5.巴西郡属县得名

阆中县，因"阆水迂曲经其三面，县居其中"得名。《寰宇记》剑南东道五阆州阆中县条载，阆中县，"此为阆中县，阆水迂曲经其三面，县居其中，盖取为县名"；"阆中山，其山四合于郡，故曰阆中"。《舆地纪胜·利州路》阆州条引《元和志》曰，阆州，"在秦为巴郡阆中县也"；阆中县条引《元和志》云："阆水经县三面，县居其中，以此为名。"

6.巴东郡属县得名

鱼复县，因古鱼国得名。《水经注·江水注》载，"江水又东迳鱼复县故城南，故鱼国也。《春秋左传》文公十六年，庸与群蛮叛，楚庄王伐之，七遇皆北，惟裨、儵、鱼人逐之是也"。

朐忍县，因"地下湿，多朐腮虫"得名。《寰宇记》山南东道六云安军云安县条载，云安县，"本汉朐腮县地，属巴郡。有橘官、盐官。《十三州志》：朐腮，'地下湿，多朐腮虫，故以为名。'"

汉丰县，因"汉土丰盛"得名。《寰宇记》山南西道五开州开江县条，开江县，"本汉朐腮县地，蜀先主建安二十一年于今县南二里置汉丰县，以汉土丰盛为名"。

十、益州、宁州地区郡县得名

1.蜀郡得名

蜀郡，因故为蜀国得名。《华阳国志·巴志》载，"周慎王五年，蜀王伐苴侯，苴侯奔巴，巴为求救于秦。秦惠文王遣张仪司马错救苴、巴，遂伐蜀，灭之。仪贪巴、苴之富，因取巴，执王以归，置巴、蜀及汉中郡"；《蜀志》载，"周慎王五年秋，秦大夫张仪、司马错、都尉墨等从石牛道伐蜀"，蜀遂亡；"周赧王元年，秦惠王封子通国为蜀侯，以陈壮为相。置巴郡。以张若为蜀国守。戎伯尚强，乃移秦民万家实之。三年，分巴、蜀置汉中郡"。《水经注·江水注》载，"秦惠王二十七年，遣张仪与司马错等灭蜀，遂置蜀郡焉"。

2.犍为郡及其属县得名

犍为郡，因犍为山得名。《寰宇记》剑南西道三嘉州犍为县条载，犍为县，"本汉犍为郡，因山为名"。

僰道县，因僰人居此得名。《华阳国志·蜀志》犍为郡条载，僰道县，"高后六年城之，治马湖江会。水通越巂。本有僰人，故《秦纪》言'僰童之富'。汉民多，渐斥徙之"。《水经注·江水注》载，"（僰道）县，本僰人居之。《地理风俗记》曰：夷中最仁，有仁道，故字从人。《秦纪》所谓'僰僮之富'者也。其邑，高后六年城之"。

3.汉嘉郡属县得名

严道县，因秦徙严王之族于此得名。《寰宇记》剑南西道六雅州严道县条载，"秦始皇二十五年灭楚，徙严王之族以实此地，故曰严道。汉为县，属蜀郡"。《太平御览·州郡部十二》剑南道雅州条载，"《蜀记》曰：'秦灭楚，徙严王之族于此，故谓之严道。'"

4.江阳郡属县得名

江阳郡、江阳县，当因在江水之阳得名。《水经注·江水注》"经文"载，"（江水）又东过江阳县南"。

绵水县，因绵水得名。《水经注·江水注》载，"（洛水）又东迳资中县，又迳汉安县，谓之绵水也"；"绵水至江阳县方山下入江，谓之绵水口，亦曰中水"。《寰宇记》剑南东道七泸州废绵水县条载，"废绵水县，在县江阳县地，晋置绵水县，在绵水溪口，因以为县"。

安乐县，因安乐山得名。《元和志》剑南道下泸州合江县条载，合江县，"本汉符县地，晋穆帝于此置安乐县"；"安乐山，在县东八十三里，县取名焉"。

5.朱提郡及其属县得名

朱提郡、朱提县，当因朱提山得名。据《汉志》，犍为郡有朱提县，"山出银"；颜注引应劭曰："朱提山在西南。"《水经注·若水注》载，"（若水）又东北至犍为朱提县西，为泸江水。朱提，山名也。应劭曰：在县西南，县以氏焉"。

汉阳县，当因在汉水之阳得名。《华阳国志·南中志》朱提郡条载，"汉阳县，有汉水，入延江"。《水经注·延江水注》载，"延江水又与汉水合，水出犍为汉阳道山阚谷，王莽之新通也，东至鳖邑入延江水也"。汉阳县有汉水，县当因在汉水之阳得名。

堂狼县，因堂狼山得名。《华阳国志·南中志》载，"堂螂县，因山名也"。此"堂螂县"即"堂狼县"。

6.越嶲郡及其属县得名

越嶲郡，因"有嶲水，言越此水以章休盛"得名。《汉志》越嶲条载，"越嶲郡，武帝元鼎六年开"；颜注引应劭曰："故邛都国也。有嶲水，言越此水以章休盛也。"《水经注·若水注》载，"应劭曰：有嶲水，言越此水以章休盛也。后复反叛。元鼎六年，汉兵自越嶲水伐之，以为越嶲郡，治邛都县"。

邛都县，因故邛都国得名。《史记·西南夷列传》载，"自滇以北君长以什数，邛都最大"；诛邛君后，"乃以邛都为越嶲郡"。

7.牂柯郡、夜郎郡及其属县得名

牂柯郡，因"江中山名"得名。《汉志》牂柯郡条颜注载，牂柯郡，"应劭曰：'临牂柯江也。'师古曰：'牂柯，系船杙也。'"《华阳国志·南中志》载，"以且兰有椓船牂柯处，乃改其名为牂柯。"《水经注·温水注》载，"豚水东北流迳谈藁县，东迳牂柯郡且兰县，谓之牂柯水。水广数里，县临江上，故且兰侯国也，一名头兰，牂柯郡治也。楚将庄蹻泝沅伐夜郎，椓牂柯系船，因名且兰为牂柯矣。汉武帝元鼎六年开，王莽更名同亭，有柱浦关。牂柯，亦江中两山名也"。《寰宇记》江南西道二十充州条载，"《汉书》曰：'夜郎者，临牂牁江，江广一百余步，足以行舟'"；"《土地（志）》《十三州志》云：'牂柯者，江中山名也'"。可见牂柯得名有两说，此取"江中山名"为是。

夜郎郡、夜郎县，当因故夜郎国得名。《史记·西南夷列传》载，"西南夷君长以什数，夜郎最大"。后世所置夜郎郡、夜郎县，当因故夜郎国得名。

8.梁水郡及其属县得名

梁水郡、梁水县，当因梁水得名。《水经注·温水注》载，"温水又东南迳梁水郡南，温水上合梁水，故自下通得梁水之称，是以刘禅分兴古之盘南，置郡于梁水县也"。

9.建宁郡属县得名

牧麻县，因其山出此草得名。《华阳国志·南中志》建宁郡条载，"牧麻县，山出好升麻，有涂水"。《水经注·若水注》载，"绳水又东，涂水注之。水出建宁郡之牧靡南山，县、山并即草以立名。山在县东北乌句山南五百里，山生牧靡，可以解毒，百卉方盛，鸟多误食乌喙，口中毒，必急飞往牧靡山，啄牧靡以解毒也"。

滇池县，因滇池泽得名。《汉志》益州郡条载，"滇池，大泽在西，滇池泽在西北"。《续汉志》益州益州郡条载，"滇池，出铁，有池泽"。《华阳国志·南中志》晋宁郡条载，"滇池县，郡治，故滇国也。有泽水，周回二百十里，所出深广，下流浅狭，如倒流，故曰滇池"。

10.永昌郡属县得名

不韦县，因"徙南越相吕嘉子孙宗族"于此，"以彰其先人恶"得名。《华阳国志·南中志》载，汉武帝时，"置巂唐、不韦二县，徙南越相吕嘉子孙宗族实之，因名不韦，以彰其先人恶"。《水经注·淹水注》载，"汉明帝永平十二年，置为永昌郡，郡治不韦县。盖秦始皇徙吕不韦子孙于此，故以不韦名县"。《华阳国志·汉中志》载，"新城郡，本汉中房陵县也。秦始皇徙吕不韦舍人万家于房陵，以其隑地也"。秦始皇时，秦朝统治尚未达汉晋时不韦县境，结合《华阳国志》所载，可知《水经注》所载不韦县得名当误。此从《华阳国志》。

哀牢县，因故哀牢国得名。《续汉志》益州永昌郡条载，"哀牢，永平中置，故牢王国"。《后汉书·西南夷传》载，"永平十二年，哀牢王柳貌遣子率种人内属"，"显宗以其地置哀牢、博南二县"。

十一、青州地区郡县得名

1.齐郡及其属县得名

齐郡，因曾为齐国之地得名。《水经注·河水注》引《汉官》记各郡得名云，"凡郡或以列国，陈、鲁、齐、吴是也"。

临淄县，因城临淄水得名。《水经注·淄水注》载，"淄水又北迳其城东，城临淄水，故曰临淄"。

般阳县，因在般水之阳得名。据《汉志》，济南郡有般阳县；颜注引应劭曰："在般水之阳。"《水经注·济水注》载，"陇水南出长城中，北流至般阳县故城西南，与般水会，水出县东南龙山，俗亦谓之为左阜水。西北迳其城南，王莽之济南亭也。应劭曰：县在般水之阳，故资名焉"。

2.北海郡及其属县得名

北海郡，因海在其北得名。《释名·释州国》载，"北海，海在其北也"。

下密县，当因在密水之下游得名。《水经注·潍水注》载，"潍水又东北迳下密县故城西，城东有密阜，《地理志》曰有三户山祠。余按：应劭曰'密者水名'，是有'下密'之称，俗以之名阜，非也"。

胶东县，当因在胶水之东得名。《水经注·胶水注》载，"胶水又东北迳下密县故城东，又东北迳胶东县故城西，汉高帝元年别为国，景帝封子寄为王国，王莽更之郁秩也，今长广郡治。伏琛、晏谟言，胶水东北回达于胶东城北百里，流注于海"。

即墨县，因"城临墨水"得名。《元和志》河南道七莱州即墨县条载，即墨县，"本汉旧县，属胶东国，城临墨水，故曰即墨"。

3.济南郡及其属县得名

济南郡，因在济水之南得名。《释名·释州国》载，"济南，济水在其南也"。济南郡应因在济水之南得名。

历城县，因城在历山之下得名。《寰宇记》河南道十九齐州历城县条载，历城县，"古齐历下，城对历山之下。韩信渡河破齐历下之师，即此也。汉为历城县，属济南国。晋隶济南郡"。

漯阴县，因在漯水之阴得名。据《汉志》，济南郡有漯阴县；颜注引应劭曰："漯水出东武阳，东北入海。"《水经注·河水注》载，"漯水又东北迳漯阴县故城北"。

著县，因地生蓍草得名。《寰宇记》河南道十九齐州临邑县条载，"蓍城，在县东南五十里，古老相传地生神蓍草，每年贡四十九茎"。《魏志》齐州济南郡条载，"蓍，二汉、晋属，治蓍城"。据《汉志》，济南郡有著县；颜注"韦昭误以为蓍龟之蓍字"。周振鹤《汉书地理志汇释》，"杨树达曰：《齐鲁封泥集存》及《续封泥考略》卷三并有'蓍丞之印'。王国维云，济南著县，前后二志均为著字，韦昭读为蓍龟之蓍，师古非之。然后魏济南尚有蓍县，今封泥有'蓍丞之印'，则韦是而颜非也"[1]。"蓍"与"著"字形相近，后"蓍"讹为"著"。

4.乐安郡属县得名

临济县，因临济水得名。《水经注·济水注》载，"（济水）又东北过临济县南，县，故狄邑也，王莽更名利居。《汉记》：安帝永初二年，改从今名，以临济故"。

博昌县，因"昌水其势平博"得名。据《汉志》，千乘郡有博昌县；颜注引应劭曰："'昌水出东莱阳丘。'臣瓒曰：'从东莱至博昌，经历宿水，不得至也。取其嘉名耳。'师古曰：'瓒说是。'"《元和志》河南道六青州博昌县条载，博昌县，"本汉旧县，属千乘郡，昌水其势平博，故曰博昌"。

东朝阳县，因在朝水之阳得名，又因南阳郡有朝阳县而加"东"字。据《汉志》，济南郡有朝阳县；颜注引应劭曰："在朝水之阳。"据《续汉志》，青州济南郡有东朝阳县。《水经注·河水注》载，"漯水又东北迳东朝阳县故城南，汉高帝七年封都尉宰寄为侯国。《地理风俗记》曰：南阳有朝阳县，故加'东'"。

5.城阳郡属县得名

莒县，因古莒国得名。《左传》隐公二年（前719）"经文"载，"夏五月，莒人入向（杜注：莒国，今城阳莒县也）"。《战国策·西周策》载，"郑、莒亡于齐"。《元和志》河南道七密州莒县条载，莒县，"故莒子国也，汉为莒县"。罗泌《路史·国名二》，"莒，纪姓"，"今密之莒县理"。

淳于县，因古淳于国得名。《左传》桓公五年（前707）载，"冬，淳于公如曹（杜注：淳于，州国所都，城阳淳于县也）"。《史记·仲尼弟子列传》载，"（周子家）竖传（《易》）淳于人光子乘羽"；《正义》引《括地志》云："淳于国，在密州安丘县东三十里，古之州国，周武王封淳于国。"

---

① 周振鹤：《汉书地理志汇释》，安徽教育出版社，2006年，第215页。

6.长广郡属县得名

昌阳县，因在昌水之阳得名。《元和志》河南道七莱州昌阳县条载，昌阳县，"本汉旧县也，属东莱郡，置在昌水之阳，故名昌阳"。

十二、徐州地区郡县得名

1.彭城郡属县得名

傅阳县，因春秋时有偪阳国得名。《左传》襄公十年（前593）"经文"载，"夏五月甲午，遂灭偪阳（杜注：偪阳，妘姓国，今彭城傅阳县也）"。《春秋谷梁传》"经文"于此作"遂灭傅阳"。《汉志》楚国条载，"傅阳，故偪阳国"；颜注引师古曰："偪音福。《左氏传》所云偪阳妘姓者也。"《寰宇记》河南道二十三沂州承县条载，"偪阳城。《左传》襄公十年：'公会诸侯于柤，晋遂灭偪阳。'杜注：'偪阳，妘姓之国，今彭城傅阳县也。'晋悼公灭之，以与宋。楚宣王灭宋，改曰傅阳。汉为傅阳县"。

2.下邳郡及其属县得名

下邳郡、下邳县，古有邳国，且薛之祖奚仲迁于此而称。《水经注·泗水注》载，"泗水又东南迳下邳县故城西，东南流，沂水流注焉，故东海属县也。应劭曰：奚仲自薛徙居之，故曰下邳也"。《元和志》河南道五泗州下邳县条载，下邳县，"本夏时邳国，后属薛，《左传》薛之祖奚仲迁于邳是也。春秋并于宋，战国时属楚，后属齐。至秦曰下邳县，汉属东海郡"。

3.东海郡及其属县得名

东海郡，因海在其东得名。《释名·释州国》载，"东海，海在其东也"。

郯县，因春秋时郯国得名。《左传》宣公四年（前605）"经文"载，"公及齐侯平莒及郯"。《史记·齐太公世家》载，"（齐桓公）二年，伐灭郯（《索隐》：据《春秋》，鲁庄十年'齐师灭谭'是也。杜预云'谭国在济南平陵县西南。然此郯乃东海郯县，盖亦不当作'谭'字也），郯子奔莒"。《汉志》东海郡条载，"郯，故国，少昊后，盈姓"。《元和志》河南道五泗州下邳县条载，"故郯城，在县东北一百五十里。古郯子国，孔子问官于郯子，即此地也"。

承县，当因承水得名。《元和志》河南道七沂州承县条载，承县，"本汉之承县，春秋郯国也，属东海郡"，"县西北有承水，因以名焉"。

4.琅邪郡属县得名

临沂县，因临沂水得名。《水经注·沂水注》载，"沂水又南迳临沂县故城东"。《元和志》河南道七沂州临沂县条载，"本汉旧县也，属东海郡，东临沂水，故名之"。

阳都县，当因为春秋时阳国之都得名。《水经注·沂水注》载，"沂水又南迳阳都县故城东，县，故阳国也。齐同盟，齐利其地而迁之者也"。

缯县，因春秋时缯国得名。《史记·吴太伯世家》载，"（吴王）北伐齐败齐师于艾陵，至缯（《集解》：杜预曰'琅邪缯县'），召鲁哀公而征百牢"；《鲁周公世家》载，"（鲁哀公）七年，吴王夫差强伐齐，至缯，征百牢于鲁"。《汉志》东海郡条载，"缯，故国，禹后"。

蒙阴县，因在蒙山之阴得名。《汉志》泰山郡条载，"蒙阴，《禹贡》蒙山在西南"。《水经注·禹贡山水泽地所在》载，"蒙山，在太山蒙阴县西南"。

5.东莞郡属县得名

临朐县，因临朐山得名。《水经注·巨洋水注》载，"（巨洋水）又迳临朐县故城东，城，古伯氏骈邑也"，"应劭曰：临朐，山名也，故县氏之"。《元和志》河南道六青州临朐县条载，临朐县，"本汉县也，属齐郡，县东有朐山，因以为名"。

6.广陵郡、山阳郡属县得名

山阳郡、山阳县，因山阳池得名[①]。

淮阴县，当因在淮水之阴得名。《水经注·淮水注》载，"（淮水）又东过淮阴县北"，"淮水右岸即淮阴也"。

射阳县，因在射水之阳得名。据《汉志》，临淮郡有射阳县；颜注引应劭曰："在射水之阳。"《水经注·淮水注》载，"自广陵出山阳白马湖，迳山阳城西，即射阳县之故城也。应劭曰：在射水之阳"。

---

① 见后文"东晋山阳、淮阳二郡侨实考"。

淮浦县，因在淮水之崖得名。据《汉志》，临淮郡有淮浦县；颜注引应劭曰："淮涯也。"《水经注·淮水注》载，"（淮水）又东至广陵淮浦县入于海。应劭曰：淮崖也，盖临侧淮渎，故受此名"。

7.临淮郡及其属县得名

临淮郡，当因临淮水得名。

盱眙县，后为盱眙县，因"张目为盱，举目为眙，城居山上，可以瞩远"得名。《读史方舆纪要·南直三》泗州盱眙县条载，"许慎曰：'张目为盱，举目为眙。'盱眙者，城居山上，可以瞩远也"。

下相县，因"沛国有相县，相水下流，又因置县"得名。《史记·项羽本纪》载，"项籍者，下相人也"（《索隐》：县名，属临淮。案：应劭云"相，水名，出沛国。沛国有相县，其水下流，又因置县，故名下相也。"）。据《汉志》，临淮郡有下相县；颜注引应劭曰："相水出沛国，故加下。"《水经注·睢水注》载，"睢水又东南流迳下相县故城南"，"应劭曰：相水出沛国相县，故此加下也"。

徐县，因古徐国得名。《续汉志》徐州下邳国条载，"徐，本国"。《水经注·济水注》载，"（济水）又东南过徐县北"，"故徐国也"。《元和志》河南道五泗州徐城县条载，徐城县，"本徐子国也"，"汉诛英布，置徐县，属临淮郡"。

十三、荆州地区郡县得名

1.江夏郡及其属县得名

江夏郡，因"夏水过郡入江"得名。《汉志》江夏郡颜注引应劭曰："沔水自江别至南郡华容为夏水，过郡入江，故曰江夏。"《水经注·江水注》载，"《地理志》曰：夏水过郡入江，故曰江夏也"。

滠阳县，因在滠水之阳得名。《水经注·涢水注》载，"涢水又南，分为二水，东通滠水，西入于沔，谓之涢口也"。《寰宇记》淮南道九汉阳郡汉阳县条载，"滠水。《水经注》云：'江水又东合滠口，水上承沔水流于安阳县而东经滠阳县北，东流注于江。'"可见，滠阳在滠水之阳。

沌阳县，因在沌水之阳得名。《水经注·沔水注》载，"沔水又东迳沌阳县北，处沌水之阳也"。

2.南郡及其属县得名

南郡，因在京都之南得名。《释名·释州国》载，"东郡、南郡，皆以京师方面言之也"。

郜县，因春秋时郜国得名。《左传》僖公二十五年（前635）载，"秦晋伐郜（杜注：郜，本在商密，秦、楚界上小国，其后迁于南郡郜县）"。可见春秋有郜国。《水经注·沔水注》载，"沔水又迳郜县故城南，古郜子之国也，秦、楚之间，自商密迁此，为楚附庸，楚灭之，以为邑"。

枝江县，因"其地夷敞，北据大江，江氾枝分，东入大江，县治洲上"得名。《水经注·江水注》载，"（江水）又东过枝江县南"，"其地夷敞，北据大江，江氾枝分，东入大江，县治洲上，故以枝江为称"。

长林县，因此县"八十里中，拱树修竹，隐天蔽日"得名。《寰宇记》山南东道五荆门军长林县条载，"晋安帝隆安五年，刺史桓玄立武宁郡于故编县城，其属有长林县，与郡俱立，分编县所置也。盛弘之《荆州记》云：'当阳县东有栎林长坂。昔时武宁至乐乡八十里中，拱树修竹，隐天蔽日，长林盖取名于此。'"

3.襄阳郡、沮阳郡及其属县得名

襄阳郡、襄阳县，因在襄水之阳得名。据《汉志》，南郡有襄阳县；颜注引应劭曰："在襄水之阳。"《水经注·沔水注》载，"一水东南出，应劭曰：城在襄水之阳，故曰襄阳。是水，当即襄水也"。《寰宇记》山南东道四襄州条载，"《荆州图记》云：'建安十三年，魏武平荆州，始置襄阳郡，以地在襄山之阳为名。'"《荆州图记》与应劭所言不同，此取应劭之言。

沮阳郡，因在沮水之阳得名。《水经注·沮水注》载，"沮水南迳临沮县西，青溪水注之"；"青溪又东流入于沮水，沮水又屈迳其县南，晋咸和中为沮阳郡治也"。据此，沮阳郡当因沮水之阳而得名。

临沮县，当因临沮水得名。据上引《水经注·沮水注》，临沮县当临沮水得名。

4.南阳郡、舞阴郡及其属县得名

南阳郡，因"在中国之南，而居阳地"得名。《释名·释州国》载，"南阳，在国之南，而地阳也"。《水经注·淯水注》载，"秦昭襄王使白起为将，伐楚，取郢，即以此地为南阳郡，改县曰宛"；"刘善曰：在中国之南，而居阳地，故以为名"。《元和志》山南道二邓州条载，"秦昭襄王取韩地，置南阳郡，以在中国之南，而有阳地，故曰南阳"。

舞阴郡、舞阴县，当因在潕水之阴得名。《水经注·潕水注》"经文"载，"潕水出潕阴县西北扶予山，东过其县南"。此"潕阴"即《汉志》《续汉志》《晋志》中"舞阴"。

鲁阳县，因在鲁山之阳得名。《水经注·滍水注》载，"滍水又东迳鲁阳县故城南，城即刘累之故邑也，有鲁山，县居其阳，故因名"。

淯阳县，因在淯水之阳得名。《水经注·淯水注》载，"（淯水）又屈南过淯阳县东"，"淯水又西南迳其县故城南"。

堵阳县，因在堵水之阳得名。《水经注·淯水注》载，"堵水出棘阳县北山"，"南流迳于堵乡，谓之堵水"，"以水氏县，故有堵阳之名也。《地理志》曰：县有堵水"。《元和志》山南道二唐州方城县条载，方城县，"本汉堵阳地也，属南阳郡，在堵水之阳，故名"。

比阳县，当因在比水之阳得名。据《汉志》，南阳郡比阳县；颜注引应劭曰："比水所出，东入蔡。"《水经注·比水注》载，"（比）水出比阳东北太胡山，东南流过其县南"。

涅阳县，因在涅水之阳得名。据《汉志》，南阳郡有涅阳县；颜注引应劭曰："在涅水之阳。"《水经注·淯水注》载，"水出涅阳县西北岐棘山，东南迳涅阳县故城西。西汉武帝元朔四年，封路最为侯国"；"应劭曰：在涅水之阳矣"。《寰宇记》山南东道一邓州穰县条载，"涅阳城，汉为县，废城尚存，在涅水之阳"。

冠军县，以霍去病功冠诸军封侯于此得名。《史记·建元以来侯者年表》载，汉武帝元朔六年（前123），封霍去病为冠军侯；《卫将军骠骑列传》载，"封（霍）去病为冠军侯"。《汉志》南阳郡载，"冠军，武帝置，故穰卢阳乡、宛临駣聚"；颜注引应劭曰："武帝以封霍去病。去病仍出征匈奴，功冠诸军，故曰冠军。"《水经注·湍水注》载，"湍水又迳冠军县故城东，县本穰县之卢

阳乡、宛之临駆聚，汉武帝以霍去病功冠诸军，故立冠军县"。

复阳县，因在桐柏大复山之阳得名。 据《汉志》，南阳郡有复阳县，颜注引应劭曰："在桐柏下复山之阳。"《水经注·淮水注》载，"（淮水）东出桐柏之大复山南，谓之阳口，水南即复阳县也。阚骃言，复阳县，胡阳之乐乡也，元帝元延二年置，在桐柏大复山之阳，故曰复阳也"。

6.顺阳郡及其属县得名

顺阳郡、顺阳县，因在顺水之阳得名。《汉志》南阳郡条载，"博山，侯国。哀帝置。故顺阳"；颜注引应劭曰："'汉明帝改曰顺阳，在顺水之阳也。'师古曰：'顺阳，旧名，应说非。'"

丹水县，当因县临丹水而得名。《水经注·丹水注》载，"丹水又迳丹水县故城西南县"，"丹水东南流至其县南"。《寰宇记》山南东道一邓州内乡县条载，"丹水，汉因水名置丹水县"。

武当县，因武当山得名。《元和志》山南道二均州条载，"汉南阳郡武当县地也，因山为名"。《寰宇记》山南东二均州武当县条载，"武当县，本汉旧县，属南阳郡，取武当山以名"。

筑阳县，因在筑水之阳得名。《汉志》南阳郡条载，"筑阳，故谷伯国"；颜注引应劭曰："'筑水出汉中房陵，东入沔。'师古曰：'春秋云"谷伯绥来朝"是也，今襄州有谷城县，在筑水之阳。'"《水经注·沔水注》载，"筑水又东，迳筑阳县故城南，县，故楚附庸也，秦平鄢郢，立以为县"。

析县，当因析水得名。《水经注·丹水注》载，"析水出析县西北西北弘农卢氏县大蒿山"，"又东入析县"。据此，析县当因析水得名。

汜阳县，当因在汜水之阳得名。《水经注·沔水注》载，"汜水又东，迳巴西，历巴渠、北新城、上庸，东迳汜阳县故城南，晋分筑阳立"。

7.义阳郡属县得名

穰县，取丰穰之义。《元和志》山南道二邓州穰县条载，穰县，"汉旧县，本楚之别邑，取丰穰之义。后属韩，秦武王攻取之，封魏冉为穰侯。汉以为县，属南阳郡"。

邓县，西周已有邓国①，邓县当因封国得名。

蔡阳县，因在蔡水之阳得名。据《汉志》，南阳郡有蔡阳县；颜注引应劭曰："蔡水所出，东入淮。"《水经注·沔水注》载，"泿水又西迳蔡阳县故城东"，"应劭曰：蔡水出蔡阳，东入淮。今于此城南，更无别水，惟是水可以当之"。

随县，因封国得名。《左传》桓公六年（前706）载，"楚武王侵随（杜注：随国，今义阳随县）"。《汉志》南阳郡条载，"随，故国"。《水经注·涢水注》载，"（涢水）东南过随县西，县，故随国矣。《春秋左传》所谓'汉东之国，随为大者'也。楚灭之，以为县"。

棘阳县，因在棘水之阳得名。据《汉志》，南阳郡有棘阳县；颜注引应劭曰："在棘水之阳。"《水经注·淯水注》载，"（淯水）又南迳棘阳县故城西，应劭曰：县在棘水之阳"。

朝阳县，因在朝水之阳得名。据《汉志》，南阳郡有朝阳县；颜注引应劭曰"在朝水之阳"。《水经注·白水注》载，"白水出朝阳县西，东流过其县南。王莽更名朝阳为厉信县。应劭曰：县在朝水之阳"。

8.汶阳郡属县得名

僮阳县，当因在潼水之阳得名。《水经注·沮水注》载，"沮水东南流径沮阳县东南，县有潼水，东径其县南，下入沮水。沮水又东南迳汶阳郡北，即高安县界"。据此，僮阳县当因在潼水之阳得名。

沮阳县，当因在沮水之阳得名。据上引《水经注》，沮阳县当因在沮水之阳得名。

9.魏兴郡属县得名

长利县，因在长利川得名。《元和志》山南道二均州丰利县条载，丰利县，"本汉长利县之地也，理在长利川，故以为名"。

洵阳县，因在洵水之阳得名。《水经注·沔水注》载，"旬水又东南迳旬阳县南"。《寰宇记》山南西道九金州洵阳县条载条载，洵阳县，"本汉旧县，在洵水之阳，属汉中郡。后汉省，晋太康四年复立"。

---

① 徐少华：《周代南土历史地理与文化》，武汉大学出版社，1994年，第10—19页。

10.上庸郡及其属县得名

上庸郡、上庸县，因春秋时庸国得名。《左传》文公十六年（前611）载，"庸人帅群蛮以叛楚（杜注：庸，今上庸县，属楚之小国）"。《续汉志》益州汉中郡条载，"上庸，本庸国"。《华阳国志·汉中志》载，"上庸郡，故庸国，楚与巴、秦所共灭者也。秦时属蜀，后属汉中"。

上廉县，因上廉水得名。《寰宇记》山南西道九金州平利县条载，"晋于今县平利川置上廉县，取上廉水为名"。

11.建平郡属县得名

北井县，因盐井在县北得名。《水经注·江水注》载，"（溪水）又迳北井县西，东转历其县北，水南有盐井，井在县北，故县名北井，建平一郡之所资也。盐水下通巫溪，溪水是兼盐水之称矣"。

12.宜都郡属县得名

夷陵县，因夷山之楚王陵得名。《史记·楚世家》载，"（楚顷襄王）二十一年，秦将白起遂拔我郢，烧先王墓夷陵"（《索隐》：夷陵，陵名，后为县，属南郡）。《水经注·江水注》载，"江水又东迳故城北，所谓陆抗城也"，"北对夷陵县之故城，城南临大江，秦令白起伐楚，三战而烧夷陵者也。应劭曰：夷山在西北，盖因山以名县也。王莽改曰居利。吴黄武元年，更名西陵也，后复曰夷陵"。据此，夷陵县当因夷山之楚王陵得名。

佷山县，因佷山得名。《水经注·夷水注》载，"夷水又东迳佷山县故城南，县，即山名也"。

13.武陵郡属县得名

临沅县，因县临沅水得名。《水经注·沅水注》载，"沅水又东迳临沅县南，县南临沅水，因以为名"。

黚阳县，当因在黚水之阳得名。《水经注·延江水注》载，"酉水北岸有黚阳县，许慎曰'温水南入黚'，盖鳖水以下津流沿注之通称也，故县受名焉"。

酉阳县，因在酉水之阳得名。《水经注·沅水注》载，"酉水东迳酉阳故县南，县，故西陵也"。

沅南县，因在沅水之南得名。《水经注·沅水注》载，"（沅水）又东北过临沅县南，临沅县与沅南县分水"；"（临沅县）南对沅南县，后汉建武中所置也，县，在沅水之阴，因以沅南为名，县治故城，昔马援讨临乡所筑也"。

舞阳县，因在无水之阳得名。《水经注·沅水注》载，"沅水东过无阳县，无水出故且兰，南流至无阳故县，县对无水，因以氏县"。

辰阳县，因在辰水之阳得名。《水经注·沅水注》载，"沅水又东迳辰阳县南，东合辰水"，"辰水又径其县北，旧治在辰水之阳，故即名焉，《楚辞》所谓'夕宿辰阳'者也"。

14.天门郡及其属县得名

天门郡，因境内松梁山洞开如天门得名。《宋志》荆州刺史天门太守条载，"天门太守，吴孙休永安六年，分武陵立。充县有松梁山，山有石，石开处数十丈，其高以弩仰射不至，其上名'天门'，因此名郡"。《水经注·澧水注》载，"吴永安六年，武陵郡嵩梁山，高峰孤竦，素壁千寻，望之苕亭，有似香炉。其山洞开，玄朗如门，高三百丈，广二百丈，门角上各生一竹，倒垂下拂，谓之天帚。孙休以为嘉祥，分武陵置天门郡"。

零阳县，因在零水之阳得名。据《汉志》，武陵郡有零阳县；颜注引应劭曰："零水所出，东南入湘"。《水经注·澧水注》载，"澧水又东迳零阳县南，县即零溪以著称矣"。据此，零阳当因在零水之阳得名。

临澧县，因临澧水得名。《水经注·澧水注》载，"澧水出武陵充县西，历山东过其县南，澧水自县东迳临澧、零阳二县故界"；"充县废省，临澧即其地，县，即充县之故治，临侧澧水，故为县名，晋太康四年置"。

澧阳县，因在澧水之阳得名。《水经注·澧水注》载，"澧水又东迳澧阳县南，南临澧水，晋太康四年立，天门郡治也"。

溇阳县，因在溇水之阳得名。《水经注·澧水注》载，"澧水又迳溇阳县，右会溇水。水出建平郡东径溇阳县南，晋太康中置"。

15.长沙郡及其属县得名

长沙郡，因郡内长沙县得名。《水经注·河水注》引《汉官》记各郡得名云，"或以旧邑，长沙、丹阳是也"。

临湘县，因临湘水得名。《水经注·湘水注》注，"（湘水）又右迳临湘县故城西，县治湘水滨，临川侧，故即名焉"。

攸县，因攸溪得名。《水经注·洣水注》载，"（洣水）又西北过攸县南，攸水出东南安成郡安复县封侯山，西北流迳其县北。县北带攸溪，盖即溪以名县也"。

下隽县，因隽水得名。《元和志》江南道三鄂州武昌县条载，"下隽故城，在县西南一百六里，因隽水为名"。

浏阳县，因浏水之阳得名。《水经注·浏水注》载，"浏水出临湘县东南、浏阳县西北，过其县东北与涝水合"。《元和志》江南道五潭州浏阳县条载，"本汉长沙国临湘县地，吴置浏阳，因县南浏阳水为名"。

罗县，因春秋时罗子国得名。据《汉志》，长沙国有罗县；颜注引应劭曰："文王徙罗子自枝江居此"。《水经注·湘水注》载，"汨水又西迳罗县北，本罗子国也，故在襄阳宜城县西，楚文王移之于此。秦立长沙郡，因以为县，水亦谓之罗水"。楚文王为春秋楚国国君，故春秋此地有罗子国。《元和志》江南道三岳州湘阴县条载，湘阴县，"本春秋罗子国，秦为罗县，今县东北六十里故罗城是也"。

蒲圻县，因蒲圻湖得名。《元和志》江南道三鄂州蒲圻县条载，蒲圻县，"吴大帝分立蒲圻县，因蒲圻湖为名"。《寰宇记》江南西道十鄂州蒲圻县条载，"吴黄武二年于沙羡县置蒲圻县，在竞江口，属长沙郡，因湖以称，故曰蒲圻"。

16. 衡阳郡及其属县得名

衡阳郡、衡阳县，当因在衡山之阳得名。

湘南县，当因在临湘县之南得名。《水经注·涟水注》载，"涟水自湘南县东流至衡阳湘西县界，入于湘水也，于临湘县为西南者矣"。据此，湘南县当因在临湘县之南得名。

烝阳县，因在承水之阳得名。据《汉志》，长沙国有承阳县；颜注引应劭曰："承水之阳"。

17. 湘东郡及其属县得名

湘东郡，因在湘水之东得名。《水经注·湘水注》载，"（承水）至湘东临承县北，东注于湘，谓之承口。临承，即故酃县也，县即湘东郡治也，郡旧治在湘水东，故以名郡。魏正元二年，吴主孙亮分长沙东部立"。

临烝县，因临承水得名。《水经注·湘水注》载，"（武水）至重安县注于承水，至湘东临承县北，东注于湘，谓之承口"。据此，临承县当因临承水得名。此"临承"即《晋志》《宋志》中"临烝"。

18. 零陵郡、营阳郡及其属县得名

零陵郡，当因"舜葬九疑，寔惟零陵"得名。《水经注·湘水注》载，"营水又西北迳泉陵县西"，"零陵郡治，故楚矣。汉武帝元鼎六年，分桂阳置。太史公曰：舜葬九疑，寔惟零陵，郡取名焉"。

营阳郡，因郡在营水之阳得名。《水经注·湘水注》载，"营水又东北迳营浦县南，营阳郡治也，魏咸熙二年，吴孙晧分零陵置，在营水之阳，故以名郡矣"。《元和志》江南道五道州条载，道州，"秦属长沙郡，汉属长沙国，武帝分长沙置零陵郡，吴分零陵置营阳郡，今州是也，以郡在营水之南，因以为名"。

观阳县，因在观水之阳得名。《水经注·湘水注》载，"（湘水）又东北迳观阳县与观水合，水出临贺郡之谢沭县界西北，迳观阳县西县，盖即水为名也"。据此，观阳县当因在观水之阳得名。

春陵县，当因春溪得名。《水经注·湘水注》载，"营水又北都溪水注之，水出春陵县北二十里，仰山南迳其县西，县，本泠道县之春陵乡，盖因春溪为名矣"。

泠道县，当因泠溪得名。《水经注·湘水注》载，"（泠）水南出九疑山北，流迳其县西南，县指泠溪以即名"。

应阳县，因在应水之阳得名。《水经注·湘水注》载，"应水涌于上，东南流迳应阳县南，晋分观阳县立，盖即应水为名也"。

19. 邵陵郡属县得名

都梁县，因都梁山得名。《水经注·资水注》载，"（资水）又迳都梁县南，汉武帝元朔五年以封长沙定王子敬侯遂之邑也。县西有小山，山上有淳水，既清且浅，其中悉生兰草，绿叶紫茎，芳风藻川，兰馨远馥，俗谓兰为都梁，山因以号，县受名焉"。

邵阳县，因在邵水之阳得名。《水经注·资水注》载，"邵水又东会云泉水，水出零陵永昌县云泉山，西北流迳邵阳南，县，故昭阳也"。《元和志》江南

道五邵州邵阳县条载，邵阳县，"本汉昭陵县，属长沙国，后汉改昭阳县，晋武帝改为邵阳，在邵水之阳，故名"。

武冈县，因"后汉武陵蛮为汉所伐，来保此冈"得名。《水经注·资水注》载，"（资水）东北迳邵陵郡武冈县南，县分都梁之所置也。县左右二冈对峙，重阳齐秀，间可二里。旧传，后汉伐五溪蛮，蛮保此冈，故曰武冈，县即其称焉"。《寰宇记》江南西道十三邵州武冈县条载，武冈县，"汉都梁县地，属零陵郡。晋武帝分都梁立武冈县，今冈东有汉都梁故城是也。县因后汉武陵蛮为汉所伐，来保此冈，故谓之武冈。又《郡国志》云，武冈，冈接武陵，因以得名"。

20.桂阳郡及其属县得名

桂阳郡，当因在桂水之阳得名。《水经注·深水注》载，"应劭曰：桂水出桂阳，东北入湘"；《耒水注》载，"（郴县），桂阳郡治也，汉高帝二年分长沙置。《地理志》曰：桂水所出，因以名也"。

耒阳县，因在耒水之阳得名。《水经注·耒水注》载，"（耒水）又西北过耒阳县之东耒阳旧县也，盖因水以制名"。《元和志》江南道五衡州耒阳县条载，耒阳县，"本秦县，因耒水在县东为名"。

临武县，因临武溪水得名。《水经注·溱水注》载，"武溪水出临武县西北桐柏山，东南流，右合溱水，乱流，东南迳临武县西，谓之武溪，县侧临溪东，因曰临武县"。《元和志》江南道五郴州临武县条载，临武县，"本汉旧县，因南临武溪水，以为名"。

21.武昌郡属县得名

鄂县，西周已有鄂国，因古国得名。西周已有鄂国，其地应在南阳盆地内的西鄂故城[①]。刘向《说苑·善说》载，"鄂君子晳之泛舟于新波之中"。战国楚墓出土的包山楚简第164号简有"鄂君之人利吉"[②]。战国楚怀王六年（前323）所制青铜器"鄂君启节"，对此"鄂"，谭其骧认为，"鄂是现今湖北的

---

① 徐少华：《周代南土历史地理与文化》，第25页。
② 陈伟等：《楚地出土战国简册（十四种）》，经济科学出版社，2009年，第78页。

鄂城县，不是今之武昌。古鄂城汉置鄂县，至孙权改曰武昌"①。

22.安成郡属县得名

宜春县，因"县侧有暖泉，从地涌出，夏冷冬暖，清澄若镜，莹媚如春，饮之宜人"得名。《寰宇记》江南西道七袁州宜春县条载，宜春县，"县侧有暖泉，从地涌出，夏冷冬暖，清澄若镜，莹媚如春，饮之宜人，故名宜春县"。

新渝县，因渝水得名。《元和志》江南道四袁州新喻县条载，新喻县，"本汉宜春县地，吴孙皓分置新渝县，因渝水为名。天宝后相承作'喻'，因声变也"。

萍乡县，因"地多生萍草"得名。《元和志》江南道四袁州萍乡县条载，萍乡县，"本汉宜春县地，吴宝鼎二年分立萍乡"，"以地多生萍草，因以为名"。

十四、扬州地区郡县得名

1.丹杨郡（丹阳郡）及其属县得名

丹杨郡，又称丹阳郡，因郡内丹阳县得名。《水经注·河水注》引《汉官》记各郡得名云，"或以旧邑，长沙、丹阳是也"。

丹杨县，因"山多赤柳"得名；丹阳县，因在丹山之阳得名。南宋周应合《景定建康志》卷五"辨丹阳"条对"丹杨""丹阳"及其得名有考辨，其云："按西汉《地理志》字从'杨'，东汉《郡国志》字从'阳'。自晋至唐，见于史传者，或为杨，或为阳，无定字也。《江南地志》云：'郡国有赭山，其山丹赤。'《寰宇记》云：'赭山，亦名丹山，唐天宝中改为绛岩山，丹阳之义出此，山临平湖，湖亦以丹阳名。'今此山在溧水、句容二县之间。以此证之，则丹为山名，山南为阳，故曰丹阳，字从'阳'者为是。《晋·地理志》于丹杨郡之丹杨县注云：'山多赤柳。'以此证之，'丹杨'即'赤柳'之异名，字从'杨'者为是。二字各有所据，世或疑之。窃谓古史字多通用，如豫章名郡，取义于木而字不从樟，会稽名郡，取义会计而字或从郐，岂容以今字之拘而疑古字之通哉？况柳之赤，山之丹，未必不互相因也。丹山之有

---

① 谭其骧：《鄂君启节铭文释地》，载《长水集（下）》，人民出版社，1987年，第208页。

丹杨，则因木取义宜也，丹杨山之南曰丹阳，因方取义亦宜也。二字之通，毋庸深辨。"

芜湖县，"**以其地卑，畜水非深而生芜藻**"**得名**。《寰宇记》江南西道三太平州芜湖县条载，芜湖县，"本汉县，《地理志》属丹阳，在芜湖侧，以其地卑，畜水非深而生芜藻，故曰芜湖，因此名县"。

溧阳县，**因在溧水之阳得名**。据《汉志》，丹扬郡有溧阳县；颜注引应劭曰："溧水所出南湖也。"《元和志》江南道四宣州溧阳县条载，溧阳县，"本汉旧县，属丹阳郡，以在溧水之阳为名"。

2.宣城郡属县得名

陵阳县，**因**"**陵阳子明得仙于此**"**得名**。据《续汉志》，扬州丹阳郡有陵阳县；刘昭注，"陵阳子明得仙于此县山，故以为名"。《宋志》扬州刺史宣城太守条载，"广阳令，汉旧县曰陵阳，子明得仙于此县山，故以为名。晋成帝杜皇后讳'陵'，咸康四年更名"。《水经注·沔水注》载，"（旋溪）水出陵阳山下，迳陵阳县西为旋溪水，昔县人阳子明钓得白龙处。后三年，龙迎子明上陵阳山，山去地千余丈。后百余年，呼山下人，令上山半与语溪中。子安问子明钓车所在。后二十年，子安死，山下有黄鹤栖其冢树，鸣常呼子安，故县取名焉。晋咸康四年，改曰广阳县"。《列仙传·陵阳子明传》详载陵阳子明事。

泾县，**因泾水得名**。《元和志》江南道四宣州泾县条载，泾县，"本汉旧县，因泾水以为名，属丹阳郡，晋属宣城郡"。《寰宇记》江南西道一宣州泾县条载，泾县，"本汉旧县，《地理志》属丹阳郡。韦昭注云：'泾水出芜湖。'盖因水立名"。

3.淮南郡及其属县得名

淮南郡，**因在淮水之南得名**。

下蔡县，**因蔡国自新蔡迁此得名**。《汉志》沛郡条载，"下蔡，故州来国，为楚所灭，后吴取之，至夫差迁昭侯于此。后四世侯齐竟为楚所灭"。《水经注·淮水注》载，"淮水又北迳下蔡县故城东，本州来之城也。吴季札始封延陵，后邑州来，故曰延州来矣。《春秋》哀公二年，蔡昭侯自新蔡迁于州来，谓之下蔡也"。《元和志》河南道三颍州下蔡县条载，下蔡县，"本汉旧县，古蔡国，又吴州来之邑也。按，蔡国本都上蔡，又徙新蔡，后又迁此，故谓之下蔡"。

西曲阳县，因在淮曲之阳得名，又因下邳国有曲阳县而称。《汉志》九江郡条载，"曲阳，侯国"；颜注引应劭曰："在淮曲之阳。"《水经注·淮水注》载，"淮水又右纳洛川于西曲阳县北"，"洛水北迳西曲阳县故城东，王莽之延平亭也，应劭曰：县在淮曲之阳。下邳有曲阳，故是加'西'也"。

历阳县，因在历水之阳得名。《寰宇记》淮南道二和州历阳县条载，历阳县，"南有历水，故曰历阳"。《舆地纪胜·淮南西路》和州历阳县条引《元和志》云，"本秦旧县，项羽封范增为历阳侯。县在水北，故曰历阳"。

钟离县，当因春秋时钟离国得名。《史记·楚世家》载，"初，吴之边邑卑梁与楚边邑钟离小童争桑，两家交怒相攻，灭卑梁人。卑梁大夫怒，发邑兵攻钟离。楚王闻之，怒发国兵灭卑梁。吴王闻之大怒，亦发兵，使公子光因建母家攻楚，遂灭钟离、居巢"。据《汉志》，九江郡有钟离县；颜注引应劭曰："钟离子国。"《水经注·淮水注》载，"（淮水）又东过钟离县北。《世本》曰：钟离，嬴姓也。应劭曰：县，故钟离子国。楚灭之，以为县。《春秋左传》所谓吴公子光伐楚，拔钟离者也"。

合肥县，因"夏水暴长，施合于肥"得名。据《汉志》，九江郡有合肥县；颜注引应劭曰："夏水出父城东南，至此与淮合，故曰合肥。"《水经注·施水注》载，"施水受肥于广阳乡，东南流迳合肥县。应劭曰：夏水出城父东南，至此与肥合，故曰合肥。阚骃亦言，出沛国城父东，至此合为肥。余按川殊派别，无沿注之理。方知应、阚二说，非实证也。盖夏水暴长，施合于肥，故曰合肥也。非谓夏水"。郦道元所言甚是，夏水并非水名，为夏季雨水之义。夏季雨水暴涨，施水与肥水在此地相合，故称合肥。

当涂县，当因涂山得名。《元和志》江南道四宣州当涂县条载，当涂县，"本汉丹阳县地。其当涂县，本属九江郡，汉为侯国。《左传》'禹会诸侯于涂山'，注云'在寿春东北'。以涂山为邑，故以名焉"。

4.庐江郡、寻阳郡及其属县得名

庐江郡，当因庐江水得名。《汉志》庐江郡条载，庐江郡，"庐江出陵阳东南，北入江"。庐江郡初置在江南，后移至江北。

寻阳郡、寻阳县，因在寻水之阳得名。《宋志》江州刺史寻阳太守条载，

"寻阳，本县名，因水名县，水南注江"。《元和志》江南道四江州浔阳县条载，浔阳县，"本汉旧县，属庐江郡，以在浔水之阳，故曰浔阳"。

阳泉县，因"城古泉水之阳"得名。《寰宇记》淮南道七寿州霍丘县条载，"《水经注》云县西'蓼邑即皋陶之封邑'，其县即古阳泉县。泉从县西南，北流入决，城古泉水之阳，故名阳泉。今水东见有古城"。

舒县，因春秋时舒国得名。《左传》僖公三年（前652）"经文"载，"徐人取舒（杜注：舒国，今庐江舒县）"。

灊县，因灊山、灊水得名。《水经注·沘水注》载，"沘水出庐江灊县西南霍山东北。灊者，山水名也。《开山图》灊山围绕大山为霍山，郭景纯曰灊水出焉，县即其称矣"。据此，灊县当因灊山、灊水得名。

皖县，因春秋时皖国得名。《太平御览·州郡部十五》载，"《元和郡县志》曰：'舒州，桐安郡，《禹贡》杨州之域，春秋时皖国也'"。《寰宇记》淮南道三舒州条载，"春秋时皖国也"，"在汉即皖县，今州是也，属庐江郡"。

居巢县，因春秋时巢国得名。《左传》文公十二年（前615）"经文"载，"楚人围巢（杜注：巢，吴、楚间小国。庐江六县东有居巢城）"；昭公二十四年载，"吴人踵楚，而边人不备，遂灭巢及钟离而还"。《史记·吴太伯世家》载，"（吴王僚）九年，公子光伐楚，拔居巢、钟离"；"（吴王阖庐）六年，楚使子常囊瓦伐吴，迎而击之，大败楚军于豫章，取楚之居巢而还"。可见，《左传》作"巢"，《史记》作"居巢"。"居"为发语词。战国楚怀王六年（前323）所制青铜器"鄂君启节"铭文有"居巢"。谭其骧认为，"'居巢'的居是发语词。'居巢'就是'巢'，故凡《左传》里的巢，《史记》皆作居巢"；"车节铭文中的居巢地处淮北"；"由此可见：一、秦汉居巢县只是先秦多处居巢即巢中的一处，旧说以此和先秦所有的居巢即巢混为一谈是错的。二、今之巢县只是唐以后的巢县，旧说以此为秦汉居巢县故地就是错的，以此为先秦所有居巢即巢的故地，更是大错特错"[1]。

六县，因春秋时六国得名。《左传》文公五年（前622）"经文"载，"楚人灭六（杜注：六国，今庐江六县）"。《史记·楚世家》载，"（楚穆王）四年，灭六、蓼。六、蓼，皋陶之后（《集解》：杜预曰：六国，今庐江六县）"。

---

① 谭其骧：《鄂君启节铭文释地》，载谭其骧《长水集（下）》，第220—222页。

5.毗陵郡属县得名

丹徒县，或因"秦以其地有王气，始皇遣赭衣徒三千人凿破长陇"得名。《元和志》江南道一润州丹徒县条载，丹徒县，"本朱方地，后名谷阳"，"初，秦以其地有王气，始皇遣赭衣徒三千人凿破长陇，故名丹徒"。

曲阿县，或因"秦时望气者云有王气，故凿之以败其势，截其直道，使之阿曲"得名。《元和志》江南道一润州丹阳县条载，丹阳县，"本旧云阳县，秦时望气者云有王气，故凿之以败其势，截其直道，使之阿曲，故曰曲阿"。

6.吴郡及其属县得名

吴郡、吴县，因曾为吴国之地得名。《水经注·河水注》引《汉官》记各郡得名云，"凡郡或以列国，陈、鲁、齐、吴是也"。

桐庐县，因桐溪得名。《水经注·浙江水注》载，"紫溪东南流迳桐庐县东为桐溪，孙权藉溪之名以为县目，割富春之地立桐庐县"。《元和志》江南道一睦州桐庐县条载，桐庐县，"本汉富春县之桐溪乡，黄武四年分置桐庐县，以居桐溪地，因名"。《寰宇记》江南东道七睦州桐庐县，桐庐县，"汉为富春县地，吴黄武四年分富春县置此。《耆旧传》曰：'桐溪有大椅桐树，垂条偃盖，荫蔽数亩，远望似庐，遂谓为桐庐县也'"。《寰宇记》所载桐庐县得名之说不可信，此从《水经注》《元和志》。

7.吴兴郡、义兴郡及其属县得名

义兴郡，因表阳羡周玘"频兴义兵"之功得名。《晋书·周处传附州玘传》载，"周处字子隐，义兴阳羡人也"；周处子玘，"帝以玘频兴义兵，勋诚并茂，乃以阳羡及长城之西乡、丹杨之永世别为义兴郡，以彰其功焉"。《晋志》扬州条载，永兴元年（304），"以周玘创义讨石冰，割吴兴之阳羡并长城县之北乡置义乡、国山、临津并阳羡四县，又分丹杨之永世置平陵及永世，凡六县，立义兴郡，以表玘之功，并属扬州"。

於潜县，因县西晋山得名。《元和志》江南道一杭州於潜县条载，於潜县，"本汉旧县也，县西有晋山，因以为名。旧'晋'字无'水'，至隋加'水'焉"。《寰宇记》江南东道五杭州於潜县条载，於潜县，"本汉旧县地，《汉书》属丹阳郡。《吴越春秋》：'秦徙大越鸟语之人置晋。'阚骃《十三州志》：'晋读为潜，俗出好布。'吴宝鼎元年割属吴兴郡。《吴录·地理云》：'县西瞀山，盖因山以立名。'旧'瞀'字无'水'，至隋加'水'"。《元和志》《寰宇记》均载"旧'瞀'字无'水'，至隋加'水'焉"。然《续汉志》《晋志》《宋志》《南齐志》均作"於潜"，故此仍以"於潜"为是。

长城县，因"吴王阖闾使弟夫概居此，筑城狭而长"得名。《元和志》江南道一湖州长城县条载，长城县，"本汉乌程县地，晋武帝太康三年，分其地置长城县，昔阖闾使弟夫概居此，筑城狭而长，因以为名"。《寰宇记》江南东道六湖州长兴县载，长兴县，"本汉乌程县地，晋武帝分置长城县。按《吴兴记》云：'吴王阖闾使弟夫概居此，筑城狭而长，故曰长城县，因此名之。'"

国山县，县因国山得名。《寰宇记》江南东道四常州宜兴县条载，"国山，在县西南五十里。《舆地志》云：'本名离里山，山有九峰相连，亦名九斗山，一名升山。'吴五凤二年，其山有大石自立，高九尺三寸，大十三围三寸。归命后又遣司空董朝、太常周处至阳羡，封禅为中岳，改名国山"。

8. 会稽郡及其属县得名

会稽郡，或因"禹会诸侯，江南计功"得名。《史记·夏本纪》载，"或言禹会诸侯江南，计功而崩，因葬焉，命曰会稽。会稽者，会计也"。《水经注·河水注》引《汉官》记各郡得名云，"或以号令，禹合诸侯，大计东冶之山，因名会稽是也"；《浙江水注》载，"太史公曰：禹会诸侯，计于此，命曰会稽。会稽者，会计也。始以山名，因为地号"。

山阴县，因在会稽山之阴得名。《水经注·浙江水注》载，"（山）北即大越之国，秦改为山阴县，会稽郡治也"。《寰宇记》江南东道八越州山阴县条载，"本秦旧县，置在会稽山北、龟山西"；越州会稽县条载，"山阴，秦始皇移在会稽山北，故有山阴之称"。

上虞县，或因传说"舜避丹朱于此"得名。《水经注·浙江水注》载，"江水东迳上虞县南"，"《晋太康地记》曰：舜避丹朱于此，故以名县，百官从之，故县北有百官桥。亦云：禹与诸侯会事讫，因相虞乐，故曰上虞。二说不同，未详孰是"。

余姚县，或因勾余山多姚璋得名。《水经注·沔水注》载，"江水又东迳余姚县故城南，县城是吴将朱然所筑"；"县西去会稽百四十里，因句余山以名县，山在余姚之南、句章之北也"。《元和志》江南道二越州余姚县条载，

"本汉旧县，舜后支庶所封之地。舜，姚姓，故曰余姚"。《寰宇记》江南东道八越州余姚县条载，余姚县，"汉旧县，在余姚山西。《山海经》云：'勾余之山，无草木，多金玉。'郭璞注云：'在会稽余姚县南，勾章县北。山多姚璋，故取二县以为名。'《风土记》云：'舜支庶所封，舜姓姚。'"余姚县得名有二说，《风土记》所载当不可从。

句章县，或因"句践并吴，大城之，以章霸功"得名。《大清一统志·宁波府》古迹句章故城条载，句章故城，"阚骃《十三州志》：'句践并吴，大城之，以章霸功，故名句章。'秦置句章县"。

鄞县，当因赤堇山得名。《读史方舆纪要·浙江四》载，"鄞城，（奉化）县东五十里。志云：夏有堇子国，以赤堇山为名。堇，草名也，加邑为鄞"；"秦置鄞县，属会稽郡，汉以后因之"。

诸暨县，因县界有暨浦诸山得名。《元和志》江南道二越州诸暨县条载，诸暨县，"秦旧县也，界有暨浦诸山，因以为名"。

9.东阳郡属县得名

长山县，因县境长山得名。《水经注·浙江水注》载，"（长山县）或谓之长仙县也，言赤松采药此山，因而居之，故以为名，后传呼乖谬，字亦因改"。《寰宇记》江南东道九婺州金华县条载，金华县，"《吴录·地理志》云属东阳郡。《名山略记》云：'有长山，在东北，县因之为名。'隋改长山为金华。按金华即长山别名，今为金华县焉。长山，在县南二十里，一名金华山。即黄初平初起遇道士教以仙方处。《吴录·地理志》云：'常山，仙人采药处，谓之长山。'"长山县，当因县境长山得名。

10.新安郡属县得名

黟县，当因黟山得名。《元和志》江南道四歙州黟县条载，黟县，"本汉旧县，理在黟川，因以为名"，"按县南有墨岭，出墨石。又昔贡柿心木，县由此得名。《说文》'黟'字从'黑'旁'多'，后传误遂写'黝'字"。《寰宇记》江南西道二歙州黟县条载，"本秦旧县，置在黟川，因名之《汉·地理志》云黟属丹阳郡。今县南十八里有墨岭山"，"岭旁窦出墨石可书。又《新安图经》云：'岁贡柿心墨木。黟之名县，职此之由。'《汉书》韦昭《音义》：'黟音伊。'或从'黝'，二字相似，盖写而误焉"。据《寰宇记》，秦代已有黟县，因在黝川得名。据《元和志》《寰宇记》所载，此县应为黝县，后因书写而误"黝"为"黝"。《水经注·浙江水注》载，"浙江水出三天子都，山海经谓之浙江也。《地理志》云：水出丹阳黝县南蛮中"，"浙江又北历黝山，县居山之阳，故县氏之"。上引《元和志》《寰宇记》先言黝县因黝川得名，又说墨岭得名。墨岭当即《水经注》所言黝山。故黝县当因黝山得名。

歙县，因歙浦得名。《元和志》江南道四歙州歙县条载，"本秦旧县也，县西有歙浦，因以为名"。《寰宇记》江南西道二歙州歙县条载，"秦旧县，县有水口名歙，因浦以名"。

11.临海郡属县得名

松阳县，因县东南大松树得名。《元和志》江南道二处州松阳县条载，松阳县，"本汉回浦县之地，属会稽，后汉分立此县，有大松树，大八十围，因取为名"。《寰宇记》江南东道十一处州白龙县条载，白龙县，"本章安县之南乡，汉献帝八年吴立为县。《吴录》云：'取松阳木为名。'按《吴地记》云：'县东南临大溪有松阳树，大八十一围，腹中空，可容三十人坐，故取此为名。'"《旧唐志》处州条载，"松阳，后汉分章安之南乡置松阳县，县东南大阳及松树为名"。

安固县，因县境安固山得名。《寰宇记》江南东道十一温州瑞安县条载，瑞安县，"《舆地志》云：'后汉光武改为章安县，吴曰罗阳，后改为安阳，至晋太康元年改为安固县，因界内安固山为名。'"

12.建安郡及其属县得名

建安郡、建安县，因汉献帝年号建安得名。《旧唐志》建州条载，"建安，汉冶县地，吴置建安县，州所治，以建溪为名"。《寰宇记》江南东道十三建州条载，"建安初，分东侯官之地为建安，并南平、汉兴三县"；建州建安县条载，"地本孙策于建安初分东侯官之地立此邑，即以年号为名，属会稽南部都尉"。《寰宇记》与《旧唐志》所载建安县得名不同，此从《寰宇记》。

建阳县，因在山之阳得名。《寰宇记》江南东道十三建州建阳县条载，建阳县，"本后汉建安县地，又割建安地为桐乡；至十年，平东校尉贺齐讨上饶之城兼旧桐乡，置建平县。故《吴志》云'建安十年，权使贺齐讨上饶，立建平县'是也。晋太元四年改建平为建阳，因山之阳为名"。

13.豫章郡及其属县得名

豫章郡，因"樟树生庭中"得名。《水经注·河水注》引《汉官》记各郡得名云，"或以所出……豫章樟树生庭"；《济水注》载，"圈称曰：昔天子建国名都，或以令名，或以山林，故豫章以树氏郡，酸枣以棘名邦"；《赣水注》："应劭《汉官仪》曰：豫章樟树生庭中，故以名郡矣"。

新淦县，因县境淦水得名。据《汉志》，豫章郡有新淦县；颜注引应劭曰："淦水所出，西入湖汉也。"《水经注·赣水注》载，"牵水又东迳新淦县，即王莽之偶亭，而注于豫章水，湖汉及赣并通称也。又淦水出其县下，注于赣水"。《元和志》江南道四吉州新淦县条载，新淦县，"本汉旧县，豫章南部都尉所居，县有淦水，因以为名"。《寰宇记》江南西道七吉州新淦县条载，新淦县，"本汉旧县，属豫章郡，南有子淦山，因以为名"。《元和志》称新淦县因淦水得名，《寰宇记》称此县因子淦山得名，此从《元和志》。

建昌县，因建县时户口昌盛得名。《寰宇记》江南西道九南康军建昌县条载，"按雷次宗《豫章记》云：'后汉永元中分海昏立建昌县，以其户口昌盛，因以为名。'"

彭泽县，当因县西彭蠡泽得名。《汉志》豫章郡条载，"彭泽，《禹贡》彭蠡泽在西"。《续汉志》扬州豫章郡条载，"彭泽，彭蠡泽在西"。《水经注·禹贡山水泽地所在》载，"彭蠡泽，在豫章彭泽县西北"。《元和志》江南道四江州彭泽县条载，彭泽县，"本汉旧县，属豫章郡，置彭城湖南，因以为名"。《寰宇记》江南西道九江州彭泽县条载，彭泽县，"本汉县，属豫章，取泽以为名"。

14.临川郡属县得名

新南城县，因在郡城之南得名，又当因泰山郡有南城县而加"新"字。《寰宇记》江南西道八建昌军南城县条载，"按《汉书·地理志》云：高帝六年，命大将军灌婴立豫章，其年分豫章南境立南城县，以其在郡城之南，故名南城"。

西宁县，因宁水得名。《寰宇记》江南西道八抚州崇仁县条载，"废西宁县，在县南六十三里，吴太平二年置，以宁水为名"。

15.鄱阳郡及其属县得名

鄱阳郡、鄱阳县，因鄱水之阳得名。《汉志》豫章郡条载，鄱阳，"鄱水西入湖汉"。《水经注·赣水注》载，"赣水又与鄱水合，水出鄱阳县东，西迳其县南武阳乡也"。《元和志》江南道四饶州鄱阳县条载，鄱阳县，"以在鄱水之北，故曰鄱阳"。

余汗县，因余汗之水得名。《元和志》江南道四饶州余干县条载，余干县，"汉余汗县，淮南王云'田于余汗'是也。县因余汗之水为名。隋开皇九年，去水存干，名曰余干"。

葛阳县，因在葛水之阳得名。《寰宇记》江南西道五信州弋阳县条载，"建安十五年，孙权分钟陵置鄱阳郡，寻又置葛阳县于赭亭之地，以城在葛水之北，故名"。

上饶县，因"其山郁珍奇"得名。《寰宇记》江南道五信州上饶县条载，"梁载言《十道志》云：'以其山郁珍奇，故名也。'《汉书·地理志》云钟陵出黄金，又云鄱阳县武阳乡有黄金采，颜师古曰：'采者，采取金之处也。'按《鄱阳记》云：'界内之山出铜及铅铁者，有玉山及怀玉山。'梁氏所谓'山郁珍奇'，盖此类也。今州古县城迹，开皇中所废上饶城也。所谓上饶者，以其旁下饶州之故也"。

16.庐陵郡属县得名

遂兴县，因在遂水口得名。《寰宇记》江南西道七吉州太和县条载，"遂兴故县，在县一百七里。《舆地志》云：'后汉献帝立遂兴县，吴大帝改曰新兴，晋武帝复为遂兴，以在遂水口故为名。'"

吉阳县，因在吉水之阳得名。据《通鉴》宋文帝元嘉元年（424）正月，"前吉阳令堂邑张约之上疏（胡注：吉阳县，属庐陵郡，今吉州有吉水县，盖吴立县于吉水之阳，因以为名也）"。

17.南康郡属县得名

赣县，因"章、贡二水合流为赣，其间置邑"得名。《水经注·赣水注》载，"赣水出豫章南野县西北，过赣县东"。《元和志》江南道四虔州赣县条载，赣县，"贡水西南自南康县来，章水东南自雩都县来，二水至州北合而为一，通谓之赣水，因为县名"。《寰宇记》江南西道六虔州赣县条载，赣县，"因水以为名。《虔州图经》：'章、贡二水合流为赣，其间置邑，因为赣县。'""赣水。贡水首受雩都县之章水，自南康县界二水双流，至县合为赣水。"

雩都县，因雩都水得名。《元和志》江南道四虔州雩都县条载，雩都县，"汉初所置，因雩都水为名"。《寰宇记》江南西道六虔州雩都县条载，雩都县，"雩水出县北二十里雩山，水西南流经县前，与章水合流。雩都，即汉高帝六年使灌婴防赵佗所立县也。县在郡城东四里，地名东溪。汉属豫章郡"。

陂阳县，因陂阳水得名。《寰宇记》江南西道六虔州虔化县条载，"废陂阳县，在县东一百五十里。吴嘉禾五年置揭阳县，晋太康五年改为陂阳县，以陂阳水为名"。

十五、交州、广州地区郡县得名

1.交趾郡属县得名

龙编县，因"蛟龙蟠编于南北二津"得名。《水经注·叶榆河注》载，"（左水）又东迳龙渊县北，又东合南水"，"（南水）又东迳龙渊县故城南，又东左合北水。建安二十三年，立州之始，蛟龙蟠编于南北二津，故改龙渊以龙编为名也"。

2.九德郡及其属县得名

九德郡、九德县，或因"九夷所极"得名。《水经注·温水注》载，"按《晋书·地道记》有九德县。《交州外域记》曰：九德县，属九真郡，在郡之南，与日南接。蛮卢豂居其地，死，子宝纲代，孙党，服从吴化，定为九德郡，又为隶之。《林邑记》曰：九德，九夷所极，故以名郡"。

3.日南郡属县得名

比景县，因"日中于头上，景在已下"得名。据《汉志》，日南郡有比景县；颜注引如淳曰："日中于头上，景在已下，故名之。"《水经注·温水注》载，"自卢容县至无变，越烽火至比景县，日中头上，景当身下，与景为比。如淳曰：故以比景名县。阚骃曰：比，读荫庇之庇，景在已下，言为身所庇也"。

4.南海郡、东官郡及其属县得名

南海郡，因海在其南得名。《释名·释州国》载，"南海，在海南也，宜言海南欲同四海名，故言南海"。南海郡当因海在其南得名。

番禺县，治当因番、禺二山得名。《水经注·浪水注》载，"浪水东别迳番禺，《山海经》谓之贲禺者也。交州治中合浦姚文式问云：何以名为番禺？答曰：南海郡昔治在今州城中，与番禺县连接，今入城东南偏有水坑陵，城倚其上，闻此县人名之为番山，县名番禺，悦谓番山之禺也"。《元和志》岭南道一广州番禺县条载，番禺县，"本秦旧县，故城在今县西南二里，县有番、禺二山，因以为名，或言置在番山之隅"；广州南海县条载，南海县，"本汉番禺县之地也，属南海郡。隋开皇十年，以其地置南海县，属广州"；"番山，在县东南三里。禺山，在县西南一里，尉佗葬于此"。《寰宇记》岭南道一广州南海县条载，"废番禺县，州南五十里。秦、汉旧县，属南海郡。二汉置交州，领郡七，吴置广州，皆治于番禺。因番、禺二山为名，即尉佗之所葬所"。番禺县当因番、禺二山得名。

四会县，因"东有古津水，南有浈江，西有建水，北有龙江，四水俱臻"得名。《寰宇记》》岭南道一广州四会县条载，"四会者，东有古津水，南有浈江，西有建水，北有龙江，四水俱臻，因以为名"。

龙川县，传因"有龙穿地而出，即穴流泉"得名。据《汉志》，南海郡有龙川县；颜注引裴氏《广州记》云，"本博罗县之东乡也，有龙穿地而出，即穴流泉，因以为号"。

潮阳县，因在大海之北得名。《元和志》岭南道一潮州潮阳县条载，潮阳县，"本汉揭阳县地，晋安帝分东莞郡置义安郡，仍立潮阳县属焉。以在大海之北，故曰潮阳"。此"东莞郡"应为"东官郡"。《寰宇记》岭南道二潮州潮阳县条载，潮阳县，"本汉、晋海阳县地，按《南越志》云：'潮阳，穷海之北，故曰潮阳'"。

5.临贺郡及其属县得名

临贺郡、临贺县，因郡城、县城对临、贺二水之交得名。《水经注·温水注》载，"临水又迳临贺县东，又南至郡，左会贺水"，"贺水又西南，流至临贺郡东，右注临水，郡对二水之交会，故郡、县取名焉"。《元和志》岭南道四贺州条载，"吴黄武五年，割苍梧置临贺郡。贺水出州东北界，西流，又注临水，郡对临、贺二水，故取名焉"。

冯乘县，因界内冯溪得名。《水经注·湘水注》载，"（冯）水出临贺郡冯乘县东北冯冈，其水导源冯溪，西北流，县以托名焉"。《元和志》岭南道四贺州冯乘县载，冯乘县，"本汉旧县，属苍梧郡。界内有冯溪，因以为名"。

封阳县，因在封水之阳得名。据《汉志》，苍梧郡有封阳县；颜注引应劭曰："在封水之阳。"《水经注·温水注》载，"（临水）又西南迳封阳县东，为封溪水，故《地理志》曰县有封水"。《元和志》岭南道四贺州封阳县载，封阳县，"本汉旧县，属苍梧郡，在封水之阳，故名"。

富川县，因富水得名。《寰宇记》岭南道五贺州富川县条载，富川县，"《舆地志》云：'汉旧县，属苍梧郡。吴黄武五年改为临贺郡，县有富水，因为县名'"。

6.始安郡属县得名

平乐县，因平乐溪得名。《水经注·漓水注》载，"（平乐水）西迳平乐南，孙皓割苍梧之境立，以为县，北隶始安"。《元和志》岭南道四昭州平乐县条载，平乐县，"本汉富川县地，吴于此置平乐县，取平乐溪为名"。

荔浦县，因荔水得名。《元和志》岭南道四桂州荔浦县条载，荔浦县，"本汉旧县，因荔水为名，属苍梧郡，县南有荔平关"。

7.始兴郡属县得名

曲江县，因江流回曲得名。《水经注·溱水注》载，"泷水又南迳曲江县东，云县昔号曲红。曲红，山名也，东连冈是矣"。据《水经注》，曲江故称曲红。《元和志》岭南道一韶州曲江县条载，曲江县，"本汉旧县也，属桂阳郡，江流回曲，因以为名"。《寰宇记》岭南道三韶州曲江县条载，曲江县，"汉旧县，以浈水屈曲为名"。

桂阳县，因在桂水之阳得名。据《汉志》，桂阳郡有桂阳县；颜注引应劭曰："桂水所出，东北入湘。"《通典·州郡典十三》连州条载，"桂阳，汉旧县，在桂水之阳"。

浈阳县，因在浈水之阳得名。据《汉志》，桂阳郡有浈阳县；颜注引应劭曰："浈水出南海龙川，西入秦。"《水经注·溱水注》载，"（浈）水出南海龙川县，西迳浈阳县南，右注溱水，故应劭曰'浈水西入溱'是也"。《元和志》岭南道一广州浈阳县条载，浈阳县，"本汉旧县也，属桂阳郡，在浈水之阳，因名"。

8.苍梧郡属县得名

建陵县，因在建水中得名。《寰宇记》岭南道八梧州废孟陵县条载，"《南越志》云：'建陵县，在建水中，因为名。'"

两晋十六国郡县治所变迁考

两晋十六国时期，部分郡县治所有变迁，以往学者对此缺乏深入研究。下文仅考治所有变迁的郡县，对治所不变或变迁不可考的郡县不作考述。现存史料所载郡国治所变迁相对较多，而记载县的治所变迁偏少。下文以西晋、东晋、十六国郡县为别，先考述郡国治所变迁，再考县的治所变迁，再按各政权内的治所变迁时间先后编排。

1.扶风国（郡）：西晋泰始元年（265）当治槐里（今陕西兴平市东南），泰始二年（266）当改治郿（今陕西眉县东）。

《元和志》关内道二凤翔府条载，"武帝太初元年更名右扶风，所以扶助京师行风化也，与京兆尹、左冯翊谓之三辅，理皆在长安城中。后汉出理槐里，即今兴平县南东七里故槐里城也。魏文帝除'右'字，为扶风郡"。据此，东汉右扶风治槐里。曹魏当承东汉，以扶风郡治槐里。西晋泰始元年（265）置扶风国①，当亦治槐里。《宋志》雍州刺史始平太守条载，"始平太守，晋武帝泰始二年分京兆、扶风立"。《晋志》雍州条载，"始平郡，泰始二年置"，槐里县为始平郡首县。槐里县别属始平郡后，扶风国治所当改。又据《晋志》雍州条，池阳为扶风郡首县，似为郡治。《舆地广记·陕西永兴军路下》耀州条载，"三原县，汉池阳县地，属左冯翊，东汉因之，晋为扶风郡治"。此似亦证池阳县为扶风郡治。然《寰宇记》关西道三雍州兴平县条载，"犬丘城，一名槐里城，一名废丘城，今在县东南一十里"；"魏黄初元年于故城置扶风郡。至晋泰始中，郡徙理郿，改此城为始平国，领槐里县。后魏真君七年自

---

① 《晋书·武帝纪》载，泰始元年（265）十二月，封"（司马）亮为扶风王"。据此，泰始元年（265）立扶风国。

此城徙槐里于今县理西二十五里槐里故城，此城遂废"。谭《图》"西晋雍州"图，以郿扶风国治所，当据《寰宇记》。此《寰宇记》所载为是。故泰始二年（266）扶风国当改治郿。

2.广汉郡（国）：西晋泰始元年（265）当治雒（今四川广汉市北），泰始二年（266）当改治广汉（今四川射洪县南），太康六年（285）当还治雒。

《华阳国志·蜀志》广汉郡条载，广汉郡，"本治绳乡。安帝永和中，阴平、汉中羌反，元初二年移涪，后治雒城"。据此，自东汉始，广汉郡当治雒。西晋初建，当承前以广汉郡治雒。《晋志》梁州条载，泰始三年（267），"分广汉置新都郡"；"太康六年九月，罢新都郡并广汉郡"；又梁州新都郡条载，"新都郡，泰始二年置"。《华阳国志·蜀志》载，"泰始末，又分置新都郡，太康省"。此以泰始二年（266）置新都郡是。据《晋志》梁州条，雒县为新都郡首县；而广汉县为广汉郡首县，当为广汉郡治[1]。《舆地广记·梓州路》通泉县条载，"广汉县，二汉属广汉郡，晋为郡治"。又《华阳国志·蜀志》广汉郡雒县条载，"雒县，郡治"。《华阳国志》撰成于成汉入东晋之际[2]，大致反映当时的政区建置。由《华阳国志·蜀志》可知，西晋之后，广汉郡仍治雒。故太康六年（285），新都郡并入广汉郡，雒县还属广汉郡，广汉郡当还治雒。

3.高阳国（郡）：西晋泰始元年（265），高阳国治高阳（今河北高阳县东），咸宁三年（277）后改治博陆（今河北蠡县南）。

据前文"《中国行政区划通史》两晋部分献疑"西晋冀州博陵郡和西晋冀州高阳国博陆县条，西晋咸宁三年（277）后，高阳国自高阳改治博陆。又据前文"两晋郡王郡公封国考"高阳国条，西晋泰始元年（265）立高阳国，咸宁四年（278）改为高阳郡，太康元年（280）复立高阳国，永嘉（307—313）后当改为高阳郡。

---

[1] 《晋志》中各郡国首县一般为该郡国治所，谭《图》西晋组图定诸郡国治所多与《晋志》首县相同。

[2] 据任乃强编"常璩的时代背景与撰述过程"年表，常璩《华阳国志》撰成于成汉时，入东晋后改定，见《华阳国志校补图注前言》，第2—3页，载《华阳国志校补图注》，上海古籍出版社，1987年。

4.义阳国（郡）：西晋泰始元年（265），义阳国治义阳（今河南信阳市平桥区西北），太康元年（280）改治新野（今河南新野县），永宁元年（301）改为义阳郡，当改治平春（今河南信阳市浉河区西北）。

西晋泰始元年（265），分南阳置义阳国[①]。《水经注·沔水注》载，"（白水）又南迳安昌故城东，屈迳其县南"，"故义阳郡治也"；《淮水注》载，"淮水又迳义阳县故城南，义阳郡治也，世谓之白茅城，其城圆而不方。阚骃言，晋太始中，割南阳东鄙之安昌、平林、平氏、义阳四县置义阳郡于安昌城"；《淮水注》又载，"浉水又北迳贤首山西，又北出东南屈迳仁顺城南，故义阳郡治，分南阳置也，晋太始初，以封安平献王孚长子望，本治在石城山上，因梁希侵逼，徙治此城"，"浉水又东迳义阳故城北，城在山上，因倚陵岭，周回三里，是郡昔所旧治城"。《水经注》所载义阳郡治有二，一在义阳县，一在安昌县。《元和志》河南道五申州钟山县条载，"石城，在县西南二十一里石城山上，本晋义阳县所理"。《寰宇记》淮南道十信阳军条载，"《魏志》：'文帝分南阳立义阳郡，居安昌城，领安昌、平林、平氏、义阳、平春五县。'"故义阳郡治安昌，是在曹魏，且当时领五县；阚骃言称"晋太始中"，领四县，当误。又据《寰宇记》淮南道十信阳军条载，"晋武帝泰始元年，割南阳之东鄙，复置义阳郡，封安平献王孚次子望为义阳王，又自石城徙居仁顺，即今州是也"。可见，西晋泰始元年（265），义阳国自石城徙居仁顺，故自此年，义阳国治义阳县仁顺城。

据《晋志》，新野县为义阳郡首县，当为郡治。《寰宇记》山南东道一邓州南阳县条载，"晋太康元年，置义阳郡，居新野县，属荆州"。可能西晋太康元年（280），义阳国改治新野。永宁元年（301），分义阳置新野国，义阳国改为郡[②]。有钱大昕《廿二史考异·晋书二》地理志下条所考，新野立国后，新野县别属新野国。新野县别属后，义阳郡治所随之改动。据《宋志》司州刺史义阳太守条，平阳县为义阳郡首县；且义阳太守平阳侯相条载，"前汉无，后汉属江夏曰平春，《晋太康地志》属义阳，晋孝武改"。可见刘宋时义阳郡治平阳县，而平阳县为东晋孝武帝改平春县而来。西晋分义阳置

---

① 西晋泰始元年（265）立义阳国，见前文"两晋郡王郡公封国考"义阳国条。

② 永宁元年（301），义阳国改为郡，分义阳置新野国，见前文"两晋郡王郡公封国考"义阳国条、新野国条。

新野国，新野县别属新野国，平春县（后为平阳县）则为义阳郡治，至刘宋不变。

5.魏兴郡：西晋泰始元年（265）治洵口（今陕西旬阳县北），太康二年（281）改治锡（今湖北白河县），太康三年（282）改治兴晋（今湖北郧西县西），元康（291—299）中还治锡，永嘉（307—313）后改治西城（今陕西安康市汉滨区西）。

《三国志·蜀书·刘封传》载，申仪降魏，"（魏以）仪魏兴太守，封员乡侯，屯洵口"。可见，曹魏置魏兴郡，治洵口。《水经注·沔水注》载，"（申）仪据郡降魏，魏文帝改为魏兴郡，治故西城县之故城也"。《水经注》所载与《三国志》及下引《寰宇记》不同，此不从。《水经注·沔水注》又载，"旬水又东南迳旬阳县南"，"旬水东南注汉，谓之旬口"。此"旬口"，即《三国志》《寰宇记》中"洵口"。西晋承曹魏置魏兴郡，当仍治洵口。《寰宇记》山南西道九金州条载，魏兴郡原为西城郡，理西城；"申仪降魏，魏文帝使复守之，因改为魏兴郡，移理洵口。晋太康二年，（魏兴郡）移理锡县，今丰利界东魏兴故城是也。三年，又改理平阳县，今废黄土县东平阳故城是也。至元康中，又移理锡县，今均州郧乡县也。……永嘉后，复移理西城故城"。此"锡县"应为"锡县"①。《宋志》梁州刺史魏兴太守条载，"兴晋令，魏立曰平阳，晋武帝太康元年更名"②。《寰宇记》所载"平阳县"应为兴晋县。又据《晋志》，兴晋县为魏兴郡首县，当为郡治。据《寰宇记》，西晋初，魏兴郡治洵口，太康二年（281）改治锡，太康三年（282）改治兴晋，晋惠帝元康（291—299）中还治锡，晋怀帝永嘉（307—313）后改治西城。《华阳国志·汉中志》魏兴郡条载，"西城县，郡治"。据《苻坚载记上》，"（前秦）梁州刺史韦钟寇魏兴，攻太守吉挹于西城"。据上文"广汉郡（国）"条，《华阳国志》成书于成汉入东晋之际，吉挹为东晋所署魏兴太守。故至东晋，魏兴郡仍治西城。

① 孟刚、邹逸麟：《晋书地理志汇释》，第525页。

② 《水经注·沔水注》载，"甲水又东南迳魏兴郡之兴晋县南，晋武帝太康中立"。《华阳国志·汉中志》载，"兴晋县，晋置"。兴晋县，本为曹魏所置平阳县，晋武帝太康元年（280）改为兴晋县。《水经注》《华阳国志》与正文所引《宋志》不同，当以《宋志》为是。

6.庐江郡（国）：西晋泰始元年（265）当治六（今安徽六安市金安区），太康元年（280）后又先后改治皖（今安徽潜山县）、舒（今安徽舒城县）。

据吴增仅《三国郡县表附考证》扬州庐江郡条"考证"及杨守敬"补正"，曹魏末，庐江郡当治六安。据《晋志》，庐江郡有六县。当西晋时改六安县为六县。《水经注·沘水注》载，"（淠水）又西北迳六安县故城西，县，故皋陶国也"；"《汉书》所谓以舒屠六。晋太康三年，庐江郡治"。《大清一统志·六安州》载，"秦置六县，汉初为淮南国治"；"后汉建武十三年以六安国属庐江郡，三国属魏，为庐江郡治，晋复曰六县，为郡治"。西晋初，当承曹魏，以庐江郡治六。《寰宇记》淮南道三舒州条载，"《晋太康地记》：'庐江郡徙皖，更移居于舒。'"《晋书·武帝纪》载，咸宁四年（278）十月，"扬州刺史应绰伐吴皖城"；《晋书·王浑传》载，西晋初，"吴人大佃皖城，图为边害"。可见，西晋初，皖县属孙吴。《晋太康地记》所云"庐江郡徙皖，更移居于舒"应在太康元年（280）平吴后。

7.广陵郡（国）：西晋泰始元年（265）治淮阴（今江苏淮安市清江浦区），太康三年（282）后改治射阳（今江苏宝应县东），东晋改治广陵（今江苏扬州市邗江区北）。

据《晋志》，淮阴县为广陵郡首县，当为郡治。《舆地广记·淮南东路》楚州淮阴县条载，淮阴县，"晋为广陵郡治"。《宋志》南兖州刺史广陵太守条载，广陵太守，"晋武帝太康三年治淮阴故城，后又治射阳，江左治广陵"。

8.毗陵郡（晋陵郡）：西晋太康元年（280），置毗陵典农校尉，治毗陵（今江苏常州市钟楼区），太康二年（281）改为毗陵郡，治丹徒（今江苏镇江市京口区东），其后还治毗陵，永嘉五年（311）改为晋陵郡，又改治丹徒，东晋大兴（318—321）初改治京口（今江苏镇江市京口区），咸和四年（329）后复治丹徒，咸安二年（372）前复治京口，义熙（405—418）初又治丹徒，义熙九年（413）改治晋陵（今江苏常州市钟楼区）。

《宋志》南徐州刺史晋陵太守条载，"晋陵太守，吴时分吴郡无锡以西为毗陵典农校尉。晋武帝太康二年，省校尉，立以为毗陵郡，治丹徒，后复还毗陵。东海王越世子名毗，而东海国故食毗陵，永嘉五年，元帝改为晋陵。始自毗陵徙治丹徒。太兴初，郡及丹徒县悉治京口。郗鉴复徙还丹徒。安帝义熙九年，复还晋陵"。《宋志》云"后复还毗陵"，表明孙吴立毗陵典农校尉应治毗陵，西晋平吴后承之。《晋志》徐州条载，"郗鉴都督青兖二州诸军事、兖州刺史，加领徐州刺史，镇广陵。苏峻平后，自广陵还镇京口"。《晋书·郗鉴传》载，苏峻平后，"（郗）鉴遂城京口，加都督扬州之晋陵、吴郡诸军事"。东晋平苏峻之乱在咸和四年（329），郗鉴镇京口应在此年。晋陵郡还治丹徒，应在咸和四年（329）郗鉴镇京口后。《晋书·简文帝纪》载，咸安二年（372）六月，"前护军将军庾希举兵反，自海陵入京口，晋陵太守卞耽奔于曲阿"；《晋书·庾亮传附庾希传》，"（庾希）夜入京口城，平北司马卞耽逾城奔曲阿"。可见，咸安二年（372）前，晋陵郡治京口。《晋书·诸葛长民传》载，"义熙初，慕容超寇下邳，长民遣部将徐琰击走之。进位使持节、督青扬二州诸军事、青州刺史，领晋陵太守，镇丹徒"。可见，置晋安帝义熙（405—418）初，晋陵郡治丹徒。

9.庐陵郡：西晋太康元年（280）治西昌（今江西泰和县西南），太康三年（282）改治石阳（今江西吉水县北）。

晋武帝太康元年（280）灭吴，遂有庐陵郡。《元和志》江南道四吉州条载，"晋太康中移（庐陵）郡于石阳县"。《寰宇记》江南西道七吉州条载，"《晋地记》云：'太康中，以雩都、赣、南野等县割为南康郡，而庐陵百姓去管遥远，乃移郡于石阳县。'"吉州太和县条载，"庐陵故城，在县西北三十里。按《舆地志》云：'后汉兴平元年分豫章郡置庐陵郡，晋太康中移都于石阳，故城尚在。'"《元和志》《晋地记》《舆地志》云"移郡于石阳县"，表明此前，庐陵郡不治石阳。据《晋志》，西昌县为庐陵郡首县，当为郡治。据《寰宇记》可知，西晋分庐陵郡置南康郡，庐陵郡遂改治石阳。《宋志》江州刺史南康公相条载，"南康公相，晋武帝太康三年以庐陵南部都尉立"。《晋志》扬州条载，"南康郡，太康三年置"。《水经注·赣水注》载，"（赣水）又北迳赣县东县，即南康郡治。晋太康五年，分庐江立"。《水经注》此"庐江"应为"庐陵"，其载"太康五年"置郡当亦误。故太康三年（282），庐陵郡改治石阳。

10.东莱郡（国）：西晋泰始元年（265）治黄（今山东龙口市东），太康四年（283）为东莱国，改治掖（今山东莱州市）。

《寰宇记》河南道二十莱州条载，"（西汉东莱郡）理掖县，属青州。后汉移理黄县，魏不改。晋武帝太康四年，徙辽东王蕤为东莱王，郡复理掖。宋时，郡改理曲成"。《晋书·武帝纪》载，太康四年（283）五月，"徙辽东王蕤为东莱王"。据《寰宇记》可知，晋初东莱郡治黄，太康四年改为东莱国，遂改治掖。

11.天门郡：西晋太康元年（280）治零阳（今湖南慈利县东北），太康四年（283）改治澧阳（今湖南石门县）。

《水经注·澧水注》载，"澧水又东迳澧阳县南，南临澧水，晋太康四年立，天门郡治也"。据《水经注》，西晋置澧阳县后，天门郡改此。据《晋志》，零阳县为天门郡首县。天门郡改治澧阳前，当治零阳。

12.牂柯郡：西晋泰始元年（265）当治且兰（今贵州黄平县西南），晋武帝时改治万寿（今贵州瓮安县附近）。

据《汉志》《续汉志》，故且兰县为牂柯郡首县，当为郡治。《水经注·温水注》载，"豚水东北流，迳谈藁县东，迳牂柯郡且兰县，谓之牂柯水，水广数里，县临江上。故且兰，侯国也，一名头兰，牂柯郡治也"。此亦证牂柯郡曾治故且兰。《水经注·沅水注》"经文"载，"沅水出牂柯且兰县，为旁沟水"。一般认为，《水经》为曹魏时之作[1]。由此处《水经》经文可知，曹魏时故且兰已改为且兰县。曹魏当承两汉，以牂柯郡治且兰县。据《晋志》益州条，万寿县为牂柯郡首县，且兰县次之。《宋志》宁州刺史牂柯太守条载，"万寿令，晋武帝立"。晋武帝置万寿县之前，当以牂柯郡治且兰。《晋志》以万寿县为牂柯郡首县，当为郡治。《华阳国志·南中志》牂柯郡条载，"万寿县，郡治"。据上文"广汉郡（国）"条，《华阳国志》撰成于成汉入东晋之际。《宋志》宁州刺史牂柯太守条载，万寿县为牂柯郡首县。据《华阳国志》《宋志》，西晋后牂柯郡仍治万寿。

---

[1] 黄学超:《〈水经〉成书考》,《历史地理》第38辑,2018年。

13.兴古郡：西晋泰始元年（265）治宛温（今云南砚山县北），晋武帝时改治胜休（今云南玉溪市江川区北），此后还治宛温（宛暖）。

《水经注·温水注》载，"刘禅建兴三年，分牂柯置兴古郡，治温县。《晋书·地道记》，治此"。此"温县"当为"宛温县"。据《水经注》，兴古置郡后，应治宛温。又据《晋书·地道记》，西晋初，当承前代仍以兴古郡治宛温。《宋志》宁州刺史梁水太守条载，"腾休长，汉旧县，属益州郡，《晋太康地志》属兴古。何《志》，故属建宁，晋武帝徙兴古治之，遂以属焉"。此"腾休"当为"胜休"[①]。胜休县来属兴古郡后，兴古郡遂改治胜休。《华阳国志·南中志》兴古郡条载，"宛温县，郡治"。据上文"广汉郡（国）"条，《华阳国志》撰成于成汉入东晋之际，大致反映当时的政区建置。故西晋之后，兴古郡当还治宛温。《宋志》宁州刺史兴古太守条载，"宛暖令，汉旧，属牂柯。本名宛温，为桓温改"。可见，东晋时，因避桓温讳而改宛温县为宛暖县。

14.弋阳郡：西晋泰始元年（265）治西阳（今河南光山县西），元康元年（291）或改治弋阳（今河南潢川县西）。

据《晋志》，豫州弋阳郡以西阳为首县，当为郡治。《舆地广记·淮南西路》光山县条载，光山县，"汉为西阳县，属江夏郡，晋为弋阳郡治"。据前文"两晋郡王郡公封国考"，晋惠帝元康元年（291），分弋阳立西阳国。西阳立国后，西阳县别属西阳国[②]，弋阳郡或改治弋阳。

15.永昌郡：西晋泰始元年（265）治不韦（今云南保山市隆阳区西北），元康（291—299）末迁治永寿（今云南耿马傣族佤族自治县附近）。

《华阳国志·蜀志》永昌郡条载，"不韦县，故郡治"；"永寿县，今郡

---

① 《汉志》《续汉志》中作"胜休"，《华阳国志·南中志》兴古郡条亦作"胜休"，《晋志》中作"滕休"，《宋志》宁州刺史梁水太守条作"腾休"。《水经注·温水注》载，"梁水上承河水于俞元县，而东南迳兴古之胜休县"。此以"胜休"为是。

② 《晋书·汝南王亮传附子羕传》载，"羕字延年，太康末，封西阳县公"；"元康初，进封郡王"。《寰宇记》淮南道五光州光山县条载，故西阳城，"晋太康十年，封汝南王亮子羕为西阳公。惠帝改封西阳郡王，居此县"。可见，西阳立国后，西阳县属西阳国。

治"。此称"故郡治""今郡治",与其他各郡称"郡治"不同,是永昌郡曾治不韦。据《晋志》,不韦县为永昌郡首县,当为郡治。《华阳国志·南中志》载,"(吕)祥子,元康末为永昌太守。值南夷作乱,闽濮反,乃南移永寿,去故郡千里,遂与州隔绝"。据此,西晋元康(291—299)末,永昌郡改治永寿。《华阳国志》此言"故郡"是指郡治不韦时。

16. 东莞国(郡):西晋泰始元年(265)置东莞国,治东莞(今山东沂水县),咸宁三年(277)省,太康十年(289)置东莞郡,晋惠帝时改治莒(今山东莒县)。

西晋泰始元年(265)置东莞国,咸宁三年(277)入琅邪国,太康十年(289)复置东莞郡①。据《晋志》,东莞为东莞郡首县,当为郡治。《晋志》载,"太康十年,以青州城阳郡之莒、姑幕、诸、东武四县属东莞"。《寰宇记》河南道二十四密州莒县条载,"晋太康十年,割莒县入东莞郡,惠帝自东莞移理莒城"。可见,晋惠帝时,东莞郡改治莒。

17. 梓潼郡:西晋泰始元年(265)治梓潼(今四川梓潼县),永嘉五年(311)前改治涪(今四川绵阳市游仙区),此后成汉改治晋寿(今四川广元市昭化区南),前秦时治涪,东晋太元十五年(390)复治梓潼。

据《晋志》,梓潼为梓潼郡首县,当为郡治。《华阳国志·汉中志》梓潼郡条载,"梓潼县,郡治"。晋惠帝太安元年(302),梓潼郡入成汉,永嘉三年(309)复入西晋,永嘉五年(311)再入成汉②。《晋书·孝怀帝纪》载,永嘉五年(311)正月,"李雄攻陷涪城,梓潼太守谯登遇害"。可见,永嘉五年(311),梓潼郡治涪。或永嘉三年(309)梓潼郡复属西晋时改治涪。《华阳国志·汉中志》梓潼郡条载,"晋寿县,本葭萌城";《李特雄期寿势志》载,"李凤在北,数有战降之功,时(李)荡子稚屯晋寿,害其功";咸和三年(328),"(李)寿以丧还,拜许征北、梁州,代寿,以班行抚军将军,修晋寿军屯";建元元年(343),"冬,李奕自晋寿举兵反";桓温来伐,"(李势)乃夜开东门走,至葭萌,使散骑常侍王幼送降文于温"。可见,晋寿在成汉地

---

① 见前文"两晋郡王郡公封国考"东莞国条。
② 魏俊杰:《十六国疆域与政区研究》,第144页。

位比较重要，当为梓潼郡治。

东晋宁康元年（373），梓潼郡入前秦[①]。据《通鉴》，晋孝武帝太元九年（384）七月，"秦康回兵数败，退还成都。梓潼太守垒袭以涪城来降"。可见前秦有梓潼郡，仍治涪。前秦垒袭降晋，梓潼郡遂入东晋。《晋志》梁州条载，孝武帝分梓潼置晋寿郡，"梓潼郡徙居梓潼"。《元和志》剑南道下绵州巴西县条载，巴西县，"本汉涪县地，属广汉郡。先主定蜀，立梓潼郡，以县属焉。晋孝武帝徙梓潼郡于此"。《宋志》梁州刺史晋寿太守条载，"晋寿太守，《晋地记》云，孝武太元十五年，梁州刺史周琼表立"，领晋寿、白水、邵欢、兴安四县。《晋志》梁州条载，"后孝武分梓潼北界立晋寿郡，统晋寿、白水、邵欢、兴安四县"。据上述，梓潼郡在分置晋寿郡前，当治涪，东晋太元十五年（390）复治梓潼。

18.江夏郡（国）：西晋泰始元年（265）治安陆（今湖北云梦县南），永嘉四年（310）治夏口（今湖北武汉市武昌区），建兴元年（313）先后改治沌口（今湖北武汉市蔡甸区东南）、沌阳（今湖北武汉市汉阳区西北），东晋义熙六年（410）改治夏口，东晋末改治安陆（今湖北云梦县）。

《三国志·魏书·王基传》载，魏齐王曹芳时，王基出为荆州刺史，"表城上昶，徙江夏治之，以逼夏口"。《元和志》江南道三安州条载，安州，"汉为安陆县，高帝六年，分南郡置江夏郡于此"；"曹魏齐王芳时，王基为荆州，自城上昶，徙江夏郡理之，以逼夏口，在今州西北五十三里上昶故城是也"；"南北二朝两置江夏郡，吴理武昌，曹魏与晋俱理安陆"。《元和志》先言曹魏江夏郡治上昶城，后言治安陆。因上昶城在安陆县，故言治安陆。西晋承曹魏，江夏郡仍治安陆县上昶城。据下文引《元和志》江南道三沔州条，西晋江夏郡自上昶城移理沌阳，亦证西晋初江夏郡仍治安陆上昶城。

据前文"两晋郡王郡公封国考"，晋惠帝光熙元年（306），江夏郡改为公国。《晋书·卞壶传附从父兄敦传》载，"征南将军山简以（卞敦）为司马。寻而王如、杜曾相继为乱，简乃使敦监沔北七郡军事、振威将军，领江夏相，戍夏口"。据此，卞敦为江夏相，因王如之乱，江夏郡寄治夏口。《晋书·孝怀帝纪》载，永嘉三年（309）三月，"以尚书左仆射山简为征南将军、都督

---

① 《晋书·孝武帝纪》载，宁康元年（373）十一月，"符坚将杨安陷梓潼"。

荆湘交广等四州诸军事"；永嘉六年（312）四月，"征南将军山简卒"。又据《通鉴》，晋怀帝永嘉四年（310）九月，流民王如、严嶷、侯脱等"各聚众攻城镇，杀令长"；十月，"山简为严嶷所逼，自襄阳徙屯夏口"。卞敦领江夏相，戍夏口，当在永嘉四年（310）。

《晋书·孝愍帝纪》载，建兴二年（314）三月，"杜弢别帅王真袭荆州刺史陶侃于林鄣"；《晋书·陶侃传》载，王敦表陶侃为荆州刺史，"领西阳、江夏、武昌，镇于沌口，又移入沔江。遣朱伺等讨江夏贼，杀之"。据《通鉴》，晋愍帝建兴元年（313）八月，"（王敦）表侃为荆州刺史，屯沔江（胡注：《水经注》：沌水上承沔阳之白湖，东南流，迳沔阳县南注于江，谓之沌口。陆游曰：江陵之建宁镇，盖沌口也。王敦以陶侃为荆州，镇此，明年徙林鄣。《侃传》云：初镇沌口，移入沔江。《水经注》，林鄣故城，在沔南。沔江，谓林鄣也）"；建兴二年（314）三月，"杜弢将王真袭陶侃于林鄣（胡注：《水经注》：林鄣在江夏沌阳县，沔水迳沌阳县北，又东迳林鄣故城北。宋白曰：晋江夏郡治林鄣，义熙元年方徙夏口）"。《水经注·江水注》载，"沌水上承沌阳县之太白湖，东南流为沌水，迳沌阳县南注于江，谓之沌口，有沌阳都尉治。晋永嘉六年，王敦以陶侃为荆州镇此，明年徙林鄣"。《元和志》江南道三沔州条载，沔州，"本汉安陆县地，晋于今州西临嶂山下置沌阳县，江夏郡自上昶城移理焉。后郡又移理夏口，沌阳县属下不改"。《太平御览·州郡部十五》载，"《宋书·州郡志》曰：晋于临鄣山置沌阳县"。林鄣、林鄣、临嶂、临鄣，诸书书写不同，同为一地，为沌阳县治所在；又因此地在沔水、江水之间，遂有沔江之称。陶侃为荆州刺史，所治林鄣、沌阳、沔江，其实为一地。综上所述，建兴元年（313），陶侃为荆州刺史，兼领江夏、西阳、武昌三郡太守，先治沌口，后治沌阳（即林鄣、沔江），江夏郡治所也遂先后治此二地。

《南齐志》郢州条载，"义熙元年，冠军将军刘毅以为，'夏口，二州之中，地居形要，控接湘川，边带涢沔'，请并州刺史刘道规镇夏口"。《元和志》江南道三鄂州条载，"义熙初，刘毅表以为，'夏口，二州之中，地居形要，控接湘川，边带汉沔'，请荆州刺史刘道规镇夏口；至六年，自临嶂徙理夏口"。据后文"东晋各州治所考"东晋荆州条所考，刘道规为荆州刺史，治江陵，非夏口。《寰宇记》江南西道十鄂州条载，"至义熙元年，冠军将军刘毅以为'夏口，二州之中，地居形要，控接湘川，边带汉沔'，请荆州刺史刘道规镇之；至六年，自临鄣徙江夏郡于夏口"。由《寰宇记》此载可知，义熙六年（410）江夏郡自临郡改治夏口，而非荆州改治夏口。又据《通鉴》，晋愍帝建兴二年（314）三月，"杜弢将王真袭陶侃于林障（胡注：宋白曰：晋江夏郡治林障，义熙元年方徙夏口）"。宋白所云与《寰宇记》所载时间有出入，此姑从《寰宇记》。《宋志》郢州刺史江夏太守条载，"《永初郡国》及何《志》并治安陆，此后治夏口"。据《永初郡国》，刘宋初江夏郡治安陆。江夏郡自夏口改治安陆，应在东晋末。

19.巴郡：西晋泰始元年（265）治江州（今重庆渝中区西），永嘉五年（311）前后治枳（今重庆涪陵区），此后当复治江州。

据《晋志》，江州为巴郡首县，当为郡治。《汉志》《续汉志》皆以江州县为巴郡首县。故巴郡治江州，自两汉至晋不变。《华阳国志·大同志》载，永嘉五年（311）三月，张罗为巴郡太守，"治枳"。当时，成都为成汉占据，益州刺史南迁巴郡。巴郡诸县仅枳县在江水之南，巴郡改治枳，当避成汉来攻。《华阳国志·巴志》巴郡条载，"江州县，郡治"。据上文"广汉郡（国）"条，《华阳国志》成书于成汉入东晋之际。《宋志》益州刺史巴郡太守条，江州县为巴郡首县。故成汉占据巴郡后，当仍以巴郡治江州，东晋不变。

20.朱提郡：西晋泰始元年（265）治朱提（今云南昭通市昭阳区），晋元帝时改治南广（今云南盐津县附近），太宁三年（325）后还治朱提。

据《晋志》，朱提为朱提郡首县，当为郡治。《华阳国志·南中志》载，王逊为宁州刺史，"表（李）钊为朱提太守，治南广"；《南中志》南广郡条载，"元帝世，（宁州）刺史王逊移朱提治郡南广"，"后刺史尹奉却（朱提）郡还旧治"。故晋元帝时朱提郡改治南广。《南中志》又载，"永昌元年，晋朝更用零陵太守南阳尹奉为宁州刺史、南夷校尉"。《晋书·王逊传》载，"太宁末，表以零陵太守尹奉为宁州"。据《通鉴》，晋明帝太宁三年（325），"表零陵太守南阳尹奉为宁州刺史"。《晋书》《通鉴》所载尹奉为宁州刺史时间与《华阳国志》不同，《华阳国志》所载当误。结合《南中志》南广郡条所载，太宁三年（325）后朱提郡当还治朱提。《华阳国志·蜀志》朱提郡条载，"朱提县，郡治"。《宋志》宁州刺史朱提太守条载，朱提县为朱提郡首县。故自成汉至东晋，朱提郡当治朱提。

21.荥阳郡：西晋泰始二年（266）置，当治荥阳（今河南荥阳市东北），东晋初治新郑（今河南新郑市），后或还治荥阳，元熙元年（419）改治虎牢（今河南荥阳县汜水镇西）。

西晋泰始二年（266），置荥阳郡[①]。据《晋志》，荥阳县为荥阳郡首县。《寰宇记》河南道九郑州条载，"晋泰始二年，分河南郡地置荥阳郡，理古荥阳城"。据此，荥阳郡应治荥阳。《晋书·元帝纪》载，大兴元年（318）六月，"荥阳太守李矩为都督司州诸军事、司州刺史"；《晋书·李矩传》载，"帝嘉其功，除矩都督河南三郡军事、安西将军、荥阳太守"。此"帝"为晋元帝。据《通鉴》，晋愍帝建兴二年（314）六月，郭默在河内怀县，为汉国所攻，"默欲投李矩于新郑"。由此可见，当时李矩居荥阳新郑。故东晋初，李矩为荥阳太守，当治新郑。两晋之际，李矩因战乱保于新郑。荥阳郡入十六国后，或还治荥阳。据《通鉴》，晋恭帝元熙元年（419）二月，"宋公裕以（毛）德祖为荥阳太守，戍虎牢"。《汉志》河南郡条载，成皋，故虎牢。《晋志》司州河南郡条载，成皋县，"有关，郑之武牢"。唐人避讳改"虎牢"为"武牢"。据《宋志》司州刺史条，东晋末，成皋县属荥阳郡。《元和志》河南道一河南府汜水县条载，汜水县，"汉之成皋县，一名虎牢"。荥阳太守戍虎牢，成皋县遂自河南郡别属荥阳郡，郡治亦治于此。

22.宣城郡：西晋太康元年（280）治宛陵（今安徽宣城市宣州区），东晋咸和四年（329）治芜湖（今安徽芜湖市镜湖区），兴宁二年（364）后治赭圻（今安徽繁昌县西），太元三年（378）治姑孰（今安徽当涂县）。

《宋志》扬州刺史丹阳尹条载，"晋武帝太康二年，分丹阳为宣城郡，治宛陵"；扬州刺史宣城太守条载，"宣城太守，晋武帝太康元年分丹阳立"。《晋志》扬州条载，"及晋平吴，以安成属荆州，分丹杨之宣城、宛陵、陵阳、安吴、泾、广德、宁国、怀安、石城、临城、春谷十一县立宣城郡，理宛陵"；又载，"宣城郡，太康二年置"。可见，《宋志》《晋志》前后文所载宣城郡设

---

① 《宋志》司州刺史条载，荥阳郡，"晋武帝泰始元年，分河南立"。《晋志》司州条载，"分河南立荥阳"，"荥阳郡，泰始二年置"。《寰宇记》河南道九郑州荥阳县条载，"晋泰始二年，分河南郡立荥阳郡"。西晋泰始元年（265）十二月，司马炎称帝，此月西晋当无暇分立荥阳郡。此从《晋志》《寰宇记》所载荥阳郡置立时间。

置时间不同。《水经注·沔水注》载，"江水自石城东入为贵口，东迳石城县北，晋太康元年立，隶宣城郡"。《寰宇记》江南西道一宣州宁国县条载，宁国县，"晋太康元年属宣城郡"。此以太康元年（280）置宣城郡。据《宋志》《晋志》，西晋宣城郡，治宛陵。

西晋宣城郡治宛陵，东晋初当仍治宛陵。《元和志》江南道四宣州条载，宣城郡，"东晋或理芜湖，或理姑熟，或理赭圻"。《晋书·成帝纪》，咸和四年（329）三月，庾亮为豫州刺史，"镇芜湖"；《晋书·庾亮传》载，庾亮为豫州刺史，领宣城内史，"镇芜湖"。据此，咸和四年（329），宣城郡改治芜湖。《晋书·哀帝纪》，兴宁二年（364）八月，"（桓）温至赭圻，遂城而居之"。《元和志》载宣城郡"或理赭圻"，当在兴宁二年（364）后。《晋书·毛宝传附毛穆之传》载，"（毛）穆之字宪祖，小字武生，名犯王靖后讳，故行字"，"迁右将军、宣城内史、假节、镇姑孰"。此"武生"当为"虎生"，因唐修《晋书》避唐讳而改。据《通鉴》，晋孝武帝太元三年（378）八月，"诏右将军毛虎生帅众五万镇姑孰"。据此，太元三年（378），宣城郡治姑孰。《宋书·毛修之传》载，"卢循逼京邑"，"（毛修之）加宣城内史，戍姑孰"。可见，东晋末宣城郡仍治姑孰。

23.南康郡：西晋太康三年（282）置，治雩都（今江西于都县），东晋永和五年（349）改治赣（今江西赣州市章贡区），义熙七年（411）治赣（今江西赣州市赣县区）。

西晋太康三年（282），置南康郡[①]。《元和志》江南道四虔州条载，"孙权嘉禾五年，分庐陵立南部都尉，理雩都。晋武帝太康三年，罢都尉，立为南康郡。至永和五年移理赣"。《寰宇记》江南西道六虔州条载，虔州，"汉高祖六年，使灌婴略定江南，始为赣县，立城以防赵佗"；"《汉·地理志》赣县属豫章郡。《后汉书》云'兴平二年分豫章置庐陵'，而赣县属焉。又《吴志》云'孙皓立庐陵南部'，此地属焉。晋大康三年平吴，改庐陵南部为南康郡是也。东晋永和五年，太守高珪置郡城于章、贡二水间。义熙七年徙于赣水东"。综上文所记，西晋南康郡应治雩都，东晋永和五年（349）改治赣（即章、贡

---

① 《宋志》江州刺史南康公相条载，"南康公相，晋武帝太康三年以庐陵南部都尉立"。《晋志》扬州条载，西晋平吴后，"改庐陵南部为南康郡"；"南康郡，太康三年置"。《水经注·赣水注》载，"（赣水）又北迳赣县东县，即南康郡治。晋太康五年，分庐江立"。此"庐江"应为"庐陵"之误，其"太康五年"当亦误。

二水间），义熙七年（411）南康郡及赣县移治赣水东。

24.**南乡郡（顺阳郡）**：西晋泰始元年（265）置南乡郡，治酂（今湖北老河口市西北），太康十年（289）改为顺阳国，永嘉（307—313）后为顺阳郡，东晋咸康四年（338）改为南乡郡，永和八年（352）前复为顺阳郡，永和（345—356）中顺阳郡改治南乡（今河南淅川县西南），后秦分顺阳置南乡郡，南乡郡治南乡，顺阳郡治所不可考，东晋当省南乡郡入顺阳郡，顺阳郡复治南乡。

西晋泰始元年（265）置南乡郡，太康十年（289）改为顺阳国，永嘉（307—313）后改为顺阳郡①。据《晋志》，酂为顺阳郡首县，当为郡治。南乡郡改为顺阳国前，当仍治酂。东晋咸康四年（338），改顺阳郡为南乡郡②。永和八年（352）前，改南乡为顺阳③。《水经注·丹水注》载，"（顺阳郡）旧

----

① 见前文"两晋郡王郡公封国考"顺阳国条。

② 《魏志》荆州顺阳郡条载，"顺阳郡，魏分南阳置，曰南乡，司马衍更名，魏因之"。司马衍即晋成帝。《宋志》雍州刺史顺阳太守条载，"顺阳太守，魏分南阳立，曰南乡，晋武帝更名，成帝咸康四年复立南乡，后复旧"。对此，胡阿祥《宋书州郡志汇释》，"《孙考》：'然则咸康后顺阳、南乡并立。'编者按：据《姚兴载记》，义熙元年，刘裕遣使后秦，索取隆安时失地，姚兴以南乡、顺阳、新野、舞阴等十二郡归于晋。《孙考》'咸康后顺阳、南乡并立'之说是。而今人多认为咸康四年顺阳郡复名南乡郡，宋又改称顺阳郡。此属对《宋志》志文理解偏误所致"，第210页。然据《水经注·丹水注》，"（顺阳郡）旧治酂城，永嘉中丹水浸没。至永和中，徙治南乡"。可见，永和（345—356）后，南乡为顺阳郡治所，南乡、顺阳并非并立。又据《晋书·桓宣传》，"以（桓）宣为都督司雍梁三州荆州之南阳襄阳新野南乡四郡军事、梁州刺史"。《通鉴》载此在晋康帝建元元年（343）七月。据谭《图》"西晋荆州"图，南乡郡（顺阳郡）南为襄阳郡，东为南阳国和义阳国（后分义阳西部置新野郡），北为司州上洛郡，西为魏兴、上庸、新城三郡。又据《晋志》梁州条，晋惠帝时，魏兴、上庸、新城三郡自荆州别属梁州；东晋时，此三郡仍属梁州。若建元元年（343）顺阳、南乡二郡并立，桓宣都督荆州有南阳、襄阳、新野、南乡四郡，为何不都督荆州四郡和梁州魏兴、上庸、新城三郡之间顺阳？由桓宣都督荆州四郡可知，当时东晋有南乡郡，无顺阳郡。《姚兴载记》所载义熙元年（405）顺阳、南乡二郡并立，并非可证在东晋咸康四年（338）时此二郡并立。可能是顺阳郡入后秦后，后秦分顺阳置南乡郡，《姚兴载记》中才有此二郡并立。故东晋咸康四年（338），改顺阳为南乡郡。

③ 据上条注释引《宋志》，东晋咸康四年（338）改顺阳为南乡郡，"后复旧"，当又改称顺阳郡。《晋书·穆帝纪》载，永和八年（352）三月，"苻健别帅侵顺阳，太守薛珍击破之"。可见，永和八年（352）时，东晋复称顺阳郡。又据上条注释，建元元年（343）时，仍称南乡郡。故改南乡为顺阳郡，当在建元元年（343）至永和八年（352）间。《晋书·孝武帝纪》载，太元四年（379）二月，前秦"陷顺阳"；《晋书·周访传附周虓传》载，"（苻）坚复陷顺阳、魏兴，获二守"；《晋书·忠义传·丁穆传》载，"（丁穆）累迁为顺阳太守。太元四年，除振武将军、梁州刺史"。可见，东晋孝武帝初年有顺阳郡。

治酇城，永嘉中丹水浸没。至永和中，徙治南乡"；"丹水又东迳南乡县北。兴宁末，太守王靡之改筑今城城北"。据此，东晋永和（345—356）中，顺阳郡自酇迁治南乡。据《姚兴载记上》，"晋顺阳太守彭泉以郡降（姚）兴，兴遣杨佛嵩率骑五千，与其荆州刺史赵曜迎之，遂寇陷南乡"。据此，当时东晋顺阳郡治南乡。又据《姚兴载记上》，"晋求南乡诸郡，（姚）兴许之"，后秦"遂割南乡、顺阳、新野、舞阴等十二郡归于晋"。可见，后秦并置南乡郡、顺阳郡。南乡郡治南乡县，顺阳郡治所不可考。据《宋志》雍州刺史顺阳太守条，南乡为顺阳郡首县，当为郡治。刘宋顺阳郡治南乡县，当承东晋末顺阳郡治所而来。南乡、顺阳二郡自后秦入东晋后，南乡郡当又省入顺阳郡。

25. 湘东郡：西晋太康元年（280）治酃（今湖南衡阳市珠晖区），东晋太元二十年（395）前改治临烝（今湖南衡阳市蒸湘区）。

据《晋志》，酃为湘东郡首县，当为郡治。《水经注·湘水注》载，"（承水）至湘东临承县北，东注于湘，谓之承口。临承，即故酃县也，县即湘东郡治也，郡旧治在湘水东，故以名郡"。《宋志》湘州刺史湘东太守条载，"孝武太元二十年，省酃、利阳、新平三县"。据《宋志》湘州刺史湘东太守，临烝为湘东郡首县，当为郡治。孝武太元二十年（395），省酃县，此前湘东郡当已改治临烝。

26. 汶阳郡：晋穆帝永和三年（347）后置汶阳郡，或治汶阳（今地不可考），东晋义熙（405—418）初改治高安（今湖北远安县西北）。

晋穆帝永和三年（347）后，置汶阳郡[①]。《宋志》荆州刺史汶阳太守条载，汶阳太守，"宋初有四县，后省汶阳县"。东晋置汶阳郡，当领有汶阳县。郡名称汶阳，或与郡治汶阳有关。《水经注·沮水注》载，"沮水又东南迳汶阳

---

① 《南齐志》荆州条载，"桓温平蜀，（荆州）治江陵。以临沮西界，水陆纡险，行径裁通，南通巴、巫，东南出州治，道带蛮、蜑，田土肥美，立为汶阳郡，以处流民"。《南齐书·蛮传》载，"汶阳，本临沮西界，二百里中，水陆迂狭，鱼贯而行，有数处不通骑，而水白田甚肥腴。桓温时，割以为郡"。桓温平蜀在晋穆帝永和三年（347）。据此，汶阳郡应是晋穆帝永和三年（347）后所置。《宋志》荆州刺史汶阳太守条载，"汶阳太守，何《志》新立"。《宋志》所引何《志》称"新立"，当误。《晋志》梁州条，"及安帝时，又立新巴、汶阳二郡"。《晋志》以汶阳郡为晋安帝时立，亦误。晋安帝时，置高安县，汶阳郡改治此。《晋志》称晋安帝立汶阳郡，当是安帝时汶阳始治高安。

郡北，即高安县界，郡治锡城，县居郡下城，故新城之下邑，义熙初分新城立"。《寰宇记》山南东道六峡州远安县条载，"晋安帝立高安县，属汶阳郡"。故晋安帝义熙（405—418）初置高安县，汶阳郡改治此。

27.河东郡：西晋泰始元年（265）治安邑（今山西夏县西北），东晋义熙十三年（417）改治蒲坂（今山西永济市西南）。

《水经注·涑水注》载，"秦始皇使左更白起取安邑，置河东郡"。可见，秦代河东郡当治安邑。《汉志》《续汉志》《晋志》河东郡条，皆以安邑为首县，当为郡治。《寰宇记》河东道七蒲州河东县条载，"蒲坂故城。《郡国志》云：'州南二里有蒲坂城，旧地理书相传曰汉蒲坂城，即今郡所理大城，后人增筑，大河在其西，雷首山在其南。后魏太武帝神麚元年自安邑移郡于此城。'"据此《寰宇记》，似北魏太武帝时河东郡改治蒲坂。然《宋书·武帝本纪中》载，义熙十四年（418）正月，"以辅国将军刘遵考为并州刺史，领河东太守，镇蒲坂"；《宋书·宗室传·刘遵考传》载，刘裕灭后秦，长安平定，以刘遵考为"并州刺史，领河东太守，镇蒲坂"；《宋书·朱龄石传附朱超石传》载，"（东晋）进克蒲坂，以（朱）超石为河东太守，戍守之"；《宋书·索虏传》载，刘裕平关中后东还，"以（毛）德祖督司州之河东平阳二郡诸军、辅国将军、河东太守，代并州刺史刘遵考戍蒲坂"。据《通鉴》，晋安帝义熙十四年（418）正月，"（刘裕）以彭城内史刘遵考为并州刺史，领河东太守，镇蒲阪"；十一月，"裕以天水太守毛德祖为河东太守，代刘遵考守蒲阪"。可见，义熙十三年（417），东晋灭后秦，得河东郡，当即以郡治蒲坂。

28.晋康郡：东晋永和七年（351）置，治元溪（今广东德庆县东），东晋末改治龙乡（今广东罗定市南）。

《宋志》广州刺史晋康太守条载，"晋康太守，晋穆帝永和七年分苍梧立，治元溪。《永初郡国》治龙乡。何《志》无复龙乡县，当是晋末立"。《晋志》广州条载，"穆帝分苍梧立晋康、新宁、永平三郡"。《寰宇记》岭南道八康州泷水县条载，"按《南越志》云：'晋康郡，本属苍梧端溪县，晋咸康四年分置。'"咸康为晋成帝年号。《寰宇记》所载与《宋志》《晋志》不同，此不取。《宋志》云"《永初郡国》治龙乡"，又云龙乡县"当是晋末立"。可能晋穆帝置晋康郡时治元溪，东晋末置龙乡县，晋康郡遂改治此。

29.河内郡：西晋泰始元年（265）治野王（今河南沁阳），后赵分置野王郡，河内郡当治温（今河南温县西南），后野王郡省入河内郡，当还治野王。

据《晋志》，野王县为河内郡首县，当为郡治。《元和志》河北道一怀州条载，"晋河内郡，移理野王"；怀州武陟县条载，"故怀城，在县西十一里，两汉河内郡并理之，晋移郡理野王"。《舆地广记·河北西路》河内县条载，"河内县，本野王"，"汉属河内郡，后汉因之，晋为郡治"。可见，西晋河内郡治野王。据《石勒载记下》，刘曜攻后赵，"（石）勒荥阳太守尹矩、野王太守张进等皆降之"。可见，后赵有野王郡。后赵置野王郡，野王县当别属。据《通鉴》，晋穆帝永和六年（350）八月，后赵大乱，"（苻健）以赵俱为河内太守，戍温"。可见，当时河内郡治温。故后赵分置野王郡后，河内郡当治温。《魏志》怀州河内郡野王县条载，"野王，二汉、晋属，州郡治"。可见，北魏时河内郡治野王。可能野王郡省，野王县还属河内郡，河内郡还治野王。

30.阳平郡：西晋泰始元年（265）治元城（今河北大名县东），后赵改治馆陶（今河北馆陶县）。

《魏志》司州阳平郡条载，阳平郡，"魏文帝黄初二年分魏置，治馆陶城"。《水经注·淇水注》载，"（白沟）又北迳乔亭城西，东去馆陶县故城十五里，县，即《春秋》所谓冠氏也，魏阳平郡治也"。可见，曹魏时阳平郡治馆陶。然据《晋志》，元城为阳平郡首县，当为郡治。《元和志》河北道一魏州馆陶县条载，馆陶县，"石赵移阳平郡理此"。据此，后赵之前（即西晋）阳平郡不治馆陶，后赵改治馆陶。

31.博陵国（郡）：西晋泰始元年（265）治安平（今河北安平县），后赵为博陵郡，改治鲁口（今河北饶阳县西）。

据《晋志》，安平县为博陵首县，当为郡治。《舆地广记·河北西路上》安平县条载，"安平县，汉属涿郡，后汉属安平国，魏、晋为博陵国治焉"。《寰宇记》河北道十二深州饶阳县条载，"虏口镇城，今邑理也。自石赵、苻秦、后魏并为博陵郡理于此"。可见，后赵时，博陵郡改治，至前秦、北魏不变。据《通鉴》，晋穆帝永和六年（350）三月，"王午留其将王佗以数千人守蓟，与邓恒走保鲁口"，胡三省注："魏收《地形志》：博陵郡饶阳县有鲁口城。"《慕容儁载记》载，"慕容评攻王午于鲁口"。可见，后赵博陵郡改治于饶阳县鲁口城。

32.清河郡（国）：西晋泰始元年（265）治清河（今山东临清市东北），后赵改治平晋（今山东临清市南），前秦改治武城（今河北故城县西南）。

据《晋志》，清河县为清河国首县，当为郡国治。《舆地广记·河北东路》清河县条载，"清河县，本汉厝县，属清河郡。后汉安帝以孝德皇后葬于厝，改曰甘陵，为清河国治焉。桓帝时，周福其县人也。晋改曰清河县"。西晋承东汉以来清河国治，当治清河。《寰宇记》河北道七贝州条载，清河郡，"永嘉乱后，石赵移郡理平晋城，即今博州清平县也。符秦移理武城"。可见，后赵清河郡治平晋城，前秦有改治武城。

33.平阳郡：西晋泰始元年（265）治平阳（今山西临汾市尧都区），前秦改治匈奴堡（今山西临汾市尧都区西南）。

《水经注·汾水注》载，"汾水又南迳平阳县故城……魏立平阳郡，治此矣"。据此，曹魏置平阳郡，治平阳。据《晋志》，平阳县为平阳郡首县，当为郡治。《符生载记》载，"姚襄率众万余，攻其平阳太守符产于匈奴堡"。据此，前秦平阳郡当治匈奴堡。《姚兴载记下》，后秦有"平阳太守姚成都"。《姚泓载记》载，姚泓时，"并州、定阳、贰城胡数万落叛泓，入于平阳，攻立义姚成都于匈奴堡"。可见后秦平阳郡仍治匈奴堡。

34.昌黎郡：西晋泰始元年（265）治昌黎（今辽宁义县），前燕慕容廆改治棘城（今辽宁义县西），慕容儁改治龙城（今辽宁朝阳市双塔区）。

《三国志·魏书·三少帝纪》载，正始五年（244），"九月，鲜卑内附，置辽东属国，立昌黎县以居之"。可见，辽东属国当治昌黎。《晋志》平州昌黎郡条载，"汉属辽东属国都尉，魏置郡"。据《晋志》，昌黎县为昌黎郡首县，当为郡治。《慕容廆载记》载，"廆以大棘城即颛顼之墟也，元康四年乃移居之"。《太平御览·居处部三》载："《燕书》曰：'秋七月丁卯，营新殿，昌黎大棘城县河岸崩。'"可见前燕有棘城县，属昌黎郡。慕容廆移居棘城，统有昌黎郡，故棘城当为郡治。据《慕容儁载记》，"使阳裕、唐柱等筑龙城，构宫庙，改柳城为龙城县"。《寰宇记》河北道二十营州条载，"《十六国春秋·慕容皝传》云：柳城之北，龙山之南，所谓福德之地也，可营制规模，筑龙城，构宫庙，改柳城县为龙城"。东晋咸康七年（341），前燕迁都龙城[①]，昌黎郡也当随之而迁治龙城。

35.毗陵郡（晋陵郡）武进县：西晋太康元年（280）治今江苏镇江市京口区东，太康二年（281）改旧治为丹徒县，新立武进县治今江苏丹阳市东南。

据《晋志》，毗陵郡，太康二年置，领丹徒、曲阿、武进、延陵、毗陵、暨阳（应为暨阳）、无锡七县。《宋志》南徐州刺史晋陵太守条载，"晋陵太守，吴时分吴郡无锡以西为毗陵典农校尉。晋武帝太康二年，省校尉，立以为毗陵郡，治丹徒"，所领延陵、曲阿、暨阳皆"太康二年立"；南东海太守条载，"丹徒令，本属晋陵，古名朱方，后名谷阳，秦改曰丹徒。孙权嘉禾三年改曰武进，晋武帝太康三年复曰丹徒。武进令，晋武帝太康二年分丹徒、曲阿立"。若据《宋志》此载，则太康二年（281）二武进县同属毗陵郡。故《宋志》此文所载显然相互矛盾。又据上引《宋志》，毗陵郡及其属县曲阿、暨阳、延陵皆在太康二年（281）置。故太康二年（281），置毗陵郡，改武进县为丹徒县（治今江苏镇江市京口区东），又分丹徒置新武进县（治今江苏丹阳市东南）。

36.丹杨郡秣陵县：西晋太康元年（280）治今江苏南京市鼓楼区，太康三年（282）改旧治为建邺县，新立秣陵县治今江苏南京市江宁区南，东晋义熙九年（413）治今江苏南京市鼓楼区。

《宋志》扬州刺史丹阳尹条建康令载，"建康令，本秣陵县，汉献帝建安十六年置县。孙权改秣陵为建业。晋武帝平吴，还为秣陵。太康三年，分秣陵之水北为建业"；秣陵县条载，"秣陵令，其地本名金陵，秦始皇改。本治去京邑六十里，今故治邨是也。晋安帝义熙九年，移治京邑，在斗场。恭帝元熙元年，省扬州府禁防参军，县移治其处"。《宋志》中后一"建业"应为

---

① 关于慕容皝迁都龙城的时间，诸书记载不一，此采邱敏考证结论为"咸康七年"，见邱敏《慕容皝迁都龙城年代考》，《徐州师范学院学报》1981年第4期。

"建邺"。《晋志》扬州丹杨郡条载，"建邺，本秣陵，孙氏改为建业。武帝平吴，以为秣陵。太康三年，分秣陵北为建邺，改'业'为'邺'"。《建康实录·中宗元皇帝实录》载，"太康三年，分秦淮水北为建邺，水南为秣陵县，仍在秦邑地。而建邺县在故都城宣阳门内，今县城东二里古御街东"。据上述，西晋太康三年（282）改秣陵为建邺县（治今江苏南京市鼓楼区），分原县南部新置秣陵县（治今江苏南京市江宁区南），东晋义熙九年（413）秣陵县改治京邑（今江苏南京市鼓楼区）。

37. 弋阳郡（西阳国）西阳县：西晋泰始元年（265）治今河南光山县西，永嘉（307—313）后治今湖北黄冈市北。

据谭《图》"西晋豫州"图，西阳县治今河南光山县西。《水经注·江水注》载，"（江水）又东迳西阳郡南，郡治即西阳县也"。《寰宇记》淮南道五光州光山县条载，"故西阳城，在县西二十里。《汉书·地理志》云，西阳县属江夏郡。魏属弋阳。晋太康十年，封汝南王亮子羕为西阳公。惠帝改封西阳郡王，居此县。永嘉乱后，县并移置故邾城上流五里，其城遂废"。据此，永嘉（307—313）后，西阳县迁治邾城附近（今湖北黄冈市北）。西阳县迁治此，具有侨县性质，然仍在西阳国境内，且后来割为实土，故此仍以县治变迁述之。

38. 江夏郡（竟陵郡）云杜县：西晋太康元年（280）治今湖北京山县，西晋末改治今湖北仙桃市西。

石泉认为，"晋以前的云杜故城应即在今京山县境"[1]。此说可信，但未能继续分析为何西晋后云杜县不在今京山县境。《后汉书·刘玄传》李贤注"云杜"云，"云杜，县名，属江夏郡，故城在今复州沔阳县西北"。顾祖禹《读史方舆纪要·湖广三》沔阳州条载，"云杜城，在（景陵）县东南。汉县，属江夏郡"。《大清一统志·汉阳府》古迹"云杜故城"条载，"云杜故城，在沔阳川西北，汉置县，属江夏郡，后汉及晋因之，宋、齐属竟陵郡"。《后汉书》李贤注、顾祖禹《纪要》和《一统志》所载云杜县在今湖北仙桃市西，其实并非汉云杜县治，而是晋以后云杜县治。对此，石泉在《云杜、绿林故址新探》一文已经指正。

---

① 石泉：《云杜、绿林故址新探》，载石泉《古代荆楚地理新探》，武汉大学出版社，1988年，第161页。

然云杜县治所为何改治，又大致在什么时间改治，此略作探究。《水经注·沔水注》载，"沔水又东与力口合，有溾水出竟陵郡新阳县西南池河山，东流迳新阳县南，县治云杜故城，分云杜立"。可见，新阳县治即故云杜县治。《宋志》郢州刺史竟陵太守条载，"竟陵太守，晋惠帝元康九年分江夏西界立"；"新阳男相，《永初郡国》有，何、徐不注置立"；"云杜侯相，汉旧县，属江夏"。据《宋志》，刘宋初有新阳县，属竟陵郡。《水经注》载新阳县治在故云杜县址，表明置新阳县前云杜县已经迁治他处。晋惠帝元康九年（299），置竟陵郡，云杜县当属此新郡。又据《晋书·张昌传》《晋书·杜曾传》，晋惠帝末至晋怀帝时，张昌、杜曾相继乱于竟陵。可能在此动乱期间，云杜县民流徙，县城遭到破坏，县治遂自沔北迁治沔南，即今湖北仙桃市西。

39.庐江郡（寻阳郡）寻阳县：西晋太康元年（280）治今湖北武穴市东北，东晋咸和三年（328）县改治溢城（今江西九江市浔阳区）。

据谭《图》"西晋扬州"图，寻阳县治今湖北武穴市东北。《寰宇记》江南西道九江州条载，"江州，寻阳郡，今理德化县"；"成帝咸和元年移江州理溢城，即今郡是也。晋初理在江北岸，地名兰城，即旧郡城也。温峤为守之日移于此"。《舆地广记·江南东路》江州德化县条载，德化县，"本寻阳县，二汉属庐江郡，吴蕲春郡，晋复属庐江。永兴元年，置寻阳郡。咸康六年，江州自豫章徙治寻阳。县本在江北，温峤移置江南，后省入柴桑"。据后文"东晋各州治所变迁考"东晋江州条，咸和元年（326），温峤为江州刺史，镇武昌；咸和三年（328），江州改治寻阳；咸和五年（330），江州还治武昌；咸康六年（340），江州还治寻阳。《晋书·成帝纪》载，咸和三年（328）正月，"平南将军温峤帅师救京师，次于寻阳"；咸和四年（329）四月，温峤卒；《晋书·温峤传》载，苏峻叛乱，"峤屯寻阳"；《晋书·刘胤传》载，"咸和初，为平南军司，加散骑常侍。苏峻作乱，温峤率众而下，留（刘）胤等守溢口。事平，以勋赐爵丰城子。俄而，代峤为平南将军、都督江州诸军事，领江州刺史"。《宋志》江州刺史条载，江州刺史，"初治豫章，成帝咸康六年移治寻阳"。《舆地广记》载"咸康六年，江州自豫章徙治寻阳"，当据《宋志》。又据《寰宇记》《舆地广记》，温峤为江州刺史时，寻阳县自江北移于江南，当在江州改理溢城时而移。故咸和三年（328），寻阳县改治溢城（今江西九江市浔阳区）。

40.吴兴郡长城县：西晋太康三年（282）治今浙江长兴县东，东晋咸康元年（335）改治今浙江长兴县。

据谭《图》"西晋扬州"图，长城县治今浙江长兴县东。《宋志》扬州刺史吴兴太守条载，"长城令，晋武帝太康三年，分乌程立"。《寰宇记》江南东道六湖州长兴县载，长兴县，"本汉乌程县地，武帝分置长城县"；"初置县富陂村，咸康元年徙箬溪北，今之重光观，即故地"。《大清一统志·湖州府》古迹"长城故城"条载，"长城故城，在长兴县，东晋分乌程县置。《元和志》：县东南去湖州七十里，昔阖庐使弟夫概居此，筑城狭而长，因以为名。《寰宇记》：晋初置县富陂村，咸康元年徙箬溪北，今之重光观，即故地"；"《旧志》：富陂村，在今县东十八里。重光观，唐麟德三年建，宋改冲真观，在今县东一里"。据《寰宇记》《一统志》，咸康元年（335）长城县改治今浙江长兴县。

41.江阳郡（东江阳郡）汉安县：西晋泰始元年（265）治今四川内江市市中区西，成汉末当省，晋穆帝复置，改治今四川江安县。

据谭《图》"西晋益州"图，汉安县治今四川内江市市中区西。《元和志》剑南道上资州内江县条载，"本汉资中县地，后汉分置汉安县，李雄之后陷于夷獠"。据后文"东晋侨郡补考"宕渠侨郡条，成汉末李势时，因夷獠侵袭，成汉境内部分郡县省废。省汉安县，也应在成汉末。《元和志》剑南道下泸州江安县条载，江安县，"本汉江阳县地也，李雄乱后，没于夷獠。晋穆帝于此置汉安县"。可见，晋穆帝所置汉安县不同于后汉所置汉安县。《大清一统志·泸州》古迹"汉安故城"条载，"汉安故城，在江安县东"；"晋穆帝于此置汉安县，隋开皇十八年改为江安县"。据《元和志》《一统志》，晋穆帝所置汉安县应治今四川江安县。

42.犍为郡资中县：西晋泰始元年（265）治今四川资阳市雁江区，成汉后当省，东晋末复有资中县，治所今地不可考。

据谭《图》"西晋益州"图，资中县治今四川资阳市雁江区。《宋书·自序》载，晋安帝"封（沈林子）资中县五等侯"。可见，东晋末有资中县。据《宋志》益州刺史犍为太守条，刘宋犍为郡仍领有资中县。然东晋末、刘宋资中县治、辖境当不同于西晋时。《元和志》剑南道上资州条载，"在汉即犍为郡资中县地也，李雄之乱夷獠居之"；盘石县条载，盘石县，"本汉资中县地，后为夷獠所居"；资阳县条载，资阳县，"本汉资中县也，属犍为郡。李雄乱蜀，县荒废"；内江县条载，内江县，"本汉资中县地，后汉分置汉安县，李雄之后，陷于夷獠"；龙水县条载，龙水县，"本汉资中县地，义宁二年招慰夷獠，于此分置龙水县"；清溪县条载，清溪县，"本汉资中县地，自晋讫梁，夷獠所居"；剑南道下荣州威远县条载，威远县，"本汉资中县地，隋开皇三年于此置威远戍，以招抚生獠，十一年改戍为县"。可见，成汉之后，资中县地为獠人所居，不再置县，此县与汉安县为獠人占据。东晋末及《宋志》中资中县，当与西晋资中县不同，治所今地不可考。

43.会稽郡句章县：西晋太康元年（280）治今浙江余姚市东南，东晋隆安四年（400）改治今浙江宁波市鄞州区南。

据谭《图》"西晋扬州"图，句章县治今浙江余姚市东南。顾祖禹《读史方舆纪要·浙江四》宁波府条载，句章城，"志云：故城在今慈谿县界。晋隆安四年，孙恩作乱，刘牢之等讨之，改筑句章县于小溪镇，即此城也"。《大清一统志·宁波府》古迹"句章故城"条载，"句章故城有二：一为汉县，在慈谿县界……晋改筑城于小溪镇，此城遂废"；"一为晋县，在今鄞县南，晋隆安四年，孙恩作乱，刘牢之等讨之，改筑句章县于小溪镇，即此"。据《纪要》《一统志》，东晋隆安四年（400），句章县改治今浙江宁波市鄞州区南。

44.吴兴郡乌程县：西晋太康元年（280）治今浙江湖州市吴兴区南，义熙元年（405）改治今浙江湖州市吴兴区。

据谭《图》"西晋扬州"图，乌程县治今浙江湖州市吴兴区南。《寰宇记》江南东道六湖州乌程县条载，"《吴兴记》云：'县旧在郡界，晋安帝义熙元年始移此处。'"又据谭《图》"南朝宋"图，乌程县治今浙江湖州市吴兴区，当东晋义熙元年（405）移此。

45.济南郡（国）漯阴县：西晋泰始元年（265）治今山东齐河县西北，义熙六年（410）改治今山东临邑县南。

据谭《图》"西晋青州"图，漯阴县治今山东齐河县西北。《寰宇记》河南道十九齐州临邑县条载，"隰阴县，汉县，今废城在县西十里，一谓黎丘。宋武帝平广固，遂移理于今临邑县西北五十里北隰阴城"。此"隰阴"，应为"漯阴"[1]。"宋武帝平广固"，即东晋灭南燕，时在义熙六年（410）。据《寰宇记》，东晋末漯阴移治临邑县西北五十里。古临邑县城因黄河决口有变迁，《寰宇记》所言在"临邑县西北五十里"应在今临邑县南。

46.庐陵郡（南康郡）赣县：西晋太康元年（280）治今江西赣州市章贡区，东晋义熙七年（411）改治今江西赣州市赣县区。

据谭《图》"西晋扬州"图，赣县治今江西，赣州市章贡区。《寰宇记》江南西道六虔州条载，虔州，"汉高祖六年，使灌婴略定江南，始为赣县，立城以防赵佗"；"晋大康三年平吴，改庐陵南部为南康郡是也。东晋永和五年，太守高珪置郡城于章、贡二水间。义熙七年徙于赣水东"。《寰宇记》所言"章、贡二水间"，即赣县。南康郡治赣县，随着郡治改治赣水东，赣县当以改治此。故东晋义熙七年（411），赣县移治赣水东（今江西赣州市赣县区）。

47.武陵郡（国）舞阳县：西晋太康元年（280）治今湖南芷江侗族自治县东北，东晋义熙（405—418）中改今湖南靖州苗族侗族自治县南。

据谭《图》"西晋荆州"图，舞阳县治今湖南芷江侗族自治县东北，镡城县治今湖南靖州苗族侗族自治县南。《水经注·㴩水注》载，"（㴩）水出无阳县，县故镡成也，晋义熙中改从今名"。此"无阳"，即"舞阳"。据《水经注》，东晋义熙（405—418）中，舞阳县改治镡成县旧治，镡成县当废，此地称舞阳县。

48.巴郡垫江县：西晋泰始元年（265）治今重庆合川区，成汉改治阳阙（今地不可考）。

据谭《图》"西晋梁州"图，垫江县治今重庆合川区。《李特载记》，"（李特）以塞硕为德阳太守，硕略地至巴郡之垫江"。徐坚《初学记·州郡部》山南道条载："《晋太康地记》曰：'李雄乱，复于阳阙更置垫江县，亦属巴郡。'按，今州即古巴郡。已上渝州"。据此，成汉时，垫江县改治阳阙。阳

---

① 孟刚、邹逸麟：《晋书地理志汇释》，第438页。

阙，在唐渝州界，今地不可考。

49.始平郡（国）始平县：西晋泰始元年（265）治今陕西咸阳市秦都区西北，前秦改治茂陵城（今陕西兴平市东北）。

据谭《图》"西晋雍州"图，始平县治今陕西咸阳市秦都区西北。《晋书·苻坚载记下附王猛传》载，王猛曾为始平令。可见，前秦有始平县。《寰宇记》关西道二雍州咸阳县条载，"平陵城，汉平陵县，属右扶风"，"魏黄初中改为始平县。苻秦移县于茂陵，故城因而荒废"；关西道三雍州兴平县条载，兴平县，"武帝又割置茂陵县，以茂陵在此邑，昭帝又割其地置平陵县，以平陵之故也，属右扶风。魏黄初元年改为始平县，因原以建名，历晋，至苻坚移于茂陵城"，"茂陵故城，在今县东北一十九里"。据《寰宇记》，前秦时，始平县当改治今陕西兴平市东北。

50.京兆郡（平凉郡）阴盘县：西晋泰始元年（265）治今陕西西安市临潼区北，赫连夏胜光二年（429）移治今甘肃平凉市崆峒区东南。

据谭《图》"西晋雍州"图，阴盘县治今陕西西安市临潼区北。《寰宇记》陇右道二渭州潘原县条载，潘原县，"汉阴盘县地，《地理志》云属安定郡。后汉末移县，属京兆郡。郭缘生《述征记》云，'阴盘县，旧属安定郡，遇乱徙于新丰'"。《水经注·渭水注》载，"汉灵帝建宁三年改为都乡，封段颍为侯国。后立阴盘城，其水际城北出，世谓是水为阴盘水"。可见，汉阴盘县在安定郡界，东汉末移入京兆郡。据《通鉴》，宋文帝元嘉六年（429）十月，"（夏主）畋于阴盘"；胡三省注："阴盘县，汉属安定，晋属京兆。魏收《地形志》：属平原郡。"《寰宇记》陇右道二渭州潘原县条又载，潘原县，"《帝王纪》云：'赫连定于胜光二年又自京兆移此，属平凉郡也。'"赫连夏胜光二年，即刘宋元嘉六年（429）。可见，赫连夏胜光二年（429）阴盘县移属平凉郡。据谭《图》"北魏雍、秦、豳、夏等州"图，阴盘县治今甘肃平凉市崆峒区东南。北魏阴盘县治，应自赫连夏迁治而来。

东晋各州治所考

  东晋各州治所，《晋志》未载，《宋志》和《南齐志》所载东晋的州治所不能反映许多州复杂的变迁过程，《中国行政区划通史》东晋部分也未能详考。东晋不少州的治所常有变迁，或因刺史的变化而迁，或因政局变动及门阀士族之争而徙，或因征伐的需要而变，或因北方政权南侵而移。本文详考东晋各州治所及其变迁，以补以往文献记载的不足和研究的缺失。

  东晋各州既有实州，也有侨州。本文先考实州治所，再考侨州治所。东晋徐州、豫州皆横跨淮水，与东晋并立的北方政权强大时则淮水以北之地属北，北方动乱时东晋则收复徐豫二州淮水以北之地。徐豫二州虽一度失淮北之地属北，但保有淮南实土，二州皆曾寄治扬州、荆州或江州。晋惠帝时，荆州所领魏兴、新城、上庸三郡别属梁州，梁州巴东郡别属益州。东晋失原梁州、益州之地，但保有魏兴、巴东等郡，梁州曾治魏兴郡西城，益州曾治巴东郡鱼复，本文不将此时二州视为侨州。东晋又曾失魏兴、巴东等无郡，梁州、益州皆曾寄治荆州境。虽然徐、豫、梁、益四州曾寄治它州，本文仍在实州部分作考订，以"寄治"来体现治所不在本州境内，不再单独入侨州内。东晋十六国时期，幽州、并州一直为十六国的一些政权占据，东晋从未占据此二州。然东晋在占据青州时，置幽州统辖；又在占据司州河东郡时，置并州统辖。东晋此时所置的幽州、并州，虽非西晋时幽并二州旧地，但皆有实土，与侨置于南方没有实土的侨州不同，故本文仍将此幽州、并州入实州部分考察。东晋占据洛阳后置雍州治此，又在占据长安后置北雍州治此，又曾于襄阳侨置雍州。雍州本治长安，此雍州为实州无疑；而治于洛阳者仍领有实土，治于襄阳者无实土。故本文仅将治于襄阳者为侨州，治于长安者和洛阳者皆为实州。凡是东晋所置侨州，本文在小标题州名后皆加"侨"字。需要说明是，东晋所置的侨州，除下文所考诸侨州外，尚有司州侨州和北青州侨州，因治所不可考①，未入下文。

东晋时因同一刺史兼领二州，遂出现二州同治一地，如有徐兖二州、青兖二州、徐青二州、徐冀二州、青冀二州、荆江二州、司豫二州、梁秦二州等，这些二州刺史皆曾由一人担任。《晋书·庾亮传》载，"陶侃薨，迁（庾）亮都督江荆豫益梁雍六州诸军事，领江荆豫三州刺史"，"乃迁镇武昌"。庾亮领江荆豫三州刺史，三州同治武昌。据下文"东晋徐州"条和"东晋兖州（侨）"条所考，徐兖二州时而同治一地，时而分别各治一地；其他因同一刺史兼领二州的情况同此。江荆豫三州虽曾同治武昌，然江州、荆州、豫州各为一州，不因庾亮兼领三州而视为一州，故应分别书各州治所。本文对于这些二州同治一地以及江荆豫三州同治武昌不再分别考订，而是分别系于各州之下。如徐兖二州同治广陵，分别在"东晋徐州"条和"东晋兖州（侨）"分别考其治广陵具体时间。

东晋时，不仅有实州和侨州，还有遥领制度。周振鹤指出，"遥领就是以不属于本国的州郡设置刺史太守"，"这是在分裂时期形成的特殊制度"②。东晋时，北方诸州为十六国不同政权占据，然东晋授任有其中某些州的刺史，实际该州刺史并没有统辖此州，而是遥领。如晋元帝为制约王敦叛乱，曾短暂授戴渊为司州刺史，镇合肥，实则遥领司州③。又如东晋成帝时，庾亮为荆州刺史，为谋划北伐，曾以桓宣为司州刺史，镇襄阳④。当时，司州之地为后赵占据，东晋以为司州刺史，乃征讨之前所任。故桓宣所领司州，也为遥领。再如东晋

---

① 《晋志》司州条载，"元帝渡江，亦侨置司州于徐，非本所也"。此"徐"当是徐州。故东晋初，司州当侨置于徐州境。然此司州治所不可考。《宋书·武帝本纪上》载，元兴三年（404），"兖州刺史辛昺怀贰，会北青州刺史刘该反，昺求征该，次淮阴又反"；《宋书·刘敬宣传》载，"（刘敬宣）出为使持节、督北青州军郡事、征虏将军、北青州刺史，领清河太守"；《宋书·宗室传·长沙景王道怜传》载，"时北青州刺史刘该反，引索虏为援，清河、阳平二郡太守孙全聚众应之"。据《通鉴》，晋安帝义熙元年（405）五月，"北青州刺史刘该反，引魏为援"。钱大昕《廿二史考异·宋书二》宗室传条载，"此时青州之地，尚为慕容氏所据，北青州当侨立于徐州境"。此北青州治所亦不可考。

② 周振鹤：《中国地方行政制度史》，第260页。

③ 《晋书·元帝纪》载，大兴四年（321）七月，"以尚书戴若思为征西将军、都督司兖豫并冀雍六州诸军事、司州刺史，镇合肥"，永昌元年（322）三月，"征西将军戴若思、镇北将军刘隗还卫京都"。

④ 据《晋书·桓宣传》，"庾亮为荆州，将谋北伐，以宣为都督沔北前锋征讨军事、平北将军、司州刺史，假节，镇襄阳"。据《通鉴》，晋成帝咸康五年（339）三月，"征西将军庾亮欲开复中原，表桓宣为都督沔北前锋诸军事、司州刺史，镇襄阳"；。

灭后秦后，以刘义真为雍、（东）秦二州刺史[1]，此"（东）秦州"并非切实有此州，而是遥领秦州。对于文献所载东晋时期的遥领之州，本文不作考证。

一、东晋扬州

东晋建武元年（317），置扬州，治建康。

《宋志》扬州刺史条载，扬州刺史，"晋平吴治建业"；又扬州刺史丹阳尹建康令条载，"（晋）愍帝即位，避帝讳，改（建邺）为建康"。《晋志》扬州条载，"愍帝立，避帝讳改建邺为建康。元帝渡江，建都扬州，改丹杨太守为尹"。《晋书·元帝纪》载，建武元年（317）三月，"立宗庙社稷于建康"。《寰宇记》淮南道一扬州条载，"元帝渡江，历江左，扬州常理建业"。东晋时，称建康，而非建业。故东晋置扬州，治建康（今江苏南京市鼓楼区）。

宋永初元年（420），扬州入宋。

二、东晋江州

东晋建武元年（317），置江州，治南昌。

《宋志》江州刺史条和《南齐志》江州条皆载晋惠帝置江州，治豫章。东晋承西晋置江州，当仍治豫章。《晋书·王敦传》载，西晋末，王敦为江州刺史；"中兴建，拜（王敦）侍中、大将军、江州牧"；《晋书·王戎传附王澄传》载，西晋末有杜曾之乱，"时王敦为江州，镇豫章"。据《通鉴》，晋愍帝建兴三年（315）八月，"丞相睿承制"，"进王敦镇东大将军"，加江州刺史；晋元帝建武元年（317）三月，司马睿称晋王，"以征南大将军王敦为大将军、江州牧"。可见，西晋末，王敦为江州刺史，镇豫章。东晋立国之初，王敦为江州牧。《水经注·赣水注》载，"赣水又北迳南昌县故城西"，"汉高祖六年，

---

[1] 《宋书·王镇恶传》载，"高祖留第二子桂阳公义真为安西将军、雍秦二州刺史，镇长安"。《南齐志》秦州条载，"（义熙）十四年，置东秦州，刘义真为刺史"。据《通鉴》，晋安帝义熙十三年（417）十一月，"（刘）裕以次子桂阳公义真为都督雍梁秦三州诸军事、安西将军，领雍东秦二州刺史"，"先是陇上流户寓关中者，望因兵威得复本土，及置东秦州，知裕无复西略之意，皆叹息失望"。

始命陈婴以为豫章郡，治此，即陈婴所筑也"。可见，豫章立为郡，即治南昌。杜预《春秋释例》卷七，"豫章郡，今治南昌县"；又据《晋志》，豫章郡首县为南昌县，故晋武帝时豫章郡治南昌。至东晋，豫章郡治所当相沿不改。豫章郡治南昌，江州当亦治南昌（今江西南昌市东湖区）。

大兴元年（318），改治武昌。

据后文"东晋荆州"条，大兴元年（318），王敦为荆州牧，治武昌；当时，王敦以江州牧加领荆州。故大兴元年（318）江州改治武昌。又据《晋书·王敦传》载，永昌元年（322），"以（王）敦为丞相、江州牧，进爵武昌郡公"，"还屯武昌"。可见，永昌元年（322），江州仍治武昌。涵芬楼本《说郛》卷五十一录雷次宗《豫章古今记》载，"成帝咸和元年以温峤为（江州）刺史"。《晋书·温峤传》载，"咸和初，（温峤）代应詹为江州刺史、持节、都督、平南将军，镇武昌"；《通鉴》载此事在晋成帝咸和元年（326）八月。据此，咸和元年（326），江州仍治武昌（今湖北鄂州市鄂城区）。

咸和三年（328），改治寻阳。

《晋书·成帝纪》载，咸和三年（328）正月，苏峻叛，"温峤帅师救京师，次于寻阳"；《晋书·温峤传》载，苏峻叛乱，"峤屯寻阳"；《晋书·刘胤传》载，"咸和初为平南军司，加散骑常侍。苏峻作乱，温峤率众而下，留（刘）胤等守湓口。事平，以勋赐爵丰城子。俄而，代峤为平南将军、都督江州诸军事，领江州刺史"。据《通鉴》，晋成帝咸和四年（329）四月，"以平南军司刘胤为江州刺史"；十二月，郭默杀刘胤；咸和五年（330）正月，"（朝廷）以（郭）默为江州刺史"；此后，陶侃、庾亮以郭默擅杀刘胤而讨之；"郭默欲南据豫章（胡注：欲自寻阳而南据也），会太尉（陶）侃兵至，默出战不利，入城固守，聚米为垒，以示有余，侃筑土山临之。三月，庾亮兵至湓口"。《晋书·艺术传·戴洋传》载，"（戴）洋往寻阳，时刘胤镇寻阳"，后"胤遂为郭默所害"。据此，刘胤为江州刺史，镇寻阳湓口。《元和志》江南道四江州浔阳县条载，浔阳县，"大业二年改为湓城县，武德五年复改为浔阳县"。《寰宇记》江南西道九江州条载，"江州，浔阳郡，今理德化县"；"成帝咸和元年移江州理湓城，即今郡是也。晋初理在江北岸，地名兰城，即旧郡城也。温峤为守之日移于此"。《寰宇记》所载咸和元年（326）应为咸和三年（328）。《旧唐志》江州浔阳县条载，"炀帝改为湓城，取县界湓水为名"。《舆地广记·江南东路》江州德化县条载，德化县，"本寻阳县……县本在江北，温峤移置江南"。又据下引《南齐志》江州条载，亦可证江州所治寻阳，即湓口。刘胤为江州刺史，应治在寻阳（即湓口）。故因苏峻叛乱，咸和三年（328），温峤自武昌迁于寻阳（即湓口，今江西九江市浔阳区），江州刺史即改治此。

咸和五年（330），改治武昌。

《晋书·陶侃传》载，"诏侃都督江州，领刺史"，"侃旋于巴陵，因移镇武昌"；《通鉴》载此事在晋成帝咸和五年（330）五月。可见，咸和五年（330），江州改治武昌。雷次宗《豫章古今记》载，"（咸和）五年，陶侃以荆州领江州，置在江陵。九年，庾亮以豫州领江州，镇芜湖"。雷次宗所记与《晋书》所载不同，此从《晋书》。雷次宗以为庾亮以豫州刺史领江州，江州遂迁镇芜湖。然《晋书·庾亮传》载，"陶侃薨，迁（庾）亮都督江荆豫益梁雍六州诸军事，领江、荆、豫三州刺史"，"乃迁镇武昌"；《通鉴》载此事在晋成帝咸和九年（334）六月。据此，咸和九年（334），庾亮领江、荆、豫三州，是豫州迁治武昌，而非江州、荆州迁治芜湖。

咸康六年（340），改治寻阳。

《宋志》江州刺史条载，江州刺史，"初治豫章，成帝咸康六年移治寻阳"。《南齐志》江州条载，晋惠帝时置江州，治豫章；"庾亮领（江州）刺史，都督六州，云以荆、江为本，校二州户口，虽相去机事，实觉过半，江州实为根本。临终表江州宜治寻阳，以州督豫州新蔡、西阳二郡，治湓城，接近东江诸郡，往来便易"。《晋书·成帝纪》载，咸康六年（340）正月，"庾亮薨"；《晋书·庾亮传附庾翼传》载，"及亮卒"，授庾翼荆州刺史，"代亮镇武昌"。又据《晋书·王舒传附王允之传》，"咸康中，（王允之）进号西中郎将、假节。寻迁南中郎将、江州刺史"。据《通鉴》，晋成帝咸康八年（342）正月，"豫州刺史庾怿以酒饷江州刺史王允之"。田余庆认为，"在咸康五年秋后至咸康六年春，王、庾两家族的王允之与庾怿，恰好互换了地盘"[1]。王允之任江州刺

---

[1] 田余庆：《东晋门阀政治》，北京大学出版社，2005年，第101页。

史，应在庾亮卒后，即咸康六年（340）。可见，咸康六年（340），荆州、江州分治，荆州仍治武昌，江州改治寻阳。

咸康八年（342），改治半洲。

《晋书·外戚传·褚裒传》载，"（褚裒）除建威将军、江州刺史，镇半洲"；《通鉴》载此事在晋成帝咸康八年（342）十二月。《元和志》江南道四江州浔阳县条载，"半洲故城，在县西九十里。按吴将孙虑黄武六年出镇于此，筑此城"。据此，咸康八年（342），江州改治半洲（今江西九江市柴桑区西北）。

建元元年（343），改治武昌。

《晋书·庾亮传附庾冰传》载，"（庾冰）领江州刺史、假节，镇武昌"；《通鉴》载此事在晋康帝建元元年（343）八月。据《通鉴》，晋哀帝兴宁元年（363）十月，"以征虏将军桓冲为江州刺史"。《晋书·桓彝传附桓冲传》载，"（桓冲）寻迁振威将军、江州刺史，领镇蛮护军、西阳谯二郡太守。温之破姚襄也，获襄将张骏、杨凝等，徙于寻阳。冲在江陵，未及之职，而骏率其徒五百人杀江州督护赵毗，掠武昌府库，将妻子北叛。冲遣将讨获之，遂还所镇"。由张骏等"江州督护赵毗，掠武昌府库"可见，此前江州仍治武昌。

宁康元年（373），改治寻阳。

《晋书·桓彝传附桓石秀传》载，"（桓石秀）为宁远将军、江州刺史，领镇蛮护军、西阳太守，居寻阳"。《通鉴》载此事在晋孝武帝宁康元年（373）七月。

太元六年（381），改治江陵。

雷次宗《豫章古今记》载，"（太元）六年，桓冲以荆州领江州，镇江陵"。《晋书·孝武帝纪》载，太元二年（377）十月，桓冲为荆州刺史。据《豫章古今记》，太元六年（381）桓冲又兼领江州刺史，江州遂迁治江陵（今湖北荆州市荆州区）。

太元九年（384），改治寻阳。

雷次宗《豫章古今记》载，"（太元）九年，桓伊为（江州）刺史"。《晋书·桓宣传附桓伊传》载，桓伊为江州刺史，"（上疏）移州还镇豫章，诏令移州寻阳"。据《通鉴》，晋孝武帝太元九年（384）二月，桓伊为江州刺史。故此年江州改治寻阳。《晋书·桓彝传附桓冲传》载，桓冲上表，以为"寻阳北接强蛮，西连荆郢，亦一任之要。今府州既分，请以王荟补江州刺史"。可见，当时江州仍治寻阳。《晋书·桓玄传》载，"诏以（桓）玄为江州，（殷）仲堪等皆被换易，乃各回舟西还，屯于寻阳，共相结约"。据《通鉴》，晋安帝隆安二年（398）九月，"以（桓）玄为江州刺史"；十月，桓玄与殷仲堪"盟于寻阳"。可见，至隆安二年（398），桓玄为江州刺史，江州仍治寻阳。

隆安四年（400），改治江陵。

《晋书·桓玄传》载，"（桓玄）表求领江荆二州"，诏以桓玄为荆州刺史，桓修为江州刺史，"玄上疏固争江州"，于是复领江州刺史；《通鉴》载此事在晋安帝隆安四年（400）三月。据后文荆州地区"东晋荆州"条，自太元十四年（389），东晋荆州治江陵。桓玄以荆州刺史兼领江州，故江州改治江陵。

隆安五年（401），改治夏口。

《晋书·桓玄传》载，"（桓玄）以（桓）伟为江州，镇夏口"；《通鉴》载此事在晋安帝隆安五年（401）十二月。据此，隆安五年（401），江州改治夏口（今湖北武汉市武昌区）。

元兴三年（404）前，改治寻阳。

《晋书·何无忌传》载，刘裕起兵讨桓玄，桓玄以"江州刺史郭昶之守溢口"；《晋书·桓玄传》载，"（桓）玄至寻阳，江州刺史郭昶之给其器用、兵力"。《宋书·武帝本纪上》载，晋安帝元兴三年（404）二月，刘裕起兵讨桓玄，声言"江州刺史郭昶之奉迎主上，宫于寻阳"；三月，"（桓）玄经寻阳，江州刺史郭昶之备乘舆法物资之"。据此，元兴三年（404）前，郭昶之为江州刺史时，江州改治寻阳（即溢口）。《晋书·刘牢之传附刘敬宣传》载，"（刘敬宣）迁建威将军、江州刺史，镇寻阳"。据《通鉴》，晋安帝元兴三年（404）四月，"以刘敬宣为江州刺史"。又据《通鉴》，晋安帝义熙二年（406）十二月，以何无忌为江州刺史；义熙六年（410）二月，卢循自番禺北攻江州，"何无忌自寻阳引兵拒卢循"。可见，刘敬宣、何无忌为江州刺史，仍治寻阳。

义熙七年（411），改治南昌。

雷次宗《豫章古今记》载，"安帝义熙六年，庾悦为（江州）刺史"；又载，"自置江州以来，刺史三政在豫章，余皆在它郡"。《宋志》江州刺史条载，江州刺史，"庾悦又治豫章"。"庾悦"原作"庾翼"。据周一良考证，"悦字不误"[①]。《南齐志》江州条载，江州，"庾翼又还豫章"。《南齐志》中"庾翼"应为"庾悦"。《宋书·庾悦传》载，东晋末，庾悦为"建威将军、江州刺史"；刘毅上表称"愚谓（江州）宜解军府，移治豫章"；又称"刺史庾悦，自临州部，甚有恤民之诚，但纲维不革，自非纲目所理。寻阳接蛮，宜有防遏，可即州府千兵，以助郡戍"；"于是解悦都督、将军官，以刺史移镇豫章"。据《通鉴》，晋安帝义熙七年（411）四月，江州刺史庾悦移镇豫章。庾悦虽义熙六年（410）为江州刺史，然江州移镇豫章则在次年。豫州郡治南昌，江州遂治南昌。

义熙八年（412），改治寻阳。

据上引《宋书·庾悦传》，刘毅"解（庾）悦都督、将军官，以刺史移镇豫章"。《晋书·安帝纪》载，义熙八年（412）九月，"刘裕帅师讨（刘）毅。裕参军王镇恶陷江陵城，毅自杀"。雷次宗《豫章古今记》载，"（义熙）八年，孟玉为（江州）刺史"。此"孟玉"应为"孟怀玉"。《宋书·孟怀玉传》载，"（义熙）八年，（孟怀玉）迁江州刺史"。《宋志》江州刺史条载，江州刺史，"庾悦又治豫章，寻还寻阳"。《南齐志》江州条载，江州，"义熙后还寻阳"。义熙八年（412），刘毅败死，孟怀玉为江州刺史，江州当还治寻阳。

宋永初元年（420），江州入宋。

三、东晋荆州

东晋建武元年（317），置荆州，治江陵。

《宋志》荆州刺史条载，荆州刺史，"王廙治江陵"。《晋书·王廙传》载，

---

① 周一良：《魏晋南北朝史札记》，中华书局，1985年，第139页。

"初，王敦左迁陶侃，使（王）廙代为。荆州将吏马俊、郑攀等上书请留侃，敦不许。廙为俊等所袭，奔于江安"。据《通鉴》，晋愍帝建兴三年（315）八月，王敦以王廙为荆州刺史，荆州将吏郑攀、马隽等"以（陶）侃始灭大贼而更被黜，众情愤惋"，"廙为攀等所袭，奔于江安（胡注：江安县，属南平郡，武帝太康元年分孱陵置）"；晋元帝建武元年（317）八月，郑攀等请降，杜曾又诈降，"（王）廙将赴荆州，留长史刘浚镇扬口垒（胡注：《水经注》：龙陂水迳郢城东北流，谓之扬水，水北迳竟陵县西，又北注于沔，曰扬口，中夏口也）"，"遂西行"。王廙为马俊所袭，奔于江安。江陵临近江安，为原荆州治所，王廙当以荆州治江陵，故《宋志》载"王廙治江陵"。王廙当为征讨郑攀、杜曾等，暂驻扬口垒。郑攀等请降，王廙遂西赴"荆州"，此"荆州"当即荆州治所江陵。故建兴三年（315）王廙为荆州刺史后，荆州还治江陵。西晋末，荆州治江陵。东晋承西晋而置荆州，当仍治江陵（今湖北荆州市荆州区）。

大兴元年（318），改治武昌。

《宋志》荆州刺史条载，荆州刺史，"王敦治武昌"。《南齐志》荆州条载，荆州，"王敦治武昌"。《晋书·元帝纪》载，大兴元年（318）十一月，"加大将军王敦荆州牧"；《晋书·王敦传》载，"寻加（王敦）荆州牧"。当时，王敦以江州牧加领荆州。雷次宗《豫章古今记》载，"太兴元年，以王敦为（江州）刺史"。王敦为荆州牧，应在大兴元年（318），故此年荆州改治武昌（今湖北鄂州市鄂城区）。

永昌元年（322），改治江陵。

据《通鉴》，晋元帝永昌元年（322）三月，王敦以"王廙为荆州刺史"；十月，王廙卒，王敦以王含领荆州刺史。《宋志》荆州刺史条载，"陶侃前治沔阳，后治武昌，王廙治江陵"。陶侃前后任荆州刺史，治所不同。而王廙前后两次任荆州刺史，当皆治江陵。《晋书·明帝纪》载，太宁三年（325）五月，以陶侃为荆州刺史。据下文引《晋书》和《通鉴》，咸和四年（329），"陶侃以江陵偏远，移镇巴陵"。可见，太宁三年（325），陶侃为荆州刺史，应治江陵。据《通鉴》，晋成帝咸和元年（326）八月，"以丹杨尹温峤为都督江州诸军事江州刺史，镇武昌"。江州刺史温峤不可能与荆州刺史陶侃同镇武昌，故此前陶侃已镇江陵，而温峤镇武昌。《晋书·王敦传》载，"（王敦）以从弟舒为荆州，彬为江州"。雷次宗《豫章古今记》载，"太宁元年以王彬为（江州）刺史，二年以应瞻为刺史"。据《通鉴》，晋明帝太宁元年（323）十一月，"王舒为荆州刺史、监荆州沔南诸军事，王彬为江州刺史"；太宁二年（324）七月，王敦叛乱失败，"王含欲奔荆州，王应曰：'不如江州'"，"含不从，遂奔荆州。王舒遣军迎之，沉父子于江。王彬闻应当来，密具舟以待之，不至，深以为恨"。此前，王敦为江荆二州刺史，镇武昌。故太宁元年（323），江荆二州分为二人所治，荆州当治江陵。

咸和四年（329），改治巴陵。

《晋书·陶侃传》载，陶侃平定苏峻叛乱后，"以江陵偏远，移镇巴陵"。据《通鉴》，晋成帝咸和四年（329）三月，"陶侃以江陵偏远，移镇巴陵"。时陶侃为荆州刺史。据此，咸和四年（329），改治巴陵（今湖南岳阳市岳阳楼区）。

咸和五年（330），改治武昌。

《晋书·陶侃传》载，"（陶侃）旋于巴陵，因移镇武昌"。据《通鉴》，晋成帝咸和五年（330）三月，"（陶）侃还巴陵，因移镇武昌"。《宋志》荆州刺史条载，荆州刺史，"陶侃前治沔阳，后治武昌"，"庾亮治武昌"。《陶侃传》又载，王敦表侃为荆州刺史，"移入沔江"。据《通鉴》，晋愍帝建兴元年（313）八月，"（王敦）表侃为荆州刺史，屯沔江（胡注：《水经注》：沌水上承沔阳之白湖，东南流，迳沔阳县南注于江）"。据此，"陶侃前治沔阳"在西晋末。陶侃"后治武昌"应在咸和五年（330）。《晋书·庾亮传》载，"陶侃薨，迁（庾）亮都督江荆豫益梁雍六州诸军事，领江、荆、豫三州刺史"，"乃迁镇武昌"；《通鉴》载此事在晋成帝咸和九年（334）六月。《晋书·庾亮传附庾翼传》载，及庾亮卒，朝廷授庾翼"荆州刺史、假节，代亮镇武昌"；《通鉴》载此事在晋成帝咸康六年（340）正月。故自陶侃移镇武昌后，至庾翼时，东晋荆州治此。

建元元年（343），改治襄阳。

《宋志》荆州刺史条载，荆州刺史，"庾翼进襄阳"。《南齐志》雍州条载，"庾翼为荆州，谋北伐，镇襄阳"。《晋志》雍州条载，"康帝时，庾翼为荆州刺史，迁镇襄阳"。《晋书·康帝纪》载，建元元年（343）七月，"安西将军庾翼为征讨大都督，迁镇襄阳"；《晋书·庾亮传附庾翼传》载，庾翼谋北伐，"徙镇襄阳"。庾翼徙镇襄阳时为荆州刺史，故建元元年（343）荆州改治襄阳（今湖北襄阳市襄城区）。

建元二年（344），改治夏口。

《宋志》荆州刺史条载，荆州刺史，"庾翼进襄阳，复还夏口"。《南齐志》荆州条载，荆州，"王敦治武昌，其后或还江陵，或在夏口"。《晋书·庾亮传附庾翼传》载，"康帝崩，兄（庾）冰卒，（庾翼）以家国情事，留（庾）方之戍襄阳，还镇夏口"。据《通鉴》，晋康帝建元二年（344）十一月，庾冰卒，"（庾）翼还镇夏口"。据此，建元二年（344），改治夏口（今湖北武汉市武昌区）。

永和三年（347），改治江陵。

《宋志》荆州刺史条载，荆州刺史，"桓温治江陵"。《南齐志》荆州条载，荆州，"桓温平蜀，治江陵"。《晋书·桓温传》载，庾翼卒，以桓温为荆州刺史；桓温灭成汉后，"振旅还江陵"。据《通鉴》，晋穆帝永和三年（347）三月，桓温平蜀，"留成都三十日，振旅还江陵"。故永和三年（347），荆州改治江陵。

太元二年（377），改治上明。

《宋志》荆州刺史条载，荆州刺史，"桓冲治上明"。《南齐志》荆州条载，荆州，"属氐陷襄阳，桓冲避居上明，顿陆逊乐乡城上四十余里，以田地肥良，可以为军民资实，又接近三峡，无西疆之虞，故重戍江南，轻戍江北"。《水经注·江水注》载，"江水又东迳上明城北。晋太元中，苻坚之寇荆州也，刺史桓冲徙渡江南，使刘波筑之，移州治此城"。《晋书·桓彝传附桓冲传》载，桓冲为荆州刺史，"冲既到江陵，时苻坚强盛，冲欲移阻江南，乃上疏曰：'今宜全重江南，轻戍江北。南平屏陵县界，地名上明，田土膏良，可以资业军人。在吴时乐乡城以上四十余里，北枕大江，西接三峡。若狂狡送死，则旧郢以北坚壁不战，接会济江，路不云远，乘其疲堕，扑剪为易。臣司存阃外，辄随宜处分。'于是移镇上明"。据《通鉴》，晋孝武帝太元二年（377）十月，以桓冲为荆州刺史，"桓冲以秦人强盛，欲移阻江南，奏自江陵徙镇上明"。可见，太元二年（377），荆州改治上明。《晋书·桓彝传附桓石民传》载，"（桓）冲薨，诏以（桓）石民监荆州军事、西中郎将、荆州刺史";《五行志中》载,"桓石民为荆州,镇上明"。可见,桓石民为荆州刺史时,仍治上明(今湖北枝江市南)。

太元十四年（389），改治江陵。

《宋志》荆州刺史条载,荆州刺史,"王忱还江陵,此后遂治江陵"。据《通鉴》,晋孝武帝太元十四年(389)七月,以王忱为荆州刺史。《晋书·孝武帝纪》载,太元十七年(392)十月,荆州刺史王忱卒;十一月,以殷仲堪为荆州刺史。又据《通鉴》,晋孝武帝太元十七年(392)十一月,以殷仲堪为荆州刺史,"镇江陵"。《晋书·安帝纪》载,义熙元年(405)三月,"桓振复袭江陵,荆州刺史司马休之奔襄阳。建威将军刘怀肃讨振,斩之"。《姚兴载记下》亦载,"晋荆州刺史司马休之据江陵"。《晋书·魏咏之传》载,"义熙初,进(魏咏之)征虏将军、吴国内史,寻转荆州刺史"。据《通鉴》,晋安帝义熙元年(405)九月,"魏咏之卒,江陵令罗修谋举兵袭江陵,奉王慧龙为主。刘裕以并州刺史刘道规为都督荆宁等六州诸军事、荆州刺史"。《宋书·武帝本纪上》载,义熙六年(410)七月,"伪主谯纵以(桓谦)为荆州刺史。谦及谯道福率军二万出寇江陵,适与(荀)林会,相去百余里。荆州刺史道规斩谦于枝江";十月,"徐道覆率众三万寇江陵,荆州刺史道规又大破之"。以上皆证,自太元十四年(389),荆州治江陵。《南齐志》荆州条载,荆州,"太元十四年,王忱还江陵。江陵去襄阳步道五百,势同唇齿,无襄阳则江陵受敌,不立故也。自忱以来,不复动移"。故自太元十四年(389),东晋荆州治江陵,此后不改。

宋永初元年（420），荆州入宋。

四、东晋湘州

东晋建武元年（317），置湘州，治临湘。

《晋书·胡母辅之传》载,"(胡母辅之)避乱渡江,元帝以为安东将军咨议祭酒,迁扬武将军、湘州刺史、假节。到州未几,卒"。又《晋书·元帝纪》载,太兴三年(320)八月,"以湘州刺史甘卓为安南将军、梁州刺史";永昌元年(322)四月,"魏乂陷湘州","湘州刺史、谯王承并遇害";《明帝纪》载,太宁三年（325）六月，以广州刺史王舒为湘州刺史，湘州刺史刘颙为广州刺史。《晋书·卞壸传附从父兄敦传》载，"出（卞敦）为都督、安南将军、湘州刺史"，"苏峻反，温峤、庾亮移檄征镇，同赴京师，敦拥兵不下"。可见，东晋初置有湘州。《宋志》湘州刺史条载，湘州刺史，晋怀帝永嘉元年（307）置，治临湘。东晋承西晋置湘州，应仍治临湘（今湖南长沙市天心区）。

咸和四年（329），省湘州。

《宋志》湘州刺史条载，湘州刺史，"成帝咸和三年省"。《晋书·成帝纪》载，咸和四年（329）二月，"以湘州并荆州"。《通鉴》晋成帝咸和四年（329）二月所载与《晋书》同。此姑以咸和四年（329）省湘州为是。

义熙八年（412），复置湘州，当仍治治临湘。

《宋志》湘州刺史条载，湘州刺史，"安帝义熙八年复立"。《宋书·武帝本纪中》载，晋安帝义熙八年（412），"以荆州十郡为湘州"。《晋书·安帝纪》载，义熙八年（412）十二月，"分荆州十郡置湘州"。《通鉴》晋安帝义熙八年（412）十二月所载与《晋书》同。东晋复置湘州，当仍治临湘。

义熙十二年（416），省湘州。

《宋志》湘州刺史条载，湘州刺史，"安帝义熙八年复立，十二年又省"。

五、东晋豫州

东晋建武元年（317），置豫州，治谯。

《晋书·祖逖传》载，祖逖北伐，晋元帝以祖逖为豫州刺史，其后逖进克谯城。据《通鉴》，晋元帝建武元年（317）六月，祖逖"入谯城"。据此，建武元年（317），东晋豫州治谯（今安徽亳州市谯城区）。

太兴二年（319），寄治寿春。

据《通鉴》，晋元帝太兴二年（319）四月，陈川以浚仪叛，降石勒；"祖逖攻陈川于蓬关，石勒遣石虎将兵五万救之，战于浚仪，逖兵败，退屯梁国。

勒又遣桃豹将兵至蓬关，逖退屯淮南"。淮南郡本属扬州，治寿春。故豫州刺史祖逖退屯淮南后，豫州当寄治寿春（今安徽寿县）。

太兴三年（320），改治雍丘。

《晋书·祖逖传》载，"冯铁据二台，逖镇雍丘"，后"卒于雍丘"。据《通鉴》，晋元帝太兴三年（320）六月，"冯铁据二台，逖镇雍丘"；太兴四年（321），"九月壬寅，（祖逖）卒于雍丘"。《元和志》河南道三汴州雍丘县条载，"雍丘故城，今县城是也。春秋杞国城也，杞为宋灭。城北临汴河。晋永嘉末，镇西将军祖逖为豫州刺史，理于此"。据此，太兴三年（320），豫州改治雍丘（今河南杞县）。

太兴四年（321），改治谯。

《晋书·元帝纪》载，太兴四年（321），"九月壬寅，镇西将军、豫州刺史祖逖卒。冬十月壬午，以逖弟侍中约为平西将军、豫州刺史"；《晋书·艺术传·戴洋传》载，"及祖约代兄镇谯，请（戴）洋为中典军，迁督护。永昌元年四月庚辰，禺中时有大风，起自东南，折木。洋谓约曰：'十月，必有贼到谯城东，至历阳，南方有反者。'"可见永昌元年（322），祖约屯谯城。可能祖逖卒后，祖约遂自雍丘退屯谯城。

永昌元年（322），寄治寿春。

《宋志》南豫州刺史条载，"元帝永昌元年，刺史祖约始自谯城退还寿春"。《南齐志》豫州条载，"晋元帝永昌元年，刺史祖约避胡贼，自谯还治寿春。寿春，淮南一都之会，地方千余里，有陂田之饶，汉、魏以来扬州刺史所治，北拒淮水"。《晋书·元帝纪》载，永昌元年（322）十月，"石勒攻陷襄城、城父，遂围谯，破祖约别军，约退据寿春"；《晋书·明帝纪》载，太宁二年（324）七月，"祖约逐（王）敦所署淮南太守任台于寿春"，十月，"石勒将石生屯洛阳，豫州刺史祖约退保寿阳"。晋孝武帝时因避讳而改寿春为寿阳。然祖约退屯寿春，当在晋元帝永昌元年（322）。

咸和三年（328），寄治历阳。

《晋书·成帝纪》载，咸和三年（328），"七月，祖约为石勒将石聪所攻，众溃，奔于历阳"。据《通鉴》，晋成帝咸和三年（328），"后赵将石聪、石堪引兵济淮，攻寿春。秋七月，约众溃，奔历阳"。历阳本属扬州历阳郡，据此，咸和三年（328），豫州寄治历阳（今安徽和县）。

咸和四年（329），寄治芜湖。

《宋志》南豫州刺史条载，"成帝咸和四年，侨立豫州，庾亮为刺史，治芜湖"。《南齐志》豫州条载，"咸和四年，祖约以城降胡，复以庾亮为刺史，治芜湖。芜湖，浦水南入，亦为险奥。刘备谓孙权曰：'江东先有建业，次有芜湖'"。《晋书·成帝纪》载，咸和四年（329）三月，"以护军将军庾亮为平西将军、都督扬州之宣城江西诸军事、假节，领豫州刺史，镇芜湖"。芜湖本属扬州丹杨郡。据此，咸和四年（329），豫州寄治芜湖（今安徽芜湖市镜湖区）。

咸和九年（334），豫州寄治武昌。

《晋书·庾亮传》载，"陶侃薨，迁（庾）亮都督江荆豫益梁雍六州诸军事，领江、荆、豫三州刺史"，"乃迁镇武昌"；《通鉴》载此事在晋成帝咸和九年（334）六月。武昌本属荆州武昌郡。据此，咸和九年（334），豫州寄治武昌（今湖北鄂州市鄂城区）。

咸康五年（339）三月，改治邾城，九月寄治芜湖。

据《通鉴》，晋成帝咸康五年（339）三月，"（庾亮）请解豫州，以授征虏将军毛宝。诏以宝监扬州之江西诸军事、豫州刺史，与西阳太守樊峻帅精兵万人戍邾城（胡注：邾城在江北，汉江夏郡邾县之故城也。楚宣王灭邾，徙其君于此，因以为名，今黄州城是也。杜佑曰：黄州东南百二十里，临江与武昌相对，有邾城，此言唐黄州治所也）"；九月，后赵南侵，"张貉陷邾城，死者六千人，毛宝、樊峻突围出走，赴江溺死"，"以辅国将军庾怿为豫州刺史，监宣城、庐江、历阳、安丰四郡诸军事，假节，镇芜湖"；咸康六年（340）正月，"以南郡太守庾翼为都督江荆司雍梁益六州诸军事、安西将军、荆州刺史、假节，代亮镇武昌"；咸康八年（342）正月，"豫州刺史庾怿以酒饷江州刺史王允之；允之觉其毒，饮犬，犬毙，密奏之。帝曰：'大舅已乱天下，小舅复欲尔邪！'二月，怿饮鸩而卒"。《宋志》南豫州刺史条载，"咸康四年，毛宝为刺史，治邾城。六年，荆州刺史庾翼镇武昌，领豫州。八年，庾怿为刺史，又镇芜湖"。《南齐志》豫州条载，"庾亮经略中原，以毛宝为刺史，治邾城，为胡所覆。荆州刺史庾翼领州，在武昌。诸郡失土荒民数千无佃业，翼表移西阳、新蔡二郡荒民就陂田于寻阳"。据上引《通鉴》，咸康五年（339）三月，东晋豫州治邾城；九月，改治芜湖。咸康五年（339），已以庾怿为豫州刺史，镇芜湖；咸康六年（340），庾翼为荆州刺史，未兼领豫州；咸康八年（342），庾怿卒，当不会为刺史。故此从《通鉴》所载。邾城本属豫州弋阳郡。据此，咸康五年（339）三月，改治邾城（今湖北黄冈市西北），九月寄治芜湖。

永和元年（345），寄治牛渚。

《宋志》南豫州刺史条载，"穆帝永和元年，刺史赵胤镇牛渚"。《晋书·赵诱传》载，"（赵胤）迁西豫州刺史，卒于官"。中华书局点校本《晋书》"校勘记"云"'西'字衍"，当是。牛渚本属扬州丹杨郡。据此，永和元年（345），豫州寄治牛渚（今安徽马鞍山市雨山区）。

永和二年（346），寄治芜湖。

《宋志》南豫州刺史条载，"（永和）二年，刺史谢尚镇芜湖"。

永和八年（352），寄治寿春。

《宋志》南豫州刺史条载，"（永和）四年，（刺史谢尚）进寿春"。《宋志》此误，当时寿春尚未后赵占据。豫州刺史谢上进寿春，在此年后。《晋书·穆帝纪》载，永和五年（349）六月，"石遵扬州刺史王浃以寿阳来降"。《南齐志》豫州条载，"穆帝永和五年，胡伪扬州刺史王浃以寿春降"。据《通鉴》，晋穆帝永和五年（349）六月，"赵扬州刺史王浃举寿春降，西中郎将陈逵进据寿春"；八月，东晋兵败，"陈逵闻之，焚寿春积聚，毁城遁还"。《晋书·谢尚传》载，"大司马桓温欲有事中原，使尚率众向寿春，进号安西将军"。《姚襄载记》载，"晋处襄于谯城，遣五弟为任，单骑度淮，见豫州刺史谢尚于寿春"。又据《通鉴》，晋穆帝永和八年（352）正月，"以安西将军谢尚、北中郎将荀羡为督统，进屯寿春"；三月，"诏（姚）襄屯谯城，襄单骑度淮，见谢尚于寿春"。可见，永和八年（352），豫州寄治寿春。

永和九年（353），寄治历阳。

《宋志》南豫州刺史条载，"（永和）九年，（谢）尚又镇历阳"。《晋书·穆帝纪》载，永和九年（353），"十二月，加尚书仆射谢尚为都督豫、扬、江西诸军事，领豫州刺史，镇历阳"；《谢尚传》载，"永和中，拜尚书仆射，出为都督江西淮南诸军事、前将军、豫州刺史，给事中、仆射如故，镇历阳"。据此，永和九年（353），豫州寄治历阳。

永和十一年（355），寄治马头。

《宋志》南豫州刺史条载，"（永和）十一年，（谢尚）进马头"。《南齐志》豫州条载，"穆帝永和五年，胡伪扬州刺史王浃以寿春降，而刺史或治历阳，进马头及谯，不复归旧镇也"。《晋书·穆帝纪》载，永和十一年（355），"冬十月，进豫州刺史谢尚督并冀幽三州诸军事、镇西将军，镇马头"。据《通鉴》，晋穆帝永和十一年（355），"十月，以豫州刺史谢尚督并、冀、幽三州，镇寿春（胡注：进取则屯寿春，守江则多在历阳、芜湖二处）"。《通鉴》此载或误，此从《宋志》《晋书》。马头旧属扬州淮南郡。故永和十一年（355），豫州寄治马头（今安徽怀远县南）。

升平元年（357），改治谯。

《宋志》南豫州刺史条载，"升平元年，刺史谢奕戍谯"。《晋书·穆帝纪》载，升平元年（357）六月，"以军司谢奕为使持节、都督、安西将军、豫州刺史"。据此，升平元年（357），豫州改治谯。

升平二年（358），寄治寿春。

《晋书·穆帝纪》载，升平二年（358）八月，"以吴兴太守谢万为西中郎将、持节、监司豫冀并四州诸军事、豫州刺史"；升平三年（359），"十月，慕容儁寇东阿，遣西中郎将谢万次下蔡"。《晋书·谢安传附谢万传》载，"（谢万）再迁豫州刺史，领淮南太守"。谢万迁豫州刺史，领淮南太守，而淮南郡治寿春，故豫州当寄治寿春。

隆和元年（362）八月改治新息，十二月寄治寿春。

《晋书·哀帝纪》载，隆和元年（362）二月，以"袁真为西中郎将、监护豫司并冀四州诸军事、豫州刺史，镇汝南"；"八月，西中郎将袁真进次汝南"；十二月，"袁真自汝南退镇寿阳"。《通鉴》晋哀帝隆和元年所载与《哀帝纪》同。《南齐志》豫州条载，"哀帝隆和元年，袁真还寿春"。《宋志》南豫州刺史条载，"哀帝隆和元年，刺史袁真自谯退守寿春"。此"谯"当为"汝南"。据《晋志》，豫州汝南郡首县为新息县。《舆地广记·京西北路》新息县条载，"新息县，故息国，二汉属汝南郡，晋为郡治焉"。故晋汝南郡当治新息。袁真镇汝南，当治新息。《哀帝纪》所言"寿阳"即"寿春"，晋孝武帝时因避讳改。据此，隆和元年（362）八月，豫州改治新息（今河南息县），十二月寄治寿春。

咸安元年（371），寄治历阳。

《晋书·海西公纪》载，太和四年（369）十月，"豫州刺史袁真以寿阳叛"；《晋书·桓温传》载，"以温世子给事熙为征虏将军、豫州刺史"。据《通鉴》，晋海西公太和四年（369）十一月，"以（桓）温世子熙为豫州刺史"；晋简文帝咸安元年（371）正月，"（桓）温拔寿春"。《南齐志》豫州条载，"（袁）真为桓温所灭，温以子熙为刺史，戍历阳"。《宋志》南豫州刺史条载，"简文咸安元年，刺史桓冲戍姑孰"。据《通鉴》宋孝武帝大明五年（461）九月"移南豫州治于湖"，胡注于此引《宋志》："简文咸安元年，刺史桓熙戍历阳。孝武宁康元年，刺史桓冲戍姑孰。"中华书局点校本《宋书》据《通鉴》胡注认为《宋志》有脱文，当是。据此，咸安元年（371），豫州寄治历阳。

宁康元年（373），寄治姑孰。

《宋志》南豫州刺史条载，"简文咸安元年，刺史桓冲戍姑孰"。《宋志》此有脱文，当为"简文咸安元年，刺史桓熙戍历阳。孝武宁康元年，刺史桓冲戍姑孰"。参见上条注释引《通鉴》胡注。《晋志》豫州条载，"宁康元年，移镇姑孰"。《南齐志》豫州条载，"孝武宁康元年，桓冲移姑熟"；南豫州条载，"晋宁康元年，豫州刺史桓冲始镇姑熟"。据《通鉴》，晋孝武帝宁康元年（373）七月，"桓冲为中军将军、都督扬豫江三州诸军事、扬豫二州刺史，镇姑孰"。

姑孰本属扬州丹杨郡。故宁康元年（373）豫州寄治姑孰（今安徽当涂县）。

太元十年（385），寄治马头。

《宋志》南豫州刺史条载，"太元十年，刺史朱序戍马头"。《晋书·朱序传》载，"转（朱序）扬州豫州五郡军事、豫州刺史，屯洛阳"。此"屯洛阳"乃朱序北伐进军过程中。太元十年（385），豫州实寄治马头。

太元十一年（386），寄治寿阳。

《晋书·谢安传附谢玄传》载，"（谢）玄欲令豫州刺史朱序镇梁国，玄住彭城，北固河上，西援洛阳，内藩朝廷。朝议以征役既久，宜置戍而还，使玄还镇淮阴，序镇寿阳"。据《通鉴》，晋孝武帝太元十一年（386），三月"初，谢玄欲使朱序屯梁国，玄自屯彭城，以北固河上，西援洛阳。朝议以征役既久，欲令玄置戍而还。会翟辽、张愿继叛，北方骚动，玄谢罪，乞解职，诏慰谕，令还淮阴"。故太元十一年（386），豫州刺史朱序镇寿阳。孝武帝时，因避讳，改寿春为寿阳（今安徽寿县）。

太元十二年（387），寄治历阳。

《宋志》南豫州刺史条载，"（太元）十二年，刺史桓石虔戍历阳"。《南齐志》豫州条载，"（太元）十二年，桓石虔还历阳"。《晋书·桓彝传附桓石虔传》载，"（桓）冲卒，石虔以冠军将军、监豫州扬州州五郡军事、豫州刺史。寻以母忧去职。服阕，复本位。久之，命移镇马头，石虔求停历阳，许之"。《晋书·庾亮传附庾羲传》载，"（羲）子准，太元中，自侍代伐桓石虔为豫州刺史、西中郎将，镇历阳"；《晋书·庾楷传》载，"（庾楷）代兄准为西中郎将、豫州刺史、假节，镇历阳"。可见，桓石虔、庾准、庾楷为豫州刺史，皆寄治历阳。

元兴元年（402），寄治姑孰。

《晋书·桓玄传》载，桓玄专权，"大赦，改元为大亨。玄让丞相，自署太尉，领平西将军、豫州刺史"，随后出居姑孰。据《通鉴》，晋安帝元兴元年（402）三月，桓玄领豫州刺史，四月，"出屯姑孰"。故元兴元年（402），豫州寄治姑孰。

元兴三年（404），寄治历阳。

《晋书·刁彝传附刁逵传》载，"桓玄篡位，以逵为西中郎将、豫州刺史，镇历阳"。据《通鉴》晋安帝元兴三年（404）二月，桓玄以"刁逵为豫州刺史，镇历阳"；三月，刘裕击败桓玄，"裕以魏咏之为豫州刺史，镇历阳"。《晋书·魏咏之传》载，"（桓）玄败，授建威将军、豫州刺史。桓歆寇历阳，咏之率众击走之"。据此，元兴三年（404），豫州寄治历阳。

义熙二年（406），寄治姑孰。

《宋志》南豫州刺史条载，"安帝义熙二年，刺史刘毅戍姑孰"。《南齐志》豫州条载，"义熙二年，刘毅复镇姑熟"。《晋书·刘毅传》载，"诏以毅为都督豫州扬州之淮南历阳庐江安丰堂邑五郡诸军事、豫州刺史"。据《通鉴》，晋安帝义熙元年（405），"诏以（刘）毅为都督淮南等五郡军事、豫州刺史"。据此，义熙二年（406），豫州寄治姑孰。

义熙九年（413），寄治建康。

《宋书·武帝本纪上》载，晋安帝义熙四年（408）正月，征刘裕入辅，授扬州刺史；《武帝本纪中》载，晋安帝义熙九年（413）三月，刘裕杀豫州刺史诸葛长民，自加领豫州刺史。《晋书·安帝纪》载，义熙九年（413），"三月戊寅，加刘裕镇西将军、豫州刺史"。刘裕在建康执政，故其领豫州刺史，豫州遂治建康（今江苏南京市鼓楼区）。

义熙十三年（417），寄治寿阳。

《宋志》南豫州刺史条载，"十三年，刺史刘义庆镇寿阳"。《南齐志》豫州条载，"十二年，刘义庆镇寿春，后常为州治"。据《通鉴》，晋安帝义熙十四年（418）正月，"以南郡公刘义庆为豫州刺史"。三书所载刘义庆为豫州刺史时间不同，此以《宋志》为是。据《通鉴》，宋武帝永初元年（420），"四月，征王入辅王，留子义康为都督豫司雍并四州诸军事、豫州刺史，镇寿阳"。可见东晋亡前，豫州仍治寿阳。

宋永初元年（420），豫州入宋。

六、东晋徐州

东晋建武元年（317），置徐州，治泗口。

《晋书·祖逖传》载，"及京师大乱，（祖）逖率亲党数百家避地淮泗"，"达泗口，元帝逆用为徐州刺史"。"京师大乱"当在西晋末。祖逖达泗口，晋元帝以其为徐州刺史，也应在西晋末。又《晋书·蔡豹传》载，"（蔡豹）避乱南渡，元帝以为振武将军、临淮太守，迁建威将军、徐州刺史。初，祖逖为徐州，豹为司马，素易豹。至是，逖为豫州，而豹为徐州，俱受征讨之寄"。可见，祖逖之后，蔡豹为徐州刺史。蔡豹由临淮太守迁徐州刺史，当也镇守泗口。又《晋书·卞壸传附从父兄敦传》载，"中兴建，拜（卞敦）太子左卫率。时石勒侵逼淮泗，帝备求良将可以式遏边境者，公卿举（卞）敦，除征虏将军、徐州刺史，镇泗口"。"中兴建"指东晋建国，"帝"指晋元帝。可见，东晋初，置有徐州，当治泗口（今江苏淮安市清江浦区西南）。

太宁元年（323），改治盱眙。

《晋书·明帝纪》载，太宁元年（323）三月，"石勒攻陷下邳，徐州刺史卞敦退保盱眙"；《晋书·卞壸传附从父兄敦传》载，"及勒寇彭城，（卞）敦自度力不能支，与征北将军王邃退保盱眙"。据此，太宁元年（323），徐州改治盱眙（今江苏盱眙县东北）。

太宁二年（324），改治淮阴。

《晋书·明帝纪》载，太宁二年（324）六月，"征平北将军、徐州刺史王邃"等还卫京师；十月，以"刘遐为监淮北诸军事、徐州刺史"；《晋书·刘遐传》载，"（刘遐）迁散骑常侍、监淮北军、中郎将、徐州刺史、假节，代王邃镇淮阴"。据《通鉴》，晋明帝太宁二年（324）十月，以"刘遐为徐州刺史，代王邃镇淮阴"。可见，太宁二年（324），东晋徐州治淮阴（今江苏淮安市清江浦区）。

咸和元年（326），改治广陵。

《晋书·明帝纪》载，太宁三年（325）七月，"以尚书令郗鉴为车骑将军、都督青兖二州诸军事、假节，镇广陵"；《晋书·成帝纪》载，咸和元年（326）六月，"以车骑将军郗鉴领徐州刺史"；《晋书·郗鉴传》载，"（郗鉴）迁车骑将军、都督徐兖青三州军事、兖州刺史、假节，镇广陵"。咸和元年（326），郗鉴以兖州刺史兼领徐州刺史，镇广陵，故此年徐州改治广陵（今江苏扬州市邗江区北）。

咸和四年（329），寄治京口。

《晋志》徐州条载，"郗鉴都督青兖二州诸军事、兖州刺史，加领徐州刺史，镇广陵。苏峻平后，自广陵还镇京口"。《晋书·郗鉴传》载，苏峻平后，"（郗）鉴遂城京口，加都督扬州之晋陵吴郡诸军事"。东晋平苏峻之乱在咸和四年（329），故徐州寄治京口在此年。《晋书·康帝纪》载，建元元年（343）十月，"以琅邪内史桓温都督青徐兖三州诸军事、徐州刺史"；《晋书·何充传》载，"建元初，（何充）出为骠骑将军、都督徐州扬州之晋陵诸军事、假节，领徐州刺史，镇京口"；《晋书·外戚传·褚裒传》载，"改授（褚裒）都督徐兖青扬州之晋陵吴国诸军事、卫将军、徐兖二州刺史、假节，镇京口"。据《通鉴》，晋成帝咸康八年（342）七月，"以（何）充为骠骑将军、都督徐州扬州之晋陵诸军事，领徐州刺史，镇京口"；晋康帝建元二年（344）九月，"改授（褚裒）都督徐兖青三州扬州之二郡诸军事、卫将军、徐兖二州刺史，镇京口"；晋穆帝永和五年（349）八月，褚裒北伐失败，"还镇京口"。可见，自咸康八年（342）至永和五年（349），徐州仍寄治京口（今江苏镇江市京口区）。

永和八年（352），改治下邳。

据《通鉴》，晋穆帝永和八年（352）三月，"命荀羡镇淮阴，寻加监青州诸军事，又领兖州刺史，镇下邳"。《晋书·荀崧传附荀羡传》载，"（荀羡）又领兖州刺史，镇下邳"。可见，永和八年（352），徐兖二州治下邳。《晋书·穆帝纪》载，升平二年（358）八月，"以散骑常侍郗昙为北中郎将、持节、都督徐兖青冀幽五州诸军事、徐兖二州刺史，镇下邳"；升平五年（361），正月，"北中郎将、都督徐兖青冀幽五州诸军事、徐兖二州刺史郗昙卒。二月，以镇军将军范汪为都督青兖徐冀幽五州诸军事、安北将军、徐兖二州刺史"；《晋书·哀帝纪》载，隆和元年（362），"以辅国将军、吴国内史庾希为北中郎将、徐兖二州刺史，镇下邳"。可见，至隆和元年（362），东晋徐兖二州仍治下邳（今江苏睢宁县北）。

隆和元年（362），改治山阳。

《晋书·庾亮传附庾希传》载，"太和中，（庾）希为北中郎将、徐兖二州刺史"；《哀帝纪》载，隆和元年（362）十二月，"庾希自下邳退镇山阳"。可见，此年徐州改治山阳（今江苏淮安市淮安区）。

太和二年（367），寄治京口。

《晋书·郗鉴附郗愔传》载，"迁愔都督徐兖青幽扬州之晋陵诸军事，领徐兖二州刺史"。据《通鉴》，晋海西公太和元年（366）十二月，"徐兖二州刺史庾希以后族故兄弟贵显，大司马温忌之"；太和二年（367），"正月，庾希坐不能救鲁、高平免官"；"九月，以会稽内史郗愔为都督徐兖青幽扬州之晋陵诸军事、徐兖二州刺史，镇京口"。据此，太和二年（367），徐兖二州改治京口。

太和四年（369）三月，寄治姑孰；十月；改治山阳；十二月；改治广陵。

《晋书·桓温传》载，"以（桓）温领平北将军、徐兖二州刺史"。据《通鉴》，晋哀帝兴宁三年（365）正月，"大司马（桓）温移镇姑孰"；晋孝武帝宁康元年（373），"三月，温有疾，停建康十四日，甲午，还姑孰"。可见，桓温自兴宁三年（365）后，便以姑孰为居地。又据《通鉴》晋海西公太和四年（369）三月，"大司马（桓）温请与徐兖二州刺史郗愔、江州刺史桓冲、豫州刺史袁真等伐燕。初，愔在北府（胡注：晋都建康，以京口为北府，历阳为西府，姑孰为南州）"；"温自领徐兖二州刺史。夏四月庚戌，温帅步骑五万发姑孰"。据胡注可知，姑孰地位重要，故桓温居此。桓温自领徐兖二州刺史后，徐兖二州当自京口寄治姑孰。又据《通鉴》，晋海西公太和四年（369），桓温伐燕失败，"冬十月己巳，大司马温收散卒，屯于山阳"（胡注：刘昫曰：山阳，汉射阳县地；晋置山阳郡，改为山阳县，唐为楚州治所）。由下引《通鉴》，桓温发徐兖二州民城广陵，可知当时桓温仍领徐兖二州刺史。故桓温屯山阳，徐兖二州遂治此。据《通鉴》，晋海西公太和四年（369）十二月，"大司马温发徐兖州民，筑广陵城，徙镇之"。综上述，太和四年（369）三月，徐州寄治姑孰（今安徽当涂县），十月改治山阳，十二月改治广陵。

咸安元年（371），寄治姑孰。

据《通鉴》，晋海西公太和四年（369）三月，"（桓）温自领徐兖二州刺史"；晋简文帝咸安元年（371）十一月，"癸卯，温自广陵将还姑孰，屯于白石"，"己未，温如白石，上书求归姑孰"，"辛酉，温自白石还姑孰"。《晋书·孝武帝纪》载，宁康元年（373）七月，"使持节、侍中、都督中外诸军事、丞相、录尚书、大司马、扬州牧、平北将军、徐兖二州刺史、南郡公桓温薨"。可见，桓温自太和四年（369）至宁康元年（373）领徐兖二州刺史。桓温自广陵还姑孰后，徐兖二州遂治姑孰。

宁康元年（373），改治广陵。

《晋书·刁协传附刁彝传》载，"（刁彝）累迁北中郎将、徐兖二州刺史、假节，镇广陵"；《晋书·王湛传附王坦之传》载，"授（王坦之）都督徐兖青三州诸军事、北中郎将、徐兖二州刺史，镇广陵"。《晋书·孝武帝纪》载，宁康元年（373）九月，"吴国内史刁彝为北中郎将、徐兖二州刺史，镇广陵"；宁康二年（374）正月，"北中郎将、徐兖二州刺史刁彝卒。二月癸丑，以丹阳尹王坦之为北中郎将、徐兖二州刺史"。据《通鉴》，晋孝武帝宁康二年（374）二月，"以王坦之为都督徐兖青三州诸军事、徐兖二州刺史，镇广陵"。据此，宁康元年（373），徐州改治广陵。

宁康三年（375），寄治京口。

《晋书·孝武帝纪》载，宁康三年（375）五月，"以中军将军、扬州刺史桓冲为镇北将军、徐州刺史，镇丹徒"；《晋书·桓彝传附桓冲传》载，宁康三年（375），"改授（桓冲）都督徐兖豫青扬五州之六郡军事、车骑将军、徐州刺史，以北中郎府并中军，镇京口"。京口在丹徒县境，桓冲当镇京口。《孝武帝纪》又载，太元二年（377）十月，"尚书王蕴为徐州刺史，督江南晋陵诸军"；《晋书·外戚传·王蕴传》载，晋孝武帝初，"授（王蕴）都督京口诸军事、左将军、徐州刺史"。可见，太元二年（377），徐州仍寄治京口。

太元四年（379），改治广陵。

《宋书·臧焘传》载，"晋孝武帝太元中，卫将军谢安始立国学，徐兖二州刺史谢玄举焘为助教"。此可证谢玄曾为徐兖二州刺史。《晋书·孝武帝纪》载，太元二年（377）十月，"征西司马谢玄为兖州刺史、广陵相、监江北诸军"；《晋书·谢安传附谢玄传》载，谢玄破前秦彭超、句难后，"进号冠军，加领徐州刺史，还于广陵"。据《通鉴》，晋孝武帝太元四年（379）六月，"谢玄还广陵，诏进号冠军将军，加领徐州刺史"。据此，太元四年（379），谢玄领徐兖二州刺史，徐兖二州治广陵。

太元十一年（386），改治彭城。

《晋书·谢安附谢玄传》载，淝水之战后，谢玄北伐，"率众次于彭城"；后"使玄还镇淮阴"，既而又"令且还镇淮阴，以朱序代镇彭城"。据《通鉴》，晋孝武帝太元九年（384）八月，"太保安奏请乘苻氏倾败，开拓中原，以徐兖二州刺史谢玄为前锋都督"；太元十一年（386）三月，"（谢）玄自屯彭城，以北固河上，西援洛阳"，"（诏）令还淮阴"；太元十二年（387）正月，"以朱序为兖青二州刺史代谢玄镇彭城，序求镇淮阴，许之"。据此，太元十一年（386），谢玄领徐兖二州刺史镇彭城，虽诏令使谢玄镇淮阴，然未至玄镇淮阴，已改朱序领兖青二州刺史。故谢玄未曾镇淮阴，仅镇彭城（今江苏徐州市鼓楼区）。

太元十二年（387），先后寄治京口、建康。

据上文，太元十二年（387）前，谢玄领徐兖二州刺史；太元十二年（387），以朱序为兖青二州刺史。故朱序领兖青二州后，谢玄当仅领徐州刺史。《晋书·谢安附谢玄传》载，谢玄自彭城还，遇疾，"又使还京口疗疾"，"玄奉诏便还，病久不差"，遂上疏，"前后表疏十余上，久之，乃转授散骑常侍、左将军、会稽内史"。《晋书·殷仲堪传》载，"谢玄镇京口，请为参军"。故太元十二年（387），徐州曾寄治京口。谢玄任会稽内史，不再任徐州刺史。《晋书·简文三子传·会稽王道子传》载，及谢安薨，诏以道子"可领扬州刺史"，让不受，"数年，领徐州刺史、太子太傅"；安帝践阼，"又解徐州"。又据《晋书·孝武帝纪》，太元十年（385）八月，"谢安薨"；据《通鉴》，晋孝武帝太元十二年（387）正月，"以（谢）玄为会稽内史"。司马道子领徐州刺史，当在谢玄任会稽内史当年。据《晋书》谢玄本传，谢玄自彭城达京口，又自京口达会稽当有时日，不可能在太元十二年（387）正月任会稽内史。然此仍以司马道子领徐州刺史在太元十二年（387）。司马道子在京都建康为官，未尝离建康，故司马道子为徐州刺史后，徐州寄治建康。据上引《会稽王道子传》，晋安帝隆安元年（397），司马道子解徐州刺史。又《晋书·谢安传附谢琰传》载，"王恭举兵，假（谢）琰节都督前锋军事。恭平，迁卫将军、徐州刺史"；《晋书·安帝纪》载，隆安二年（398）九月，王恭平。谢琰以卫将军兼领徐州刺史，当仍治建康。《会稽王道子传》又载，"及谢琰为孙恩所害，元显求领徐州刺史，加侍中、后将军"。司马元显以侍中、后将军兼领徐州刺史，仍在京都，故徐州仍寄治建康。故太元十二年（387），徐州先后寄治京口、建康（今江苏南京市玄武区）。

元兴元年（402），寄治京口。

《晋书·桓彝传附桓修传》载，"（桓）玄执政，以（桓）修都督六州、右将军、徐兖二州刺史"；《晋书·桓玄传》载，"（桓）修为右将军、徐兖二州刺史"；《晋书·安帝纪》载，元兴三年（404）二月，"（刘裕）斩桓玄所署徐州刺史桓修于京口"。据《通鉴》，晋安帝元兴元年（402）三月，以"桓修为徐兖二州刺史"；元兴三年（404）二月，"刘裕从徐兖二州刺史安成王桓修入朝"；还京口后，"（刘裕）斩桓修以徇"，"以殷仲文代桓修为徐兖二州刺史"。故桓修、殷仲文为徐兖二州刺史，寄治京口。

元兴三年（404），寄治建康。

《宋书·武帝本纪上》载，晋安帝元兴三年（404）三月，"高祖镇石头城，立留台官"；"于是推高祖为使持节、都督扬徐兖豫青冀幽并八州诸军事、领军将军、徐州刺史"；十月，"高祖领青州刺史"；义熙元年（405）三月，诏称刘裕为"使持节、都督扬徐兖豫青冀幽并江九州诸军事、镇军将军、徐青二州刺史"。据此，元兴三年（404），刘裕为徐州刺史，后加领青州刺史，寄治建康。

义熙元年（405），寄治京口。

《宋书·武帝本纪上》载，晋安帝义熙元年（405）三月，"（高祖）旋镇丹徒","解青州，加领兖州刺史"；义熙三年（407）二月，"高祖还京师"，"旋于丹徒"。据《通鉴》，晋安帝义熙元年（405）四月，"刘裕旋镇京口，改授都督荆司等十六州诸军事，加领兖州刺史"。京口在丹徒县境，故《宋书》称镇丹徒，然刘裕实镇京口。

义熙四年（408），寄治建康。

《宋书·武帝本纪上》载，晋安帝义熙四年（408）正月，"征公入辅，授侍中、车骑将军、开府仪同三司、扬州刺史、录尚书，徐兖二州刺史如故。表解兖州"。刘裕入京师，徐州遂寄治建康。《宋书·武帝本纪中》载，晋安帝义熙十二年（416）正月，"（刘裕）加领平北将军、兖州刺史"；三月，"（刘裕）以世子为徐兖二州刺史"。义熙四年（408），刘裕为徐州刺史，寄治建康。义熙十二年（416），刘裕加领兖州刺史，故此年徐兖二州治建康。

元熙元年（419），寄治京口。

据《通鉴》，晋安帝义熙十四年（418）正月，"征荆州刺史刘道怜为徐兖二州刺史"。《宋书·宗室传·长沙景王道怜传》载，"高祖平定三秦，方思外略，征（刘）道怜还为侍中、都督徐兖青三州扬州之晋陵诸军事、守尚书令、徐兖二州刺史，持节、将军如故。元熙元年，解尚书令，进位司空，出镇京口。高祖受命，进位太尉，封长沙王，食邑五千户，持节、侍中、都督、刺史如故"。据此，义熙十四年（418），刘道怜为徐兖二州刺史兼尚书令，当居建康；元熙元年（419），解尚书令，镇京口，徐兖二州遂寄治京口；至永初元年（420），刘宋建国，徐兖二州仍寄治京口。

宋永初元年（420），徐州入宋。

七、东晋北徐州

东晋义熙七年（411），置北徐州，治彭城。

《宋志》南徐州刺史条载，"安帝义熙七年，始分淮北为北徐，淮南犹为徐州"。据《通鉴》，晋安帝义熙七年（411），"是岁，并州刺史刘道怜为北徐州刺史，移镇彭城"。可见，东晋义熙七年（411）置北徐州，治彭城。又据《通鉴》，晋安帝义熙十三年（417）正月，"太尉裕引水军发彭城，留其子彭城公义隆镇彭城，诏以义隆为监徐兖青冀四州诸军事、徐州刺史"。此"徐州"当指"北徐州"。《宋书·武帝本纪中》载，元熙元年（419）七月，"以尚书刘怀慎为北徐州刺史，镇彭城"；《晋书·恭帝纪》系此事于元熙元年（419）八月。《宋书·武帝本纪下》载，刘裕称帝后，永初元年（420）七月，"征虏将军、北徐州刺史刘怀慎进号平北将军"。可见，东晋亡前，仍置北徐州，当应治彭城（今江苏徐州市鼓楼区）。

宋永初元年（420），北徐州入宋。

八、东晋幽州

东晋太元九年（384），于青州旧地置幽州，治广固。

《晋志》青州条载，"及苻氏败后，刺史苻朗以州降。朝廷置幽州，以别驾辟闾浑为刺史，镇广固"。《魏书·徒河慕容廆传》载，"（慕容德）北伐广固，司马德宗幽州刺史辟闾浑闻德将至，徙民八千余户入广固"。《水经注·巨洋水注》载，"巨洋又东北迳晋龙骧将军、幽州刺史辟闾浑墓东"。《寰宇记》河南道十八青州条载，"苻坚末，刺史苻朗以青州降晋。晋又于此置幽州，仍以辟闾浑为刺史，理于此"。据《通鉴》，晋安帝隆安三年（399）八月，"南燕王德遣使说幽州刺史辟闾浑，欲下之"。据此，东晋得青州之地后，于其地置幽州，治广固（今山东青州市西北）。

隆安三年（399），幽州入南燕。

《晋书·安帝纪》载，隆安三年（399）六月，"慕容德陷青州，害龙骧将军辟闾浑，遂僭即皇帝位于广固"。据上文，东晋于青州之地置幽州。此称"青州"，是用汉晋以来的旧称。据《通鉴》，晋安帝隆安三年八月，"南燕王德遣使说幽州刺史辟闾浑，欲下之"；"浑惧，携妻子奔魏。德遣射声校尉刘纲追之，及于莒城"；"（南燕）遂定都广固"。《通鉴》此称辟闾浑为幽州刺史，也表明当时东晋于青州之地所置为幽州。

九、东晋北青州

东晋义熙六年（410），于青州旧地置北青州，治东阳。

《晋志》青州条载，"（南燕）为刘裕所灭，留长史羊穆之为青州刺史，筑东阳城而居之。自元帝渡江，于广陵侨置青州。至是始置北青州，镇东阳城，以侨立州为南青州。而后省南青州，而北青州直曰青州"。《宋志》青州刺史条载，"安帝义熙五年，平广固，北青州刺史治东阳城，而侨立南青州如故。后省南青州，而北青州直曰青州"。东晋平广固在义熙六年（410），故置北青州应在此年。《宋书·向靖传》载，"向靖字奉仁，小字弥"，"高祖北伐，弥以本号侍从，留戍碻磝，进屯石门、柏谷，迁督北青州诸军事、北青州刺史，将军如故"；《宋书·刘敬宣传》载，"（刘敬宣）出为使持节、督北青州军郡事、征虏将军、北青州刺史"《寰宇记》河南道十八青州条载，"安帝初，以广陵已侨立南青州，故此为北青州"。据《通鉴》，晋安帝义熙十三年（417）三月，"（刘）裕引军入河，以左将军向弥为北青州刺史，留戍碻磝"。可见至义熙十三年（417）仍称北青州。向弥领北青州刺史，因刘裕伐后秦，为防北魏而戍碻磝，当时东阳城仍为北青州治所。《宋书·武帝本纪下》载，永初元年（420）八月，"诸旧郡县以北为名者，悉除；寓立于南者，听以南为号"，"罢青州并兖州"。据此，改北青州为青州，罢侨置青州应在刘宋永初元年（420），东晋置北青州后一直用此称。《冯跋载记》载，"晋青州刺史申永遣使浮海来聘"。北燕都龙城，与东晋北青州隔渤海相望。故《冯跋载记》所载"晋青州刺史"应是"北青州刺史"。东晋义熙六年（410），得青州之地，于其地置北青州，治东阳（今山东青州市西北）。

宋永初元年（420），东晋北青州入宋。

十、东晋北兖州

东晋义熙十二年（416），于兖州旧地置北兖州，治滑台。

《宋书·武帝本纪中》载，东晋安帝义熙十二年（416）九月，刘裕伐后秦，"遣北兖州刺史王仲德先以水军入河，仲德破索虏于东郡凉城，进平滑台"。此"北兖州刺史"遂为刘裕出师所任，然东晋据有滑台后，以北兖州治此。《宋书·萧思话传》载，"（萧思话）父源之字君流，历中书黄门郎、徐兖二州刺史、冠军将军、南琅邪太守，永初元年卒"。然《南齐书·高帝纪》载，"宗人丹阳尹摹之、北兖州刺史源之并见知重"；此记萧源之为北兖州刺史，与《宋书》所载"徐兖二州刺史"不同。《宋志》兖州刺史条载，兖州刺史，"武帝平河南，治滑台"。刘裕破北魏、后秦后置北兖州，如同灭南燕置北青州、北徐州，皆有"北"字。然《宋志》所载无"北"字，是因刘裕建宋后于永初元年（420）所改。《宋书·武帝本纪下》载，永初元年（420）八月，"诸旧郡县以北为名者，悉除；寓立于南者，听以南为号"。不仅郡县如此，州亦如此。故钱大昕《十驾斋养新录》卷六"晋侨置州郡无'南'字"条称，"义熙末，乃以兖州刺史治滑台，而二兖始分，然侨立之州，犹不称南。至永初受禅以后，始诏除北加南"。故东晋义熙十二年（416），应是以北兖州治滑台；至永初元年（420），改北兖州为兖州，原兖州则加"南"字。《寰宇记》河南道九滑州条载，"十六国慕容德自邺徙都此，为燕。宋武帝平河南，于此置兖州，仍置东郡，以为边镇，领郡六，理于此。自东晋末，宋武尽得河南之北境，守在此"。《寰宇记》言"兖州"有误，当为"北兖州"。据此，义熙十二年（416），于兖州旧地置北兖州，治滑台（今河南滑县东）。

宋永初元年（420），北兖州入宋。

十一、东晋司州

东晋建武元年（317），置司州，治开封。

西晋以司隶校尉统司州，治洛阳。洛阳后为匈奴汉国占据后，晋愍帝于长安即帝位。《晋书·荀勖传附荀组传》载，"怀帝蒙尘，司空王浚以组为司隶校尉……愍帝称皇太子，组即太子之舅，又领司隶校尉，行豫州刺史事，与（荀）藩并保于荥阳之开封。建兴初，诏藩行留台事。俄而，藩薨，帝更以组为司空，领尚书左仆射，又兼司隶，复行留台事，州征郡守皆承制行焉。……明年，进位太尉，领豫州牧、假节。元帝承制，以组都督司州诸军……组逼于石勒，不能自立。太兴初，自许昌率其属数百人渡江"。可见，洛阳为汉国占据后，西晋以苟组领司隶校尉，保于荥阳开封。《苟组传》载，"太兴初，（苟组）自许昌率其属数百人渡江"，表明苟组先保于开封，后迁于许昌。然《苟组传》又载，"元帝承制，以组都督司州诸军"，可能在东晋建武元年（317）元帝承制时，苟组尚在开封。后为石勒所逼，迁于许昌，又自许昌迁于江东。故东晋建国之初，司州治开封（今河南开封市城区西南）。

太兴元年（318），改治新郑。

《晋书·元帝纪》载，太兴元年（318）六月，"荥阳太守李矩为都督司州诸军事、司州刺史"；《晋书·李矩传》载，晋元帝初以李矩为荥阳太守，后又任为司州刺史。据《通鉴》，晋愍帝建兴二年（314）六月，郭默在河内怀县，为汉国所攻，"默欲投李矩于新郑"。由此可见，当时李矩居荥阳新郑。故太兴元年（318），司州改治新郑（今河南新郑市）。

太宁三年（325），司州入后赵。

《晋书·明帝纪》载，太宁三年（325）四月，"石勒将石良寇兖州，刺史檀赟力战，死之。将军李矩等并众溃而归，石勒尽陷司、兖、豫三州之地"。据《通鉴》，晋明帝太宁三年（325）五月，"后赵将石生屯洛阳，寇掠河南，司州刺史李矩、颍川太守郭默军数败"；六月，"李矩将士阴谋叛降后赵，矩不能讨，亦帅众南归，众皆道亡，惟郭诵等百余人随之，卒于鲁阳。矩长史崔宣帅其余众三千降于后赵。于是司、豫、徐、兖之地，率皆入于后赵，以淮为境矣"。可见，李矩众溃后，东晋司州之地入后赵。

永和十二年（356），复置司州，治洛阳。

后赵大乱后，东晋北伐。据《通鉴》，晋穆帝永和十二年（356）八月，"（桓温）表镇西将军谢尚都督司州诸军事，镇洛阳。以尚未至，留颍川太守毛穆之、督护陈午、河南太守戴施以二千人戍洛阳"；十二月，"司州都督谢尚以疾不行，以丹阳尹王胡之代之"。《晋志》司州条载，"永和五年（349），桓温入洛，复置河南郡，属司州"。永和五年（349）洛阳尚未后赵控制，桓温入洛在永和十二年（356），故《晋志》纪年有误。《晋书·谢尚传》，"桓温北平洛阳，上疏请（谢）尚为都督司州诸军事。将镇洛阳，以疾病不行"；《晋书·王廙传》，"石季龙死，朝廷欲绥辑河洛，以（王）胡之为西中郎将、司州刺史、假节，以疾固辞，未行而卒"；《晋书·忠义传·沈劲传》载，"及迁（沈劲）平北将军、司州刺史，将镇洛阳"。可见，东晋攻取洛阳后，置司州，以司州刺史治洛阳；朝廷欲以谢尚、王胡之为司州刺史，并未前往洛阳就任；后沈劲为司州刺史，镇洛阳（今河南洛阳市区东）。

兴宁三年（365），司州入前燕。

《晋书·海西公纪》载，兴宁三年（365）三月，"慕容暐将慕容恪陷洛阳"。据《通鉴》，晋海西公兴宁三年（365），"燕太宰恪、吴王垂共攻洛阳"，"三月，克之，执扬武将军沈劲"。沈劲为前燕所执，东晋司州遂入前燕。

义熙十二年（416），复置司州，治洛阳。

《宋书·毛修之传》载，"时洛阳已平，（毛修之）即本号为河南、河内二郡太守，行司州事，戍洛阳"。据《通鉴》，晋安帝义熙十二年（416）十月，东晋攻取洛阳，"太尉裕以冠军将军毛修之为河南、河内二郡太守，行司州事，戍洛阳"。《宋书·武三王传》载，"（刘）义真寻都督司雍秦并凉五州诸军、建威将军、司州刺史"，"时义真将镇洛阳，而河南萧条，未及修理，改除扬州刺史，镇石头"。又据《通鉴》，晋安帝义熙十四年（418）十一月，刘义真不能守长安，"降义真为建威将军、司州刺史"；晋恭帝元熙元年（419）十月，"宋王裕以河南萧条，乙酉，徙司州刺史义真为扬州刺史，镇石头"。据此，义熙十二年（416），复置司州，治洛阳。

元熙元年（419），改治虎牢。

《晋书·毛宝传附毛德祖传》载，"（刘）裕方欲荡平关洛，先以德祖督九郡军事、冠军将军、荥阳京兆太守，以前后功，赐爵灌阳县男，寻还督司雍并三州诸军事、冠军将军、司州刺史，戍武牢，为魏所没"。此"武牢"乃避唐讳而改，即"虎牢"。据《通鉴》，晋恭帝元熙元年（419），"二月，宋公裕以（毛）德祖为荥阳太守，戍虎牢"；十月，"宋王裕以河南萧条，乙酉，徙司州刺史义真为扬州刺史，镇石头"。《宋书·索虏传》载，永初三年（422）十月，北魏攻滑台，"东郡太守王景度驰告冠军将军、司州刺史毛德祖"，时德祖"戍虎牢"。又据《通鉴》，宋武帝永初三年（422）十月，北魏攻滑台，"时司州刺史毛德祖戍虎牢，东郡太守王景度告急于德祖"。故元熙元年（419），刘义真为司州刺史，镇洛阳；毛德祖为荥阳太守，戍虎牢；同年，义真徙为扬州刺史，乃以德祖为司州刺史，德祖戍虎牢，司州刺史移镇此。据此，元熙元年（419），司州改治虎牢（今河南荥阳县汜水镇西）。

宋永初元年（420），司州入宋。

十二、东晋并州

东晋义熙十四年（418），置并州，治蒲坂。

《宋书·宗室传·刘遵考传》载，刘裕灭后秦，长安平定，以刘遵考为"并州刺史，领河东太守，镇蒲坂"。据此，东晋义熙十四年（418），置并州，治蒲坂（今山西永济市西南）。

元熙元年（419），并州入夏。

《宋书·索虏传》载，刘裕平关中后东还，"以（毛）德祖督司州之河东、平阳二郡诸军、辅国将军、河东太守，代并州刺史刘遵考戍蒲坂"。据《通鉴》，晋恭帝元熙元年（419）正月，"夏将叱奴侯提帅步骑二万攻毛德祖于蒲阪，德祖不能御，全军归彭城"。可见，元熙元年（419），毛德祖自蒲坂东归，东晋并州遂入赫连夏。

十三、东晋雍州

东晋太元十一年（386），置雍州，治洛阳。

据《通鉴》，晋孝武帝太元十一年（386）六月，"以前辅国将军杨亮为雍州刺史，镇卫山陵（胡注：帝置雍州于襄阳；今遣亮带雍州，镇洛）"；太元十三年（388）四月，"以朱序为都督司雍梁秦四州诸军事、雍州刺史，戍洛阳"。据此，东晋太元十一年（386），东晋置雍州，治洛阳（今河南洛阳市区东）。

太元十五年（390），寄治襄阳。

《宋志》雍州刺史条载，"雍州刺史，晋江左立。胡亡氐乱，雍秦流民多南出樊、沔，晋孝武始于襄阳侨立雍州，并立侨郡县"。据此，东晋孝武帝时侨置雍州，寄治襄阳。据上引《通鉴》，太元十三年（388），以朱序为雍州刺史，戍洛阳。又据《通鉴》，晋孝武帝太元十五年（390）正月，"（朱序）留膺扬将军朱党戍石门，使其子略督护洛阳，以参军赵蕃佐之，身还襄阳"；太元十七年（392）十月，"雍州刺史朱序以老病求解职；诏以太子右卫率郗恢为雍州刺史，代序镇襄阳"。《晋书·郗鉴传附郗恢传》载，晋孝武帝时，"朱序自表去职，擢（郗）恢为梁秦雍司荆扬并等州诸军事、建威将军、雍州刺史、假节，镇襄阳"；《晋书·杨佺期传》载，"（朝廷）以（杨）佺期代郗恢为都督梁雍秦三州诸军事、雍州刺史"；《晋书·桓玄传》载，"（桓）玄又辄以（桓）伟为冠军将军、雍州刺史"；"义熙元年正月，南阳太守鲁宗之起义兵，袭襄阳，破伪雍州刺史桓蔚"。《宋书·傅弘之传》载，"桓玄将篡，新野人庾仄起兵于南阳，袭雍州刺史冯该"。又据《通鉴》，晋安帝元兴二年（403）九月，"（庾仄）起兵，袭雍州刺史冯该于襄阳"。《姚兴载记下》载，"雍州刺史鲁宗之据襄阳"。《晋书·安帝纪》载，义熙十二年（416）正月，"姚泓使其将鲁轨寇襄阳，雍州刺史赵伦之击走之"。以上皆证，东晋雍州自太元十五年（390）后寄治襄阳（今湖北襄阳市襄城区）。

十四、东晋北雍州

东晋义熙十三年（417），置北雍州，治长安。

《宋书·武帝本纪中》载，刘裕灭后秦后，"以桂阳公义真为安西将军、雍州刺史，留腹心将佐以辅之"；《宋书·王镇恶传》载，"高祖留第二子桂阳公义真为安西将军、雍秦二州刺史，镇长安"。据此，东晋得关中，于此置雍州。然《宋书·武帝本纪中》载，义熙十二年（416）五月，刘裕准备北伐，"加公北雍州刺史"；《宋书·宗室传·刘遵考传》载，"长安平定，以（刘遵考）督并州、司州之北河东、北平阳、北雍州之新平、安定五郡诸军事"。又《晋书·安帝纪》载，义熙十四年（418）十一月，"赫连勃勃大败王师于青泥，北雍州刺史朱龄石焚长安宫殿，奔于潼关"。依此，东晋得关中所置应为北雍州。据上文"东晋雍州"条，东晋已于襄阳侨置雍州，关中之雍州应称北雍州。东晋末，侨立兖州、青州，得兖州、青州旧土后，分别称北兖州、北青州。东晋得雍州旧土后，也应称北雍州。据上文，东晋义熙十三年（417），置北雍州，治长安（今陕西西安市未央区）。

义熙十四年（418），雍州入夏。

据《赫连勃勃载记》，东晋义熙十四年（418），赫连勃勃遂大举攻长安，"关中郡县悉降"，遂入长安，赫连勃勃即皇帝位于灞上。此年，关中之地皆入赫连夏，东晋雍州遂入夏。

十五、东晋梁州

东晋建武元年（317），置梁州，寄治襄阳。

《宋志》梁州刺史条载，"李氏据梁、益，江左于襄阳侨立梁州"。《晋书·元帝纪》载，建武元年（317）九月，"梁州刺史周访讨杜曾，大破之"；太兴三年（320）八月，"梁州刺史、安南将军周访卒"，"以湘州刺史甘卓为安南将军、梁州刺史"；《晋书·周访传》载，"（周）访以功迁南中郎将、督梁州诸军、梁州刺史，屯襄阳"。据《通鉴》，晋元帝建武元年（317）八月，"（周）访以功迁梁州刺史，屯襄阳"；太兴三年（320）八月，"梁州刺史周访卒"，"帝以湘州刺史甘卓为梁州刺史、督沔北诸军事，镇襄阳"。据此，东晋建武元年（317）置有梁州，寄治襄阳（今湖北襄阳市襄城区）。

咸康五年（339），改治西城。

据《通鉴》，晋成帝咸康五年（339）三月，"（庾亮）表其弟临川太守怿为监梁雍二州诸军事、梁州刺史，镇魏兴"；"后以魏兴险远，命庾怿徙屯半洲（胡注：半洲，在江州界。康帝时，褚裒为江州刺史，镇半洲）。更以武昌太守陈嚣为梁州刺史，趣汉中"。"庾怿徙屯半洲"，东晋梁州并未随之徙治半洲。庾亮以"陈嚣为梁州刺史，趣汉中"，当时东晋并未占据汉中，故东晋梁州亦未迁治汉中。魏兴郡西城与汉中郡相邻，庾亮以"陈嚣为梁州刺史，趣汉中"，实际以梁州镇魏兴郡西城，以图攻取汉中郡。《寰宇记》山南西道九

金州条载，"永嘉后，（魏兴郡）复移理西城故城"。《华阳国志·汉中志》魏
兴郡条载，"西城县，郡治"。据《苻坚载记上》，"（前秦）梁州刺史韦钟寇
魏兴，攻太守吉挹于西城"。《华阳国志》成书于东晋，吉挹为东晋所署魏兴
太守，故东晋魏兴郡治西城。据此，咸康五年（339），梁州改治西城（今陕
西安康市汉滨区西）。

建元元年（343），寄治襄阳。

《晋书·桓宣传》载，"庾翼代（庾）亮，欲倾国北讨，更以（桓）宣为
都督司雍梁三州荆州之南阳襄阳新野南乡四郡军事、梁州刺史，持节、将军
如故，以前后功，封竟陵县男。宣久在襄阳，绥抚侨旧，甚有称绩"。据《通
鉴》，晋康帝建元元年（343）七月，"（庾翼）表桓宣为都督司雍梁三州荆州
之四郡诸军事、梁州刺史"。据此，建元元年（343），东晋梁州寄治襄阳。

建元二年（344），改治西城；此后，寄治武当。

《晋书·宗室传·济南惠王遂传附司马勋传》载，"庾翼之镇襄阳，以梁
州刺史援桓宣卒，请勋代之，初屯西城，退守武当"；《晋书·庾亮传附庾翼
传》载，桓宣卒，庾翼以"参军司马勋为建威将军、梁州刺史，戍西城"。据
《通鉴》，晋康帝建元二年（344）八月，庾翼以"参军司马勋为梁州刺史，
戍西城"。据此，建元二年（344），梁州复治西城；此后，寄治武当（今湖北
丹江口市西北）。

永和三年（347），改治南郑。

《宋志》梁州刺史条载，"梁州治汉中南郑"，"李氏据梁、益，江左于襄
阳侨立梁州。李氏灭，复旧"；此"复旧"当是还治南郑。据《通鉴》，晋穆
帝永和五年（349），后赵大乱，八月，雍州豪杰"遣使告晋，梁州刺史司马
勋帅众赴之"；九月，"司马勋出骆谷，破赵长城戍，壁于悬钩，去长安二百
里。使治中刘焕攻长安，斩京兆太守刘秀离"；永和七年（351），"杜洪、张
琚遣使召梁州刺史司马勋。夏四月，勋帅步骑三万赴之，秦王健御之于五丈
原，勋屡战皆，败退归南郑"。《晋书·海西公纪》载，哀帝兴宁三年（365），
"十月，梁州刺史司马勋反"；太和元年（366）三月，"荆州刺史桓豁遣督护
桓黑攻南郑，魏兴人毕钦举兵以应黑"。据此，东晋取有汉中郡后，梁州还旧

治南郑。《水经注·沔水注》载，"晋咸康中，梁州刺史司马勋断小城东面三分之一，以为梁州汉中郡南郑县治也"。《水经注》言"晋咸康中"，有误，然可见司马勋为梁州刺史时治南郑。结合《宋志》可见，永和三年（347），东晋灭成汉后，汉中郡入东晋，遂以梁州还旧治南郑（今陕西汉中市汉台区）。

太和五年（370）前后，改治西乐。

《水经注·沔水注》载，"沔水又东迳西乐城北"，"梁州刺史杨亮，以即险之固，保而居之，为苻坚所败。后刺史姜守、潘猛，亦相仍守此城"。可见，杨亮为梁州刺史，曾治西乐。据《通鉴》，晋海西公太和五年（370），"陇西人李高诈称成主雄之子，攻破涪城，逐梁州刺史杨亮。九月，益州刺史周楚遣子琼讨高，又使琼子梓潼太守虓讨弘，皆平之"；晋简文帝咸安元年（371）四月，前秦伐仇池杨纂，"梁州刺史弘农杨亮遣督护郭宝、卜靖帅千余骑助纂"。杨亮当在太和五年（370）前任梁州刺史，而杨亮居西乐（今陕西勉县东），当在太和五年（370）前后。

宁康元年（373），改治西城。

据《通鉴》，晋孝武帝宁康元年（373）九月，"（前秦）入寇梁、益，梁州刺史杨亮帅巴獠万余拒之，战于青谷，亮兵败，奔固西城，（朱）彤遂拔汉中"。东晋梁州刺史杨亮奔西城，梁州遂移治西城。

太元二年（377），寄治襄阳。

《晋书·孝武帝纪》载，太元二年（377），"三月，以兖州刺史朱序为南中郎将、梁州刺史、监沔中诸军，镇襄阳"。据《通鉴》，晋孝武帝太元二年（377），"桓豁表兖州刺史朱序为梁州刺史，镇襄阳"。《晋书·刘隗传附刘波传》载，"苻坚弟融围雍州刺史朱序于襄阳"。据《通鉴》，晋孝武帝太元四年（379）正月，苻融围朱序于襄阳。又据上文"东晋雍州"条，朱序为雍州刺史，治襄阳，在太元十五年（390）。《刘波传》中"雍州刺史"应为"梁州刺史"。据此，太元二年（377），梁州寄治襄阳。

太元四年（379），梁州入前秦。

据《晋书·孝武帝纪》，太元四年（379）二月，"苻坚使其子丕攻陷襄阳，执南中郎将朱序。又陷顺阳"；四月，"苻坚将韦钟陷魏兴，太守吉挹死之"。前秦败于淝水后，东晋反攻。据《通鉴》，晋孝武帝太元九年（384）正月，"桓冲遣上庸太守郭宝攻秦魏兴、上庸、新城三郡，拔之"。据此可知，魏兴、上庸、新城此前入前秦，上庸郡、新城郡当与魏兴郡、襄阳同年入前秦。故太元四年（379），梁州刺史朱序为前秦所执，东晋梁州遂入前秦。

太元九年（384），复置梁州，治南郑。

据《通鉴》，晋孝武帝太元九年（384）正月，"将军杨佺期进据成固，击秦梁州刺史潘猛，走之"；五月，"梁州刺史杨亮帅众五万伐蜀"；十二月，"秦梁州刺史潘猛弃汉中，奔长安"。东晋复取汉中郡后，当以梁州还治南郑。《晋书·桓玄传》载，桓玄败，"欲出汉川，投梁州刺史桓希"；"（益州刺史）毛璩自领梁州，遣将攻汉中，杀桓希"。可见，桓玄时，桓希为梁州刺史，居汉中，当治南郑。

义熙元年（405），改治西城。

《宋志》梁州刺史条载，"谯纵时，又没汉中。刺史治魏兴"。《寰宇记》山南西道一兴元府条载，"谯纵时又失汉中，刺史寄理魏兴郡"。《宋书·萧思话传》载，"氐杨盛据有汉中，刺史范元之、傅歆悉治魏兴，唯得魏兴、上庸、新城三郡"。《水经注·沔水注》载，"汉水又东迳西城县故城南"，"魏文帝改（西城郡）为魏兴郡，治故西城县之故城也。氐略汉川，梁州移治于此"。此"氐"，当是仇池氐。义熙五年（409），谯纵据巴蜀，后秦乘乱据有汉中郡，东晋梁州刺史改治魏兴。魏兴郡治西城，东晋梁州当亦治西城。《宋书》所言梁州"唯得魏兴、上庸、新城三郡"，皆为实郡。

义熙九年（413），改治城固，旋改治南城。

东晋义熙九年（413），汉中郡自仇池入东晋梁州。据《宋书·氐胡传》，东晋义熙九年（413），"（东晋）梁州刺史索邈镇南城，宣乃还"。《宋志》梁州刺史条载，"谯纵时，又没汉中。刺史治魏兴。纵灭，刺史还治汉中之苞中县，所谓南城也。文帝元嘉十年，刺史甄法护于南城失守，刺史萧思话还治南郑"。《宋书·萧思话传》载，"先是桓玄篡晋，以桓希为梁州。希败走，氐杨盛据有汉中，刺史范元之、傅歆悉治魏兴，唯得魏兴、上庸、新城三郡其后索邈为刺史，乃治南城。为贼所焚烧不可固，思话迁镇南郑"。《元和志》山南道三兴元府城固县条载，"成固故城，在县东六里。韩信所筑。晋平谯纵后，梁州刺史尝理于此也"。《寰宇记》山南西道一兴元府条载，"谯纵灭，复理汉中之苞中县，今褒城县也。东晋末，又移理城固"，"至梁武帝大同元年，使大将兰钦克梁州，复移在南郑县，即今郡也"。《水经注·沔水注》载，"义熙九年，索邈为果州刺史，自成固治此，故谓之南城"。《水经注》中"索邈"当为"索邈"，"果州"当为"梁州"。《晋书·五行志下》载，"（义熙）十三年七月，汉中成固县水涯有声若雷，既而岸崩"。在古代，岸崩为不祥之事，梁州刺史或因此而迁治南城。据此，义熙九年（413）梁州改治城固（今陕西城固县东），旋又改治南城（今陕西勉县东）。

宋永初元年（420），梁州入宋。

十六、东晋益州

东晋建武元年（317），置益州，治鱼复。

《晋书·应詹传》载，东晋初，"（应詹）迁益州刺史，领巴东监军"。据《通鉴》，晋元帝太兴二年（319）四月，"益州刺史应詹上疏"。可见，东晋初建，置有益州。《晋志》益州条载，"益州郡县虽没李氏，江左并遥置之"。益州之地为成汉占据后，东晋仍置益州，遥领益州故地，并领有巴东郡。西晋太安二年（303），成都被成汉占据，益州刺史罗尚南走。《华阳国志·大同志》载，永兴元年（304）正月，"（罗）尚至江阳。军司辛宝诣洛表状，诏书权统巴东、巴郡、涪陵三郡，供其军赋"。《宋志》荆州刺史巴东公相条载，"《晋太康地志》，巴东属梁州。惠帝太安二年，度益州"。巴东郡属益州当在永兴元年（304），《宋志》所载时间当误。《华阳国志·大同志》载，益州刺史罗尚卒于巴郡，诏以皮素为益州刺史，素至巴郡被杀，巴郡乱，"三府官属上巴东监军、冠军将军南阳韩松为刺史、校尉，治巴东"。据《通鉴》，永嘉四年（310）十二月，"三府官属表巴东监军南阳韩松为益州刺史（胡注：三府，平西将军府、益州刺史府、西戎校尉府，皆罗尚兼领者也），治巴东"。《华阳国志·巴志》巴东郡条载，"鱼复县，郡治"。据《晋志》，鱼复县为巴东郡首县，当为郡治。巴东郡治鱼复，益州当改治鱼复。东晋初建，承西晋置有益州，当治鱼复（今重庆奉节县东）。

永和三年（347），改治彭模。

《晋书·穆帝纪》载，永和三年（347），东晋灭成汉，四月，邓定、隗文反，"入据成都"，"（桓温）使益州刺史周抚镇彭模"。据《通鉴》，晋穆帝永和三年（347），东晋桓温伐成汉，"三月，温至彭模（胡注：彭模，即汉犍为郡武阳县之彭亡聚也，岑彭死处。《水经注》：江水自武阳东至彭亡聚，谓之平模水，亦曰外水。平模去成都二百里，在今眉州彭山县）"；灭成汉后，邓定、隗文反，"温命益州刺史周抚镇彭模"。据此，永和三年（347），益州改治彭模（今四川眉山市彭山区）。

永和五年（349），改治成都。

《晋书·穆帝纪》载，永和五年（349）四月，"益州刺史周抚、龙骧将军朱焘击范贲，获之，益州平"。东晋平定益州叛乱后，益州当还治成都。《晋书·海西公纪》载，晋哀帝兴宁三年（365）十一月，梁州刺史司马勋反，"围益州刺史周楚于成都，桓温遣江夏相朱序救之"。可见，东晋益州治成都。《晋书·毛宝传附毛穆之传》载，"（苻）坚众又寇蜀、汉，梁州刺史杨亮、益州刺史周仲孙奔退"。可见，前秦伐蜀地、汉中地前，东晋于蜀地置有益州。故永和五年（349），益州当改治成都（今四川成都市青羊区）。

宁康元年（373），寄治鱼复。

前秦攻取巴蜀之地，东晋企图收复。《晋书·毛宝传附毛穆之传》载，"（桓）冲使（毛）穆之督梁州之三郡军事、右将军、西蛮校尉、益州刺史，领建平太守、假节，戍巴郡。以子球为梓潼太守。穆之与球伐（苻）坚，至于巴西郡，以粮运乏少，退屯巴东"。据《通鉴》，晋孝武帝宁康元年（373）十一月，前秦占据巴蜀后，"以姚苌为宁州刺史，屯垫江"；"桓冲以冠军将军毛虎生为益州刺史"，"虎生与（毛）球伐秦，至巴西，以粮乏，退屯巴东"；宁康二年（374）五月，"（晋）益州刺史竺瑶、威远将军桓石虔帅众三万攻垫江，姚苌兵败，退屯五城。瑶、石虔屯巴东"。巴东郡治鱼复。益州为前秦占据后，益州刺史屯巴东，当治鱼复。

太元十年（385），还治成都。

前秦败于淝水后，东晋复取益州。据《通鉴》，晋孝武帝太元十年（385）闰五月，"（东晋）以广州刺史罗友为益州刺史，镇成都"。《晋书·毛宝传附毛璩传》载，"（毛璩）代郭铨为建威将军、益州刺史"。

义熙二年（406），改寄治白帝（即鱼复）。

义熙元年（405），巴蜀之地为谯纵占据。《晋书·安帝纪》载，义熙二年（406），"益州刺史司马荣期击谯纵将谯子明于白帝，破之"。谯子明为谯蜀巴州刺史，治白帝。《宋书·毛修之传》载，"（刘裕）又遣益州刺史司马荣期及文处茂、时延祖等西讨。（毛）修之至宕渠，荣期为参军杨承祖所杀，承祖自称镇军将军、巴州刺史。修之退还白帝"。《宋书·天文志三》载，义熙六年（410）十一月，"益州刺史鲍陋卒于白帝，谯道福攻没其众"。可见，东晋得白帝后，益州遂改寄治白帝（今重庆市奉节县东）。据《寰宇记》山南东道七夔州条载，"按《郡国记》：'白帝城，即公孙述至鱼复，有白龙出井中，因号白复为白帝城。'"《华阳国志·巴志》巴东郡条载，"鱼复县，郡治。公孙述更名白帝，章武二年改曰永安，咸熙初复"。可见，白帝即鱼复。

义熙六年（410），入谯蜀。

《晋书·安帝纪》载，义熙六年（410）十一月，"谯纵陷巴东，守将温祚、时延祖死之"。义熙六年（410），巴东郡入谯蜀，白帝城遂为谯蜀占据，东晋益州入谯蜀。

义熙九年（413），还治成都。

《晋书·安帝纪》载，义熙八年（412）十二月，"以西陵太守朱龄石为建威将军、益州刺史，帅师伐蜀"；义熙九年（413）七月，"朱龄石克成都，斩谯纵，益州平"。朱龄石克成都后，益州当还治成都。

宋永初元年（420），益州入宋。

十七、东晋宁州

东晋建武元年（317），置宁州，当治味。

《华阳国志·南中志》载，"朝庭以广汉太守魏兴王逊为南夷校尉、宁州刺史，代（李）毅。自永嘉元年受除，四年乃至"。《晋书·明帝纪》载，太宁元年（323）五月，"李骧等寇宁州，刺史王逊遣将姚岳距战于堂狼，大破之"。王逊于西晋末为宁州刺史，至晋明帝时仍为宁州刺史。故东晋初，即有宁州。《晋书·王逊传》载，"（王）逊在州十四年。州人复立逊中子坚行州府事，诏除坚为南夷校尉、宁州刺史"；"陶侃惧坚不能抗对蜀人，太宁末，表以零陵太守尹奉为宁州"。据下引《晋书·成帝纪》，咸和八年（333）正月，刺史尹奉及建宁太守霍彪同降成汉，可见东晋建宁郡治所与宁州治所同治一地。据《晋志》，味县为建宁郡首县，当为郡治。《华阳国志·蜀志》建宁郡条载，"味县，故郡治"。故东晋建武元年（317），置有宁州，当治味（今云南曲靖市麒麟区）[①]。

咸和八年（333），宁州入成汉。

据《晋书·成帝纪》，咸和八年（333）正月，"李雄将李寿陷宁州，刺史尹奉及建宁太守霍彪并降之"。此年宁州入成汉。

永和三年（347），复置宁州，当仍治味。

东晋永和三年（347），灭成汉，宁州复入东晋。《晋书·周访传附周仲孙传》载，"兴宁初，（周仲孙）督宁州军事、振武将军、宁州刺史"；《晋书·毛宝传附毛穆之传》载，"升平初，（毛穆之）迁督宁州诸军事、扬威将军、宁州刺史"；《毛宝传附毛璩传》载，"（毛）璩弟宁州刺史璠"；又载，安帝反正，诏除"（毛）瑗为辅国将军、宁州刺史"。可见东晋中后期，周氏、毛氏先后任宁州刺史。《宋书·符瑞志中》载，"晋孝武帝太元十四年六月甲申朔，宁州刺史费统上言"。可见，东晋灭成汉后置有宁州。东晋复置宁州，当仍治味。

[①] 方国瑜认为宁州治味，见《中国西南历史地理考释(上)》，中华书局，1987年，第74页。

宋永初元年（420），宁州入宋。

十八、东晋安州

东晋咸康四年（338），置安州，或治万寿。

《宋志》宁州刺史条载，"成帝咸康四年，分牂柯、夜郎、朱提、越嶲四郡为安州"。《晋书·成帝纪》载，咸康四年（338），"秋八月丙午，分宁州置安州"。《晋志》宁州条载，"李寿分宁州兴古、永昌、云南、朱提、越嶲、河阳六郡为汉州。咸康四年，分牂柯、夜郎、朱提、越嶲四郡置安州"。《晋志》先言李寿置汉州，后又言晋成帝咸康四年（338）置安州，当汉州为李寿置，安州为东晋置。又《太平御览·偏霸部七》引崔鸿《十六国春秋·蜀录》记成汉史，有置汉州的记载，而无置安州的记载。《宋志》载置安州，前亦用晋成帝年号。《晋书》于《成帝纪》中载置安州和罢安州的具体时间。故此以安州为东晋置，非成汉置。《宋志》《晋志》所载安州所领四郡，皆以牂柯为首。据《晋志》，万寿为牂柯郡首县，当为郡治。《华阳国志·南中志》牂柯郡条载，"万寿县，郡治"。故东晋咸康四年（338），置安州，或治万寿（今贵州瓮安县附近）。

咸康七年（341），罢安州。

《晋书·成帝纪》载，咸康七年（341）十二月，"罢安州"。《晋志》宁州条载，"八年，又罢并宁州"。此从《成帝纪》。

十九、东晋交州

东晋建武元年（317），置交州，治龙编。

《晋书·忠义传·王谅传》载，东晋初，王谅为交州刺史，"（梁硕）率众围谅于龙编"；《晋书·忠义传·卢循传》载，东晋末，"循乃袭合浦，克之。进攻交州，至龙编，刺史杜慧度谲而败之"。据此，东晋置有交州，治龙编（今越南北宁省南）。

宋永初元年（420），交州入宋。

二十、东晋广州

东晋建武元年（317），置广州，治番禺。

《晋书·卢循传》载，"刘裕讨循至晋安，循窘急，泛海到番禺，寇广州，逐刺史吴隐之，自摄州事，号平南将军，遣使献贡。时朝廷新诛桓氏，中外多虞，乃权假循征虏将军、广州刺史"；"义熙中，刘裕伐慕容超"，"（徐）道覆乃至番禺"，说循乘虚而出。据此，东晋置有广州，当治番禺（今广东广州市越秀区）。

宋永初元年（420），广州入宋。

二十一、东晋兖州（侨）

东晋建武元年（317），侨置兖州，寄治邹山。

《晋书·郗鉴传》载，"元帝初镇江左，承制假鉴龙骧将军、兖州刺史，镇邹山"。据《通鉴》，晋愍帝建兴元年（313）四月，"琅邪王睿就用（郗）鉴为兖州刺史，镇邹山（胡注：邹山在鲁郡邹县）"；晋元帝永昌元年（322）七月，"兖州刺史郗鉴在邹山三年，有众数万"。可见，自建兴元年（313）至永昌元年（322）间，晋元帝以郗鉴为兖州刺史，镇邹山。故东晋建武元年（317）侨置兖州，寄治邹山（今山东邹城市东南）。钱大昕《十驾斋养新录》卷六"晋侨置州郡无'南'字"条载，"其时兖境亦收复，不别立北兖州，但以刺史治广陵，或治淮阴，而遥领淮北实郡。义熙末，乃以兖州刺史治滑台，而二兖始分，然侨立之州，犹不称南。至永初受禅以后，始诏除北加南，此诏载于《宋书·本纪》，可谓信而有征矣"；此又见钱大昕《廿二史考异·晋书二》地理志上条。可见东晋虽得兖州旧地，然不以兖州刺史治此。

永昌元年（322），寄治合肥。

《晋书·元帝纪》载，永昌元年（322）七月，"兖州刺史郗鉴自邹山退守合肥"。据《通鉴》，晋明帝太宁元年（323）七月，"帝畏王敦之逼，欲以郗鉴为外援，拜鉴兖州刺史，都督扬州江西诸军事，镇合肥"。可见东晋兖州曾短暂治合肥。《晋志》兖州条载，"遗黎南渡，元帝侨置兖州，寄居京口"。然晋元帝时，先后以兖州寄治邹山、合肥，并没有寄治京口。《南齐志》南兖州条载，"明帝太宁三年，郗鉴为兖州，镇广陵，后还京口"。据下文，兖州寄治京口在晋成帝咸和四年（329）。据此，永昌元年（322），兖州寄治合肥（今安徽合肥市庐阳区）。

太宁元年（323），寄治彭城。

据《通鉴》，晋明帝太宁元年（323）七月，帝畏王敦之逼，以郗鉴为外援，镇合肥，"王敦忌之，表鉴为尚书令。八月，诏征鉴还"。郗鉴为尚书令后，刘遐为兖州刺史，兖州当改治彭城。《晋书·明帝纪》载，太宁二年（324）正月，"石勒将石季龙寇兖州，刺史刘遐自彭城退保泗口"。可见此前兖州治彭城。《晋书·刘遐传》载，"诏遐领彭城内史"；"徐龛复反，事平，以（刘）遐为北中郎将兖州刺史。太宁初，自彭城移屯泗口"。又据《通鉴》，石勒执徐龛，"事平"，在永昌元年（322），然当时兖州刺史尚为郗鉴。故以刘遐为兖州刺史，当在太宁元年（323）。当时刘遐可能任彭城内史，故治彭城。据此，太宁元年（323），寄治彭城（今江苏徐州市鼓楼区）。

太宁二年（324）正月，寄治泗口；十月，寄治邹山。

据上引《晋书·明帝纪》太宁二年（324）正月和《晋书·刘遐传》所载，后赵南侵，刺史兖州刺史刘遐自彭城退保泗口。故太宁二年（324）正月，兖州寄治泗口（今江苏淮安市清江浦区西南）。《明帝纪》又载，太宁二年（324）十月，"刘遐为监淮北诸军事、徐州刺史"。《石勒载记下》载，"石瞻攻陷晋兖州刺史檀斌于邹山，斌死之"。据《通鉴》，晋明帝太宁三年（325），"夏四月，后赵将石瞻攻兖州刺史檀斌于邹山，杀之"。可能在太宁二年（324）十月，刘遐由兖州刺史改为徐州刺史，檀斌为兖州刺史，寄治邹山。

太宁三年（325），寄治广陵。

《晋书·明帝纪》载，太宁三年（325）七月，"以尚书令郗鉴为车骑将军、都督徐兖青三州诸军事、假节，镇广陵"；《晋书·郗鉴传》载，"（郗鉴）

迁车骑将军、都督徐兖青三州军事、兖州刺史、假节,镇广陵"。据《通鉴》,晋明帝太宁三年(325)七月,"以尚书令郗鉴为车骑将军、都督徐兖青三州诸军事、兖州刺史,镇广陵"。故太宁三年(325),郗鉴为兖州刺史,镇广陵(今江苏扬州市邗江区北)。

咸和四年(329),寄治京口。

《晋志》徐州条载,"郗鉴都督青兖二州诸军事、兖州刺史,加领徐州刺史,镇广陵。苏峻平后,自广陵还镇京口"。《晋书·郗鉴传》载,苏峻平后,"(郗)鉴遂城京口,加都督扬州之晋陵吴郡诸军事"。东晋平苏峻之乱在咸和四年(329),故此年兖州寄治京口(今江苏镇江京口区)。

建元二年(344)八月,寄治金城;九月,寄治京口。

《晋书·康帝纪》载,建元二年(344)八月,"以卫将军褚裒为特进、都督徐兖二州诸军事、兖州刺史,镇金城"。《晋书·外戚传·褚裒传》以及《通鉴》晋康帝建元二年闰八月所载内容与《康帝纪》同。唯《通鉴》作"闰月",《康帝纪》作"八月"。《褚裒传》又载,"改授(褚裒)都督徐兖青扬州之晋陵吴国诸军事、卫将军、徐兖二州刺史、假节,镇京口"。据此,建元二年(344)八月,兖州寄治金城(今江苏南京市栖霞区东北)。又据《通鉴》,晋康帝建元二年(344)九月,"改授(褚裒)都督徐兖青三州扬州之二郡诸军事、卫将军、徐兖二州刺史,镇京口";晋穆帝永和五年(349),褚裒北伐失败,"还镇京口"。可见自建元二年(344)九月至永和五年(349),兖州寄治京口。

永和八年(352),寄治下邳。

东晋时,常由一人领徐兖二州刺史,故徐兖二州常同治一地。东晋永和八年(352),徐兖二州治下邳(今江苏睢宁县北),见前文"东晋徐州"条所考该年相关内容。下文徐兖二州先后寄治山阳、京口、姑孰、山阳、广陵、姑孰、彭城、建康、京口,同此。

隆和元年(362),寄治山阳。

据前文"东晋徐州"条,隆和元年(362),徐兖二州治山阳(今江苏淮安市淮安区）。

太和二年（367），寄治京口。

据前文"东晋徐州"条，太和二年（367），徐兖二州寄治京口。

太和四年（369）三月，寄治姑孰；十月，寄治山阳；十二月，寄治广陵。

据前文"东晋徐州"条，太和四年（369）三月，徐兖二州寄治姑孰（今安徽当涂县），十月治山阳，十二月治广陵。

咸安元年（371），寄治姑孰。

据前文"东晋徐州"条，咸安元年（371），徐兖二州治姑孰。

宁康三年（375），寄治广陵。

据前文"东晋徐州"条，东晋宁康元年（373），徐兖二州寄治广陵；宁康三年（375），徐州寄治京口；太元四年（379），徐兖二州寄治广陵。宁康三年（375）至太元四年（379）间，徐州刺史、兖州刺史分为二人，徐州寄治京口，兖州当仍寄治广陵，此由以下史料可证。《晋书·孝武帝纪》载，宁康三年（375）五月，"丙午，北中郎将、徐兖二州刺史、蓝田侯王坦之卒。甲寅，以中军将军、扬州刺史桓冲为镇北将军、徐州刺史，镇丹徒"；太元二年（377）三月，"以兖州刺史朱序为南中郎将、梁州刺史、监沔中诸军，镇襄阳"；十月，"征西司马谢玄为兖州刺史、广陵相，监江北诸军"；《晋书·谢安传附谢玄传》载，谢玄为南郡相，"征还，拜建武将军、兖州刺史，领广陵相，监江北诸军事"。据《通鉴》，晋孝武帝太元元年（376）九月，前秦攻前凉，东晋"遣兖州刺史朱序"为前凉声援。宁康三年（375），桓冲为徐州刺史，可见徐州、兖州分置。《晋书·朱序传》载，朱序"太和中，迁兖州刺史"。此"太和"当为"太元"之误。然实际上，朱序迁兖州刺史或在宁康三年（375）。万斯同《东晋方镇表》以宁康三年（375）朱序为兖州刺史，当是。朱序之后，谢玄为兖州刺史，兼领广陵相，故兖州治广陵。

太元十一年（386），寄治彭城。

据前文"东晋徐州"条，太元十一年（386），徐兖二州治彭城。

太元十二年（387），寄治淮阴。

《晋书·孝武帝纪》载，太元十二年（387）正月，"以豫州刺史朱序为青兖二州刺史，镇淮阴"；太元十三年（388），"夏四月戊午，以青兖二州刺史朱序为持节、都督雍梁沔中九郡诸军事、雍州刺史，谯王恬之为镇北将军、青兖二州刺史"；《晋书·朱序传》载，"（朱序）又监兖青二州诸军事、二州刺史、将军如故，进镇彭城。序求镇淮阴，帝许焉"；《晋书·宗室传·谯刚王逊传附敬王恬传》载，孝武帝时，谯王恬领兖青二州刺史。据《通鉴》，晋孝武帝太元十二年（387）正月，"以朱序为兖青二州刺史代谢玄镇彭城，序求镇淮阴，许之"。可见，太元十二年（387），兖青二州寄治淮阴（今江苏淮安市清江浦区）。

太元十五年（390），寄治京口。

《晋书·孝武帝纪》载，太元十五年（390），"二月辛巳，以中书令王恭为都督青兖幽并冀五州诸军事、前将军、青兖二州刺史"；《晋书·王恭传》载，"以（王）恭为都督兖青冀幽并徐州晋陵诸军事、平北将军、兖青二州刺史、假节，镇京口"。据《通鉴》，晋孝武帝太元十五年（390）二月，"以中书令王恭为都督青兖幽并冀五州诸军事、兖青二州刺史，镇京口"。《宋书·自序》载，"前将军、青兖二州刺史王恭镇京口"。据此，东晋太元十五年（390），兖青二州寄治京口。据前文"东晋徐州"条，元兴元年（402），徐兖二州寄治京口。据《通鉴》，晋安帝元兴三年（404）十二月，"刘裕复以（刘）毅为兖州刺史"。又据前文"东晋徐州"条，元兴三年（404），刘裕为徐青二州刺史，徐青二州寄治建康。刘裕领徐青二州刺史居建康，兖州当仍寄治京口。

义熙四年（408），寄治广陵。

《宋书·武帝本纪上》载，晋安帝义熙四年（408）正月，"（刘裕）表解兖州"；六月，伐南燕，刘裕命"兖州刺史刘藩"等击南燕守军。可见此年以刘藩为兖州刺史。据《通鉴》，晋安帝义熙八年（412）九月，"（郗僧施）劝毅请从弟兖州刺史藩以自副，太尉裕伪许之。藩自广陵入朝"。据此，自义熙四年（408），兖州寄治广陵。

义熙八年（412），寄治京口。

据下文"东晋青州（侨）"条，义熙八年（412），先以兖青二州寄治京口，后兖州仍治京口，青州寄治广陵。

义熙十二年（416），寄治建康。

据前文"东晋徐州"条，义熙十二年（416），徐兖二州治建康。

元熙元年（419），寄治京口。

据前文"东晋徐州"条，元熙元年（419），徐兖二州寄治京口。

宋永初元年（420），兖州（侨）入宋。

二十二、东晋青州（侨）

东晋元帝时，侨置青州，寄治淮阴。

《晋志》青州条载，"自元帝渡江，于广陵侨置青州"。此"广陵"当是广陵郡。《晋书·元帝纪》载，太兴四年（321）七月，以丹阳尹刘隗为青州刺史，镇淮阴。据《晋志》，淮阴县属广陵郡。据此，晋元帝时，侨置青州，寄治淮阴（今江苏淮安市清江浦区）。《晋书·哀帝纪》载，兴宁元年（363）五月，以"北中郎将庾希都督青州诸军事"。可见，晋哀帝时，仍有青州侨州。又据上文"东晋兖州（侨）"条，太元十二年（387），兖青二州寄治淮阴。

太元十五年（390），寄治京口。

又据上文"东晋兖州（侨）"条，太元十五年（390），兖青二州寄治京口（今江苏镇江市京口区）。

元兴元年（402），寄治广陵。

《宋志》青州刺史条载，青州刺史，"江左侨立，治广陵"。《南齐志》南兖州条载，"桓玄以桓弘为青州，镇广陵"。《晋书·安帝纪》载，元兴三年（404）二月，刘裕斩桓玄所署青州刺史桓弘于广陵；《晋书·刘毅传》载，刘毅讨青州刺史桓弘于广陵，"（桓）玄既西走，（刘）裕以毅为冠军将军、青州刺史"。据《通鉴》，晋安帝元兴三年（404）三月，"刘毅为青州刺史"；闰五月，"刘裕以毅节度诸军，免其青州刺史"；十月，"刘裕领青州刺史"。据上文"东晋徐州"条，元兴元年（402），桓玄以桓修为徐兖二州刺史，镇京口。桓玄以桓弘为青州刺史，当亦在元兴元年（402），故此年青州寄治广陵（今江苏扬州市邗江区北）。《建康实录·宋高祖武皇帝实录》载，刘裕反桓玄后，"刘毅冠军将军、青州刺史、广陵相"。刘毅以青州刺史兼广陵相，故当时青州仍寄治广陵。

元兴三年（404），寄治建康。

据上文"东晋徐州"条，元兴三年（404），徐青二州寄治建康。

义熙元年（405），寄治山阳。

《宋书·武帝本纪上》载，义熙元年（405），"（刘裕）受命解青州，加领兖州刺史"。《南齐志》南兖州条载，"义熙二年，诸葛长民为青州，徙山阳。时鲜卑接境，长民表云：'此蕃十载衅故相袭，城池崩毁，荒旧散伏，边疆诸戍，不闻鸡犬。且犬羊侵暴，抄掠滋甚。'乃还镇京口"。据《通鉴》，晋安帝元兴三年（404）四月，"刘裕以诸葛长民都督淮北诸军事，镇山阳"。可见，诸葛长民于元兴三年（404）已镇山阳。义熙元年（405），刘裕解青州后，当即以长民领青州刺史，寄治山阳（今江苏淮安市淮安区）。义熙二年（406），诸葛长民上表请镇京口，当非此年任长民为青州刺史。

义熙二年（406），寄治京口。

义熙二年（406），青州寄治京口，见上引《南齐志》南兖州条。《晋书·安帝纪》载，义熙六年（410）四月，青州刺史诸葛长民等入卫京师；《晋书·诸葛长民传》载，刘裕以诸葛长民为青州刺史，"领晋陵太守，镇丹徒"。京口在丹徒县境，故《诸葛长民传》称"镇丹徒"。《宋书·武帝本纪中》载，晋安帝义熙八年（412）九月，"兖州刺史（刘）道怜镇丹徒"；《晋书·宗室传·长沙景王道怜传》载，"（义熙）八年，高祖伐刘毅，征（刘道怜）为都督兖青二州晋陵京口淮南诸军郡事、兖青州刺史，持节、将军、太守如故，还镇京口"。据《通鉴》，晋安帝义熙八年（412）九月，"北徐州刺史刘道怜为兖青二州刺史，镇京口"。据此，义熙八年（412），刘道怜为兖青二州刺史，镇京口。

义熙八年（412），寄治广陵。

《南齐志》南兖州条载，"晋末以广陵控接三齐，故青、兖同镇。宋永初元年，罢青并兖"。《宋书·张邵传》载，"青州刺史檀祗镇广陵"；《宋书·檀祗传》载，"（义熙）八年，迁（檀祗）右卫将军，出为辅国将军、宣城内史，即本号督江北淮南军郡事、青州刺史、广陵相"。据《通鉴》，晋安帝义熙十年（414），"是岁，司马国璠兄弟聚众数百潜渡淮，夜入广陵城。青州刺史檀祗领广陵相，国璠兵直上听事，祗惊出，将御之，被射伤而入"。可见，义熙八年（412），青州已寄治广陵。结合上文所考，可能义熙八年（412），先以刘道怜为兖青二州刺史，镇京口；后又以檀祗为青州刺史，镇广陵。檀祗领青州后，刘道怜则为兖州刺史，仍镇京口，故《宋书·武帝本纪中》记为"兖州刺史道怜"。《宋书·武帝本纪中》载，晋安帝义熙十一年（415），"以世子为兖州刺史"；义熙十四年（418）六月，"青州刺史檀祗为领军将军"。据《通鉴》，晋安帝义熙十一年（415）八月，"以豫章公、世子义符为兖州刺史"。可见，至义熙十一年（415），兖州仍单独设刺史；至义熙十四年（418），青州亦仍单独设刺史。综上述，义熙八年（412），先以兖青二州寄治京口，后兖州仍治京口，青州寄治广陵。

宋永初元年（420），青州（侨）入宋。

《宋志》南徐州刺史条载，"江北又侨立幽、冀、青、并四州。安帝义熙七年，始分淮北为北徐，淮南犹为徐州。后又以幽、冀合徐，青、并合兖"。《晋志》徐州条亦载，东晋曾侨置幽、冀、青、并四州，义熙七年（411）后，"幽、冀合徐州，青、并合兖州"。《宋书·武帝本纪下》载，宋永初元年（420）八月，"罢青州并兖州"。又《宋志》南兖州刺史条，"晋成帝立南兖州，寄治京口。时又立南青州及并州，武帝永初元年省并并南兖"。据此可知，并州并入兖州也在宋武帝永初元年（420）。故"幽、冀合徐州，青、并合兖州"时间皆在宋永初元年（420）。

二十三、东晋并州（侨）

东晋成帝时侨置并州，义熙四年（408）寄治石头。

《宋志》南兖州刺史条，"晋成帝立南兖州，寄治京口。时又立南青州及并州"。据此，东晋成帝时已侨置并州。《宋书·宗室传·长沙景王道怜传》载，"（义熙）四年，代诸葛长民为并州刺史"，"戍石头"。据《通鉴》，晋安帝义熙元年（405）三月，刘裕以"刘道规为辅国将军、督淮北诸军事、并州刺史"；九月，"刘裕以并州刺史刘道规为都督荆宁等六州诸军事、荆州刺史"；义熙四年（408）正月，"刘道怜为并州刺史，戍石头"。据此，义熙四年（408），并州寄治石头（今江苏南京市鼓楼区）。

义熙五年（409），寄治山阳。

《宋书·宗室传·长沙景王道怜传》载，"（刘道怜）戍石头。时鲜卑侵逼，自彭城以南民皆保聚，山阳、淮阴诸戍，并不复立。道怜请据彭城，以渐修创。朝议以彭城县远，使镇山阳。进号征虏将军、督淮北军郡事、北东海太守，并州刺史、义昌太守如故"。据《通鉴》，晋安帝义熙五年（409）二月，南燕来侵，"自彭城以南民皆堡聚以自固。诏并州刺史刘道怜镇淮阴以备之"。山阳在淮阴，故《通鉴》载刘道怜"镇淮阴"，然《宋书》载"镇山阳"更确切。据此，义熙五年（409），并州寄治山阳（今江苏淮安市淮安区）。

宋永初元年（420），并州（侨）入宋。

《宋志》南兖州刺史条，晋成帝时侨置并州，"武帝永初元年，省并并南兖"。可见，并州（侨）之省在刘宋初。

二十四、东晋冀州（侨）

东晋侨置冀州，晋安帝时寄治山阳。

《宋志》南徐州刺史条和《晋志》徐州条皆载，东晋于"江北又侨立幽、冀、青、并四州"。故东晋侨置有冀州。《宋书·武帝本纪中》载，晋安帝义熙十四年（418）正月，"公解司州，领徐冀二州刺史"。刘裕所领徐冀二州之冀州当侨置于徐州境者。《晋书·安帝纪》载，元兴元年（402），"十月，冀州刺史刘轨叛，奔于慕容德"；元兴二年（403）二月，"冀州刺史孙无终为桓玄所害"。据《通鉴》，晋安帝元兴元年（402）十月，"（刘）袭兄冀州刺史轨，邀司马休之、刘敬宣、高雅之等共据山阳（胡注：沈约曰：山阳，本射阳县境地名，义熙土断，始分广陵郡立山阳郡及山阳县，唐楚州即其地。）"。据此，晋安帝时侨置有冀州，寄治山阳（今江苏淮安市淮安区）。

宋永初元年（420），冀州（侨）入宋。

据上文"东晋青州（侨）"条，青州并入兖州和冀州并入徐州皆在宋永初元年（420）。故东晋冀州（侨）入宋。

二十五、东晋冀州（侨）

东晋侨置冀州，后省；义熙六年（410），侨置冀州，寄治东阳。

《宋志》冀州刺史条载，"冀州刺史。江左立南冀州，后省。义熙中，更立，治青州，又省。文帝元嘉九年又分青州立，治历城，割土置郡县"。据此，东晋于青州境侨置冀州，后省，义熙中又置。《魏志》青州条载，"青州，后汉治临淄，司马德宗治东阳，魏因之"。晋安帝司马德宗灭南燕后，改故青州为北青州，北魏复为青州。据《魏志》可知，东晋北青州治东阳。《宋书·武帝本纪上》载，晋安帝义熙五年（409），"七月，诏加公北青冀二州刺史"；《宋书·刘敬宣传》载，"（刘敬宣）出为使持节、督北青州军郡事、征虏将军、北青州刺史，领清河太守，寻领冀州刺史"。《晋书·刘牢之传附刘敬宣传》载，"（刘敬宣）迁征虏将军、青州刺史，寻改镇冀州"。刘敬宣所领冀州，为侨置于青州境者。据《通鉴》，晋安帝义熙五年（409），"七月，加刘裕北青冀二州刺史（胡注：晋氏南渡，立南青冀二州于淮南，北青冀二州于齐地）"。义熙五年（409），东晋尚未灭南燕，刘裕先领北青冀二州刺史。义熙六年（410），东晋灭南燕后即置北青州，见前文"东晋北青州"条。东晋侨置冀州当也应在义熙六年（410）。北青冀二州为双头州，当同治东阳（今山东青州市西北）。《晋书·刁协传附刁彝传》载，东晋末，

"（刁）弘为冀州刺史"。《宋书·武帝本纪下》载，永初三年（422）正月，"以前冀州刺史王仲德为徐州刺史"。据《通鉴》，晋安帝义熙十二年（416）八月，东晋伐后秦，"以冀州刺史王仲德督前锋诸军，开巨野入河"。刁弘、王仲德所任冀州，或亦侨置于青州境者。据《宋志》冀州刺史条可知，刘宋以前，冀州侨州不领郡县。

宋永初元年（420），冀州（侨）入宋。

二十六、东晋幽州（侨）

东晋元帝时侨置幽州，太元四年（379）寄治三阿。

《宋志》南徐州刺史条和《晋志》徐州条皆载，东晋于"江北又侨立幽、冀、青、并四州"。《宋志》总叙载，"自夷狄乱华，司、冀、雍、凉、青、并、兖、豫、幽、平诸州一时沦没，遗民南渡，并侨置牧司，非旧土也"。《晋书·元帝纪》载，太兴四年（321）七月，"丹阳尹刘隗为镇北将军、都督青徐幽平四州诸军事、青州刺史，镇淮阴"；永昌元年（322）十月，"以下邳内史王邃为征北将军、都督青徐幽平四州诸军事，镇淮阴"；《明帝纪》载，太宁元年（323）四月，"以尚书陈眕为都督幽平二州诸军事、幽州刺史"。此文中"幽"和"幽州"当为侨州，应为晋元帝时侨置。《晋书·谢安传附谢尚传》载，前秦南侵东晋，"围幽州刺史田洛于三阿"。《苻坚载记上》载，"（前秦）攻晋幽州刺史田洛于三阿，去广陵百里"。据《通鉴》，晋孝武帝太元四年（379）五月，"秦兵六万围幽州刺史田洛于三阿（胡注：晋侨置幽、冀、青、并四州于江北。三阿，今宝应军即其地），去广陵百里"。据此，太元四年（379）幽州当寄治三阿（今江苏金湖县东南）。

宋永初元年（420），幽州（侨）入宋。

据上文"东晋青州（侨）"条，青州并入兖州和幽州并入徐州皆在宋永初元年（420）。故东晋幽州（侨）入刘宋。

二十七、东晋雍州（侨）

东晋元帝时侨置雍州，寄治酂。

《南齐志》雍州条载，雍州，"元帝以魏该为雍州，镇酂城"。可见，晋元帝时侨置雍州，寄治酂城（今湖北老河口市西北），以魏该为雍州刺史。

咸和三年（328），省东晋雍州（侨）。

《晋志》雍州条载，"自元帝渡江，所置州亦皆遥领。初以魏该为雍州刺史，镇酂城。寻省"。《晋书·成帝纪》载，咸和三年（328）六月，"平北将军、雍州刺史魏该卒于师"。据《通鉴》，晋成帝咸和三年（328），苏峻叛，陶侃等讨之，五月，"雍州刺史魏该亦以兵会之"。咸和三年（328），魏该卒后，东晋雍州（侨）当省。

太元十一年（386），置雍州，寄治洛阳。

据前文"东晋雍州"条，东晋太元十一年（386），置雍州，寄治洛阳（今河南洛阳市区东）。

太元十五年（390），寄治襄阳。

据前文"东晋雍州"条，太元十五年（390），雍州寄治襄阳（今湖北襄阳市襄城区）。

宋永初元年（420），雍州（侨）入宋。

《晋书·安帝纪》载，义熙十二年（416）正月，"姚泓使其将鲁轨寇襄阳，雍州刺史赵伦之击走之"。可见，东晋末雍州仍寄治襄阳。《宋志》雍州刺史条载，"雍州刺史，晋江左立。胡亡氐乱，雍、秦流民多南出樊、沔，晋孝武始于襄阳侨立雍州，并立侨郡县。宋文帝元嘉二十六年，割荆州之襄阳、南阳、新野、顺阳、随五郡为雍州，而侨郡县犹寄寓在诸郡界"。据《宋志》，东晋侨置雍州应入宋。

二十八、东晋秦州（侨）

东晋太元十四年（389），侨置秦州，寄治襄阳，晋安帝时省。

《宋志》秦州刺史条载，秦州刺史，"何《志》，晋孝武复立，寄治襄阳，安帝世在汉中南郑"。《南齐志》秦州条载，"至太元十四年，雍州刺史朱序始督秦州，则孝武所置也，寄治襄阳，未有刺史，是后雍州刺史常督之"。据此，东晋太元十四年（389），侨置秦州，寄治襄阳（今湖北襄阳市襄城区）。《宋志》言"安帝世在汉中南郑"，寄治襄阳之秦州当省。

隆安二年（398），侨置秦州，寄治南郑。

《宋志》秦州刺史条载，秦州刺史，"安帝世在汉中南郑"。可见，晋安帝时侨置秦州，寄治南郑。《晋书·毛宝传附毛璩传》载，"诏西夷校尉（毛）瑾为持节、监梁秦二州军事、征虏将军、梁秦二州刺史、略阳武都太守"《宋书·毛修之传》载，"（毛修之）父瑾，梁秦二州刺史"。《魏书·毛修之传》载，"（毛修之）父瑾，司马德宗梁秦二州刺史"。据《通鉴》，晋安帝义熙元年（405）正月，"（毛）瑾为梁秦二州刺史"。毛瑾为梁秦二州刺史，梁州为实州，秦州为侨州。《晋志》秦州条载，"江左分梁为秦，寄居梁州，又立氐池为北秦州"。此"寄居梁州"，当寄治南郑；此"氐池"即氐人建立的仇池政权。据《宋书·氐胡传》，东晋"假（杨）盛使持节、北秦州刺史"。然仇池与东晋是一种藩属关系，并非行政统辖关系。仇池不仅向东晋称臣，还同时向周边的其它政权称臣。故《晋志》此所言"北秦州"，并非东晋实际的直接统辖的政区。《南齐志》秦州条载，"隆安二年，郭铨始为梁、南秦州刺史，州寄治汉中。四年，桓玄督七州，但云秦州。元兴元年，以苻坚子宏为北秦州刺史。自此荆州都督常督秦州，梁州常带南秦州刺史。义熙三年，以氐王杨国为北秦州刺史。十四年，置东秦州，刘义真为刺史。郭恭为梁州刺史，尹雅为秦州刺史"。又据《通鉴》，晋安帝义熙九年（413）七月，东晋将朱龄石灭谯纵后，"诏以龄石进监梁秦州六郡诸军事"。此"秦州"即为侨置。东晋侨置秦州，当自隆安二年（398）郭铨为梁州刺史兼领秦州刺史时。故东晋隆安二年（398），侨置秦州，寄治南郑（今陕西汉中市汉台区）。《宋书·朱龄石传》载，朱龄石平谯纵后，"进监益州巴西梓潼宕渠南汉中秦州之安固怀宁六郡诸军事"。不知此"秦州"是寄治南郑者，还是侨置于益州境内者，姑存此。

宋永初元年（420），秦州（侨）入宋。

据上引《南齐志》秦州条，东晋义熙十四年（418）仍侨置秦州。又据《宋志》秦州刺史条，刘宋秦州承东晋而来，故东晋秦州（侨）入宋。

东晋侨郡补考

东晋时期的侨郡，多见载于《晋志》《宋志》《南齐志》《隋志》诸正史地理志，另从《晋书》《宋书》的人物传中也可见。清代以来，不断有学者研究东晋侨郡，而以胡阿祥先生成就最大。本文在前贤的研究基础上，补正东晋侨郡研究的缺失和疏误。东晋时，当于淮南郡旧土侨立陈留郡，于京邑侨立泰山郡，或于武昌郡境侨立颍川郡，于武昌郡夏口侨立襄城郡，又或于京邑侨立河间侨国，于下邳郡境侨立清河郡、济岷郡，于梓潼郡境侨立南汉中郡和宕渠郡，于巴郡境侨立涪陵郡。另外，东晋阳平侨郡应寄治下邳郡境，怀宁侨郡应寄治成都，马头郡、钟离郡应为侨郡而非实郡，不当有平阳郡侨于今湖南安乡县境，不应有金城郡侨于今四川金堂县境，横江附近是否有武都侨郡可存疑，分南郡所立成都国应实土郡王国。除此外，尚有山阳、淮阳二郡的侨实问题，已别作一文单考。

1.陈留侨郡

据《宋志》南豫州刺史陈留太守条，刘宋南豫州统有陈留侨郡。胡阿祥认为，此陈留郡"侨今安徽寿县西南"[①]，即侨于当时扬州淮南郡旧土。《寰宇记》淮南道七寿州安丰县条载，"废陈留郡，在县东北五里，领浚仪、小黄、雍丘三县"；"废浚仪县，在县东北二百五十步为陂塘下。废雍丘县，在县南六十里。废小黄县，在县西北三十里。已上一郡三县，晋义熙十二年刘义庆奏置。其陈留郡浚仪、雍丘二县，隋开皇三年废。小黄县，唐武德七年废"。胡阿祥认为，"《寰宇记》'晋义熙十二年刘义奏置'，考之史传无此事，疑

---

① 胡阿祥：《宋书州郡志汇释》，第103页。

误"①。此"刘义"应为"刘义庆",中华书局点校本《寰宇记》"校勘记"已指出。

《宋书·宗室传·临川烈武王道规传附刘义庆传》载,"义熙十二年,(刘义庆)从伐长安,还拜辅国将军、北青州刺史,未之任,徙督豫州诸军事、豫州刺史"。义熙十二年(416),刘义庆为豫州刺史,当有奏侨置陈留郡事。《寰宇记》非妄言,故当从之。又据下引《宋志》,《永初郡国》载有此陈留侨郡,当东晋末已侨立。

《宋志》南豫州刺史陈留太守条载,陈留太守领浚仪、小黄、雍丘、白马、襄邑、封丘、尉氏七县,"《永初郡国》无浚仪、封丘,而有酸枣。何、徐无封丘、尉氏"。《南齐志》豫州陈留郡条载,陈留郡领浚仪、小黄、雍丘三县。可能刘义庆奏侨置陈留郡时,所领并非三县,领县当如《永初郡国》所载,至南齐时仅领浚仪、小黄、雍丘三县,此三县相沿至隋,故《寰宇记》仅记此三县。综上述,东晋义熙十二年(416),刘义庆奏侨置陈留郡,当领小黄、雍丘、白马、襄邑、尉氏、酸枣六县。陈留郡旧属兖州,白马县旧属濮阳国,其余五县旧属兖州陈留郡。宋永初元年(420),东晋此陈留侨郡入宋,故《永初郡国》和《宋志》有载。

2. 泰山侨郡

《晋书·毛宝传附毛安之传》载,"(司马)元显败,(毛)泰时为冠军将军、堂邑泰山二郡太守","桓玄得志,使泰收元显"。司马元显为会稽王道子世子,居于京城。毛泰收元显,表明当时泰也在京邑,泰所领堂邑泰山二郡也应寄治京邑。又据《宋志》扬州刺史条,东晋时,堂邑侨郡"寄治京邑"。泰山郡与堂邑郡为双头郡,应同寄治京邑。泰山郡,旧属兖州。此泰山侨郡,《宋志》未载,当于东晋末或宋初省。

3. 颍川侨郡

《宋书·武帝本纪中》载,义熙十三年(417),"以徐州之海陵、东安、北琅邪、北东莞、北东海、北谯、北梁、豫州之汝南、北颍川、北南顿凡十

---

① 胡阿祥:《东晋南朝侨州郡县与侨流人口研究》,第173页。胡阿祥、孔祥军、徐成:《中国行政区划通史·三国两晋南朝卷》,第1520页。

郡益宋国"。据前文"《中国行政区划通史》两晋部分献疑"东晋兖州条，以上凡加"北"字者，当皆有侨郡立于南土。依此，东晋末当有颍川侨郡。《晋书·哀帝纪》载，兴宁三年（365）二月，以"桓冲监江州、荆州之江夏、随郡、豫州之汝南、西阳、新蔡、颍川六郡诸军事"；《晋书·何无忌传》载，"义熙二年，（何无忌）迁都督江荆二州江夏、随、义阳、绥安、豫州西阳、新蔡、汝南、颍川八郡军事"。《宋书·孟怀玉传》载，义熙八年（412），"（孟怀玉）迁江州刺史，寻督江州、豫州之西阳、新蔡、汝南、颍川、司州之恒农、扬州之松滋六郡诸军事"；《宋书·庾悦传》载，"卢循逼京都，以为（庾悦）督江州、豫州之西阳、新蔡、汝南、颍川、司州之恒农、扬州之松滋六郡诸军事"；《宋书·宗室传·临川烈武王道规传》载，平定桓玄不久，"（刘道规）以本官进督江州之武昌、荆州之江夏、随郡、义阳、绥安、豫州之西阳、汝南、颍川、新蔡九郡诸军事"。据《晋书·安帝纪》，卢循逼京都在义熙六年（410）。颍川、汝南、新蔡三郡实土，旧属豫州，兴宁三年（365）为前燕辖域[1]，义熙二年（406）至义熙八年（412）为后秦辖域[2]。桓冲、何无忌、孟怀玉、庾悦、刘道规军府所管辖的颍川、汝南、新蔡应为侨郡[3]。胡阿祥认为，汝南侨郡寄治涂口（今湖北武汉市旧武昌县东）[4]，新蔡侨郡寄治黡布旧城（今湖北黄梅市西）[5]；且西阳亦为侨郡，寄治西阳（今湖北黄冈市东）[6]；绥安也为侨郡，寄治夏口（今湖北武汉市）左右[7]。颍川侨郡寄治地今不可考，应距汝南、新蔡、西阳、绥安诸侨郡不远。据下文，襄城侨郡寄治夏口。颍川郡实土与襄城郡实土相邻，颍川侨郡寄治地也应距夏口不远，或在武昌郡境。

① 魏俊杰：《十六国疆域与政区研究》，第226—227页。

② 魏俊杰：《十六国疆域与政区研究》，第348—349页。

③ 《宋书·州郡志三》雍州刺史京兆太守条载，"雍州侨郡先属府，武帝永初元年属州"。对此，胡阿祥指出，"所谓'属府'，即侨雍州及其郡县以及襄阳地区的其他侨郡县，在刘宋永初元年（420）以前，归都督一将军府而非州职机构管理，即实行的是军政统治而非民政统治。这种军政统治的情形，在近边地带的众多侨州郡县中应是比较普遍的"，见《东南南朝侨州郡县与侨流人口研究》，第86页。东晋设立没有实土的侨郡，不同于正式的政区，一般不由侨州直接统辖，而是由军府管理。

④ 胡阿祥：《东南南朝侨州郡县与侨流人口研究》，第186页。

⑤ 胡阿祥：《东南南朝侨州郡县与侨流人口研究》，第196页。

⑥ 胡阿祥：《东南南朝侨州郡县与侨流人口研究》，第198页。

⑦ 胡阿祥：《东南南朝侨州郡县与侨流人口研究》，第264页。

此颍川侨郡，《宋志》未载，或于东晋末省[①]。

4.襄城侨郡

《晋书·桓彝传附桓石民传》载，"（桓石民）领襄城太守，戍夏口"；《晋书·桓彝传附桓嗣传》载，"（桓嗣）转西阳、襄城二郡太守，镇夏口"。据《通鉴》，晋孝武帝太元八年（383）七月，"（桓）冲表其兄子石民领襄城太守，戍夏口"。襄城郡，旧属豫州。淝水之战在太元八年（383）十月，此前，淮水以北为前秦占据，襄城郡旧地也属前秦。桓石民所领襄城郡既无实土，应为侨郡。可见，晋孝武帝时有襄城侨郡，寄治夏口。此襄城侨郡，《宋志》未载，当于东晋末或刘宋初已省。

5.河间侨郡

《宋书·武帝本纪上》载，义熙六年（410）七月，"（卢循）自蔡洲南走，还屯寻阳，遣辅国将军王仲德、广川太守刘钟、河间太守蒯恩追之"。河间郡，旧属冀州，东晋从未统辖有此实土。蒯恩所领河间郡，应为侨郡。据《宋志》扬州刺史条，广川侨郡"寄治京邑"。刘裕遣河间太守、广川太守同追击卢循，河间侨郡或与广川侨郡同寄治京邑。又据前文"两晋郡王郡公封国考""东晋郡王的侨立封国"河间国条，东晋时有河间王，应立有河间侨国。此河间侨郡（国），《宋志》未载，当于东晋末或刘宋初已省。

6.清河侨郡、阳平侨郡

《宋书·宗室传·长沙景王道怜传》载，晋安帝时，"北青州刺史刘该反，引索虏为援，清河、阳平二郡太守孙全聚众应之"。《通鉴》载此事在义熙元年（405）五月。清河郡旧属冀州，阳平郡旧属司州，清河、阳平二郡旧在河水以北，东晋从未统辖其地。义熙元年（405），青州旧地为南燕占据。清河、阳平二郡侨地不应在青州旧地。刘该"引索虏为援"，表明此二侨郡应侨于淮北。《长沙景王道怜传》又载，"义熙元年，索虏托跋开遣伪豫州刺史索度真、

① 《宋志》郢州刺史江夏太守条载，"汝南侯相，本沙羡土，晋末汝南郡民流寓夏口，因立为汝南县"。《元和志》江南道三鄂州江夏县条载，江夏县，"本汉沙羡县地，属江夏郡。东晋以汝南流人侨立汝南郡，后改为汝南县"。可见，东晋末，汝南侨郡省为县。颍川侨郡当或与汝南侨郡同在东晋末省。

457

大将军斛斯兰寇徐州，攻相县，执巨鹿太守贺申，进围宁朔将军羊穆之于彭城；穆之告急，道怜率众救之。军次陵栅，斩（孙）全。进至彭城，真、兰退走。道怜率宁远将军孟龙符、龙骧将军孔隆及穆之等追，真、兰走奔相城；又追蹑至光水沟，斩刘该，虏众见杀及赴水死略尽"。据此又可证，清河、阳平二郡侨于淮北。据刘道怜"军次陵栅，斩（孙）全"，则清河、阳平二郡寄治陵栅或其附近。《水经注·泗水注》载，"泗水又东迳陵栅南，《西征记》曰：旧陵县之治也"。可见。此陵栅即旧陵县治，应在今江苏泗阳县西北。依此，清河郡应侨立于下邳郡陵县附近。

　　《宋志》徐州刺史阳平太守条载，阳平太守，"故属司州，流寓来配"。胡阿祥《宋书州郡志汇释》，"阳平郡，侨今安徽灵璧县南"[①]。《晋志》徐州条载，"元帝渡江之后，徐州所得惟半，乃侨置淮阳、阳平、济阴、北济阴四郡"。据钱大昕《廿二史考异·晋书二》地理志下条载，此阳平郡非晋元帝侨置，当"阳平侨置淮北"。《魏志》徐州南平阳条载，"南阳平郡，治沛南界，后寄治彭城"。《大清一统志·凤阳府》古迹条载，"阳平废郡，在灵璧县南。《晋书·地理志》，元帝于徐州侨置阳平郡"。《一统志》言在"在灵璧县南"，应据《魏志》。洪亮吉《东晋疆域志·侨州郡县》徐州阳平郡条据《一统志》，以为此阳平郡"在今灵璧县南"。胡阿祥也以为，此阳平侨郡侨寄地在"沛郡南界今安徽灵璧县南"[②]。

　　《晋书·安帝纪》载，义熙五年（409）二月，"慕容超将慕容兴宗寇宿豫，阳平太守刘千载"等被执；《慕容超载记》载，"（南燕）寇宿豫，陷之，执阳平太守刘千载"。《宋书·武帝本纪上》载，慕容超"前后屡为边患"；义熙五年（409）二月，"大掠淮北，执阳平太守刘千载、济南太守赵元，驱掠千余家"。据此，此阳平郡似侨于宿豫。据《宋志》徐州刺史淮阳太守条，"宿预令，晋安帝立"。《元和志》河南道五泗州宿迁县条载，宿迁县，"春秋宋人迁宿之地，至汉为厹犹县，属临淮郡。晋立宿预县"。中华书局点校本《元和郡县图志》"校勘记"曰："今按：据《宋书》当作'宿预'，殿本与此同误，今从岱南阁本。"考《水经注》《宋书》《梁书》《陈书》《北齐书》《寰宇记》作"宿预"，《南齐书》《魏书》《晋书》作"宿豫"。又据《水经注·泗水注》，

————————

　　① 胡阿祥：《宋书州郡志汇释》，第52页。

　　② 胡阿祥：《东南南朝侨州郡县与侨流人口研究》，第169页。又见上引《宋书州郡志汇释》。

"泗水又迳宿预城之西，又迳其城南，故下邳之宿留县也"。《水经注》所述泗水其下所迳，即"泗水又东迳陵栅南"。可见，宿预与陵栅相距较近，也应在今江苏泗阳县西北。南燕"寇宿豫，陷之，执阳平太守刘千载"，则表明阳平郡应侨于此。阳平太守刘千载所居宿豫，与刘道怜斩清河、阳平二郡太守孙全之陵栅，相距很近，似乎表明阳平郡应侨于此。《魏志》言"南阳平郡，治沛南界，后寄治彭城"，反映的是北魏或东魏南阳平郡的建置情况，不能以此证东晋阳平郡侨寄地。东晋阳平郡侨寄地应据有关东晋的文献资料，依此，则阳平郡应侨于今江苏泗阳县西北。或阳平郡东晋时侨寄于今江苏泗阳县西北，后改寄治沛南界，又迁寄治彭城。

7. 济岷侨郡

《晋书·成帝纪》载，咸和元年（326）十二月，"济岷太守刘闿杀下邳内史夏侯嘉，叛降石勒"；《石勒载记下》载，"济岷太守刘闿、将军张阖等叛，害下邳内史夏侯嘉，以下邳降于石生"。据此，晋成帝时，当有济岷郡侨于下邳郡境。据《成帝纪》《石勒载记》，若东晋于青州立济岷实郡，应在晋元帝世（317—323）或晋明帝世（323—326）。然晋愍帝建兴三年（315）青州之地为曹嶷占据，晋明帝太宁元年（323）又为后赵占据[1]。至晋穆帝永和六年（350）后赵亡前，青州一直为后赵疆土[2]。东晋初未有青州之地，不可能于此立济岷实郡。

《宋志》徐州刺史淮阳太守条载，"晋宁令，故属济岷，流寓来配"。《大清一统志·徐州府·古迹》晋宁废郡条载，"晋宁废郡，在宿迁县东南。东晋末置晋宁县，属淮阳郡。梁改置晋宁郡"。胡阿祥《宋书州郡志汇释》，"晋宁县，治今江苏宿豫县东南[3]。结合谭《图》"西晋徐州"图可知，晋宁侨县应寄治原西晋下邳郡凌县境。顾祖禹《读史方舆纪要·南直四》邳州条载，邳州，"东汉永平中，改临淮郡为下邳国，治于此。晋因之"；邳州济岷城条载，

---

① 魏俊杰：《十六国疆域与政区研究》，第87页。

② 据后文"'十六'国之外割据势力及其统治区"，后赵亡后，段龛占据青州。此后，青州之地先后为前燕、前秦占据。淝水之战后，东晋始得青州，然不久青州又为南燕据有。晋安帝义熙六年（410）灭南燕，复得青州，不久东晋亡。

③ 胡阿祥：《宋书州郡志汇释》，第52页。

"济岷城，在县北。东晋时，以蜀西、济北流人，置济岷郡。咸和三年，济岷太守刘闿等杀下邳内史夏侯嘉，以下邳叛入后赵，郡寻废。沈约《宋志》：淮阳郡晋宁县，本属济岷郡，宋改属淮阳"。可见，顾祖禹认为济岷为侨郡，寄治下邳郡境，领有晋宁县。据后文"东晋山阳、淮阳二郡侨实考"，东晋义熙土断中置淮阳郡。《宋志》不载下邳郡境济岷侨郡，此侨郡当在义熙土断中省入淮阳郡，仅存晋宁侨县。

《宋志》南兖州刺史条载，"济岷郡（江左立）领营城、晋宁（江左立）凡二县"。对此济岷侨郡，胡阿祥认为"在旧晋陵郡界，即今江苏镇江、无锡二市间"[1]。东晋时，当曾两次侨立济岷郡，晋元帝或晋明帝时于下邳郡境先侨立济岷郡。此后，下邳郡境济岷侨郡部分民众再度流寓至晋陵郡境，东晋又于此侨立济岷郡。《宋志》所云"江左立"，并非仅指实郡，于侨郡亦有此言[2]。上引《宋志》南兖州刺史条所云"江左立"，是东晋于下邳郡境所侨立济岷郡及营城、晋宁二县。不然，《晋书·成帝纪》《石勒载记》载有"济岷太守"，东晋初既不能于青州立济岷实郡，《宋志》云"江左立"则不可解。故东晋元帝或明帝时，于下邳郡境侨立济岷郡，当领晋宁、营城等侨县。

8.南汉中侨郡

《宋志》益州刺史南汉中太守条载，"南汉中太守，晋地记，孝武太元十五年，梁州刺史周琼表立。徐《志》，北汉中民流寓，孝武大明三年立。《起居注》，本属梁州，元嘉十六年度。《永初郡国》属梁州，领县与此同。以《永初郡国》及《起居》检，则是太元所立。而《何》志无此郡，当是永初以后省，大明三年复立也"。《宋志》又载，南汉中郡领南长乐、南郑、南苞中、南沔阳、南城固五县，又引徐《志》，称此五县皆"与郡俱立"。可见，南汉中侨郡领此五县。长乐县旧属梁州晋昌郡，南郑等四县旧属梁州汉中郡。

对《宋志》益州刺史南汉中太守条所引晋地记，胡阿祥认为："《宋志》

---

① 胡阿祥：《宋书州郡志汇释》，第59页。

② 《宋志》南徐州刺史南平昌太守新乐令条载，"晋江左立乐陵郡及诸县"；高密令条载，"高密令，江左立高密国"；南兖州刺史秦郡太守条载，"义成令，江左立"；南豫州刺史南汝阴太守条载，"南汝阴太守，江左立"；江州刺史南新蔡太守条载，"南新蔡太守，江左立"；冀州刺史条载，"冀州刺史，江左立南冀州"；冀州刺史广川太守条载，"武强令，何江左立。索卢令，何江左立"。可见，《宋志》于侨州郡县皆可言"江左立"。

此条，盖合述梁州汉中郡与益州南汉中侨郡于一处。《宋志》三梁州刺史汉中太守亦引《晋地记》云云，此其一证也。当以'徐志'为是：侨郡及领县皆大明三年所立。"[1]然《宋志》南汉中太守条称《永初郡国》有南汉中郡，"领县与此同"，当是刘宋初确有此侨郡。又《晋志》梁州条载，东晋孝武帝时，"又别置南汉中郡"。《晋志》此载应有所据。《宋书·朱龄石传》载，朱龄石平蜀谯纵后，"进监益州巴西梓潼宕渠南汉中、秦州之安固怀宁六郡诸军事，以平蜀功，封丰城县侯"。显然，东晋安帝时有南汉中郡。《永初郡国》中南汉中郡，应是东晋所立。

《朱龄石传》中南汉中郡属益州，似于《宋志》不合。《晋书·殷仲堪传》载，殷仲堪任荆州刺史，"尚书下以益州所统梁州三郡人丁一千番戍汉中，益州未背承遣。仲堪乃奏之曰：'夫制险分国，各有攸宜，剑阁之隘，实蜀之关键。巴西、梓潼、宕渠三郡，去汉中辽远，在剑阁之内，成败与蜀为一，而统属梁州，盖定鼎中华，虑在后伏，所以分斗绝之势，开荷载之路。自皇居南迁，守在岷邛，衿带之形，事异曩昔。是以李势初平，割此三郡配隶益州，将欲重复上流为习坎之防。事经英略，历年数纪'"，请仍以巴西、梓潼、宕渠三郡属益州，"朝廷许焉"。又据《晋书·孝武帝纪》《晋书·安帝纪》，晋孝武帝太元十七年（392）至晋安帝隆安三年（399），殷仲堪任荆州刺史。结合《殷仲堪传》，太元十七年（392）前，巴西、梓潼、宕渠三郡属梁州，晋安帝初年当已改属益州，南汉中侨郡当与巴西等三郡同时改属益州。《永初郡国》中南汉中侨郡属梁州，当是东晋末此侨郡又别属梁州。

据下文"宕渠侨郡"条，巴西、宕渠二郡皆为侨置于梓潼郡境。又据《朱龄石传》及下文所引《宋书》，南汉中郡侨郡与梓潼、巴西、宕渠三郡相提并论，此侨郡当也侨置于梓潼郡境。又《宋志》梁州刺史晋寿太守条载，"晋寿太守，晋地记云，孝武太元十五年，梁州刺史周琼表立。何《志》，故属梓潼"；又载所领晋寿县，故属梓潼。《晋志》梁州条载，梓潼郡领有晋寿县；又载，"孝武分梓潼北界立晋寿郡"。太元十七年（392）前，梓潼郡属梁州。太元十五年（390），梁州刺史周琼上表，请于梓潼郡境立南汉中郡，又分梓潼立晋寿郡，属周琼统辖范围内的事。

---

① 胡阿祥：《东南南朝侨州郡县与侨流人口研究》，第232页。又见胡阿祥《宋书州郡志汇释》，第268页。

《宋书·张茂度传》载，"太祖元嘉元年，出（张茂度）为使持节、督益宁二州梁州之巴西梓潼宕渠南汉中秦州之怀宁安固六郡诸军事、冠军将军、益州刺史"；《宋书·吉翰传》载，元嘉三年（426），"徙（吉翰）督益宁二州梁州之巴西梓潼宕渠南汉中秦州之安固怀宁六郡诸军事、益州刺史"；《宋书·刘粹传附刘道济传》载，元嘉九年（432），蜀土乱，"贼于是径向涪城，巴西人唐频聚众应之，宁远将军、巴西梓潼二郡太守王怀业再遣军拒之，战败失利。怀业及司马、南汉中太守韦处伯并弃城走"；《宋书·萧思话传》载，元嘉九年（432），仇池氏寇汉中，"遣司马、建威将军、南汉中太守萧讳五百人前进"。以上皆表明元嘉初有南汉中郡。又据《宋书·文帝本纪》，元嘉十六年（439）二月，"割梁州之巴西梓潼南宕梁南汉中、南秦州之南安怀宁凡六郡，属益州"①此又可印证《宋志》引《起居注》所云"本属梁州，元嘉十六年度"。故《宋志》言南汉中乃"太元所立"，"永初以后省"，"大明三年复立"，当是。《宋志》益州刺史南汉中太守称，晋武帝太元十五年（390），梁州刺史周琼表立南汉中郡，此侨郡应是立于此年。

又《宋志》梁州刺史汉中太守条载，"汉中太守，秦立。汉献帝建安二十年，魏武平张鲁，复汉宁郡为汉中，疑是此前改汉中曰汉宁也。晋地记云，孝武太元十五年，梁州刺史周琼表立。又疑是李氏所省，李氏平后复立"。汉中郡既然自东汉末以来有此实郡，不当又云"梁州刺史周琼表立"。据《通鉴》，晋成帝咸康二年（336）十一月，晋将司马勋将兵安集汉中，"成汉王寿击败之。寿遂置汉中守宰，戍南郑而还"。可见成汉后期仍有汉中郡，李氏未省汉中郡。因此，《宋志》云"又疑是李氏所省，李氏平后复立"不当。即便"李氏平后复立"，则不当周琼表立汉中实郡。故《宋志》梁州刺史汉中太守条自"晋地记云"内容以下当删。

9.宕渠侨郡

《宋志》梁州刺史条载，"《永初郡国》又有宕渠郡、北宕渠郡"。宕渠郡、北宕渠郡当东晋所置。北宕渠郡疑侨于汉中（陕西秦岭南）一带②《宋志》梁州刺史南宕渠太守条载，"《永初郡国》有宕渠郡，领宕渠、汉兴、宣汉三县，

---

① 据中华书局点校本《宋书》"校勘记"，此"南安"应为"安固"。

② 胡阿祥：《东南南朝侨州郡县与侨流人口研究》，第234页。

属梁州，元嘉十六年度属益州，非此南宕渠也"；益州刺史南宕渠太守条载，南宕渠郡领宕渠、汉兴、宣汉三县，"《永初郡国》梁州有宕渠郡，领县三，与此同，而无'南'字。何同"。据此，《永初郡国》中的宕渠郡，当领宕渠、汉兴、宣汉三县。宕渠、宣汉二县旧属梁州宕渠郡，汉兴县或为东晋置[①]。

《华阳国志·李特雄期寿势志》载，"（李）势骄淫，不恤国事，中外离心。蜀土无僚，至是始从山出，自巴至犍为、梓潼，布满山谷，大为民患。加以饥馑，境内萧条"。《李势载记》载，"初，蜀土无僚，至此，始从山而出，北至犍为、梓潼，布在山谷，十余万落，不可禁制，大为百姓之患"；"夷僚叛乱，军守离缺，境宇日蹙"。《北史·僚传》载，"李势在蜀，诸僚始出巴西、渠川、广汉、阳安、资中，攻破郡国。为益州大患。势内外受敌，所以亡也。自桓温破蜀之后，力不能制"。据《通鉴》，晋穆帝永和二年（346）冬，"蜀土先无僚，至是始从山出，自巴西至犍为、梓潼，布满山谷，十余万落，不可禁制，大为民患；加以饥馑，四境之内，遂至萧条"。可见，李势时，僚人攻破郡国，成汉"军守离缺"，一些郡县遂废。

《寰宇记》山南西道七巴州条载，巴州，"在汉即巴郡宕渠县地，后汉分宕渠北界置汉昌县，即今州理也。按《四夷县道记》云：'至李特孙寿时，有群僚十余万从南越入蜀汉间，散居山谷，因流布在此地，后遂为僚所据。'历代羁縻，不置郡县。至宋，乃于巴岭南置归化、北水二郡，以领僚户"；山南西道六渠州条载，"李寿乱后，（宕渠郡）地为诸僚所侵，郡县悉废。宋又自汉宕渠县移郡理安汉故城，梁初又省。普通三年又于汉宕渠县西南七十里置北宕渠郡，即今州理是也"；渠州邻山县条载，邻山县，"亦汉宕渠县地，自晋至齐，并为夷僚所据。梁大同三年于此置邻州及邻山县"。可见李势时宕渠郡为僚所居，郡县遂废，至萧梁时才再置郡县。

《晋书·殷仲堪传》载，梁州、益州争巴西、梓潼、宕渠三郡，殷仲堪上奏，"李势初平，割此三郡配隶益州"，"梁州以统接旷远，求还得三郡"，请以巴西、梓潼、宕渠三郡属益州；又言，"巴、宕二郡为群僚所覆，城邑空虚，士庶流亡，要害膏腴，皆为僚有"；"昔三郡全实，正差文武三百，以助

---

① 《宋志》益州刺史南宕渠太守条载，"汉兴令，二汉、魏无，晋地志有，属兴古郡"。胡阿祥《宋书州郡志汇释》，"《晋志》上宁州兴古郡确实领有汉兴县（治今贵族兴义市境），但与此汉兴县无关。此汉兴，疑即汉昌县改名"，第273页。此汉兴县或为东晋侨置于梓潼郡者。

梁州。今俘没蛮獠，十不遗二"。据此，东晋后期，巴西、宕渠二郡实土为獠
人占据，奏文所言二郡已非实郡。

东晋时，巴西郡侨于梓潼郡境，寄治涪城①。《宋书·朱龄石传》载，朱龄
石平谯纵后，"进监益州巴西梓潼宕渠南汉中、秦州之安固怀宁六郡诸军事"。
上引《宋书·殷仲堪传》《朱龄石传》及上文"南汉中侨郡"条引《文帝本纪》
《张茂度传》《吉翰传》，皆将巴西、梓潼、宕渠三郡相提并论。宕渠郡无实
土②，此郡应与巴西郡同侨于梓潼郡境。

《寰宇记》剑南东道五果州南充县条载，南充县，"本汉安汉县地，属巴
郡，宋于安汉城置南宕渠郡"。又据上引《寰宇记》山南西道六渠州条及渠州
邻山县条载，南宕渠郡为刘宋所置，旧宕渠郡地至萧梁时再置郡县。《永初郡
国》中的宕渠郡，当侨于梓潼郡境者，宋立南宕渠郡是相对侨于梓潼郡境之
宕渠郡而言的。

10.涪陵侨郡

《元和志》江南道六黔州条载，黔州，"本汉涪陵县理，后汉献帝时分
为四县，置属国都尉，理涪陵。至蜀先主又增置一县，改为郡。晋永嘉后，
地没蛮夷。经二百五十六年，至宇文周保定四年，涪陵蛮帅田恩鹤以地内
附，因置奉州，建德三年改为黔州"。《寰宇记》江南西道十八黔州条与《元
和志》所载基本相同，亦云"永嘉后，地没蛮夷，经二百五十六年"。杨光
华认为，"《元和志》《寰宇记》说永嘉之后涪陵郡'没于夷獠'，这是不确
切的"，"而是应在成汉末期③"。此论当是。据此，涪陵郡旧地于成汉末已为
蛮夷所占。《晋书·毛宝传附毛璩传》载，柳约之为桓振所害，"约之司马时
延祖、涪陵太守文处茂等抚其余众，保涪陵"；《晋书·毛宝传附毛德祖传》
载，"荆州刺史刘道规以（毛）德祖为建武将军、始平太守，又徙涪陵太守"；

---

① 胡阿祥：《东南南朝侨州郡县与侨流人口研究》，第233页。《晋书·毛宝传附毛穆之传》载，
"（毛）穆之与（毛）球伐（苻）坚，至于巴西郡，以粮运乏少，退屯巴东"。此巴西郡并非侨置，为旧巴
西郡地。巴西郡为獠人占据，郡县虽废，该地区仍有巴西郡之称。

② 《宋书·毛修之传》载，"（东晋）遣益州刺史司马荣期及文处茂时延祖等西讨，（毛）修之至
宕渠，荣期为参军杨承祖所杀"。此宕渠并非侨置，为旧宕渠郡地。宕渠郡为獠人占据，郡县虽废，该地
区仍有宕渠之称。

③ 杨光华：《两晋南北朝涪陵郡置废、州属、领县杂考》，《中国历史地理论丛》2006年第3辑。

《晋书·桓玄传》载，"毛璩遣涪陵太守文处茂东下"。可见，东晋时，东晋时仍有涪陵郡。然涪陵郡旧地为蛮夷所占，东晋此地不立郡县。文处茂、毛德祖所领涪陵郡应为侨立。

《元和志》江南道六涪州条又载，"《华阳国志》曰：'涪陵，巴之南鄙，从枳县入，泝涪水。'枳县，即今涪州所理是也"；涪州涪陵县条载，"州城，本秦枳县城也，自李雄据蜀，此地积为战场，人众奔波，或上或下。桓温定蜀，以涪郡理枳县城"。中华书局点校本《元和志》"校勘记"："今按：岱南阁本、《畿辅》本'涪郡'作'涪都'。《考证》云：'王象之引"涪都"作"涪陵"，此误。官本作"郡"，亦非。'"据王象之所引，当为"涪陵"。《寰宇记》江南西道十八涪州条载，涪州，涪陵郡，今理涪陵县，"蜀先主以地控涪江之源，故于此立涪陵郡，领汉平、汉葭二县。按《蜀志》'刘威石为涪陵太守'，即此地。又《四夷县道记》云：'故城在蜀江之南、涪江之西。其涪江南自黔中来，由城之西，泝蜀江十五里，有鸡鸣峡，上有枳城，即汉枳县也。李雄据蜀后荒废。东晋桓元子定蜀，别立枳县于今郡东北一十里邻溪口'"；"枳县，即今涪州所理是"。《寰宇记》中涪陵郡涪陵县，本为枳县地。故桓温定蜀后，当立涪陵郡于枳县，而非别立枳县于涪陵郡。《大清一统志·重庆府》古迹条载，"枳县故城，在涪州西，古巴邑，汉置县。晋永和中，为涪陵郡治。后周废入巴县。隋于此置涪陵县。唐、宋为涪州治，元省"。刘琳指出，"桓温平蜀，乃以涪陵郡侨治于枳县城"[1]。杨光华也认为，"涪陵郡既寄治于巴郡，其性质当属于侨郡"；"涪陵郡曾寄治于巴郡枳县，但枳县始终都属于巴郡，而不曾为涪陵郡属县"[2]。故东晋永和三年（347），桓温灭成汉，此后，侨立涪陵郡，寄治巴郡枳县（今重庆市涪陵区）。

11. 怀宁侨郡

《宋志》益州刺史怀宁太守条载，"怀宁太守，秦雍流民，晋安帝立。本属南秦，文帝元嘉十六年度益州"，"寄治成都"。胡阿祥认为，"此郡盖先寄

---

① 常璩撰，刘琳校注：《华阳国志校注》，第84页。
② 杨光华：《两晋南北朝涪陵郡置废、州属、领县杂考》，《中国历史地理论丛》2006年第3辑。

在汉中，元嘉十六年又移寄成都也"①。

《宋书·文帝本纪》载，元嘉十六年（439）二月，"割梁州之巴西、梓潼、南宕梁、南汉中、南秦州之南安、怀宁凡六郡，属益州"。此"南宕渠"当为"宕渠"②。又据中华书局点校本《宋书》"校勘记"，此"南安"应为"安固"。以上割属益州六郡，仅梓潼郡为实郡，其余五郡为侨郡。《宋书·朱龄石传》载，东晋末，朱龄石平蜀谯纵后，"进监益州巴西、梓潼、宕渠、南汉中、秦州之安固、怀宁六郡诸军事"；《宋书·张茂度传》载，"太祖元嘉元年，出（张茂度）为使持节、督益宁二州梁州之巴西梓潼宕渠南汉中秦州之怀宁安固六郡诸军事、冠军将军、益州刺史"；《宋书·吉翰传》载，元嘉三年（426），"徙（吉翰）督益宁二州梁州之巴西梓潼宕渠南汉中秦州之安固怀宁六郡诸军事、益州刺史"③。据《张茂度传》《吉翰传》，张茂度、吉翰以益州刺史督怀宁侨郡，怀宁侨郡寄治成都更为合理，当不会远在汉中。

又《宋志》益州刺史安固太守条载，"安固太守，张氏于凉州立。晋哀帝时，民流入蜀，侨立此郡。本属南秦，文帝元嘉十六年度益州"。胡阿祥《宋书州郡志汇释》，"安固郡，治今四川都江堰市、汶川、茂县一带"④。安固、怀宁二侨郡相提并论，应相距不远，当不会怀宁侨郡远在汉中。又上文"南汉中侨郡"条和"宕渠侨郡"条，巴西、宕渠、南汉中三郡皆应侨于梓潼郡境，巴西侨郡寄治涪城，宕渠、南汉中二侨郡也应距涪城不远。据《宋志》和《宋书·文帝本纪》，梁州之巴西、宕渠、南汉中三侨郡和秦州之安固、怀宁二郡，皆"元嘉十六年度益州"。巴西、宕渠、南汉中、安固四侨郡寄治地不随"度益州"改变，怀宁侨郡寄治地当亦不变。《宋志》云怀宁郡"寄治成都"，应是一直寄治成都，不当遂由秦州别属益州而改寄治之地。故晋安帝立怀宁侨

---

① 胡阿祥：《东南南朝侨州郡县与侨流人口研究》，第229页。又见胡阿祥《宋书州郡志汇释》，第261页。

② 《宋志》梁州刺史南宕渠太守条载，"南宕渠太守，《永初郡国》有宕渠郡，领宕渠、汉兴、宣汉三县，属梁州，元嘉十六年度属益州，非此南宕渠也"。可见，《文帝本纪》中"南宕渠"应为"宕渠"。又据上文"宕渠侨郡"条和下引《宋书·朱龄石传》《宋书·张茂度传》《宋书·吉翰传》，亦可证此"南宕渠"当为"宕渠"。

③ 《朱龄石传》中巴西、梓潼、宕渠、南汉中四郡属益州，而《张茂度传》《吉翰传》中属梁州，对此不同，前文"南汉中侨郡"已述。

④ 胡阿祥：《宋书州郡志汇释》，第267页。

郡，寄治成都。

12.马头侨郡、钟离侨郡

《宋志》徐州刺史钟离太守条载，"钟离太守，本属南兖州，晋安帝分立。案汉九江郡、晋淮南郡有钟离县，即此地也。领县三"；"燕县令，故属东燕，流寓因配。朝歌令，本属河内，晋武帝分河内为汲，又属焉。流寓因配。乐平令，前汉曰清，属东郡，章帝更名，《晋太康地志》无。流寓因配"。又《宋志》徐州刺史马头太守条载，"马头太守，属南豫州，故淮南当涂县地，晋安帝立，因山形立名。领县三"；"虞县令，汉旧名，属梁郡。流寓因配。零县令，晋安帝立。济阳令，故属济阳。流寓因配"。胡阿祥认为，"灵县，《汉志》清河郡、《续汉志》冀州清河国、《晋志》冀州清河郡并领灵县。如此，'零县令'条当作：'汉旧县作灵，故属清河。流寓因配'"[①]。据此，灵县也是"流寓因配"。据《宋志》，钟离郡、马头郡得名因当地已有旧名而来。又据《宋志》和胡先生考证，钟离、马头二郡所领诸县皆为"流寓因配"。此二郡所领诸县皆为处侨流人口而立，不当因用当地旧名而为实郡，也应为侨郡。

13.平阳侨郡

《宋志》荆州刺史南义阳太守条载，"南义阳太守，晋末以义阳流民侨立。宋初有四县，孝武孝建二年，以平阳县并厥西。平阳本为郡，江左侨立。魏世分河东为平阳郡，晋末省为县"。据此，平阳似先为侨郡，后省为县。平阳旧郡属司州，为曹魏分河东郡而置。胡阿祥《宋书州郡志汇释》，"《孙考》：'义阳本有平阳，即汉之午春（编者按：当作平春），故属江夏。'又《考表》谓：'平阳郡，《晋志》下司州领郡，治平阳（今陕西临汾市西南）；东晋侨立，后省为县，隶此。据《宋志》三荆州刺史南义阳太守条，平阳郡侨地当在南义阳郡内，今湖南安乡县西南一带。又据《宋志》三荆州刺史南河东太守条，颇疑平阳郡领有永安、临汾等县，及平阳侨郡省为县，永安、临汾二县遂度属河东郡'"，"据《考表》，本志不误"[②]。此《考表》为胡阿祥《东晋南朝侨

---

① 胡阿祥：《宋书州郡志汇释》，第54页。
② 胡阿祥：《宋书州郡志汇释》，第176页。

州郡县与侨流人口研究》中《东晋南朝侨州郡县考表》。

《旧唐志》澧州条载,"澧阳,汉零阳县,属武陵郡,吴分武陵西界置天门郡。晋末,以义阳流人集此,侨置南义阳郡。隋平陈,改南义阳为澧州,皆治此县"。《宋志》《旧唐志》南义阳侨郡是处义阳流民而来。洪亮吉《东晋疆域志·实州郡县第二》义阳郡条载,"平阳,汉平春县。晋太元中,避讳改平阳。案,此县本名平春,因郑太后讳乃改,与河东郡所分平阳迥别。沈《志》南义阳郡下,合以为一,非是"。洪氏所考当是,此"平阳"应旧属义阳郡。又胡阿祥提出,"平阳郡领有永安、临汾等县,及平阳侨郡省为县,永安、临汾二县遂度属河东郡"。然河东侨郡寄治今湖北松滋市西北[1],"南义阳郡,侨治今湖南安乡县西南"[2]。可见,河东侨郡距南义阳侨郡有一定距离。若确置平阳侨郡,其属县当不会一在今湖北松滋西北,一在今湖南安乡西南。义阳郡本有平阳县,东晋侨置南义阳郡,所领应是原义阳郡旧县,当非平阳郡所省而来。

14.金城侨郡

胡阿祥《东晋南朝侨州郡县与侨流人口研究》,金城郡,新立侨郡,"《东晋志》卷四益州金城郡:'《太平御览》称《周地图记》曰:晋义熙末,刺史朱龄石率建平人征蜀,仍于东山立金城郡。后魏平蜀,改为金水郡。案此郡未知何属,今以征蜀所立,故附益州。'考《宋书》及《南史·朱龄石传》,无立金城郡之事。东山,今地据蒲孝荣《四川历代政区治地今释》(四川省哲学社会科学研究所印),在四川金堂县境"[3]。《太平御览·州郡部十二》简州条载有《东晋疆域志》所引《周地图记》文字,而《东晋疆域志》中"金城郡",《太平御览》作"金成",其余文字同。《元和志》剑南道上简州金水县条载,金水县,"本汉广汉郡之新都县地也,县有金堂山水通于巴、汉。东晋义熙末,刺史朱龄石率建平生獠征蜀,于东山立金泉成。后魏平蜀,置金泉县,隶金泉郡"。《旧唐志》简州条载,"金水,汉新都县,属广汉郡。

---

① 胡阿祥:《宋书州郡志汇释》,第178页。

② 胡阿祥:《宋书州郡志汇释》,第176页。

③ 胡阿祥:《东晋南朝侨州郡县与侨流人口研究》,第264页。胡阿祥、孔祥军、徐成:《中国行政区划通史·三国两晋南朝卷》,第1619页。

晋将朱龄石于东山立金泉戍，后魏立金泉郡"，"武德初，为金水"。可见，朱龄石所立为金泉戍，非金城郡。洪亮吉《东晋疆域志》于益州有金城郡，当误。故东晋不当有金城侨郡。

15.武都侨郡

《晋书·宗室传·谯刚王逊传附忠王尚之传》载，桓玄叛，"（司马）元显称诏西伐，命（司马）尚之为前锋"，"尚之率步卒九千阵于浦上，先遣武都太守杨秋屯横江"。胡阿祥据此认为，"武都当亦江左侨郡。侨地无考，据传文推之，疑在横江城附近"[1]。据《宋书·刘敬宣传》载，"桓歆率氐贼杨秋寇历阳，敬宣与建威将军诸葛长民大破之"。可见，杨秋为氐人。东晋十六国时，武都杨氏控有武都郡，建有仇池国。颇疑杨秋降晋，晋授以武都太守，遥领武都郡。当然，也不能完全排除曾有武都郡侨于横江附近，此存异。

16.成都国

《晋志》荆州条载，"时蜀乱，又割南郡之华容、州陵、监利三县，别立丰都，合四县置成都郡，为成都王颖国，居华容县。愍帝建兴中，并还南郡，亦并丰都于监利"。西晋太安二年（303），蜀地之成都国为成汉占据[2]，成都王颖遂失封国实土。晋惠帝太安二年（303）至永兴二年（305）间，成都王颖执掌晋室朝政大权，分荆州南郡立成都国应在此时。荆州成都国并非为处蜀郡（即成都国）流民，而是成都国旧地为成汉占据而立，为成都王封国食邑。据《晋志》可知，西晋割南郡置成都国，领华容、州陵、监利、丰都四县。可见，荆州成都国有实土，且所领四县皆为实县。故荆州成都国应为实土封国，不应作为侨立封国。

除以上侨郡需作补考外，似有鄄城侨县略赘于此。《晋书·荀崧传附荀羡》载，"（慕容）儁将王腾、赵盘寇琅邪鄄城，北境骚动，羡讨之"。据《通鉴》，晋穆帝永和十二年（356）八月，前燕攻青州段龛，"段龛遣其属段蕴来求救，诏徐州刺史荀羡将兵随蕴救之。羡至琅邪，惮燕兵之强不敢进。王腾寇鄄城

---

① 胡阿祥：《东南南朝侨州郡县与侨流人口研究》，第226页。
② 魏俊杰：《十六国疆域与政区研究》，第148页。

（胡注：鄄城县，汉属东郡，晋属濮阳。此非古鄄城县，盖侨县也）"。据此，东晋时，似有鄄城县侨于琅邪郡境。当然，也可能鄄城为琅邪郡内一地，并非侨县。

另外，晋元帝时置有永兴县，不知与新蔡侨郡是何关系。《隋志》蕲春郡条载，"黄梅，旧曰永兴，开皇初改曰新蔡，十八年改名焉"。《舆地广记·淮南西路》黄梅县条载，"黄梅县，汉蕲春县地。晋元帝置新蔡郡及永兴县，后郡废"。《读史方舆纪要·湖广二》蕲州黄梅县条载，"汉寻阳县及蕲春县地，东晋置南新蔡郡及永兴县"。据此，晋元帝时，置新蔡侨郡和永兴县。不知此永兴县是否为侨县，是否属新蔡侨郡。

东晋山阳、淮阳二郡侨实考

自西晋永嘉之乱后，北方有大量人口南迁，东晋因侨流人口而置侨州郡县。对于东晋的侨州郡县，钱大昕、洪亮吉、胡孔福、胡阿祥等学者都有研究，尤以胡阿祥功力最深，解决了东晋政区研究中的众多难题。但以往学者的研究中，山阳、淮阳二郡的侨实问题还需再作商榷。此在考述山阳、淮阳二郡地名渊源和建置背景的基础上，着重对此二郡侨实问题加以考辨。

一、东晋山阳、淮阳二郡的侨实问题

有关东晋义熙间所置山阳、淮阳二郡的记载，最早见于《宋志》。《宋志》南兖州刺史山阳太守条载，"山阳太守，晋安帝义熙中土断分广陵立"；徐州刺史淮阳太守条载，"淮阳太守，晋安帝义熙中土断立"。两汉时有山阳郡，西晋时为高平国，属兖州。西汉时又有淮阳国，东汉、西晋时为陈国，属豫州。清代以来的学者当因北方旧土曾有山阳郡、淮阳国，且在义熙中因"土断"而置山阳、淮阳二郡，遂以此二郡为侨郡。

清代钱大昕以考史见长，其考据学成就备受学者推崇。对于东晋义熙间所置山阳郡，钱大昕在《十驾斋养新录》卷十一"《水经注》难尽信"条提出，"《淮水篇》云，山阳城，即汉射阳县故城也，汉世祖建武十五年封子荆为山阳公，治此。考山阳侨治射阳，乃在东晋安帝之世，汉之山阳郡，自治昌邑（今金乡县境），以典午之侨治，当东汉之故封，岂其然乎"。显然，钱大昕认为山阳郡为侨郡。《晋志》徐州条载，"元帝渡江之后，徐州所得惟半，乃侨置淮阳、阳平、济阴、北济阴四郡"。《晋志》此载有误。对此，钱大昕于《廿二史考异·晋书二》地理志上条详辨此四郡并非晋元帝时侨置，又在《十驾斋养新余录》卷中"《晋书·地理志》之误"条认为，上引《晋志》此

471

文为"《晋志》之最谬者";其以《宋志》言,"淮阳则云安帝义熙中土断立,非元帝也";又曰"岂可执义熙分配之制,误认为元帝所置乎?史家志地理,当知限断。淮阳属豫州,平阳属司州,济阴属兖州,皆非徐土也"。钱氏考证淮阳等四郡非晋元帝所置,极是。但从钱氏的考述中可见,他认为淮阳郡与阳平、济阴、北济阴三郡同为侨郡。可见,对山阳、淮阳二郡的侨实问题,钱大昕认为二郡皆为侨郡。

清末,胡孔福曾专门研究东晋南北朝侨置州郡,著有《南北朝侨置州郡考》。对于山阳郡,其书卷一"高平郡"条载,"(晋)安帝时,侨置山阳郡,治山阳"。对于淮阳郡,其书卷一"淮阳郡"条载,"淮阳郡,晋元帝侨置,治甬城,在今淮安府清河县西南。《宋志》,'晋义熙中土断立'"。此淮阳郡并非晋元帝时所置,且"甬城"应为"角城"。由此可见,胡氏认为山阳郡、淮阳郡为侨郡。

胡阿祥是研究东晋南朝侨州郡县的集大成者,他在此方面的研究最具权威性。其《东晋南朝侨州郡县与侨流人口研究》第二篇为"东晋南朝侨州郡县考表",本书此篇第六章"《晋书·地理志》司兖豫诸州之部侨州郡县考表"中有山阳郡,以此郡侨寄射阳境,且言,"《续汉志》三:'山阳郡,故梁,景帝分置';西晋改为高平国。东晋末侨立。当因高平流民而立";"山阳郡土断中假侨名而新立,分广陵郡射阳为境"[1]。又有淮阳国,以此郡国侨寄角城,且言,"东晋侨置淮阳郡,或初无实土,义熙中割实耳"[2]。可见,胡先生认为山阳、淮阳二郡是侨郡。

《中国行政区划通史·三国两晋南朝卷》也以山阳、淮阳二郡为侨郡。该书第五至九编分别考东晋南朝实州郡县沿革,据其"凡例"可知,对于侨州所领实郡、侨郡所领实县皆在其叙述范围之内,相关侨州、郡、县名加下划线。该书中,东晋和南朝宋、齐、梁、陈的山阳郡都有下划线,东晋山阳郡条以此郡"侨寄射阳境,山阳(今江苏淮安市)",为"东晋末侨立。当因高平流民而立"[3]。南朝宋山阳郡条仍以此郡"侨寄射阳境,山阳(今江苏淮安

---

① 胡阿祥:《东晋南朝侨州郡县与侨流人口研究》,第182页。

② 胡阿祥:《东晋南朝侨州郡县与侨流人口研究》,第198页。

③ 胡阿祥、孔祥军、徐成:《中国行政区划通史·三国两晋南朝卷》,第808页。

市）"①，南朝齐、梁、陈山阳郡以此郡"寄治山阳（今江苏淮安市）"②。东晋和南朝宋的淮阳国也都下划线，且以"淮阳国，侨寄角城（今江苏淮安市西南）"③。可见，最新的研究成果，仍将东南南朝的山阳、淮阳二郡作为侨郡。

目前已有的论著中，有洪亮吉以山阳、淮阳二郡为实郡。洪亮吉《东晋疆域志》涉及到山阳、淮阳二郡，其以山阳郡入卷四《侨州实郡第五》徐州下，以淮阳郡入卷一《实州郡县第一》北徐州下。可见，洪氏将山阳、淮阳二郡视为实郡，但他未阐述为何此二郡为实郡。然而，洪氏之作问题太多，历史地理学界对此多有批评④。故洪亮吉认为阳、淮阳二郡为实郡，这一观点没有引起学界重视。

综上述，东晋南朝山阳、淮阳二郡的侨实问题，以侨郡说为主流，当今学界仍视二郡为侨郡。大多侨郡有相对应的原郡，而汉代有山阳、淮阳二郡国旧名，且东晋是在义熙土断设立此二郡，这是侨郡说的主要依据。然而，东晋所置山阳郡、淮阳郡与汉代二郡国是否有一定的关系，义熙土断中所置的郡是否为侨郡，这还需要考辨。

二、山阳、淮阳地名考

探讨东晋南朝山阳、淮阳二郡的侨实问题，需要考述此二郡的地名渊源。从实郡和侨郡的地名渊源来说，一般实郡名称因本地曾有此名，或因与本地相关的人、事、物等所得，而侨郡往往是因他郡侨流人口迁入而取旧土郡名。

汉晋时，山阳作为地名，不仅徐州有之，司州、兖州、益州皆有之。而徐州山阳何时有此地名，不仅有东晋末之说，还有西汉说、东汉说、三国说。对于地名山阳复杂关系，此需细细梳理，才能弄清东晋末所置山阳郡的由来。

山阳之名，战国时已有。《战国策·楚策一》载，"江尹欲恶昭奚恤于楚王，而力不能，故为梁山阳君请封于楚"。此山阳为战国时魏国山阳君封地。《史记·秦始皇本纪》载，秦王政五年（前242），蒙骜攻魏，拔山阳城（《集

① 胡阿祥、孔祥军、徐成：《中国行政区划通史·三国两晋南朝卷》，第920页
② 胡阿祥、孔祥军、徐成：《中国行政区划通史·三国两晋南朝卷》，第1055、1188、1401页
③ 胡阿祥、孔祥军、徐成：《中国行政区划通史·三国两晋南朝卷》，第813、928页
④ 见前文《绪言》中对洪亮吉《东晋疆域志》的评述。

解》：河内有山阳县）。可见战国时魏国有山阳城。然此山阳在西晋时为司州河内郡山阳县，与东晋安帝置山阳郡地名无涉。晋代，不仅司州河内郡有山阳县，益州也有山阳。《华阳国志·李特雄期寿势志》载，"桓温伐蜀，军至青衣。（李）势大发兵，遣昝坚等将之，自山阳趣合水"。此山阳在益州，与徐州山阳郡也没有牵连。

山阳作为郡国名，始于西汉景帝时。《史记·梁孝王世家》载，"山阳哀王定者，梁孝王子，以孝景中六年为山阳王。九年卒，无子，国除，地入于汉，为山阳郡"。《汉志》山阳郡条载，"山阳郡，故梁。景帝中六年别为山阳国。武帝建元五年别为郡"。《宋志》兖州刺史高平太守条载，"高平太守，故梁国，汉景帝中六年分为山阳国，武帝建元五年为郡，晋武帝泰始元年更名"。可见，山阳为郡国名，在西汉时，为兖州之地。入西晋后，改山阳为高平郡，"山阳"作为郡名遂废。

其实，今江苏淮安市早有山阳之名，并非晋安帝时置郡而有此名。《通典·州郡典十一》载，"山阳，汉射阳县地，晋立山阳郡。或云，汉吴王濞反于广陵，山阳王率众于此拒之，因以山阳为名"。《寰宇记》淮南道二楚州山阳县条载，"山阳。汉吴王濞反于广陵，山阳王率众于此拒之，因名山阳，以旌忠也"。《大清一统志·淮安府》古迹"山阳旧城"条载，"《寰宇记》谓汉山阳王率众拒吴濞于此，因名其地为山阳。其说本之《通典》。今考濞反时，汉无山阳王。梁孝王之子名定，立在后此十年，于事不合。后汉建武十五年封子荆为山阳公，山阳之名，盖即此也"。据《一统志》，《通典》《寰宇记》所载西汉时射阳县地有山阳之名难以成立。然山阳之名是否因光武帝封子荆而名呢？《后汉书·光武十王传》载，"广陵思王荆，建武十五年封山阳公，十七年进爵为王"，后"徙封荆广陵王，遣之国"。《水经注·淮水注》载，"世祖建武十五年，封子荆为山阳公，治此，十七年为王国。城，本北中郎将庾希所镇。中渎水又东，谓之山阳浦，又东入淮，谓之山阳口者也"。《水经注》载"山阳公治此"不确。当时因刘荆所封山阳国，即汉景帝所置山阳国，刘荆并未到国。荆徙封广陵国，而"遣之国"，治于此。故难说此地因东汉光武帝封山阳公而名。

记载徐州"山阳"之名，最早可靠的文献应是《三国志》。《三国志·魏书·蒋济传》载，魏文帝时，"车驾幸广陵，（蒋）济表水道难通，又上《三州论》以讽帝"；"帝还洛阳，谓济曰："'事不可不晓。吾前决谓分半烧船于山阳池中，卿于后致之。'"《水经注·淮水注》载，"（中渎水）旧道东北出，至博芝、射阳二湖，西北出夹邪，乃至山阳矣。至永和中，患湖道多风，陈敏因穿樊梁湖北口，下注津湖迳渡，渡十二里方达北口，直至夹邪。兴宁中，复以津湖多风，又自湖之南口，沿东岸二十里，穿渠入北口，自后行者不复由湖。故蒋济《三州论》曰'淮湖纤远，水陆异路，山阳不通，陈敏穿沟，更凿马濑，百里渡湖'者也。自广陵出山阳白马湖，迳山阳城西，即射阳县之故城也"。据《三国志》《水经注》可知，魏文帝时徐州射阳县地已有山阳之名。

在晋安帝义熙土断前，徐州于东晋已有山阳地名，此将相关文献一一录此。《晋书·儒林传》载，晋元帝时，"出（孔）衍为广陵郡"，"石勒常骑至山阳，敕其党以衍儒雅之士，不得妄入郡境"；同书《哀帝纪》载，隆和元年（362）十二月，"庾希自下邳退镇山阳"；《晋书·海西公纪》载，太和四年（369）十月，桓温伐前燕失败，"收散卒，屯于山阳"；十一月，"桓温自山阳及会稽王昱会于涂中，将谋后举"。据《宋书·刘敬宣传》，"（桓）玄遣孙无终讨冀州刺史刘轨，轨要（刘）敬宣、（高）雅之等共据山阳"。《南齐志》南兖州条载，"义熙二年，诸葛长民为青州，徙山阳"。据《晋书·诸葛长民传》，"（诸葛长民）以本官督淮北诸军事，镇山阳"。又据《宋书·宗室传·长沙景王道怜传》，义熙四年（408），"时鲜卑侵逼，自彭城以南，民皆保聚，山阳、淮阴诸戍，并不复立。（刘）道怜请据彭城，以渐修创。朝议以彭城县远，使镇山阳"；同书《武帝纪上》载，义熙六年（410），"公至下邳，以船运辎重，自率精锐步归。至山阳"。以上"山阳"皆在当时徐州境内，即今江苏淮安市境。由上述文献记载可见，自晋元帝至晋安帝间，山阳之名屡次见史文。

《潜丘札记》作者自署"山阳阎若璩"，此书卷二载，"近修《山阳县志》，有以此地何由得名来问者。余曰：'郡名山阳，始晋安帝义熙中土断，分广陵立山阳者，侨置之名，不但云郡为侨置，即所治之县名与之同，且又同时立，亦应为侨置。'后考《宋书·州郡志》，谓以境内地名得名，恰与侨置之郡巧相符合，亦异事。曾问人地名为何，俱不能答。考诸《三国志·蒋济传》，文帝欲烧船于山阳池中，《通鉴》'池'作'湖'，即精湖。戴延之《西征记》：'山阳，津名。'池也，湖也，津也，一也。盖以水名为县名者。故孔衍为广陵郡，石勒常骑至山阳，桓温伐燕回屯，散卒于山阳。是时，未置郡县，山阳地名，已著闻。《通典》不知，谓吴王濞反，山阳王率众于此拒之，因名。濞反时，汉无山阳王，山阳王立在后此十年"。阎若璩所考极是，《通典》所载西汉名此地"山阳"有误，而魏文帝时已有山阳之名。《寰宇记》淮南道二楚州山阳县条载，"戴延之《西征记》云：'山阳，津名'"。《读史方舆纪要·南直四》载，山阳县，"义熙中置县，为山阳郡治，以境内有山阳津而名"。故东晋置山阳郡前，此地已有山阳之名，山阳郡当因山阳津得名。

淮阳为郡国名，始于汉高帝时。《史记·高祖本纪》载，高帝十一年（前196），"子友为淮阳王"。据《汉志》淮阳国条，"淮阳国，高帝十一年置"。汉和帝时，改淮阳为陈国。《后汉书·孝和殇帝纪》载，汉和帝章和二年（88）三月，"改淮阳国为陈国"，"诏徙西平王羡为陈王"。西晋建立，仍置陈国。《晋书·武帝纪》载，泰始元年（265）十二月，封皇从叔父斌为陈王；咸宁三年（277）八月，徙"陈王斌为西河王"。随后，省陈国，其地并入梁国。据《晋书·宣五王传·梁王肜传》，"咸宁中，复以陈国、汝南南顿增封（梁王肜）"。《晋志》豫州条载，晋武帝"合陈郡于梁国"，惠帝"分梁国立陈郡"。故晋惠帝时，分梁国置陈郡。可见，豫州淮阳郡国名，自汉高帝始，至汉和帝止。自汉和帝后，豫州有陈国或陈郡，无淮阳国或淮阳郡。

三国时，已见有史文称徐州淮水以北为淮阳者。《三国志·吴书·吴主传》载，嘉禾三年（234），"五月，（孙）权遣陆逊、诸葛瑾等屯江夏沔口，孙韶、张承等向广陵淮阳，权率大众围合肥新城"。此淮阳在曹魏广陵界，即魏广陵郡淮水以北之地。晋安帝义熙中所置淮阳郡，治角城，也在淮水之北。《水经注·泗水注》载，"泗水又东南迳淮阳城北，城临泗水"；"泗水又东迳角城北，而东南流注于淮"；《淮水注》载，"淮水又东迳广陵淮阳城南，城北临泗水，阻于二水之间。《述征记》，淮阳太守治"。《寰宇记》河南道十六泗州临淮县条载，淮阳城，"西临泗水。晋义熙年中于此置淮阳郡"；河南道十七淮阳军宿迁县载，角城，"《县道记》云：'旧理在淮之北、泗之西，亦谓之泗城。'即晋安帝义熙中于此置淮阳郡，仍置角城县"。故义熙中所置淮阳郡，在淮水之阳，该郡得名或与此有关。

三、东晋山阳、淮阳二郡非侨郡

胡阿祥对东晋南朝的侨州郡县有深入研究，他认为："完全意义上的侨置，起码应具备如下三个要素：其一，原州郡县的沦没与侨置，而侨置应'皆取旧壤之名'；其二，侨人即所谓'遗民南渡'者的存在；其三，'侨置牧司'亦即行政机构的初备。"①就郡之侨实而言，判断一郡是侨郡还是实郡，主要看前两个要素，第三个要素是实郡、侨郡都应该具备的。第一个要素是从郡名来看，侨郡之设多因原郡的沦没，郡名一般取原郡名。第二个要素是从侨民来说，侨郡是为处由原郡流徙而来的侨民而置。东晋以前曾有山阳、淮阳二郡之名，且二郡是在义熙土断中设立，似为处侨流人口而置，学者遂以此二郡为侨郡，对此需加考辨。

首先，山阳、淮阳二郡并非取旧壤之名，没有相对的原郡。胡阿祥认为："所谓侨州郡县，是相对于原州郡县而言的。"②由上文可见，在东晋置山阳、淮阳二郡前，此二地已有山阳、淮阳之名。《宋志》南兖州刺史山阳太守条载，"山阳太守，晋安帝义熙中土断分广陵立。案，汉景帝分梁为山阳，非此郡也"。可见，山阳郡得名与西晋前所设置山阳郡无关。《宋志》徐州刺史淮阳太守载，"淮阳太守，晋安帝义熙中土断立"。若此淮阳郡与汉代淮阳郡有渊源关系，按《宋志》体例，当先述西汉立淮阳国。然《州郡志》于淮阳太守条下并未言西汉立淮阳国之事。而《宋志》豫州刺史陈郡太守条载，"陈郡太守，汉高立为淮阳国，章帝元和三年更名，晋初并，梁王肜薨，还为陈"。可见，晋安帝时所置淮阳郡与西晋以前的淮阳国无关。《宋志》中，南徐州有南高平郡，南豫州有南陈左郡和陈郡，此三郡皆为侨郡。这表明高平、陈郡流民应多在此三侨郡。再由东晋时侨郡郡名来看，东晋所置侨郡名称一般是用西晋时旧名。东晋、西晋皆为司马氏所建立的政权，东晋理当尊奉西晋。若置侨郡，为何弃西晋郡名不用，而偏择汉代郡名？若晋安帝时所置山阳、淮阳二郡民主要为处高平、陈郡二郡流民，此二侨郡当称高平郡和陈郡。不仅如此，在义熙土断时，陈郡、高平二郡旧壤仍在东晋辖域内，也不存在原郡的沦没。因此，山阳、淮阳为侨郡之说，实难成立。

其次，山阳、淮阳二郡虽在"义熙土断"中所置，但难以说就是侨郡。据上文引《宋志》，"山阳太守，晋安帝义熙中土断分广陵立"；"淮阳太守，晋安帝义熙中土断立"。可见，山阳、淮阳二郡皆义熙土断中设立。学者见

---

① 胡阿祥：《东晋南朝侨州郡县与侨流人口研究》，第46页。

② 胡阿祥：《东晋南朝侨州郡县与侨流人口研究》，第70页。

文中有"土断"二字，或因此以为侨郡。但是，是否土断中所置郡县，就一定是侨置？对于土断，胡阿祥《论土断》一文作深入探讨，他指出，"土断户口，也不限于'侨寓户口'"；"在土断中，也调整了部分当地州郡县，但主要还是对侨州郡县进行整理。这种整理，方法是多种多样的，包括省并、割实、改属以及借侨名而新立郡县"①。由上文所考，山阳郡、淮阳郡并非"借侨郡而新立"。此二郡之设，与"改属"无关。而"割实"之州郡县，都是该州郡县割实前已经侨置，侨立之初"无有境土"，在土断中割有实土，故山阳、淮阳二郡也不属"割实"。就"省并"而言，山阳郡所领四县皆实县，当无省并；淮阳郡领有侨晋宁、上党二侨县，当是省并原上党、济岷二侨郡而来，上党、济岷二郡分别旧属并州、青州，而非豫州。然淮阳郡还领有角城、宿预二县。《宋志》载，"角城令，晋安帝义熙中土断立"；"宿预令，晋安帝立"。以往学者都认为角城、宿预为实县，这是没有问题的。但由此可见，"义熙土断"中所立角城县为实县，所立淮阳郡也可能为实郡。侨郡一般至少都会统领原郡所统一个旧县，然山阳、淮阳二郡并没有统领原山阳郡（西晋高平郡）、淮阳国（西晋陈郡）任何旧县。因此，山阳、淮阳二郡虽在义熙土断中立，并非侨郡。

再次，细读《宋志》，《宋志》中对东晋、刘宋所置的侨郡和新置的实郡，用字上有细微的不同，对于侨郡则言"侨立于"某郡或直言何时"侨立"，对新置实郡则言"分"某郡"立"。又据《晋志》徐州条，晋安帝时，"分广陵界置海陵、山阳二郡"。可见，海陵、山阳二郡无侨实之分。以往学者视海陵郡为实郡，然却将山阳郡视为侨郡。山阳郡"分广陵立"，为实郡则无疑。而淮阳郡为"义熙中土断立"，不言"侨"字，则意味着此郡非侨立。然为何《宋志》不言淮阳郡"分"某郡"立"？据谭《图》，对照西晋时期的徐州和南朝宋的徐州，可见淮阳郡地为原晋时广陵、临淮、下邳三郡相临近的地区，难以言分某一郡而置。当然，自西晋太康间至东晋义熙间，该地区政区有不少变动。《宋书·宗室传·长沙景王道怜传》载，义熙四年（408），"时鲜卑侵逼，自彭城以南，民皆保聚，山阳、淮阴诸戍，并不复立"。据《晋书·诸葛长民传》，"（诸葛长民）以本官督淮北诸军事，镇山阳"。《南齐志》南兖州条载："义熙二年，诸葛长民为青州，徙山阳。时鲜卑接境，长民表云：'此

---

① 胡阿祥：《论土断》，《南京大学学报（哲学人文社会科学版）》，2001年第2期。

蕃十载衅故相袭，城池崩毁，荒旧散伏，边疆诸戍，不闻鸡犬。且犬羊侵暴，抄掠滋甚。'"此"鲜卑"，是指鲜卑慕容部所建立的南燕。又据《慕容超载记》，慕容超于义熙元年（405）即位，在于多次侵袭东晋淮北之地，曾"寇宿豫，陷之"，"大掠而去"。此"宿豫"即《宋志》中淮阳所领宿预县。在南燕的侵袭下，东晋淮北之地人口或被掠，或流徙，"城池崩毁"，原有郡县当多荒废。故淮阳郡并非"分"某郡而"立"，亦非侨立。由诸葛长民上表可见，南燕侵袭，不仅危及淮北，也波及淮水之南的山阳。

最后，再看山阳、淮阳二郡设置的历史和地理因素。东晋义熙六年（410），东晋灭南燕。《宋书·武帝本纪中》载，晋安帝义熙九年（413），刘裕上表请土断，"于是依界土断"。山阳、淮阳二郡的建置，是在东晋灭南燕后，进行土断的背景下进行的。据上段文字，南燕侵袭，徐州淮水南北人口流徙，城池崩毁。东晋灭南燕后，重新在淮水南北新置郡县，有助于加强对该地区的控制。不仅如此，此二郡之设，还与其地特殊的地理位置有关。由上文所引文献记载的东晋史事可见，东晋时，山阳为江左政权的北边重镇，在淮水以北的战事失败后，常常退守于此。若北方政权攻破山阳，则可顺利抵达东晋都城建康的江水北岸。对江左政权来说，山阳具有十分重要的战略地位。山阳在淮水之阴，淮阳在淮水之阳，二郡隔淮而治。《通典·州郡典一》载，东晋时，"以合肥、淮阴（原注：刘隗镇守，即今山阳郡县）、寿阳、泗口（原注：刘遐镇守，即今临淮郡宿迁县界）、角城（原注：安帝义熙中置，亦在宿迁县界）为重镇"。淮阳郡治角城，角城、泗口皆在晋安帝时所置淮阳郡境，淮阴则在晋安帝时所置山阳郡境。可见，山阳郡、淮阳郡的设置，当与二郡重要的战略地位有关，并非为处侨流人口。

十六国时期的准政区考

十六国时期，各政权大都沿袭魏晋以来的州、郡、县三级政区建置。在正式政区设置的基础上，十六国不少政权还设有都督区、地方护军、镇戍、都护、都尉等不同类型的准政区来统辖地方。对于准政区设置，周振鹤指出："组成我国历代王朝疆域的除正式政区外还有各种类型的准政区，尤其在边境和少数民族地区，往往采用军管或军事监护形式的特殊政区和行政组织进行统治管理。"[①] 十六国时，大多政权在其边境或异族聚居区采取军事监管的方式来统治，并相应地设有各种准政区。本文主要考察十六国时期可考的都督区、地方护军、镇戍、都护、都尉等准政区，并进而就十六国时期准政区设置的渊源、目的、类型和空间分布等方面加以探讨。

一、十六国时期的都督区

都督制始于东汉末年，至曹丕称帝前都督已制度化了[②]。《宋书·百官志上》载："始置都督诸州军事，或领刺史。"可见，都督诸州而兼领刺史并非普遍情况。都督最初的职权主要限于军事，随后逐渐扩展到民事，并凌驾于刺史之上。至西晋末年，"都督例兼治所之州刺史，且能控制治所以外诸属州"[③]。随着都督的职权的扩大，都督区也随之逐渐形成，"并成为州以上的一级准政区形态"[④]。

十六国时期，受魏晋地方行政制度的影响，一些政权也设有都督区。在

---

① 周振鹤：《中国地方行政制度史》，第333页。

② 唐长孺：《魏晋南北朝史论拾遗》，中华书局1983年，第126—127页。

③ 严耕望：《中国地方行政制度史：魏晋南北朝地方行政制度》，第898页。

④ 周振鹤：《中国地方行政制度史》，第338页。

十六国诸多政权并立、战乱纷争的时期，部分政权不仅设有有实土辖域的都督区，还往往采用都督之称号来授予外来臣服者，有些都督仅遥领并不存在实土的州。十六国时领有实土的都督区见下表。

十六国时期实土都督区表

政权	都督区	受任者	资料来源
汉赵	督陕西诸军事	刘曜	《通鉴》卷八十九：以大司马曜为假黄钺、大都督、督陕西诸军事、太宰，封秦王。
	都督雍秦征讨诸军事	游子远	《晋书》卷一百零三：以（游）子远为车骑大将军、开府仪同三司、都督雍秦征讨诸军事。
后赵	监冀州七郡诸军事	程遐	《晋书》卷一百零四：以右司马程遐为宁朔将军、监冀州七郡诸军事。
	监辽西北平诸军事	李农	《晋书》卷一百零六：以其抚军李农为使持节、监辽西北平诸军事、征东将军、营州牧。
	都督雍秦州诸军事	蒲洪	《通鉴》卷九十八：蒲洪为车骑大将军、开府仪同三司、都督雍秦州诸军事、雍州刺史。
前燕	都督河南诸军事	慕容垂	《通鉴》卷一百零一：以吴王垂为使持节、征南将军、都督河南诸军事、兖州牧、荆州刺史。
前秦	都督北垂诸军事	梁平老	《通鉴》卷一百：右仆射梁平老为使持节、都督北垂诸军事、镇北大将军，戍朔方之西。
	都督雍河凉三州诸军事	苻双	《通鉴》卷一百零一：以河南公双为都督雍河凉三州诸军事、征西大将军、雍州刺史，改封赵公，镇安定。
	都督幽州诸军事	郭庆	《晋书》卷一百一十三：以王猛为使持节、都督关东六州诸军事、车骑大将军、开府仪同三司、冀州牧，镇邺；以郭庆为持节都督幽州诸军事、扬武将军、幽州刺史，镇蓟。
	都督关东六州诸军事	王猛	
	都督六州诸军事	苻融	《通鉴》卷一百零三：阳平公融为使持节、都督六州诸军事、镇东大将军、冀州牧。
	都督关东诸军事	苻丕	《通鉴》卷一百零四：长乐公丕为都督关东诸军事、征东大将军、冀州牧。
	都督秦晋凉雍州诸军事	苻雅	《通鉴》卷一百零三：秦州刺史、西县侯雅为使持节、都督秦晋凉雍州诸军事、秦州牧、吏部尚书；加杨安都督南秦州诸军事，镇仇池。
	都督南秦州诸军事	杨安	

续表

政权	都督区	受任者	资料来源
前秦	都督河秦二州诸军事	毛兴	《通鉴》卷一百零四：抚军将军毛兴为都督河秦二州诸军事、河州刺史，镇枹罕。
	都督豫洛荆南兖东豫阳六州诸军事	苻晖	《通鉴》卷一百零四：平原公晖为都督豫洛荆南兖东豫阳六州诸军事、镇东大将军、豫州牧，镇洛阳。（案：此前一"阳"当为"扬"。）
	都督青徐兖三州诸军事	苻朗	《晋书》卷一百一十四：以苻朗为使持节、都督青徐兖三州诸军事、镇东将军、青州刺史。
	督益梁州诸军事	姚苌	《晋书》卷一百一十六：以苌为龙骧将军、督益梁州诸军事。
	都督雍州杂戎诸军事	苻熙	《晋书》卷一百一十四：以广平公苻熙为使持节、都督雍州杂戎诸军事、镇东大将军、雍州刺史，镇蒲坂。
	都督西域征讨诸军事	吕光	《通鉴》卷一百零四：秦王坚以骁骑将军吕光为使持节、都督西域征讨诸军事。
	都督玉门以西诸军事	吕光	《晋书》卷一百一十四：（苻）坚下书，以（吕）光为使持节、散骑常侍、都督玉门以西诸军事、安西将军、西域校尉。
后秦	都督陇右诸军事	姚硕德	《晋书》卷一百一十六：拜弟（姚）硕德都督陇右诸军事、征西将军、秦州刺史、领护东羌校尉，镇上邽。
	都督安定岭北二镇事	姚显	《晋书》卷一百一十八：遣卫大将军（姚）显迎详，详败，遂屯杏城，因令显都督安定岭北二镇事。
	都督岭北讨房诸军事	杨佛嵩	《晋书》卷一百一十八：以杨佛嵩都督岭北讨房诸军事、安远将军、雍州刺史，率岭北见兵以讨赫连勃勃。
	都督山东诸军事	姚绍	《太平御览》卷一百二十三：以东平公绍为都督山东诸军事、豫州牧，镇洛阳。
	都督河南诸军事	乞伏乾归	《晋书》卷一百二十五：署（乞伏）乾归持节、都督河南诸军事、镇远将军、河州刺史、归义侯，遣乾归还镇苑川。

续表

政权	都督区	受任者	资料来源
后燕	都督幽平二州北狄诸军事	慕容农	《通鉴》卷一百零六：燕王垂以（慕容）农为使持节、都督幽平二州北狄诸军事、幽州牧，镇龙城。
	都督幽平二州诸军事	慕容隆	《通鉴》卷一百零七：以高阳王隆为都督幽平二州诸军事、征北大将军、幽州牧。
后燕	都督兖豫荆徐雍五州诸军事	慕容农	《通鉴》卷一百零八：燕主垂还中山，以辽西王农为都督兖豫荆徐雍五州诸军事，镇邺。
	都督冀兖青徐荆豫六州诸军事	慕容德	《晋书》卷一百二十七：以（慕容）德为使持节、都督冀兖青徐荆豫六州诸军事、特进、车骑大将军、冀州牧、领南蛮校尉，镇邺。
	都督并雍益梁秦凉六州诸军事	慕容农	《通鉴》卷一百零八：辽西王农为都督并雍益梁秦凉六州诸军事、并州牧，镇晋阳。
后凉	都督玉门已西诸军事	吕覆	《晋书》卷一百二十二：光以子覆为使持节、镇西将军、都督玉门已西诸军事、西域大都护，镇高昌。
西秦	都督河右诸军事	谦屯	《通鉴》卷一百一十六：以镇南将军谦屯为都督河右诸军事、凉州刺史，镇乐都。
	都督洮罕以东诸军事	昙达	《通鉴》卷一百一十八：以左丞相昙达为都督洮罕以东诸军事、征东大将军、秦州牧，镇南安。
	督八郡诸军事	焦遗	《通鉴》卷一百二十一：南安诸羌万余人叛秦，推安南将军、督八郡诸军事、广宁太守焦遗为主。
北凉	都督建康以西诸军事	沮渠无讳	《通鉴》卷一百二十三：（沮渠）牧犍以其弟无讳为沙州刺史、都督建康以西诸军事、领酒泉太守，宜得为秦州刺史、都督丹岭以西诸军事、领张掖太守。
	都督丹岭以西诸军事	沮渠宜得	

由此表可知，十六国时有半数以上的政权设有实土都督区，其中以前秦所置都督区最多。当时所设都督区多以州为单位而置，少者一州，多者数州，也有不及一州仅领有数郡的。后秦则有"都督安定岭北二镇事"，以军镇为单位设置。还有些都督区是以地域方位所在而置，如汉赵"督陕西诸军事"、前

燕"都督河南诸军事"、北凉"都督建康以西诸军事"等。都督区不仅有辖域的大小,还有等级区别。《宋书·百官志上》载:"晋世则都督诸军为上,监诸军次之,督诸军为下。"十六国沿袭晋制,都督区亦有"都督""监""督"三个等级,此从上表中皆可见。

一些政权加强对新征服的地区统治而设置都督区。如刘聪遣刘曜攻取长安,灭西晋,遂以刘曜为督陕西诸军事,以控制新的占领区。后赵占据冀州后,境内叛乱不断,石勒遂以程遐监冀州七郡诸军事以平叛。前秦灭燕以后,疆土大增,为控制广大的地区,设置了诸多都督区以统其地,都督关东六州诸军事、都督幽州诸军事皆是。又如,西秦灭南凉后,以谦屯为都督河右诸军事,镇守南凉都城乐都,以巩固对原南凉地区的统治。十六国时期,许多政权所置都督区多在边疆地区。一方面,这些都督区的设立有利于集中军事力量在边疆防止相邻政权的侵袭或便于对相邻政权展开攻势。如后赵、前燕边疆战事频繁,后赵为了加强赵燕边境的军事力量,以大将李农为监辽西北平诸军事。其它如前秦都督北垂诸军事、后凉都督玉门以西诸军事,亦加强边疆区的防守力量。另一方面,有些边疆区和边境之外为不同部族聚居,都督区的设置有助于防守异族的反叛或边境之外异族的入侵,如前秦都督雍州杂戎诸军事、后燕都督幽平二州北狄诸军事等皆为此类。另外,有些都督区是为了当时爆发的战事而临时设置的,如前赵刘曜为讨伐巴氐叛乱而以游子远为都督雍秦征讨诸军事;又如淝水之战前夕,前秦为征伐东晋,以姚苌为督益梁州诸军事,使之从西边攻晋;再如后秦以杨佛嵩为都督岭北讨虏诸军事,是为了讨伐赫连勃勃。

当然,这里所言"实土都督区",实际有个别都督区所领之州既有实土州又含遥领州,由于这类都督区有实土州的存在,故把其作为实土都督区看待。如后燕时,以慕容农为都督并雍益梁秦凉六州诸军事、并州牧,镇晋阳,虽然雍、益、梁、秦、凉诸州都属遥领,但毕竟有并州一州的实土存在,故仍作为实土都督区看待;而慕容农为都督兖豫荆徐雍五州诸军事,当时兖州、豫州有其实土,其中豫州又为侨州,而荆、徐、雍则为遥领之州;慕容德为都督冀兖青徐荆豫六州诸军事,其中冀州、兖州、豫州有实土,而豫州仍为侨州,青州、徐州、荆州为遥领州。

十六国时期,出于不同的政治因素,不少政权还以都督区来虚封外来臣服者,或授予某人以都督诸州之号以图占据这些地区,本书把这种类型的都

督区称之为"遥领、虚封都督区",以与有实土的都督区相区别。十六国时的
遥领、虚封都督区见下表。

十六国时期遥领、虚封都督区表

政权	都督区	受任者	资料来源
汉赵	都督缘海诸军事	王弥	《通鉴》卷八十六:汉拜弥镇东大将军、青徐二州牧、都督缘海诸军事,封东莱公。
	都督青徐兖豫荆扬六州诸军事	王弥	《通鉴》卷八十七:汉主渊以王弥为侍中、都督青徐兖豫荆扬六州诸军事、征东大将军、青州牧。
	督山东征讨诸军事	石勒	《晋书》卷一百零四:(刘)元海加(石)勒督山东征讨诸军事。
	督并幽二州诸军事	石勒	《晋书》卷一百零四:(刘)聪署(石)勒镇东大将军、督并幽二州诸军事,领并州刺史。
	都督冀幽并营四州杂夷征讨诸军事	石勒	《晋书》卷一百零四:刘聪署(石)勒使持节、散骑常侍、都督冀幽并营四州杂夷征讨诸军事、冀州牧。
	都督陕东诸军事	石勒	《晋书》卷一百零四:署(石)勒大都督陕东诸军事、骠骑大将军、东单于。
	督缘河诸军事	郭默	《水经注》卷九:以郭默为殷州刺史、督缘河诸军事。
	都督秦州陇上杂夷诸军事	石武	《晋书》卷一百零三:署(石)武为使持节、都督秦州陇上杂夷诸军事、平西大将军、秦州刺史,封酒泉王。
后赵	都督河南诸军事	苻健	《通鉴》卷九十八:以苻健为都督河南诸军事、镇南大将军、开府仪同三司、兖州牧、略阳郡公。
前燕	都督秦雍益梁江扬荆徐兖豫十州河南诸军事	慕容评	《晋书》卷一百一十:儁以慕容评为都督秦雍益梁江扬荆徐兖豫十州河南诸军事,权镇于洛水;慕容强为前锋都督、都督荆徐二州缘淮诸军事,进据河南。
	都督荆徐二州缘淮诸军事	慕容强	
	都督荆扬洛徐兖豫雍益凉秦等十州诸军事	慕容垂	《晋书》卷一百一十一:慕容垂为都督荆扬洛徐兖豫雍益凉秦等十州诸军事、征南大将军、荆州牧。

续表

政权	都督区	受任者	资料来源
前秦	都督荆扬州诸军事	梁成	《晋书》卷一百一十三：以其中垒梁成为南中郎将、都督荆扬州诸军事、荆州刺史，领护南蛮校尉。
	都督并冀州诸军事	苻柳	《通鉴》卷一百：秦王坚以晋公柳都督并冀州诸军事，加并州牧。
	都督益梁州诸军事	杨安	《通鉴》卷一百零三：吏部尚书杨安为使持节、都督益梁州诸军事、梁州刺史。
	督洪池以南诸军事	宋皓	《晋书》卷一百一十五：督洪池以南诸军事、酒泉太守宋皓。
	督冀州诸军事	苻绍	《晋书》卷一百一十五：苻绍为镇东将军、督冀州诸军事、重合侯……高邑侯苻亮为镇北大将军、督幽并二州诸军事。
	督幽并二州诸军事	苻亮	
	都督陇右诸军事	苻登	《通鉴》卷一百零六：推（苻）登为使持节、都督陇右诸军事、抚军大将军、雍河二州牧、略阳公。
	都督陇东诸军事	窦冲	《晋书》卷一百一十五：遣使赍书加窦冲大司马、骠骑将军、前锋大都督、都督陇东诸军事……杨璧大将军、都督陇右诸军事。
	都督陇右诸军事	杨璧	
	监河西诸军事	杨政	《通鉴》卷一百零七：约监河西诸军事并州刺史杨政、都督河东诸军事冀州刺史杨楷各帅其众会长安。
	都督河东诸军事	杨楷	
后燕	都督河北诸军事	慕容农	《通鉴》卷一百零五：（张）骧等共推（慕容）农为使持节、都督河北诸军事、骠骑大将军，监统诸将。
西燕	都督陕西诸军事	慕容泓	《晋书》卷一百一十四：（慕容）泓众遂盛，自称使持节、大都督陕西诸军事、大将军、雍州牧、济北王，推叔父垂为丞相、都督陕东诸军事、领大司马、冀州牧、吴王。
	都督陕东诸军事	慕容垂	
南燕	都督徐兖扬南兖四州军事	慕容法	《晋书》卷一百二十七：慕容法为征南大将军都督徐兖扬南兖四州诸军事。
西秦	都督岭北诸军事	出连虔	《通鉴》卷一百一十七：以尚书右仆射出连虔为都督岭北诸军事、凉州刺史。

十六国时以都督区虚封其臣下的政权有汉赵、前燕、前秦、南燕和西秦等，但虚封的原因各不相同。汉赵基本上是以都督区封于降服者，王弥、石勒兵败后，前来投靠汉国，刘渊、刘聪先后授予不同都督的称号；郭默为地方坞主，石武是部族统帅，降服汉赵后，皆授以都督之称。前燕慕容儁、慕容暐时，为经营河南等之地，遂任以宗室成员为都督，以图进取。与前燕虚封都督区大致相同，前秦苻坚时以梁成、杨安为都督诸军事，为了是占据荆、扬、益、梁诸州。而前秦苻丕、苻登时虚封的都督区，大多是为安抚其臣下尽忠于己。南燕、西秦虚封都督区也有进而占据这些地区的意图。

十六国时期，还有其它不同情形而受任都督者。一方面，十六国一些政权建立之初，建国者则自称都督诸军事。如《李特载记》载，成汉建国之初，李特自称都督梁益二州诸军事。《苻健载记》载，前秦苻健初建国，自称都督关中诸军事。《吕光载记》载，后凉吕光初得凉州，遂自称督陇右河西诸军事。另一方面，若两政权存有藩属关系，实力强大的政权往往会以都督诸军事授予藩属国。如据《晋书·张轨传》《晋书·慕容廆载记》《晋书·慕容皝载记》《晋书·慕容儁载记》等相关内容，张氏霸有河西、慕容氏据有辽东皆称臣于司马氏，晋政权皆以都督之号授之。《刘曜载记》载，张茂称臣于前赵，刘曜署之以都督凉南北秦梁益巴汉陇右西域杂夷匈奴诸军事。《苻坚载记上》载，张天锡称臣于前秦，苻坚以都督河右诸军事授之。《秃发傉檀载记》载，姚兴时，曾授秃发傉檀都督河右诸军事。

由上可见，十六国时不少政权都设有都督区，这些些都督区既有实土都督区，又有遥领、虚封都督区。另外，各政权建立之初也有自称都督者，两个不同的政权为确立二者间的藩属关系也会以都督授任。十六国时期都督区的设置，不仅具有鲜明的军事意义，还具有一定的政治意味。

二、十六国时期的地方护军

护军本为中央官职，是由秦汉时期护军都尉官演变而来，至汉魏之际而形成护军制度。曹魏时，作为地方长官的护军已经出现[1]，晋承魏制。十六国

---

① 吴宏岐:《"护军"制度起始时间考辨》,《中国史研究》1997年第4期。

时地方护军制普遍存在①，对这一时期的地方护军制，已有不少学者加以研究②。本文在以往学者研究的基础上，对于十六国时期的地方护军再加梳理，着重据现存史料考出各政权设置的地方护军，以见十六国地方护军的分布、设置目的和影响。

十六国时期地方护军表

政权	护军	资料来源
汉赵	抚夷护军	《寰宇记》卷三十一：《魏志》曰："司马宣王抚慰关中，罢县，置抚夷护军。"及赵王伦镇长安，复罢护军。后氐羌反，又立护军，刘、石、苻、姚因之。
后赵		
前凉	五街护军	《晋书》卷八：石季龙将王擢袭武街，执张重华护军胡宣。
	石门护军	《晋书》卷八十六：骏因长安乱，复收河南地，至于狄道，置武街、石门、候和、澉川、甘松五屯护军，与勒分境（案："武街"原作"武卫"，有误，《晋书》校勘记已指出）。
	候和护军	
	澉川护军	
	甘松护军	
	枹罕护军	《晋书》卷一百零七：枹罕护军李逵率众七千降于季龙。
	宣威护军	《通鉴》卷一百零四：天锡怒，贬皓为宣威护军。
	大夏护军	《晋书》卷八十六：大夏护军梁式执太守宋晏，以城应秋。
	玉门大护军	《魏书》卷九十九：敦煌、晋昌、高昌、西域都护、戊己校尉、玉门大护军，三郡三营为沙州。

---

① 张金龙：《十六国"地方"护军制度补正》，《西北史地》1994年第4期。

② 相关的论作主要有：冯君实《魏晋官制中的护军》，《中国魏晋南北朝史学会第二届学术讨论会论文集》，1986年；叶其峰《魏晋十六国时期的护军、中护军及护军印》，《文物》1990年第1期；郑炳林《仇池国二十部护军镇考》，《西北民族研究》1991年第2期；高敏《十六国前秦、后秦时期的护军制》，《中国史研究》1992年第2期；龚元建《五凉护军考述》，《敦煌学辑刊》1994年第1期；张金龙《十六国"地方"护军制度补正》，《西北史地》1994年第4期；吴宏歧《"护军"制度起始时间考辨》，《中国史研究》1997年第4期；陶新华《魏晋南朝的地方护军和都护将军——兼说都护与督护》，《杭州师范学院学报》（人文社会科学版）2001年第2期；周振鹤《中国地方行政制度史》第十三章第四节《魏晋十六国与北朝的诸部护军和部落酋长制》，第373–375页。

续表

政权	护军	资料来源
前秦	三原护军	《元和志》卷一：苻秦于此山北置三原护军。
	铜官护军	《元和志》卷二：苻秦于祋祤城东北铜官川置铜官护军。
	宜君护军	《元和志》卷三：前秦苻坚于祋祤县故城置宜君护军。
	土门护军	《寰宇记》卷三十一：苻秦时置土门护军。
	冯翊护军	《汉魏六朝碑刻校注》二百八十三：大秦苻氏建元三年，岁在丁卯，冯翊护军、建威将军、奉车都尉、城安县侯华山郑能邈。
	云中护军	《通鉴》卷一百：丞相司马贾雍为云中护军，戍云中之南。
	勇士护军	《晋书》卷一百二十五：(苻坚)以司繁叔父吐雷为勇士护军。
	甘松护军	《晋书》卷一百一十四：坚以甘松护军仇腾为冯翊太守。
	中田护军	《北史》卷九十三：(蒙逊)父法弘袭爵，苻氏以为中田护军。
后秦	抚夷护军	《寰宇记》卷三十一：《魏志》曰："司马宣王抚慰关中，罢县，置抚夷护军。"及赵王伦镇长安，复罢护军。后氐羌反，又立护军，刘、石、苻、姚因之。
	安夷护军	《晋书》卷一百一十九：安夷护军姚墨蠡。
	安定护军	《魏书》卷九十四：(孙小)父瓒，姚泓安定护军。
后燕	离石护军	《魏书》卷二十八：获(慕容)宝丹阳王买得及离石护军高秀和于平陶。
后凉	中田护军	《晋书》卷一百二十二：蒙逊叛光，杀中田护军马邃。
西秦	长城护军	《通鉴》卷一百二十一：南安诸羌万余人叛秦……劫遗族子长城护军亮为主。
	宛川护军	《秦汉南北朝官印征存》第九卷(10)：宛川护军章。
夏	吐京护军	《魏书》卷三：西河胡曹成、吐京民刘初原攻杀屈子所置吐京护军及其守三百余人。
南凉	邯川护军	《晋书》卷一百二十六：邯川护军孟恺。
西凉	骓马护军	《晋书》卷八十七：赵开为骓马护军、大夏太守。
北凉	敦煌护军	《晋书》卷八十七：敦煌护军冯翊郭谦。

除上表诸政权所置地方护军，《魏故沧州刺史石使君墓志铭》载："祖邃，辽东护军，从燕归阙。"[①]可见后燕或北燕时还置辽东护军。《秦汉南北朝官印征存》中有陇城护军司马章、安平护军章，分别收入南朝陈官印和北魏官印中[②]。叶其峰认为此二印皆为十六国时期的印章[③]，但其为十六国何政权的遗留物，暂不可考[④]。据《通鉴》晋恭帝元熙元年（419）四月，吐谷浑为西秦所破后，觅地降，乞伏炽盘署觅地为弱水护军。当时，西秦与吐谷浑之间仅为藩属关系。《宋书·氐胡传》载，十六国时的仇池政权，"分诸四山氐羌为二十部护军，各为镇戍，不置郡县"。对于仇池所置二十部护军，郑炳林先生有专文考述[⑤]。

《宋书·百官志》载："魏、晋有杂号护军，如将军。"十六国一些政权承晋制，亦有杂号护军。前凉有宁羌护军和平虏护军，前燕有东夷护军和乌丸护军，前秦时有平羌护军，后凉有宁戎护军和北部护军，西凉有抚夷护军[⑥]，这些护军如同将军，大多对少数部族作军事统治或军事征伐而设，并不作为地方的政区，与地方护军有所不同。《晋书·凉武昭王李玄盛传》载，李玄盛将迁都酒泉，遂以"宋繇为右将军，领敦煌护军，与其子敦煌太守让镇敦煌，遂迁居于酒泉"。敦煌原为西凉都城，李氏迁酒泉，以宋繇为右将军且领敦煌护军，此敦煌护军当非地方护军，大致相当于魏晋的护军将军或中护军。

十六国时期各地方护军的辖域大多相当于县级政区，其中玉门大护军大致相当于郡级。前凉张骏时设置凉州、河州和沙州，各州所统郡级政区唯有玉门大护军与诸郡同列。据《元和志》和《寰宇记》，北魏时改十六国地方护军为县，这也说明一般地方护军的辖域大致相当于县。

由上表可见，十六国大多数政权都设有地方护军，主要分布于今甘肃地

---

① 赵超：《汉魏南北朝墓志汇编》，天津古籍出版社，1992年，第307页。

② 罗福颐主编：《秦汉南北朝官印征存》，文物出版社，1987年，第417、423页。

③ 叶其峰：《魏晋十六国时期的护军、中护军及护军印》，《文物》1990年第1期。

④ 叶其峰认为安平护军章为十六国前赵或后燕时印，陇城护军司马章为前赵、前秦或后秦时的印章。前赵时不曾占有博陵郡安平县地，不可能是前赵的遗物。十六国时期，曾统有博陵安平的政权先后有后赵、前燕、前秦和后燕，统有略阳郡陇城的政权先后有前赵、后赵、前秦、后秦、西秦、夏。因此，此二印章为十六国某政权的遗物，暂不可考。

⑤ 郑炳林：《仇池国二十部护军镇考》，《西北民族研究》1991年第2期。

⑥ 分别见《晋书·张轨传附张茂传》，《通鉴》晋成帝咸康七年（341）七月，《魏书·仇洛齐传》，《通鉴》晋穆帝升平三年（359）二月，《吕光载记》，《魏书·刘昞传》。

区和陕西中部一带,这些地区有较多不同部族的杂居。十六国时期地方护军的设置主要是管理当地的少数部族,如前秦时冯翊护军,"统和宁、戎、郿城、洛川、定阳五部,领屠各、上郡、夫施、黑羌、白羌、高凉、西羌、卢水、白房、支胡、粟特、卉水,杂胡七千,夷类十二种"①。据《通鉴》,晋孝武帝太元二十一年(396)七月,后燕时,"遣诸部护军分监诸胡"。这也表明护军主要是分管各少数部族的。因此,十六国时期的地方护军制,与当时的郡县制有所不同,是一种主要管理少数族的特殊政区。入北魏后,十六国时期所设置的不少护军先后改为县,表明十六国时期护军设置对北魏的政区产生了一定的影响。

三、十六国时期的其它准政区

十六国时期,不少政权除设有都督区和地方护军外,还在地方置有镇戍、都护、都尉等准政区,下文分别述之。

十六国北朝时,曾设立军镇统辖地方。严耕望认为,"镇与州地位相等,故史臣与诏书常州镇并举"②。周一良提出,"镇虽与州并称,然非如州之统辖郡县"③。据此,镇与州的地位相当,但不辖郡县。对于十六国时期的军镇制度,已有学者作深入探讨,此不再详述④。不过,这里需加说明的是,十六国的军镇的设置不少当是管辖当地的少数民族。

十六国时期军镇的设置,以后秦为多。《姚泓载记》载,"姚绍闻王师之至,还长安,言于泓曰:'晋师己过许昌,豫州、安定孤远,卒难救卫,宜迁诸镇户内实京畿,可得精兵十万,足以横行天下……'其左仆射梁喜曰:'齐公恢雄勇有威名,为岭北所惮,镇人已与勃勃深仇,理应守死无贰,勃勃终不能弃安定远寇京畿。'"又载,"时征北姚恢率安定镇户三万八千,焚烧室宇,以车为方阵,自北雍州趣长安"。可见,后秦有安定镇。又据《姚泓载

---

① 毛远明校注:《汉魏六朝碑刻校注》,线装书局,2008年,第74页。

② 严耕望:《中国地方行政制度史·魏晋南北朝地方行政制度》,上海古籍出版社,2007年,第774页。

③ 周一良:《北魏镇戍制度考及续考》,见《魏晋南北朝史论集》,北京大学出版社,1997年,第215页。

④ 牟发松:《十六国时期地方行政机构的军镇化》,《晋阳学刊》1985年第6期;高敏:《十六国时期的军镇制度》,《史学月刊》1998年第1期。

记》，"（姚）懿遂举兵僭号，传檄州郡，欲运匈奴堡谷以给镇人"。据此，后秦有匈奴堡镇，当是为管辖匈奴人而设置的军镇。《姚苌载记》载，"苌寝疾，遣姚硕德镇李润"。又据《姚泓载记》，"姚宣时镇李闰"。《魏书·安定王传》载，安定王休次子燮，除华州刺史，燮表曰："谨惟州治李润堡，虽是少梁旧地，晋、芮锡壤，然胡夷内附，遂为戎落。城非旧邑先代之名，爰自国初，护羌小戍。及改镇立郡，依岳立州，因籍仓府，未刊名实。"此言"改镇立郡"，可见，军镇虽为州地位相当，但辖域大致与郡相当。由《晋书》《魏书》所载，后秦当有李闰镇，在冯翊郡界[1]。

《元和志》关内道三坊州条载，坊州，"魏、晋陷于夷狄，不置郡县。刘、石、苻、姚时，于今州理西七里置杏城镇，常以兵守之"；丹州条载，丹州，"其地晋时戎狄居之，苻、姚时为三堡镇"。可见杏城、三堡地区夷狄较多，故设军镇守之，前赵、后赵、前秦、后秦置杏城镇，前秦、后秦又置三堡镇。据《魏书·常爽传》，"（常爽）父坦，乞伏世镇远将军、大夏镇将、显美侯"。可见，西秦有大夏镇。《寰宇记》河南道二十三沂州沂水县条载，沂水县，"县理城，本汉东莞县城也，南燕于此置团城镇，去东安郡三十里。城隍圆，因名团城"。可见，南燕置有团城镇[2]。《宋书·氐胡传》载，仇池政权，"分诸四山氐羌为二十部护军，各为镇戍"。这意味着当时的军镇与护军有一定的关联，主要是统辖各部族而设置。

十六国时，许多政权设戍以守边地或军事要地。《刘曜载记》载，前赵刘曜遣刘岳与后赵石勒争洛阳，"岳攻石勒盟津、石梁二戍，克之"。《晋书·穆帝纪》载，后赵临亡，东晋来攻，永和五年（349）八月，"梁州刺史司马勋攻石遵长城戍"。可见，后赵曾置盟津、石梁、长城等戍。又据《刘曜载记》，前赵刘曜率军攻前凉张茂，"茂临河诸戍皆望风奔退"。可见，前凉于临河要地设戍以守。《元和志》陇右道上廓州米川县条载，米川县，"本前凉张天锡于此置邯川戍"。《慕容皝载记》载，前燕时，"慕容恪攻高句丽南苏，克之，

---

① 据《魏书·安定王传》，北魏时李闰为华州治所，在故冯翊郡界。《寰宇记》关西道四同州条载，同州冯翊郡，今理冯翊县，汉武帝为左冯翊，后汉因之，魏为冯翊郡，后魏"自今奉先县东北五十里李润镇，分秦州置华州理于此。废帝三年又改为同州"。此又证李闰镇在冯翊郡界。《晋书》于姚秦诸载记多次记载李闰或李润，以"李闰"为多，《晋志》亦作"李闰"，此从《晋志》。

② 《水经注·沂水注》载，"沂水又东南迳东莞县故城西"，"魏文帝黄初中立为东莞郡"。《东燕录》谓之团城。刘武帝北伐广固，登之以望王难"。据此，团城在曹魏置东莞郡东莞县治处。

置戍而还"。《秃发傉檀载记》载，后秦进军姑臧，南凉秃发傉檀"摄昌松、魏安二戍以避之"。《赫连勃勃载记》载，后秦衰落，周边政权乘机来攻，夏赫连勃勃"进讨姚兴三城已北诸戍"，进而南侵，"姚泓岭北镇戍郡县悉降"。《乞伏炽盘载记》载，西秦遣将攻后秦，"进屯大利，破黄石、大羌二戍"。据此，前燕、南凉、后秦皆于边地置戍。十六国时所置诸戍，主要具有军事上的意义，应属于军管型准政区，政区级别大体与县相当。

两汉时，为控制西域诸国。设有西域都护。十六国时的一些政权对西域亦有控制，也置都护以控制其地。《魏书·私署凉州牧张寔传》载，前凉时所置沙州，下辖西域都护和戊己校尉以控西域。据《苻坚载记下》，前秦苻坚时，西域有不服于前秦者，苻坚遣吕光征讨，以车师前部王弥寘为西域都护，为吕光乡导。《吕光载记》载，吕光讨破西域不服之国，继而前秦乱亡，吕光据有河西，亦能控制西域诸国，曾以子吕覆为西域大都护，镇高昌。除前凉、前秦、后凉曾控制过西域外，由《吐鲁番出土文书》所见载有西凉和北凉年号的文书可知，这两个政权都曾控制过这一地区[1]，当也置有西域都护以控其地。不仅西域都护为准政区，前凉时设置的戊己校尉也是一种准政区。

两汉魏晋时，都尉的职务主要掌管一郡的军事，"但在边境和内地某些地区，都尉又往往和太守分疆而治，单独管理一部分地域的军民两政，这部分地域也成为都尉，成为一种实际上的政区"[2]。十六国时，也有单独管辖一地的都尉。《慕容皝载记》载，"（段）辽弟兰与（慕容）翰寇柳城，都尉石琮击败之"。《魏书·私署凉州牧张寔传》，"（张）骏怒，出（索）孚为伊吾都尉"。《晋书·忠义传》，前凉车济战死后，"赠宜禾都尉"；又载，"宋矩字处规，敦煌人也。慷慨有志节。张重华据凉州地，以矩为宛戍都尉"。《吕光载记》有"祁连都尉严纯"，又载，"南羌彭奚念入攻白土，都尉孙峙退奔兴城"。据此，前燕有柳城都尉，前凉有伊吾都尉、宜禾都尉、宛戍都尉，后凉有祁连都尉、白土都尉。自汉武帝后，为加强对边境少数民族地区的管辖，在某些地区设置部都尉以辖其地，以军事将领兼摄民事。东汉、三国、西晋沿袭其制，十六国时亦有此制。据《通鉴》，晋穆帝永和六年（350）二月，"徙河南部都尉孙泳急入安乐"。可见，前燕有徙河南部都尉。《苻丕载记》有"安定

---

① 武汉大学历史系等编：《吐鲁番出土文书》（第一册），文物出版社，1981年。

② 周振鹤：《中国地方行政制度史》，第333页。

北部都尉鲜卑没弈于"，可见前秦末有安定北部都尉。十六国时期一些政权所置的都尉也是一种准政区。

　　十六国各政权基本上实行州、郡、县三级政区，同时不少政权还设有都督区、护军、镇戍、都护和都尉等准政区。十六国半数以上的政权往往出于军事和政治统治的需要而设置都督区。在少数部族聚居的地区，十六国不少政权设有护军管辖其地，亦有不少政权设有军镇以监管各部族。十六国部分政权设戍以守边境或军事要地，也有设置都尉以统治边境的。前凉、前秦、后凉等控制西域的政权，一般都设有西域都护以控其地。十六国时期设置的都督区、护军、镇戍、都护和都尉基本上都属于军管型准政区。十六国时期高级政区州的变化多出于政治统治目的的需要，郡县的调整不少与人口流徙有关，而准政区得设置多具有军事意义。

"十六"国之外的割据者及其统治区

　　自刘渊建汉（304年）至北凉亡国（439年），中国北方及西南地区先后出现众多割据者，史称十六国时期。用"十六国"统称这一时期，始于北魏崔鸿《十六国春秋》。实际上，该时期的割据者并非仅有"十六"，还有其他割据者存在。对此，谭其骧已指出，"十六国外诸割据者大抵以仇池杨氏、辽西段氏、辽东宇文氏历年最长，西燕慕容氏、后蜀谯氏、南魏翟氏占地较广"①。有关十六国各政权的统治区，顾祖禹《读史方舆纪要·历代州域形势三》记载了十六国分合大势，于"十六国"之外，另记有西燕、仇池、谯蜀。洪《志》所载十六国时期疆域政区，仍采崔书中"十六"国名数，"十六"国各为一卷。近代以来，涉及十六国时期的历史地理之作，很少有对"十六"国之外割据者及其统治区作全面考述②。了解"十六"国之外的割据者及其统治区，有助于全面把握十六国史和十六国政治地理。

一、十六国时期的割据问题再探讨

　　崔鸿《十六国春秋》记有前赵、后赵、前燕、前秦、后燕、后秦、南燕、夏、前凉、成汉、后凉、西秦、南凉、西凉、北凉、北燕十六个政权。据《太平御览·偏霸部》所节录崔鸿《十六国春秋》，崔书中"十六"国各为一录。魏收《魏书》记十六国时期史事，基本取材于崔鸿《十六国春秋》③。唐修《晋

---

① 谭其骧：《长水集（上）》，人民出版社，2009年，第247页。

② 拙作《十六国疆域与政区研究》（复旦大学出版社，2018年）以"十六国"为主，附有段国、冉魏、谯蜀、西燕、翟魏、仇池六个政权，但还不够全面，故作此文。

③ 周一良：《魏晋南北朝史论集》，中华书局，1963年，第245—251页。

书》为尊扬皇室，证先世之渊源，遂将前凉、西凉入"列传"，其余十四国入"载记"①，仍未脱崔书"十六国"之范畴。《太平御览·偏霸部》有关十六国史事乃删节崔书而成。唐宋以来，许多史书叙述十六国史，往往采崔鸿之说，"十六国"一词一直沿用至今。

崔鸿撰述《十六国春秋》，列该时期的割据政权为"十六"。据《魏书·崔光传附崔鸿传》，崔鸿在上《十六国春秋》表中称："自晋永宁以后，虽所在称兵，竞自尊树，而能建邦命氏成为战国者，十有六家。"由此可见，崔鸿选取"十六国"的一个重要标准为"能建邦命氏"，也就是能自立国号、自称尊号。然而，"十六国"之中，没非所用政权都有国号，且尊号也非皆称帝称王。前凉并无国号，除张祚、张玄靓短暂称凉王外，前凉其他最高统治者仅称西平公，用两晋年号纪年。西凉李暠、李歆也仅称凉公。显然，崔书并非完全受限于建国改元、称帝称王。

十六国时期，冉魏、翟魏、西燕等皆有国号，《十六国春秋》未为其别为一录。冉闵、刘显、段勤、慕容冲、慕容永皆称帝，翟辽、翟钊皆称天王，司马保、陈安、仇池、段龛、王午、吕护、张琚、翟魏、谯蜀等皆称王，崔鸿也没有专列一国。故"能建邦命氏"，虽是《十六国春秋》列国"十六"重要标准，但并非所有"能建邦命氏"崔鸿皆列为一国，别为一录。其原因之一当是这些割据者没有"国书"，没有足够的资料可在《十六国春秋》中单列一录。故《魏书·崔光传附崔鸿传》云："刘渊、石勒、慕容儁、苻健、慕容垂、姚苌、慕容德、赫连屈孑、张轨、李雄、吕光、乞伏国仁、秃发乌孤、李暠、沮渠蒙逊、冯跋等，并因世故，跨僭一方，各有国书，未有统一，鸿乃撰为《十六国春秋》。"刘知几在《史通·古今正史》明确列出撰述《十六国春秋》所采各"国史"，而未见"十六"国之外的割据者有专门史书。"十六"国"各有国书"，为崔鸿所见，故这些割据者可以在《十六国春秋》列为一录。

十六国时期的割据者甚多，不少割据者未能在《十六国春秋》列为一录，很重要的原因应该是这些割据者存在时间相对较短，而且占据的地域有限。刘显、段勤虽然称帝，司马保、陈安、王午、吕护、张琚等虽然称王，但皆据有一隅之地，亡不旋踵。西晋亡后，司马保据有上邽。东晋太兴二年

① 陈寅恪:《金明馆丛稿二编》，三联书店，2001年，第332页。

（319）四月，司马保自称晋王；次年正月，司马保为前赵所攻，迁于桑城，五月为其部将所杀。永昌元年（322）二月，陈安据有上邽，袭取泔城，自称凉王；次年七月，前赵攻凉王陈安，安兵败被杀。永和七年（351）七月，刘显于襄国称帝，次年正月被杀。永和八年（352）三月，段勤据有清河绛幕称赵帝，次月降前燕。永和六年（350）三月，王午保于博陵鲁口。永和八年（352）七月，王午称安国王；同年闰十月，王午被杀，吕护称安国王。永和十年（354）三月，鲁口为前燕占据。永和六年（350），杜洪控有关中；此年十月，关中为前秦占据，杜洪奔京兆司竹。永和八年（352）正月，杜洪奔扶风宜秋，为其司马张琚所杀，琚称秦王；此年五月，前秦攻取宜秋，斩张琚。另外，永和七年（351），后赵亡，乐陵朱秃、平原杜能、清河丁娆、阳平孙元，各拥兵分据城邑。永和九年（353）十一月，朱秃、杜能、丁娆、孙元皆降前燕。太元十九年（394），后燕灭西燕后，西燕河东太守柳恭拥兵自守；此年，西秦破仇池，天水姜乳袭据上邽。太元二十一年（396），后秦姚兴遣要硕德攻上邽，姜乳降；又遣姚绪攻河东，柳恭降[1]。以上虽为自立为政的割据者，但存在时间短者不过数月，长者一般不过三年；占据地域大者不过一、二郡，小者仅有一城，故史家无需繁言，下文也不再详述。不仅如此，其他未能在《十六国春秋》中别为一录割据者，除有的是因没有"国书"外，还或因统治区比较小，或因存在时间比较短。

崔鸿言"能建邦命氏"为一国，意味着者这些割据者都是独立的政权。故探讨十六国时期的割据者，不能仅看当时是否建国称号，更重要是考察其是否具有实质的独立性。十六国时期，凡自立为政，有独立的行政权力管辖其统治区的都是割据者，但其性质又有所不同，大致可分割据政权和割据势力两大类。割据政权指是建国称号的独立王国，这些政权国君大多称帝，也

---

[1] 本段所述各割据者的存亡，皆据《通鉴》中相关年月的内容。崔鸿《十六国春秋》虽专记十六国史事，但已散佚，仅《太平御览·偏霸部》可见其大概，另有一些佚文散见于众书中。《晋书·载记》和《魏书》中部分内容记载十六国史事，但所纪年月不明。据《资治通鉴考异》，《通鉴》记十六国时期的史事，除参考《十六国春秋》、唐修《晋书》、《魏书》外，还采择萧方等《三十国春秋》、杜延业《晋春秋》等众书，现有关"十六国"之外割据者的资料，许多仅见于《通鉴》。《通鉴》虽成书相对较晚，但参考众家旧史，且所纪年月十分严整。故下文所考史事，多采《通鉴》。凡正文采《通鉴》中相关年月的内容，皆不书所引之作。非《通鉴》中的内容，则书所采何种典籍。本文在考证中，涉及与十六国相关政权的疆域政区变迁，也参考拙作《十六国疆域与政区研究》。

有称天王、王、公者，他们称帝、称王、称公后大多会改国号。割据政权一般还会与当时其他同时存在的政权用不同的年号，即改元。割据势力是指没有国号，仅称州牧或州刺史，用的是地方官名，也没有自己独立的年号，然而却自主的管辖其统治区。用此标准来看，十六国时期，除了崔书所载"十六国"外，尚有冉魏、段齐、西燕、翟魏、谯蜀、仇池等，称帝称王，各有其号，属割据政权；曹嶷、鲜卑段部、张平、王擢、李俨分别割据青州、幽州、并州、秦州、河州，自立为政，皆未建国称号，属割据势力。除在西晋故土建立的割据者外，在北方和西北的草原地带还有鲜卑拓拔部、宇文部和吐谷浑等割据者。在研究十六国史，特别是十六国地理时，如果没有对这些割据者的叙述是不完整的。故下文分为"十六"国之外的割据政权和割据势力两大类来分别考察这些割据者的统治区。

二、十六国时期"十六"国之外的割据政权及其统治区

（一）冉魏及其统治区

石虎死后，后赵大乱，不久大权落于冉闵之手。永和六年（350）闰正月，冉闵于邺城称帝，国号魏，改元永兴。此时，后赵石祇占据襄国及冀州部分地区，后赵其余疆土为冉魏、东晋、前秦、前燕及后赵将领分割。冉闵称帝前，后赵扬州又为东晋所取（据《石季龙载记下》），幽州及冀州高阳等郡为前燕占据。后赵亡前后，青州、并州、秦州等为后赵将领段龛、张平、王擢等占据。永和六年（350），八月前秦自河内西取关中，沿途占据冉魏洛州弘农、河东二郡；九月，前燕南下，取有冉魏章武郡。冉魏都邺城，应能控制魏郡。冉闵北攻襄国，取道广平，当控有广平郡。故永和六年（350），冉闵称帝后，据有洛、徐、豫、荆等4州和魏郡、广平、赵郡、中山、常山、渤海、章武诸郡[1]，后失河东、弘农、章武等3郡。

永和七年（351）四月，前燕来攻渤海，冉魏遂失渤海郡[2]。此年五月，

---

① 冉闵所据诸州郡，由下文这些地区逐渐丧失可见。

② 据《通鉴》，晋穆帝永和七年（351）四月，"渤海人逢约，因赵乱，拥众数千家，附于魏，魏以约为渤海太守。故太守刘准，隗之兄子也；土豪封放，奕之从弟也；别聚众自守。闵以准为幽州刺史，与约中分渤海"，前燕来攻，逢约被擒，"准、放迎降"。可见，此前冉魏所据渤海郡，此年失于前燕。

后赵兖州刺史刘启自鄄城来奔东晋；八月，冉魏徐州刺史周成、兖州刺史魏统、荆州刺史乐弘、豫州牧张遇以廪丘、许昌等诸城降东晋，平南将军高崇、征虏将军吕护执冉魏洛州刺史郑系以其地降晋。可见，此前，冉魏统有徐州、荆州、豫州、洛州①，至此各州刺史降东晋，冉魏便失去对各地的控制。可能在此年五月，赵兖州刺史投奔东晋后，兖州距东晋较远，且南有冉魏控制的豫州，未能为东晋控制，冉魏遂得兖州，然至八月冉魏又失兖州。此年八月，魏中山太守侯龛、赵郡太守辽西李邽举郡降前燕。故永和七年（351），冉魏得兖州而旋失，又失洛、徐、豫、荆四州和渤海、赵郡、中山等郡。

永和八年（352）正月，刘显率众攻常山，冉闵亲率骑八千救之，故当时冉魏仍有常山郡。此年四月，冉闵于常山为前燕慕容恪所擒，冉魏邺城也为前燕攻占，冉魏亡。

（二）段齐及其统治区

鲜卑段部为后赵所灭，段氏族人入后赵。段兰卒，子龛代领其众。后赵乱时，段龛据陈留。永和六年（350）七月，段龛拥其部落引兵东居广固，据有青州之地，自称齐王②。前燕慕容恪攻围段龛，"龛所署徐州刺史王腾、索头单于薛云降于恪。段龛之被围也，遣使诣建邺请救。穆帝遣北中郎将荀羡赴之，惮虏强迁延不敢进。攻破阳都，斩王腾以归。恪遂克广固"（据《慕容儁载记》）。《晋志》徐州条载，琅邪国有阳都县。段龛以王腾镇阳都，琅邪郡当为其统有。徐州东莞郡、东安郡在琅邪郡北，紧临青州广固，段龛占据广固后，东莞郡、东安郡与琅邪郡当为段龛据有。故永和六年（350），段龛据广固，称齐王，当统辖青州和东莞、东安、琅邪等郡。

---

① 据《晋志》司州条，石虎时，以河南、河东、弘农、荥阳、陈留、东燕为洛州。永和六年（350），河东、弘农二郡初为冉魏控制，不久入前秦。故此后，冉魏仅控有洛州河南、荥阳、陈留、东燕等四郡，永和七年（351）又失之。

② 《晋书·穆帝纪》载，永和七年（351）二月，"（东晋）以段龛为镇北将军，封齐公"。然据《慕容儁载记》，前燕灭段龛前，龛所署徐州刺史王腾降燕。段龛能自署州刺史，表明其虽名义上称臣于东晋，实际上自立为政。

永和十二年（356）十一月，前燕慕容恪攻破广固，段龛被执，段齐亡[①]。

（三）西燕及其统治区

淝水之战后，前秦内部叛乱四起，前燕宗室谋图复兴燕国。东晋太元九年（384）三月，前秦北地长史慕容泓起兵叛秦，屯兵华阴，据有弘农郡[②]，自称济北王；平阳太守慕容冲于平阳兴兵抗秦，为前秦所破，投奔慕容泓；四月，慕容泓进兵攻长安，改元燕兴；六月，慕容泓为其部下所杀，慕容冲被拥立；七月，慕容冲入据阿房城。故东晋太元九年（384），西燕建国后，据有弘农郡和阿房城。

太元十年（385）正月，慕容冲于阿房称帝，改元更始，遂与苻坚鏖战于阿房、长安二城间；苻坚自长安出奔，六月，慕容冲入据长安。此时，后秦已占据岭北地区。故西燕入据长安后，当承前秦统有关中部分地区。

太元十一年（386）二月，慕容冲为其将所杀，段随被立为燕王；三月，段随被杀，慕容颢、慕容瑶、慕容忠相继被拥立，旋相继被杀害，西燕鲜卑男女四十余万去长安而东归，其所据关中之地为后秦占据；六月，慕容永被拥立；十月，慕容永于平阳襄陵击败前秦苻丕，进都长子，遂称帝，改元中兴，据有并州。西亚都长子后，关中之地为后秦占据，弘农郡为东晋据有[③]。后燕灭西燕，得慕容永所统八郡。顾祖禹认为，西燕所据八郡为上党、太原、平阳、河东、乐平、新兴、西河、武乡（据《读史方舆纪要·历代州域形势三》）。石勒为上党郡武乡人，故分上党置武乡郡，后赵亡，武乡郡当罢。《魏志》建州条载，"慕容永分上党置建兴郡"。西燕所统八郡应有建兴郡，当无武乡郡。另外，西燕亡后，慕容永河东太守柳恭拥兵自守，至太元二十一年（396）底降于后秦，可见西燕亡前还统有河东郡。上党、太原、河东、乐平、

① 据《通鉴》，晋穆帝永和十二年（356）十一月,前燕平青州,送段龛于蓟。《晋书·穆帝纪》载,升平元年（357）正月,"镇北将军、齐公段龛为慕容恪所陷,遇害"。《通鉴》所载当为前燕取有青州的时间,而《晋书》所载为段龛遇害的时间,故有所不同。

② 《晋书·桓彝传附桓石民传》载,"石民遣将军晏谦伐弘农,贼东中郎将慕容㺒降之,始置湖、陕二戍"。慕容㺒当为西燕所署守将,可证弘农郡此前为西燕控制。西燕得弘农郡,应在慕容泓起兵华阴后。

③ 据上引《桓彝传附桓石民传》可见西燕弘农郡入东晋。《通鉴》系置湖、陕二戍于晋孝武帝太元十一年（386）六月,但未言慕容㺒降事。

新兴、西河皆故属并州。故太元十一年（386），西燕失其关中之地和弘农郡，得并州和河东、平阳二郡。

太元十九年（394）八月，后燕慕容垂攻破长子，杀慕容永，灭西燕。

（四）翟魏及其统治区

前秦兵败淝水后，丁零翟斌首先举兵叛秦。太元九年（384），翟斌投靠后燕慕容垂，不久为垂所杀。翟斌兄子真北走邯郸，后又屯于中山承营。次年，翟真徙屯行唐，为其部将所杀，其众降于后燕。翟真子辽南奔，投靠东晋黎阳太守滕恬之。

太元十一年（386）正月，翟辽执滕恬之，遂据有黎阳而都之。此年三月，晋泰山太守张愿降翟辽；八月，南寇晋谯城，被朱序击走。此年，翟魏当得黎阳、东燕、陈留、济阴、泰山五郡①。

太元十二年（387）正月，南寇晋陈郡、颍川，又被朱序击走；四月，晋高平人翟畅执太守徐含远以郡降翟辽；十月，翟魏寇抄清河、平原，此前当得顿丘郡、贵乡郡②。

太元十三年（388）二月，翟辽自称魏天王，改元建光，置百官；五月，翟辽徙屯滑台。

太元十四年（389）四月，翟辽攻取东晋荥阳郡，执其太守张卓。

太元十五年（390）八月，刘牢之击翟钊于鄄城，败翟辽于滑台，张愿降晋，泰山、高平二郡入东晋③。

---

① 翟魏得黎阳郡、泰山郡，见于史文明载。太元十一年（386）八月，翟魏南寇谯城，次年正月有寇陈郡，而当时翟魏都于黎阳。故在太元十一年时，翟魏当已得谯、陈、颍川以北之东燕、陈留、济阴等郡。

② 翟魏寇抄清河、平原，当先得黎阳郡与清河、平原郡之间的顿丘郡和贵乡郡。

③《晋书·孝武帝纪》载，太元十五年（390）正月，"龙骧将军刘牢之及翟辽、张愿战于太山，王师败绩"；八月，"龙骧将军朱序攻翟辽于滑台，大败之，张愿来降"。又《晋书·刘牢之传》载，"苻坚将张遇遣兵击破金乡，围太山太守羊迈，牢之遣参军向钦之击走之。会慕容垂叛将翟钊救遇，牢之引还。钊还，牢之进平太山，追钊于鄄城，钊走河北，因获张遇以归之彭城"。张遇降前秦是在晋穆帝永和年间，故此"苻坚将张遇"当为"翟辽将张愿"。据《通鉴》，晋孝武帝太元十五年（390）八月，"刘牢之击翟钊于鄄城，钊走河北；又败翟辽于滑台，张愿来降"。以上各书记载有异，此从《通鉴》所载。据《晋志》兖州条，金乡县属兖州高平国。太元十五年，翟魏与东晋在争夺高平、泰山，可能东晋先自翟魏夺取高平、泰山，翟钊、张愿复攻而败，刘牢之追击至鄄城、滑台，泰山、高平二郡遂为东晋控制。

太元十六年（391）十月，翟辽卒，子钊立，改元定鼎。

太元十七年（392）六月，后燕慕容垂攻伐翟魏，灭之，得其所统东燕、黎阳、陈留、济阴、顿丘、贵乡、荥阳七郡[①]。

（五）谯蜀及其统治区

晋安帝即位以后，司马道子、元显父子先后当权，王恭、桓玄等先后起兵，孙恩、卢循相继起义。东晋内乱以后，对巴蜀控制减弱。东晋义熙元年（405）二月，益州刺史毛璩参军侯晖叛，于广汉五城水口立谯纵为主；纵攻克成都，自称成都王，以弟洪为益州刺史，弟明子为巴州刺史屯白帝。白帝，即巴东郡鱼复县（据《水经注·江水注》）。因此巴东以西巴蜀之地为谯纵控制。杜佑叙东晋疆域称，"益、梁又陷于谯纵"（据《通典·州郡典一》）。顾祖禹言，"谯纵之地，北不得汉中，南不逾邛、僰"（据《读史方舆纪要·历代州域形势三》）。结合下文考述，谯纵据巴蜀，汉中郡为仇池占据，故谯纵北不得汉中之地。涪陵郡在江水以南，当非谯纵所能控制。故谯纵初据巴蜀，当控有除汉中郡、涪陵郡以外的益梁二州之地。

义熙二年（406）正月，"司马荣期击谯纵将谯子明于白帝，破之"（据《晋书·安帝纪》）。刘裕遣毛修之与司马荣期、文处茂等共讨谯纵，"修之至宕渠，荣期为参军杨承祖所杀，承祖自称镇军将军、巴州刺史。修之退还白帝"，后毛修之讨斩承祖；"时文处茂犹在巴郡，修之遣振武将军张季仁五百兵系处茂等"（《宋书·毛修之传》）。据此，义熙二年（406），东晋伐谯纵，取其巴东郡、巴郡。

义熙六年（410），卢循出兵攻荆州，谯纵趁机东伐；十一月，"谯纵陷巴东，守将温祚、时延祖死之"（据《晋书·安帝纪》）。巴东归于谯纵，巴郡在巴东郡西，当先入于谯氏。

义熙九年（413）七月，东晋刘裕遣朱龄石伐蜀，龄石克成都，灭谯蜀。

（六）仇池及其统治区

略阳氐人杨氏，自汉以来，世为陇右豪族。晋惠帝时，关陇遭齐万年之乱，氐人杨茂搜以仇池险绝，保据其地。永嘉初，杨茂搜保据武都郡，"贡献

---

① 谭其骧：《长水集（上）》，第253页。

长安"，晋室拜为左贤王（据《华阳国志·汉中志》）。此时，杨茂搜虽据武都，然尚为西晋统辖。

东晋建武元年（317），杨茂搜卒，杨难敌袭位，与杨坚头分部曲，难敌屯下辩，号左贤王；坚头屯河池，号右贤王（据《宋书·氐胡传》）。时西晋已亡，杨氏据武都郡，虽称臣于司马保，实自立为政。司马保为刘曜所破后，杨氏与陈安结盟（据《华阳国志·汉中志》）。

太兴三年（320），前赵刘曜攻仇池，杨难敌和杨坚头奔于成汉晋寿。刘曜兵退，杨氏还仇池，既而击走成汉阴平太守罗演。李雄遣将攻仇池，然大败，杨氏遂得阴平郡（据《华阳国志·汉中志》）。

太宁元年（323）八月，前赵平陈安，杨难敌大惧，奔汉中，刘曜以田崧为益州刺史镇仇池。

太宁三年（325）三月，杨难敌袭仇池，执田崧，复取武都、阴平二郡。其后，杨毅、杨初先后为下辩公、仇池公。

永和五年（349）八月，后赵大乱，杨初乘机袭赵西城，破之。其后，杨国、杨俊、杨世、杨纂先后为仇池公。

咸安元年（371）四月，前秦攻克仇池[①]；苻坚以以王统为南秦州刺史，镇仇池。

太元十年（385），前秦大乱后，仇池杨氏后人杨定奔陇右；定自号仇池公，"徙治历城，城在西县界"，"割天水之西县、武都之上禄为仇池郡"（据《宋书·氐胡传》）。杨定再建仇池国，据有仇池、武都、阴平三郡。

太元十四年（389），杨定取有天水、略阳二郡，自称陇西王（据《魏书·氐传》）。

太元十九年（394），杨定攻西秦，兵败被杀，天水、略阳二郡为西秦占据。杨盛仍守仇池，"分诸四山氐、羌为二十部护军，各为镇戍，不置郡县"（据《宋书·氐胡传》）。其后，杨盛称武都王。

义熙元年（405）二月，谯纵于成都称王，蜀大乱，汉中空虚，杨盛遣其兄子平南将军抚据之；六月，汉中为后秦攻取。

义熙三年（407）四月，杨盛以平北将军苻宣为梁州督护，将兵入汉中，后秦梁州刺史王敏退屯武兴，杨氏复得汉中郡。

---

① 杨耀坤：《咸安二年苻坚未陷仇池辨》，《文史》第16辑，1982年。

义熙九年（413），东晋平定巴蜀谯纵，加强了对益梁二州的控制，以索邈为梁州刺史镇汉中，符宣还仇池，汉中郡入东晋。其后，杨玄、杨难当先后为武都王。

宋元嘉八年（431），夏赫连定为北魏所逼，自上邽西走，杨难当窃据上邽，遂得天水、略阳二郡①。

元嘉九年（432），杨难当举兵袭梁州，宋梁州刺史甄法护奔洋川，难当遂有汉中之地；次年正月，宋收复汉中失地（据《宋书·氐胡传》）。

元嘉十三年（436）九月，北魏遣将攻上邽，杨难当撤上邽守兵还仇池，杨氏遂失失天水、略阳二郡。

元嘉十八年（441），杨难当倾国南侵，以图据有蜀地，攻拔葭萌，获宋晋寿太守，得晋寿郡。

元嘉十九年（442），刘宋大举反攻，杨难当奔北魏，仇池国亡（据《宋书·氐胡传》）。

三、十六国时期的割据势力及其统治区

（一）曹嶷及其统治区

西晋大乱之际，王弥起兵反晋，后降于汉国刘渊。西晋永嘉三年（309），王弥遣左长史曹嶷攻掠青州。西晋末，东海王司马越以苟晞为青州刺史，苟晞又以其弟纯守青州。曹嶷初攻青州，为苟晞所破。

永嘉五年（311）正月，曹嶷击败苟晞，晞弃城奔高平。曹嶷破苟晞后，并非全得青州，当时东莱郡为太守鞠彭控制。曹嶷得青州后，筑广固城而居之（据《水经注·淄水注》），其后割据青州者皆治广固。曹嶷据青州，称青州刺史，初附于汉国，后又称臣于东晋、后赵，实际自立为政②。

东晋太兴二年（319）十二月，东莱太守鞠彭与乡里千余家浮海归辽东崔毖，曹嶷得东莱郡。

---

① 《魏书·世祖纪上》载，太延二年（436）五月，"赫连定之西也，杨难当窃据上邽"。然"赫连定之西"即赫连夏被吐谷浑所灭之年，即宋元嘉八年（431），故此年仇池占据上邽。仇池杨氏占据上邽，当控有天水、略阳二郡。

② 魏俊杰：《十六国时期汉国疆域考》，《中国边疆史地研究》2012年第4期。

太宁三年（325），曹嶷为石勒所灭，青州入后赵。

（二）鲜卑段部及其统治区

鲜卑段部与慕容部、宇文部同属东部鲜卑。西晋末年，段部与幽州刺史王浚结盟，势力比较强盛。段匹磾父务勿尘，"遣军助东海王越征讨有功，王浚表为亲晋王，封辽西公"（据《晋书·段匹磾传》）。务勿尘卒，子疾陆眷袭号。晋愍帝建兴元年（313），段疾陆眷与王浚盟友关系破裂，王浚以重币赂拓跋猗卢，并檄慕容廆等共讨疾陆眷，猗卢为疾陆眷所败，慕容廆也引兵还。段部此后自立为政，时段部已据有辽西郡之地（据《晋书·段匹磾传》）。

西晋建兴二年（314）三月，石勒生擒王浚，以刘翰行幽州刺史；刘翰叛石勒，归段匹磾，匹磾乃于蓟城自领幽州刺史[1]。段部遂据有幽州之地。

东晋太兴元年（318），疾陆眷卒，段涉复辰立。旋段末杯杀涉复辰自立，并击破段匹磾，于令支自称幽州刺史。

太兴二年（319），段部渔阳郡南部和范阳郡为后赵石勒占据[2]。

太宁三年（325），段末杯卒，段牙立。同年，段辽杀牙自立。

咸康四年（338），段辽为石虎所灭，其地悉入后赵。

（三）张平及其统治区

后赵乱时，张平为并州刺史。东晋永和七年（351）二月，并州刺史张平遣使降秦，秦以平为冀州牧；次年十月，前燕以张平为并州刺史。升平元年（357）七月，张平遣使降东晋，晋拜平并州刺史。据《通鉴》，晋穆帝升平元年（357）九月，"张平据新兴、雁门、西河、太原、上党、上郡之地，壁垒三百余，夷夏十余万户，拜置征镇，欲与燕、秦为敌国。冬，十月，平寇略秦境"。可见，张平据有并州，虽称臣于前秦、前燕、东晋，实际自立。

升平二年（358）九月，前燕攻张平，张平帅众奔据平阳，并州入前燕。

升平五年（361），张平为前秦所灭。

---

[1] 据《通鉴》，晋愍帝建兴二年（314）三月，"刘翰不欲从石勒，乃归段匹磾，匹磾遂据蓟城。王浚从事中郎阳裕，耽之兄子也，逃奔令支，依段疾陆眷"。《晋书·段匹磾传》载，"及王浚败，匹磾领幽州刺史"。

[2] 见前文《〈中国历史地图集〉十六国部分献疑》。

（四）王擢及其统治区

永和七年（351），后赵亡，秦州守将王擢据秦州自立。当时，武都、阴平二郡为仇池占据。王擢据秦州，当统秦州天水、略阳、陇西、南安四郡。

永和八年（352）七月，王擢遣使请降东晋，晋拜擢秦州刺史；十月，前燕以王擢为益州刺史；十一月，前秦攻王擢，擢奔前凉。

（五）李俨及其统治区

前凉张氏据有凉州，向河水以南地区扩张，史书称前凉初年占据的河水以南的地区为"河南地"。前赵强大，河南地为前赵占据。前赵亡，前凉复取河南地。后赵强盛，河南地面临后赵威胁，张骏于置河州以统其地，然河南地终为后赵占据。后赵乱后，前凉复取河南地。东晋永和十一年（355）九月，前凉内乱，"有陇西人李俨，诛大姓彭姚，自立于陇右，奉中兴年号，百姓悦之。（张）玄靓遣牛霸率众讨之，未达，而西平人卫绲又据郡叛。霸众溃，单骑而还"（据《晋书·张轨传附张玄靓传》）。其后，前凉虽定西平，而河州则为李俨所据[①]。

太和二年（367）四月，前秦攻河州，生擒李俨，其地入前秦。

四、东晋十六国的政治地理格局与分裂割据

考察一时期的政治地理格局，核心区是探究的重点之一。在分裂割据时期，统一王朝的全国性核心区不复存在，只存在几个相对重要的地域性核心区。一般来说，核心区一般以都城为中心。十六国时期，不少割据者旋兴旋亡，其统治中心会有迁徙。在此动荡时期，需要考察一定区域内前后相继的割据者一般都会选择的都邑。

东晋十六国时期，北方地区由各民族先后建立了不同政权，南方地区在相当长的时期内则为东晋的统治。相对十六国而言，东晋的都城和核心区稳

---

① 据《通鉴》，晋穆帝永和十二年（356）二月，凉州牧张瓘言，"我跨据三州，带甲十万，西苞葱岭，东距大河"。据此，当时李俨割据河州，与前凉以河水为界。

定不变。东晋都于建康，扬州则为核心区。《南齐志》扬州条载，"元帝为都督，渡江左，（扬州）遂成帝畿，望实隆重"。据《通鉴》，宋孝武帝孝建元年（454）六月，"初，晋氏南迁，以扬州为京畿，谷帛所资皆出焉"。可见，东晋核心区在扬州。

十六国时期，割据者各有其都邑，有些割据者的都邑多次迁徙。在十六国诸多都邑中，有些都城为不同政权的所选，且定都时间也较长，以此都城为中心的地区就成为该区域的核心区。据史念海先生研究，十六国时期，一城作为不同政权的都城，总计时间较长的依次是姑臧八十三年、长安七十七年、成都五十三年、龙城四十九年、大棘城四十七年、邺三十三年、襄国十六年[1]。然就一都城所能统治的区域来看，姑臧虽然为都时间最长，建都于此的割据者一般仅能控有西北的凉州，以龙城、大棘城为都割据者仅能统有东北的平州，以成都为都割据者一般控有梁益二州。而以邺城为都的割据者一般能统有黄河流域东部，以长安为都的割据者一般能控有黄河流域西部，其盛时则能控有整个北方。魏晋南北朝时期时，"凡能统治黄河流域西部地区的政权，往往定都长安"；"凡能统治黄河流域东部地区的政权，往往定都于邺"[2]，可见长安和邺城北方最重要的都城。以长安和邺城为中心，关中地区和"三魏"地区分别成为黄河流域西部、东部的核心区。后赵都襄国时，仍以"三魏"为核心区[3]。

西晋为统一的中原王朝，形成以洛阳为中心的全国性核心区。东晋十六国时期不再有统一王朝的核心区，以建康、长安、邺为中心，形成扬州、关中、"三魏"三个一级核心区，定都于此的政权，其统治的地区一般都比较大。除扬州、关中、"三魏"三个一级大区域核心区外，另以成都、姑臧、龙

---

① 史念海：《中国古都和文化》，中华书局，1996年，第69—77页。

② 邹逸麟主编：《中国历史人文地理》，科学出版社，2001年，第112页。

③ 《元和志》河北道一相州条载，"黄初二年，以广平、阳平、魏三郡为'三魏'"。故"三魏"是指曹魏时广平、阳平、魏三郡这一地区。《晋书·食货志》载，晋武帝曾下诏"三魏近甸，岁当复入数千万斛谷，牛又皆当调习，动可驾用，皆今日之可全者也"。据《晋书·束皙传》，束皙上议也称"州司十郡，土狭人繁，三魏尤甚，而猪羊马牧，布其境内，宜悉破废，以供无业"。可见，"三魏"之称，西晋已有，且地位重要。据《晋志》司州条，邺属魏郡，襄国属广平郡。

城为中心，形成了"三蜀"①、武威、昌黎三个次级区域性核心区②。前燕都大棘城时，仍以昌黎为核心区。相对于一级核心区，三个次级核心区在外层，距一级核心区较远，在十六国分裂割据时代，占据这三个次级地区性核心区割据者，一般能分别控制西北的凉州、东北的平州和西南的益梁二州，在这些地区割据称王。

据上述，东晋十六国时期的政治地理格局是由三个内层一级核心区、三个外层次级核心区及两个核心区之间的中间地带构成。这一时期，以建康为中心的东晋政权相对稳定，大动荡一般来自北方。当以长安和邺城为中心的政权力量比较强大时，往往能够分别占据黄河流域的西部和东部，甚至据有北方大部分地区乃至统一北方；当以长安和邺城为中心的政权力量尚未强大之前或瓦解之后，在中间地带就会出现一些割据者，"十六"国之外的割据者大都处于这一中间地带，而集中于西晋、后赵、前秦三大王朝瓦解后的一段时间内。东晋十六国时期，在各重要的地域性核心区和中间地带建立的割据者如下表：

重要的地域性核心区和中间地带		扬州	关中	"三魏"	"三蜀"	武威	昌黎	中间地带
都于相应核心区且同时期存在的重要割据者	西晋亡后	东晋	前赵	后赵	成汉	前凉	前燕	仇池、鲜卑段部、曹嶷、司马保、陈安
	后赵亡后	东晋	前秦	冉魏、前燕	东晋、前秦	前凉	前燕	仇池、段齐、张平、王擢、李俨
	前秦亡后	东晋	后秦	后燕、北魏	谯蜀	后凉、南凉、北凉	后燕、北燕	仇池、西燕、翟魏、南燕、西秦、柳恭

---

① 《华阳国志·蜀志》载，"益州以蜀郡、广汉、犍为'三蜀'，土地沃美，人士俊乂，一州称望"。可见蜀郡、广汉、犍为三郡称"三蜀"，为巴蜀地区的核心区。

② 三个内层一级核心区和"三蜀"核心区自汉代以来逐渐形成，西北的武威核心区和东北昌黎核心区则形成于西晋永嘉之乱后。对此，陈寅恪指出，永嘉乱后，"当时北方人民避难流徙的方向有三：东北、西北、南方。流向东北的一支，托庇于鲜卑慕容政权之下。流向西北之一支，归依于凉州张轨的领域"，见万绳楠整理《陈寅恪魏晋南北朝史讲演录》，黄山书社，2000年，第115页。随着中原人士的迁入，武威和昌黎的地位也逐渐提高。

　　在统一的中原王朝西晋崩溃后，在建康、长安、邺城逐渐建立其东晋、前赵、后赵三个较为强大的政权，在姑臧、龙城、成都逐渐建立前凉、前燕、成汉三个实力相对较弱的政权。其初，在东晋、后赵间有曹嶷割据青州，在后赵、前燕间有鲜卑段部割据幽州，在前赵、前凉间先后有司马保、陈安占据秦州上邽，在前赵、成汉间有杨氏割据仇池。都于长安的前赵强大后，先后灭司马保、陈安，一度倾覆仇池。都于襄国、邺城的后赵强大后，先后灭曹嶷、前赵和鲜卑段部，占据北方大部分地区。

　　后赵王朝瓦解后，篡取后赵大权的冉魏也在极度动荡中短命而亡。前燕乘中原大乱而占据幽、冀，后定都邺城；前秦在此动乱之际占据关中，都于长安。此时，成汉已为东晋所灭，当时较强的政权还有东晋、前凉。在前燕、东晋间有段龛割据青州，在前燕、前秦间有张平割据并州，在前秦、前凉间先后有王擢割据秦州、李俨割据河州，在东晋、前秦间杨氏仍割据仇池。前燕强大后，先后取有青州、并州。前秦强大后，不仅灭王擢、李俨、仇池，又灭前燕、前凉，统一了北方。

　　前秦于淝水战败后，北方再次大乱。后秦占据关中，都于长安。后燕占据幽、冀，欲都邺城而未得，遂改都邺城之北的中山。后凉据有凉州，都于姑臧；后凉亡后，南凉、北凉先后都姑臧。在后燕、东晋间有翟魏割据兖州西北，在后燕、后秦间先后有西燕割据并州、柳恭割据河东，在后秦、后凉间有西秦割据河州，在后秦、东晋间有仇池复国。后燕强大后，先后灭翟魏、西燕。后秦强大后，夺取河东，一度灭西秦。北魏兴起后，夺取幽、冀，逼后燕退守龙城，南燕退据青州，进而北魏统一了北方。东晋内乱之际，谯纵据巴蜀而居成都，东晋政局稳定后，又灭谯纵、南燕、后秦。

　　总的来看，西晋亡后，王朝统一的核心区丧失，东晋十六国时期的政治地理格局是由三个内层一级核心区、三个外层次级核心区及两个核心区之间的中间地带构成，在此格局下，形成了实力强弱、统治区大小、存在时间长短各有不同的众多割据者。崔鸿仅据当时所见的割据者的"国书"撰成《十六国春秋》，"十六"国各为一录，而对那些没有"国书"或存在时间不长或统治区不大的割据者未能别立为录，"十六国"便成为对当时东晋之外割据者的统称。

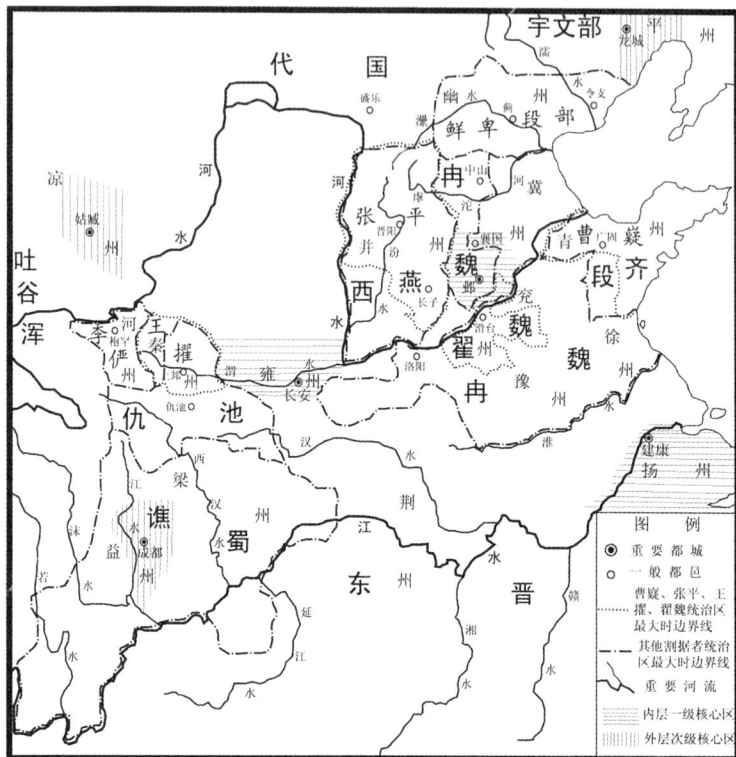

十六国时期"十六"国之外的割据者统治区示意图

十六国时期"十六"国之外的割据者统治区变迁表

割据者	时间（公元年）	统治区	统治区变迁
曹嶷	310	青州（除东莱郡）	得青州（除东莱郡）
	319	青州	得东莱郡
	323	青州	亡于后赵
鲜卑段部	313	辽西郡	据有辽西郡
	314	幽州	得幽州
	318	幽州（除渔阳郡南部和范阳郡）	失燕、渔阳二郡南部和范阳郡
	338	幽州（除渔阳郡南部和范阳郡）	亡于后赵
冉魏	350	洛（除河东、弘农二郡）、徐、豫、荆四州和魏尹、广平、赵、中山、常山、渤海诸郡	据有洛、徐、豫、荆四州和魏尹、广平、赵、中山、常山、渤海、章武诸郡，后失河东、弘农、章武三郡

割据者	时间（公元年）	统治区	统治区变迁
冉魏	351	魏尹、广平郡、常山郡	失洛、徐、豫、荆四州和赵、中山、渤海三郡，得兖州而旋失
	352	魏尹、广平郡、常山郡	亡于前燕
段龛	350	青州和东莞、东安、琅邪等郡	得青州和东莞、东安、琅邪等郡
	356	青州和东莞、东安、琅邪等郡	亡于前燕
张平	351	并州	据有并州自立
	357	平阳郡	并州失于前燕，得平阳郡
	361	平阳郡	亡于前秦
王擢	351	秦州	据有秦州
	352	秦州	亡于前秦
李俨	355	河州	得河州
	367	河州	亡于前秦
西燕	384	弘农郡和阿房城	得弘农郡和阿房城
	385	关中大部和弘农郡	得关中大部
	386	并州和河东、平阳二郡	失关中大部和弘农郡，得并州和河东、平阳二郡
	394	并州和河东、平阳二郡	亡于后燕
翟魏	386	黎阳、东燕、陈留、济阴、泰山五郡	得黎阳、东燕、陈留、济阴、泰山五郡
	387	黎阳、顿丘、贵乡、东燕、陈留、济阴、泰山、高平八郡	得高平、顿丘、贵乡三郡
	389	黎阳、顿丘、贵乡、东燕、陈留、济阴、泰山、高平、荥阳九郡	得荥阳郡
	390	黎阳、顿丘、贵乡、东燕、陈留、济阴、荥阳七郡	失高平、泰山二郡
	392	黎阳、顿丘、贵乡、东燕、陈留、济阴、荥阳七郡	亡于后燕

续表

割据者	时间（公元年）	统治区	统治区变迁
谯纵	405	益梁二州（除汉中、涪陵二郡）	得益梁二州（除汉中、涪陵二郡）
	406	益梁二州（除汉中、涪陵、巴东、巴四郡）	失去巴东郡、巴郡
	410	益梁二州（除汉中、涪陵二郡）	得巴东郡、巴郡
	413	益梁二州（除汉中、涪陵二郡）	亡于东晋
仇池	317	武都郡	得武都郡
	320	武都、阴平二郡	得阴平郡
	323	武都、阴平二郡	亡于前赵
	325	武都、阴平二郡	得武都、阴平二郡
	349	武都、阴平二郡和西城	得西城
	371	武都、阴平二郡和西城	亡于前秦
	385	武都、阴平、仇池三郡	据有武都、阴平、仇池三郡
	389	武都、阴平、仇池、天水、略阳五郡	得天水、略阳二郡
	394	武都、阴平、仇池三郡	失天水、略阳二郡
	407	武都、阴平、仇池、汉中四郡	得汉中郡
	413	武都、阴平、仇池三郡	失汉中郡
	431	武都、阴平、仇池、天水、略阳五郡	得天水、略阳二郡
	432	武都、阴平、仇池、天水、略阳、汉中六郡	得汉中郡
	433	武都、阴平、仇池、天水、略阳五郡	失汉中郡
	436	武都、阴平、仇池三郡	失天水、略阳二郡
	441	武都、阴平、仇池、晋寿四郡	得晋寿郡
	442	武都、阴平、仇池、晋寿四郡	亡于刘宋

附一：两晋十六国郡县名

两晋十六国郡县名，是结合《中国行政区划通史》（两晋十六国部分）《晋书地理志汇释》和本书中编、下编的考订编制的，主要是配合上编"两晋十六国政区概述"而作。两晋十六国的郡县前后有变动，又先后归属西晋、东晋、十六国等不同政权。下文以《晋志》所载十九州划分，以州系郡，以郡系县。郡县按《晋志》所载诸州郡国先后编排，各郡领县系于其郡下。两晋时期郡国并行，各封国一般基本都曾改为郡，下文全以"郡"名之。如西晋有陇西国，后为陇西郡，下文则称陇西郡。对于两晋十六国曾经设置过而《晋志》没有记载的郡县，则系于相应郡后。如晋惠帝时分梁国置陈郡，陈郡及其属县系于梁郡之后。而有的郡则分西晋旧郡中两郡或三郡之地而置，如西晋分吴兴、丹阳二郡置义兴郡，治阳羡，因阳羡旧属吴兴郡，故以义兴郡及其属县系于吴兴郡下。诸郡领县在两晋十六国时有变动，有些县改属他郡，这些县仍系于《晋志》所载其属的郡之后，新置的县或先前罢废的县相应地系所属郡之后。

一、司州地区郡县名

河南郡，属县：洛阳、河南、巩、河阴、新安、成皋、缑氏、阳城、新城、陆浑、梁、阳翟、新郑、东垣、西垣。

荥阳郡，属县：荥阳、京、密、卷、阳武、苑陵、中牟、开封。

弘农郡、华山郡，属县：弘农、湖、陕、宜阳、黾池、华阴、朱阳、敷西。

上洛郡，属县：上洛、商、卢氏、丰阳、拒阳。

平阳郡、大昌郡、泰平郡，属县：平阳、杨、端氏、永安、蒲子、狐讘、襄陵、绛邑、濩泽、临汾、北屈、皮氏。

河东郡、河北郡，属县：安邑、闻喜、东垣、汾阴、大阳、猗氏、解、蒲坂、河北。

汲郡，属县：汲、朝歌、共、林虑、获嘉、修武、永昌。

河内郡、野王郡，属县：野王、州、怀、平皋、河阳、沁水、轵、山阳、温、武德。

广平郡、襄国郡，属县：广平、邯郸、易阳、武安、涉、襄国、南和、任、曲梁、列人、肥乡、临水、广年、斥漳、平恩、苑乡（后为清苑）。

阳平郡、贵乡郡，属县：元城、馆陶、清渊、发干、东武阳（后为武阳）、阳平、乐平。

魏郡、黎阳郡，属县：邺（曾为临漳）、长乐、魏、斥丘、安阳、荡阴、内黄、黎阳。

顿丘郡（含卫国郡、东郡），属县：顿丘、繁阳、阴安、卫。

二、兖州地区郡县名

陈留郡、济阳郡，属县：黄、浚仪、封丘、酸枣、济阳、长垣、雍丘、尉氏、襄邑、外黄、扶沟、考城、陈留。

濮阳郡、东燕郡，属县：濮阳、廪丘、白马、鄄城、燕（后为东燕）、凉城。

济阴郡，属县：定陶、乘氏、句阳、离狐、冤句、己氏、成武、单父、城阳。

高平郡，属县：昌邑、巨野、方与、金乡、湖陆、高平、南平阳。

任城郡，属县：任城、亢父、樊。

东平郡，属县：须昌、寿张、范、无盐、富城、东平陆、刚平（前为刚）。

济北郡，属县：卢、临邑、东阿、谷城、蛇丘。

泰山郡，属县：奉高、博、嬴、南城、梁父、山茌、新泰（前为平阳）、南武阳（后为武阳）、莱芜、牟、巨平。

三、豫州地区郡县名

颍川郡，属县：许昌、长社、颍阴、临颍、郾、邵陵、鄢陵、新汲、长平、西华。

汝南郡、南顿郡、汝阳郡，属县：新息、南安阳（前为安阳）、安成、慎阳、北宜春、朗陵、阳安、上蔡、平舆、定颍、灈阳、南顿、汝阳、吴房、西平、和城。

襄城郡，属县：襄城、繁昌、郏、定陵、父城、昆阳、舞阳。

汝阴郡、新蔡郡，属县：汝阴、慎、原鹿、固始、鲖阳、新蔡、宋、褒信（后为苞信）。

梁郡、陈郡，属县：睢阳、蒙、虞、下邑、宁陵、谷熟、陈、项、阳夏、武平、苦（后为谷阳）、柘。

沛郡，属县：相、沛、丰、竹邑、符离、杼秋、洨、虹、萧。

谯郡，属县：谯、城父、酂、山桑、龙亢、蕲、铚。

鲁郡，属县：鲁、汶阳、卞、邹、蕃、薛、公丘。

弋阳郡、西阳郡，属县：西阳、轪、蕲春（后为蕲阳）、邾、西陵、期思、弋阳、光城、茹由。

安丰郡，属县：安风、雩娄、安丰、蓼、松滋。

四、冀州地区郡县名

赵郡、中丘国，属县：房子、元氏、平棘、高邑、中丘（曾为赵安）、柏人、平乡、下曲阳（后为曲阳）、鄗、南栾。

巨鹿郡，属县：廮陶、巨鹿、宋子、广阿、停驾。

安平郡（含长乐郡）、武邑郡、建兴郡，属县：信都、下博、武邑、武遂、观津、扶柳、广宗、经、堂阳、南宫、武强、建始、兴德、临清、水东。

平原郡，属县：平原、高唐、茌平、博平、聊城、安德、西平昌、般、鬲。

乐陵郡，属县：厌次、阳信、漯沃、新乐、乐陵。

勃海郡、广川郡，属县：南皮、东光、浮阳、饶安、高城、重合、东安

陵（后为安陵）、蓨、广川、阜城、枣强、索卢

　　章武郡，属县：东平舒、文安、章武、束州。

　　河间郡，属县：乐城、武垣、鄚、易城、中水、成平。

　　高阳郡，属县：博陆（前为博陵，后又为博陵）、高阳、北新城、蠡吾。

　　博陵郡，属县：安平、饶阳、南深泽（后为深泽）、安国。

　　清河郡，属县：甘陵、东武城（后为武城）、绎幕、贝丘、灵、鄃。

　　中山郡，属县：卢奴、魏昌、新市、安喜、蒲阴、望都、唐、北平。

　　常山郡、唐郡，属县：真定、石邑、井陉、上曲阳、蒲吾、南行唐（后为行唐）、灵寿、九门。

五、幽州地区郡县名

　　范阳郡，属县：涿、良乡、方城、长乡、遒、故安（后为固安）、范阳、容城、樊舆。

　　燕郡、渔阳郡，属县：蓟、安次、昌平、军都、广阳、潞、安乐、泉州、雍奴、狐奴。

　　北平郡，属县：徐无、土垠、俊靡、无终。

　　上谷郡，属县：沮阳、居庸。

　　广宁郡，属县：下洛、潘、涿鹿。

　　代郡，属县：代、广昌、平舒、当城。

　　辽西郡，属县：阳乐、肥如、海阳、令支、临渝。

六、平州地区郡县名

　　昌黎郡，属县：昌黎、宾徒、棘城、柳城（后为龙城）、徒河、武宁、武原、兴集、宁集、兴平、育黎、吴。

　　辽东郡，属县：襄平、汶、居就、乐就、安市、西安平（后为安平）、新昌、力城、平郭、和阳、武次、西乐。

　　乐浪郡，属县：朝鲜、屯有、浑弥、遂城、镂方、驷望。

　　玄菟郡，属县：高句丽、望平、高显。

　　带方郡，属县：带方、列口、南新、长岑、提奚、含资、海冥。

建德郡，属县：白狼、广都、建德。

石城郡，属县：石城。

七、并州地区郡县名

太原郡，属县：晋阳、阳曲、榆次、于离、盂、狼孟、阳邑、大陵、祁、平陶、京陵、中都、邬。

上党郡、武乡郡、建兴郡，属县：潞、屯留、壶关、长子、泫氏、高都、铜鞮、涅、襄垣、武乡、陭氏、长城、阳阿。

西河郡（含永石郡），属县：离石、隰城（前为兹氏）、中阳、界休。

乐平郡，属县：沾、上艾、受阳、辕阳、乐平。

雁门郡，属县：广武、崞、汪陶、平城、葰人、繁畤、原平、马邑、阴馆、楼烦。

新兴郡（含晋昌郡、定襄郡），属县：九原、定襄、云中、广牧、晋昌。

八、雍州地区郡县名

京兆郡、咸阳郡，属县：长安（曾为常安）、杜陵、霸城、蓝田、高陆、万年、新丰、阴盘、郑、渭城（曾为石安）、渭南、山北、泾阳。

冯翊郡，属县：临晋（曾为大荔）、下邽、重泉、频阳、粟邑、莲芍、合阳、夏阳

扶风郡，属县：池阳、郿、雍、汧、陈仓、美阳、好畤、宛川。

安定郡、陇东郡、赵平郡、平凉郡，属县：临泾、朝那、乌氏、都卢、鹑觚、阴密、西川、泾阳、焉式、贰。

北地郡，属县：泥阳、富平、灵州、灵武。

始平郡，属县：槐里、始平、武功、鄠、翮城、鳌厔。

新平郡，属县：漆（后为新平）、邠邑。

上郡，属县：衙。

长城郡，属县：长城。

中部郡，属县：中部。

赵兴郡、平原郡、五原郡。

九、凉州地区郡县名

金城郡、广武郡、三河郡，属县：榆中、允街、金城、白土、浩亹、令居、枝阳（后为支阳）、永登、广武、振武、允吾、鹯武。

西平郡（含西河郡）、晋兴郡、乐都郡，属县：西都、临羌、长宁、安夷、破羌、晋兴、枹罕、永固、临津、临鄣、广昌、大夏、遂兴、罕唐、左南、乐都。

武威郡、武兴郡、番禾郡、昌松郡（含仓松郡、东张掖郡），属县：姑臧、宣威、揖次、仓松（曾为昌松）、显美、骊轩、番禾、祖厉、鹯阴、武兴、大城、乌支、襄武、晏然、新鄣、平狄、司监、嘉麟、苕藋、魏安、漠口。

张掖郡、临松郡，属县：永平、临泽、屋兰、氐池、美水、临松。

西郡，属县：日勒、删丹、仙提、万岁、兰池。

酒泉郡、建康郡、祁连郡、凉宁郡，属县：福禄、会水、安弥、骍马、乐涫、表氏、延寿、玉门、沙头、玉石（后为金泽）、凉宁、建康、汉阳、祁连。

敦煌郡、晋昌郡、凉兴郡，属县：昌蒲、敦煌、龙勒、阳关、效谷、广至、宜禾、冥安、渊泉、伊吾、新乡、乾齐、会稽、凉兴、乌泽。

西海郡，属县：居延。

高昌郡，属县：高昌、田地、横截、高宁、白力。

湟河郡、广源郡、浇河郡、湟川郡、西安郡、临池郡、金山郡、延兴郡、新城郡。

阳川县（属郡不可考）。

十、秦州地区郡县名

陇西郡、狄道郡（含武始郡）、安故郡（含永晋郡、安固郡）、大夏郡、兴晋郡，属县：襄武、首阳、临洮、狄道、河关、安阳、洮阳、遂平、武街、始兴、第五、真仇、安故、桓陵、金剑、宛戍

南安郡、广宁郡，属县：獂道、新兴、中陶、彰。

天水郡、秦川郡，属县：上邽、冀、始昌（后为西）、新阳、显亲、成纪。

略阳郡（含广魏郡），属县：临渭、平襄、略阳、清水、陇城。

武都郡、仇池郡，属县：下辨、河池、沮、武都、故道、上禄、氐道、平乐、修城、嘉陵。

阴平郡，属县：阴平、平武、甸氐、刚氐。

武城郡、汉中郡、广晋郡、南平郡、苑川郡、武阳郡、汉阳郡、潵川郡、甘松郡、匡朋郡、白马郡、秦兴郡、兴国郡、西安郡。

十一、梁州地区郡县名

汉中郡，属县：南郑、蒲池、褒中（后为苞中）、沔阳、成固（后为城固）、西乡（前为南乡）、南汉、怀安。

梓潼郡、晋寿郡、金山郡、新巴郡，属县：梓潼、涪、汉德、晋寿、剑阁、白水、邵欢、兴安、西浦、新兴、万安、平兴、益昌、晋兴、新巴、晋城、晋安。

广汉郡、新都郡、德阳郡、遂宁郡，属县：广汉、德阳、五城、雒、什邡、绵竹、新都、郪、阳泉、巴兴、小溪、晋兴。

涪陵郡，属县：汉复、涪陵、汉平、汉葭、万宁。

巴西郡、宕渠郡，属县：阆中、西充国、南充国、汉昌、宕渠、安汉、平州、宣汉。

巴东郡、武陵郡，属县：鱼复（前为永安）、朐忍、南浦、汉丰、毣阳、黔阳。

十二、益州地区郡县名

蜀郡、汉原郡（含晋原郡），属县：成都、广都、繁、江原、临邛、郫。

犍为郡，属县：武阳、南安、僰道、资中、牛鞞、冶官。

汶山郡，属县：汶山、升迁、都安、广阳、兴乐、平康、蚕陵、广柔。

汉嘉郡、沈黎郡，属县：汉嘉、徙阳、严道、旄牛、灵关（后为护龙）、开邦、城阳、兰、晋乐。

江阳郡，属县：江阳（后为绵水）、符（后为安乐）、汉安、新乐。

朱提郡、南广郡，属县：朱提、南广、汉阳、南秦（前为南昌）、堂狼、临利、常迁、新兴、晋昌。

越巂郡，属县：会无、邛都、卑水、定莋、台登、三缝、新兴、晋兴。

牂柯郡、平夷郡（含平蛮郡）、夜郎郡，属县：万寿、且兰、谈指、夜郎、毋敛、并渠、鳖、平夷（后为平蛮）、广谈、晋乐、丹南、谈乐。

十三、宁州地区郡县名

云南郡、河阳郡（含东河阳郡）、兴宁郡、西河阳郡，属县：云平、云南、桥栋、青蛉、姑复、邪龙、楪榆、遂久、永宁、河阳（后为东河阳）、东古复、西古复、遂段、新丰。

兴古郡、西平郡、梁水郡，属县：律高、句町、宛温（后为宛暖）、漏卧、毋棳（前为西丰）、贲古、胜休、镡封、汉兴、进乘、都唐、西随、梁水、西安、南兴、盘江、来如、南零、西平、温江、都阳、晋绥、义成、西宁。

建宁郡、晋宁郡（含益州郡）、平乐郡、建都郡，属县：味、昆泽、存䭾、新定、谈藁、毋单、同濑、漏江、牧麻、谷昌、连然、秦臧、双柏、俞元、修云、泠丘、滇池、同乐、建伶、兴迁、万安、新兴、平乐、三洰、新安、经云、永丰、临江、麻应、遂安。

永昌郡、西河郡，属县：不韦、永寿、比苏、雍乡、南涪、嶲唐、哀牢、博南、成昌、建安。

十四、青州地区郡县名

齐郡、京兆郡、燕郡，属县：临淄、西安、东安平（后为安平）、广饶、昌国、般阳、新沓、葡阳。

北海郡，属县：平寿、下密、胶东、即墨、都昌。

济南郡、济岷郡、祝阿郡，属县：东平陵（后为平陵）、历城、于陵、漯阴、著、祝阿、邹平、菅、逢陵、营城、晋宁。

乐安郡，属县：高苑、临济、博昌、利、益都、蓼城、梁邹、寿光、东朝阳、乐安。

城阳郡、高密郡、平昌郡、壮武国，属县：莒、姑幕、诸、淳于、东武、高密、壮武、黔陬、平昌、昌安、夷安、琅邪。

东莱郡、东牟郡，属县：掖、当利、卢乡、曲城、黄、㠊、东牟、牟平。

长广郡，属县：不其、长广、挺、昌阳。

十五、徐州地区郡县名

彭城郡，属县：彭城、留、广戚、傅阳、武原、吕、梧。

下邳郡，属县：下邳、凌（后为北凌）、良城、睢陵、夏丘、取虑、僮。

东海郡、兰陵郡，属县：郯、祝其、朐、襄贲、利城、赣榆、厚丘、兰陵、承、昌虑、合乡、戚。

琅邪郡，属县：开阳、临沂、阳都、缯、即丘、华、费、东安、蒙阴。

东莞郡、东安郡，属县：东莞、朱虚、营陵、安丘、盖、临朐、剧、广。

广陵郡、山阳郡、海陵郡，属县：淮阴、射阳、舆、海陵、广陵、盐渎（后为盐城）、淮浦、江都、海西、凌、山阳、东城、左乡、建陵、临江、如皋、宁海、蒲涛。

临淮郡、淮陵郡、堂邑郡、宿预郡、盱眙郡、淮阳郡，属县：盱眙、东阳、高山、赘其、潘旌、高邮、淮陵、司吾、下相、徐、堂邑、临淮、角城、宿预、阳城、直渎。

十六、荆州地区郡县名

江夏郡、竟陵郡，属县：安陆、云杜、曲陵（前为石阳）、平春（后为平阳）、鄳、竟陵、南新市（后为新市）、钟武、濜阳、沌阳、惠怀、宵城、新阳。

南郡（含新郡）、成都郡、武宁郡，属县：江陵、编、当阳、华容、都、枝江、旌阳、州陵、监利、丰都、长林、乐乡。

襄阳郡、沮阳郡，属县：宜城、中庐、临沮、邔、襄阳、山都、上黄。

南阳郡、舞阴郡，属县：宛、西鄂、雉、鲁阳、犫、淯阳（后为云阳）、博望、堵阳（后为赭阳）、叶、舞阴、比阳、涅阳、冠军、郦、襄乡、复阳。

顺阳郡（含南乡郡），属县：酂、顺阳、南乡、丹水、武当、阴、筑阳、析、汎阳、修阳。

义阳郡、随郡、新野郡，属县：新野、穰、邓、蔡阳、随、安昌、棘阳、厥西、平氏、义阳、平林、朝阳

新城郡、汶阳郡，属县：房陵、绥阳（前为秭归）、昌魏、沶乡、汶阳、僮阳、沮阳、高安。

魏兴郡，属县：兴晋（前为平阳）、安康（前为安阳）、西城、锡、长利（后为勋乡）、洵阳、广城。

上庸郡，属县：上庸、安富、北巫、武陵、上廉（后为吉阳、北吉阳）、微阳（前为建始）、庸昌（前为广昌）、安乐。

建平郡，属县：巫、北井、泰昌、信陵、兴山、建始、秭归、沙渠、归乡、南陵、永新、永宁、平乐、新乡。

宜都郡，属县：夷陵（后为西陵）、夷道（后为西道）、很山、宜昌。

南平郡，属县：作唐、孱陵、安南、江安。

武陵郡，属县：临沅、龙阳、汉寿、沅陵、黚阳、酉阳、镡城、沅南、迁陵、舞阳、辰阳。

天门郡，属县：零阳、溇中、临澧、澧阳、渫阳。

长沙郡、建昌郡，属县：临湘、攸、下隽、醴陵、刘阳（后为浏阳）、建宁、吴昌、罗、蒲圻、巴陵。

衡阳郡，属县：湘乡、重安、湘南、湘西、烝阳、衡阳（后为衡山）、连道、新康、益阳。

湘东郡，属县：酃、茶陵、临烝、利阳、阴山、新平、新宁。

零陵郡、营阳郡，属县：陵、祁阳、零陵、营浦、洮阳、永昌、观阳、营道、舂陵、泠道、应阳。

邵陵郡，属县：邵陵、都梁、夫夷（后为扶）、建兴、邵阳、高平（前为南高平）、新、武冈。

桂阳郡、平阳郡，属县：郴、耒阳、便、临武、晋宁、南平、汝城、平阳。

武昌郡，属县：武昌、柴桑、阳新、沙羡、沙阳、鄂、高陵

安成郡，属县：平都、宜春（后为宜阳）、新渝、永新、安复、萍乡、广兴。

十七、扬州地区郡县名

丹杨郡，属县：建邺（后为建康）、江宁（前为临江）、丹杨、于湖、芜湖、永世、溧阳、江乘、句容、湖熟、秣陵。

宣城郡，属县：宛陵、宣城、陵阳（后为广阳）、安吴、临城、石城、泾、春谷（后为阳谷）、广德、宁国、怀安。

淮南郡、历阳郡，属县：寿春（后为寿阳）、成德、下蔡、义城、西曲阳、平阿、历阳、全椒、阜陵、钟离、合肥、逡道、阴陵、当涂、东城、乌江。

庐江郡、寻阳郡、晋熙郡，属县：阳泉、舒、灊、皖、寻阳、居巢、临湖、襄安、龙舒、六、怀宁、新治、九江、上甲。

毗陵郡（含晋陵郡），属县：丹徒、曲阿（前为云阳）、武进、延陵、毗陵（后为晋陵）、暨阳、无锡、南沙。

吴郡，属县：吴、嘉兴、海盐、盐官、钱唐、富春（后为富阳）、桐庐、建德、寿昌、海虞、娄、新城。

吴兴郡、义兴郡，属县：程、临安、余杭、武康、东迁、於潜、故鄣、安吉、原乡、长城、阳羡、临津、义乡、国山、平陵。

会稽郡，属县：山阴、上虞、余姚、句章、鄞、鄮、始宁、剡、永兴、诸暨。

东阳郡，属县：长山、永康、乌伤、吴宁、太末、信安、丰安、定阳、遂昌。

新安郡，属县：始新、遂安、黟、歙、海宁、黎阳。

临海郡、永嘉郡，属县：章安、临海、始丰、永宁、宁海、松阳、安固、横阳、乐安、乐成。

建安郡，属县：建安、吴兴、东平、建阳、将乐、邵武（后为邵阳）、延平、绥城、沙村。

晋安郡，属县：原丰、新罗、宛平、同安、候官、罗江、晋安、温麻。

豫章郡，属县：南昌、海昏、新淦、建城、望蔡、永修、建昌、吴平、豫宁、彭泽、艾、康乐、丰城、新吴、宜丰、钟陵。

临川郡，属县：临汝、西丰、新南城（后为南城）、东兴、南丰、永城、宜黄、安浦、西宁、新建。

鄱阳郡，属县：广晋、鄱阳、乐安、余汗、鄡阳、历陵、葛阳、晋兴、上饶、兴安。

庐陵郡，属县：西昌、高昌、石阳、巴丘、东昌、遂兴、吉阳、兴平、阳丰。

南康郡，属县：赣、雩都、平固、南康、揭阳（后为陂阳）、南野、宁都。

十八、交州地区郡县名

合浦郡、新安郡，属县：合浦、南平、荡昌、徐闻、毒质、珠官、晋始、新安。

交趾郡，属县：龙编、苟屚（后为句漏）、望海、羸𨻻、西于、武宁、朱鸢、曲易、吴兴、北带、稽徐、安定、南定、海平、平道。

新昌郡，属县：麊泠、嘉宁、吴定、封山、临西、西道、新道、晋化。

武平郡，属县：武定、武兴、进山、根宁、安武、扶安、封溪。

九真郡，属县：胥浦、移风、津梧、建初、常乐、扶乐、松原、高安、军安、宁夷、都庞。

九德郡，属县：九德、咸驩、南陵、阳遂、扶苓、曲胥、浦阳、都洨、西安、阳远（前为阳成）。

日南郡，属县：象林、卢容、朱吾、西卷、比景、寿泠、无劳。

十九、广州地区郡县名

南海郡、东官郡、义安郡、新会郡，属县：番禺、四会、增城、博罗、龙川、新夷、欣乐、怀化、盆允、西平、宝安、安怀、海丰、兴宁、海阳、绥安、海宁、潮阳、义招。

临贺郡，属县：临贺、谢沐、冯乘、封阳、兴安、富川。

始安郡，属县：始安、始阳、平乐、荔浦、常安、熙平、永丰。

始兴郡，属县：曲江、桂阳、始兴、含洭、浈阳、中宿、阳山。

苍梧郡、晋康郡、新宁郡、永平郡，属县：广信、端溪、高要、建陵、宁新、猛陵、鄣平、丰城、元溪、临允、都罗、武城、丁留、抚宁、遂成、广陵、夫阮、侨宁、龙乡、思安、封兴、荡康、辽安、开平、晋化、南兴、新兴、博林、甘东、单牒、威平、平兴、永城、封平、安沂、丰城、苏平、畝安、夫宁、雷乡、卢平、员乡、逋宁、开城。

郁林郡、晋兴郡，属县：布山、阿林、新邑、晋平、安始、郁平、领方、武熙、安广、安远、程安、威定、中胄、归化、建初、宾平、威化、新林、龙平、怀安、绥宁、建安、晋兴、熙注、桂林、增翊、广郁、晋城、郁阳。

桂林郡，属县：潭中、武丰、粟平、洋平（后为阳平）、龙冈（后为龙定）、夹阳、军腾、中溜。

高凉郡，属县：安宁、高凉、思平、石门、长度、招义。

高兴郡，属县：广化、海安、化平、莫阳、西平。

宁浦郡，属县：宁浦、兴道、吴安、平山、始定、简阳。

附二：中下编考补文献条目

中编考补文献条目

一、《晋书》地名问题补考

1.《晋书·孝怀帝纪》：永嘉二年（308），"九月，石勒寇赵郡，征北将军和郁自邺奔于卫国"。此"赵郡"应为"魏郡"。

2.《晋书·明帝纪》：太宁三年（325），"六月，石勒将石季龙攻刘曜将刘岳于新安，陷之。"此"新安"当为"石梁"。

3.《晋书·地理志上》司州条载，"永和五年，桓温入洛，复置河南郡，属司州"。此"永和五年"当是"永和十二年"。

4.《晋书·地理志上》兖州条载，"咸康四年，于北谯界立陈留郡"。此"咸康四年"当误，于北谯界立陈留郡应在太元九年（384）后。

5.《晋书·地理志下》荆州南郡条载，南郡有石首县。《晋志》误，此县当删。

6.《晋书·滕修传》载，"（滕）修曾孙恬之，龙骧将军、魏郡太守，戍黎阳，为翟辽所执，死之"。此"魏郡"当为"黎阳"。

7.《晋书·汝南王亮传附子羕传》载，"惠帝还洛，复羕封为抚军将军，又以汝南期思、西陵益其国"。此"汝南"应为"弋阳"。

8.《晋书·刘隗传附刘波传》："苻坚弟融围雍州刺史朱序于襄阳"。此"雍州"当为"梁州"。

9.《晋书·王逊传》：王逊为宁州刺史，"以地势形便，上分牂柯为平夷郡，分朱提为南广郡，分建宁为夜郎郡，分永昌为梁水郡，又改益州郡为晋宁郡，

526

事皆施行"。此"建宁"当为"牂柯","永昌"当为"兴古"。

10.《晋书·儒林传·刘兆传》："刘兆字延世，济南东平人。"此"东平"应为"东平陵"。

11.《晋书·刘元海载记》："（刘元海）进据河东，攻寇蒲坂、平阳，皆陷之。元海遂入都蒲子。"此"蒲坂"应为"蒲子"。

12.《晋书·石勒载记下》："石生攻刘曜河内太守尹平于新安，斩之。"此"河内"应为"河南"。

13.《晋书·石季龙载记上》："宁远刘宁攻武都狄道，陷之。"此"武都"应为"武始"。

14.《晋书·姚襄载记》："流人郭敩等千余人执晋堂邑内史刘仕，降于襄。"此"堂邑"当为"陈留"。

15.《晋书·李流载记》：西晋攻成汉，"前锋孙阜破德阳，获（李）特所置守将骞硕，太守任臧等退屯涪陵县"。此"涪陵县"应为"涪县"。

16.《晋书·乞伏乾归载记》：西秦击仇池杨定，"斩定及首虏万七千级。于是尽有陇西、巴西之地"。此"陇西、巴西"应为"陇西已西"。

二、《宋书·州郡志》（下文简称《宋志》）补考

1.《宋志》扬州刺史临海太守条载，"乐安令，晋康帝分始丰立"。此"晋康帝"或应为"晋穆帝永和三年"。

2.《宋志》南徐州刺史南濮阳太守条载，濮阳郡，"本东郡，属兖州，晋武帝咸宁二年以封子允，以东不可为国名，东郡有濮阳县，故曰濮阳国。濮阳，汉旧名也"。此"咸宁二年"应为"咸宁三年"。

3.《宋志》徐州刺史东安太守新泰令条载，"新泰令，魏立，属泰山"。此"魏立"应为"魏立平阳县，晋武帝太康九年改新泰"。

4.《宋志》南豫州刺史条载，"哀帝隆和元年，刺史袁真自谯退守寿春"。此"谯"当为"汝南"。

5.《宋志》司州刺史条载，"（宋）武帝北平关、洛，河南底定，置司州刺史，治虎牢，领河南、荥阳、弘农实土三郡。河南领洛阳、河南、巩、缑氏、新城、梁、河阴、陆浑、东垣、新安、西东垣凡十一县"。此"西东垣"当为"西垣"。

6.《宋志》荆州刺史巴东公相条载，"《晋太康地志》，巴东属梁州。惠帝

太安二年，度益州"。此"太安二年"应为"永兴元年"。

7.《宋志》梁州刺史汉中太守条载，汉中太守，"晋地记云，孝武太元十五年，梁州刺史周琼表立。又疑是李氏所省，李氏平后复立"。此文自"晋地记云"以下内容当删。

8.《宋志》益州刺史东江阳太守条载，"东江阳太守，何《志》，晋安帝初，流寓入蜀，今新复旧土为郡"。何《志》有误，东江阳郡应晋穆帝时置。

三、《元和郡县图志》（下文简称《元和志》）补考

1.《元和志》关内道一京兆府云阳县条载，云阳县，"本汉旧县，属左冯翊。魏司马宣王抚慰关中，罢县，置抚夷护军。及赵王伦镇长安，复罢护军。刘、石、苻、姚因之。魏罢护军，更于今理别置云阳县"。《元和志》此有脱文，"复罢护军"后应有"后氏羌反，又立护军"。

2.《元和志》河南道六兖州莱芜县条载，莱芜县，"本汉县也"，"至晋废，后魏移古嬴城于此"。此"至晋废"误，应是"至宋废"。

3.《元和志》河南道七沂州新泰县条载，新泰县，"春秋鲁平阳邑也，宣公八年城平阳。晋武帝泰始中，镇南将军羊祜，此县人也，表改为新泰县，属泰山郡"。此"此县人"应为"南城县人"，或删去。

4.《元和志》河东道四邢州任县条载，任县，"本汉张县地也，在今县西南渚阳城是也。后汉省。赵于此置苑县，石氏灭废"。此"苑县"应为"苑乡县"。

5.《元和志》河北道二冀州武强县条载，武强县，"本汉武隧县地也，属河间国。晋于此置武强县，属武强郡"；"武强故城，在县西南二十五里，汉将严不识以击黥布功封武强侯，后汉王梁为武强侯"。"武强故城"中所言史事误入，当删。

6.《元和志》河北道二德州蓚县条载，蓚县，"本汉条县，即条侯国也，景帝封周亚夫为条侯。汉条县属信都国，后汉属渤海郡。晋改'条'为'脩'。隋开皇三年废渤海郡，属冀州，五年改脩县为蓚县，属观州"。《晋志》中冀州勃海郡有"蓚"县，与《元和志》所载"晋改'条'为'脩'"不同。

7.《元和志》山南道二复州监利县条载，监利县，"本汉华容县地也，晋武帝太康五年分立监利县，属南郡"。此"太康五年"，《宋志》载为"太康四年"。

8.《元和志》山南道二房州条载，房州，"后汉末，立为房陵郡"；"魏文

帝时，孟达降魏，魏改房陵郡为新城郡"。此载"改房陵郡为新城郡"，不准确，当是"合房陵、上庸、西城三郡为新城郡"。

9.《元和志》山南道三兴元府褒城县条载，褒城县，"本汉褒中县，属汉中郡，都尉理之。古褒国也。当斜谷大路，晋义熙末，朱龄石平蜀，梁州刺史理此，仍改褒中县"。文末"褒中县"，应为"苞中县"。

10.《元和志》山南道三利州景谷县条载，景谷县，"本汉白水县地，属广汉郡。宋元嘉十七年，氐人杨难当自称大秦王，进军克葭萌，获晋寿太守申坦，因分白水置平兴县"。此处"元嘉十七年"应为"元嘉十八年"，且应移于"大秦王"后。

11.《元和志》江南道一睦州清溪县条载，清溪县，"黄武元年，分歙县东乡置始新县。晋改为雉山，以县南有雉山，因名之"。此"黄武元年"应为"建安十三年"，"晋改为雉山"应为"隋改为雉山"。

12.《元和志》江南道二衢州龙丘县条载，龙丘县，"晋改太末为龙丘，因县东龙丘山为名。隋末废"。此"晋改太末为龙丘"，应为"陈改太末为龙丘"。

13.《元和志》江南道三鄂州武昌县条载，武昌县，"建安二十五年，吴大帝以下雉、寻阳、新城、柴桑、沙羡、武昌六县为武昌郡"。此"建安二十五年"或应为"黄初二年"。

14.《元和志》江南道四吉州永新县条载，永新县，"本汉庐陵县地，吴归命侯所置，属安城郡"。"吴归命侯所置"应为"东汉末孙权所置"。

15.《元和志》江南道四虔州虔化县条载，虔化县，"本汉赣县地，吴宝鼎三年初置新都，晋太康元年改为宁都"。此"新都"当为"阳都"。

16.《元和志》江南道四江州条载，"晋太康十年，以荆扬二州疆域旷远，难为统理，分豫章、鄱阳、庐江等郡之地置江州，因江水为名"。此"太康十年"误，应为"元康元年"。

17.《元和志》岭南道五交州条载，"吴黄武五年分，交趾、日南、九真、合浦四郡为交州，南海、郁林、苍梧三郡为广州，寻省广州，还并交州"。"南海、郁林、苍梧三郡"应为"南海、郁林、苍梧、高凉四郡"。

18.《元和志》陇右道上兰州广武县条载，广武县，"本汉枝阳县也，前凉张骏三年分晋兴置广武郡"。此"晋兴"误，应为"金城"，此载"张骏三年"又与《晋志》不同。

19.《元和志》陇右道上临州狄道县条载，狄道县，"本汉县，属陇西郡，晋改为武轵县"。此"晋改为武轵县"应为"前凉改立武始郡"。

四、《太平寰宇记》（下文简称《寰宇记》）补考

1.《寰宇记》河南道五河南府密县条载，"晋泰始二年分河南置阳翟郡，以密县属焉"。此"阳翟郡"当为"荥阳郡"。

2.《寰宇记》河南道二十三沂州新泰县条载，新泰县，"《记》云：旧名平阳，泰始中，镇南将军羊祜，此县人也，表改为新泰县，属泰山郡"。"此县人"应为"南城县人"，或删去。

3.《寰宇记》关西道六凤翔府宝鸡县条载："《周地图记》云：'陈仓县，晋末废。'"此"晋末废"应为"后魏废"。

4.《寰宇记》河北道七贝州清阳县条载，清阳县，"汉县，属清河郡"，"后汉并入甘陵。西晋省甘陵，于此置清河县理置清阳县，复汉名"。"西晋省甘陵"后应加"隋"字。

5.《寰宇记》河北道十二冀州条载，冀州，"西晋末，石赵自信都徙理襄国，至季龙，州徙于邺"。此"邺"应改为"信都"。

6.《寰宇记》江南东道九衢州龙游县条亦载，龙游县，"秦、汉为太末县地。晋立龙丘县"。此"晋立龙丘县"，应为"陈立龙丘县"。

7.《寰宇记》江南西道七吉州永新县条载，永新县，"汉庐陵县地，吴宝鼎中立永新县，属安成郡"。此"吴宝鼎中立"应为"东汉末孙权立"。

8.《寰宇记》江南西道八抚州崇仁县条载，"废西宁县，在县南六十三里，吴太平二年置，以宁水为名"。此"吴太平二年置"应为"吴太平二年置西城，西晋太康元年改西宁"。

9.《寰宇记》江南西道九江州条载，"后至成帝咸和元年移江州理浔城，即今郡是也"。此"咸和元年"应为"咸和三年"。

10.《寰宇记》江南西道九江州德安县条载，"至晋建兴初，始以为郡，仍领寻阳、彭泽、柴桑、上甲、九江五县"；江州瑞昌县条载，"按《州图经》：'晋建兴元年始立郡，领寻阳、柴桑、彭泽、上甲、九江等五县'"。此"建兴初""建兴元年"应为"永兴初""永兴元年"。德安县条"仍领"和瑞昌县条"领"应为"建兴元年领"。

11.《寰宇记》淮南道五蕲州条载，"晋惠帝时，蕲春改为西阳郡"。此"西阳郡"应为"西阳国"。

12.《寰宇记》淮南道五光州条载，光州，"晋元康末分弋阳为西阳郡"。此"元康末"当为"元康初"，"西阳郡"当为"西阳国"。

13.《寰宇记》山南西道三利州葭萌县条载，葭萌县，"太元中分晋寿置晋安县，属新巴郡"。此"太元中"应为"晋安帝时"。

14.《寰宇记》山南西道六洋州兴道县条载，"按《地记》云：'晋于今西泉县置晋昌郡，魏复移于今县置晋昌郡，因晋旧名也'"。此"西泉"当为"石泉"。

15.《寰宇记》山南东道七夔州大昌县条载，大昌县，"本汉巫、秭归二县地，《舆地志》云：'晋太康元年，分巫、秭归县置建平县，后改为大昌县，属建平郡'"。此"大昌"应为"泰昌"。

16.《寰宇记》岭南道二潮州潮阳县条载，"按《南越志》云：'义安郡有义昭县，昔流人营也。'义熙九年立为县"。此"义昭县"当为"义招县"。

五、《资治通鉴》（下文简称《通鉴》）胡三省地理注补考

1.《通鉴》魏元帝咸熙元年（264）三月载，"封刘禅为安乐公"。胡注："《晋志》：安乐，属燕国。"此"安乐"不属幽州燕国，应属荆州上庸郡。

2.《通鉴》晋愍帝建兴元年（313）五月载，"石勒使孔苌击定陵，杀田徽"。胡注："定陵县，汉属颍川郡，晋属襄城郡。田徽，王浚用为兖州刺史。"此"定陵"，非豫州襄城郡定陵县，当在冀州清河郡境。

3.《通鉴》晋愍帝建兴四年（316）载，"宁州刺史王逊，严猛喜诛杀。五月，平夷太守雷炤、平乐太守董霸帅三千余家叛"。胡注："平乐郡，证以《隋志》，盖置于越巂郡之邛部川，然不知谁所置也。"此"平乐郡"不在"越巂之邛部川"，是分建宁郡而置。

4.《通鉴》晋成帝咸和四年八月载（329），"赵南阳王胤帅众数万自上邽趣长安，陇东、武都、安定、新平、北地、扶风、始平诸郡戎、夏皆起兵应之"。胡注："魏收《地形志》有陇东郡，领泾阳、祖厉、抚夷三县，盖后赵分安定置也。"胡注中"后赵"应为"前赵"。

5.《通鉴》晋穆帝永和二年（346）十一月载，"（桓）温帅益州刺史周抚、南郡太守谯王无忌伐汉，拜表即行；委安西长史范汪以留事，加抚都督梁州之四郡诸军事"。胡注："梁州四郡，涪陵、巴东、巴西、巴郡也。"胡注误，梁州四郡为汉中、巴西、梓潼、阴平。

6.《通鉴》晋穆帝永和十一年（355）十月载，"以豫州刺史谢尚督并、冀、幽三州，镇寿春"。胡注："进取则屯寿春，守江则多在历阳、芜湖二处。"《通鉴》此处"寿春"应为"马头"。胡注所言"进取则屯寿春"应为"进取则屯寿春、马头"较为确切。

7.《通鉴》晋穆帝升平二年（358）十月载，"泰山太守诸葛攸攻燕东郡，入武阳"。胡注："后汉东郡治东武阳。武帝咸康二年，封子允，以'东'不可为国名，而东郡有濮阳县，改曰濮阳国。"胡注此误，改东郡为濮阳国应在咸宁三年（277）。

8.《通鉴》晋海西公太和五年（370）正月载，"秦王猛遗燕荆州刺史武威王筑书"，"筑惧，以洛阳降"。胡注："燕荆州治洛阳。"此"荆州"应为"洛州"。

9.《通鉴》晋安帝隆安元年（397）三月，"己酉，（魏主）珪如卢奴。辛亥，复围中山"。胡注："杜佑曰：后燕都中山，今博陵郡唐昌县。唐昌本汉苦陉县，章帝改汉昌，曹魏改魏昌，隋改隋昌，唐武德中改唐昌。"胡注此误，应为"后燕都中山，今博陵郡安喜县。安喜本汉卢奴，高齐省卢奴，移旧安喜县于此"。

10.《通鉴》晋安帝义熙六年（410）三月，"（南凉）右卫将军折掘奇镇据石驴山以叛"。胡注："石驴山在姑臧西南、长宁川西北，属晋昌郡界。张寔讨曹祛于晋昌，自姑臧西踰石驴，据长宁。"此"属晋昌郡界"当为"在武威郡、西平郡交界地带"，后一"晋昌"当为"西平"。

11.《通鉴》宋文帝元嘉七年（430）十一月，"南安诸羌万余人叛秦，推安南将军、督八郡诸军事、广宁太守焦遗为主，遗不从；乃劫遗族子长城护军亮为主"。胡注："《五代志》：平凉郡百泉县，后魏置长城郡。"胡注此误，长城护军应在原西晋南安郡界。

六、谭其骧主编《中国历史地图集》十六国部分（下文简称谭《图》）献疑

1.谭《图》第四册"十六国成、前赵、前凉、后赵"图，当有前凉时所置高昌郡。

2.谭《图》第四册"十六国成、前赵、前凉、后赵"图，广宁、上谷、代郡及渔阳郡北部不属后赵，当属鲜卑段部。

3.谭《图》第四册"十六国前凉、前燕、代"图，淮水以北、琅邪郡以南徐州之地不属前燕，当属东晋。

4.谭《图》第四册"十六国后秦、后燕、西秦、后凉、魏"图，河南郡不属后燕，当属东晋。

5.谭《图》第四册"十六国后秦、魏、南凉、北凉、西凉、南燕、夏、西秦、北燕"图，汉中、武都、仇池三郡不属后秦，当属仇池，也不当有南梁州和武兴郡。

6.谭《图》第四册"十六国后秦、魏、南凉、北凉、西凉、南燕、夏、西秦、北燕"图，东燕郡不属东晋，当属北魏。

7.谭《图》第四册"十六国后秦、魏、南凉、北凉、西凉、南燕、夏、西秦、北燕"图，濡水以西之北平、辽西二郡之地不属北燕，当属北魏。

七、《中国行政区划通史》两晋部分献疑

1.《通史》第四编"本编凡例"第五条："《晋书·地理志》政区断代取太康四年，杜预《春秋经传集解》所存地志断代取太康元年，《太康地志》政区断代取太康三年。"此条不当，《晋志》和《太康地志》大致反映太康（280—289）年间的政区，杜预《春秋经传集解》注文所存西晋政区大体反映咸宁三年（277）前至太康元年（280）间的政区。

2.西晋兖州东郡（濮阳国）燕县条，"燕（266—313）"当为"燕（266—306？，306？—315东燕）"。

3.西晋兖州济阴郡条，"济阴郡（266—282，283—313济阳郡）"当为"济阴郡（266—316）"。

4.西晋豫州汝阴郡楼烦县条，"楼烦（269—？）"，此条当删。

5.西晋豫州梁国条，"陈（281—313）"当为"陈（277—302）"，"项（281—313）"当为"项（277—302）"，"阳夏（281—302）"当为"阳夏（277—302）"，"苦（282前—313）"当为"苦（282前—302）"。

6.西晋豫州陈国条，"陈国（266—280，302—313陈郡）"当为"陈国（266—277，302—316陈郡），陈"（266—280）"当为"陈（266—277，290后—316）"，"项（266—280）"当为"项（266—277，302—316）"，"阳夏（266—280，302—313）"当为"阳夏（266—277，302—316）"，"柘（266—280）"当为"柘（266—277）"，"长平（266—280前）"当为"长平（302—

316）"；此条无苦县，当补"苦（302—316）"。

7.西晋豫州沛国公丘县条，"公丘（266—283前）"当为"公丘（266—277）"；鲁国公丘县条，"公丘（283前—316）"当为"公丘（277—316）"。

8.西晋冀州安平国信都县条，"信都（266—283，284—313长乐）"当为"信都（266—314）"。

9.西晋冀州清河郡东武城县条，"东武城（266—313）"当为"东武城（266—280后，280后—314武城）"。

10.西晋冀州博陵郡条，"博陵郡（266—313）"应为"博陵国（266—277博陵郡，278—314）"，领县增"博陵（266—277后）"；西晋冀州高阳国博陆县条，"博陆（266—313）"当为"博陆（277后—314）"。

11.西晋雍州冯翊郡临晋县条，"临晋（266—316）"当为"临晋（266—283后，283后—311前大荔，311前—316临晋）"。

12.西晋凉州张掖郡昭武县条，"昭武（266—279，280—316临泽）"当为"临泽（266—316）"。

13.西晋梁州汉中郡兴道县条、黄金县条，"兴道（283前—313）"，"黄金（283前—313）"，此两条当删。

14.西晋梁州梓潼郡涪城县条、东晋梁州梓潼郡涪城县条，"涪城"当改为"涪"。

15.西晋梁州梓潼郡武连县条、黄安县条、东晋梁州梓潼郡武连县条，"武连（283前—302，310）"，"黄安（283前—302，310）"，"武连（352—373，384—404，413—420）"，此三条当删。

16.西晋梁州梓潼郡苍溪县条、岐惬县条，"苍溪（283前—302，310）"，"岐惬（283前—302，310）"，此两条当删。

17.西晋益州汉嘉郡青衣县条，"青衣"当为"汉嘉"。

18.西晋益州兴古郡毋掇县条、西晋宁州兴古郡毋掇县条、东晋宁州兴古郡毋掇县条、东晋宁州梁水郡毋掇县条，"毋掇"当为"毋棳"。

19.西晋青州乐安国益县条，"益（266—313）"当为"益都（266—310）"。

20.西晋徐州临淮郡徐县条，"徐（280后—296）"当为"徐（282—301）"。

21.西晋荆州襄阳郡中卢县条，"中卢"当为"中庐"。

22.西晋荆州天门郡充县条，"充（280—316）"，此条当删。

23.西晋荆州邵陵郡武刚县条、西晋湘州邵陵郡武刚县条、东晋荆州邵陵郡武刚县条、东晋湘州邵陵武刚县条，"武刚"当为"武冈"。

24.西晋荆州安成郡新谕县条、西晋江州安成郡新谕县条，"新谕"当为"新渝"；东晋江州安成郡新喻县条，"新喻"当为"新渝"。

25.西晋扬州吴郡沙中县条，"沙中（280）"，此条当删。

26.西晋扬州庐陵郡南野县条、江州庐陵郡南野县条，南野县应自庐陵郡移属南康郡。

27.西晋"湘州"条、东晋"湘州"条，湘州领郡沿革有误，应为："西晋永嘉元年（307）置湘州，领长沙、衡阳、湘东、邵陵、零陵、营阳、建昌、桂阳八郡，至东晋咸和三年（328）省，此前领郡不变；东晋义熙八年（412）复置湘州，领长沙、衡阳、湘东、邵陵、零陵、营阳、桂阳七郡，义熙十二年（416）又省。"

28.西晋交州交趾郡交兴县条、东晋交州交趾郡交兴县条，"交兴"当为"吴兴"。

29.西晋交州交趾郡封溪县条，封溪县应自交趾郡移属武平郡。

30.西晋交州武平郡条，武平郡当有武定县。

31.西晋交州九德郡蒲阳县条，"蒲阳"应为"浦阳"。

32.西晋广州南海郡平夷县条，"平夷"应为"新夷"。

33.西晋广州桂林郡常安县条，"常安（280—282）"，此条当删；西晋广州始安郡尚安县条，"尚安（280—282，283—307后常安）"当为"常安（280—316）"。

34.西晋广州宁浦郡涧阳县条，涧阳县当为简阳县。

35.东晋扬州临海郡宁海县条，"宁海（317—420）"当为"宁海（347—420）"。

36.东晋扬州临海郡乐安县条，"乐安（343？—420）"当为"乐安（347—420）"。

37.东晋兖州条，东晋末当于兖州旧地置北兖州。

38.东晋豫州颍川郡阳翟县条，"阳翟（416—420）"当为"阳翟（317？—325，351—359，361—365，384—403，416—420）"。

39.东晋青州济岷郡条，济岷郡及其属县当删。

40.东晋司州河南郡西东垣县条，"西东垣"当为"西垣"。

41.东晋司州弘农郡曲阳侨县条，曲阳侨县当为朱阳实县。

42.东晋荆州南郡临沮县条，"临沮（317—420）"当为"临沮（347？—420）"。

43.东晋荆州南阳郡堵阳县条，"堵阳"，东晋末当为"赭阳"。

44.东晋荆州宜都郡夷道县条、夷陵县条，"夷道（317—420）"当为"夷道（317—362后，362后—405后西道，405后—420）"，"夷陵（317—420）"当为"夷陵（317—362后，362后—405后西陵，405后—420）"

45.东晋荆州长沙郡刘阳县、湘州长沙郡刘阳县条，"刘阳"当为"浏阳"。

46.东晋江州建安郡邵武县条，"邵武（317—420）"当为"邵武（317—323，323—420邵阳）"。

47.东晋江州武昌郡条，当补"沙羡（317—378）"。

48.东晋梁州上庸郡北吉阳侨县条，北吉阳当非侨县，应为实县。

49.东晋梁州涪郡条，此"涪郡"应为"涪陵郡"，且为侨郡，当删。

50.东晋梁州宕渠郡条，此"宕渠郡"为侨郡，当删。

51.东晋益州晋原郡晋乐县条，晋乐县当移属沈黎郡。

52.东晋益州东江阳郡汉安县条，"汉安（384—404，413—420）"应为"汉安（347？—372，384—404，413—420）"。

53.东晋宁州晋宁郡条，"晋宁郡（317—332，347—372，398—420）"当为"晋宁郡（317—332，347—420）"，此下晋宁郡所领诸县同改。

54.东晋广州晋兴郡安广县条，"安广（318—420）"，此条当删；东晋广州宁浦郡条，增补"安广（318？—420）"。

55.东晋广州桂林郡龙冈县条，"龙冈"当为"龙定"。

56.东晋交州武平郡平道条，平道县下考证当删。

57.东晋交州九真郡军安县条，"军安（？—420）"当为"军安（317—420）"，其下考证当删。

下编补考文献条目

一、两晋郡县补考

1.西晋上郡及其属县；2.西晋武兴郡、晋兴郡及其属县；3.西晋安故郡及其属县；4.西晋武陵郡及其属县；5.西晋南广郡及其属县；6.西晋平乐郡及其属县；7.西晋济岷郡及其属县；8.西晋东牟郡及其属县；9.西晋营阳郡及其属县；10.东晋华山郡及其属县；11.东晋上洛郡及其属县；12.东晋金山郡及其属县；13.东晋东河阳郡、西河阳郡及其属县；14.东晋燕郡；15.东晋沮阳郡及其属县；16.东晋平阳郡及其属县；17.东晋新安郡及其属县；18.西晋武德县；19.西晋宋子县；20.西晋武强县；21.西晋枣强县、索卢县；22.西晋樊舆县；23.西晋阴馆县、楼烦县；24.西晋渭城县；25.西晋好畤县；26.西晋泾阳县；27.西晋灵武县；28.西晋鏊屋县；29.西晋令居县、枝阳县；30.西晋祖厉县；31.西晋汉阳县；32.西晋陇城县；33.西晋上禄县；34.西晋郾县；35.西晋灵关县（含护龙县）；36.西晋开邦县；37.西晋新乐县；38.西晋广谈县；39.西晋兴迁县；40.西晋葡阳县；41.西晋乐安县；42.西晋临淮县；43.两晋钟武县；44.西晋沌阳县；45.西晋上黄县；46.西晋安乐县；47.西晋归乡县；48.西晋辰阳县；49.西晋溧阳县；50.西晋九江县、上甲县；51.西晋兴安县；52.两晋上饶县；53.东晋朱阳县；54.东晋蕲春县（蕲阳县）；55.东晋光城县、茹由县；56.东晋安乐县；57.东晋新兴县；58.东晋东古复县、西古复县；59.东晋汶阳县；60.东晋广城县；61.东晋欣乐县；62.东晋招义县。

二、两晋郡王郡公封国考

1.晋武帝泰始年间的郡王封国：陈留国、东平国、汝阴国、梁国、陈国、沛国、谯国、安平国、平原国、勃海国、河间国、高阳国、中山国、常山国、范阳国、燕国、太原国、扶风国（含秦国）、陇西国、齐国、北海国、济南国、乐安国、彭城国、下邳国、琅邪国、东莞国、义阳国（以上泰始元年立）；城阳国（泰始五年立）；汝南国（泰始六年立）；东海国（泰始九年立）。

2.晋武帝咸宁、太康年间的郡王封国：濮阳国、任城国、赵国、章武国、清河国、辽东国、西河国、始平国、广汉国、新都国、南阳国（以上咸宁三年立）；东莱国（太康四年立）；长乐国（太康五年立）；随国（太康九年立）；武邑国、代国、汉国、成都国、广陵国、顺阳国、长沙国、楚国（含襄阳国）、淮南国、吴国、豫章国、毗陵国（以上太康十年立）。

3.晋惠帝年间的郡王封国：西阳国、东安国（以上元康元年立）；中丘国（元康初年立）；高密国（元康六年立）；平昌国（元康九年立）；济阳国、临淮国（以上永康元年立）；南平国、上庸国（以上永宁元年前立）；淮陵国、新野国、宜都国（以上永宁元年立）；广阳国（太安元年立）；庐江国（永兴元年立）；东燕国、南顿国、汝阳国、竟陵国（以上光熙元年立）；新蔡国、广川国（以上晋惠帝时立）；济阴国、武陵国（以上晋惠帝末立）。

4.东晋郡王的实土封国：汝南国、南顿国、新蔡国、梁国、谯国、西阳国、彭城国、琅邪国、南阳国（以上建武元年承西晋立）；东海国（建武元年新立）；武陵国（太兴元年立）；吴国（咸和元年立）；会稽国（咸和二年立）；新宁国（太元六年立）；临川国（太元九年立）。

5.东晋郡王的侨立封国：琅邪国、东海国、彭城国、汝南国、新蔡国、梁国、谯国（以上建武元年立，后失实土）；高密国（建武元年立，无实土）；陈留国（太宁二年立，无实土）；河间国（咸和五年立，无实土）；齐国（太元二年立，无实土）；高阳国（隆安元年立，无实土）；淮陵国（隆安三年立，无实土）。附：章武国（建武元年立，无实土，又未见侨郡）；安平国（永和六年前立，无实土，又未见侨郡）。

6.两晋郡公封国：高平国、济北国、鲁国、乐陵国、巨鹿国（以上泰始元年立）；博陵国（咸宁三年立）；兰陵国（元康元年立）；壮武国（元康初年立）；上谷国（元康元年后立）；广陵国（永康元年立）；江夏国（光熙元年立）；东平国（永嘉元年立）；西平国（建兴二年立）；宣城国（西晋末立）；武昌国（永昌元年立）；始兴国（太宁二年立）；长沙国、始安国（以上咸和四年立）；临贺国（永和四年立）；南郡国（升平四年立）；庐陵国、南康国（以上太元十年立）；桂阳国、豫章国（以上元兴元年立）；安成国、南平国（以上义熙二年立）；南阳国（义熙九年立）。

三、两晋十六国郡县得名考

1.司州地区郡县得名：河南郡、河南县、洛阳县、巩县、河阴县、缑氏县、阳城县、陆浑县；荥阳郡、荥阳县、密县；弘农郡、华山郡、弘农县、黾池县、华阴县、敷西县、朱阳县；上洛郡、上洛县、卢氏县、丰阳县；平阳郡、平阳县、杨县、襄陵县、濩泽县、临汾县；河东郡、河北郡、河北县、闻喜县、垣县、汾阴县、大阳县、猗氏县、解县；（汲郡）朝歌县、共县、林虑县、获嘉县、修武县；河内郡、平皋县、河阳县、沁水县、温县、武德县；（广平郡）、襄国郡、襄国县、邯郸县、易阳县、涉县、南和县、任县、临水县、斥漳县；（阳平郡）元城县、馆陶县、清渊县、东武阳县；魏郡、黎阳郡、魏县、黎阳县、斥丘县、荡阴县、内黄县；顿丘郡、顿丘县、繁阳县、卫县。

2.兖州地区郡县得名：陈留郡、济阳郡、陈留县、济阳县、小黄县、浚仪县、酸枣县、长垣县、雍丘县、尉氏县、襄邑县、外黄县、扶沟县；濮阳郡、东郡、东燕郡、濮阳县、燕县、东燕县、白马县；济阴郡、定陶县、句阳县、离狐县、己氏县、单父县、城阳县；（高平郡）巨野县、金乡县；任城郡、任城县；东平郡、须昌县；济北郡、卢县；泰山郡、奉高县、博县、嬴县、梁父县、南武阳县、莱芜县、牟县。

3.豫州地区郡县得名：颍川郡、长社县、颍阴县、临颍县、郾县、邵陵县；汝南郡、汝阳郡、南顿郡、汝阳县、南顿县、慎阳县、朗陵县、上蔡县、灈阳县、吴房县、西平县；襄城郡、襄城县、郏县、昆阳县、舞阳县；汝阴郡、新蔡郡、新蔡县、慎县、铜阳县、宋县；梁郡、陈郡、陈县、睢阳县、蒙县、虞县、项县；沛郡、沛县、丰县、符离县、洨县、萧县；鲁郡、鲁县、汶阳县、卞县、薛县；（弋阳郡）蕲春县、邾县；（安丰郡）安风县、蓼县。

4.冀州地区郡县得名：赵郡、下曲阳县；巨鹿郡、巨鹿县；（安平国（长乐郡））下博县、扶柳县、堂阳县；平原郡，平原县、茌平县、鬲县；（乐陵郡）厌次县；（勃海郡）、广川郡、广川县、浮阳县、饶安县、枣强县；河间郡、易城县、中水县；高阳郡、高阳县；博陵郡、饶阳县、南深泽县；清河郡、清河县、贝丘县；中山郡、卢奴县、安喜县、蒲阴县、望都县、唐县；常山郡、井陉县、上曲阳县。

5.幽州、平州地区郡县得名：范阳郡、范阳县、涿县；燕郡、渔阳郡、雍奴县；（北平郡）无终县；上谷郡、居庸县；代郡、代县；辽西郡、肥如县、令支县、临渝县；辽东郡；（玄菟郡）高句丽县；（建德郡）白狼县。

6.并州地区郡县得名：（太原郡）晋阳县、阳曲县、京陵县；上党郡、潞县、壶关县、泫氏县、铜鞮县、涅县、襄垣县；西河郡、离石县、界休县；雁门郡、崞县、马邑县、楼烦县。

7.雍州地区郡县得名：（京兆郡）蓝田县、新丰县、郑县、泾阳县；（冯翊郡）临晋县、下邽县、频阳县、莲芍县、合阳县、夏阳县；扶风郡、池阳县、汧县、陈仓县；（安定郡）临泾县、乌氏县、都卢县、鹑觚县、阴密县、泾阳县；（北地郡）泥阳县；始平郡、始平县、武功县、鄠县、盩厔县；（新平郡）漆县。

8.凉州、秦州地区郡县得名：金城郡、金城县、浩亹县；（武威郡）姑臧县；张掖郡、屋兰县；（西郡）删丹县、兰池县；酒泉郡；敦煌郡、敦煌县、龙勒县、阳关县、冥安县、渊泉县；西海郡、居延县；高昌郡、高昌县；陇西郡、大夏郡、大夏县、临洮县、狄道县、河关县、枹罕县、洮阳县、金剑县；（南安郡）獂道县、新兴县、彰县；天水郡、上邽县、冀县、新阳县；（略阳郡）平襄县。

9.梁州地区郡县得名：汉中郡、襃中县、沔阳县；（梓潼郡）、金山郡、剑阁县、白水县；（广汉郡）五城县、郪县；（新都郡）雒县；巴郡、临江县；（巴西郡）阆中县；（巴东郡）鱼复县、朐忍县、汉丰县。

10.益州、宁州地区郡县得名：蜀郡；犍为郡、僰道县；（汉嘉郡）严道县；江阳郡、江阳县、绵水县、安乐县；朱提郡、朱提县、汉阳县、堂狼县；越巂郡、邛都县；牂柯郡、夜郎郡、夜郎县；梁水郡、梁水县；（建宁郡）牧麻县、滇池县；（永昌郡）不韦县、哀牢县。

11.青州地区郡县得名：齐郡、临淄县、般阳县；北海郡、下密县、胶东县、即墨县；济南郡、历城县、漯阴县、著县；（乐安郡）临济县、博昌县、东朝阳县；（城阳郡）莒县、淳于县；（长广郡）昌阳县。

12.徐州地区郡县得名：（彭城郡）傅阳县；下邳郡、下邳县；东海郡、郯县、承县；（琅邪郡）临沂县、阳都县、缯县、蒙阴县；（东莞郡）临朐县；（广陵郡）、山阳郡、山阳县、淮阴县、射阳县、淮浦县；临淮郡、盱眙县、下相县、徐县。

13.荆州地区郡县得名：江夏郡、濎阳县、沌阳县；南郡、都县、枝江县、长林县；襄阳郡、沮阳郡、襄阳县、临沮县；南阳郡、舞阴郡、舞阴县、鲁阳县、淯阳县、堵阳县、比阳县、涅阳县、冠军县、复阳县；顺阳郡、顺阳县、丹水县、武当县、筑阳县、析县、汎阳县；（义阳郡）穰县、邓县、蔡阳县、随县、棘阳县、朝阳县；（汶阳郡）僮阳县、沮阳县；（魏兴郡）长利县、洵阳县；上庸郡、上庸县、上廉县；（建平郡）北井县；（宜都郡）夷陵县、佷山县；（武陵郡）临沅县、黚阳县、西阳县、沅南县、舞阳县、辰阳县；天门郡、零阳县、临澧县、澧阳县、溇阳县；长沙郡、临湘县、攸县、下隽县、浏阳县、罗县、蒲圻县；衡阳郡、衡阳县、湘南县、烝阳县；湘东郡、临烝县；零陵郡、营阳郡、观阳县、春陵县、泠道县、应阳县；（邵陵郡）都梁县、邵阳县、武冈县；桂阳郡、耒阳县、临武县；（武昌郡）鄂县；（安成郡）宜春县、新渝县、萍乡县。

14.扬州地区郡县得名：丹杨郡（丹阳郡）、丹杨县（丹阳县）、芜湖县、溧阳县；（宣城郡）陵阳县、泾县；淮南郡、下蔡县、西曲阳县、历阳县、钟离县、合肥县、当涂县；庐江郡、寻阳郡、寻阳县、阳泉县、舒县、灊县、皖县、居巢县、六县；（毗陵郡）丹徒县、曲阿县；吴郡、吴县、桐庐县；（吴兴郡）、义兴郡、於潜县、长城县、国山县；会稽郡、山阴县、上虞县、余姚县、句章县、鄞县、诸暨县；（东阳郡）长山县；（新安郡）黟县、歙县；（临海郡）松阳县、安固县；建安郡、建安县、建阳县；豫章郡、新淦县、建昌县、彭泽县；（临川郡）新南城县、西宁县；鄱阳郡、鄱阳县、余汗县、葛阳县、上饶县；（庐陵郡）遂兴县、吉阳县；（南康郡）赣县、雩都县、陂阳县。

14. 交州、广州地区郡县得名：（交趾郡）龙编县；九德郡、九德县；（日南郡）比景县；南海郡、番禺县、四会县、龙川县、潮阳县；临贺郡、临贺县、冯乘县、封阳县、富川县；（始安郡）平乐县、荔浦县；（始兴郡）曲江县、桂阳县、浈阳县；（苍梧郡）建陵县。

四、两晋十六国郡县治所变迁考

1. 扶风国（郡）；2. 广汉郡（国）；3. 高阳国（郡）；4. 义阳国（郡）；5. 魏兴郡；6. 庐江郡（国）；7. 广陵郡（国）；8. 毗陵郡（晋陵郡）；9. 庐陵郡；10. 东莱郡（国）；11. 天门郡；12. 牂柯郡；13. 兴古郡；14. 弋阳郡；15. 永昌郡；16. 东莞国（郡）；17. 梓潼郡；18. 江夏郡（国）；19. 巴郡；20. 朱提郡；21. 荥阳郡；22. 宣城郡；23. 南康郡；24. 南乡郡（顺阳郡）；25. 湘东郡；26. 汶阳郡；27. 河东郡；28. 晋康郡；29. 河内郡；30. 阳平郡；31. 博陵国（郡）；32. 清河郡（国）；33. 平阳郡；34. 昌黎郡；35. 毗陵郡（晋陵郡）武进县；36. 丹杨郡秣陵县；37. 弋阳郡（西阳国）西阳县；38. 江夏郡（竟陵郡）云杜县；39. 庐江郡（寻阳郡）寻阳县；40. 吴兴郡长城县；41. 江阳郡（东江阳郡）汉安县；42. 犍为郡资中县；43. 会稽郡句章县；44. 吴兴郡乌程县；45. 济南郡（国）漯阴县；46. 庐陵郡（南康郡）赣县；47. 武陵郡（国）舞阳县；48. 巴郡垫江县；49. 始平郡（国）始平县；50. 京兆郡（平凉郡）阴盘县。

五、东晋各州治所考

1. 东晋扬州，治建康；2. 东晋江州，先后治南昌、武昌、寻阳、武昌、寻阳、半洲、武昌、寻阳、江陵、寻阳、江陵、夏口、寻阳、南昌、寻阳；3. 东晋荆州，先后治江陵、武昌、江陵、巴陵、武昌、襄阳、夏口、江陵、上明、江陵；4.东晋湘州，治临湘；5.东晋豫州（含侨），先后（寄）治谯、寿春、雍丘、谯、寿春、历阳、芜湖、武昌、邾城、芜湖、牛渚、芜湖、寿春、历阳、马头、谯、寿春、新息、寿春、历阳、姑孰、马头、寿阳、历阳、姑孰、历阳、姑孰、建康、寿阳；6.东晋徐州（含侨），先后（寄）治泗口、盱眙、淮阴、广陵、京口、下邳、山阳、京口、姑孰、山阳、广陵、姑孰、广陵、京口、广陵、彭城、京口、建康、京口、建康、京口、建康、京口；7.东晋北徐州，治彭城；8.东晋幽州，治广固；9.东晋北青州，治东阳；10.东晋北兖州，治滑台；11.东晋司州，先后治开封、新郑、洛阳、虎牢；12.东晋并州，治蒲坂；13.东晋雍州，先后治洛阳、襄阳；14.东晋北雍州，治长安；15.东晋梁州（含侨），先后（寄）治襄阳、西城、襄阳、西城、武当、南郑、西乐、西城、襄阳、南郑、西城、城固、南城；16.东晋益州（含侨），先后（寄）治鱼复、彭模、成都、鱼复、成都、白帝（即鱼复）、成都；17.东晋宁州，治味；18.东晋安州，或治万寿；19.东晋交州，治龙编；20.东晋广州，治番禺；21.东晋兖州（侨），先后寄治邹山、合肥、彭城、泗口、邹山、广陵、京口、金城、京口、下邳、山阳、京口、姑孰、山阳、广陵、姑孰、广陵、彭城、淮阴、京口、广陵、京口、建康、京口；22.东晋青州（侨），先后寄治淮阴、京口、广陵、建康、山阳、京口、广陵；23.东晋并州（侨），先后寄治石头、山阳；24.东晋冀州（侨），寄治山阳；25.东晋冀州（侨），寄治东阳；26.东晋幽州（侨），寄治三阿；27.东晋雍州（侨），寄治治酂；28.东晋秦州（侨），曾寄治襄阳、南郑。

六、东晋侨郡补考

1.陈留侨郡；2.泰山侨郡；3.颍川侨郡；4.襄城侨郡；5.河间侨郡；6.清河侨郡、阳平侨郡；7.济岷侨郡；8.南汉中侨郡；9.宕渠侨郡；10.涪陵侨郡；11.怀宁侨郡；12.马头侨郡、钟离侨郡；13.平阳侨郡；14.金城侨郡；15.武都侨郡；16.成都国。

主要参考文献

一、基础文献

（汉）司马迁：《史记》，中华书局，1972年。

（汉）班固：《汉书》，中华书局，1975年。

（南朝宋）范晔：《后汉书》，中华书局，1965年。

（晋）陈寿：《三国志》，中华书局，1959年。

（唐）房玄龄等：《晋书》，中华书局，1974年。

（南朝梁）沈约：《宋书》，中华书局，1974年。

（南朝梁）萧子显：《南齐书》，中华书局，1972年。

（北齐）魏收：《魏书》，中华书局，1974年。

（唐）李延寿：《南史》，中华书局，1975年。

（唐）李延寿：《北史》，中华书局，1974年。

（唐）魏征等：《隋书》，中华书局，1973年。

（后晋）刘昫等：《旧唐书》，中华书局，1975年。

（北宋）欧阳修等：《新唐书》，中华书局，1975年。

（北宋）司马光：《资治通鉴》，中华书局，1956年。

（晋）杜预集解：《春秋左传集解》，上海古籍出版社，1978年。

（晋）常璩著，刘琳校注：《华阳国志校注》，巴蜀书社，1984年。

（晋）常璩著，任乃强校注：《华阳国志校补图注》，上海古籍出版社，1987年。

（晋）王隐撰，（清）毕沅集：《晋书地道记》，《丛书集成初编》本。

（晋）张华撰，范宁校证：《博物志校证》，中华书局，1980年。

（南朝宋）刘义庆著，（南朝梁）刘孝标注，余嘉锡笺疏：《世说新语笺疏》，中华书局，1983年。

（南朝梁）释僧祐：《出三藏记集》，中华书局，1995年。

（南朝梁）释慧皎：《高僧传》，中华书局，1992年。

（南朝梁）萧统编，（唐）李善注：《文选》，中华书局，1977年。

（北魏）杨衒之著，杨勇校笺：《洛阳伽蓝记校笺》，中华书局，2006年。

（北魏）郦道元著，王国维校：《水经注校》，上海人民出版社，1984年。

（北魏）郦道元著，陈桥驿校证：《水经注校证》，中华书局，2007年。

（北魏）崔鸿：《十六国春秋》，明兰晖堂刻本。

（唐）李泰等著，贺次君辑校：《括地志辑校》，中华书局，1980年。

（唐）欧阳询：《艺文类聚》，上海古籍出版社，1982年。

（唐）徐坚：《初学记》，中华书局，1962年。

（唐）虞世南：《北堂书钞》，天津古籍出版社，1988年。

（唐）李吉甫：《元和郡县图志》，中华书局，1983年。

（唐）杜佑：《通典》，中华书局，1988年。

（北宋）乐史：《太平寰宇记》，中华书局，2007年。

（北宋）李昉等：《太平御览》，中华书局，1960年。

（北宋）吴淑：《事类赋》，中华书局，1989年。

（北宋）宋敏求：《长安志》，中华书局，1991年。

（北宋）税安礼：《历代地理指掌图》，上海古籍出版社，1989年。

（南宋）郑樵：《通志》，中华书局，1987年。

（南宋）李焘：《六朝通鉴博议》，南京出版社，2007年。

（南宋）张敦颐：《六朝事迹类编》，南京出版社，2007年。

（南宋）王应麟：《通鉴地理通释》，中华书局，2013年。

（南宋）王应麟：《玉海》，江苏古籍出版社，1987年。

（元）孛兰肹等撰，赵万里校辑：《元一统志》，中华书局，1966年。

（明）陈循、彭时等纂修：《寰宇通志》，明景泰七年刻本。

（明）李贤等：《明一统志》，巴蜀书社，2017年。

（清）顾炎武著，黄汝成集释：《日知录集释》，上海古籍出版社，2006年。

（清）顾炎武：《天下郡国利病书》，上海古籍出版社，2012年。

（清）顾炎武：《历代宅京记》，中华书局，1984年。

（清）顾祖禹：《读史方舆纪要》，中华书局，2005年。

（清）穆彰阿、潘锡恩等：《大清一统志》，上海古籍出版社，2008年。

（清）钱大昕：《廿二史考异》，上海古籍出版社，2004年。

（清）钱大昕：《十驾斋养新录》，江苏古籍出版社，2000年。

（清）王鸣盛：《十七史商榷》，上海古籍出版社，2013年。

（清）赵翼著，王树民校证：《廿二史劄记校证》，中华书局，1984年。

（清）徐松辑：《河南志》，中华书局，1994年。

（清）汤球：《十六国春秋辑补》，《丛书集成初编》本。

（清）汤球：《三十国春秋辑本》，《丛书集成初编》本。

（清）王先谦：《汉书补注》，中华书局，1983年。

（清）王先谦：《后汉书集解》，中华书局，1984年。

徐元诰：《国语集解》，中华书局，2006年。

范祥雍：《战国策笺证》，上海古籍出版社，2006年。

许维遹：《吕氏春秋集释》，中华书局，2016年。

二、出土文献及其研究著作

武汉大学历史系等编：《吐鲁番出土文书（第一册）》，文物出版社，1981年。

故宫博物院编：《古玺汇编》，文物出版社，1981年。

中国科学院考古研究所编：《殷周金文集成（第一册）》，中华书局，1984年.

中国科学院考古研究所编：《殷周金文集成（第四册）》，中华书局，1986年

张颔编纂：《古币文编》，中华书局，1986年。

袁仲一：《秦代陶文》，三秦出版社，1987年。

罗福颐主编：《秦汉南北朝官印征存》，文物出版社，1987年。

汪庆正主编：《中国历代货币大系1：先秦货币》，上海人民出版社，1988年。

郑炳林校注：《敦煌地理文书汇辑校注》，甘肃教育出版社，1989年。

高明编著：《古陶文汇编》，中华书局，1990年。

王辉：《秦铜器铭文编年集释》，三秦出版社，1990年。

睡虎地秦墓竹简整理小组编：《睡虎地秦墓竹简》，文物出版社，1990年。

甘肃文物考古所编：《敦煌汉简》，中华书局，1991年。

中国科学院考古研究所编：《殷周金文集成（第十七册）》，中华书局，1992年。

孙慰祖主编：《两汉官印汇考》，上海书画出版社、大业公司，1993年。

孙慰祖主编：《古封泥集成》，上海书店出版社，1994年。

孙慰祖、徐谷富编著：《秦汉金文汇编》，上海书店出版社，1997年。

周晓陆、路东之编著：《秦封泥集》，三秦出版社，2000年。

庄新兴编：《战国玺印分域编》，上海书店出版社，2001年。

许雄志编：《秦印文字汇编》，河南美术出版社，2001年。

罗振玉编纂：《鸣沙石室佚书正续编》，北京图书馆出版社，2004年。

朱红林：《张家山汉简〈二年律令〉集释》，社会科学文献出版社，2005年。

罗新、叶炜：《新出魏晋南北朝墓志疏证》，中华书局，2005年。

吴宝良编纂：《先秦货币文字编》，福建人民出版社，2006年。

傅嘉仪编著：《秦封泥汇考》，上海书店出版社，2007年。

王仲荦：《敦煌石室地志残卷考释》，中华书局，2007年。

赵君平、赵文成：《河洛墓刻拾零》，北京图书馆出版社，2007年。

赵超：《汉魏南北朝墓志汇编》，天津古籍出版社，2008年。

孟宪实主编：《新获吐鲁番出土文献》，中华书局，2008年。

毛远明校注：《汉魏六朝碑刻校注》，线装书局，2009年。

陈伟等：《楚地出土战国简册（十四种）》，经济科学出版社，2009年。

吴宝良：《战国楚简地名辑证》，武汉大学出版社，2010年。

齐运通：《洛阳新获七朝墓志》，中华书局，2012年。

陈伟主编：《里耶秦简牍校释（第一卷）》，武汉大学出版社，2012年。

王连龙：《新见北朝墓志集释》，中国书籍出版社，2013年。

韩理洲等辑校编年：《全三国两晋南朝文补遗》，三秦出版社，2013年。

王辉、王伟编著：《秦出土文献编年订补》，三秦出版社，2014年。

朱智武：《东晋南朝墓志研究》，花木兰文化出版社，2014年。

贾小军、武鑫：《魏晋十六国河西镇墓文、墓券整理研究》，中国社会科学出版社，2017年。

陈朝云：《河南散存散见及新获汉唐碑志整理研究》，科学出版社，2019年。

三、考证、补注、表谱、辑佚类地志及历史地图

（清）全祖望：《汉书地理志稽疑》，《二十五史补编》本。

（清）杨守敬：《汉书地理志补校》，《二十五史补编》本。

（清）洪亮吉撰，谢钟英补注：《补三国疆域志补注》，《二十五史补编》本。

（清）吴增仅撰，杨守敬补正：《三国郡县表附考证》，《二十五史补编》本。

（清）谢钟英：《三国疆域表》，《二十五史补编》本。

（清）毕沅：《晋书地理志新补正》，《二十五史补编》本。

（清）方恺：《新校晋书地理志》，《二十五史补编》本。

（清）马与龙：《晋书地理志注》，《二十四史订补》本。

（清）周济：《晋略州郡表》，中华书局，1928—1933年。

（清）洪亮吉：《东晋疆域志》，《二十五史补编》本。

（清）洪亮吉：《十六国疆域志》，《二十五史补编》本。

（清）成孺：《宋书州郡志校勘记》，《二十五史补编》本。

（清）温曰鉴：《魏书地形志校录》，《二十五史补编》本。

（清）杨守敬：《隋书地理志考证附补遗》，《二十五史补编》本。

（清）徐文范：《东晋南北朝舆地表》，《二十五史补编》本。

（清）胡孔福：《南北朝侨置州郡考》，《二十四史订补》本。

（清）万斯同：《晋方镇年表》，《二十五史补编》本。

（清）秦锡圭：《补晋方镇表》，《二十五史补编》本。

（清）吴廷燮：《晋方镇年表》，《二十五史补编》本。

（清）万斯同：《东晋方镇年表》，《二十五史补编》本。

（清）吴廷燮：《东晋方镇年表》，《二十五史补编》本。

（清）赵在翰：《晋书补表》，《二十四史订补》本。

（清）钱大昕：《地名考异》，载《嘉定钱大昕全集》，凤凰出版社，2016年。

（清）王谟辑：《汉唐地理书钞》，中华书局，1961年。

（清）杨守敬：《历代舆地沿革图》，联经出版事业公司，1981年。

张鹏一：《苻秦疆域志补正》，在山草堂，1919年铅印本。

金兆丰：《校补三国疆域志》，商务印书馆，1935年。

余逊：《汉魏晋北朝东北诸郡沿革表》，《中央研究院历史语言研究所集刊》第六本。

劳幹：《北魏州郡志略》，《"中央研究院"历史语言研究所集刊》第三十二册。

顾颉刚、章巽编：《中国历史地图集·古代史部分》，地图出版社，1955年。

郭沫若主编：《中国史稿地图集》，地图出版社，1979年。

程光裕、徐圣谟主编：《中国历史地图》，中国文化大学出版部，1980年。

谭其骧主编：《中国历史地图集》，地图出版社，1981年。

谭其骧主编：《清人文集地理类汇编》，浙江人民出版社，1986年。

汪兆镛：《稿本晋会要》，书目文献出版社，1989年。

刘纬毅：《汉唐方志辑佚》，北京图书馆出版社，1997年。

胡阿祥：《宋书州郡志汇释》，安徽教育出版社，2006年。

孔祥军：《晋书地理志校注》，新世界出版社，2012年。

孔祥军：《汉唐地理志考校》，新世界出版社，2012年。

四、相关研究著作及论文集

臧励龢等编：《中国古今地名大辞典》，商务印书馆，1931年。

顾颉刚、史念海：《中国疆域沿革史》，商务印书馆，1938年。

童书业：《中国疆域沿革略》，上海开明书店，1946年。

姚薇元：《北朝胡姓考》，科学出版社，1958年。

王国维：《观堂集林》，中华书局，1959年。

王仲荦：《北周地理志》，中华书局，1980年。

黄盛璋：《历史地理论集》，人民出版社，1982年。

黄盛璋：《历史地理与考古论丛》，齐鲁书社，1982年。

吕思勉：《两晋南北朝史》，上海古籍出版社，1983年。

马长寿：《碑铭所见前秦至隋初的关中部族》，中华书局，1985年。

李祖桓：《仇池国志》，书目文献出版社，1986年。

万绳楠整理：《陈寅恪魏晋南北朝史讲演录》，黄山书社，1987年。

谭其骧：《长水集》，人民出版社，1987年。

周振鹤：《西汉政区地理》，人民出版社，1987年。

方国瑜：《中国西南历史地理考释》，中华书局，1987年。

尤中：《中国西南边疆变迁史》，云南教育出版社，1987年。

胡志佳：《两晋时期西南地区与中央之关系》，台湾商务印书馆，1988年

孙进己、冯永谦主编：《东北历史地理》，黑龙江人民出版社，1989年。

蒋福亚：《前秦史》，北京师范学院出版社，1993年。

谭其骧：《长水集续编》，人民出版社，1994年。

徐少华：《周代南土历史地理与文化》，武汉大学出版社，1994年。

刘宏煊：《中国疆域史》，武汉出版社，1995年。

孙冬虎、李汝雯：《中国地名学史》，中国环境科学出版社，1996年。

周一良：《魏晋南北朝史论集》，北京大学出版社，1997年。

葛剑雄：《中国历代疆域的变迁》，商务印书馆，1997年。

中国历史大辞典·历史地理卷编纂委员会编：《中国历史大辞典·历史地理卷》，上海辞书出版社，1997年。

张元济：《校史随笔》，上海古籍出版社，1998年

王素：《高昌史稿：统治编》，文物出版社，1998年。

徐兆奎、韩光辉：《中国地名史话》，商务印书馆，1998年。

李晓杰：《东汉政区地理》，山东教育出版社，1999年。

唐长孺：《魏晋南北朝史论丛及续编》，河北教育出版社，2000年。

钱穆：《史记地名考》，商务印书馆，2001年。

刘学铫：《五胡史论》，南天书局，2001年。

汪波：《魏晋北朝并州地区研究》，人民出版社，2001年。

陈寅恪：《隋唐制度渊源略论稿（外二种）》，河北教育出版社，2002年。

毛汉光：《中国中古政治史论》，上海书店出版社，2002年。

华林甫：《中国地名学史考论》，社会科学文献出版社，2002年。

李德清：《中国历史地名避讳考》，华东师范大学出版社，2002年。

任乃强，任建新：《四川郡县沿革图说》，四川地图出版社，2002年。

李文才：《南北朝时期益梁政区研究》，商务印书馆，2002年。

田余庆：《拓跋史探》，三联书店，2003年。

田余庆：《东晋门阀政治》，北京大学出版社，2005年。

周振鹤：《中国地方行政制度史》，上海人民出版社，2005年。

胡阿祥：《六朝疆域与政区研究》，学苑出版社，2005年。

陈金凤：《魏晋南北朝中间地带研究》，天津古籍出版社，2005年。

戴均良等主编：《中国古今地名大词典》，上海辞书出版社，2005年。

史为乐主编：《中国历史地名大辞典》，中国社会科学出版社，2005年。

顾颉刚：《春秋地名考》，北京图书馆出版社，2006年。

马长寿：《乌桓与鲜卑》，广西师范大学出版社，2006年。

马长寿：《氐与羌》，广西师范大学出版社，2006年。

周伟洲：《汉赵国史》，广西师范大学出版社，2006年。

周伟洲：《南凉与西秦》，广西师范大学出版社，2006年。

周伟洲：《吐谷浑史》，广西师范大学出版社，2006年。

劳幹：《古代中国的历史与文化》，中华书局，2006年。

王伊同：《王伊同学术论文集》，中华书局，2006年。

汪清：《两汉魏晋南朝州刺史制度研究》，合肥工业大学出版社，2006年。

周一良：《魏晋南北朝史札记》，中华书局，2007年。

严耕望：《中国地方行政制度史·魏晋南北朝地方行政制度》，上海古籍出版社，2007年。

林荣贵主编：《中国古代疆域史》，黑龙江教育出版社，2007年。

林幹：《匈奴史》，内蒙古人民出版社，2007年。

林幹：《东胡史》，内蒙古人民出版社，2007年。

胡阿祥：《东晋南朝侨州郡县与侨流人口研究》，江苏教育出版社，2008年。

陈健梅：《孙吴政区地理研究》，岳麓书社，2008年。

孙冬虎：《地名史源学概论》，中国社会科学出版社，2008年。

王蕊：《魏晋十六国青徐兖地域政局研究》，齐鲁书社，2008年。

后晓荣：《秦代政区地理》，社会科学文献出版社，2009年。

辛德勇：《秦汉政区与边界地理研究》，中华书局，2009年。

陈勇：《汉赵史论稿》，商务印书馆，2009年。

贾小军：《魏晋十六国河西史稿》，天津古籍出版社，2009年。

汤勤福：《半甲集》，上海三联书店，2010年。

华林甫：《中国地名学源流》，湖南人民出版社，2010年。

徐少华：《荆楚历史地理与考古探研》，商务印书馆，2010年。

陈琳国：《中古北方民族史探》，商务印书馆，2010年。

何德章：《魏晋南北朝史丛稿》，商务印书馆，2010年。

马保春：《晋国地名考》，学苑出版社，2010年。

夏日新:《汉唐之际的民众与社会》,湖北人民出版社,2010年。

李晓杰:《疆域与政区》,江苏人民出版社,2011年。

孔祥军:《三国政区地理研究》,花木兰文化出版社,2012年。

王谨:《魏晋南北朝州制度研究》,天津古籍出版社,2012年。

石泉:《古代荆楚地理新探》,武汉大学出版社,2013年。

石泉:《古代荆楚地理新探·续集》,武汉大学出版社,2013年。

史念海:《史念海全集》,人民出版社,2013年。

后晓荣:《战国政区地理》,文物出版社,2013年。

马孟龙:《西汉侯国地理》,上海古籍出版社,2013年。

王安泰:《再造封建:魏晋南北朝的爵制与政治秩序》,台湾大学出版中心,2013年。

周振鹤主编:《中国行政区划通史》,复旦大学出版社,2017年。

魏俊杰:《十六国疆域与政区研究》,复旦大学出版社,2018年。

胡阿祥:《东晋南朝侨州郡县与侨流人口研究》,江苏人民出版社,2019年。

〔日〕三崎良章:《五胡十六国:中国史上的民族大迁徙》,商务印书馆,2019年。

后　记

　　2014年，我申报的国家社科基金青年项目"两晋十六国地名研究"有幸获立项，同年又获中国博士后科学基金特别资助项目资助，该课题拟广泛运用各种传世典籍和出土文献，全面考订两晋十六国各类可考的地名。

　　随着研究的深入开展，发现全面考订两晋十六国各类地名难以实现，其中很重要的原因是受制于其他领域研究工作。在"两晋十六国地名研究"立项前，我申请的浙江省哲学社会科学规划课题和教育部人文社科项目先后立项。在此期间，我在《衢州文献集成》编撰中负责该丛书的资料考订、目录编定、版本选择、复制校勘、提要撰写等。在国家社科基金项目结项前，又先后出版《衢州文献集成提要》《衢州古代著述考》《十六国疆域与政区研究》三部专著，合著《中国行政区划通史·十六国北朝卷》。每一部著作的出版，不仅要有大量的研究和写作时间，校对文稿也会花费不少精力，这些都影响到"两晋十六国地名研究"的正常开展。

　　在两晋十六国各类可考地名中，政区地名是最基础、最重要的一部分地名。政区地名研究，不仅要考订各政区的层级、隶属关系、治所以及分裂割据时期归属的政权，还要研究这些地名渊源、演变、命名方式、名地关系等。考证两晋十六国各政区地名的渊源等，不仅需要研读两晋十六国时期的相关文献资料，还要借助西晋以前的传世文献和出土文献，这些又需要花费大量的时间和精力。待完成"政区地名"这一部分初稿时，文稿已达106万字。因为时间和精力不够，遂以这106万字政区地名结项，成果名称加以副标题"政区地名篇"。由于评审专家抬爱，本项目终获结项。

　　结项以后，我便考虑是否将研究成果出版。从出版社了解到，超过百万字的图书，出版经费很高，当时即有放弃出版的想法。但高校要进行科研考核，出版一部专著也算是一项重要科研成果，随后便想到删减内容进行出版。

作为结项所用的研究成果，与本书编排完全不同，此简要介绍一下本书前身的篇章结构。原作的绪言，即本书绪言和上篇两部分内容。除绪言外，原作以《晋志》所载十九州分章，以州系郡，以郡系县。除最后两章交州、广州内容较少不再分节外，其余各章皆分州级政区名和郡县政区名两节。州级政区先考述西晋置州情况，再按时间先后依次考述东晋十六国政权在西晋旧州置州情况。郡县政区按《晋志》所载诸州郡国先后编排，各郡领县系于其郡下。新置之县相应地系所属郡之后，东晋十六国侨郡系于其寄治实郡之后，侨县系于侨郡之下。各州所考内容，包括州的得名、治所、领郡及其变动，以及何时设置，何时为另一政权占据。各郡国所考内容，包括郡国得名、始置年代（如始于战国时某年、秦代某年、西汉某年等）、西晋之前的演变，以及两晋十六国时期郡国的治所、领县、归属政权及其变化。各县所考内容，包括县的得名、治所、始置年代或时代，归属州郡情况，省废或复置情况。东晋十六国时期的县若有文献记载，则据文献书东晋十六国何政权有此县。凡考证中引证的文献资料，皆入注文。

虽然原作以地名为研究重心，且考订过程皆用旧籍中的资料，但所述两晋十六国政区不可能有大的改变。由于上述体例，原作之中有关政区沿革的内容就不可避免地与以往研究有相同之处。为新出成果不致拾人牙慧、少见新意，便将原作可补阙、正误、备异者抽出，理为三编，加之绪言，遂成本书。钱大昕《答王西状书》云："学问乃千秋事，订讹规过，非以訾毁前人，实以嘉惠后学。"本书所作考述，并非特意为订讹规过而作，更非以訾毁前人。

魏俊杰

2021 年 8 月